中華大藏經

續編 8

漢傳注疏部（一） 第二册

中華書局

第八册目録

〇二一四　大般若關……一
般若波羅蜜多心經一卷……一
大般若波羅蜜多經卷第一百三十六　初分校量功德品第卅五之卅四……一
大般若波羅蜜多經卷第一百四十六　初分校量功德品第卅……二
大般若波羅蜜經第二百五　初分難信解品……三
〇二一五　大般若經綱要……〔清〕葛鼒提綱　五
大般若經綱要序……五
般若綱要小序……六
般若綱要緣起……七
般若綱要卷前……一一
般若綱要卷一……一七
般若綱要卷二……四七
般若綱要卷三……七八
般若綱要卷四……一〇六
般若綱要卷五……一三五
般若綱要卷六……一六三
般若綱要卷七……一九一
般若綱要卷八……二三〇
般若綱要卷九……二五二
般若綱要卷十……二八六
般若綱要後序……三三一
〇二一六　金剛般若波羅蜜經注……三三三
……〔姚秦〕僧肇注　三三三
注金剛經序……三三三
金剛般若波羅蜜經注……三三四
〇二一七　梁朝傅大士頌金剛經……三四八

梁朝傅大士頌金剛經序……………………三四八
法會因由分第一……………………三五〇
善現起請分第二……………………三五一
大乘正宗分第三……………………三五一
妙行無住分第四……………………三五一
如理實見分第五……………………三五三
正信希有分第六……………………三五三
無得無説分第七……………………三五五
依法出生分第八……………………三五五
一切無相分第九……………………三五六
莊嚴淨土分第十……………………三五七
無爲福勝分第十一……………………三五八
尊重正教分第十二……………………三五八
如法受持分第十三……………………三五八
離相寂滅分第十四……………………三六〇
持經功德分第十五……………………三六二
能淨業障分第十六……………………三六三
究竟無我分第十七……………………三六四
一體同觀分第十八……………………三六五
法界通化分第十九……………………三六六
離色離相分第二十……………………三六六
非説所説分第二十一……………………三六六
無法可得分第二十二……………………三六七
淨心行善分第二十三……………………三六七
福智無比分第二十四……………………三六七
化無所化分第二十五……………………三六八
法身非相分第二十六……………………三六八
無斷無滅分第二十七……………………三六九
不受不貪分第二十八……………………三六九
威儀寂靜分第二十九……………………三六九
一合理相分第三十……………………三六九
知見不生分第三十一……………………三七〇

應化非真分第三十二……三七〇
〇二一八　梁朝傅大士夾頌金剛經……三七二
法會因由分第一……三七三
善現起請分第二……三七四
大乘正宗分第三……三七四
妙行無住分第四……三七五
如理實見分第五……三七六
正信希有分第六……三七六
無得無説分第七……三七八
依法出生分第八……三七八
一切無相分第九……三七九
莊嚴淨土分第十……三八〇
無為福勝分第十一……三八〇
尊重正教分第十二……三八一
如法受持分第十三……三八一
離相寂滅分第十四……三八二
持經功德分第十五……三八五
能淨業障分第十六……三八六
究竟無我分第十七……三八六
一體同觀分第十八……三八七
法界通化分第十九……三八八
離色離相分第二十……三八九
非説所説分第二十一……三八九
無法可得分第二十二……三九〇
淨心行善分第二十三……三九〇
福智無比分第二十四……三九〇
化無所化分第二十五……三九一
法身非相分第二十六……三九一
無断無滅分第二十七……三九二
不受不貪分第二十八……三九二
威儀寂靜分第二十九……三九二
一合理相分第三十……三九三

知見不生分第三十一……………………………三九三
應化非真分第三十二……………………………三九四
〇二一九　金剛般若經義疏……〔隋〕吉藏撰　三九五
金剛般若經序………………………………三九五
金剛般若經義疏卷第一…………………………三九五
金剛般若經義疏卷第二…………………………四二八
金剛般若經義疏卷第三…………………………四五一
金剛般若經義疏卷第四…………………………四七四
〇二二〇　金剛般若波羅蜜經并註……………
……………………………〔唐〕慧淨註　五〇二
金剛般若經註序………………………………五〇二
金剛般若波羅蜜經卷上并註……………………五〇三
金剛般若波羅蜜經注卷中………………………五二〇
金剛般若波羅蜜經註卷下………………………五三二

〇二一四

大般若關〔一〕

奉爲僕射敬造蜜多心經壹卷并大般若關〔二〕

般〔三〕若波羅蜜多心經一卷

觀〔四〕自在菩薩，行深般若波羅蜜多時，照見五蘊皆空，度一切苦厄。舍利子，色不異空，空不異色；色即是空，空即是色。受、想、行、識，亦復如是。舍利子，是諸法空相，不生不滅，不垢不浄，不增不減。是故空中無色，無受、想、行、識，無眼、耳、鼻、舌、身、意，無色、聲、香、味、觸、法，無眼界乃至無意識界，無無明亦無無明盡，乃至無老死亦無老死盡，無苦、集、滅、道，無智亦無淂。以無所淂故，菩提薩埵依般若波羅蜜多故，心無罣㝵。無罣㝵故，無有恐怖，遠離顛倒夢想，究竟涅槃。三世諸佛，依般若波羅蜜多故，淂阿耨多羅三藐三菩提。故知般若波羅蜜多，是大神呪，是大明呪，是無上呪，是無等等呪。能除一切苦，真實不虚。故説般若波羅蜜多呪。即説呪曰：

揭諦揭諦　波羅揭諦　波羅僧揭諦　菩提莎婆訶

校勘記

〔一〕底本據《房山石經》。

〔二〕此行原爲碑額。

〔三〕「般」，底本殘，據文意補。

〔四〕「觀」，底本殘，據文意補。

六

大般若波羅蜜多經卷第一百三十

初分挍量功德品苐卅五之卅四〔一〕

尒時，天帝釋白佛言：世尊，云何名説相似般若、静慮、精進、安忍、浄戒、布施波羅蜜多？佛言：憍尸迦，若善男子、善女人等説有所淂般若、静慮、精進、安忍、净戒、布施波羅蜜多，如是名説相似般若、静慮、精進、安忍、净戒、布施波羅蜜多。時，天帝釋復白佛言：世尊，云何諸善男子、善女人等説有所淂般若波羅蜜多，名説相似般若波羅蜜多？復次，佛言：憍尸迦，若善男子、善女人等爲發无上菩題〔二〕心者，説色若常若无常，若樂若苦，若我无我，説受、相、行、識若常若无常，若樂若苦，若我无我，若净若不净。若有能依如是等若净若不净法修行般若，是行般若波羅蜜多。復作是説：行般若者，應求色若常若无常，樂若苦，我若无我，净若不净。應求受、相、行、識若常若无常，樂若苦，我若无我，净若不净。若有能求如是等法修行般若，是行般若波羅蜜多。憍尸迦，若善男子、善女人等如是求色，若常若无常，樂若苦，我若无我，净若不净，求受、相、行、識若常若无常，若樂若苦，若我若无我，若净若不净，依此等法行般若者，我説名爲行有所淂相似般若波羅蜜多。憍尸迦，如前所説，當知皆是説有所淂相似般若波羅蜜多。

此是十卷。

解曰：此中六波羅蜜爲使，從般若爲使頭，從介時天帝起。後五波羅蜜作使，從時天帝起。般若爲頭，十八界全廣。餘下五使頭所有廣略，並四廣八略。無菩薩十地。四果中加一向字，亦有廣略。

校勘記

〔一〕「卅五之卅四」，《大般若波羅蜜多經》（《大正藏》本，下同）作「三十之三十四」。

〔二〕「題」，《大般若波羅蜜多經》作「提」。

六　大般若波羅蜜多經卷第一百四十　初分校量功德品第卅

都翻八十卷，前卌卷般若爲頭，後卌卷一切

智智爲頭，廣略。

尒時天帝釋白佛言：世尊，云何名爲宣說真正般若、静慮、精進、安忍、浄戒、布施波羅蜜多？佛言：憍尸迦，若善男子、善女人等説无所德般若、静慮、精進、安忍、浄戒、布施波羅蜜多，如是名爲宣説真正般若、静慮、精進、安忍、浄戒、布施波羅蜜多。

時天帝釋復白佛言：世尊，云何諸善男子、善女人等説无所得般若波羅蜜多，名爲宣説真正般若波羅蜜多？佛言：復次，憍尸迦，若善男子、善女人等爲䟦无上菩題[一]心者，宣説般若波羅蜜多。復作是言：汝善男子應修般若波羅蜜多，不應觀色若常若无常，樂若苦，我若无我，浄若不浄。不應觀受、相、行、識若常若无常，樂若苦，我若无我，浄若不浄。何以故？色，色自性空。受、相、行、識，受、相、行、識自性空。是色自性，即非自性。是受、相、行、識自性，亦非自性。若非自性，即是般若波羅蜜多。於此般若波羅蜜多，色不可得，彼常无常、樂与苦、我无我、浄不浄亦不可得。受、相、行、識皆不可得，彼常无常、樂与苦、我无我、浄不浄亦不可得。所以者何？此中尚无色等可得，何况彼常与无常、樂之与苦、我与无我、浄与不浄。汝若能修如是般若，是修般若波羅蜜多。

此下結説，至弟四遍便要：憍尸迦，是善男子、善女人等作此等説，是爲宣真正般若波羅蜜多。

解曰：此中以六波羅蜜次苐爲頭。无廾，廾中加一向字，四果亦尒。

此上廿卷經。

校勘記

［一］「題」，《大般若波羅蜜多經》作「提」。

大般若波羅蜜經苐二百五　初分

難信解品

復次善現，般若波羅蜜多清浄故色清浄，色

清净故一切智智清净。何以故？若般若波羅蜜多清净，若色清净，若一切智智清净，無二無二分，無别無斷故。色，受，想，行，識。眼處，耳、鼻、舌、身、意處。色處，聲、香、味、觸、法處。眼界、色界，乃眼識界，及眼觸，眼觸爲緣所生諸受清净。耳界、聲界，乃耳識界，及耳觸，耳觸爲緣所生諸受清净。鼻界、香界，乃鼻識界，及鼻觸，鼻觸爲緣所生諸受清净。舌界、味界，乃舌識界，及舌觸，舌觸爲緣所生諸受清净。身界、觸界，乃身識界，及身觸，身觸爲緣所生諸受清净。意界、法界，乃意識界，及意觸，意觸爲緣所生諸受清净。地界，水、火、風、空、識界。无明、行，乃識、名色、六處、觸、受、愛、取、有、生、老死愁歎苦憂惱。布施波羅蜜、净戒，乃安忍、精進、静慮、般若波羅蜜多。内空、外空，乃内外空、空空、大空、勝義空、有爲空、无爲空、畢竟空、无際空、散空、无變異空、夲性空、自相空、共相空、一切法空、不可得空、无性空、自性空，至无性自性空。真如、法界，乃法性、不虚妄性、不變異性、平等性、離生性、法定、法住、實際、虚空界，至不思議界。苦聖諦，集、滅、道聖諦。四静慮、四无量、四无色定、八解脱、八勝處、九次弟之、十遍處、四念住、四正断，乃四神足、五根、五力、七等覺支、八聖道支。空解脱門，无相無願解脱。菩薩十地、五眼、六神通、佛十力、四无所畏，乃四无㝵解、大慈、大悲、大喜、大捨，至十八佛不共法。無妄失法、恒住捨性、一切智、道相智、一切相智、一切陁羅門、一切三摩地門。預流果、一来、不還、阿羅漢果，獨覺菩提，一切菩薩摩訶行，諸佛無上正等菩提。

下册卷以一切智智爲頭。

□□□節度押衙使持節守檀州□□□□□□□□□□□□□□□□光禄大夫檢校太子賔客兼御史中丞張允仟，大中十三年四月八日建。

（常崢嶸整理）

○二一五

大般若經綱要（一）

清葛⿰鼎曹提綱

大般若經綱要序

西方聖人所説修多羅，浩汗洋溢，自非摩訶衍上士具聞持海不足以受。蓋非世間尋常文字，乃出世第一義天也。像法中有龍樹大士，以智辯威猛力，直詣大龍宫中，窮所結集法藏，見《華嚴經》三本。上本之品偈，皆以微塵數計；中本亦千餘品，約五十萬偈。此二本謂非閻浮人心力所能持，遂卷而懷之，不傳於世。今之流通震旦八十一卷者，蓋小本而猶未全者也。於戲，河伯望洋，鷟鳩控地，以此知佛演説海、佛言詞海，非凡小之見可窺測矣。

《大般若經》六百卷，爲一大藏之冠。然文有定品，句有定數，凡有目有口，可捧可觀，可讀可誦。然而禪叢講肆，展閲者良少，得非畏其繁重，不若八十卷之《華嚴》尚有諷誦者歟。以此徵龍樹之言，能洞悉衆生方俗根解，非苟然也。余年運既往，謝事宗社，從旦至暮，略披一二。諸健苾芻見而笑曰：惡用是矻矻爲。君子三戒，血氣既衰，戒之在得。況在老尊宿數，欲何所冀而用是矻矻爲。余方捧經弗應，心知其惜我筋力，直未同我心志耳。甚矣，深經之難聞，菩提之不易種也。因作《尊經遠邪論》以救末劫。七空居士葛公毅調見之，喜而擊節焉。蓋葛公正以是經文句山積，浩難沙算，矢志節略，以便持受，不期而合，緘書脩贄，持其録本就正。余歎曰：語有之，磁石吸鐵，芒針引線，蓋言流濕就燥，物從其類也。余與葛公素昧平生，乃因此作合。葛公方獲余之心，余亦能通葛公之志，往昔殆皆般若會中人也。於是發經觀之，綱要條理，井井有序，約六百卷之文於五册。綱要在是，全經在是。其節繁去複、裁酌運筆，大費精思。緣起六條，載諸卷端。公蓋幼希出世，長閱滄桑，書史之餘，雞鳴而起，孳孳焉，正如空山老衲，諷是經爲日課，誠所謂正信希有也。古稱五度如盲，般若如導，此經宏詞妙辯層見疊出，其闡揚佛慧深廣幽玄，殊爲法門修習之要。此龍樹大論所由作也。惜今緇流宿學，有白首若不聞見，況悉其義哉。坐見黄口僧雛，每效呵佛，白衣廣額，咸易説禪，將非魔作佛惱亂我心者耶。嗟嗟有生，疲薾世間，靈根自棄，髮雖短而心甚長，蓋皆長於攝生，而不知所以生，或長於世智，而不長於般若。且不知經之與禪從一佛流出，佛外無禪，經中有趣，初無文字之相，又何禪教之岐乎哉。

夫世相無常，上天難諶，蓬萊之水，清淺幾回，金銅仙人，淚流一夢。苟能聞薰《般若》，承事空王，駁娑館、尋香城可不作異觀，菩提場、缺陷界亦混成一相，即祇桓梵唄、洙泗絃歌，究竟無非一音。吾知葛公夙興夜寐從事深經，其所得多矣。塤吹篪應，人有同心，能不興起而想見靈山之法會焉。是爲序。

康熙十年辛亥四月望日古南樗叟通門牧雲氏書於懶齋之雨窗

校勘記

〔一〕底本據《卍續藏》。

般若綱要小序

夫《般若》者，離言説相，離心緣相，迥絶中邊，超諸限量，烈燄寧容湊泊，迅雷不及思量。鞠其根源，覓一字脚，了不可得，乃《大藏經》中究覽部類，至六百卷之多。將母〔二〕文字般若與實相觀照之旨，固有大相徑庭者乎。曰：何爲其然也。自有祖以來，固曰不立文字矣，曰別傳直指矣，然離教而參，離教而悟，則先德所不許也。必以默然無言爲極則事，謂纔開口便落今時，大慧所訶爲默照邪禪者也。故雖有口，只堪挂壁，仍不礙横説竪説。雖戒人抄録其語，而善説法要者，自一言半句以至遍界遍空相續不斷爲無盡藏。如或文字作文字解，無文字作無文字解，非從葛藤中絆倒，即向黑山下躲跟，皆不免擔板之譏，墮落兩頭，未識宗趣者矣。曹谿[二]大師示不識字，然亦從《般若》半偈頓徹心源，而忍祖嘗勸人誦《金剛般若》，今是經流轉最廣，智愚咸習，則黄梅會中爲之發起也。是故縮之則無住一言該《般若》全部不爲少，展之則六百全經用剖破微塵不爲多。乃至森羅萬象，義海炳然，雲行鳥飛，風動塵起，種種現前，咸是第一波羅蜜多。彼情存數量計少計多，未達法源，徒成戲論。茲藏本《大般若》部，凡六百卷，於世界海刹塵數修多羅中僅毛頭許，而我等心量昧劣，未免望洋，品目弗窺，況及義趣。吾友復菴居士，七空別號。剋究大法，既積歲年，向上一機，忘言默契，游泳之暇，彌更温研，首尾紬繹者三載。念部帙繁多，鮮能卒業，而其間義同文複，亦不可致詰。雖大聖微言或繁或簡，未易以常情臆測，而流通無力，披覽多艱，接物之緣將虞，或闕敬殫心思。提綱舉要，約爲十卷，略備大觀，使一切獲覩是編者，登第一義天而天光常發，入法流漩澓海而具足海味，弘法之懷，勤且切矣。倘增慢禪流更掇拾緒言，謂我宗無語句，亦無一法與人，敢問如是十卷玄文，爲是語句，爲非語句，是有法與人，是無法與人。請具眼者試判斷看。

濟宗學人法同學弟張立廉拜述

校勘記

〔一〕「母」，疑爲「毋」。

〔二〕「谿」，底本作「豁」，據文意改。

般若綱要緣起

一提綱要。般若者何，般若部爲三藏之首，《大般若》又爲般若部之首，茲爲《大般若波羅蜜多經》也。經凡六百卷，字字談宗，其文浩博，茲提綱要，以明宗旨也。昔永明禪師輯述大藏爲《宗鏡》，而不存經教之名，則夫後之以經爲教者，其見斥於師也明矣。矧大乘《般若》，諸經之最尊、最上，假言説以顯無言、無説，晰名相以顯無相、一相，而總銷歸於無所有、不可得。此其所談者何事，猶以教字活埋之。解經而不知經，誠自障也。後來祖師語句，如四句百非、有句無句，皆謂祖師創建，爲不立文字之宗，而不知一本《大經》，釋迦如來金口宣之矣。蓋如來所以爲教，祖師所以爲宗，無二無別也。且如來聖中之聖，寧不知後此文字繁興，而早墮言詮以爲之俑，其不能離文字以爲教，即其不能不離文字以爲宗也。特《大經》卷分六百，葉計萬千，名相析別，宗旨立破，不爲提綱舉要，觀者能勿望洋。正使終帙猶難，何況思惟修證，徒成庋閣，流覽莫週。如此《大經》，敬奉有餘，親聞不足，非所以助揚聖教，啓迪初心也。即如經中增語二十卷，諸法不可得，增語亦不可得。抉其指歸，僅綴三行，便得穩[二]括。又如清淨一百一十三卷，互融諸法，一多交注，提綱五葉，亦已無疑，全經提掇悉皆倣此。如是經文就簡，義無或遺，毋俟博稽方窮玄旨也。

一詳條理。既提綱要，遂晰條理。綱要所以明宗旨，條理所以通機緒。經中有菩薩問，而如來答。有如來詰，而菩薩對。有菩薩與菩薩問難，而如來爲之勸讚、爲之證記。亦間有請問當來慈氏菩薩，而如來復爲之證明者。層次循置、機緒相宣，一本原文，各還起訖。有一問一答，有數問數答，有數十問而數十答，句有來源，義無斷續。

一順經文，依經字。嘗讀《慈恩法師傳》，當日譯經文繁，將順衆意，除繁去重，夜夢警誡，還依廣翻。衆師啓請，毋假删遺。何況凡夫，敢效品節。無如下士之流通，念切山野之行笈，筋枯資微，難獲弘經。時暫欣聞博義種種方便，遂決探珠，既禀微誡，益矢謹恪。經文無一字倒置，元脚無一字移改，惟當節宣，慎循來脈。閲者已堪灌溉靈苗，讀者仍捧寶函全誦。是以品題起止，卷帙載詳，簡首標宗，分段眉列，如《通鑑》有目録而全史則具在，令得按圖探索，數葉尋行，如線之針引，似闇之炬導，毋費窮翻，已到本所。

一問答，正反不並載，單行隻句毋遺忽。經文有問詳而答又複述者，有反説而正又複陳者。叮嚀誥誡，反覆乃辭旨倍温，權實兼施，正反而義趣洋溢。雖屬重見，何病慇懃。奈卷帙漸豐則守約宜講，問答毋取兩陳，正反僅開一道，接機遠近，芥捷投針，義融水乳，鐵逢磁吸。至若單詞乃復隻句，來源暗度，語脈淵微，探會真龍，靡傷斷鶴。

一《心經》爲《般若》體要。《般若》全文六百[三]，《心經》二百餘字，繁簡不同，實爲體要。其間有建有破，波湧雲興，要歸無智無得，神珠澈映。《心經》五蘊、六根、六塵、十八界説起，乃至菩提薩埵、三世諸佛，《般若》並同，第其中間諸法名相六度萬行立破層翻，奚止數百，而掃規却跡，弗留纖痕，神源寶珠，不踰無智、無得兩義。《心經》對待語句，只以生滅、垢淨、增減三義括之。《般若》所載，若常若無常，若樂若苦等，廣説乃至若有若無，若合若散，文非一指，各涵妙義，而三對待廣略雖殊，實已含攝。《心經》言諸法空相，空中無色等，而《般若》疊舉無所有不可得。《心經》遠離顛倒夢想，而《般若》窮辯菩薩魔事。《心經》神呪作結，即密即顯，而《般若》以六波羅蜜分六會説收歸全文。蓋真言爲總持門，而六到彼岸又爲諸法總持，義正相等。《心經》起文，照空五蘊，更不及餘法，即説度厄乃至結經除苦真實不虛，照應完密。《般若》始終，洗發諸法如幻、如夢，乃至如尋香城，而爲有情撥轉靈源，弘開願海，成佛度生，其義如是。夫以萬三千之弘文，大部提綱舉要，不踰數卷，約矣。《心經》以二百三十字攝之，所謂河沙妙德，總在心源也耶。某於此二載間，舒之則《般若》六百，卷之則《心經》二百。從多出少，從少出多，每一誦持輒標新義，不思議法，讚莫能窮。是則綱要無多，全經宛爾，已五百七十七卷。能斷金剛分，即流通《金剛經》文也。喻指金剛，義標中道。《般若》骨髓乃在兩經，特以經題彰顯，不復論列。

一紀年人。朽髏幼希出世，長遂硜拙。自申酉後，取家藏全史，筆讀一過，閱歲歷時，裘葛四易。於終卷之夕，喟然興慨曰：上下四千餘祀，興亡得喪，盡在是矣。從此動厭世之想，謂幻起幻滅，無真實義，吾道斷非興亡得喪間事。不覺由史入禪，求一真實。信有此事，而氣矜猶隆，五情未淡，雖多翻覽，徒徇文詞，縱切悔責，參差未一。近星霜日改，而誦持亦日積，習惱漸爾輕安，跧繫漸爾消解，頓念無常，歸心《般若》。乃思麤淨身口，方堪展卷受持。徘徊兩載，至戊申春夏，綿歷聽講者半年，得輟葷血。遂於己酉新正開經，迄今庚戌除月告竣，其間病疸病脱，心則無輟。從事《大經》恰得二年，而以夜分計之，實惟三載。此一時中更無雜想縈繞，亦止餘經兼進，因茲多病，恒慮無常，誓欲澈通晝夜，祛除蓋眠。當夏候曉，露坐庭除，冷泉盥嗽，便復開卷，日射几席，乃移入户。冬夜熟睡一覺，吹燈起坐，雞聲月色，領納甚親。或時紙窗色青，短檠發赤，投筆而起。至於居恒鍵户，以閾自限，惟二時粥飯間歇少頃，即二淨亦不遠左右。後圃草色，室邇喁喁，疎散如客，親者疑訝。已畢事之日，砣砣乍解，胸臆如釋去一物，身心大休，頗爲罄快，是晚忽下停淤數升，而神思略無困倦。自念《大經》六百卷，閱時亦不下六百日，仗此智光，照矚無量積愆，消除無始宿障，誠爲多生慶幸，非假懺力奚從。遂邀道侶，陳供全經，箋表如雲，虔修懺法，能禮所禮，了不可得。是後終以心血枯竭，脾疾繼作，欲書《緣起》，又復蹉跎，共驚頭目沈沈，自喜返視了了。暫推藥裹，疾寫所懷，爲例引六則，繫經文之後。蚍蜉撼樹，終哂綿劣，鼹鼠飲河，却已腹果。後之君子，正其遺漏，直其拘牽，毋使稍病於經，毋謂僅通乎教，宗風助起，實有望焉。

崑山葛䵻謹述

校勘記

〔一〕「穩」，疑爲「隱」。

〔二〕「百」，疑後脱「卷」字。

般若綱要卷前

大般若經緣起

大般若經諸法要目

大般若經關鍵

大般若經緣起載《大智度論》

佛以何因緣故説《摩訶般若波羅蜜經》，譬如須彌山王，不以無事及小因緣而動。答：三藏中廣引諸喻爲聲聞説法，不説菩薩道。《中阿含經》雖記彌勒作佛，亦不説種種菩薩行。今欲爲彌勒等廣説菩薩行，故説《摩訶般若波羅蜜經》。

復次，有菩薩修念佛三昧，佛欲令彼於此三昧得增益，故説《般若波羅蜜經》。

復次，菩薩念本所願大慈大悲，故初生時放大光明，作獅子吼，出家修道，六年苦行，捨苦行處到菩提樹下坐金剛處，降魔衆已，即得阿耨多羅三藐三菩提。梵王帝釋請轉法輪，佛受請説法，諸法甚深者般若波羅蜜是，是故説《摩訶般若波羅蜜經》。

復次，有人疑佛不得一切智，佛自發誠言，我是一切智人，欲斷一切衆生疑，以是故説《摩訶般若波羅蜜經》。

復次，有衆生應得度者，以佛大功德智慧無量，難知難解，故爲惡師所惑，心没邪法。佛以大悲手拔之，令入佛道，欲宣示一切諸法實相，斷一切衆生疑結，故説《摩訶般若波羅蜜經》。

復次，有惡邪人懷嫉妬意，誹謗言佛智慧不出於人，斷彼貢高邪慢意，故於《般若經》中，自說神德無量、三界特尊，爲一切覆護。若發一念惡，獲罪無量。發一淨信，受人天樂，必得涅槃。

復次，欲令人信受法故。

復次，欲令衆生歡喜故，說是《般若波羅蜜經》。十力大師難可值見，汝今已遇，我隨時開發三十七品等諸深法藏，恣汝採取。

復次，一切衆生爲結使病所煩惱，自有生死以來，無人能治此病者，我今出世爲大醫王，是故說《摩訶般若波羅蜜經》。

復次，有人念言，佛與人同，亦有生死，實受飢渴寒熱老病。佛欲斷彼意故，說是《摩訶般若波羅蜜經》，示言我身不可思議，梵天王等諸天祖父於恒河沙等劫中，欲量我身，尋究我聲，不能測度，況我智慧三昧。

復次，有人應可度者，或以無智但求身樂，或有爲道修著苦行。佛欲拔此二邊，令入中道，故說《摩訶般若波羅蜜經》。

復次，分別生身、法身供養果報，故說《摩訶般若波羅蜜經》。見《舍利塔品》中說。

復次，欲說阿鞞跋致及阿鞞跋致相故。

復次，欲說魔幻、魔僞、魔事故。

復次，爲當來世人供養般若波羅蜜因緣故，又欲授三乘記莂，故說是《般若波羅蜜經》。

復次，佛欲說第一義悉檀，故說是《般若波羅蜜經》。有四種悉檀見後。

復次，欲令長爪梵志等大議論師於佛法中生信，故說是《般若波羅蜜經》。

復次，諸佛有二種說法，一者觀人心隨可度，二者觀諸法相。今佛欲說諸法實相，故說《摩訶般若波羅蜜經》。

復次，有二種說法，一者諍處，二者不諍處。諍處餘經中已說，今欲說無諍處，故說《般若波羅蜜經》。

復次，餘經中多以三種門説法，所謂善門、不善門、無記門。今欲説非善門、非不善門、非無記門諸法相，故説《摩訶般若波羅蜜經》。

復次，餘經中隨聲聞法説四念處，今欲以異法門説四念處，故説《般若波羅蜜經》。

復次，餘經中佛説五衆無常苦空、無我相，今欲以異法門説五衆，故説《般若波羅蜜經》。

如《摩訶般若波羅蜜》無量無邊，説《摩訶般若波羅蜜》因緣亦無量無邊。是事廣故，今略説《摩訶般若波羅蜜》因緣竟。

大般若經諸法要目細目詳經本文

學般若菩薩所應知、所應習此成佛法門。

世間法　有爲法　有漏法

出世間法　無爲法　無漏法

五陰色、受、想、行、識。

六根眼、耳、鼻、舌、身、意。

六塵色、聲、香、味、觸、法。

十二處根、塵。

十八界根、塵、識。

四大地、水、火、風。

四諦苦、集、滅、道。

十二因緣無明、行、識、名色、六入、觸、受、愛、取、有、生、死。

六波羅蜜布施、尸羅、羼提、精進、禪定、般若。

四念處身、受、心、法。亦名四念住。

五根信根、念根、精進根、定根、慧根。

五力五根增長名五力。

四正勤不善法已生爲斷，未生不令生，善法未生令生，已生令增長。

四如意足正勤心小散，攝之以定。

七覺支擇法覺分、精進覺分、喜覺分、除覺分、定覺分、捨覺分、念覺分。

八正道正見、正思惟、正方便、正念、正定、正語、正業、正命。

九想脹想、壞想、血塗想、膿爛想、青想、噉想、散想、骨想、燒想。

八念念佛、念法、念僧、念戒、念捨、念天、念入出息、念死。

十想無常想、苦想、無我想、食不淨想、一切世間不可樂想、死想、不淨想、斷想、離欲想、盡想。

八背捨內有色外亦觀色是初，內無色外觀色是二，淨背捨身作證是三，四無色及滅受想，合爲八。

八勝處內有色相，外觀色少，若妙若醜，是名勝智勝見。內有色相，外觀色多，若妙若醜，是名勝智勝見。內無色相，外觀色少，若妙若醜，是名勝智勝見。內無色相，外觀色多，若妙若醜，是名勝智勝見。內無色相，外觀色青，大不淨觀治偏一切處貪。內無色相，外觀色黄，大不淨觀治偏一切處貪。內無色相，外觀色赤，大不淨觀治偏一切處貪。內無色相，外觀色白，大不觀治偏一切處貪。

八解脱內有色，觀外色解脱。內無色，觀外色解脱。淨勝解身作證，具足住。超一切色想、滅有對想，不思惟種種想，入無邊空處，具足住。超一切空無邊處，入無邊識處定，具足住。超一切識無邊處，入無所有處定，具足住。超一切無所有處，入非想非非想處定，具足住。超一切非想非非想處，入滅想受定，具足住。

十一切處即上勝處，此則偏緣爲異。

四禪有漏、無漏、亦有亦無、非有非無。

四無色定空無邊處、識無邊處、無所有處、非想非非想處。

九次第定初禪、二禪、三禪、四禪、五虚空處、六識處、七無所有處、八非想非非想、九滅受想。

十六行觀苦四：無常、苦、空、無我。觀苦因四：集、因、緣、生。觀苦盡四：盡、滅、妙、出。觀道四：道、正、行、跡。

十地正觀地、種性地、第八地、見地、薄地、離欲地、已辦地、獨覺地、菩薩地、如來地。

四果須陀洹、斯陀含、阿那含、阿羅漢。

三乘聲聞、緣覺、菩薩。亦有獨覺稱辟支佛。

四緣因緣、次第緣、緣緣、增上緣。

十喻如幻、如燄、如水中月、如虚空、如響、如乾闥婆城、如夢、如影、如鏡中像、如化。

十八空內空、外空、內外空、空空、大空、第一義空、有爲空、無爲空、畢竟空、無始空、散空、性空、自相空、諸法空、不可得空、無法空、有法空、無法有法空。

三明宿命明、天眼明、漏盡明。

五眼肉眼、天眼、慧眼、法眼、佛眼。

六通神境、天耳、他心、宿命、天眼、漏盡。

四無量慈悲、喜捨。

四攝法布施、愛語、利行、同事。

四無畏正等覺無畏、漏盡無畏、障法無畏、盡苦道無畏。

四無礙解義無礙、法無礙、辭無礙、樂説無礙。

十行歡喜行、饒益行、無瞋恨行、無盡行、離癡亂行、善現行、無著行、尊重行、善法行、真實行。

十忍戒忍、知見忍、定忍、慧忍、解脱忍、空忍、無願忍、無相忍、無常忍、無生忍。

十力知是處非處智力、知過現未來業報智力、知諸禪解脱三昧智力、知諸根勝劣智力、知種種解智力、知種種界智力、知一切至處道智力、知天眼無礙智力、知宿命無漏智力、知永斷習氣智力。

十八不共法身無失、口無失、念無失、無異想、無不定心、無不知已捨、欲無減、精進無減、念無減、慧無減、解脱無減、解脱知見無減、一切身業隨智慧行、一切口業隨智慧行、一切意業隨智慧行、智慧知過去世無礙、智慧知未來世無礙、智慧知現在世無礙。

三十二相

八十隨好

一切智

道相智

一切相智

一切相微妙智

一切陀羅尼門

一切三摩地門

無忘失法

恒住捨性

真如法界

法性

不虛妄性

不變異性

平等性

法定

法住

實際

處空界

不思議界

十一智法智、比智、他心智、世智、苦智、集智、滅智、道智、盡智、無生智、如實智。

三三昧有覺有觀、無覺有觀、無覺無觀。

三根未知欲知根、智根、知已根。

三解脱門空、無相、無願。

十六知見我、衆生、壽命、生者、養育士夫、補特伽羅、意生、儒童、作者、使作者、起者、使起者、受者、使受者、知者、見者。

三十七助道品即四念處、五根、五力、四正勤、四如意足、七覺支、八正道。

附見四悉檀一世界悉檀，二爲人悉檀，三對治悉檀，四第一義悉檀。論曰：四悉檀中總攝一切十二部經八萬四千法藏。

三觀空、假、中。龍樹偈云：因緣所生法，我説即是空，亦名爲假名，亦名中道義。

六相義總、別、同、異、成、壞。

大般若經關鍵

般若譬彼神丹，能點化世、出世間法。

無生　無著　無住　無二

無捨　無取　無護　無勤

無思　不垢　不淨　不增

不減　無縛　無脱　無別

無斷　不合　不散

空相　離相　寂滅相　寂靜相

無相　無願　無作　無諍

無所得　但有名　畢竟淨　不可得

無二爲方便，無生爲方便，無所得爲方便。

一法門如是，一切法門亦如是。

不著色有性，不著色無性。不著色常，不著色無常。不著色樂，不著色苦。

舉色而受想行識皆然，一切法亦然。

修行般若波羅蜜時，不見若相應若不相應。

不著色寂靜，不著色不寂靜。

色不與受合，受不與想合，想不與行合，行不與識合。

過去世不與現在世合，現在世不與未來世合。

薩婆若不與佛合，佛不與薩婆若合。

佛不與菩提合，菩提不與佛合。

修行般若波羅蜜多時，不見諸法性差別故。

前列世、出世諸法，即次以《般若》關鍵者，苟學人敏利，知此則世、出世諸法總皆融化爲《般若》矣。如曰無生，則法法皆無生。如曰無二，則法法皆無二。直至向後無縛無脱、不垢不淨等，類此推去，六百卷《般若》，思過半矣。古南沙門通門記。

般若綱要卷一

古南沙門通門閱正

七空居士葛鼐提綱

大般若經初會序

《大般若經》者，乃希代之絶唱，曠劫之遐津，光被人天，括囊真俗，誠入神之奥府，有國之靈鎮。自非聖德遠覃，哲人孤出，則玄音罕貿，圓教豈臻。所以帝敘金照，皇述瓊振，事邈千古，理鏡三辰，鬱矣斯文，備乎茲日。然則部分四二，昔徒掌其半珠，會兼十六，今乃握其全寶。竊案諸會別起，每比一部，輒復本以殊迹，各申一序。至如靈峯始集，宏韻首馳，控蕩身源，敷弘心要。何者。夫五蘊爲有情之封，二我爲有封之宅，宅我而舉，則逐飲之水方深，封蘊以居，則尋香之堞彌峻焉。識夫我之所根者想，想妄而我不存。蘊之所繫者名，名假而蘊無託。故即空之談啓，亡言之理暢，閲紛俗於非動，置蠢徒於不生，齊谷響於百名，儔鏡姿於萬象。筌宰失寄，而後真宰獨融，規准莫施，而後沖規妙立。慮途千泯，言術四窮。使夫淺躁投機，拘攣解桎，媲司南之有在，同拱北以知歸。義既天悠，詞仍海溢，且爲諸分之本，又是前古未傳，凡勒成四百卷，八十五品矣。或謂權之方土，理宜裁譯。竊應之曰，一言可蔽，而雅頌之作聯章，二字可題，而涅槃之音積軸。優柔闡緩，其慈誨乎。若譯而可削，恐貽患於傷手，今傳而必本，庶無譏於溢言。況搦扎之辰，慨念增損，而魂交之夕，炯戒昭彰。終始感睨，具如別録。其有大心茂器，久聞歷奉者，自致不驚不怖，爰諮爰度矣。

唐西明寺沙門玄則製

大般若波羅蜜多經初分　卷一緣起品　卷二

如是我聞，一時薄伽梵住王舍城鷲峰山頂，與大苾芻衆千二百五十人俱，皆阿羅漢，除阿難獨居學地，得預流果，大迦葉波而爲上首。復有五百苾芻尼衆皆阿羅漢，大勝生主而爲上首。復有無量鄔波索迦、鄔波斯迦。復有無量無數菩薩摩訶薩衆。聲聞、獨覺不能測量。其名曰賢守菩薩、寶性菩薩、寶藏菩薩、寶授菩薩、導師菩薩、仁授菩薩、星授菩薩、神授菩薩、帝授菩薩、廣慧菩薩摩訶薩等，皆法王子，堪紹佛位，而爲上首。爾時，世尊於師子座上自敷尼師壇結跏趺坐，入等持王妙三摩地，正知正念，從等持王安詳而起，以淨天眼觀察十方殑伽沙等諸佛世界，一一身分，各放六十百千俱胝那庾多光。此一一光各照三千大千世界，從此展轉偏照十方殑伽沙等諸佛世界。其中有情遇斯光者，必得無上正等菩提。爾時世尊從其面門出廣長舌相，偏覆三千大千世界，流出無量百千俱胝那庾多光。一一光中現寶蓮華，諸華臺中皆有化佛結跏趺坐，演妙法音，皆説般若波羅蜜多相應之法。爾時世尊不起本座，復入師子游戲等持，現神通力，令此三千大千世界六種變動。時此三千大千世界所有地獄、傍生、鬼界，及餘無暇險惡趣坑，一切有情皆離苦難，從此捨命，得生人中。及六欲天，皆憶宿住，歡喜踴躍，同詣佛所，以殷淨心頂禮佛足。時此三千大千世界無量無數淨居諸天，下至欲界四大王衆天及餘一切人、非人等，皆見如來處師子座，威光顯曜，如大金山。各持種種無量天華，持詣佛所，奉散佛上。以世尊神通力故，各各見佛正坐其前，獨爲説法。爾時，世尊不起于座，熙怡微笑，從其面門放大光明，徧照三千大千佛土并餘十方殑伽沙等諸佛世界。一切有情尋佛光明普見十方殑伽沙等諸佛世界，一切如來應正等覺，聲聞、菩薩衆會圍繞，及餘一切有情、無情品類差別。亦見此土釋迦牟尼如來應正等覺，聲聞、菩薩衆會圍繞，及餘一切有情、無情品類差別。爾時，東方盡殑伽沙世界，最後世界名曰多寶，佛號寶性，時現在彼安隱住持，爲諸菩薩摩訶薩衆説大般若波羅蜜多。彼有菩薩名曰普光，見此大光、大地變動及佛身相，前詣佛所，頂禮白言：何因何緣而有此瑞。時寶性佛告普光菩薩言：善男子，從此西方盡殑伽沙等世界，最後世界名曰堪忍，佛號釋迦牟尼，今現在彼安隱住持，將爲菩薩摩訶薩衆説大般若波羅蜜多，彼佛神力故現此瑞。普光聞已，請往堪忍世界觀禮，供養釋迦牟尼如來。寶性佛即以千莖金色蓮華授普光菩薩而誨之言：汝持此華至釋迦牟尼佛所，致問無量。時釋迦牟尼佛受此蓮華，還散東方殑伽沙等諸佛世界，佛神力故，令此蓮華徧諸佛土，諸華臺中各有化佛結跏趺坐，爲諸菩薩説大般若波羅蜜多相應之法，有情聞者，必得無上正等菩提。是時普光及諸眷屬供養、恭敬佛菩薩已，退坐一面。如是最後世界，已前所有東方一一佛土，各有如來現爲大衆宣説妙法，亦各有一上首菩薩向佛觀禮，供養恭敬，退坐一面。爾時，南方盡殑伽沙等最後世界名離一切憂，佛號無憂德，彼有菩薩名曰離憂。西方盡殑伽沙等世界最後世界名近寂靜，佛號寶燄，彼有菩薩名曰行慧。北方盡殑伽沙世界最後世界名曰最勝，佛號勝帝，彼有菩薩名曰勝授。東北方盡殑伽沙等世界最後世界名定莊嚴，佛號定象勝德，彼有菩薩名曰離塵勇猛。東南方盡殑伽沙等世界最後世界名妙覺莊嚴甚可愛樂，佛號蓮華勝德，彼有菩薩名蓮華手。西南方盡殑伽沙等世界最後世界名離塵聚，佛號日輪徧照勝德，彼有菩薩名日光明。西北方盡殑伽沙等世界最後世界名真自在，佛號一寶蓋勝，彼有菩薩名曰寶勝。下方盡殑伽沙等世界最後世界名曰蓮華，佛號蓮華德，彼有菩薩名蓮華勝。上方盡殑伽沙等世界最後世界名曰歡喜，佛號喜德，彼有菩薩名曰喜授。見此大光，大地變動及佛身相，前詣佛所頂禮白言：何因何緣而有此瑞。乃至請往堪忍世界觀禮，供養釋迦牟尼如來，見已歡喜，退坐一面。爾時，於此三千大千佛之世界衆寶充滿，種種妙華徧布其地，寶幢幡蓋處處行列，周徧莊嚴，甚可愛樂，如衆蓮華世界普華如來淨土。妙吉祥菩薩、善住慧菩薩及餘無量大威神力菩薩摩訶薩，本住其中。緣起品竟。

卷三學觀品

爾時，世尊，知諸世界，若天、魔、梵，若諸沙門，乃至龍、神，若諸菩薩住最後身紹尊位者，若餘一切於法有緣人、非人等，皆來集會，便告舍利子言：若菩薩摩訶薩欲於一切法等覺一切相，當學般若波羅蜜多。舍利子白佛言：云何菩薩欲於一切法等覺一切相，當學般若波羅蜜多。佛告舍利子言：諸菩薩摩訶薩應以無住而爲方便，安住般若波羅蜜多，能住、所住不可得故。應以無捨而爲方便，圓滿布施波羅蜜多，施者、受者及所施物不可得故。應以無護而爲方便，圓滿淨戒波羅蜜多，犯、無犯相不可得故。應以無取而爲方便，圓滿安忍波羅蜜多，動、不動相不可得故。應以無勤而爲方便，圓滿精進波羅蜜多，身心勤、怠不可得故。應以無思而爲方便，圓滿靜慮波羅蜜多，有味、無味不可得故。應以無著而爲方便，圓滿般若波羅蜜多，諸法性、相不可得故。

復次，舍利子，諸菩薩摩訶薩安住般若波羅蜜多，以無所得而爲方便，應圓滿一切法，如是諸法不可得故。

修行般若波羅蜜多，如實知六波羅蜜多，得大果報。

以無所得而爲方便，修行一波羅蜜多，能滿五波羅蜜多。

諸菩薩摩訶薩，欲得此等無量無數不可思議希有功德，應學般若波羅蜜多。此卷自舍利子發問起答應學義，直至卷末方竟。

卷四

爾時，舍利子白佛言：世尊，云何菩薩摩訶薩應行般若波羅蜜多。佛告具壽舍利子言：舍利子，菩薩摩訶薩修行般若(二)蜜多時，應如是觀：實有菩薩，不見有菩薩，不見菩薩名。不見般若波羅蜜多，不見般若波羅蜜多名。不見行，不見不行。何以故。舍利子，菩薩自性空，菩薩名空。所以者何。色自性空，不由空故。色空非色，色不離空，空不離色，色即是空，空即是色。受、想、行、識自性空，不由空故。受、想、行、識空，非受、想、行、識。受、想、行、識不離空，空不離受、想、行、識。受、想、行、識即是空，空即是受、想、行、識。何以故。舍利子，此但有名，謂爲薩埵。此但有名，謂爲菩提薩埵。此但有名，謂之爲空。此但有名，謂之爲色、受、想、行、識。如是自性無生無滅、無染無淨，菩薩摩訶薩如是行般若波羅蜜多，不見生、不見滅、不見染、不見淨，由不見故，不生執著。復次，舍利子，諸菩薩摩訶薩修行般若波羅蜜多時，應如是觀：菩薩但有名，佛但有名，般若波羅蜜多但有名。色但有名，受、想、行、識但有名。眼處但有名，耳、鼻、舌、身、意處但有名。色處但有名，聲、香、味、觸、法處但有名。眼界但有名，耳、鼻、舌、身、意界但有名。色界但有名，聲、香、味、觸、法界但有名。眼識界但有名，耳、鼻、舌、身、意識界但有名。眼觸但有名，耳、鼻、舌、身、意觸但有名。眼觸爲緣所生諸受但有名，耳、鼻、舌、身、意觸爲緣所生諸受但有名。地界但有名，水、火、風、空識界但有名。因緣但有名，等無間緣、所緣緣、增上緣但有名。從緣所生諸法但有名。無明但有名。行、識、名色、六處、觸、受、愛、取、有、生、老死愁歎苦憂惱但有名。布施波羅蜜多但有名，淨戒、安忍、精進、靜慮波羅蜜多但有名。内空但有名，外空、内外空、空空、大空、勝義空、有爲空、無爲空、畢竟空、無際空、散空、無變異空、本性空、自相空、共相空、一切法空、不可得空、無性空、自性空、無性自性空但有名。四念住但有名，四正斷、四神足、五根、五力、七等覺支、八聖道支但有名。空解脱門但有名，無相、無願解脱門但有名。苦聖諦但有名，集、滅、道聖諦但有名。四靜慮但有名，四無量、四無色定但有名，八解脱但有名。八勝處、九次第定、十徧處但有名。陀羅尼門但有名，三摩地門但有名。歡喜地但有名，離垢地、發光地、燄慧地、極難勝地、現前地、遠行地、不動地、善慧地、法雲地但有名。正觀地但有名，種性地、第八地、見地、薄地、離欲地、已辦地、獨覺地、菩薩地、如來地但有名。五眼但有名，六神通但有名。如來十力但有名，四無所畏、四無礙解、大慈、大悲、大喜、大捨、十八佛不共法但有名。

三十二大士相但有名，八十隨好但有名。無忘失法但有名，恒住捨性但有名。一切智但有名，道相智、一切相智但有名，一切智智但有名。永拔煩惱習氣相續但有名。預流果但有名，一來、不還、阿羅漢果但有名，獨覺菩提但有名。世間法但有名，出世間法但有名。有漏法但有名，無漏法但有名。有爲法但有名，無爲法但有名。舍利子，如我但有名，謂之爲我，實不可得。如是有情、命者、生者、養者、士夫、補特伽羅、意生、儒童、作者、使作者、起者、使起者、受者、使受者、知者、見者，亦但有名，謂爲有情乃至見者，以不可得空故，但隨世俗，假立客名。諸法亦爾，不應執著。是故菩薩摩訶薩修行般若波羅蜜多時，不見有我乃至見者，亦不見有一切法性。舍利子，諸菩薩摩訶薩如是修行甚深般若波羅蜜多，除諸佛慧，一切聲聞、獨覺等位所不能及，以不可得空故。所以者何。是菩薩摩訶薩於名、所名俱無所得，以不觀見，無執著故。舍利子，諸菩薩能如是修行般若波羅蜜多，名善修行般若波羅蜜多。

舍利子，假使汝及大目乾連充滿十方殑伽沙等諸佛世界，如稻、麻、竹、葦、甘蔗、林等所有智慧，比行般若波羅蜜多一菩薩摩訶薩智慧，百分不及一，千分、百千分乃至鄔波尼殺曇分亦不及一。何以故。菩薩智慧能使一切有情趣般涅槃，一切聲聞、獨覺智慧不如是故。

菩薩常作是念，我當修行一切法，乃至我當永拔一切煩惱習氣，證得無上正等菩提，方便安立無量、無數、無邊有情於無餘依涅槃界，聲聞、獨覺無如是念。

菩薩摩訶薩常與一切聲聞、獨覺作真福田。何以故。以依菩薩摩訶薩故，一切善法出現世間。

菩薩施諸有情無量、無數、無邊善法，爲大施主，不須復報諸施主恩。學觀品竟。

卷四之十四葉相應品

舍利子白佛言：菩薩摩訶薩與何法相應故，當言與般若波羅蜜多相應。佛告舍利子：與一切法空相應故，當言與般若波羅蜜多相應。舍利子，與如是等空相應時，不見色乃至識若相應，若不相應。何以故。是菩薩摩訶薩不見色乃至識若是生法，若是滅法，若是染法，若是淨法。不見色與受合、受與想合、想與行合、行與識合。何以故。無有少法與少法合，本性空故。所以者何。諸色空，彼非色。諸受、想、行、識空，彼非受、想、行、識。何以故。諸色空，彼非變礙相。諸受空，彼非領納相。諸想空，彼非取像相。諸行空，彼非造作相。諸識空，彼非了別相。何以故。舍利子，色不異空，空不異色，色即是空，空即是色。受、想、行、識不異空，空不異受、想、行、識，受、想、行、識即是空，空即是受、想、行、識。何以故。舍利子，是諸法空相：不生不滅、不垢不淨、不增不減，非過去、非未來、非現在。舍利子，如是空中無色，無受、想、行、識，無地界，無水、火、風、空識界，無眼處，無耳、鼻、舌、身、意處，無色處，無聲、香、味、觸、法處，無眼界，無耳、鼻、舌、身、意界，無色界，無聲、香、味、觸、法界，無眼識界，無耳、鼻、舌、身、意識界，無眼觸，無耳、鼻、舌、身、意觸，無眼觸爲緣所生諸受，無耳、鼻、舌、身、意觸爲緣所生諸受，無無明生，無無明滅，無行、識、名色、六處、觸、受、愛、取、有、生、老死愁歎苦憂惱生，無行、識、名色乃至老死愁歎苦憂惱滅，無苦聖諦，無集、滅、道聖諦，無得，無現觀，無預流、無預流果，無一來、無一來果，無不還、無不還果，無阿羅漢、無阿羅漢果，無獨覺、無獨覺菩提，無菩薩、無菩薩行，無佛、無佛菩提。舍利子，修行般若波羅蜜多菩薩與如是等法相應故，當言與般若波羅蜜多相應。

卷五　卷六

舍利子，修行般若波羅蜜多，不見一切法若相應，若不相應。

修行般若波羅蜜多入一切法自相空已，不觀色乃至識若相應，若不相應。不觀色乃至識與前際、後際、現在若相應，若不相應。何以故。不見前際、後際、現在故。

修行般若波羅蜜多不觀一切智與一切法若相應，若不相應。何以故。尚不見有一切法，況觀一切智與一切法若相應，若不相應。不觀一切智與佛若相應，若不相應。何以故。尚不見有佛，況觀一切智與佛若相應若不相應。不觀一切智與菩提若相應，若不相應。何以故。尚不見有菩提，況觀一切智與菩提若相應，若不相應。舍利子，一切智即是佛，佛即是一切智。一切智即是菩提，菩提即是一切智故。

修行般若波羅蜜多，不著一切法有、非有、常無常、樂苦、我無我、寂靜不寂靜、空不空、無相有相、無願有願。五卷十六葉起，至六卷末止。

卷七

不爲一切法故修行般若波羅蜜多。何以故。

不見諸法性差別故。

菩薩摩訶薩，不見少法能於法界現等覺。修行般若波羅蜜多時，不見有法離法界者，不見法界離諸法有。不作是念，此法能證法界，此法不能證法界。何以故。尚不見法，況見有法能證法界或不能證。

修行般若波羅蜜多，不見一切法與空相應，不見空與一切法相應，若能如是與空相應，是爲第一與空相應。諸相應中與般若波羅蜜多相應爲最第一。何以故。此般若波羅蜜多相應，即是空相應，即是無相相應，即是無願相應，由此因緣最爲第一。相應品竟。

卷七之十三葉轉生品

舍利子白佛言：安住般若波羅蜜多，諸菩薩摩訶薩從何處没，來生此間。從此處没，當生何處。佛告舍利子言：安住般若菩薩，有從他方佛土没，來生此間。有從覩史多天没，來生此間。有從人中没，生此人中。舍利子，若菩薩安住般若，從他方佛土没，來生此者，是菩薩速與般若波羅蜜多相應，由與般若波羅蜜多相應故，轉生便得深妙法門疾現在前，從此已後，恒與般若波羅蜜多速得相應。在所生處，當得值佛供養恭敬，尊重讚歎，能令般若波羅蜜多漸得圓滿。舍利子，若菩薩安住般若，從覩史多天没，來生此者，是菩薩多爲一生所繫，布施、淨戒、安忍、精進、靜慮、般若波羅蜜多自在現前，常不忘失，亦於一切陀羅尼門、三摩地門，自在現前常不忘失。舍利子，若菩薩安住般若，從人中没，生人中者，是菩薩除不退轉，其根昧鈍，雖勤修般若波羅蜜多而不能速與般若波羅蜜多相應，又於一切陀羅尼門、三摩地門未得自在。

次答從此間没當生何處者。舍利子，是菩薩由與般若波羅蜜多相應故，從此處没，生餘佛土，從一佛國至一佛國，在在生處，常得值遇諸佛世尊，供養恭敬、尊重讚歎，乃至無上正等菩提，終不離佛。舍利子，有菩薩無方便善巧故，入四靜慮，亦能修行六波羅蜜多。是菩薩得靜慮故，生長壽天，隨彼壽盡，來生人間，值遇諸佛，供養恭敬，尊重讚歎，雖行六種波羅蜜多而諸根昧鈍，不甚明利，諸有所爲，非極善巧。舍利子，有菩薩入四靜慮，亦能修行六波羅蜜多。是菩薩無方便善巧故，捨諸靜慮而生欲界。當知是菩薩亦諸根昧鈍，不甚明利，諸有所爲非極善巧。舍利子，有菩薩入四靜慮、入四無量、入四無色定，修行六波羅蜜多：安住內空，乃至無性自性空。安住真如，安住法界、法性，乃至不思議界。修行四念住、四正斷、四神足、五根、五力、七等覺支、八聖道支。安住四聖諦。修行八解脱、八勝處、九次第定、十徧處。修行三解脱門、陀羅尼門、三摩地門。修行五眼、六神通。修行佛十力、四無所畏、四無礙解、大悲大悲、大喜大捨、十八佛不共法。修行無忘失法、恒住捨性。修行一切智、道相智、一切相智。是菩薩有方便善巧故，不隨靜慮無量無色勢力而生，隨所生處，常遇如來應正等覺，供養恭敬，尊重讚歎，常不遠離甚深般若波羅蜜多。當知是菩薩，此賢劫中，定得無上正等菩提。舍利子，有菩薩入四靜慮、四無量、四無色定，是菩薩有方便善巧故，不隨靜慮無量無色勢力而生，還生欲界。若刹帝利大族，若婆羅門大族，若長者居士大族，爲欲成熟有情故，不爲貪染後有故生。舍利子，有菩薩入四靜慮、四無量、四無色定，是菩薩有方便善巧故，不隨靜慮無量無色而生，或生四大王衆天，或生三十三天，或生夜摩天，或生覩史多天，或生樂變化天，或生他化自在天，爲欲成熟諸有情故及爲嚴淨諸佛土故，常值諸佛，供養恭敬，尊重讚歎，無空過者。舍利子，有菩薩入四靜慮、四無量、四無色定，是菩薩修行般若波羅蜜多有方便善巧故，於此處没，生梵世中作大梵王，威德熾盛，過餘梵衆多百千倍。從自天處遊諸佛土，從一佛國至一佛國。其中有菩薩未證菩提者，勸證菩提，已證菩提未轉法輪者，請轉法輪，爲欲利樂諸有情故。舍利子，有菩薩一生所繫有方便善巧故，入四靜慮、四無量、四無色定，修行六波羅蜜多：安住内空，乃至無性自性空。安住真如，安住法界、法性乃至不思議界。修行四念住、四正斷、四神足、五根、五力、七等覺支、八聖道支。安住四聖諦。修行八解脱、八勝處、九次第定、十徧處。修行三解脱門、一切陀羅尼門、一切三摩地門。修行五眼、六神通。修行佛十力、四無所畏、四無礙解、大慈大悲、大喜大捨、十八佛㈢不共法。修行無忘失法、恒住捨性。修行一切智、道相智、一切相智。是菩薩不隨靜慮無量無色勢力而生，現前奉事、親近供養現在如來應正等覺，於是佛所勤修梵行。從此處没，生覩史多天，盡彼壽量，諸根無缺，具念正知。無量無數百千俱胝那庾多天衆圍繞導從，遊戲神通來生人中，現修苦行，證得無上正等菩提，轉妙法輪，度無量衆。舍利子，有菩薩得六神通，不生欲界、不生色界、不生無色界，遊諸佛土，從一佛國至一佛國，供養恭敬、尊重讚歎無量如來應正等覺，修諸菩薩摩訶薩行，漸次證得所求無上正等菩提。舍利子，有菩薩得六神通，自在遊戲，從一佛國至一佛國，所經佛土無有聲聞、獨覺等名，唯有一乘真梵行者。是菩薩於諸佛土供養恭敬、尊重讚歎無量如來應正等覺，修行般若波羅蜜多漸次圓滿，嚴淨佛土，成熟有情，常無懈廢。舍利子，有菩薩得六神通，自在遊戲，從一佛國至一佛國，所經佛土有情壽量不可數知。是菩薩于諸佛土供養恭敬、尊重讚歎無量如來應正等覺，修行般若波羅蜜多漸次圓滿，嚴淨佛土，成熟有情，曾無懈倦。舍利子，有菩薩得六神通，自在遊戲，從一世界至一世界，有諸世界不聞佛名、法名、僧名。是菩薩往彼世界，稱揚讚歎佛法僧寶，令諸有情深生淨信，由斯長夜利益安樂。是菩薩於此命終，生有佛界，修諸菩薩摩訶薩行，漸次證得所求無上正等菩提，利益安樂諸有情類。舍利子，有菩薩從初發心勇猛精進，得四靜慮，得四無量、得四無色定，修行六波羅蜜多：安住內空乃至無性自性空。安住真如、安住法界法性，乃至不思議界。修行四念住、四正斷、四神足、五根、五力、七等覺支、八聖道支。安住四聖諦。修行八解脱、八勝處、九次第定、十徧處。修行三解脱門、一切陀羅尼門、一切三摩地門。修行極喜地乃至法雲地。修行五眼、六神通。修行佛十力、四無所畏、四無礙解、大慈大悲、大喜大捨、十八佛不共法。修行無忘失法、恒住捨性。修行一切智、道相智、一切相智。是菩薩不生欲界、不生色界、不生無色界，常生能益諸有情處，利益安樂一切有情。舍利子，有菩薩先已修習六波羅蜜多，初發心已，便入菩薩正性離生乃至證得不退轉地。舍利子，有菩薩先已修習六波羅蜜多，及餘無量無邊佛法，初發心已，便能展轉證得無上正等菩提，轉妙法輪，度無量衆，於無餘依大涅槃界而般涅槃。般涅槃後，所説正法住世一劫或一劫餘，利樂無邊諸有情類。舍利子，有菩薩先已修習六波羅蜜多，及餘菩薩摩訶薩行，初發心已，便與般若波羅蜜多相應，與無量無數菩薩前後圍繞，遊諸佛土，從一佛國至一佛國，供養恭敬、尊重讚歎諸佛世尊，成熟有情，嚴淨佛土。

卷八　卷九

舍利子，有菩薩修行般若波羅蜜多，得四靜慮及四無量、四無色定，於九等至次第超越，順逆入出，自在遊戲，非諸聲聞、獨覺等境。是菩薩於諸等至方便善巧次第超越，自在遊戲，然於其中無染無著。

有菩薩雖住六波羅蜜多，而以一波羅蜜多常爲上首，具足修習，勸諸有情，亦令修習。

有菩薩修行般若波羅蜜多方便善巧，化身如佛，徧入地獄、傍生、鬼界，若人，若天，隨其類音爲説正法，令獲殊勝利益安樂。

有菩薩安住六波羅蜜多，化身如佛，徧至十方殑伽沙等諸佛世界，爲諸有情宣説正法。於諸佛所聽聞正法，嚴淨佛土，周覽十方最勝佛土，微妙淨相而便自起最極莊嚴清淨佛土，於中安處一生所繫諸大菩薩，令速證得所求無上正等菩提。

有菩薩安住六波羅蜜多，常爲邪見盲冥有情作法照明，亦持此明常以自照，乃至無上正等菩提，此法照明，曾不捨離。是菩薩由此因緣，於諸佛法常得現起。是故舍利子，修行般若波羅蜜多，於身、語、意三有罪業無容暫起。

有菩薩安住般若波羅蜜多，能成勝智。由此智故，雖行一切法，而不得一切法，雖能圓滿一切佛法，而於諸法無執無取，以一切法自性空故。

有菩薩修行六波羅蜜多，得淨五眼。如是六種波羅蜜多總攝一切清淨善法，謂聲聞善法、獨覺善法、菩薩善法、如來善法。舍利子，若正問言，何法能攝一切善法。應正答言，甚深般若波羅蜜多。何以故。能生六種波羅蜜多及五眼等無量無邊不可思議勝功德故。能學如是清淨五眼，定得無上正等菩提。卷八。

有菩薩修行般若波羅蜜多時，能引發六神通波羅蜜多：一者神境證通，二者天耳智證通，三者他心智證通，四者宿住智證通，五者天眼智證通，六者漏盡智證通。舍利子言：云何神境智證通。佛言：菩薩神境智證通，起無量種大神變事。所謂震動十方各如殑伽沙界大地等物，變一爲多，變多爲一，或顯或隱，迅速無礙。山崖墻壁，直過如空。淩虚往來，猶如飛鳥。地中出没，如出没水。水上經行，如經行地。身出煙焰，如燎高原。體注衆流，如銷雪嶺。日月神德，威勢難當。以手捫摩，光明隱蔽。乃至淨居，轉身自在。如斯神變，無量無邊。是菩薩雖具如是神境智用，而於其中俱無所著，不作是念，我今引發神境智通，爲自娱樂、爲娱樂他，唯除爲得一切智智。舍利子言：云何天耳智證通。佛言：菩薩天耳智證通最勝清淨。過人天耳能如實聞十方，各如殑伽沙界情、非情類種種音聲。所謂徧聞地獄聲、傍生聲、鬼界聲、人聲、天聲、聲聞聲、獨覺聲、菩薩聲、如來聲、訶毁生死聲、讚歎涅槃聲、棄背有爲聲、趣向菩提聲、厭惡有漏聲、欣樂無漏聲、稱揚三寶聲、摧伏異道聲、論議決擇聲、諷誦經典聲、勸斷諸惡聲、教修衆善聲、拔濟苦難聲、慶慰歡樂聲。如是等聲，若大若小皆能徧聞，無障無礙。是菩薩雖具如是天耳作用，而於其中俱無所著，不作是念，我今引發天耳智通，爲自娱樂、爲娱樂他，唯除爲得一切智智。舍利子言：云何他心智證通。佛言：菩薩他心智證通，能如實知十方各如殑伽沙界他有情類心、心所法。所謂徧知他有情類貪心、離貪心、嗔心、離瞋心、癡心、離癡心、愛心、離愛心、取心、離取心、聚心、散心、小心、大心、舉心、下心、寂靜心、不寂靜心、掉心、不掉心、定心、不定心、解脱心、不解脱心、有漏心、無漏心、有亹心、無亹心、有上心、無上心。菩薩雖具如是他心智用，而於其中俱無所著，不作是念，我今引發他心智通，爲自娱樂、爲娱樂他，唯除爲得一切智智。

舍利子言：云何宿住隨念智證通。佛言：菩薩宿住隨念智證通，能如實知十方各如殑伽沙界一切有情諸宿住事。所謂隨念若自，若他一心、十心、百心、千心、多百千心諸宿住事。或復隨念一日、十日、百日、千日、多百千日諸宿住事。或復隨念一月、十月、百月、千月、多百千月諸宿住事。或復隨念一歲、十歲、百歲、千歲、多百千歲諸宿住事。或復隨念一劫、十劫、百劫、千劫、多百千劫，乃至無量無數百千俱胝那庾多劫諸宿住事。或復隨念前際所有諸宿住事，謂如是時、如是處、如是名、如是姓、如是類、如是食、如是久住、如是壽限、如是長壽、如是受樂、如是受苦，彼没生此、此没生彼，如是狀貌、如是言説，若略若廣，若自若他，諸宿住事，皆能隨念。菩薩雖具如是宿住智用，而於其中俱無所著，不作是念，我今引發宿住智通，爲自娱樂、爲娱樂他，唯除爲得一切智智。舍利子言：云何天眼智證通。佛言：菩薩天眼智證通最勝清淨，過人天眼能如實見十方各如殑伽界情、非情類種種色像。所謂普見有情類生時死時、妙色粗色，若勝若劣、善趣惡趣諸如是等種種色像。因此復知諸有情類隨業力用受生差别。如是有情成就身妙行、語妙行、意妙行，讚美賢聖正見因緣，身壞命[三]終，當昇善趣，天上、人中受諸妙樂。如是有情成就身惡行、語惡行、意惡行，謗毀賢聖邪見因緣，身壞命終，當墮惡趣，或生地獄、傍生、鬼界，或生邊地下賤、穢惡有情類中，受諸劇苦。如是種種受果差别，菩薩雖具如是天眼作用，而於其中俱無所著，不作是念，我今引發天眼智通，爲自娱樂、爲娱樂他，唯除爲得一切智智。舍利子言：云何漏盡智證通。佛言：菩薩漏盡智證通，能如實知十方各如殑伽沙界一切有情，若自若他，漏盡、不盡。此通依止金剛喻定，斷諸障習，方得圓滿，得不退轉菩薩地時，於一切漏亦名爲盡，畢竟不起現在前故。菩薩雖得此漏盡通，不墮聲聞及獨覺地，唯趣無上正等菩提，不復希求餘義利故。菩薩雖具如是漏盡智用，而於其中俱無所著，不作是念，我今引發漏盡智證通，爲自娱樂、爲娱樂他，唯除爲得一切智智。

有菩薩修行般若波羅蜜多時，安住六種波羅蜜多，嚴淨一切智、一切相智道。由畢竟空無去來故：無布施，無慳貪，唯假施設故。無淨戒，無犯戒，唯假施設故。無安忍，無忿恚，唯假施設故。無精進，無懈怠，唯假施設故。無静慮，無散亂，唯假施設故。無般若，無愚癡，唯假施設故。是菩薩不著趣入，不著不趣入。不著已度，不著非已度。不著布施，不著慳貪。不著淨戒，不著犯戒。不著安忍，不著忿恚。不著精進，不著懈怠。不著静慮，不著散亂。不著般若，不著愚癡。當於爾時，於著、不著亦無所著。何以故。達一切法畢竟空故。

佛説般若波羅蜜多勝功德時，會中無量大苾芻衆皆發阿耨羅三藐三菩提心。世尊面門出種種色光，告阿難陀言：此從座起無量苾芻，從是以後六十一劫星喻劫中當得作佛，皆同一號，謂大幢相如來，十號具足。是諸苾蒭從此歿已，當生東方不動佛國，於彼佛所勤修梵行。復有六十百千諸天子衆，聞佛所説甚深般若波羅蜜多功德勝利，皆發無上正等覺心。世尊記彼，當於慈氏如來法中，淨信出家，勤修梵行，慈氏如來皆爲授記。爾時此間一切衆會，以佛神力，皆見十方各千佛土諸佛世尊，及彼佛土功德莊嚴，微妙殊勝。時此衆會無量諸有情類各發願言，以我所修諸純淨業，願當往生彼彼佛土。世尊面門又放種種色光，謂阿難陀言：是諸有情從此壽盡，隨彼願力，各得往生彼彼佛土，於諸佛所修菩薩行乃至無上正等菩提。在所生處常不離佛，精勤修習一切法及餘菩薩摩訶薩行，得圓滿已，俱時成佛，皆同一號，謂莊嚴王如來，十號具足。轉生品竟。

卷十讚勝德品

舍利子、大目連、大飲光、善現等衆，合掌白佛讚説般若波羅蜜多。世尊，修行般若波羅蜜多諸菩薩最尊最勝、最上最妙，具大勢力，能修行無等等諸法，能圓滿無等等諸法，能具足無等等諸法，能得無等等自體，所謂無邊殊勝相好妙莊嚴身，能證無等等妙法，所謂無上正等菩提。世尊如來亦由修行般若波羅蜜多，能修行、安住、圓滿、具足種種功德故，得無等等色，得無等等受、想、行、識，證無等等菩提，轉無等等法輪，度脱無量諸有情類，令獲殊勝利益安樂。佛言：如是如是，如汝所説。

卷十之十一葉現舌相品

爾時，世尊現廣長舌相，徧覆三千大千世界，復從舌相，出種種色光，普照十方殑伽沙等諸佛世界。是時十方殑伽沙等諸佛土中，各有無量無數菩薩，各詣其佛，何緣而有此瑞。佛告菩薩：堪忍世界，有釋迦牟尼如來，説大般若波羅蜜多。今所見光，即是彼佛舌相所現。時諸菩薩歡喜踴躍，欲往觀禮供養并聽般若波羅蜜多。經須臾間至此佛所。爾時，世尊微笑，復出種種色光，告阿難言：是從座起多衆已於諸法悟無生忍，於當來世經六十八俱胝大劫修菩薩行，華積劫中當得作佛，皆同一號，謂覺分華如來，十號具足。

卷十一 教誡教授品 至卷三十六

佛告善現：汝以辯才，當爲菩薩衆宣説般若波羅蜜多相應之法，教誡教授，令修學究竟。時菩薩衆及大聲聞、天龍藥叉、人、非人等咸作是念：尊者善現，爲以自慧辯才之力，爲當承佛威神力耶。善現知諸所念，便告舍利子言：諸佛弟子所説法教，當知皆承佛威神力。何以故。諸佛宣説法要，彼承佛教，精[四]勤修學，便能證得諸法實性。由是有所宣説，皆與法性能不相違，故佛所言，如燈傳照，我當承佛威神[五]加被，爲諸菩薩宣説般若波羅蜜多相應之法，非以自慧辯才之力。所以者何。甚深般若波羅蜜多相應之法，非諸聲聞、獨覺境界。爾時，善現白佛言：此中何法名爲菩薩摩訶薩，復有何法名爲般若波羅蜜多。世尊，我不見有法可名菩薩摩訶薩，亦不見有法可名般若波羅蜜多，如是二名亦不見有，云何令我爲諸菩薩宣説。佛言：善現，菩薩摩訶薩但有名，謂爲菩薩摩訶薩。般若波羅蜜多亦但有名，謂爲般若波羅蜜多。此之二名，不生不滅，唯有想等想施設言説。如是假名不在内、不在外、不在兩間，不可得故。諸菩薩摩訶薩修行般若波羅蜜多時，於一切法名假、法假及教授假應正修學。

修行般若波羅蜜多時，不應觀一切法若常若無常，若樂若苦，若淨若不淨，若空若不空，若有相若無相，若有願若無願，若寂靜若不寂靜，若遠離若不遠離，若有爲若無爲，若有漏若無漏，若生若滅，若善若非善，若有罪若無罪，若煩惱若無煩惱，若世間若出世間，若雜染若清淨，若屬生死若屬涅槃，若在内若在外，若住兩間，若可得若不可得。

菩薩、般若二名不見在有爲界中，亦不見在

無爲界中。何以故。菩薩修行般若波羅蜜多時，於一切法不起分別、無異分別，住無分別修一切法，唯正勤求一切智智。

佛告善現：如汝所説，色等法不可得故，菩薩摩訶薩亦不可得。菩薩摩訶薩不可得故，所行般若波羅蜜多亦不可得。菩薩修行般若波羅蜜多時，應如是學。卷十五之十起，卷十七之七止。

佛告善現：如汝所説，色等法及色等常、無常等法，不可得故，色等法增語及色等常、無常等法增語亦不可得。法及增語不可得故，菩薩摩訶薩亦不可得。菩薩摩訶薩不可得故，般若波羅蜜多亦不可得。菩薩修行般若波羅蜜多時，應如是學。卷十七之八葉起，至卷三十六之四葉止。

復次，善現，汝先所言，我不見有法可名菩薩摩訶薩者，如是如是，如汝所説。善現，諸法不見諸法，諸法不見法界。法界不見諸法，法界不見法界。菩薩修行般若波羅蜜多時，於一切法都無所見，無所見時，其心不驚、不恐、不怖，於一切法心不沈没，亦不憂悔。所以者何。是菩薩不見色、受、想、行、識，乃至不見諸佛無上正等菩提。善現言：世尊，何因緣故，於一切法心不沈没，亦不憂悔。佛言：是菩薩於一切心、心所法不得、不見，由此於一切法心不沈没，亦不憂悔。善現言：云何其心不驚、不恐、不怖。佛言：是菩薩普於一切意界、意識界不得、不見，於一切法不驚、不恐、不怖。善現，修行般若波羅蜜多時於一切處，不得般若波羅蜜多、不得般若波羅蜜多名、不得菩薩、不得菩薩名、不得菩薩心。應如是教誡教授諸菩薩，令於般若波羅蜜多修學究竟。教誡教授品竟。

卷三十六之七葉勸學品

舍利子答善現言：若菩薩無方便善巧，而行六波羅蜜多，住三解脱門，墮于聲聞，或獨覺地，不入菩薩正性離生，如是名爲菩薩頂墮，即此頂墮，亦名爲生。舍利子言：何緣名生。善現答言：生謂法愛，若諸菩薩順道法愛，説名爲生。

何謂菩薩順道法愛。善現言：修行般若波羅蜜多時，住一切法而生想著，是爲菩薩順道法愛，如是法愛，説名爲生，如宿食生，能爲過患。云何菩薩入正性離生。善現言：修行般若波羅蜜多時，不見内空、不待内空而觀外空。不見外空、不待外空，而觀内空。乃至不見自性空、不待自性空而觀無性空。不待自性空而觀無性自性空。不見無性自性空、不待無性自性空而觀自性空。若作是觀，名入菩薩正性離生。

修行般若波羅蜜多時，菩提心不應著，菩提心名不應著。無等等心不應著，無等等心名不應著。廣大心不應著，廣大心名不應著。何以故。是心、非心本性淨故。舍利子問善現言：是心云何本性清淨。善現答言：是心本性，非貪相應，非不相應。非瞋相應，非不相應。非癡相應，非不相應。非諸纏結隨眠相應，非不相應。非諸見趣漏暴流軛取等相應，非不相應。非諸聲聞獨覺等相應，非不相應。是心如是本性清淨。舍利子言：是心爲有心，非心性不。善現答言：非心性中，有性、無性爲可得不。舍利子言：不也，善現。善現答言：非心性中，有性、無性既不可得，如何可言是心爲有心非心性不。舍利子言：何等名爲心非心性。善現答言：於一切法無變異、無分別，是名心非心性。舍利子言：如心無變異、無分別，色亦無變異、無分別耶，受、想、行、識亦無變異、無分別耶，乃至無上正等菩提亦無變異、無分別耶。答言：如是。舍利子讚善現言：善哉善哉，應如是學，應知已住不退轉地。善現，如是般若波羅蜜多中廣説開示三乘法，若菩薩學般若波羅蜜多，則爲徧學三乘，亦於三乘法皆得善巧。勸學品竟。

卷三十六之十八葉無住品　卷三十七

善現白佛言：世尊，我於諸法不得、不見，若集、若散，云何可言此是諸法。是諸法名，皆無所住，亦非不住。何以故。諸法名義既無所有，故諸法名皆無所住，亦非不住。世尊，若菩薩摩訶薩聞以如是相狀，説般若波羅蜜多時，心不沈没，亦不憂悔，其心不驚、不恐、不怖，當知已住不退轉地，以無所住方便而住。

善現復白佛言：修行般若波羅蜜多菩薩不應住色，不應住受、想、行、識。何以故。色，色性空。受、想、行、識，受、想、行、識性空。世尊，是色非色空，是色空非色，色不離空，空不離色，色即是空，空即是色。受、想、行、識，亦復如是。乃至不應住一切陀羅尼門、一切三摩地門，亦復如是。若菩薩無方便善巧，修行般若波羅蜜多時，我、我所執所纏擾故，心便住色，心便住受、想、行、識。由此住故，於色作加行，於受、想、行、識作加行。由加行故，不能攝受般若波羅蜜多、不能修行般若波羅蜜多、不能圓滿般若波羅蜜多、不能成辦一切相智。所以者何。本性空故，菩薩應以本性空觀一切法。作此觀時，於一切法心無行處，是名菩薩無所攝受三摩地。此三摩地微妙殊勝、廣大無量，能集無邊無礙作用，不共一切聲聞、獨覺，其所成辦一切相智亦不應攝受。所以者何。一切相智非取相修得，諸取相者皆是煩惱。何等爲相，所謂色相，受、想、行、識相乃至一切陀羅尼門相、一切三摩地門相，於此諸相而取著者，名爲煩惱。所以者何。以一切法本性皆空，不可取故。無住品竟。

卷三十八般若行相品　卷三十九　卷四十　卷四十一

復次世尊，菩薩審諦觀察，若法無所有、不可得，是爲般若波羅蜜多，於無所有不可得中，何所徵責。時舍利子問善現言：此中何法爲無所有、不可得耶。善現答言：謂般若波羅蜜多法無所有、不可得，一切法無所有不可得。所以者何。内空故乃至無性自性空故。如是審諦觀察，能於般若波羅蜜多常不捨離。舍利子問善現言：何緣故能常不捨離。善現言：如實知般若波羅蜜多，離般若波羅蜜多自性。如實知一切法，離一切法自性故。舍利子問言：何者是般若波羅蜜多自性，乃至何者是一切法自性。善現答言：無性是般若波羅蜜多自性，無性是一切法自性。舍利子，般若波羅蜜多離般若波羅蜜多相。一切法離一切法相。自性亦離自性，相亦離相，自性亦離相，相亦離自性，自性相亦離相自性，相自性亦離自性相。若菩薩於此中學，則能成辦一切智智。何以故。知一切法無生無成辦故。舍利子言：何因緣故一切無生無成辦。善現言：色空故，色生成辦不可得。受、想、行、識空故，受、想、行、識生成辦不可得。乃至善、不善無記乃至在內、在外、在兩間法空故，善、不善、無記乃至在內、在外、在兩間法生成辦不可得。若菩薩作如是學，便近一切相智。是菩薩得身、語、意清淨，不生貪、瞋、癡俱行心，不生慢、諂、誑、慳、貪俱行心，不生一切見取俱行心，由不生故，畢竟不墮女人胎中，常受化生，亦永不生諸險惡趣，除爲利樂有情因緣。

善現白佛言：若菩薩無方便善巧，修行般若波羅蜜多時，若行色，若行色相，非行般若波羅蜜多。若行受、想、行、識，若行受、想、行、識相，非行般若波羅蜜多。乃至若作是念，彼是菩薩摩訶薩，是有所得行相，非行般若波羅蜜多。修行般若波羅蜜多是有所得行相，非行般若波羅蜜多。

善現語舍利子言：若菩薩無方便善巧，修行般若波羅蜜多時，若於色住想勝解，便於色作加行。若於受、想、行、識住想勝解，便於受、想、行、識作加行，由加行故，不能解脱生老病死及當來苦。乃至若於聲聞、獨覺、菩薩、如來及於彼法住想勝解，便於聲聞、獨覺、菩薩、如來及於彼法作加行，由加行故，不能解脱生老病死及當來苦。時舍利子問善現言：云何菩薩有方便善巧修行般若波羅蜜多。善現答言：若菩薩有方便善巧修行般若波羅蜜多時，不行色、不行色相，是行般若波羅蜜多。不行受、想、行、識，不行受、想、行、識相，是行般若波羅蜜多。乃至不行四無所畏、四無礙解、大慈大悲、大喜大捨、十八佛不共法、一切智、道相智、一切相智，不行四無所畏，乃至一切相智，是行般若波羅蜜多。如是有方便善巧修行般若波羅蜜多，能得無上正等菩提。舍利子，是菩薩修行般若波羅蜜多時，於一切法不取有、不取非有、不取亦有亦非有、不取非有非非有，於不取亦不取。三十九卷之十七葉起，四十一卷之七葉止。

菩薩於一切法，及般若波羅蜜多，都無所取、無所執著，是名菩薩無所取著三摩地。此三摩地，微妙殊勝、廣大無量，能集無邊無礙作用，不共一切聲聞、獨覺。更有諸餘三摩地，恒住不捨，速證無上正等菩提。當知住如是等諸三摩地者，已爲過去諸佛之所授記，亦爲現在十方諸佛之所受記，是菩薩雖住如是諸三摩地，而不見此諸三摩地，亦不著此諸三摩地。舍利子問善現言：爲別實有菩薩住如是等諸三摩地，已爲過去、現在諸佛所授記耶。善現答言：不也，舍利子。般若波羅蜜多不異諸三摩地。諸三摩地不異般若波羅蜜多。菩薩摩訶薩不異般若波羅蜜多及三摩地。般若波羅蜜多及三摩地不異菩薩摩訶薩。所以者何。以一切法性平等故。舍利子言：若一切法性平等者，此三摩地可示現不。善現答言：不可示現。舍利子言：是菩薩於此三摩地有想解不。善現答言：彼無想解。何故無想解。善現答言：彼無分別故。彼何故無分別。善現答言：一切法性都無所有，故於彼定不起分別。何以故。以一切法及三摩地俱無所有，無所有中分別想解無由起故。時，薄伽梵讚善現言：菩薩欲學般若波羅蜜多應如是學，乃至欲學一切相智應如是學。時，舍利子白佛言：世尊，菩薩作如是學，爲正學般若波羅蜜多，乃至爲正學一切相智耶。佛告舍利子：爲正學般若波羅蜜多，以無所得爲方便故，乃至爲正學一切相智，以無所得爲方便故。舍利子言：無所得者，爲何等法不可得耶。佛言：我乃至知者、見者不可得，畢竟淨故。色、受、想、行、識不可得，畢竟淨故。乃至菩薩、如來不可得，畢竟淨故。舍利子言：畢竟淨者，是何等義。佛言：諸法不出不生、不没不盡、無染無淨、無得無爲，如是名爲畢竟淨義。爾時，舍利子白佛言：如是學時，爲學何法。佛告舍利子：於一切法都無所學。何以故。非一切法如是，而有諸愚夫異生所執，可於中學。舍利子言：若爾，諸法如何而有。佛言：諸法如無所有、如是而有，若於如是無所有法不能了達，説名無明。舍利子言：何等法無所有，若不了達説名無明。佛言：色無所有，受、想、行、識無所有，以内空故乃至無性自性空故。乃至一切智、道相智、一切相智無所有，以内空故乃至無性自性空故。舍利子，彼由無明及愛勢力，分別、執著斷、常二邊，由此不知不見諸法無所有性，分別諸法。由分別故，便執著色、受、想、行、識，乃至執著一切相智。由執著故，分別諸法無所有性。由於此法不知不見。舍利子言：於何等法不知不見。佛言：

於色、受、想、行、識不知不見，乃至於一切相智不知不見，墮於愚夫異生數中不能出離。舍利子言：彼於何處不能出離。佛言：彼於欲界不能出離、於色界不能出離、於無色界不能出離。由不能出離，於聲聞法、獨覺法不能成辦。於菩薩法、如來法不能成辦。由不成辦，不能信受。舍利子言：彼於何法不能信受。佛言：彼於色、受、想、行、識空不能信受，乃至於一切相智空不能信受，由不信受，則不能住。舍利子言：於何等法彼不能住。佛言：謂不能住四念住，不能住四正斷、四神足、五根、五力、七等覺支、八聖道支，不能住六波羅蜜多，不能住不退轉地，不能住五眼、六神通，不能住佛十力，不能住四無所畏、四無礙解、大慈大悲、大喜大捨、十八佛不共法、一切智、道相智、一切相智，由此故名愚夫異生，以於諸法執著有性。舍利子言：彼於何法執著有性。佛言：彼於色執著有性，彼於受、想、行、識執著有性，乃至彼於一切智、道相智、一切相智執著有性。於諸法空不能信受，由不信故，不能成辦聲聞、獨覺、菩薩、如來所有聖法，故於聖法不能安住。舍利子言：何緣有菩薩作如是學，非學般若波羅蜜多不能成辦一切智智。佛言：若菩薩無方便善巧，於般若波羅蜜多分別執著，於靜慮乃至布施分別執著，作如是學，非學般若波羅蜜多不能成辦一切智智。乃至於一切智、道相智、一切相智分別執著，作如是學，非學般若波羅蜜多，不能成辦一切智智。若菩薩修行般若波羅蜜多時，不見般若波羅蜜多，乃至不見一切相智，是學般若波羅蜜多，則能成辦一切智智。何以故。以無所得爲方便故。般若行相品竟。

卷四十二譬喻品　卷四十三　卷四十四　卷四十五

善現白佛言：世尊，若有問言，幻士能學般若波羅蜜多、能成辦一切智智不，乃至幻士能學一切智、道相智、一切相智，能成辦一切智智不。我得此問，當云何答。佛告善現：我還問汝，色與幻有異不，受、想、行、識與幻有異不。善現答言：不也，世尊。何以故。色不異幻，幻不異色，色即是幻，幻即是色。受想行識亦復如是。乃至無上正等菩提與幻有異不。善現答言：不也，世尊。無上正等菩提不異幻，幻不異無上正等菩提，無上正等菩提即是幻，幻即是無上正等菩提。佛告善現：幻有雜染、有清淨不。不也，世尊。幻有生有滅不。不也，世尊。若法無雜染、無清淨，無生無滅，是法能學般若波羅蜜多，乃至一切相智，能成辦一切智智不。不也，世尊。佛告善現：若菩薩能以如是無所得爲方便，學般若波羅蜜多，乃至一切相智，當知是菩薩能成辦一切智智。爾時，善現白佛言：世尊，若菩薩欲證無上正等菩提，修學般若波羅蜜多時，當如幻士修學般若波羅蜜多，於一切事無所分別。何以故。當知幻士即五蘊等，五蘊等即幻士故。佛告善現：如幻、五蘊等能學般若波羅蜜多、成辦一切智智不。善現答言：不也，世尊。何以故。是如幻、五蘊等以無性爲自性，無性自性不可得故。善現，是如幻等五蘊等法各有異不。善現答言：不也，世尊。是如幻等色、受、想、行、識，即是如夢等色、受、想、行、識。是如幻等五蘊，即是如幻等六根等，皆由内空不可得故，乃至皆由無性自性空不可得故。善現白佛言：如是甚深般若波羅蜜多，何等菩薩聞説其心不驚、不恐、不怖。佛告善現：若菩薩以應一切智智心，觀色常、無常相不可得。觀受、想、行、識常、無常相不可得。乃至觀一切相智常、無常相，乃至遠離、不遠離相不可得。是菩薩修行般若波羅蜜多時，有方便善巧故，聞説甚深般若波羅蜜多，其心不驚、不恐、不怖。至四十三卷之五葉止。

復次，善現，若菩薩作此觀時，復興是念，我當以無所得爲方便，爲諸有情説一切法常、無常相不可得，乃至遠離、不遠離相不可得。是爲菩薩修行般若波羅蜜多時，無所著布施乃至般若波羅蜜多。由此有方便善巧故，聞説如是甚深般若波羅蜜多，其心不驚、不恐、不怖。善現，菩薩不以應聲聞、獨覺心，觀一切法常、無常相不可得，乃至遠離、不遠離相不可得，以無〔六〕得爲方便故。

以無所得爲方便，説一切法常、無常相不可得，乃至遠離、不遠離相不可得，及勸依此法勤修善根，不令迴向聲聞、獨覺，唯令證得一切智智，是爲菩薩善友。修行般若波羅蜜多時，爲此善友之所攝受，聞説甚深般若，其心不驚、不恐、不怖。至四十四卷之八葉止。

若菩薩離應〔七〕一切智智心修行般若波羅蜜多，有所得、有所恃、無方便善巧，聞説甚深般若，其心有驚、有恐、有怖。

次問，菩薩惡友以有所得爲方便，説一切法常、無常相可得，乃至遠離、不遠離相可得，爲此惡友攝受聞甚深般若波羅蜜多，其心有驚、有恐、有怖。譬喻品竟。

卷四十五之十七葉菩薩品　卷四十六

善現白佛言：所言菩薩，是何句義。佛言：無句義是菩薩句義。所以者何。菩提不生，薩埵非有，故無句義是菩薩句義。如空中鳥跡句義無所有、不可得，菩薩句義無所有、不可得亦如是。如幻事句義無所有、不可得，菩薩句義無所有、不可得亦如是。如幻士色、受、想、行、識句義無所有、不可得，乃至幻士一切相智相句義無所有、不可得，菩薩觀菩薩句義無所有、不可得亦如是。如有爲界中無爲界句義無所有、不可得，無爲界中有爲界句義無所有、不可得，如無生無滅、無作無爲、無得無取、無染無淨句義皆無所有、不可得，菩薩觀菩薩句義無所有、不可得亦如是。善現白佛言：何法無生無滅乃至無染無淨句義無所有、不可得。佛告善現：色無生無滅乃至無染無淨句義無所有、不可得。受、想、行、識無生無滅，乃至無染無淨句義無所有、不可得。乃至一切智、道相智、一切相智無生無滅，乃至無染無淨句義無所有、不可得。菩薩修行般若波羅蜜多時，觀菩薩句義無所有、不可得亦復如是，乃至一切法畢竟淨相句義無所有、不可得亦如是。善現，如我畢竟淨相句義無所有、不可得，我非有故。有情乃至見者畢竟淨相句義無所有、不可得，有情乃至見者非有故，菩薩句義無所有、不可得亦如是。善現，如日出時，闇冥句義無所有、不可得。如劫燒盡時，諸行句義無所有、不可得。如如來應正等覺戒蘊中破戒句義無所有、不可得，慧蘊中愚癡句義無所有、不可得，解脱蘊中非解脱句義無所有、不可得，解脱知見蘊中非解脱知見句義無所有、不可得，菩薩句義無所有、不可得亦如是。何以故。善現，若菩提，若薩埵，若菩薩句義，如是一切皆非相應非不相應，無色無見無對一相所謂無相，諸菩薩於一切法皆無所有、無礙無著，應學應知。爾時，善現白佛言：何者是一切法，而勸諸菩薩於此皆無所有、無礙、無著，應學應知。佛言：一切法者，謂善法、非善法，有記法、無記法，世間法、出世間法，有漏法、無漏法，有爲法、無爲法，共法、不共法，是名一切法。善現白佛言：云何善法。佛告善現：謂孝順父母、供養沙門婆羅門，敬事師長。施性福業事、戒性福業事、修性福業事。供侍病者俱行福、方便善巧俱行福。十善業道，所謂離斷生命、離不與取、離欲邪行、離虚誑語、離離間語、離粗惡語、離雜穢語、無貪、無瞋、正見。有十種想，所謂膖脹想、膿爛想、異赤想、青瘀想、破壞想、啄噉想、離散想、骸骨想、焚燒想、一切世間不可保想。四靜慮、四無量、四無色定。有十隨念，所謂佛隨念、法隨念、僧隨念、戒隨念、捨隨念、天隨念、入出息隨念、寂靜隨念、死隨念、身隨念，此等名爲善法。云何不善法。佛告善現：謂十不善業道即斷生命、不與取乃至邪見及忿恨、覆惱、諂誑、矯害、嫉、慳、慢等，此等名不善法。云何有記法。佛告善現：即諸善法及不善法，名有記法。云何無記法。佛告善現：謂無記身業、無記語業、無記意業、無記四大種，無記五根、無記六處、無記無色法、無記五蘊、無記十二處、無記十八界、無記異熟法，此等名無記法。云何世間法。佛告善現：謂世間五蘊、十二處、十八界、十業道、四靜慮、四無量、四無色定、十二支緣起法，此等名世間法。云何出世間法。佛告善現：謂出世間四念住、四正斷、四神足、五根、五力、七等覺支、八聖道支、空解脱門、無相解脱門、無願解脱門、未知根、當知根、已知根、具知根、有尋有伺三摩地、無尋唯伺三摩地、無尋無伺三摩地。明解脱念正知，如理作意，有八解脱：謂内有色觀諸色，是初解脱。内無色想觀外色，是第二解脱。淨勝解脱身作證，是第三解脱。超一切色想，滅有對想，不思惟種種想，入無邊空空無邊處具足住，是第四解脱。超一切空無邊處，入無邊識識無邊處具足住，是第五解脱。超一切識無邊處，入無所有無所有處具足住，是第六解脱。超一切無所有處，入非想非非想處具足住，是第七解脱。超一切非想非非想處，入滅想受定具足住，是第八解脱。有九次第定：謂離欲惡不善法有尋有伺，離生喜樂，入初靜慮具足住，是初定。尋伺寂靜内等靜心一趣性無尋無伺定生喜樂，入第二靜慮具足住，是第二定。離喜住捨具念正知身受樂，聖説住捨具念樂住，入第三靜慮具足住，是第三定。斷樂斷苦，先喜憂没，不苦不樂，捨念清淨，入第四靜慮具足住，是第四定。超一切色想，滅有對想，不思惟種種想，入無邊空空無邊處具足住，是第五定。超一切空無邊處，入無邊識識無邊處具足住，是第六定。超一切識無邊處，入無所有無所有處具足住，是第七定。超一切無所有處，入非想非非想處具足住，是第八定。超一切非想非非想處，入滅想受定具足住，是第九定。内空、外空乃至無性自性空、六到彼岸、五眼、六神通、佛十力、四無所畏、四無礙解、大慈大悲、大喜大捨、十八佛不共法、一切智、道相智、一切相智，此等名出世間法。云何有漏法。佛告善現：世間五藴、十二處、十八界、四靜慮、四無量、四無色定，所有一切墮三界法，是名有漏法。云何無漏法。佛告善現：謂出世間四靜慮、四無量、四無色定、四念住、四正斷、四神足、五根、五力、七等覺支、八聖道支、三解脱門、六到彼岸、五眼、六神通、佛十力、四無所畏、四無礙解、大慈大悲、大喜大捨、十八佛不共法、一切智、道相智、一切相智，此等名無漏法。云何有爲法。佛告善現：謂欲界繫法、色界繫法、無色界繫法、五藴、四靜慮、四無量、四無色定、四念住、四正斷、四神足、五根、五力、七等覺支、八聖道支、三解脱門、六到彼岸、五眼、六神通、佛十力、四無所畏、四無礙解、大慈大悲、大喜大捨、十八佛不共法、一切智、道相智、一切相智，所有一切有生、有住、有異、有滅法，是名有爲法。云何無爲法。佛告善現：若法無生、無住、無異、無滅可得，所謂貪盡、瞋盡、癡盡、真如、法界、法性、法住、法定、不虚妄性、不變異性、離生性、平等性、實際，此等名無爲法。云何共法。佛告善現：謂世間四靜慮、四無量、四無色定、五神通，此等名共法。何以故。共異生故。云何不共法。佛告善現：謂無漏四靜慮、四無量、四無色定、四念住、四正斷、四神足、五根、五力、七等覺支、八聖道支、三解脱門、六到彼岸、五眼、六神通、佛十力、四無所畏、四無礙解、大慈大悲、大喜大捨、十八佛不共法、一切智、道相智、一切相智，此等名不共法。何以故。不共異生故。菩薩摩訶薩修行般若波羅蜜多時，於如是等自相空法不應執著。何以故。以諸法自相不可分別故。應以無二爲方便，覺一切法。何以故。以一切法無動相故。善現，於一切無二、無動，是菩薩句義。以是故，無句義是菩薩句義。菩薩品竟。

卷四十七摩訶薩品　卷四十八　卷四十九

善現白佛言：何緣菩薩復名摩訶薩。佛告善現：菩薩於大有情衆中定當爲上首，以是緣故，復名摩訶薩。此菩薩發金剛喻心決不退壞：我當擐堅固鎧，於無邊生死大曠野中，摧破無量煩惱怨敵。我當枯竭無邊甚深生死大海。我當棄捨内外所重一切身財。我當於一切有情等作大義利。我當以三乘法拔濟一切有情，皆令於無餘依涅槃界而般涅槃。我當雖以三乘法滅度一切有情，而實不見有情得滅度者。我當於一切法如實覺了無生無滅。我當鈍[六]以一切智智心，修行六波羅蜜多。我當修學於一切法通達究竟，徧入妙智。我當通達一切法相乃至通達無邊理趣門妙智。我當引發三十七菩提分法，乃至一切相智門。一切地獄、傍生、鬼界、人、天趣中諸有情類所受苦惱我當代受，令彼安樂。一一各以無數方便教化，令證無餘涅槃。作是事已，自植善根，復經無量百千俱胝那庾多大劫，圓滿修集菩提資糧，然後趣證阿耨多羅三藐三菩提。如是名爲金剛喻心，是故菩薩復名摩訶薩。

舍利子亦樂説菩薩由此義故，復名摩訶薩。以要言之，由諸菩薩能爲有情以無所得而爲方便説斷一切見法故，此菩薩復名摩訶薩。若菩薩無方便善巧以有所得而爲方便，便起色見，受、想、行、識見，乃至便起佛陀見、轉法輪見，不能爲諸有情説斷諸見法。

善現亦樂説菩薩，由此義故，復名摩訶薩，白佛言：由諸菩薩爲一切智智發菩提心、無等等心、不共一切聲聞、獨覺心，於如是心亦不取著。何以故。彼一切智智心是真無漏不墮三界，求一切智智心，亦是無漏不墮三界，於如是心不應取著，故此菩薩亦名摩訶薩。

時，舍利子問善現言：若一切智智心是真無漏不墮三界者，則一切愚夫、異生、聲聞、獨覺等心亦應是真無漏不墮三界。何以故。如是諸心亦本性空故。所以者何。以本性空法是真無漏，不墮三界，色亦應是真無漏不墮三界，受、想、行、識亦應是真無漏不墮三界，乃至一切相智亦應是真無漏不墮三界。何以故。以色、受、想、行、識乃至一切相智皆本性空故。所以者何。以本性空法是真無漏不墮三界。善現答言：如是如是，誠如所説。時，舍利子問善現言：若心色等法無心色等性故，咸不應取著者，則一切法應皆平等、無有差別，云何如來説心色等法有種種差別。若一切愚夫異生、聲聞、獨覺、菩薩、如來心色等法皆本性空故，是真無漏不墮三界者，則聖者、異生及一切智與非一切智，應皆平等無有差別，云何如來説諸凡聖有種種差別。善現答言：如來隨世俗言説施設有此種種差別，非由實義。菩薩修行般若波羅蜜多時以無所得爲方便故，於所發菩提心、無等等心不共一切聲聞、獨覺心，不恃不著，於一切法亦無取執，由此義故名摩訶薩。

滿慈子亦樂説菩薩由此義故，復名摩訶薩，白佛言：由諸菩薩爲欲利樂一切有情，擐大功德鎧故，發趣大乘，乘大乘故，復名摩訶薩。四十七卷止。

菩薩修行一波羅蜜多時，具擐六種波羅蜜多

大功德鎧。十三葉止。

發趣大乘。四十八卷。

乘於大乘，爲遣修故修一切法，如實觀察一切法但有假名、施設言説。摩訶薩品竟。

般若綱要卷一

校勘記

〔一〕「若」，底本原校疑後脱「波羅」二字。

〔二〕「佛」，底本作「法」，據《大般若經》（《大正藏》本，下同）改。

〔三〕「命」，底本作「身」，據底本原校及《大般若經》改。

〔四〕「精」，底本作「情」，據《大般若經》改。

〔五〕「神」，底本作「佛」，據《大般若經》改。

〔六〕「無」，疑後脱「所」字。

〔七〕「應」，疑衍。

〔八〕「鈍」，疑爲「純」。

般若綱要卷二

古南沙門通門閲正

七空居士葛䵮提綱

卷四十九之十一葉大乘鎧品

菩薩擐一切法功德鎧，放大光明偏照世界，變動大地。其中地獄火等苦具、鬼界恐怖飢渴、傍生所有衆苦皆得除滅，便爲稱讚三寶功德，令生人天，見佛聞法。如是幻事雖有所爲而無一實。何以故。諸法性空皆如幻故。

卷五十　卷五十一

善現白佛言：菩薩不擐功德鎧，當知是爲擐大乘鎧。何以故。一切法、一切法相空，菩薩、菩薩相空，擐功德鎧、擐功德鎧相空。佛言：如是如是，當知一切智智無造無作。一切有情亦無造無作，由諸作者不可得故。由此義故，不擐功德鎧當知是爲擐大乘鎧。

一切法無所有故、遠離故、寂靜故、空故、無相故、無願故、無生故、無滅故、無染故、無淨故，無縛無解，名擐無縛無解大乘鎧者。大乘鎧品竟。

卷五十一之十三葉辯大乘品

善現白佛言：云何當知菩薩大乘相，云何發趣大乘。如是大乘從何處出，至何處住。如是大乘爲何所住，誰復乘是大乘而出。佛告善現：汝問菩薩大乘相者，六波羅蜜多是菩薩摩訶薩大乘相。內空、外空乃至無性自性空，是菩薩摩訶薩大乘相。善現白佛言：云何內空，佛言：內謂內法，即是眼、耳、鼻、舌、身、意。云何外空，佛言：外謂外法，即是色、聲、香、味、觸、法。云何內外空，佛言：內外謂內外法，即是內六處、外六處。云何空空，佛言：空謂一切法空。云何大空，佛言：大謂十方，即是東、西、南、北、四維、上、下。云何勝義空，佛言：勝義謂涅槃。云何有爲空，佛言：有爲謂欲界、色界、無色界。云何無爲空，佛言：無爲謂無生無住、無異無滅。云何畢竟空，佛言：畢竟謂諸法究竟不可得。云何無際空，佛言：無際謂無初、中、後際可得，及無往來際可得。云何散空，佛言：散謂有放、有棄、有捨可得。云何無變異空，佛言：無變異謂無放、無棄、無捨可得。云何本性空，佛言：本性謂一切法本性，若有爲法性，若無爲法性，皆非聲聞所作，非獨覺所作，非菩薩所作，非如來所作，亦非餘所作。云何自相空，佛言：自相謂一切法自相，如變礙是色自相，領納是受自相，取像是想自相，造作是行自相，了別是識自相，如是等若有爲法自相，若無爲法自相，云何共相空。佛言：共相謂一切法共相，如苦是有漏法共相，無常是有爲法共相，空無我是一切法共相，如是等有無量共相。云何一切法空，佛言：一切法謂五蘊、十二處、十八界，若有色無色、有見無見、有對無對、有漏無漏、有爲無爲法。云何不可得空，佛言：不可得謂此中一切法不可得，若過去不可得、未來不可得、現在不可得。若過去，無未來、現在可得。若未來，無過去、現在可得。若現在，無過去、未來可得。云何無性空，佛言：無性謂此中無少性可得。云何自性空，佛言：自性謂諸法能和合自性。云何無性自性空，佛言：無性自性謂諸法無能和合性，有所和合自性。

復次，云何有性由有性空，有性謂五蘊，此有性由有性空，五蘊生性不可得故。云何無性由無性空，無性謂無爲，此無性由無性空。云何自性由自性空，謂一切法皆自性空，此空非智所作、非見所作，亦非餘所作。云何他性由他性空，謂若佛出世，若不出世，一切法、法住法定、法性法界、平等性、離生性、真如、不虛妄性、不變異性、實際皆由他性故空。善現，是爲菩薩摩訶薩大乘相。

卷五十二至五十六

復次，善現，菩薩摩訶薩大乘相者，謂健行三摩地、寶印三摩地，乃至無染著如虛空三摩地，如是等三摩地有無量百千，是爲菩薩摩訶薩大乘相。爾時，善現白佛言：世尊，云何名爲健行三摩地。佛言：善現，謂若住此三摩地時，能受一切三摩地境，能辦無邊殊勝健行，能爲一切等持導首，是故名爲健行三摩地。世尊，云何名爲寶印三摩地。善現，謂若住此三摩地時，能印一切三摩地境及定行相所作事業，是故名爲寶印三摩地。世尊，云何名爲師子遊戲三摩地。善現，謂若住此三摩地時，於諸等持遊戲自在，是故名爲師子遊戲三摩地。世尊，云何名爲妙月三摩地。善現，謂若住此三摩地時，如淨滿月普照諸定，是故名爲妙月三摩地。世尊，云何名爲月幢相三摩地。善現，謂若住此三摩地時，普能執持一切定相，如淨滿月垂妙光幢，是故名爲月幢相三摩地。世尊，云何名爲一切法涌三摩地。善現，謂若住此三摩地時，普能涌出諸三摩地，如大泉池涌出衆水，是故名爲一切法涌三摩地。世尊，云何名爲觀頂三摩地。善現，謂若住此三摩地時，能觀一切三摩地頂，是故名爲觀頂三摩地。世尊，云何名爲法界決定三摩地。善現，謂若住此三摩地時決定照了一切法界，是故名爲法界決定三摩地。世尊，云何名爲決定幢相三摩地。善現，謂若住此三摩地時，能決定持諸定幢相，是故名爲決定幢相三摩地。世尊，云何名爲金剛喻三摩地。善現，謂若住此三摩地時，能摧諸定非彼所伏，是故名爲金剛喻三摩地。世尊，云何名爲入法印三摩地。善現，謂若住此三摩地時，普能證入一切法印，是故名爲入法印三摩地。世尊，云何名爲三摩地王三摩地。善現，謂若住此三摩地時，統攝諸定如王自在，是故名爲三摩地王三摩地。世尊，云何名爲善安住三摩地。善現，謂若住此三摩地時，持諸功德令不傾動，是故名爲善安住三摩地。世尊，云何名爲善立定王三摩地。善現，謂若住此三摩地時，於諸定王善能建立，是地名爲善立定王三摩地。世尊，云何名爲放光三摩地。善現，謂若住此三摩地時，於諸定光普能開發，是故名爲放光三摩地。世尊，云何名爲無忘失三摩地。善現，謂若住此三摩地時，於諸等持境界行相皆能記憶令無所遺，是故名爲無忘失三摩地。世尊，云何名爲放光無忘失三摩地。善現，謂若住此三摩地時，放勝定光照有情類，令彼憶持曾所更事，是故名爲放光無忘失三摩地。世尊，云何名爲精進力三摩地。善現，謂若住此三摩地時，能發諸定精進勢力，是故名爲精進力三摩地。

世尊，云何名爲莊嚴力三摩地。善現，謂若住此三摩地時，能引諸定莊嚴勢力，是故名爲莊嚴力三摩地。世尊，云何名爲等涌三摩地。善現，謂若住此三摩地時，令諸等持平等涌現，是故名爲等涌三摩地。世尊，云何名爲入一切言詞決定三摩地。善現，謂若住此三摩地時，普於一切決定言詞皆能悟入，是故名爲入一切言詞決定三摩地。世尊，云何名爲入一切名字決定三摩地。善現，謂若住此三摩地時，普於一切決定名字皆能悟入，是故名爲入一切名字決定三摩地。世尊，云何名爲觀方三摩地。善現，謂若住此三摩地時，於諸定方普能觀照，是故名爲觀方三摩地。世尊，云何名爲總持印三摩地。善現，謂若住此三摩地時，總能任持諸妙定印，是故名爲總持印三摩地。世尊，云何名爲諸法等趣海印三摩地。善現，謂若住此三摩地時，令諸勝定等皆趣入，如大海印攝受衆流，是故名爲諸法等趣海印三摩地。世尊，云何名爲王印三摩地。善現，謂若住此三摩地時，令諸事業皆得決定，如獲王印所欲皆成，是故名爲王印三摩地。世尊，云何名爲偏覆虛空三摩地。善現，謂若住此三摩地時，於諸等持能偏覆護，無所簡別如太虛空，是故名爲偏覆虛空三摩地。世尊，云何名爲金剛輪三摩地。善現，謂若住此三摩地時，普能任持一切勝定，令不散壞如金剛輪，是故名爲金剛輪三摩地。世尊，云何名爲三輪清淨三摩地。善現，謂若住此三摩地時，不執諸定、定者、定境，是故名爲三輪清淨三摩地。世尊，云何名爲無量光三摩地。善現，謂若住此三摩地時，放種種光過諸數量，是故名爲無量光三摩地。世尊，云何名爲無著無障三摩地。善現，謂若住此三摩地時，於一切法無執無礙，是故名爲無著無障三摩地。世尊，云何名爲斷諸法輪三摩地。善現，謂若住此三摩地時能截一切流轉之法，是故名爲斷諸法輪三摩地。世尊，云何名爲棄捨珍寶三摩地。善現，謂若住此三摩地時，於諸定相尚皆棄捨，況不棄捨諸煩惱相，是故名爲棄捨珍寶三摩地。世尊，云何名爲偏照三摩地。善現，謂若住此三摩地時，偏照諸定令彼光顯，是故名爲偏照三摩地。世尊，云何名爲不眴三摩地。善現，謂若住此三摩地時，於此等持其心專一，餘定餘法，無取無求，是故名爲不眴三摩地。世尊，云何名爲無相住三摩地。善現，謂若住此三摩地時，不見諸定法有少相可住，是故名爲無相住三摩地。世尊，云何名爲不思惟三摩地。善現，謂若住此三摩地時，不起一切心及心所，是故名爲不思惟三摩地。世尊，云何名爲降伏四魔三摩地。善現，謂若住此三摩地時於四魔怨皆能降伏，是故名爲降伏四魔三摩地。世尊，云何名爲無垢燈三摩地。善現，謂若住此三摩地時，如持淨燈照了諸定，是故名爲無垢燈三摩地。

世尊，云何名爲無邊光三摩地。善現，謂若住此三摩地時，能發大光照無邊際，是故名爲無邊光三摩地。世尊，云何名爲發光三摩地。善現，謂若住此三摩地時，照諸等持令其無間，引發種種殊勝光明，是故名爲發光三摩地。世尊，云何名爲普照三摩地。善現，謂若住此三摩地時於諸定門皆能普照，是故名爲普照三摩地。世尊，云何名爲淨堅定三摩地。善現，故[一]若住此三摩地時，得諸等持淨平等性，是故名爲淨堅定三摩地。世尊，云何名爲師子奮迅三摩地。善現，謂若住此三摩地時，於諸垢穢縱任棄捨，如師子王自在奮迅，是故名爲師子奮迅三摩地。世尊，云何名爲師子頻申三摩地。善現，謂若住此三摩地時，起勝神通自在無畏，降伏一切暴惡魔軍，是故名爲師子頻申三摩地。世尊，云何名爲師子欠呿三摩地。善現，謂若住此三摩地時，引妙辯才處衆無畏，摧滅一切外道邪宗，是故名爲師子欠呿三摩地。世尊，云何名爲無垢光三摩地。善現，謂若住此三摩地時，普能蠲除一切定垢，亦能徧照諸勝等持，是故名爲無垢光三摩地。世尊，云何名爲妙樂三摩地。善現，謂若住此三摩地時，領受一切等持妙樂，是故名爲妙樂三摩地。世尊，云何名爲電燈三摩地。善現，謂若住此三摩地時，照諸等持如電燈焰，是故名爲電燈三摩地。世尊，云何名爲無盡三摩地。善現，謂若住此三摩地時引諸等持功德無盡，而不見彼盡不盡相，是故名爲無盡三摩地。世尊，云何名爲最勝幢相三摩地。善現，謂若住此三摩地時，如最勝幢超衆定相，是故名爲最勝幢相三摩地。世尊，云何名爲帝相三摩地。善現，謂若住此三摩地時，於諸等持得自在相，是故名爲帝相三摩地。世尊，云何名爲順明正流三摩地。善現，謂若住此三摩地時，於明正流並皆隨順，是故名爲順明正流三摩地。世尊，云何名爲具威光三摩地。善現，謂若住此三摩地時，於諸等持威光獨盛，是故名爲具威光三摩地。世尊，云何名爲離盡三摩地。善現，謂若住此三摩地時，見諸等持一切無盡，而不見少法有盡不盡相，是故名爲離盡三摩地。世尊，云何名爲不可動轉三摩地。善現，謂若住此三摩地時，令諸等持無動無著、無退轉、無戲論，是故名爲不可動轉三摩地。世尊，云何名爲寂靜三摩地。善現，謂若住此三摩地時，於諸等持皆見寂靜，是故名爲寂靜三摩地。世尊，云何名爲無瑕隙三摩地。善現，謂若住此三摩地時，令諸等持照無瑕隙，是故名爲無瑕隙三摩地。世尊，云何名爲日燈三摩地。善現，謂若住此三摩地時，於諸定門發光普照，是故名爲日燈三摩地。世尊，云何名爲淨月三摩地。善現，謂若住此三摩地時，於諸等持除闇如月，是故名爲淨月三摩地。世尊，云何名爲淨眼三摩地。善現，謂若住此三摩地時，能令五眼咸得清淨，是故名爲淨眼三摩地。

世尊，云何名爲淨光三摩地。善現，謂若住此三摩地時，於諸等持得四無礙，亦令彼定皆能發起，是故名爲淨光三摩地。世尊，云何名爲月燈三摩地。善現，謂若住此三摩地時，除諸有情愚闇如月，是故名爲月燈三摩地。世尊，云何名爲發明三摩地。善現，謂若住此三摩地時，令諸定門發明普照，是故名爲發明三摩地。世尊，云何名爲應作不應作三摩地。善現，謂若住此三摩地時，知一切等持應作不應作，亦令諸定如此事成，是故名爲應作不應作三摩地。世尊，云何名爲智相三摩地。善現，謂若住此三摩地時，見諸等持所有智相，是故名爲智相三摩地。世尊，云何名爲金剛鬘三摩地。善現，謂若住此三摩地時，通達一切等持及法，於定及法都無所見，是故名爲金剛鬘三摩地。世尊，云何名爲住心三摩地。

善現，謂若住此三摩地時，心不動摇，不轉不照，亦不虧損，不念有心，是故名爲住心三摩地。世尊，云何名爲普明三摩地。善現，謂若住此三摩地時，於諸定明普能照了，是故名爲普明三摩地。世尊，云何名爲妙安立三摩地。善現，謂若住此三摩地時，於諸等持妙能安立，是故名爲妙安立三摩地。世尊，云何名爲寶積三摩地。善現，謂若住此三摩地時，見諸等持皆如寶聚，是故名爲寶積三摩地。世尊，云何名爲妙法印三摩地。善現，謂若住此三摩地時，能印諸等持以無印印故，是故名爲妙法印三摩地。世尊，云何名爲一切法平等性三摩地。善現，謂若住此三摩地時，不見有法離平等性，是故名爲一切法平等性三摩地。世尊，云何名爲棄捨塵愛三摩地。善現，謂若住此三摩地時，於諸定法棄捨塵愛，是故名爲棄捨塵愛三摩地。世尊，云何名爲法涌圓滿三摩地。善現，謂若住此三摩地時，令諸佛法涌現圓滿，是故名爲法涌圓滿三摩地。世尊，云何名爲入法頂三摩地。善現，謂若住此三摩地時，能永滅除一切法闇，亦超諸定而爲上首，是故名爲入法頂三摩地。世尊，云何名爲寶性三摩地。善現，謂若住此三摩地時，能出無邊大功德寶，是故名爲寶性三摩地。世尊，云何名爲捨喧諍三摩地。善現，謂若住此三摩地時，捨諸世間種種喧諍，是故名爲捨喧諍三摩地。世尊，云何名爲飄散三摩地。善現，謂若住此三摩地時，飄散一切等持法執，是故名爲飄散三摩地。世尊，云何名爲分别法句三摩地。善現，謂若住此三摩地時，善能分别諸定法句，是故名爲分别法句三摩地。世尊，云何名爲決定三摩地。善現，謂若住此三摩地時，於法等持皆得決定，是故名爲決定三摩地。世尊，云何名爲無垢行三摩地。善現，謂若住此三摩地時，能發無邊清淨勝行，是故名爲無垢行三摩地。世尊，云何名爲字平等相三摩地。善現，謂若住此三摩地時，得諸等持字平等相，是故名爲字平等相三摩地。世尊，云何名爲離文字相三摩地。

善現，謂若住此三摩地時，於諸等持不得一字，是故名爲離文字相三摩地。

世尊，云何名爲斷所緣三摩地。善現，謂若住此三摩地時，絶諸等持所緣境相，是故名爲斷所緣三摩地。世尊，云何名爲無變異三摩地。善現，謂若住此三摩地時，不得諸法變異之相，是故名爲無變異三摩地。世尊，云何名爲無品類三摩地。善現，謂若住此三摩地時，不見諸法品類異相，是故名爲無品類三摩地。世尊，云何名爲入名相三摩地。善現，謂若住此三摩地時，悟入諸法名相實際，是故名爲入名相三摩地。世尊，云何名爲無所作三摩地。善現，謂若住此三摩地時，一切所爲無不皆息，是故名爲無所作三摩地。世尊，云何名爲入決定名三摩地。善現，謂若住此三摩地時，悟入諸法決定名字都無所有但假施設，是故名爲入決定名三摩地。世尊，云何名爲無相行三摩地。善現，謂若住此三摩地時於諸定相都無所得，是故名爲無相行三摩地。世尊，云何名爲離翳闇三摩地。善現，謂若住此三摩地時，諸定翳闇無不除遣，是故名爲離翳闇三摩地。世尊，云何名爲具行三摩地。善現，謂若住此三摩地時，於諸定行中雖見而不見，是故名爲具行三摩地。世尊，云何名爲不變動三摩地。善現，謂若住此三摩地時，於諸等持不見變動，是故名爲不變動三摩地。世尊，云何名爲度境界三摩地。善現，謂若住此三摩地時，超諸等持所緣境界，是故名爲度境界三摩地。世尊，云何名爲集一切功德三摩地。善現，謂若住此三摩地時，能集諸定所有功德於一切法而無集想，是故名爲集一切功德三摩地。世尊，云何名爲無心住三摩地。善現，謂若住此三摩地時，心於諸定無轉無墮，是故名爲無心住三摩地。世尊，云何名爲決定住三摩地。善現，謂若住此三摩地時，於諸定心雖決定住而知其相了不可得，是故名爲決定住三摩地。世尊，云何名爲淨妙華三摩地。善現，謂若住此三摩地時，令諸等持皆得清淨，嚴飾光顯猶如妙華，是故名爲淨妙華三摩地。世尊，云何名爲具覺支三摩地。善現，謂若住此三摩地時，令一切定於七覺支速得圓滿，是故名爲具覺支三摩地。世尊，云何名爲無邊辯三摩地。善現，謂若住此三摩地時，於諸法中得無邊辯，是故名爲無邊辯三摩地。世尊，云何名爲無邊燈三摩地。善現，謂若住此三摩地時，於一切法皆能照了猶若明燈，是故名爲無邊燈三摩地。世尊，云何名爲無等等三摩地。善現，謂若住此三摩地時，令諸等持得無等等，是故名爲無等等三摩地。世尊，云何名爲超一切法三摩地。善現，謂若住此三摩地時，於三界法皆得超度，是故名爲超一切法三摩地。世尊，云何名爲決判諸法三摩地。善現，謂若住此三摩地時見諸勝定及一切法，爲諸有情分別無亂，是故名爲決判諸法三摩地。世尊，云何名爲散疑三摩地。善現，謂若住此三摩地時，於諸等持及一切法所有疑網皆能除散，是故名爲散疑三摩地。

世尊，云何名爲無所住三摩地。善現，謂若住此三摩地時不見諸法有所住處，是故名爲無所住三摩地。世尊，云何名爲一相莊嚴三摩地。善現，謂若住此三摩地時，不見諸法而有二相，是故名爲一相莊嚴三摩地。世尊，云何名爲引發行相三摩地。善現，謂若住此三摩地時，於諸等持及一切法雖能引發種種行相，而都不見能引發者，是故名爲引發行相三摩地。世尊，云何名爲一行相三摩地。善現，謂若住此三摩地時，見諸等持無二行相，是故名爲一行相三摩地。世尊，云何名爲離諸行相三摩地。善現，謂若住此三摩地時，見諸等持都無行相，是故名爲離諸行相三摩地。世尊，云何名爲妙行三摩地。善現，謂若住此三摩地時，令諸等持雖起種種微妙勝行而無所執，是故名爲妙行三摩地。世尊，云何名爲達諸有底遠離三摩地。善現，謂若住此三摩地時，於諸等持及一切法得通達智，得此智已，於諸有法通達遠離，是故名爲達諸有底遠離三摩地。世尊，云何名爲入一切施設語言三摩地。善現，謂若住此三摩地時，悟入一切三摩地法施設語言而無所恃，是故名爲入一切施設語言三摩地。世尊，云何名爲堅固寶三摩地。善現，謂若住此三摩地時，能引無邊無退無壞微妙殊勝功德珍寶，是故名爲堅固寶三摩地。世尊，云何名爲於一切法無所取著三摩地。善現，謂若住此三摩地時，於諸法中無所取著，以一切法離性相故，是故名爲於一切法無所取著三摩地。世尊，云何名爲電焰莊嚴三摩地。善現，謂若住此三摩地時，發種種光照諸冥闇，復以無量功德莊嚴，是故名爲電焰莊嚴三摩地。世尊，云何名爲除遣三摩地。善現，謂若住此三摩地時，除遣無邊煩惱習氣，是故名爲除遣三摩地。世尊，云何名爲法炬三摩地。善現，謂若住此三摩地時，照了諸法自相、共相，是故名爲法炬三摩地。世尊，云何名爲慧燈三摩地。善現，謂若住此三摩地時，照了諸法空無我理，是故名爲慧燈三摩地。世尊，云何名爲趣向不退轉神通三摩地。善現，謂若住此三摩地時，能引無量不退難伏最勝神通，是故名爲趣向不退轉神通三摩地。世尊，云何名爲解脱音聲文字三摩地。善現，謂若住此三摩地時，見諸等持解脱一切音聲文字衆相寂滅，是故名爲解脱音聲文字三摩地。世尊，云何名爲炬熾然三摩地。善現，謂若住此三摩地時，於諸等持威德獨盛照了諸定猶如熾炬，是故名爲炬熾然三摩地。世尊，云何名爲嚴淨相三摩地。善現，謂若住此三摩地時，於諸等持嚴淨其相，是故名爲嚴淨相三摩地。世尊，云何名爲無相三摩地。善現，謂若住此三摩地時，於諸等持不見其相，是故名爲無相三摩地。世尊，云何名爲無濁忍相三摩地。善現，謂若住此三摩地時於一切法得無濁忍，是故名爲無濁忍相三摩地。

世尊，云何名爲具一切妙相三摩地。善現，謂若住此三摩地時，諸定妙相無不具足，是故名爲具一切妙相三摩地。世尊，云何名爲具總持三摩地。善現，謂若住此三摩地時，能總任持諸定勝事，是故名爲具總持三摩地。世尊，云何名爲不喜一切苦樂三摩地。善現，謂若住此三摩地時，於諸等持苦樂之相不樂觀察，是故名爲不喜一切苦樂三摩地。世尊，云何名爲無盡行相三摩地。善現，謂若住此三摩地時，不見諸定行相有盡，是故名爲無盡行相三摩地。世尊，云何名爲攝伏一切正、邪性三摩地。善現，謂若住此三摩地時，於諸等持正性、邪性，攝伏諸見皆令不起，是故名爲攝伏一切正、邪性三摩地。世尊，云何名爲斷憎愛三摩地。善現，謂若住此三摩地時，不見諸定法有憎、有愛相，是故名爲斷憎愛三摩地。世尊，云何名爲離違順三摩地。善現，謂若住此三摩地時，不見諸定法有違、有順相，是故名爲離違順三摩地。世尊，云何名爲無垢明三摩地。善現，謂若住此三摩地時，於諸等持若明若垢咸悉不見，是故名爲無垢明三摩地。世尊，云何名爲極堅固三摩地。善現，謂若住此三摩地時，令諸等持無不堅固，是故名爲極堅固三摩地。世尊，云何名爲滿月淨光三摩地。善現，謂若住此三摩地時，令諸等持功德具足，如淨滿月增諸海水，是故名爲滿月淨光三摩地。世尊，云何名爲大莊嚴三摩地。善現，謂若住此三摩地時，令諸等持成就種種微妙希有大莊嚴事，是故名爲大莊嚴三摩地。世尊，云何名爲無熱電光三摩地。善現，謂若住此三摩地時，放清冷光照有情類，令息一切黑闇毒熱，是故名爲無熱電光三摩地。世尊，云何名爲能照一切世間三摩地。善現，謂若住此三摩地時，照諸等持及一切法，令有情類咸得開曉，是故名爲能照一切世間三摩地。世尊，云何名爲能救一切世間三摩地。善現，謂若住此三摩地時，能救世間種種憂苦，是故名爲能救一切世間三摩地。世尊，云何名爲定平等性三摩地。善現，謂若住此三摩地時，不見等持定散差別，是故名爲定平等性三摩地。世尊，云何名爲無塵有塵平等理趣三摩地。善現，謂若住此三摩地時，了達諸定及一切法有塵無塵平等理趣，是故名爲無塵有塵平等理趣三摩地。世尊，云何名爲無諍有諍平等理趣三摩地。善現，謂若住此三摩地時，不見諸法及一切定有諍、無諍性相差別，是故名爲無諍有諍平等理趣三摩地。世尊，云何名爲無巢穴、無標幟、無愛樂三摩地。善現，謂若住此三摩地時，破諸巢穴、捨諸標幟、斷諸愛樂而無所執，是故名爲無巢穴、無標幟、無愛樂三摩地。世尊，云何名爲決定安住真如三摩地。善現，謂若住此三摩地時，於諸等持及一切法常不棄捨真如實相，是故名爲決定安住真如三摩地。世尊，云何名爲器中涌出三摩地。善現，謂若住此三摩地時，令諸等持出生功德，如天福力食涌器中，是故名爲器中涌出三摩地。世尊，云何名爲燒諸煩惱三摩地。善現，謂若住此三摩地時，燒諸煩惱令無遺燼，是故名爲燒諸煩惱三摩地。世尊，云何名爲大智慧炬三摩地。善現，謂若住此三摩地時，發智慧光照了一切，是故名爲大智慧炬三摩地。世尊，云何名爲出生十力三摩地。善現，謂若住此三摩地時，令佛十力速得圓滿，是故名爲出生十力三摩地。世尊，云何名爲開闡三摩地。善現，謂若住此三摩地時，能爲有情開闡法要，令速解脱生死大苦，是故名爲開闡三摩地。世尊，云何名爲壞身惡行三摩地。善現，謂若住此三摩地時，雖不見有身而息身惡行，是故名爲壞身惡行三摩地。世尊，云何名爲壞語惡行三摩地。善現，謂若住此三摩地時，雖不見有聲而息語惡行，是故名爲壞語惡行三摩地。世尊，云何名爲壞意惡行三摩地。善現，謂若住此三摩地時，雖不見有心而息意惡行，是故名爲壞意惡行三摩地。世尊，云何名爲善觀察三摩地。善現，謂若住此三摩地時，於諸有情能善觀察根性勝解而度脱之，是故名爲善觀察三摩地。世尊，云何名爲如虚空三摩地。善現，謂若住此三摩地時，於諸有情普能饒益，其心平等如太虚空，是故名爲如虚空三摩地。世尊，云何名爲無染著如虚空三摩地。善現，謂若住此三摩地時，觀一切法都無所有，猶如虛空無染無著，是故名爲無染著如虛空三摩地。善現，如是等有無量百千三摩地，當知是爲菩薩摩訶薩大乘相。

大乘相者，謂四念住：以無所得而爲方便，雖於内外身住循身觀，而竟不起身俱尋思，是爲身念住。雖於内外受住循受觀，而竟不起受俱尋思，是爲受念住。雖於内外心住循心觀，而竟不起心俱尋思，是爲心念住。雖於内外法住循法觀，而竟不起法俱尋思，熾然精進，具正念知，是爲法念住。善現白佛言：云何於内外俱身受心法住，循身受心法觀。佛言：菩薩修行般若波羅蜜多時，以無所得而爲方便審觀自身，行時知行、住時知住、坐時知坐、臥時知臥，如如自身威儀差別。如是如是，具正念知，審觀自身，正知往來、正知瞻視、正知俯仰、正知屈伸、服僧伽胝、執持衣鉢、嘗食歠飲、臥息經行、坐起承迎、寤寢語默、入出諸定，皆念正知。審觀自身，入息出息，若長若短。審觀自身，地水火風，四界差別。審觀自身，從足至頂，種種不淨充滿其中，外爲薄皮之所纏裹，誰有智者，寶玩此身，唯諸愚夫，迷謬耽著，往澹泊路。觀所棄屍，死經一日，或經二日，乃至七日，其身肨脹，色變青瘀，臭爛皮穿，膿血流出。見是事已，自念我身有如是性、具如是法，未得解脱，終歸如是。菩薩於内身如是差別住循身觀，熾然精進，具念正知，爲欲調伏世間貪憂故。於外身住循身觀，亦復如是，於受心法住循受心法觀，隨其所應皆應廣説，是爲菩薩摩訶薩大乘相。

四正斷：謂斷惡生善。

四神足：修欲三摩地，斷行成就神足，依離、依無染、依滅，迴向捨。修勤三摩地、修心三摩地、修觀三摩地，斷行成就神足，依離、依無染、依滅，迴向捨。

五根：信根、精進根、念根、定根、慧根。

五力：信力、精進力、念力、定力、慧力。

七覺支：念等覺支、擇法等覺支、精進等覺

支、喜等覺支、輕安等覺支、定等覺支、捨等覺支，依離、依無染、依滅，迴向捨。

八正道：正見、正思惟、正語、正業、正命、正精進、正念、正定，依離、依無染、依滅，迴向捨。

三三摩地：觀一切法自相皆空，其心安住，名空解脱門，亦名空三摩地。觀一切法自相空故，皆無有相，其心安住，名無相解脱門，亦名無相三摩地。觀一切法自相空故，皆無所願，其心安住，名無願解脱門，亦名無願三摩地。

大乘相者，謂法智、類智、世俗智、他心智、苦智、集智、滅智、道智、盡智、無生智、如實智。若智以無所得而爲方便，知五蘊等差別相轉，是爲法智。知蘊界處及諸緣起，若總若別，是無常等，是爲類智。知一切法假設名字，是爲世俗智。知他有情心、心所法及修行證滅，是爲他心智。知苦應不生，是爲苦智。知集應永斷，是爲集智。知滅應作證，是爲滅智。知道應修習，是爲道智。知貪、瞋、癡盡，是爲盡智。知有趣不復生，是爲無生智。如來一切智、一切相智，是爲如實智。

三無漏根：若諸學者於諸聖諦未已現觀、未得聖果，所有信根乃至慧根，是爲未知當知根。若諸學者於諸聖已得現觀、已得聖果，所有信根乃至慧根，是爲已知根。諸無學者，若阿羅漢，若獨覺，若菩薩，已住十地，若諸如來應正等覺，所有信根乃至慧根，是爲具知根。

三三摩地：若離欲惡不善法，有尋有伺，離生喜樂，入初靜慮具足住，是爲有尋有伺三三摩地。若初靜慮第二靜慮中間定，是爲無尋惟伺三三摩地。若第二靜慮乃至非想非非想處，是爲無尋無伺三三摩地。

十隨念：謂佛隨念、法隨念、僧隨念、戒隨念、捨隨念、天隨念、寂靜厭離隨念、入出息隨念、身隨念、死隨念。

佛十力：如實了知因果等法處非處相，是爲

處非處智力。如實了知諸有情類過去、未來、現在諸業法，受種種因果相，是爲業異熟智力。如實了知諸有情類無量界相，是爲種種界智力。如實了知諸有情類無量勝解相，是爲種種勝解智力。如實了知諸有情類根勝劣相，是爲根勝劣智力。如實了知諸有情類偏行行相，是爲偏行行智力。如實了知諸有情類靜慮解脱、等持等至、雜染清淨、根力覺支道支等相，是爲靜慮解脱、等持等至、雜染清淨智力。如實了知諸有情類無量無數宿住事相，是爲宿住隨念智力。如實了知諸有情類無量無數死生事相，是爲死生智力。如實了知諸漏永盡、無漏心解脱、無漏慧解脱，於現法中自作證具足住，能正了知我生已盡、梵行已立、所作已辦、不受後有，是爲漏盡智力。

四無所畏：若以無所得爲方便，自稱我是正等覺者，設有立難，及令憶念，言於是法非正等覺，我於彼難，正見無由，得安隱住，無怖無畏，是爲正等覺無畏。若以無所得爲方便，自稱我已永盡諸漏，設有立難，及令憶念，言有如是漏未永盡，我於彼難正見無由，得安隱住，無怖無畏，是爲漏盡無畏。若以無所得爲方便，爲諸弟子説障道法，設有立難，及念憶念，言習此法不能障道，我於彼難正見無由，得安隱住，無怖無畏，是爲障法無畏。若以無所得爲方便，爲諸弟子説盡苦道，設有立難，及令憶念，言修此道不能盡苦，我於彼難正見無由，得安隱住，無怖無畏，是爲盡苦道無畏。

四無礙解：謂義無礙解、法無礙解、詞無礙解、辯無礙解。

十八佛不共法：謂我如來應正等覺，從初證得阿耨多羅三藐三菩提夜，乃至最後所作已辦，入無依餘[三]大涅槃夜，於其中間，常無誤失、無卒暴音、無忘失念、無不定心、無種種想、無不擇捨、志欲無退、精進無退、念無退、慧無退、解脱無退、解脱知見無退。一切身業智爲前導，隨智而轉。一切語業智爲前導，隨智而轉。一切意業智爲前導，隨智而轉。於過去世所起智見無著無礙，於未來世所起智見無著無礙，於現在世所起智見無著無礙。如是十八佛不共法，無不皆以無所得爲方便。

大乘相者，謂諸文字陀羅尼門。善現白佛：云何文字陀羅尼門。佛言：字平等性、語平等性、言説理趣平等性，入諸字門，是爲文字陀羅尼門。云何入諸字門。善現，若菩薩摩訶薩修行般若波羅蜜多時，以無所得而爲方便，入哀字門，悟一切法本不生故。入洛字門，悟一切法離塵垢故。入跛字門，悟一切法勝義教故。入者字門，悟一切法無死生故。入娜字門，悟一切法遠離名相，無得失故。入砢字門，悟一切法出世間故，愛支因緣永不現故。入柁字門，悟一切法調伏寂靜，真如平等，無分別故。入婆字門，悟一切法離繫縛故。入荼[三]字門，悟一切法離熱矯穢，得清淨故。入沙字門，悟一切法無罣礙故。入縛字門，悟一切法言音道斷故。入頞字門，悟一切法真如不動故。入也字門，悟一切法如實不生故。入瑟吒字門，悟一切法制伏任持相不可得故。入迦字門，悟一切法作者不可得故。入娑字門，悟一切法時平等性不可得故。入磨字門，悟一切法我及我所性不可得故。入伽字門，悟一切法行取性不可得故。入他字門，悟一切法處所不可得故。入闍字門，悟一切法生起不可得故。入濕縛字門，悟一切法安隱性不可得故。入達字門，悟一切法界性不可得故。入捨字門，悟一切法寂靜性不可得故。入佉字門，悟一切法如虛空性不可得故。入羼字門，悟一切法窮盡性不可得故。入薩頞字門，悟一切法任持處非處令不動轉性不可得故。入若字門，悟一切法執著義性不可得故。入呵字門，悟一切法因性不可得故。入薄字門，悟一切法可破壞性不可得故。入綽字門，悟一切法欲樂覆性不可得故。入颯磨字門，悟一切法可憶念性不可得故。入嗑縛字門，悟一切法可呼召性不可得故。入蹉字門，悟一切法勇健性不可得故。入鍵字門，悟一切法厚平等性不可得故。入搋字門，悟一切法積集性不可得故。入拏字門，悟一切法離諸喧雜，無往無來，行住坐臥不可得故。入頗字門，悟一切法徧滿果報不可得故。入塞迦字門，悟一切法聚積藴性不可得故。入逸娑字門，悟一切法衰老性相不可得故。入酌字門，悟一切法聚集足迹不可得故。入吒字門，悟一切法相驅迫性不可得故。入擇字門，悟一切法究竟處所不可得故。善現，如是字門能悟入法空邊際，除如是字表諸法空更不可得。何以故。如是字義，不可宣説、不可顯示、不可執取、不可書持、不可觀察，離諸相故。若菩薩能聽如是入諸字門印相印句，聞已受持，讀誦通利，得二十種殊勝功德，當知是爲菩薩摩訶薩大乘相。五十三卷之十九葉。已上答大乘相問竟，向下答菩薩摩訶薩發趣大乘。

佛告善現：汝問云何菩薩摩訶薩發趣大乘者，菩薩修行六波羅蜜多時，從一地趣一地，當知是爲發趣大乘。善現言：云何從一地趣一地。佛言：若菩薩知一切法無所從來，亦無所趣。何以故。以一切法無去無來、無從無趣，由彼諸法無變壞故。菩薩於所從、趣地不恃不思，雖修治地業而不見彼地。世尊，何謂菩薩修治地業。善現，菩薩摩訶薩住初極喜地時，應善修持十種勝業：一者以無所得而爲方便，修治淨勝意樂業，勝意樂事不可得故。二者以無所得而爲方便，修治一切有情平等心業，一切有情不可得故。三者以無所得而爲方便，修治布施業，施者、受者及所施物不可得故。四者以無所得而爲方便，修治親近善友業，善友、惡友無二相故。五者以無所得而爲方便，修治求法業，諸所求法不可得故。六者以無所得而爲方便，修治常樂出家業，所棄捨家不可得故。七者以無所得而爲方便，修治愛樂佛身業，諸相隨好不可得故。八者以無所得而爲方便，修治開闡法教業，所分別法不可得故。九者以無所得而爲方便，修治破憍慢業，諸興盛法不可得故。十者以無所得而爲方便，修治恒諦語業，一切語性不可得故。

復次，善現，菩薩摩訶薩住第二離垢地時，應於八法思惟修習令速圓滿：一者清淨禁戒。二者知恩報恩。三者安住忍力。四者受勝歡喜。五者不捨有情。六者恒起大悲。七者於諸師長，以敬信心諮承供養如事佛想。八者勤求修習波羅蜜多。

復次，善現，菩薩摩訶薩住第三發光地時，應住五法：一者勤求多聞常無厭足，於所聞法不著文字。二者以無染心常行法施，雖廣開化而不自高。三者爲嚴淨土植諸善根，雖用迴向而不自高。四者爲化有情，雖不厭倦無邊生死而不自高。五者雖住慚愧而無所著。

復次，善現，菩薩摩訶薩住第四焰慧地時應住十法，常行不捨：一者住阿練若，常不捨離。二者少欲。三者喜足。四者常不捨離杜多功德。五者於諸學處未曾棄捨。六者於諸欲樂深生厭離。七者常樂發起寂滅俱心。八者捨諸所有。九者心不滯没。十者於諸所有無所顧戀。五十三卷止。

復次，善現，菩薩摩訶薩住第五難勝地時，應遠離十法：一者應遠離居家。二者應遠離苾芻尼。三者應遠離家慳。四者應遠離衆會、忿諍。五者應遠離自讚、毀他。六者應遠離十不善業道。七者應遠離增上慢傲。八者應遠離顛倒。九者應遠離猶豫。十者應遠離貪、瞋、癡。

復次，善現，菩薩摩訶薩住第六現前地時，應圓滿六法：一者應圓滿布施波羅蜜多。二者應圓滿淨戒波羅蜜多。三者應圓滿安忍波羅蜜多。四者應圓滿精進波羅蜜多。五者應圓滿靜慮波羅蜜多。六者應圓滿般若波羅蜜多。復應遠離六法：一者應遠離聲聞心。二者應遠離獨覺心。三者應遠離熱惱心。四者見乞者來心不厭慼。五者捨所有物無憂悔心。六者於來求者終不驕誑。

復次，善現，菩薩摩訶薩住第七遠行地時，應遠離二十法：一者應遠離我執、有情執，乃至知者執、見者執。二者應遠離斷執。三者遠離常執。四者應遠離相執。五者應遠離因等見執。六者應遠離名色執。七者應遠離蘊執。八者應遠離處執。九者應遠離界執。十者應遠離諦執。十一者應遠離緣起執。十二者應遠離住著三界執。十三者應遠離一切法執。十四者應遠離於一切法如理、不如理執。十五者應遠離依佛見執。十六者應遠離依法見執。十七者應遠離依僧見執。十八者應遠離依戒見執。十九者應遠離怖畏空法。二十者應遠離違背空性。復應圓滿二十法：一者應圓滿通達空。二者應圓滿證無相。三者應圓滿知無願。四者應圓滿三輪清淨。五者應圓滿悲愍有情及於有情無所執著。六者應圓滿一切法平等見及於此中無所執著。七者應圓滿一切有情平等見及於此中無所執著。八者應圓滿通達真實體趣及於此中無所執著。九者應圓滿無生忍智。十者應圓滿説一切法一相理趣。十一者應圓滿滅除分別。十二者應圓滿遠離諸想。十三者應圓滿遠離諸見。十四者應圓滿遠離煩惱。十五者應圓滿奢摩他毗鉢舍那地。十六者應圓滿調伏心性。十七者應圓滿寂靜心性。十八者應圓滿無礙智性。十九者應圓滿無所愛染。二十者應圓滿隨心所欲，往諸佛土，於佛衆會自現其身。

復次，善現，菩薩摩訶薩住第八不動地時應圓滿四法：一者應圓滿悟入一切有情心行。二者應圓滿遊戲諸神通。三者應圓滿見諸佛土，如其所見而自嚴淨種種佛土。四者應圓滿供養承事諸佛世尊，於如來身如實觀察。

復次，善現，菩薩摩訶薩住第九善慧地時應圓滿四法：一者應圓滿知諸有情根勝劣智。二者應圓滿嚴淨佛土。三者應圓滿如幻等持數入諸定。四者應圓滿隨諸有情善根應熟，故入諸有自現化生。

復次，善現，菩薩摩訶薩住第十法雲地時應圓滿十二法：一者應圓滿攝受無邊處所大願，隨有所願皆令圓滿。二者應圓滿隨諸天、龍、藥叉乃至人、非人等異類音智。三者應圓滿無礙辯説智。四者應圓滿入胎具足。五者應圓滿出生具足。六者應圓滿家族具足。七者應圓滿種性具足。八者應圓滿眷屬具足。九者應圓滿生身具足。十者應圓滿出家具足。十一者應圓滿莊嚴菩提樹具足。十二者應圓滿一切功德成辦具足。

爾時，善現白佛言：世尊，云何菩薩摩訶薩修治淨勝意樂業。佛言：善現，若菩薩摩訶薩以應一切智智心，修習一切善根，是爲菩薩摩訶薩修治淨勝意樂業。世尊，云何菩薩摩訶薩修治一切有情平等心業。善現，若菩薩摩訶薩以應一切智智心，引發慈悲喜捨四種無量，是爲菩薩摩訶薩修治一切有情平等心業。世尊，云何菩薩摩訶薩修治布施業。善現，若菩薩摩訶薩於一切有情無所分別而行布施，是爲菩薩摩訶薩修治布施業。世尊，云何菩薩摩訶薩修治親近善友業。善現，若菩薩摩訶薩見諸善友勸化有情，令其修習一切智智，即便親近恭敬供養、尊重讚歎，諮受正法，晝夜承奉無懈倦心，是爲菩薩摩訶薩修治親近善友業。世尊，云何菩薩摩訶薩修治求法業。善現，若菩薩摩訶薩以應一切智智心勤求如來無上正法，不墮聲聞、獨覺等地，是爲菩薩摩訶薩修治求法業。世尊，云何菩薩摩訶薩修治常樂出家業。善現，若菩薩摩訶薩一切生處恒厭居家牢獄喧雜，常欣佛法、清淨出家，無能爲礙，是爲菩薩摩訶薩修治常樂出家業。世尊，云何菩薩摩訶薩修治愛樂佛身業。善現，若菩薩摩訶薩暫一覩見佛形像已，乃至證得無上菩提終不捨於念佛作意，是爲菩薩摩訶薩修治愛樂佛身業。世尊，云何菩薩摩訶薩修治開闡法教業。善現，若菩薩摩訶薩於佛在世及涅槃後，爲諸有情開闡法教初中後善文義巧妙，純一圓滿清白梵行，所謂契經、應頌、記別、諷頌、自説、緣起、譬喻、本事、本生、方廣、希法、論義，是爲菩薩摩訶薩修治開闡法教業。世尊，云何菩薩摩訶薩修治破驕慢業。善現，若菩薩摩訶薩常懷謙敬伏憍慢心，由此不生下姓卑族，是爲菩薩摩訶薩修治破驕慢業。

世尊，云何菩薩摩訶薩修治恒諦語業。善現，若菩薩摩訶薩稱知而説，言行相符，是爲菩薩摩訶薩修治恒諦語業。世尊，云何菩薩摩訶薩清淨禁戒。善現，若菩薩摩訶薩不起聲聞、獨覺作意及餘破戒障菩提法，是爲菩薩摩訶薩清淨禁戒。世尊，云何菩薩摩訶薩知恩報恩。善現，若菩薩摩訶薩行菩薩行時，於行小恩尚不忘報，况大恩惠而當不酬，是爲菩薩摩訶薩知恩報恩。世尊，云何菩薩摩訶薩住安忍力。善現，若菩薩摩訶薩設諸有情來見侵毁，而於彼所無恚害心，是爲菩薩摩訶薩住安忍力。世尊，云何菩薩摩訶薩受勝歡喜。善現，若菩薩摩訶薩所化有情既得成熟身心適悦受勝歡喜，是爲菩薩摩訶薩受勝歡喜。世尊，云何菩薩摩訶薩不捨有情。善現，若菩薩摩訶薩拔濟有情心恒不捨，是爲菩薩摩訶薩不捨有情。世尊，云何菩薩摩訶薩恒起大悲。善現，若菩薩摩訶薩行菩薩行時作如是念，我爲饒益一切有情，假使各如無量無數殑伽沙劫，處大地獄，受諸劇苦，或燒或煮，或斫或截，若刺若懸，若磨若擣，受如是等無量苦事，爲欲令彼乘於佛乘而般涅槃，如是一切有情界盡而大悲心曾無厭倦，是爲菩薩摩訶薩恒起大悲。世尊，云何菩薩摩訶薩於諸師長以敬信心諮承供養如事佛想。善現，若菩薩摩訶薩爲求無上正等菩提，恭順師長都無所顧，是爲菩薩摩訶薩於諸師長以敬信心諮承供養如事佛想。世尊，云何菩薩摩訶薩勤求修習波羅蜜多。善現，若菩薩摩訶薩於諸波羅蜜多專心求學、遠離餘事，是爲菩薩摩訶薩勤求修習波羅蜜多。世尊，云何菩薩摩訶薩勤求多聞常無厭足，於所聞法不著文字。善現，若菩薩摩訶薩發勤精進，作是念言，若此佛土若十方界諸佛世尊所説正法我皆聽習、讀誦受持，而於其中不著文字，是爲菩薩摩訶薩勤求多聞常無厭足，於所聞法不著文字。世尊，云何菩薩摩訶薩以無染心常行法施，雖廣開化而不自高。善現，若菩薩摩訶薩爲諸有情宣説正法尚不自爲，持此善根迴向菩提况求餘事，雖多化導而不自恃，是爲菩薩摩訶薩以無染心常行法施，雖廣開化而不自高。世尊，云何菩薩摩訶薩爲嚴淨土植諸善根，雖用回向而不自舉。善現，若菩薩摩訶薩勇猛精進修諸善根，爲欲莊嚴諸佛淨國及爲清淨自他心土，雖爲是事而不自高，是爲菩薩摩訶薩爲嚴淨土植諸善根，雖用回向而不自舉。世尊，云何菩薩摩訶薩爲化有情雖不厭倦無邊生死而不自高。善現，若菩薩摩訶薩爲欲成熟一切有情，植諸善根，嚴淨佛土乃至未滿一切智智，雖受無邊生死勤苦而無厭倦，亦不自高，是爲菩薩摩訶薩爲化有情雖不厭倦無邊生死而不自高。世尊，云何菩薩摩訶薩雖住慚愧而無所著。善現，若菩薩摩訶薩專求無上正等菩提，於諸聲聞、獨覺作意具慚愧故，終不暫起而於其中亦無所著，是爲菩薩摩訶薩雖住慚愧而無所著。世尊，云何菩薩摩訶薩住阿練若常不捨離。善現，若菩薩摩訶薩爲求無上正等菩提，超諸聲聞、獨覺等地，故常不捨阿練若處，是爲菩薩摩訶薩住阿練若常不捨離。世尊，云何菩薩摩訶薩少欲。善現，若菩薩摩訶薩尚不自爲求大菩提，況欲世間利譽等事，是爲菩薩摩訶薩少欲。世尊，云何菩薩摩訶薩喜足。善現，若菩薩摩訶薩專爲證得一切智智，故於餘事而無所著，是爲菩薩摩訶薩喜足。世尊，云何菩薩摩訶薩常不捨離杜多功德。善現，若菩薩摩訶薩常於深法起諦察忍，是爲菩薩摩訶薩常不捨離杜多功德。世尊，云何菩薩摩訶薩於諸學處未曾棄捨。善現，若菩薩摩訶薩於所學戒堅守不移而於其中能不取相，是爲菩薩摩訶薩於諸學處未曾棄捨。世尊，云何菩薩摩訶薩於諸欲樂深生厭離。善現，若菩薩摩訶薩於妙欲樂不起欲心，是爲菩薩摩訶薩於諸欲樂深生厭離。世尊，云何菩薩摩訶薩常能發起寂滅俱心。善現，若菩薩摩訶薩達一切法曾無起作，是爲菩薩摩訶薩常能發起寂滅俱心。世尊，云何菩薩摩訶薩捨諸所有。善現，若菩薩摩訶薩於內外法曾無所取，是爲菩薩摩訶薩捨諸所有。世尊，云何菩薩摩訶薩心不滯没。善現，若菩薩摩訶薩於諸識住未嘗起心，是爲菩薩摩訶薩心不滯没。世尊，云何菩薩摩訶薩於諸所有無所顧戀。善現，若菩薩摩訶薩於一切物無所思惟，是爲菩薩摩訶薩於諸所有無所顧戀。

世尊，云何菩薩摩訶薩應遠離居家。善現，若菩薩摩訶薩志性好遊諸佛國土，隨所生處常樂出家，剃髮去鬚，執持應器，被三法服，現作沙門，是爲菩薩摩訶薩應遠離居家。世尊，云何菩薩摩訶薩應遠離苾蒭尼。善現，若菩薩摩訶薩常應遠離諸苾蒭尼，不與共居，如彈指頃，亦復於彼不起異心，是爲菩薩摩訶薩應遠離苾蒭尼。世尊，云何菩薩摩訶薩應遠離家慳。善現，若菩薩摩訶薩作是思惟，我應長夜利益安樂一切有情，令此有情自由福力，感得如是勝施主家，故我於中不應慳嫉，是爲菩薩摩訶薩應遠離家慳。世尊，云何菩薩摩訶薩應遠離衆會、忿諍。善現，若菩薩摩訶薩作是思惟，若處衆會，其中或有聲聞、獨覺，或説彼乘相應法要，令我退失大菩提心，是故定應遠離衆會。復作是念，諸忿諍者能使有情發起瞋害，造作種種惡不善業尚違善趣，況大菩提，是故定應遠離忿諍，是爲菩薩摩訶薩應遠離衆會、忿諍。世尊，云何菩薩摩訶薩應遠離自讚、毁他。善現，若菩薩摩訶薩於内外法都無所見，故應遠離自讚、毁他，是爲菩薩摩訶薩應遠離自讚、毁他。世尊，云何菩薩摩訶薩應遠離十不善業道。善現，若菩薩摩訶薩作是思惟，此十惡法尚礙善趣二乘聖道，況大菩提，故應遠離，是爲菩薩摩訶薩應遠離十不善業道。世尊，云何菩薩摩訶薩應遠離增上慢傲。善現，若菩薩摩訶薩不見有法可起慢傲，是爲菩薩摩訶薩應遠離增上慢傲。世尊，云何菩薩摩訶薩應遠離顛倒。善現，若菩薩摩訶薩觀顛倒事都不可得，是爲菩薩摩訶薩應遠離顛倒。世尊，云何菩薩摩訶薩應遠離猶豫。善現，若菩薩摩訶薩觀猶豫事都不可得，是爲菩薩摩訶薩應遠離猶豫。世尊，云何菩薩摩訶薩應遠離貪、瞋、癡。善現，若菩薩摩訶薩都不見有貪、瞋、癡事，是爲菩薩摩訶薩應遠離貪、瞋、癡。

世尊，云何菩薩摩訶薩應圓滿六波羅蜜多。善現，若菩薩摩訶薩圓滿六種波羅蜜多，超諸聲聞及獨覺地，又住此六波羅蜜多，佛及二乘能度五種所知海岸，何等爲五：一者過去，二者未來，三者現在，四者無爲，五者不可説，是爲菩薩摩訶薩應圓滿六波羅蜜多。世尊，云何菩薩摩訶薩應遠離聲聞心。善現，若菩薩摩訶薩作如是念，諸聲聞心非證無上大菩提道，故應遠離，是爲菩薩摩訶薩應遠離聲聞心。世尊，云何菩薩摩訶薩應遠離獨覺心。善現，若菩薩摩訶薩作如是念，諸獨覺心定不能得一切智智，故我今者應遠離之，是爲菩薩摩訶薩應遠離獨覺心。世尊，云何菩薩摩訶薩應遠離熱惱心。善現，若菩薩摩訶薩作如是念，怖畏生死熱惱之心非證無上正等覺道，故應遠離，是爲菩薩摩訶薩應遠離熱惱心。世尊，云何菩薩摩訶薩見乞者來心不厭慼。善現，若菩薩摩訶薩作如是念，此厭慼心於大菩提非能證道，故我今者定應遠離，是爲菩薩摩訶薩見乞者心不厭慼。世尊，云何菩薩摩訶薩捨所有物無憂悔心。善現，若菩薩摩訶薩作如是念，此憂悔心於證無上正等菩提定爲障礙，故我應捨，是爲菩薩摩訶薩捨所有物無憂悔心。世尊，云何菩薩摩訶薩於來求者終不矯誑。善現，若菩薩摩訶薩作如是念，此矯誑心定非阿耨多羅三藐三菩提道。何以故。菩薩摩訶薩初發無上菩提心時作是誓言，凡我所有施來求者，隨欲不空，如何今時而矯誑彼，是爲菩薩摩訶薩於來求者終不矯誑。世尊，云何菩薩摩訶薩遠離我執、有情執乃至知者執、見者執。善現，若菩薩摩訶薩觀我、有情乃至知者、見者畢竟不可得故，是爲菩薩摩訶薩應遠離我執、有情執乃至知者執、見者執。世尊，云何菩薩摩訶薩應遠離斷執。善現，菩薩摩訶薩觀一切法畢竟不生、無斷義故，是爲菩薩摩訶薩應遠離斷執。世尊，云何菩薩摩訶薩應遠離常執。善現，若菩薩摩訶薩觀一切法無常性故，是爲菩薩摩訶薩應遠離常執。世尊，云何菩薩摩訶薩應遠離相想。善現，若菩薩摩訶薩雜染性不可得故，是爲菩薩摩訶薩應遠離相想。世尊，云何菩薩摩訶薩應遠離因等見執。善現，若菩薩摩訶薩都不見有諸見性故，是爲菩薩摩訶薩應遠離因等見執。世尊，云何菩薩摩訶薩應遠離名色執。善現，若菩薩摩訶薩觀名色性都不可得，是爲菩薩摩訶薩應遠離名色執。世尊，云何菩薩摩訶薩應遠離蘊執。善現，若菩薩摩訶薩觀五蘊性都不可得，是爲菩薩摩訶薩應遠離蘊執。世尊，云何菩薩摩訶薩應遠離處執。善現，若菩薩摩訶薩觀十二處性都不可得，是爲菩薩摩訶薩應遠離處執。世尊，云何菩薩摩訶薩應遠離界執。善現，若菩薩摩訶薩觀十八界等性都不可得，是爲菩薩摩訶薩應遠離界執。

世尊，云何菩薩摩訶薩應遠離諦執。善現，若菩薩摩訶薩觀諸諦性都不可得，是爲菩薩摩訶薩應遠離諦執。世尊，云何菩薩摩訶薩應遠離緣起執。善現，若菩薩摩訶薩觀諸緣起性不可得故，是爲菩薩摩訶薩應遠離緣起執。世尊，云何菩薩摩訶薩應遠離住著三界執。善現，若菩薩摩訶薩觀三界性都不可得，是爲菩薩摩訶薩應遠離住著三界執。世尊，云何菩薩摩訶薩應遠離一切法執。善現，若菩薩摩訶薩觀諸法性皆如虚空，都不可得，是爲菩薩摩訶薩應遠離一切法執。世尊，云何菩薩摩訶薩應遠離於一切法如理、不如理執。善現，若菩薩摩訶薩觀諸法性都不可得，無有如理、不如理性，是爲菩薩摩訶薩應遠離於一切如理、不如理執。世尊，云何菩薩摩訶薩應遠離依佛見執。善現，若菩薩摩訶薩知依佛見執，不得見佛故，是爲菩薩摩訶薩應遠離依佛見執。世尊，云何菩薩摩訶薩應遠離依法見執。善現，若菩薩摩訶薩達真法性不可見故，是爲菩薩摩訶薩應遠離依法見執。世尊，云何菩薩摩訶薩應遠離依僧見執。善現，若菩薩摩訶薩知和合衆無相無爲、不可見故，是爲菩薩摩訶薩應遠離依僧見執。世尊，云何菩薩摩訶薩應遠離依戒見執。善現，若菩薩摩訶薩知罪福性俱非有故，是爲菩薩摩訶薩應遠離依戒見執。世尊，云何菩薩摩訶薩應遠離怖畏空法。善現，若菩薩摩訶薩觀諸空法皆無自性，所怖畏事畢竟非有，是爲菩薩摩訶薩應遠離怖畏空法。世尊，云何菩薩摩訶薩應遠離違背空性。善現，若菩薩摩訶薩觀一切法自性皆空，非空與空有違背故，是爲菩薩摩訶薩應遠離違背空性。

世尊，云何菩薩摩訶薩應圓滿通達空。善現，若菩薩摩訶薩達一切法自相皆空，是爲菩薩摩訶薩應圓滿通達空。世尊，云何菩薩摩訶薩應圓滿證無相。善現，若菩薩摩訶薩不思惟一切相，是爲菩薩摩訶薩應圓滿證無相。世尊，云何菩薩摩訶薩應圓滿知無願。善現，若菩薩摩訶薩於三界法心無所住，是爲菩薩摩訶薩應圓滿知無願。世尊，云何菩薩摩訶薩應圓滿三輪清淨。善現，若菩薩摩訶薩具足清淨十善業道，是爲菩薩摩訶薩應圓滿三輪清淨。世尊，云何菩薩摩訶薩應圓滿悲愍有情及於有情無所執著。善現，若菩薩摩訶薩已得大悲及嚴淨土，是爲菩薩摩訶薩應圓滿悲愍有情及於有情無所執著。世尊，云何菩薩摩訶薩應圓滿一切法平等見及於此中無所執著。善現，若菩薩摩訶薩於一切法不增不減及於此中無取無住，是爲菩薩摩訶薩應圓滿一切法平等見及於此中無所執著。世尊，云何菩薩摩訶薩應圓滿一切有情平等見及於此中無所執著。善現，若菩薩摩訶薩於諸有情不增不減及於此中無取無住，是爲菩薩摩訶薩應圓滿一切有情平等見及於此中無所執著。世尊，云何菩薩摩訶薩應圓滿通達真實理趣及於此中無所執著。善現，若菩薩摩訶薩於一切法真實理趣，雖如實通達而無所通達，及於此中無取無住，是爲菩薩摩訶薩應圓滿通達真實理趣及於此中無執著。世尊，云何菩薩摩訶薩應圓滿無生忍智。善現，若菩薩摩訶薩忍一切法無生無滅、無所造作及知名色畢竟不生，是爲菩薩摩訶薩應圓滿無生忍智。世尊，云何菩薩摩訶薩應圓滿説一切法一相理趣。善現，若菩薩摩訶薩於一切法行不二相，是爲菩薩摩訶薩應圓滿説一切法一相理趣。世尊，云何菩薩摩訶薩應圓滿滅除分別。善現，若菩薩摩訶薩於一切法不起分別，是爲菩薩摩訶薩應圓滿滅除分別。世尊，云何菩薩摩訶薩應圓滿遠離諸想。善現，若菩薩摩訶薩遠離一切小大無量想，是爲菩薩摩訶薩應圓滿遠離諸想。世尊，云何菩薩摩訶薩應圓滿遠離諸見。善現，若菩薩摩訶薩遠離一切聲聞、獨覺等見，是爲菩薩摩訶薩應圓滿遠離諸見。世尊，云何菩薩摩訶薩應圓滿遠離煩惱。善現，若菩薩摩訶薩棄捨一切有漏煩惱習氣相續，是爲菩薩摩訶薩應圓滿遠離煩惱。世尊，云何菩薩摩訶薩應圓滿奢摩他、毗鉢舍那地。善現，若菩薩摩訶薩修一切智、道相智、一切相智，是爲菩薩摩訶薩應圓滿奢摩他、毗鉢舍那地。世尊，云何菩薩摩訶薩應圓滿調伏心性。善現，若菩薩摩訶薩於三界法不樂不動，是爲菩薩摩訶薩應圓滿調伏心性。世尊，云何菩薩摩訶薩應圓滿寂靜心性。善現，若菩薩摩訶薩善攝六根，是爲菩薩摩訶薩應圓滿寂靜心性。世尊，云何菩薩摩訶薩應圓滿無礙智性。善現，若菩薩摩訶薩修得佛眼，是爲菩薩摩訶薩應圓滿無礙智性。世尊，云何菩薩摩訶薩應圓滿無所愛染。善現，若菩薩摩訶薩於外六處能善棄捨，是爲菩薩摩訶薩應圓滿無所愛染。世尊，云何菩薩摩訶薩應圓滿隨心所欲往諸佛土，於佛衆會自現其身。善現，若菩薩摩訶薩修勝神通，從一佛國趣一佛國，供養恭敬、尊重讚歎諸佛世尊，請轉法輪，饒益一切，是爲菩薩摩訶薩應圓滿隨心所欲往諸佛土，於佛衆會自現其身。世尊，云何菩薩摩訶薩應圓滿悟入一切有情心行。善現，若菩薩摩訶薩以一心智如實徧知一切有情心、心所法，是爲菩薩摩訶薩應圓滿悟入一切有情心行。

世尊，云何菩薩摩訶薩應圓滿遊戲諸神通。善現，若菩薩摩訶薩遊戲種種自在神通，爲見佛故從一佛國趣一佛國，亦復不生遊佛國想，是爲菩薩摩訶薩應圓滿遊戲諸神通。世尊，云何菩薩摩訶薩應圓滿見諸佛土，如其所見而自嚴淨種種佛土。善現，若菩薩摩訶薩住一佛土能見十方無邊佛國，亦能示現而曾不生佛國土想，又爲成熟諸有情故，現處三千大千世界轉輪王位而自莊嚴，亦能棄捨而無所執，是爲菩薩摩訶薩應圓滿見諸佛土，如其所見而自嚴淨種種佛土。世尊，云何菩薩摩訶薩應圓滿供養承事諸佛世尊，於如來身如實觀察。

善現，若菩薩摩訶薩爲欲饒益諸有情故，於法義趣如實分別，如是名爲以法供養承事諸佛，又諦觀察諸佛法身，是爲菩薩摩訶薩應圓滿供養承事諸佛世尊，於如來身如實觀察。世尊，云何菩薩摩訶薩應圓滿知諸有情根勝劣智。善現，若菩薩摩訶薩住佛十力，如實了知一切有情諸根勝劣，是爲菩薩摩訶薩應圓滿知諸有情根勝劣智。世尊，云何菩薩摩訶薩應圓滿嚴淨佛土。善現，若菩薩摩訶薩以無所得而爲方便，嚴淨一切有情心行，是爲菩薩摩訶薩應圓滿嚴淨佛土。世尊，云何菩薩摩訶薩應圓滿如幻等持數入諸定。善現，若菩薩摩訶薩住此等持，雖能成辦一切事業而心不動，又修等持極成熟故，不作加行，數數現前，是爲菩薩摩訶薩應圓滿如幻等持數入諸定。世尊，云何菩薩摩訶薩應圓滿隨諸有情善根應熟，故入諸有自現化生。善現，若菩薩摩訶薩爲欲成熟諸有情類殊勝善根，隨其所宜，故入諸有而現受生，是爲菩薩摩訶薩隨諸有情善根應熟，故入諸有自現化生。世尊，云何菩薩摩訶薩應圓滿攝受無邊處所大願，隨有所願皆令圓滿。善現，若菩薩摩訶薩已具修六波羅蜜多極圓滿故，或爲嚴淨諸佛國土、或爲成熟諸有情類，隨心所願皆得圓滿，是爲菩薩摩訶薩應圓滿攝受無邊處所大願，隨有所願皆令圓滿。世尊，云何菩薩摩訶薩應圓滿隨諸天、龍、藥叉、健達縛、阿素洛、揭路荼、緊捺洛、莫呼洛伽、人、非人等異類音智。善現，若菩薩摩訶薩修習殊勝詞無礙解，善知有情言音差別，是爲菩薩摩訶薩應圓滿隨諸天、龍、藥叉、健達縛、阿素洛、揭路荼、緊捺洛、莫呼洛伽、人、非人等異類音智。世尊，云何菩薩摩訶薩應圓滿無礙辯説智。善現，若菩薩摩訶薩修習殊勝辯無礙解，爲諸有情能無盡説，是爲菩薩摩訶薩應圓滿無礙辯説智。世尊，云何菩薩摩訶薩應圓滿入胎具足。善現，若菩薩摩訶薩雖一切生處實恒化生，而爲饒益有情現入胎藏，於中具足種種勝事，是爲菩薩摩訶薩應圓滿入胎具足。世尊，云何菩薩摩訶薩應圓滿出生具足。善現，若菩薩摩訶薩於出胎時示現種種希有勝事，令諸有情見者歡喜獲大利樂，是爲菩薩摩訶薩應圓滿出生具足。世尊，云何菩薩摩訶薩應圓滿家族具足。善現，若菩薩摩訶薩或生刹帝利大族姓家，或生婆羅門大族姓家，所稟父母無可譏嫌，是爲菩薩摩訶薩應圓滿家族具足。世尊，云何菩薩摩訶薩應圓滿種姓具足。善現，若菩薩摩訶薩常預過去諸大菩薩種姓中生，是爲菩薩摩訶薩應圓滿種性具足。世尊，云何菩薩摩訶薩應圓滿眷屬具足。善現，若菩薩摩訶薩純以無量無數菩薩而爲眷屬，非諸雜類，是爲菩薩摩訶薩應圓滿眷屬具足。世尊，云何菩薩摩訶薩應圓滿生身具足。善現，若菩薩摩訶薩於初生時其身具足一切相好，放大光明徧照無邊諸佛世界，亦令彼界六種變動，有情遇者無不蒙益，是爲菩薩摩訶薩應圓滿生身具足。世尊，云何菩薩摩訶薩應圓滿出家具足。善現，若菩薩摩訶薩於出家時，無量無數天、龍、藥叉，人、非人等之所翼從，往詣道場，剃除鬚髮，服三法衣，受持應器，引導無量無數有情，令乘三乘而趣圓寂，是爲菩薩摩訶薩應圓滿出家具足。世尊，云何菩薩摩訶薩應圓滿莊嚴菩提樹具足。善現，若菩薩摩訶薩殊勝善根，廣大願力，感得如是妙菩提樹，吠瑠璃寶以爲其莖，真金爲根，枝葉華果皆以上妙七寶所成，其樹高廣徧覆三千大千佛土，光明照耀周徧十方殑伽沙等諸佛世界，是爲菩薩摩訶薩應圓滿莊嚴菩提樹具足。世尊，云何菩薩摩訶薩應圓滿一切功德具足。善現，若菩薩摩訶薩滿足殊勝福慧資糧，成熟有情，嚴淨佛土，是爲菩薩摩訶薩應圓滿一切功德具足。卷五十四。

世尊，云何當知已圓滿第十法雲地菩薩摩訶薩，與諸如來應言無異。善現，是菩薩已圓滿一切佛法故，若復永斷一切煩惱習氣相續，便住佛地，是故當知，已圓滿第十法雲地菩薩摩訶薩，與諸如來應言無異。善現，當知是爲菩薩摩訶薩發趣大乘。

已上答發趣大乘竟，向下答如是大乘從何處出至何處住。

善現，如是大乘從三界中出，至一切智智中住。由爲一切智智而出三界故，然無二故，無出無至。所以者何。若大乘，若一切智智，如是二法，非相應非不相應、非有色非無色、非有見非無見、非有對非無對，咸同一相，所謂無相。無相之法，無出無至。其有欲令無相之法有出有至者，則爲欲令一切法有出有至。所以者何。一切法不能從三界中出，亦不能至一切智智中住。何以故。一切法自性空故。無相之法，無動轉故。

次答大乘爲何所住者。善現，如是大乘都無所住。所以者何。以一切法皆無所住。何以故。諸法住處不可得故，然此大乘住無所住。

次答誰復乘是大乘而出者。善現，都無乘是大乘而出者。所以者何。若所乘乘，若能乘者，由此、爲此所出、所至及出、至時，如是一切皆無所有，都不可得。何以故。以一切法皆無所有，都不可得，畢竟淨故。

一切法非已可得、非當可得、非現可得，畢竟淨故。辯大乘品竟。

般若綱要卷二

校勘記

〔一〕「故」，底本原校疑爲「謂」。

〔二〕「依餘」，底本原校疑寫誤。

〔三〕「荼」，底本作「茶」，據《大般若經》改。

般若綱要卷三

古南沙門通門閲正

七空居士葛鼒提綱

卷五十六之十四葉讚大乘品　至卷六十一

善現白佛言：大乘者，超勝一切世間天、人、阿素洛等，最尊最妙。如是大乘與虛空等，譬如虛空普能含受無量無數有情，又如虛空無來無去、無住可見，又如虛空前、後、中際皆不可得，三世平等，故名大乘。佛告善現：如是如是，大乘具如是等無邊功德。善現，若諸法是真如，非虛空、非顛倒、非假設，是諦、是實，有常、有恒，無變、無易，有實性者，則此大乘非尊非妙，不超一切世間天、人、阿素洛等。以諸法非真如，是虛妄、是顛倒、是假設，非諦、非實，無常、無恒，有變、有易，都無實性，故此大乘是尊是妙，超勝一切世間天、人、阿素洛等。若諸如來應正等覺轉妙法輪，所被有情實有性者，則諸如來不能令彼諸有情類於無餘依妙涅槃界已般、今般、當般涅槃。以諸如來應正等覺轉妙法輪，所被有情非實有性，故諸如來悉能令彼諸有情類於無依餘〔二〕妙涅槃界已般、今般、當般涅槃，故説大乘超勝一切天、人、阿素洛等，最尊最妙。

次説如是大乘與虛空等者，譬如虛空，非有東、西、南、北、四維、上下方分可得，大乘亦爾，非有東、西、南、北、四維、上下方分可得。又如虛空，非有長短、方圓、高下、邪正形色可得，大乘亦爾，非有長短、方圓、高下、邪正形色可得。又如虛空，非有青、黃、赤、白、黑、紫、縹等顯色可得，大乘亦爾，非有青、黃、赤、白、黑、紫、縹等顯色可得。又如虛空，非明非暗，大乘亦爾，非明非暗。又如虛空，非蘊處界，非離蘊處界，大乘亦爾，非蘊處界，非離蘊處界。又如虛空，非可得，非不可得，大乘亦爾，非可得，非不可得。又如虛空，非可說，非不可說，大乘亦爾，非可說，非不可說。故說大乘與虛空等。

次說虛空普能含受無數無量有情者。善現，有情無所有故，當知虛空亦無所有。虛空無所有故，當知大乘亦無所有，由如是義，故說大乘普能含受無數、無量、無邊有情。何以故。若有情，若虛空，若大乘，如是一切皆無所有、不可得故。善現，有情無量、無數、無邊故，當知虛空亦無量、無數、無邊。虛空無量、無數、無邊故，當知大乘亦無量、無數、無邊，由如是義，故說大乘能含受無數、無量、無邊。何以故。若有情無數、無量、無邊，若虛空無數、無量、無邊，若大乘無數、無量、無邊，如是一切皆無所有、不可得故。善現，有情無所有故，當知虛空亦無所有。虛空無所有故，當知大乘亦無所有。大乘無所有故，當知無數亦無所有。無數無所有故，當知無量亦無所有。無量無所有故，當知無邊亦無所有。無邊無所有故，當知一切法亦無所有。由如是義，故說大乘普能含受無數、無量、無邊有情。何以故。若有情，若虛空，若大乘，若無數，若無量，若無邊，若一切法，如是一切皆無所有、不可得故。

善現，我乃至見者無所有故，當知聲聞乘亦無所有。聲聞乘無所有故，當知獨覺乘亦無所有。獨覺乘無所有故，當知正等覺乘亦無所有。正等覺乘無所有故，當知虛空亦無所有。虛空無所有故，當知大乘亦無所有。大乘無所有故，當知無數、無量、無邊亦無所有。無數、無量、無邊無所有故，當知一切法亦無所有。由如是義，故說大乘普能含受無數、無量、無邊有情。何以故。若我乃至見者，若聲聞乘、獨覺乘、正等覺乘，若虛空，若大乘，若無數、無量、無邊，若一切法皆無所有、不可得故。五十八之十止。

次説如虛空無來無去、無住可見，大乘亦爾者。善現，一切法無來無去，亦復不住。何以故。以一切法及彼本性真如，自性自相，若動若住，不可得故，故説大乘無來無去、無住可見，譬如虛空。五十九卷之三葉止。

次説又如虛空前、後、中際皆不可得，大乘亦爾，前、後、中際皆不可得，三世平等，故名大乘者。善現，過去世、過去世空，未來世、未來世空，現在世、現在世空，三世平等性、三世平等性空。何以故。空無一、二、三、四、五、六、七、八、九、十別異之相，是故大乘三世平等。如是大乘中平等、不平等相俱不可得，以大乘中諸法自性不可得故。善現，過去法、過去法空，未來法、未來法空，現在法、現在法空。所以者何。空中過去法不可得，何以故，過去法即是空，空性亦空，空中空尚不可得，何況空中有過去法可得。空中未來法不可得，何以故，未來法即是空，空性亦空，空中空尚不可得，何況空中有未來法可得。空中現在法不可得，何以故，現在法即是空，空性亦空，空中空尚不可得，何況空中有現在法可得。六十卷之十一葉止。善現，前際法不可得、後際法不可得、中際法不可得，三世平等中法亦不可得。所以者何。平等中過去、未來、現在法皆不可得。何以故。平等中平等性尚不可得，何況平等中有過去、未來、現在法可得。善現，前際異生不可得、後際異生不可得、中際異生不可得，三世平等中異生亦不可得。所以者何。平等中過去、未來、現在異生皆不可得。何以故。平等中平等性尚不可得，何況平等中有過去、未來、現在異生可得，以我、有情乃至知者、見者不可得故。前際聲聞、獨覺、菩薩、如來不可得。後際聲聞、獨覺、菩薩、如來不可得。中際聲聞、獨覺、菩薩、如來不可得，三世平等中聲聞、獨覺、菩薩、如來亦不可得。所以者何。平等中過去、未來、現在聲聞、獨覺、菩薩、如來皆不可得。何以故。平等中平等性尚不可得，何況平等中有過去、未來、現在聲聞、獨覺、菩薩、如來可得，以我、有情乃至知者、見者不可得故。菩薩修行般若波羅蜜多時，住此三世平等相中，精勤修學一切智智，無取著故，速得圓滿，是名三世平等大乘相。讚大乘品竟。

卷六十一之二葉隨順品

滿慈子白佛言：如來令尊者善現爲諸菩薩宣説般若波羅蜜多，而今何故乃説大乘。善現即白佛言：將無違越般若波羅蜜多耶。佛告善現：汝説大乘，於般若波羅蜜多，悉皆隨順、無所違越。何以故。一切善法、菩提分法，若聲聞法，若獨覺法，若菩薩法，若諸佛法，如是一切，無不攝入般若波羅蜜多。善現，大乘不異般若波羅蜜多，般若波羅蜜多不異大乘。何以故。其性無二、無二分故。

卷六十一之七葉無所得品　至七十卷

善現白佛言：世尊，前、後、中際菩薩摩訶薩無所有、不可得。世尊，色等無邊，菩薩摩訶薩亦無邊，即一切法菩薩摩訶薩無所有、不可得，離一切法，菩薩摩訶薩無所有、不可得。我於一切法以一切種、一切處、一切時求菩薩摩訶薩都無所見、竟不可得，但有假名、都無自性。色等諸法畢竟不生，若畢竟不生，則不名色等，我豈能以畢竟不生般若波羅蜜多，教誡教授畢竟不生諸菩薩摩訶薩。世尊，離畢竟不生亦無菩薩摩訶薩能行無上正等菩提。若菩薩聞作是説，不驚、不恐、不怖、不沈没、不憂悔，是行般若波羅蜜多。時舍利問善現言：何緣故説前、後、中際菩薩摩訶薩不可得，乃至何緣故説不沈不没、亦不憂悔是行般若波羅蜜多。爾時，善現答舍利子言：如尊者所問，何緣故説前、後、中際菩薩摩訶薩不可得者。舍利子，有情無所有、空、遠離、無自性中，前、後、中際菩薩摩訶薩皆不可得，若有情無所有，若有情空，若有情遠離，若有情無自性，若前際、後際、中際菩薩摩訶薩，如是一切法無二、無二分。色、受、想、行、識無所有、空、遠離、無自性中，前、後、中際菩薩摩訶薩皆不可得，若色、受、想、行、識無所有，若色、受、想、行、識空，若色、受、想、行、識遠離，若色、受、想、行、識無自性，若前際、後際、中際菩薩摩訶薩，如是一切法無二、無二分。乃至大乘無所有、空、遠離、無自性中，前、後、中際菩薩摩訶薩皆不可得，若大乘無所有，若大乘空，若大乘遠離，若大乘無自性，若前際、後際、中際菩薩摩訶薩，如是一切法無二、無二分，由此緣故，我作是説前際、後際、中際菩薩摩訶薩不可得。

次答色等無邊，菩薩摩訶薩亦無邊者。舍利子，色如虛空，受、想、行、識如虛空。所以者何。以彼中邊不可得故，説爲虛空。何以故。色性空故，受、想、行、識性空故。由此緣故，當知色無邊，故菩薩摩訶薩亦無邊。受、想、行、識無邊，故菩薩摩訶薩亦無邊。乃至聲聞、獨覺、大乘無邊，故菩薩摩訶薩亦無邊。

次答何緣故説即色等，菩薩摩訶薩無所有、不可得者，離色等，菩薩摩訶薩無所有、不可得者，舍利子，色、色性空。何以故。色性空中，色無所有、不可得故，菩薩摩訶薩亦無所有、不可得。非色，非色性空。何以故。非色性空中，非色無所有、不可得故，菩薩摩訶薩亦無所有、不可得。受、想、行、識，受、想、行、識性空。何以故。受、想、行、識性空中，受、想、行、識無所有、不可得故，菩薩摩訶薩亦無所有、不可得。非受、想、行、識，非受、想、行、識性空。何以故。非受、想、行、識性空中，非受、想、行、識無所有、不可得故，菩薩摩訶薩亦無所有、不可得，乃至聲聞、獨覺、大乘無所有、不可得，菩薩摩訶薩亦無所有、不可得。

次答何緣故説我於一切法以一切種、一切處、一切時求菩薩摩訶薩都無所有、竟不可得，云何令我以般若波羅蜜多教誡教授諸菩薩摩訶薩者。舍利子，色性空故，色於色無所有、不可得，色於受無所有、不可得。受性空故，受於受無所有、不可得，受於色無所有、不可得，色、受於想無所有、不可得。想性空故，想於想無所有、不可得，想於色、受無所有、不可得，色、受、想於行無所有、不可得。行性空故，行於行無所有、不可得，行於色、受、想無所有、不可得，色、受、想、行於識無所有、不可得。識性空故，識於識無所有、不可得，識於色、受、想、行無所有、不可得。我於如是諸法以一切種、一切處、一切時求菩薩摩訶薩亦無所有、不可得。何以故。自性空故。

次答何緣故説菩薩摩訶薩但有假名者。舍利子，菩薩摩訶薩名，唯客所攝。一切法名，唯客所攝。於十方三世無所從來、無所至去，亦無所住，一切法中無名，名中無一切法，非合非離，但假施設。何以故。以一切法與名俱自性空故。自性空中，若一切法，若名俱無所有、不可得故，菩薩摩訶薩名亦復如是，唯客所攝。於十方三世無所從來、無所至去，亦無所住，菩薩摩訶薩中無名，名中無菩薩摩訶薩，非合非離，但假施設。何以故。以菩薩摩訶薩與名，俱自性空故，自性空中，若菩薩摩訶薩，若名俱無所有、不可得故。

次答何緣故説，如説我等畢竟不生者。舍利子，我畢竟都無所有，既不可得，云何有生。乃至知者、見者畢竟都無所有，既不可得，云何有生。色畢竟都無所有，既不可得，云何有生。受、想、行、識畢竟都無所有，既不可得，云何有生。乃至聲聞、獨覺、大乘，畢竟都無所有，既不可得，云何有生。

次答緣何故説諸法亦爾都無自性者。舍利子，諸法都無和合自性。何以故。和合有法，自性空故。色無和合自性，受、想、行、識無和合自性，乃至聲聞乘、獨覺乘、大乘都無和合自性。復次，舍利子，諸法非常亦無散失、諸法非樂亦無散失、諸法非我亦無散失、諸法寂靜亦無散失、諸法遠離亦無散失、諸法空亦無散失、諸法無相亦無散失、諸法無願亦無散失、諸法善亦無散失、諸法無罪亦無散失、諸法無漏亦無散失、諸法無染亦無散失、諸法清淨亦無散失、諸法出世間亦無散失、諸法無爲亦無散失。一切法非常、非壞。何以故。本性爾故。

次答何緣故説色等諸法畢竟不生者。舍利子，色本性畢竟不生。何以故。非所作故。受、想、行、識本性畢竟不生。何以故。非所作故。乃至聲聞乘、獨覺乘、大乘本性畢竟不生。何以故。非所作故。

次答何緣故説若畢竟不生則不名色等者。舍利子，如是如是，若畢竟不生則不名色等者。何以故。色本性空故。若法本性空，則不可施設若生若滅，若住若異，由此緣故，若畢竟不生，則不名色，乃至若畢竟不生，則不名聲聞乘、獨覺乘、大乘。

次答何緣故説以畢竟不生般若教誡教授畢竟不生諸菩薩者。舍利子，畢竟不生即是般若波羅蜜多，般若波羅蜜多即是畢竟不生，畢竟不生即是菩薩摩訶薩，菩薩摩訶薩即是畢竟不生，無二、無二分故。

次答何緣故説離畢竟不生亦無菩薩能行無上正等菩提者。舍利子，修行般若波羅蜜多時不見般若波羅蜜多異畢竟不生，亦不見菩薩摩訶薩異畢竟不生。何以故。無二、無二分故。

次答何緣故説菩薩聞作是説，其心不沈不没，亦不憂悔者。舍利子，修行般若波羅蜜多時，不見諸法有覺有用，見一切法如幻事、如夢境乃至如變化事，都非實有。聞説諸法本性皆空，深生歡喜，當知是菩薩能行般若波羅蜜多。無所得品竟。

卷七十之九葉觀行品　卷七十一　卷七十二

善現白佛言：修行般若波羅蜜多，觀諸法時，於一切法，不受不取、不執不著，亦不施設爲一切法。何以故。以一切法性空、無生滅故。世尊，一切法不生則非一切法。所以者何。一切法與不生無二、無二分。何以故。以不生法非一非二、非多非異，是故一切法不生，則非一切法。世尊，一切法不二，則非一切法。世尊，一切法入不二無妄法數。

云何菩薩摩訶薩。舍利子，爲有情類求大菩提，亦有菩提，故名菩薩。能實知一切法相而不執著，故復名摩訶薩。

何謂般若波羅蜜多。舍利子，有勝妙慧遠有所離，故名般若波羅蜜多。此於一切煩惱見趣而得遠離，此於一切六趣、四生而得遠離，此於一切蘊界處等而得遠離，故名般若波羅蜜多。又舍利子，有勝妙慧遠有所到，故名般若波羅蜜多。此於色實性而得遠到，此於受、想、行、識實性而得遠到，乃至此於一切陀羅尼門實性、三摩地門實性，而得遠到，故名般若波羅蜜多。

云何觀諸法者。舍利子，修行般若波羅蜜多時，觀諸法非常，非無常、非樂非苦、非我非無我、非淨非不淨、非空非不空、非有相非無相、非有願非無願、非寂靜非不寂靜、非遠離非不遠離，是謂觀諸法。

卷七十三　卷七十四

舍利子問善現言：何緣故説色等不生則非色等。善現答言：色，色性空，此性空中，無生無色。受、想、行、識，受、想、行、識性空，此性空中無生無受、想、行、識，由此故説色等不生則非色等。

何緣故説色等不二則非色等。善現答言：舍利子，若色，若不二。若受、想、行、識，若不二，如是一切皆非相應，非不相應、非有色非無色、非有見非無見、非有對非無對，咸同一相，所謂無相，由此故，説色等不二則非色等。

何緣故説色等入不二無妄法數耶。善現答言：舍利子，色不異無生滅，無生滅不異色，色即是無生滅，無生滅即是色，乃至一切三摩地門，即是無生滅，無生滅即是一切三摩地門，由此故説色入不二無妄法數，乃至三摩地門入不二無妄法數。觀行品竟。

卷七十四之九葉無生品　卷七十五

善現白佛言：修行般若波羅蜜多，觀諸法時見我無生，畢竟淨故，乃至見知者、見者無生，畢竟淨故。見色無生，畢竟淨故，乃至見如來無生，見如來法無生，畢竟淨故。時舍利子謂善現言：我有情等無生，乃至如來、如來法無生，若如是者，六趣受生應無差别，不應預流得預流果，乃至不應菩薩得一切相智，亦不應得五種菩提。復次善現，若一切法定無生者，何緣預流爲預流果，修斷三結道。何緣一來爲一來果，修薄貪、瞋、癡道。何緣不還，爲不還果，修斷五順下分結道。何緣阿羅漢，爲阿羅漢果，修斷五順上分結道。何緣獨覺，爲獨覺菩提，修悟緣起道。何緣菩薩，爲度無量諸有情故，修多百千難行苦行，備受無邊種種劇苦。何緣如來證得無上正等菩提。何緣諸佛爲有情故轉妙法輪。善現答舍利子言：非我於無生法中見有六種受生差别，非我於無生法中見有能入諦現觀者，非我於無生法中，見有預流得預流果，乃至非我於無生法中，見有諸佛證得無上正等菩提、轉妙法輪、度無量衆。時舍利子問善現言：仁今爲欲以生法證生法，爲欲以無生法證無生法耶。善現答言：我實不欲以生法證生法，亦不欲以無生法證無生法。舍利子言：若爾，仁今爲欲以生法證無生法，爲欲以無生法證生法耶。善現答言：我亦不欲以生法證無生法，亦復不欲以無生法證生法。舍利子言：若如是者，豈全無得、無現觀耶。善現答言：雖有得、有現觀，而不以此二法證，但隨世間言説施設有得、有現觀，非勝義中有得、有現觀，但隨世間施設有預流、預流果，乃至有菩薩，有無上正等覺，非勝義中有預流乃至無上正等覺。舍利子言：六趣差别，亦隨世間言説施設故有非勝義耶。善現答言：如是如是，於勝義中，無業、無異熟、無生無滅、無染無淨故。時舍利子問善現言：仁今爲欲令不生法生，爲欲令已生法生耶。善現答言：我不欲令不生法生，亦不欲令已生法生。何等是不生法。善現答言：色是不生法，我不欲令生。受、想、行、識是不生法，我不欲令生。乃至如來法是不生法，我不欲令生。何以故。以自性空故。何等是已生法。善現答言：色是已生法，我不欲令生。受、想、行、識是已生法，我不欲令生。乃至如來法是已生法，我不欲令生。何以故。以自性空故。舍利子問善現言：仁今爲欲令生生，爲欲令不生生耶。善現答言：我不欲令生生，亦不欲令不生生。何以故。生與不生如是二法，俱非相應非不相應、非有色非無色、非有見非無見、非有對非無對，咸同一相，所謂無相。由此故説不欲令生生，亦不欲令不生生。舍利子言：於不生法起不生言，此不生言亦不生不。善現答言：如是如是。所以者何。色不生，受、想、行、識亦不生，乃至如來法亦不生。何以故。皆本性空故。由此緣故，於不生法起不生言亦無生義。若所説法，若能説言，説者聽者，皆不生故。一切法本性空，依內、依外、依兩中間不可得。

卷七十五之十葉淨道品

善現謂舍利子言：菩薩能行六波羅蜜時，應淨色，應淨受、想、行、識，乃至應淨菩提道。舍利子言：云何淨菩提道。善現答言：六波羅蜜多各有二種，一者世間，二者出世間。云何世間布施波羅蜜多，謂作是念，我施彼受，以有所得而爲方便，我持此福施諸有情，令得此世、他世安樂，乃至證得無餘涅槃。彼著三輪而行布施，一者自想，二者他想，三者施想，由著此三輪而行施故，名世間布施波羅蜜多，以與世間同共行故，不超動出世間法故。云何出世間布施波羅蜜多，行布施時三輪清淨，以大悲爲上首，所修施福普施有情，於諸有情都無所得，雖與一切有情同共迴向阿耨多羅三藐三菩提，而於其中不見少相，由都無所執而行施故，名出世間布施波羅蜜多，不與世間同共行故，能超動出世間法故。云何世間淨戒波羅蜜多，謂作是念，我爲饒益一切有情受持淨戒，以有所[三]得而爲方便，我持此福施諸有情，令得此世、他世安樂，乃至證得無餘涅槃。彼著三輪而受持戒，一者自想，二者他想，三者戒想，由著此三輪受持戒故。名世間淨戒波羅蜜多，以與世間同共行故，不超動出世間法故。云何出世間淨戒波羅蜜多，受持戒時三輪清淨，以大悲爲上首，所持戒福普施有情，於諸有情都無所得，雖與一切有情同共迴向菩提，而於其中不見少相，由都無所執而受持戒故，名出世間波羅蜜多。不與世間同共行故，能超動出世間法故。如是修行安忍、精進、靜慮、般若六種波羅蜜多時，淨菩提道。

無量無邊大功德聚，名爲菩薩摩訶薩菩提道，如是功德，皆由般若波羅蜜多勢力所致，一切善法從此生故，依此住故。

卷七十六

舍利子，若菩薩聞説般若波羅蜜多，心無疑惑，亦不迷悶，當知是菩薩住如是住，不離作意，謂欲救護一切有情，當不捨離一切有情大悲作意。時舍利子謂善現言：一切有情亦常不離此作意，是則菩薩摩訶薩，與一切有情應無差别。善現讚舍利子言：誠如所説，能如實[三]取我所説義。所以者何。有情非有故，當知作意亦非有。有情無實故，當知作意亦無實。有情空故，當知作意亦空。有情遠離故，當知作意亦遠離。有情寂靜故，當知作意亦寂靜。有情無覺知故，當知作意亦無覺知。我乃至見者非有故，無覺知故，當知作意亦非有，亦無覺知。舍利子，色、受、想、行、識非有故，無覺知故。乃至無上菩提非有故，無覺知故，當知作意亦非有，亦無覺知。由此緣故，諸菩薩摩訶薩住如是住，常應不捨大悲作意。爾時，世尊讚善現言：菩薩欲學般若波羅蜜多者，皆應隨汝所説而學。淨道品竟。

卷七十七天帝品　至卷八十一

天帝釋白善現言：今此三千大千世界欲色諸天，一切來集，咸皆渴仰，欲聞大德宣説般若波羅蜜多。大德，何者是菩薩摩訶薩般若波羅蜜多，云何菩薩摩訶薩應住般若波羅蜜多，云何菩薩摩訶薩應學般若波羅蜜多。善現告帝釋言：憍尸迦，汝等諸天未發阿耨羅三藐三菩提心者，今皆應發，若入聲聞、獨覺正性離生者，不能復發阿耨多羅三藐三菩提心。何以故。彼於生死流已作限隔故。設有能於無上正等發心趣者，我亦隨喜。所以者何。諸勝士夫應更求上法，我於有情最妙善品不爲礙故。憍尸迦，汝問何者是菩薩摩訶薩般若波羅蜜多者。憍尸迦，若菩薩摩訶薩以應一切智智心、用無所得爲方便思惟色無常、思惟色苦、思惟色無我、思惟色不淨、思惟色空、思惟色無相、思惟色無願、思惟色寂靜、思惟色遠離、思惟色如病、思惟色如癰、思惟色如箭、思惟色如瘡、思惟色熱惱、思惟色逼切、思惟色敗壞、思惟色衰朽、思惟色變動、思惟色速滅、思惟色可畏、思惟色可厭、思惟色有災、思惟色有横、思惟色有疫、思惟色有癘、思惟色不安隱、思惟色不可保信、思惟色無生無滅、思惟色無染無淨、思惟色無作無爲，思惟受、想、行、識無常，乃至思惟受、想、行、識無作無爲，是爲菩薩摩訶薩般若波羅蜜多。乃至思惟無明無作無爲，行乃[四]老死愁歎苦憂惱無作無爲，是爲菩薩摩訶薩般若波羅蜜多。七十八卷之四葉止。若菩薩以應一切智智心，觀察内空乃至無性自性空，無我、我所，無相無願，寂靜遠離，無生無滅，無染無淨，無作無爲，是爲菩薩摩訶薩般若波羅蜜多。若菩薩以應一切智智心，用無所得爲方便行布施、淨戒、安忍、精進、靜慮、般若波羅蜜多，修四靜慮，修四無量，修四無色定，修八解脱，修八勝處，修九次第定，修十徧處，修四念住，修四正斷，修四神足，修五根，修五力，修七等覺支，修八聖道，修三解脱門，修四聖諦，修五眼，修六神通，修佛十力，修四無所畏，修四無礙解，修大慈大悲大喜大捨，修十八佛不共法，修無忘失法，修恒住捨性，修一切陀羅尼門，一切三摩地門，修一切智、道相智、一切相智，是爲菩薩摩訶薩般若波羅蜜多。復次，憍尸迦，若菩薩修行般若波羅蜜多時，作如是觀，唯有諸法互相緣藉，滋潤增長，徧滿充溢，無我、我所。復作是觀，迴向心不與菩提心合，菩提心不與迴向心合，迴向心於菩提心中無所有、不可得〔五〕，菩提心於迴向心中無所有、不可得，菩薩雖觀諸法，而於諸法都無所見，是爲菩薩摩訶薩般若波羅蜜多。憍尸迦，菩薩迴向心則非心，菩提心亦非心，若非心則不可思議，不應非心迴向非心，亦不應非心迴向不可思議，不應不可思議迴向不可思議，亦不應不可思議迴向非心。何以故。非心即是不可思議，不可思議即是非心，如是二種俱無所有，無所有中無迴向故。若作是觀，是爲菩薩摩訶薩般若波羅蜜多。

次答云何菩薩摩訶薩，應住般若波羅蜜多者。憍尸迦，菩薩於般若波羅蜜多，如所應住不應住相。憍尸迦，若色性空，若受、想、行、識性空，若菩薩摩訶薩性空，如是一切皆無二、無二分，菩薩於般若波羅蜜多應如是住。乃至若如來地性空，若菩薩摩訶薩性空，如是一切皆無二、無二分，菩薩於般若波羅蜜多應如是住。天帝釋問善現言：云何行般若波羅蜜多時，所不應住。善現答言：行般若波羅蜜多時，不應住色，不應住受、想、行、識。何以故。以有所得爲方便故。不應住異生地，乃至不應住如來地。何以故。以有所得爲方便故。復次憍尸迦，行般若波羅蜜多時，不應住此是色，不應住此是受、想、行、識。何以故。以有所得爲方便故。不應住此是異生地，乃至此是如來地。何以故。以有所得爲方便故。復次憍尸迦，行般若波羅蜜多時，不應住色若常、若無常，不應住色若樂、若苦，不應住色若我、若無我，不應住色若淨、若不淨，不應住色若寂靜、若不寂靜，不應住色若遠離、若不遠離，不應住色若空、若不空，不應住色若有相、若無相，不應住色若有願、若無願，不應住受、想、行、識若常、若無常，乃至不應住受、想、行、識若有願、若無願。何以故。以無所得爲方便故。不應住異生地乃至如來地若常、若無常，若有願、若無願。何以故。以有所得爲方便故。七十九卷之五葉起八十卷之八葉止。復次，憍尸迦，行般若波羅蜜多時，不應住住[六]預流果是無爲相，不應住一來、不還、阿羅漢果是無爲相，不應住獨覺菩提是無爲相，不應[七]阿耨多羅三藐三菩提是無爲相。何以故。以有所得爲方便故。不應住預流是福田，不應住一來、不還、阿羅漢是福田，不應住獨覺是福田，不應住菩薩如來應正等覺是福田。何以故。以有所得爲方便故。不應住初地殊勝事，不應住第二地乃至第十地殊勝事。何以故。以有所得爲方便故。復次，憍尸迦，行般若波羅蜜多時，不應住初發心已，便作是念，我當圓滿六波羅蜜多，乃至我當圓滿空解脱門、無相、無願解脱門。不應住我修加行既圓滿已，當入菩薩正性離生，當住菩薩不退轉地。何以故。以有所得爲方便故。不應住我當圓滿五神通已，當遊無量無數世界，供養承事諸佛世尊，聽聞正法，如理思惟，廣爲有情宣説開示。不應住我當嚴淨如十方佛所居淨土。不應住我當成熟有情，令得無上正等菩提，或得涅槃，或人天樂。不應住我當往詣無量無數諸佛國土，供養讚歎諸佛世尊。不應住我當安立無量無數有情，令於無上菩提得不退轉。何以故。以有所得爲方便故。不應住我當承辦[八]一切陀羅尼門，於無量無邊所作事業，總持自在。不應住我當成辦一切三摩地門，於無量無邊等持差別，遊戲自在。不應住我當成辦三十二相八十隨好所莊嚴身，令諸有情見者歡喜，觀無厭倦。何以故。以有所得爲方便故。復次，憍尸迦，行般若波羅蜜多時，不應住願我當得淨佛土中，無色名聲，無受、想、行、識名聲。乃至不應住願我當得淨佛土中，無異生地及法名聲，無種姓[九]

地，乃至如來地及法名聲。何以故。以有所〔一〇〕得爲方便故。所以者何。一切如來應正等覺，得阿耨多羅三藐三菩提時，一切法都無所有，名字、音聲皆不可得，是爲菩薩摩訶薩於般若波羅蜜多如所應住、不應住相。時舍利子作是念言：若一切法不應住者，云何應住般若波羅蜜多。善現知舍利子心之所念，即謂之曰：諸如來心爲何所住。舍利子言：諸佛之心都無所住。所以者何。如來之心不住色，不住受、想、行、識，以色蘊等不可得故。不住眼處，不住耳、鼻、舌、身、意處，以眼處等不可得故。不住色處，不住聲、香、味、觸、法處，以色處等不可得故。不住眼界，不住色界、眼識界及眼觸、眼觸爲緣所生諸受，乃至不住法界、意識界及意觸、意觸爲緣所生諸受，以意界等不可得故。不住地界，不住水、火、風、空、識界，以地界等不可得故。不住苦聖諦，不住集、滅、道聖諦，以苦聖諦等不可得故。不住無明，不住行、識、名色、六處、觸、受、愛、取、有、生、老死、愁歎苦憂惱，以無明等不可得故。不住内空乃至無性自性空，以内空等不可得故。不住真如，不住法界、法性乃至不思議界，以真如等不可得故。不住布施乃至般若波羅蜜多，以布施等不可得故。不住四靜慮、四無量、四無色定，以四靜慮等不可得故。不住八解脱、八勝處、九次第定、十徧處，以八解脱等不可得故。不住四念住、四正斷、四神足、五根、五力、七等覺支、八聖道支，以四念住等不可得故。不住空解脱門、無相、無願解脱門，以空解脱門等不可得故。不住五眼、六神通，以五眼等不可得故。不住佛十力、四無所畏、四無礙解、大慈大悲大喜大捨、十八佛不共法，以十力等不可得故。不住無忘失法、恒住捨性，以無忘失法等不可得故。不住一切陀羅尼門、三摩地門，以一切陀羅尼門等不可得故。不住一切智，不住道相智、一切相智，以一切智等不可得故。不住聲聞乘、獨覺乘、無上乘，以聲聞乘等不可得故。不住預流向果，不住一來、不還、阿羅漢向果，以預流等不可得故。不住獨覺菩提，不住菩薩、如來法，以獨覺等不可得故。不住極喜地及法，乃至法云地及法，以極喜地等不可得故。不住異生地及法，乃至菩薩如來地及法，以異生地等不可得故。如是善現，如來之心於一切法都無所住、亦非不住。

時，善現謂舍利子言：如是菩薩雖住般若波羅蜜多，而同如來，於一切法都無所住、亦非不住。所以者何。菩薩雖住般若波羅蜜多，而於色非住非不住，以色蘊等無二相故。乃至菩薩雖住般若波羅蜜多，而於異生地及法，乃至菩薩地、如來地及法非住非不住，以異生地等無二相故。舍利子，菩薩於般若波羅蜜多，隨非住非不住，以無所得爲方便，應如是學。天帝品竟。

卷八十一之七葉 諸天子品

爾時，會中有諸天子，竊作是念：尊者善現，於此般若波羅蜜多，雖以種種言辭顯示，而我等竟不能解。善現知彼心之所念，便告之言：我曾於此不說一字，汝亦不聞，當何所解。何以故。甚深般若波羅蜜多，文字、言說皆遠離故，由此中說者、聽者及能解者皆不可得。一切如來應正等覺，所證無上正等菩提，其相甚深，亦復如是。天子，如佛化身化無量衆，俱來集會，復化作一能說法人，於此衆中宣揚妙法，是中有實能說、能聽、能解者不。諸天子言：不也，大德。善現告言：如是，天子。一切法皆如化故，乃至一切法如夢、如響、如幻故，般若中說者、聽者及能解者都不可得。時諸天子復作是念：尊者善現，雖復種種方便顯說，而其意趣，甚深轉甚深、微細更微細，難可測度。善現知彼所念，便告之曰：天子當知，色非甚深、非微細，受、想、行、識非甚深、非微細。何以故。色深、細性不可得，受、想、行、識深、細性亦不可得故，乃至種姓[二]地法、如來地法，深、細性亦不可得故。

時，諸天子復作是念：尊者善現所說法中，不施設一切法。何以故。一切法性等不可說故。

亦不施設語言文字。何以故。文字語言性等不可説故。善現知諸所念法，便告之言：汝所念法乃至無上正等菩提，文字語言皆所不及，故於般若波羅蜜多無説無聽，亦無解者。汝等於諸法中，應隨所説修堅固忍，欲證預流乃至無上正等菩提，要依此忍而得究竟。菩薩從初發心，乃至究竟，應住無説、無聽、無解甚深般若波羅蜜多，常勤修學。時，諸天子心復念言：於今欲爲何等有情説何等法。善現知諸所念，便告之言：我今欲爲如幻、如化、如夢有情，説如幻、如化、如夢之法。何以故。如是聽者於所説中無聞、無解、無所證故。時諸天子即復問言：能説能聽及所説法皆如幻、如化、如夢事耶。善現答言：如是如是，如幻有情爲如幻者説如幻法，如化有情爲如化者説如化法，如夢有情爲如夢者説如夢法。天子、我、有情，如幻、如化、如夢所見，乃至見者如幻、如化、如夢所見。何以故。以我等自性空故。色，如幻、如化、如夢所見。受、想、行、識，如幻、如化、如夢所見。何以故。以色蘊等自性空故。乃至異生地法如幻、如化、如夢所見，乃至如來地法如幻、如化、如夢所見。何以故。以異生地法等自性空故。有爲界如幻、如化、如夢所見，無爲界如幻、如化、如夢所見。何以故。以有爲界等自性空故。時諸天子問善現言：爲但説我等、色等乃至阿耨多羅三藐三菩提如幻、如化、如夢所見，爲亦説微妙寂靜究竟涅槃，如幻、如化、如夢耶。善現言：設更有法勝涅槃者，我亦説爲如幻、如化、如夢所見。所以者何。幻、化、夢事與一切法乃至涅槃皆悉無二、無二分故。

諸天子品竟。

卷八十二之四葉受教品　卷八十三　卷八十四

爾時，舍利子、大目連、執大藏、滿慈子、大迦多衍那、大迦葉波等，諸大聲聞，及無量百千菩薩，同時舉聲，問善現曰：如説般若波羅蜜多甚深難見、超尋思境，微妙寂靜最勝第一，唯極聖者自内所證，世聰慧人所不能測，於如是法誰能信受。善現答言：有菩薩住不退轉地，於此甚深般若波羅蜜多能深信受，復有已見聖諦及漏盡阿羅漢，爲滿所願於此亦能信受，復有善男子、善女人等已於過去無量百千佛所，親近供養、發弘誓願、殖衆善本、利根聰慧，諸善知識所攝受者，於此亦能信受。何以故。如是人等，終不以空、不空分別色，亦不以色分別空、不空。不以有相、無相分別色，亦不以色分別有相、無相。不以有願、無願分別色，亦不以色分別有願、無願。不以生、不生分別色，亦不以色分別生、不生。不以滅、不滅分別色，亦不以色分別滅、不滅。不以寂靜、不寂靜分別色，亦不以色分別寂靜、不寂靜。不以遠離、不遠離分別色，亦不以色分別遠離、不遠離。不以空、不空，乃至遠離、不遠離，分別受、想、行、識，亦不以受、想、行、識分別空、不空，乃至遠離、不遠離。乃至不以空、不空、遠離、不遠離分別有爲界、無爲界，亦不以有爲界、無爲界分別空、不空、遠離、不遠離。如是甚深、難見、難覺般若波羅蜜多，其中實無能信受者。所以者何。此中無法可顯可示，由無有法可顯可示故，實信受者亦不可得。

八十四卷之五葉止。

於此般若波羅蜜多甚深教中，廣說三乘法，廣說攝受從初發心乃至十地諸菩薩道，廣說攝受功德勝事，如是深教諸有所說，以無所得而爲方便。舍利子問善現言：何因緣故於此般若三種廣說。善現言：由内空故，乃至無性自性空故三種廣說，菩薩於此勤修行故，隨所生處常受化生，乃至得一切世間最妙勝辯。受教品竟。

卷八十四之十四葉散華品

爾時，天帝釋，及諸天衆，各化種種微妙香華，奉散如來諸菩薩等，以佛神力於虛空中，合成華臺。善現覩斯事已，作是念言：是華非草木水陸所生，應是諸天從心化出。天帝釋言：此華非草木水陸所生，亦不從心化出，但變現耳。善現言：此華不生，則非華也，非但是華不生，諸餘法亦爾。憍尸迦，色亦不生，不生則非色。受、想、行、識亦不生，不生則非受、想、行、識。乃至聲聞、獨覺、無上乘亦不生，不生則非聲聞、獨覺、無上乘。何以故。以不生法離諸戲論，不可施設爲色、受、想、行、識乃至聲聞乘等故。

散華品竟。

卷八十五學般若品　至卷八十九

時，天帝釋心生是念：尊者善現智慧甚深，不壞假名而説法性。佛知其意，便印彼言：如憍尸迦心之所念。時天帝釋即白佛言：尊者善現，於何等法，不壞假名而説法性。佛告憍尸迦：色但假名，受、想、行、識但假名，如是假名，不離法性。具壽善現，不壞如是色等假名，而説色等法性。所以者何。色等法性無壞、無不壞，是故善現所説亦無壞、無不壞，乃至聲聞乘但假名，獨覺乘、無上乘但假名，如是假名，不離法性，具壽善現不壞如是聲聞乘等假名，而説聲聞乘等法性。善現語帝釋言：憍尸迦，如是如是，如佛所説。諸所有法無非假名，菩薩知一切法但假名已，應學般若波羅蜜多。憍尸迦，如是學時不於色學，不於受、想、行、識學。何以故。不見色可於中學，不見受、想、行、識可於中學故。乃至不於聲聞乘學，不於獨覺乘、無上乘學。何以故。不見聲聞乘可於中學，不見獨覺乘、無上乘可於中學故。時，天帝釋問善現言：何緣不見色，不見受、想、行、識，乃至不見聲聞乘、獨覺乘、無上乘。善現答言：憍尸迦，色，色性空故，菩薩不見色。受、想、行、識，受、想、行、識(三)性空故，菩薩不見受、想、行、識。憍尸迦，不見色故，不於色學。不見受、想、行、識故，不於受、想、行、識學。何以故。不可色空見色空，不可受、想、行、識空，見受、想、行、識空故。憍尸迦，不可色空於色空學，不可受、想、行、識空於受、想、行、識空學故，乃至不可聲聞乘空於聲聞乘空學，不可獨覺乘、無上乘空於獨覺乘、無上乘空學故。憍尸迦，若菩薩不於空學，是菩薩爲於空學。何以故。無二分故。憍尸迦，若菩薩不於色空學，不於受、想、行、識空學，是菩薩爲於色空學、爲於受、想、行、識空學。何以故。無二分故。乃至不於聲聞乘空學，不於獨覺乘、無上乘空學，是菩薩爲於聲聞乘空學、爲於獨覺乘、無上乘空學。何以故。無二分故。憍尸迦，若菩薩於色空學，無二分故。於受、想、行、識空學，無二分故。乃至於聲聞乘空學，無二分故。於獨覺乘、無上乘空學，無二分故。憍尸迦，若菩薩能於六種波羅蜜多學無二分故，是菩薩能學無量、無數、無邊不可思議清淨佛法。何以故。無二分故。乃至能於聲聞乘學、能於獨覺乘、無上乘學無二分故，是菩薩能學無量、無數、無邊不可思議清淨佛法。何以故。無二分故。憍尸迦，若菩薩能學清淨佛法，是菩薩不爲色增減故學，不爲受、想、行、識增減故學。何以故。以色蘊等無二分故。乃至若菩薩能學清淨佛法，是菩薩不爲聲聞乘增減故學，不爲獨覺乘、無上乘增減故學。何以故。以聲聞乘等無二分故。

憍尸迦，若菩薩不爲色增減故學，不爲受、想、行識增減故學，無二分故，是菩薩不爲色攝受壞滅故學，不爲受、想、行識攝受壞滅故學。何以故。以色蘊等無二分故。乃至不爲聲聞乘攝受壞滅故學，不爲獨覺乘、無上乘攝受壞滅故學。何以故。以聲聞乘等無二分故。時，舍利子問善現言：菩薩如是學時，不爲色、受、想、行、識攝受壞滅故學，乃至不爲聲聞乘、獨覺乘、無上乘攝受壞滅故學耶。善現言：如是如是，菩薩如是學時，不見有色是可攝受及所壞滅，亦不見有能攝受色及壞滅者。何以故。以色蘊等内外俱空，不可得故。舍利子，若菩薩於諸法不見是可攝受及可壞滅，亦不見有能攝受及壞滅者而學般若波羅蜜多，是菩薩能成辦一切智智。舍利子言：菩薩於一切法不爲攝受壞滅而方便學者，云何能成辦一切智智。善現答言：是菩薩行般若波羅蜜多時，不見色若生若滅，不見色若取若捨，不見色若染若淨，不見色若集若散，不見色若增若減。何以故。以色蘊性等空無所有、不可得故。如是學般若波羅蜜多以無所學、無所成辦爲方便故。舍利子，是菩薩行般若波羅蜜多時，於一切法不見若生若滅，若取若捨，若染若淨，若集若散，若增若減而學般若波羅蜜多，則能成辦一切智智，以無所學、無所成辦爲方便故。學般若品竟。

卷八十九之十四葉求般若品　卷九十　卷九十一

一切法無依處，是故如來非所依處，亦無所依，但爲隨順世俗施設，説爲依處。憍尸迦，非離無依處如來可得，非離無依處真如如來可得。非離無依處法性如來可得，非離無依處如來真如可得。非離無依處如來法性可得，非離無依處真如如來真如可得。非離無依處法性如來法性可得。憍尸迦，非無依處中如來可得，非如來中無依處可得。非無依處真如中如來可得，非如來中無依處真如可得。非無依處法性中如來可得，非如來中無依處法性可得。非無依處中如來真如可得，非如來真如中無依處可得。非無依處中如來法性可得，非如來法性中無依處可得。非無依處真如中如來真如可得，非如來真如中無依處真如可得。非無依處法性中如來法性可得，非如來法性中無依處法性可得。憍尸迦，非離色如來可得，非離受、想、行、識如來可得。非離色真如如來可得，非離受、想、行、識真如如來可得。非離色法性如來可得，非離受、想、行、識法性如來可得。非離色如來真如可得，非離受、想、行、識如來真如可得。非離色如來法性可得，非離受、想、行、識如來法性可得。非離色真如如來真如可得，非離受、想、行、識真如如來真如可得。非離色法性如來法性可得，非離受、想、行、識法性如來法性可得。憍尸迦，非色中如來可得，非如來中色可得。非受、想、行、識中如來可得，非如來中受、想、行、識可得。非色真如中如來可得，非如來中色真如可得。非受、想、行、識真如中如來可得，非如來中受、想、行、識真如可得。

非色法性中如來可得，非如來中色法性可得。非受、想、行、識法性中如來可得，非如來中受、想、行、識法性可得。非色中如來真如可得，非如來真如中色可得。非受、想、行、識中如來真如可得，非如來真如中受、想、行、識可得。非色中如來法性可得，非如來法性中色可得。非受、想、行、識中如來法性可得，非如來法性中受、想、行、識可得。非色真如中如來真如可得，非如來真如中色真如可得。非受、想、行、識真如中如來真如可得，非如來真如中受、想、行、識真如可得。非色法性中如來法性可得，非如來法性中色法性可得。非受、想、行、識法性中如來法性可得，非如來法性中受、想、行、識法性可得。乃至非聲聞乘法性中，如來法性可得，非如來法性中聲聞乘法性可得。非獨覺乘、無上乘法性中如來法性可得，非如來法性中獨覺乘、無上乘法性可得。

卷九十二　卷九十三

憍尸迦，如來於色非相應非不相應，於受、想、行、識非相應非不相應。如來於色真如非相應非不相應，於受、想、行、識真如亦非相應非不相應。如來於色法性非相應非不相應，於受、想、行、識法性亦非相應非不相應。如來真如於色非相應非不相應，於受、想、行、識亦非相應非不相應。如來真如於色真如非相應非不相應，於受、想、行、識真如亦非相應非不相應。如來法性於色非相應非不相應，於受、想、行、識非相應非不相應。如來法性於色法性非相應非不相應，於受、想、行、識法性亦非相應非不相應。

憍尸迦，如來於離色非相應非不相應，於離受、想、行、識亦非相應非不相應。如來於離色真如非相應非不相應，於離受、想、行、識真如亦非相應非不相應。如來於離色法性非相應非不相應，於離受、想、行、識法性亦非相應非不相應。如來真如於離色非相應非不相應，於離受、想、行、識亦非相應非不相應。如來真如於離色真如非相應非不相應，於離受、想、行、識真如亦非相應非不相應。如來法性於離色非相應非不相應，於離受、想、行、識亦非相應非不相應。如來法性於離色法性非相應非不相應，於離受、想、行、識法性亦非相應非不相應。乃至如來法性於離聲聞乘法性非相應非不相應，於離獨覺乘、無上乘法性亦非相應非不相應。憍尸迦，彼尊者舍利子所説，是於一切法非離、非即、非相應、非不相應，如來之神力，如來爲依處，以無依處爲依處故。

卷九十四　至卷九十八

善現復告天帝釋言：憍尸迦，汝先所問菩薩摩訶薩所行般若波羅蜜多，當於何求者。憍尸迦，所行般若波羅蜜多不應於色求，不應於受、想、行、識求。不應離色求，不應離受、想、行、識求。所以者何。若色，若受、想、行、識，若離色，若離受、想、行、識，若菩薩摩訶薩，若般若波羅蜜多，若求如是一切，皆非相應非不相應，非有色非無色、非有見非無見、非有對非無對，咸同一相，所謂無相。何以故。菩薩所行般若波羅蜜多，非色，非受、想、行、識，非離色，非離受、想、行、識，如是一切皆無所有、性不可得，乃至不應於聲聞乘求，不應於獨覺乘、無上乘求，不應離聲聞乘求，不應離獨覺乘、無上乘求。至九十五卷之六葉止。

復次，憍尸迦，所行般若波羅蜜多，不應於色真如求，不應於受、想、行、識真如求，不應離色真如求，不應離受、想、行、識真如求，乃至不應於聲聞乘真如求，不應於獨覺乘、無上乘[三]真如求，不應離聲聞乘真如求，不應離獨覺乘、無上乘真如求。

復次，憍尸迦，所行般若波羅蜜多，不應於色法性求，不應於受、想、行、識法性求，不應離色法性求，不應離受、想、行、識法性求。乃至不應於聲聞乘法性求，不應於受、想、行、識法性求，不應離聲聞乘法性求，不應離受、想、行、識法性求。至九十八卷之四葉，求般若品竟。

卷九十八之四葉歎衆德品　卷九十九

時，天帝釋白善現言：菩薩所行般若波羅蜜多，是大波羅蜜多，是無量波羅蜜多，是無邊波羅蜜多。諸預流者於此中學，得預流果，乃至諸菩薩於此中學，能成熟有情、嚴淨佛土，證得無上正等菩提。善現告言：如是如是，如汝所説。若過去，若現在，若未來諸預流者於此中學得預流果，乃至諸菩薩於此中學，能成熟有情、嚴淨佛土，證得無上正等菩提。憍尸迦，色大故，菩薩所行般若波羅蜜多亦大。受、想、行、識大故，菩薩所行般若波羅蜜多亦大。所以者何。以色蘊等前、後、中際皆不可得，故説爲大。由彼大故，菩薩所行般若波羅蜜多亦説爲大。乃至聲聞乘大故，菩薩所行般若波羅蜜多亦大。獨覺乘、無上乘大故，菩薩所行般若波羅蜜多亦大。憍尸迦，色無量故，菩薩所行般若波羅蜜多亦無量。受、想、行、識無量故，菩薩所行般若波羅蜜多亦無量。所以者何。以色蘊等量皆不可得，故説無量。譬如虛空，量不可得，色蘊等亦如是，量不可得，乃至聲聞乘等無量，菩薩所行般若波羅蜜多亦無量。憍尸迦，色無邊故，菩薩所行般若波羅蜜多亦無邊。受、想、行、識無邊故，菩薩所行般若波羅蜜多亦無邊。所以者何。以色蘊等若中，若邊皆不可得，故説無邊。彼無邊故，菩薩所行般若波羅蜜多亦説無邊。乃至聲聞乘等無邊，菩薩所行般若波羅蜜多亦無邊。復次，憍尸迦，一切智智所緣無邊故，菩薩所行般若波羅蜜多亦無邊。法界所緣無邊故，菩薩所行般若波羅蜜多亦無邊。真如所緣無邊故，菩薩所行般若波羅蜜多亦無邊。有情無邊故，菩薩所行般若波羅蜜多亦無邊。憍尸迦，所言有情者是何法增語。天帝釋言：有情者，非法增語，亦非非法增語，但是假立客名所攝，無事名所攝，無緣名所攝。善現復言：如來説諸有情名字，此中頗有有情有生有滅不。天帝釋言：不也，大德。何以故。以諸有情本性淨故，彼從本來無所有故。歎衆德品竟。

卷九十九之十二葉攝受品

爾時，會中天帝釋等，欲界、色界諸天，及伊舍那神仙、天女，同時三返，高聲唱言：尊者善現，善爲我等分別開示微妙正法，所謂般若波羅蜜多，如是甚深教中無法可得，謂此中無色可得，無受、想、行、識可得，乃至無聲聞乘可得，無獨覺乘、無上乘可得，雖無如是諸法可得，而有施設三乘之教，所謂聲聞乘、獨覺乘、無上乘教。爾時，佛告諸天、仙等：當知非即布施波羅蜜多如來可得，非離布施波羅蜜多如來可得。乃至非即聲聞乘等如來可得，非離聲聞乘等如來可得。若菩薩以無所得爲方便，於一切法，應勤修學，於般若波羅蜜多，能正修行，常不遠離，汝等於彼菩薩，應當敬事猶如如來。天仙等白佛言：如是般若波羅蜜多，甚爲希有，令諸菩薩衆速能攝取一切智智。以無所得爲方便故，所謂於色不取不捨爲方便故，於受、想、行、識不取不捨爲方便故，乃至於聲聞乘不取不捨爲方便故，於獨覺乘、無上乘不取不捨爲方便故。

卷一百　卷一百一　卷一百二　卷一百三

爾時，世尊照諸四衆，同爲明證，於是顧命天帝釋言：憍尸迦，若不離一切智智心以無所得而爲方便，於此般若波羅蜜多受持讀誦、精勤修習、如理思惟、演説流布，當知諸惡魔王，無能得便，爲惱害者。何以故。善住色空、無相、無願，善住受、想、行、識空，無相、無願，不可以空而得空便，不可無相、無願得無相、無願便。何以故。以色蘊等自性皆空，能惱、所惱及惱害事，不可得故。爾時，諸天等俱白佛言：於此般若波羅蜜多，受持讀誦、思惟解説[一四]、廣令流布，即是菩薩摩訶薩故。由是菩薩摩訶薩，令諸有情永斷地獄、傍生、鬼界、阿素洛等諸險惡趣，令諸天人永離一切災横、疾疫、貧窮、饑渴、寒熱等苦。由是菩薩摩訶薩故，世間便有十善業道，乃至佛寶、法寶、僧寶。我等常應守護，不令一切災横侵惱。爾時，世尊告言：如是如是，如汝所說。憍尸迦，假使徧滿十方世界聲聞、獨覺，間無空隙，有善男子、善女人等，於彼福田，以無量種供養，盡其形壽，若復有人，經須臾頃，供養一初發心不離六波羅蜜多菩薩摩訶薩，以前功德比此福聚百分不及一，乃至鄔波尼煞曇分亦不及一。何以故。不由聲聞及獨覺故，有菩薩及諸如來出現世間，但由菩薩故，有聲聞、獨覺及諸如來出現世間。是故汝等常應守護供養此菩薩摩訶薩，勿令一切災横侵惱。時，天帝釋白佛言：般若波羅蜜多甚爲希有，若有攝受般若波羅蜜多，則爲攝受世、出世間一切善法。佛言：如是如是。憍尸迦，般若波羅蜜多現法、後法功德勝利，汝應諦聽，是菩薩以應一切智智心，用無所得爲方便，長夜修行六種波羅蜜多，以大悲願而爲上首。若諸有情爲慳貪故長夜鬥諍，是菩薩於内外法一切悉捨，方便令彼安住布施波羅蜜多。若諸有情長夜破戒，是菩薩於内外法一切悉捨，方便令彼安住淨戒波羅蜜多。若諸有情長夜忿恚，是菩薩於内外法一切悉捨，方便令彼安住安忍波羅蜜多。若諸有情長夜懈怠，是菩薩於内外法一切悉捨，方便令彼安住精進波羅蜜多。若諸有情長夜心亂，是菩薩於内外法一切悉捨，方便令彼安住靜慮波羅蜜多。若諸有情長夜愚癡，是菩薩於内外法一切悉捨，方便令彼安住般若波羅蜜多。若諸有情流轉生死，長夜恒爲貪、瞋、癡等隨眠纏垢之所擾亂，是菩薩能以種種善巧方便令彼斷滅，永離生死，或安立彼令住内空乃至無性自性空，或安立彼令住真如、法界乃至不思議界，或安立彼令住四聖諦，或安立彼令住四靜慮、四無量、四無色定，或安立彼令住八解脱、八勝處、九次第定、十徧處，或安立彼令住四念住、四正斷、四神足、五根、五力、七等覺支、八聖道支，或安立彼令住空、無相、無願解脱門，或安立彼令住五眼、六神通，或安立彼令住佛十力、四無所畏、四無礙解、大慈大悲大喜大捨、十八佛不共法，或安立彼令住無忘失法、恒住捨性，或安立彼令住一切智、道相智、一切相智，或安立彼令住一切陀羅尼門、一切三摩地門，或安立彼令住預流果、一來果、不還果、阿羅漢果，或安立彼令住獨覺菩提，或安立彼令住菩薩十地，或安立彼令住無上正等菩提，或安立彼令住世間、出世間一切善法，如是名爲般若波羅蜜多所獲現法功德勝利。憍尸迦，是菩薩由於般若波羅蜜多，受持讀誦、修學思惟、書寫解説、廣令流布，於當來世速證無上正等菩提，轉妙法輪度無量衆，隨本所願安立有情，如是名爲般若波羅蜜多所獲後法功德勝利。復次，憍尸迦，般若波羅蜜多，能滅〔一五〕惡法、增長衆善。如是般若波羅蜜多，能滅貪、欲、瞋、恚、愚、癡，增彼對治。能滅無明〔一六〕、行、識、名色、六處、觸、受、愛、取、有、生、老死愁歎苦憂惱、純大苦蘊，增彼對治。能滅一切隨眠纏垢結縛，增彼對治。能滅我見、有情見乃至知者見、見者見，增彼對治。能滅一切常見、斷見、有見、無見，乃至種種諸惡見趣，增彼對治。能滅所有慳貪、破戒、忿恚、懈怠、散亂、愚癡，增彼對治。能滅所有常想、樂想、我想、淨想，增彼對治。能滅一切貪行、瞋行、癡行、慢行、疑見行等，增彼對治。能滅色取，受、想、行、識取，增彼對治。能滅眼處取，耳、鼻、舌、身、意處取，增彼對治。能滅色處取，聲、香、味、觸、法處取，增彼對治。乃至能滅聲聞乘取，獨覺乘、無上乘取，增彼對治。乃至能滅般涅槃取，增彼對治。能滅一切魔所住法，及能生長一切善事。是故般若波羅蜜多有無數量大威神力。復次，憍尸迦，如是菩薩令惡法滅、善法增長，所謂增長布施，乃至般若波羅蜜多，令無損減。何以故。以無所得爲方便故，乃至增長一切陀羅尼門、一切三摩地門，令無損減。何以故。以無所得爲方便故。憍尸迦，是菩薩自修行一切法，教他修行一切法，讚説一切法，歡喜讚歎行一切法者。憍尸迦，是菩薩行六波羅蜜多時，以無所得爲方便，與一切有情，同共迴向阿耨多羅三藐三菩提，常作是念：我若不行布施，當生貧賤家，尚無勢力，何由成熟有情、嚴淨佛土，況當能得一切智智。我若不護淨戒，當生諸惡趣，尚不能得下賤人身，何由成熟有情、嚴淨佛土，況當能得一切智智。我若不修安忍，當生諸根殘缺、容貌醜陋、不具菩薩圓滿色身，則不能成熟有情、嚴淨佛土，況當能得一切智智。我若懈怠，不起精進，尚不能獲菩薩勝道，何由成熟有情、嚴淨佛土，況當能得一切智智。我若心亂，不入靜慮，尚不能起菩薩勝定，何由成熟有情、嚴淨佛土，況當能得一切智智。我若無智，不學般若，尚不能得諸巧便慧、超二乘地，何由成熟有情、嚴淨佛土，況當能得一切智智。是菩薩學六波羅蜜多，常作是念，我不應隨慳貪勢力，若隨彼力，則我布施不得圓滿，終不能成一切智。我不應隨破戒勢力，若隨彼力，則我淨戒不得圓滿，終不能成一切智智。我不應隨忿恚勢力，若隨彼力，則我安忍不應圓滿，終不能成一切智智。我不應隨懈怠勢力，若隨彼力，則我精進不得圓滿，終不能成一切智智。我不應隨心亂勢力，若隨彼力，則我靜慮不得圓滿，終不能成一切智智。我不應隨無智勢力，若隨彼力，則我般若不得圓滿，終不能成一切智智。是菩薩不離一切智智心，以無所得爲方便，於此般若波羅蜜多，獲得如是現法、後法功德勝利。爾時，天帝釋白佛言：如是般若波羅蜜多，調伏菩薩令不高心，而能迴向一切智智。世尊，菩薩依世間心修諸善法，無方便善巧故，我、我所執擾亂心故，雖修般若波羅蜜多而未得故，不能如實調伏高心，亦不如實迴向一切智智。若菩薩依出世間般若波羅蜜多修善法故，能如實調伏高心，亦能如實迴向一切智智。佛告天帝釋言：如是般若波羅蜜多，是一切呪王，最上最妙、無能及者，具大威力能伏一切。修學如是呪王不能自害、不爲害他、不爲俱害。所以者何。學此般若波羅蜜多，了自他俱皆不可得，不得我、有情乃至知者、見者，不得色、受、想、行、識，乃至不得聲聞乘、獨覺乘、無上乘。憍尸迦，學此大呪王時於我及法雖無所得，而證無上正等菩提。何以故。過去、未來、現在諸佛於此大神呪王精勤修學，證得無上正等菩提，得菩提已施諸有情無恐無怖、身心安樂，安立有情令住人、天尊貴妙行，令住三乘安樂妙行，令證預流果，乃至無上正等菩提，如是勝事，皆由般若波羅蜜多威神之力。攝受品竟。

般若綱要卷三

校勘記

〔一〕「依餘」，底本原校疑爲「餘依」。
〔二〕「所」，底本脱，據《大般若經》補。
〔三〕「實」，底本脱，據《大般若經》補。
〔四〕「乃」，疑後脱「至」字。
〔五〕「得」，底本脱，據《大般若經》補。
〔六〕「住」，疑衍。
〔七〕「應」，底本原校疑後脱「住」字。
〔八〕「辦」，底本作「成」，據《大般若經》改。
〔九〕「姓」，底本作「性」，據《大般若經》改。
〔一〇〕「所」，底本脱，據《大般若經》補。
〔一一〕「姓」，底本作「性」，據《大般若經》改。
〔一二〕「想行識」，底本作「行識想」，據《大般若經》改。
〔一三〕「乘」，底本作「來」，據《大般若經》改。
〔一四〕「説」，底本作「脱」，據底本原校改。
〔一五〕「滅」，底本作「減」，據《大般若經》改。
〔一六〕「明」，底本作「名」，據《大般若經》改。

般若綱要卷四

古南沙門通門閱正
七空居士葛鼒提綱

卷一百三之六葉較量功德品　卷一百四

爾時，天帝釋白佛言：書此般若波羅蜜多甚

深經典，種種莊嚴、供養恭敬。或佛涅槃後起窣堵波，佛設利羅安置其中，供養恭敬，是二福聚何者爲多。佛言：憍尸迦，我還問汝，如來所得一切智智，及相好身於何等法修學而得。天帝釋言：於此般若波羅蜜多修學而得。佛言：如是如是，不學般若波羅蜜多，證得無上正等菩提無有是處。何以故。一切智智及相好身并設利羅，皆以般若波羅蜜多爲根本故，佛身遺體，非此般若波羅蜜多一切智智之根本。諸善男子等欲供養佛若心，若身，先當聽聞、受持讀誦、精進修學、如理思惟、書寫解説甚深般若波羅蜜多，是二福聚，前者爲多。何以故。一切菩薩摩訶薩、菩薩摩訶薩法，一切如來應正等覺、一切智智，皆從如是甚深般若波羅蜜多而出生故。

佛告天帝釋：贍部洲内，極少分人成就佛證淨、法證淨、僧證淨。轉少分人於佛無疑、於法無疑、於僧無疑。轉少分人於佛究竟、於法究[二]竟、於僧究竟。轉少分人得三十七菩提分法、轉少分人得三解脱門，乃至轉少分人得八解脱、九次第定、四無礙解，得六神通。憍尸迦，極少分人永斷三結，得預流果。轉少分人薄貪、瞋、癡，得一來果。轉少分人斷五順下分結，得不還果。轉少分人斷五順上分結，得阿羅漢。轉少分人發心定趣獨覺菩提。轉少分人發心定趣阿耨多羅三藐三菩提。轉少分人既發心已精勤修習趣菩提行。

復次，憍尸迦，我以清淨無障佛眼，觀察十方世界，雖有無量、無數、無邊有情，發心定趣阿耨多羅三藐三菩提，精勤修習趣菩提行，而由遠離甚深般若波羅蜜多方便善巧，若一，若二，若三有情，得住菩薩不退轉地，多分退墮聲聞、獨覺下劣地中，由是因緣，善男子等，應於如是甚深般若波羅蜜多，數數聽聞、受持讀誦、精勤修習、如理思惟、好請問師、樂爲他説。作此事已，復應書寫種種寶物而用莊嚴，供養恭敬、尊重讚歎。是善男子等，於餘攝入甚深般若波羅蜜多諸勝善法，亦應聽受，不應非毁，令於無上正等菩提而作留難。何以故。是善男子等應作是念，如來昔住菩薩位時，常勤修學般若波羅蜜多，及諸餘無量、無邊佛法故，證得無上正等菩提。我等今者爲求無上正等菩提，於此甚深般若波羅蜜多等法，亦應隨佛修學，安住如是般若波羅蜜多等，是一切聲聞、獨覺、菩薩摩訶薩及諸天、人、阿素洛等利益安樂所依處故。

若此般若波羅蜜多在贍部洲人中住者，則此世間佛寶、法寶、僧寶皆住不滅，世間常有十善業道、六波羅蜜乃至如來應正等覺，證得無上正等菩提。

卷一百五　至卷一百二十五

爾時，三千大千世界所有四大王衆天、三十三天及色究竟天，同聲共白天帝釋言：大仙，應受持如是般若波羅蜜多，應讀誦如是般若波羅蜜多，應精勤修學、如理思惟、供養恭敬、尊重讃歎如是般若波羅蜜多。何以故。如是般若波羅蜜多令一切惡法損減、善法增益。令一切天衆增益、諸阿素洛朋黨損減。令一切佛眼不滅、法眼不滅、僧眼不滅。令佛寶種不斷、法寶種不斷、僧寶種不斷。大仙，由三寶種不斷故，便有六波羅蜜多，乃至如來應正等覺，及阿耨多羅三藐三菩提出現於世。爾時，佛告天帝釋言：憍尸迦，若阿素洛兇悖徒黨興是惡念，應各念誦如是甚深般若波羅蜜多，惡心即滅不復更生。或五衰相現，其心驚惶，恐墮惡趣，諸天眷屬應住其前，念誦如是般若波羅蜜多，五衰相没，身意泰然，設復命終，還生本處。憍尸迦，過去、未來、現在諸佛及諸弟子，皆學如是般若波羅蜜多，現證無上正等菩提，入無餘依般涅槃界，由此般若波羅蜜多，普攝一切菩提分法，若聲聞、獨覺，若菩薩、如來，皆具攝故。

佛告天帝釋言：依因般若波羅蜜多大呪王故，十善業道乃至如來應正等覺，出現世間，譬如依因滿月輪故，一切世間皆得增明。憍尸迦，菩薩摩訶薩所有方便善巧，皆從般若波羅蜜多而得生長。菩薩成就方便善巧力故，能行六波羅蜜多，乃至成行菩薩十地等行，能得無上正等菩提。

般若波羅蜜多成就現在、未來功德勝利。

念誦大神呪王，惡魔退還。

爾時，諸天同時化作種種香華而散佛上，願此般若波羅蜜多，在贍部洲人中，久住流布，乃至十方無量、無數、無邊佛國亦復如是。當知是處有妙光明，除滅暗冥、生諸勝利，魔及眷屬不得其便。是善男子等非少善根能辦是事，定於先世無量佛所多集善根、多發正願、多供養佛、多善知識之所攝受。何以故。諸佛所得一切智智與此般若波羅蜜多無二亦無二分。佛言：如是如是。

爾時，慶喜白佛言：何緣不廣稱讚諸法，但廣稱讚般若波羅蜜多。佛言：由此般若波羅蜜多，與彼諸法爲尊爲導故。慶喜，要由迴向一切智智而修布施、淨戒、安忍、精進、靜慮、般若乃至無上正等菩提，乃可名爲真修無上正等菩提。慶喜復白佛言：云何迴向一切智智，而修諸法。佛言：以無二爲方便、無生爲方便、無所得爲方便修習一切法，是名迴向一切智智而修布施、淨戒、安忍、精進、靜慮、般若乃至無上正等菩提。

慶喜復白佛言：世尊，以何無二爲方便，以何無生爲方便、無所得爲方便迴向一切智智，修習一切法。佛言：以色無二爲方便、無生爲方便、無所得爲方便，迴向一切智智，修習布施及般若波羅蜜多，乃至無上正等菩提。以受、想、行、識，乃至無上正等菩提無二爲方便、無生無所得爲方便，迴向一切智智，修習布施及般若波羅蜜多，乃至無上正等菩提。一百六卷之十四葉起，至一百十二卷之六葉。

慶喜復白佛言：云何以色無二爲方便、無生爲方便、無所得爲方便，迴向一切智智，修習布施及般若，乃至無上正等菩提。佛言：色，色性空。何以故。以色性空與布施、淨戒、安忍、精進、靜慮、般若波羅蜜多無二、無二分故。乃至無上正等菩提、無上正等菩提性空。何以故。以無上正等菩提性空與布施、淨戒、安忍、精進、靜慮、般若波羅蜜多無二、無二分故。受、想、行、識性空乃至無上正等菩提性空無二、無二分故。一百二十五卷之十七葉止。慶喜當知，由此般若波羅蜜多故，能迴向一切智智，能令修習六波羅蜜多，乃至無上正等菩提得至究竟，故此般若波羅蜜多，於彼六波羅蜜多，乃至無上正等菩提爲尊、爲導。慶喜當知，譬如大地，以種散中，衆緣和合，則得生長，應知大地與種生長爲所依止、爲能建立。如是般若波羅蜜多，及所迴向一切智智，與一切法爲所依止、爲能建立，令得生長，故此般若波羅蜜多於一切法爲尊、爲導，故我但廣稱讚般若波羅蜜多。結一百六卷第三葉慶喜發問。

卷一百二十六之五葉

爾時，天帝釋白佛言：如來一切功德説猶未盡。所以者何。我從世尊所受般若波羅蜜多，功德深廣、量無邊際，若有於此甚深般若波羅蜜多，受持讀誦、精勤修學、思惟解説、書寫流布，由此便有十善業道，乃至無上正等菩提出現世間。佛告天帝釋言：若善男子等，不離一切智智心，以無所得爲方便，於此般若波羅蜜多，至心聽聞乃至尊重讚歎，成就無量殊勝戒蘊、定蘊、慧蘊、解脱蘊、解脱知見蘊，是善男子，當知如佛超過聲聞，及獨覺地，獲得現在、未來殊勝功德。憍尸迦，若善男子等，書寫甚深般若波羅蜜多，置清淨處供養恭敬、尊重讚歎。時，此三千大千世界所有四大王衆天，及他化自在天，已發菩提心者，恒來是處，觀禮讀誦如是般若波羅蜜多，右繞禮拜合掌而去。是善男子等應作是念，今此三千大千世界，并餘十方無邊世界所有諸天，及餘無量有大威德諸龍、藥叉，乃至人、非人等，常來至此，觀禮讀誦我所書寫甚深般若波羅蜜多，此我則爲已設法施。作是念已，歡喜踴躍，令所獲福倍復增長。諸天等已發無上菩提心者，或依佛法已獲殊勝利樂者，敬重法故恒來至此，隨逐擁護增其勢力。所以者何。是善男子等已發無上正等覺心，恒爲救拔諸有情故，恒爲不棄捨諸有情故，彼諸天等亦復如是，由此因緣，常隨擁護。

卷一百二十七

時，天帝釋復白佛言：云何覺知此三千大千世界，并餘十方世界所有諸天，乃至人、非人等來至其所合掌右繞歡喜護念。佛告天帝釋言：若見所安置處有妙光明，或聞其處異香芬馥若天樂音，當知爾時有大神力威德熾盛，諸天龍等來至其所觀禮讀誦，此中所有邪神惡鬼，驚怖退散無敢住者。由此因緣，善男子等心便廣大，所修善業，倍復增長，一切所爲，無有障礙。以是故，此般若波羅蜜多，隨所在處，周匝除去諸不淨物，掃拭塗治，香水散灑，敷設寶座而安置之，燒香散華，莊嚴其處。

復次，憍尸迦，若能如是供養般若波羅蜜多，身心無倦，身樂心樂、身輕心輕、身調柔心調柔、身安隱心安隱。繫心般若波羅蜜多夜寢息時，無諸惡夢，唯得善夢。謂見如來應正等覺身真金色，放大光明普照一切，聲聞、菩薩前後圍繞，身處衆中，聞佛爲説六波羅蜜多，乃至無上正等菩提相應之法，復聞分别六波羅蜜多，乃至無上正等菩提相應法義。是善男子若睡若覺，身心安樂。諸天神等益其精氣，令彼自覺身體輕便。由是因緣，不多貪染飲食醫藥、衣服卧具，於四供養其心輕微。憍尸迦，若善男子等不能聽聞受持，乃至宣説流布，而但書寫、供養恭敬，亦得如前所説功德。何以故。能廣利益安樂無量諸衆生故。

爾時，佛告天帝釋言：假使充滿此贍部洲，佛設利羅以爲一分，書寫如是甚深般若波羅蜜多，復爲一分，此二分中汝取何者。天帝釋言：我意寧取如是般若波羅蜜多。何以故。佛設利羅，皆因般若波羅蜜多而出生故。爾時，舍利子謂天帝釋言：如是般若波羅蜜多既不可取、無色無見、無對一相，汝云何取。天帝釋報舍利子言：如是般若波羅蜜多實不可取、無色無見、無對一相，所謂無相。如是般若波羅蜜多無取無捨、無增無滅、無聚無散、無益無損、無染無淨，不與諸佛法、不捨異生法，不與無爲界、不捨有爲界，不與六種波羅蜜多，乃至不與無上正等菩提，能如是知，是爲真取般若波羅蜜多。何以故。甚深般若波羅蜜多，不隨二行，無二相故。爾時，佛讚天帝釋言：善哉，善哉，甚深般若波羅蜜多，不隨二行。何以故。無二相故。諸有欲令甚深般若波羅蜜多有二相者，則爲欲令真如亦有二相。何以故。甚深般若波羅蜜多，與真如無二、無二分故。諸不欲令般若波羅蜜多有二相者，則爲欲令法界、法性、不虚妄性、不變異性、平等性、離生性、法定、法住、實際、虚空界、不思議界亦有二相。何以故。甚深般若波羅蜜多與法界乃至不思議界無二、無二分故。爾時，天帝釋白佛言：我於此甚深般若波羅蜜多生憶念時，心契法故，都不見有諸怖畏相。所以者何。以深般若波羅蜜多無相無狀、無言無説，由此般若波羅蜜多無相無狀、無言無説，是故靜慮、精進、安忍、淨戒、布施乃至無上正等菩提亦無相無狀、無言無説。若此般若波羅蜜多有相有狀、有言有説者，不應如來應正等覺爲諸有情説一切法無相無狀、無言無説。

世尊，若見如來應正等覺，若見所寫甚深般若波羅蜜多，此二功德，平等無異。何以故。如是般若波羅蜜多，與諸如來應正等覺平等無二、無二分故。若諸如來應正等覺住三示導，爲諸有情宣説正法，若善男子等，於此般若波羅蜜多受持讀誦、廣爲他説，此二功德平等無異。何以故。如來若三示導，若所宣説十二分教，皆依般若波羅蜜多而出生故。二十七。世尊，由此般若波羅蜜多，六種波羅蜜多乃至無上正等覺[三]圓淨，譬如無價大寶神珠具無量種勝妙威德，甚深般若波羅蜜多亦復如是，爲衆德本，能滅無量惡不善法，令諸有情身心苦惱悉皆銷滅。

卷一百二十九

修行般若波羅蜜多，應以法性於諸如來應正

等覺，修隨佛念。法性有二：一者有爲，二者無爲。云何名爲有爲法性，謂如實知我智、有情智乃至知者智、見者智，若色智乃至識智、眼處智乃至意處智，若色處智、乃至法處智、乃至六種波羅蜜多智、菩提智，如是等無量門智，皆悉名爲有爲法性。云何名爲無爲法性，謂一切法無生無滅、無住無異、無染無淨、無增無減、無相無爲、無性自性。云何名爲無性自性，謂無我性、無有情性乃至無知者性、無見者性，無色性，無受、想、行、識性，無眼處性，無耳、鼻、舌、身、意處性，無色處性，無聲、香、味、觸、法處性，乃至無大波羅蜜性，無菩提性，無如是等無量門性，空無所有、無相無狀、無言無説、無覺無知，如是名爲無性自性。如是諸法無性自性皆悉名爲無爲法性。爾時，佛告天帝釋言：如是如是。如汝所説，過去、未來、現在如來應正等覺皆因如是甚深般若波羅蜜多，當證無上正等菩提乃至聲聞得果、獨覺菩提。何以故。如是般若波羅蜜多秘密藏中廣説三乘相應法故。時，天帝釋復白佛言：菩薩修行如是般若波羅蜜多，雖知一切有情心行境界差别而不得我、有情乃至知者、見者，亦不得色、受、想、行、識乃至菩薩法、佛法。何以故。甚深般若波羅蜜多都無自性，亦不可得，能得、所得及二依處性相皆空，不可得故。爾時，佛告天帝釋言：如是如是，菩薩以無所得爲方便，長夜修行甚深般若波羅蜜多，尚不得菩提及薩埵，況得菩薩摩訶薩、菩薩摩訶薩法。菩薩與法尚不可得，況得諸佛及諸佛法。時，天帝釋復白佛言：菩薩爲但行般若波羅蜜多，亦行餘五波羅蜜多耶。佛言：以無所得爲方便具行六種波羅蜜多。憍尸迦，菩薩於一切法以無所得爲方便，修習般若波羅蜜多無所執著，令所修習速得圓滿。如贍部洲所有諸樹枝條莖幹、華葉果實，雖種種形色不同，而其陰影都無差别。如是布施、淨戒、安忍、精進、靜慮波羅蜜多雖名有異，而由般若波羅蜜多，攝受迴向一切智智，以無所得爲方便故，亦無差別。

卷一百三十　至卷一百三十五

佛言：憍尸迦，我依此法，證無上正等菩提，此法微妙、甚深寂靜，我當還依此法而住，供養恭敬、尊重讚歎。憍尸迦，我已成佛，尚遵如是甚深般若波羅蜜多，依止而住，況善男子等，欲求無上正等菩提，而不於此至心歸依、精勤修學。所以者何。求聲聞者，於此證得阿羅漢果。求獨覺者，於此證得獨覺菩提。求大乘者，於此證得阿耨多羅三藐三菩提。

爾時，佛告天帝釋言：教贍部洲諸有情類，修十善業道，書寫般若波羅蜜多，所獲福聚甚多於前。何以故。般若波羅蜜多秘密藏中，廣説一切無漏之法，若善男子等，教一有情住預流果，猶勝教化一贍部洲有情，皆令修學十善業道。何以故。修行十善業道，不免地獄、傍生、鬼趣，若住預流果，便得永脱三惡趣故，況教令住一來、不還、阿羅漢果而不勝彼。若善男子等，教贍部洲諸有情類，皆令住預流、一來、不還、阿羅漢果，不如有人教一有情安住獨覺菩提。何以故。獨覺菩提所有功德，勝預流等百千倍故。若善男子等，教贍部洲諸有情類，皆令安住獨覺菩提，不如有人教一有情令趣無上正等菩提。何以故。若令趣無上正等菩提，則令世間佛眼不斷。憍尸迦，由是當知，書寫如是般若波羅蜜多，施他讀誦，若轉書寫廣令流布，所獲福聚無量無邊。何以故。般若波羅蜜多秘密藏中，廣説一切世間勝善法故，由此秘密藏中所説法故，世間便有一切施設可得。向下四洲十方一切世界較量福聚書寫功德甚多於彼，自二十五卷至三十五卷之九葉止，次發起受持讀誦，如理思惟功德福聚。

憍尸迦，若善男子等，於此般若波羅蜜多，受持讀誦、如理思惟所獲福聚，勝於教化一贍部洲乃至四洲、三千大千世界、十方一切世界諸有情類，皆令安住十善業道乃至神通。憍尸迦，此中如理思惟者，謂以非二、非不二行覺，於此般若波羅蜜多受持讀誦、如理思惟，復以非二、非不二行覺，於靜慮、精進、安忍、淨戒、布施波羅蜜多，乃至無上正等菩提，如理思惟。復次，憍尸迦，若善男子等於此般若波羅蜜多，以無量門廣爲他説，宣示開演、顯了解釋、分別義趣，令其易解，所獲福聚勝自受持，若讀若誦、如理思惟所獲功德。所言般若波羅蜜多義趣者，謂此般若波羅蜜多，非二非不二、非有相非無相、非入非出、非增非減、非染非淨、非生非滅、非取非捨、非執非不執、非住非不住、非實非不實、非相應非不相應、非和合非不和合、非因緣非非因緣、非法非非法、非真如非非真如、非實際非非實際，如是義趣，有無量門。

應以種種巧妙文義，宣説開示如是般若波羅蜜多。

應以無所得慧，及以種種巧説文義，宣説般若，乃至布施波羅蜜多。何以故。憍尸迦，於當來世有善男子等，爲他宣説相似般若波羅蜜多，心便迷謬，失於中道，是故應以無所得慧爲發無上菩提心者，宣説般若波羅蜜多，乃至布施波羅蜜多。

卷一百三十六

爾時，天帝釋白佛言：世尊，云何説相似般若，乃至布施波羅蜜多。佛言：若善男子等，説有所得般若，乃至布施波羅蜜多，如是名説相似。天帝釋復白佛言：云何説有所得般若波羅蜜多，名説相似般若波羅蜜多。佛言：憍尸迦，若善男子等爲發無上菩提心者説一切法若常若無常，若樂若苦，若我若無我，若淨若不淨，若有能求如是等法，修行般若，是行般若波羅蜜多。若善男子等如是求色，若常若無常，若樂若苦，若我若無我，若淨若不淨，依此等法行般若者，我説名爲行有所得相似般若波羅蜜多。憍尸迦，如前所説，皆是説有所得相似般若波羅蜜多。乃至淨戒、安忍、精進、靜慮、布施，經文并同，至卷一百四十五止，以後發起真正無所得。

卷一百四十六

爾時，天帝釋白佛言：世尊，云何名爲宣説真正般若乃至布施波羅蜜多。佛言：若善男子等，説無所得般若乃至布施波羅蜜多，如是名爲真正。天帝釋復白佛言：云何説無所得般若波羅蜜多，名説真正波羅蜜多。佛言：憍尸迦，若善男子等爲發無上菩提心者，宣説般若波羅蜜多，不應觀色若常若無常，不應觀受、想、行、識若常若無常。何以故。色，色自性空。受、想、行、識，受、想、行、識自性空。是色自性，即非自性。是受、想、行、識自性，即非自性。若非自性，即是般若波羅蜜多。於此般若波羅蜜多色不可得，受、想、行、識不可得，彼常、無常亦不可得。所以者何。此中尚無色等可得，況有彼常、無常。汝若能修如是般若，是修般若波羅蜜多，乃至若樂若苦，若我若無我，若淨若不淨亦不可得，是爲宣説真正般若波羅蜜多。乃至淨戒、安忍、精進、靜慮、布施，經文并同，至一百六十五卷止。復次，憍尸迦，修學時，勿觀諸法有少可住可超、可入可得、可證可受持等，所獲功德，及可隨喜迴向菩提。何以故。於此般若乃至布施，畢竟無有少法可住可超、可入可得、可證可受持等所獲功德，及可隨喜迴向菩提。所以者何。以一切法自性皆空、都無所有，畢竟無有少法有入有出、有生有滅、有斷有滅[三]、有斷有常、有一有異、有來有去而可得者。作此等説，是説真正般若波羅蜜多，乃至布施波羅蜜多。

復次，憍尸迦，若善男子等，教贍部洲，乃至四洲、十方各如殑伽沙世界，諸有情類，皆令住預流果、一來果、不還果、阿羅漢果，乃至獨覺菩提，由此因緣得福多不。天帝釋言：甚多。佛言：若善男子等，於此般若波羅蜜多，以無量門巧妙文義爲他廣説、宣示開演、顯了解釋、分別義趣令其易解，復作是言，當於此甚深般若波羅蜜多，至心聽聞、受持讀誦、令善通利、如理思惟，隨此法門應勤修學，所獲功德甚多於前。何以故。一切預流，及預流果，乃至一切獨覺、獨覺菩提，皆是般若波羅蜜多所流出故。憍尸迦，若善男子等，教贍部洲乃至四洲、十方各如殑伽沙世界，諸有情類，皆發無上正等覺心，皆住不退轉地，由此因緣得福多不。天帝釋言：甚多。佛言：若善男子等，於此般若波羅蜜多，以無量門巧妙文義，爲他廣説，乃至如理思惟，隨此般若波羅蜜多所説法門，應正信解。若正信解，則能修學如是般若波羅蜜多，證得一切智智。若能證得一切智智，則修般若波羅蜜多增益圓滿，便證無上正等菩提，是善男子所獲功德甚多於前。何以故。一切初發阿耨多羅三藐三菩提心、一切不退轉地菩薩摩訶薩，皆是般若波羅蜜多所流出故。復次，憍尸迦，若善男子等，教諸有情類，皆於無上正等菩提得不退轉，復以般若波羅蜜多無量法門爲其廣説、令其易解。有善男子等於中勸一速趣無上正等菩提，令説三乘，救度一切。後善男子所獲功德甚多於前。何以故。憍尸迦，住不退轉地菩薩摩訶薩，不甚假藉所説法故、於無上覺，定趣向故，於大菩提不退轉故，速趣大菩提菩薩摩訶薩，要甚假藉所説法故，於無上覺求速趣故，觀生死苦一切有情，運大悲心極痛切故。爾時，天帝白佛言：如如菩薩摩訶薩，轉近無上正等菩提。如是如是，應以布施波羅蜜多，乃至一切陀羅尼門、一切三摩地門，速疾教誡教授彼菩薩摩訶薩。世尊，由此教誡教授、授所攝受故，速證無上正等菩提。爾時，善現告天帝釋言：憍尸迦，汝能勸勵彼菩薩，復能攝受彼菩薩，亦能護助彼菩薩，汝今已作佛聖弟子所應作事。何以故。一切如來、聲聞、獨覺世間勝事，由彼菩薩摩訶薩故而得出生。若無菩薩發菩提心者，則無有能修學六種波羅蜜多，乃至一切陀羅尼門、三摩地門。若無菩薩修學安住如是諸事，則無有能證得無上正等菩提，安立菩薩、聲聞、獨覺世間勝事。由菩薩修學安住如是事故，則能證得無上正等菩提，斷一切地獄、傍生、鬼界，亦能損減阿素洛黨，增益天衆。由菩薩證得阿耨多羅三藐三菩提故，便有大族、諸天出現世間，復有六種波羅蜜多乃至聲聞、獨覺、大乘出現世間。較量功德品竟，計六十九卷。

卷一百六十八之十七葉隨喜迴向品　卷一百六十九

爾時，彌勒菩薩白善現言：菩薩摩訶薩所有隨喜迴向功德，於彼異生、聲聞、獨覺諸福業事，爲最、爲勝。何以故。以諸異生修福業事，但爲令己自在安樂。聲聞、獨覺修福業事，爲自調伏、爲自寂靜、爲自涅槃。菩薩摩訶薩所有隨喜迴向功德，普爲一切有情調伏、寂靜、般涅槃故。善現白彌勒菩薩言：菩薩緣如是事起隨喜迴向心，爲有如是所緣事如彼菩薩所取相不。彌勒菩薩言：菩薩緣如是事，起隨喜迴向心，實無如是所緣事，如彼菩薩所取相。善現言：若無所緣事如所取相者，彼菩薩隨喜迴向心，以取相爲方便，普緣十方世界無量、無數、無邊諸佛，已涅槃者，從初發心乃至法滅，所有善根，及弟子等所有善根，一切合集現前，隨喜迴向無上正等菩提，如是所起隨喜迴向，將非顛倒：如於無常謂常，是想顛倒、心顛倒、見顛倒。乃至於苦謂樂、於無我謂我、於不淨謂淨，是想顛倒、心顛倒、見顛倒。此於無相而取其相，亦應如是。大士，如所緣事實無所有，隨喜迴向心亦如是，諸善根亦如是，無上正等菩提亦如是，色、受、想、行、識乃至聲聞、獨覺、大乘亦如是者，何等是所緣，何等是事，何等是隨喜迴向心，何等是無上正等菩提，而彼菩薩，緣如是事，起隨喜心，迴向無上正等菩提。彌勒菩薩言：若菩薩久修行六波羅蜜多，已供養無量諸佛、宿植善根、久發大願、爲善友所攝受、善學諸法自相空義，是菩薩能於所緣事及一切法皆不取相，而能發起隨喜迴向菩提。如是隨喜迴向，以非二非不二爲方便，非相非無相爲方便，非染非淨爲方便，非生非滅爲方便故，於所緣事乃至無上正等菩提能不取相。不取相故，非顛倒攝，若取相而起隨喜迴向，猶顛倒攝。

不應爲彼新學大乘菩薩前説，應於不退轉菩薩前廣説，不毁謗故。

善現白彌勒菩薩言：菩薩應以如是隨喜俱行諸福業事迴向，謂所用心隨喜迴向，此所用心盡滅離變，此中何等是所用心，復以何等爲所緣事，及諸善根，而説隨喜迴向無上正等菩提。是心於心，理不應有隨喜迴向，以無二心俱時起故。亦心不可隨喜迴向，心自性故。大德，菩薩修行般若波羅蜜多時，能如實知色無所有，受、想、行、識無所有，乃至無上正等菩提皆無所有，以隨喜俱行諸福業事，迴向無上正等菩提，是名無顛倒隨喜迴向。

爾時，天帝釋白善現言：新學大乘菩薩，云何以所修習一切善根迴向無上正等菩提，云何攝受隨喜俱行諸福業事，迴向無上正等菩提。時善現承彌勒菩薩摩訶薩神力加被，告天帝釋言：新學菩薩若修般若波羅蜜多，以無所得爲方便、無相爲方便，攝受般若波羅蜜多，乃至攝受無上正等菩提，由此因緣，多信解般若波羅蜜多，乃至信解無上正等菩提。由此因緣，常爲善友之所攝受，以無量門巧妙文義，爲其辯説一切相應之法，以如是法教誡教授，令其得入菩薩正性離生，常不遠離一切法、常不遠離無上正等菩提，隨所修習，與一切有情，皆悉同共迴向無上正等菩提。新學大乘菩薩，應普於十方世界，斷諸有路、絶戲論道、棄諸重擔、摧聚落刺、盡諸有結，具足正智心善解脱，巧説法要，一切如來應正等覺，及弟子衆所有功德，并人天等所種善根，如是一切合集稱量現前發起，與諸有情，皆悉同共迴向無上正等菩提。爾時，彌勒菩薩問善現言：新學菩薩若念所有功德，所種善根，合集稱量現前發起，比餘善根爲最、爲勝，復以如是隨喜善根，同共迴向，是菩薩云何不墮想顛倒、心顛倒、見顛倒。善現答言：若菩薩摩訶薩，於所念佛及弟子衆所有功德，不起功德想，於諸人天等所種善根，不起善根想，於所發起隨喜迴向無上正等菩提之心，亦復不起迴向菩提心想，是菩薩所起隨喜迴向無想顛倒、無心顛倒、無見顛倒。

復次，大士，若正解了諸能隨喜迴向之法，自性皆空，雖如是知，而能隨喜迴向無上正等菩提。復於是時，若正解了都無有法，可能隨喜迴向於法。何以故。以一切法自相皆空，空中都無能所隨喜迴向法故。雖如是知而能隨喜迴向，是菩薩於隨喜心不生執著、於所隨喜功德善根亦不執著，於迴向心不生執著，於所迴向無上菩提亦不執著，由無執著，不墮顛倒。

卷一百七十連上卷善現答彌勒菩薩　至卷一百七十二

復次，大士，若菩薩於所修作諸福業事，正知離色，離受、想、行、識，乃至正知離佛無上正等菩提，如是正知，能正隨喜無上正等菩提。復次大士，若菩薩正知所修隨喜俱行諸福業事，遠離所修隨喜俱行諸福業事自性。正知如來應正等覺，遠離如來應正等覺自性。正知如來應正等覺所有功德，遠離如來應正等覺所有功德自性。正知聲聞、獨覺、菩薩，遠離聲聞、獨覺、菩薩自性。正知聲聞、獨覺、菩薩所修善根，遠離聲聞、獨覺、菩薩所修善根自性。正知菩提心，遠離菩提心自性。正知迴向心，遠離迴向心自性。正知所迴向無上正等菩提，遠離所迴向無上正等菩提自性。正知般若波羅蜜多，乃至無上正等菩提，遠離般若波羅蜜多，乃至無上正等菩提自性。是菩薩如是修行離性般若波羅蜜多，能正隨喜迴向無上正等菩提。

復次，大士，若菩薩以取相爲方便，修行般若波羅蜜多，於彼一切功德善根，取相，隨喜迴向無上正等菩提，非善隨喜迴向。若不取相爲方便，修行般若波羅蜜多，於彼一切功德善根離相，隨喜迴向無上正等菩提，是名善隨喜迴向。爾時，彌勒菩薩問善現言：云何皆不取相，而能隨喜迴向無上正等菩提。善現言：應知菩薩所學般若波羅蜜多中，有如是等善巧方便，雖不取相而所作成，非離般若波羅蜜多，有能發起隨喜俱行諸福業事，迴向無上正等菩提。彌勒菩薩言：勿作是説。所以者何。甚深般若波羅蜜多中，一切如來應正等覺，及弟子衆功德善根，皆無所有、不可得故，所作隨喜諸福業事，亦無所有、不可得故，發心迴向無上菩提，亦無所有、不可得故。此中菩薩修行般若波羅蜜多時，應如是觀過去諸佛及弟子衆功德善根性皆已滅，所作隨喜諸福業事、發心迴向無上菩提性皆已滅。我若於彼取相分別，以是分別方便發起隨喜迴向，諸佛世尊皆所不許。何以故。不應於中起有所得、取相、分別隨喜迴向，以有所得、取相、分別發起隨喜迴向之心，有因有緣、有作意、有戲論，不應般若波羅蜜多。彼襍毒故，則爲謗佛，不隨佛教、不隨法説，不應隨彼所説修學。

復次，大士，住菩薩乘諸善男子等，應作如是隨喜迴向，如色、受、想、行、識不墮欲界、色界、無色界，既不墮三界，則非過去、未來、現在。乃至如佛無上正等菩提，不墮欲界、色界、無色界，既不墮三界，則非過去、未來、現在。隨喜迴向亦應如是。所以者何。以彼諸法自性空故，不墮三界，非三世攝。隨喜迴向亦復如是，謂諸如來應正等覺自性空故，諸佛功德自性空故，聲聞、獨覺及人、天等自性空故，彼諸善根自性空故，於彼隨喜自性空故，所迴向法自性空故，能迴向者自性空故，不墮三界，非三世攝。若菩薩摩訶薩如實知色、受、想、行、識，不墮欲界、色界、無色界，若俱不墮三界，則非過去、未來、現在。乃至如實知無上正等菩提，不墮欲界、色界、無色界，若不墮三界，則非過去、未來、現在。若非三世，則不可以彼有相爲方便、有所得爲方便，發生隨喜迴向無上正等菩提。何以故。以色、受、想、行、識乃至無上正等菩提法自性不生，若法不生則無所有，不可以彼無所有法，隨喜迴向無所有故。若以有相爲方便、或有所得爲方便，隨喜迴向無上正等菩提，如是爲邪隨喜迴向。諸佛世尊所不稱讚，不能圓滿一切法，不能證得阿耨多羅三藐三菩提。何以故。由彼所起隨喜迴向，襍衆毒故。諸菩薩修行般若波羅蜜多，應作是念，一切如來應正等覺，如實照了功德善根，有如是法可依，是法發生無倒隨喜迴向，是爲正起隨喜迴向。

爾時，天帝釋與無量百千天子、天王各持種種華香天樂以供養佛，白言：如是菩薩以無相爲方便、無所得爲方便、無染著爲方便、無思作爲方便，於諸如來應正等覺功德善根，發生隨喜迴向無上正等菩提，如是發起隨喜迴向，不墮二法、不二法中。時，大梵天王與梵天衆俱發聲言：如是方便善巧所攝受故，超勝無方便善巧有相、有所得所修善根。爾時，佛告四大天王、衆天乃至色究竟天等言：假使三千大千世界一切有情皆發菩提心，普於過去、未來、現在一切如來，從初發心至得無上正等菩提，轉妙法輪，入無餘依般涅槃後，乃至法滅，於其中間，所有修習善根，合集稱量，以有相爲方便、有所得爲方便、有染著爲方便、有二不二爲方便，隨喜迴向無上正等菩提。有善男子等，發趣無上正等菩提，普於過去、未來、現在一切如來，從初發心，乃至法滅，於其中間所有修習善根合集稱量，以無相爲方便、無所得爲方便、無染著爲方便、無二不二爲方便，隨喜迴向無上正等菩提，是善男子爲最、爲勝，於前有情亦最爲勝。爾時，善現白佛言：齊何説是隨喜迴向爲最爲勝。佛言：是善男子等普於過去、未來、現在一切如來諸善根等不取不捨、不矜不慢、非有所得非無所得，又知諸法無生無滅、無染無淨、無增無減、無去無來、無聚無散、無入無出。作如是念，如彼過去、未來、現在諸法、真如、法界、法性、不虚妄性、不變異性、平等性、離生性、法定、法住、實際、虚空界、不思議界，我亦如是隨喜迴向。善現，齊是菩薩所起隨喜迴向，我説爲最、爲勝。復次，善現，住菩薩乘諸善男子等，應作是念，如解脱色亦如是，如解脱受、想、行、識亦如是，乃至如解脱一切如來應正等覺，及佛弟子獨覺法性亦如是，如解脱一切有情亦如是，如解脱一切法性亦如是，如解脱一切隨喜迴向亦如是。如諸法性無縛無解、無染無淨、無起無盡、無生無滅、無取無捨，我於如是功德善根現前，隨喜迴向無上正等菩提。如是隨喜，非能隨喜，無所隨喜故。如是迴向，非能迴向，無所迴向故。如是所起隨喜迴向，非轉非息，無生滅故。若成就如是隨喜迴向，疾證無上正等菩提。隨喜迴向品竟。

卷一百七十二之六葉讚般若品　至卷一百八十一之七葉

舍利子言：世尊，如是所説，豈非般若波羅蜜多。佛言：如是所説，即是般若波羅蜜多。舍利子復白佛言：世尊，如是般若波羅蜜多能作照明，畢竟淨故。無所染著，諸世間法不能汙故。遠離一切三界瞖眩，能除煩惱諸見暗故。於一切覺分法中極尊勝故。能作安隱，永斷一切驚恐、逼惱、災横事故。能施光明，攝受諸有情令得五眼故。能示中道，令失路者離二邊故。能發生一切智智，永斷一切相續煩惱并習氣故。是諸菩薩母，一切佛法從此生故。不生不滅，自相空故。遠離生死，非常非壞故。能作依怙，施諸法寶故。能成佛十力，不可屈伏故。能轉三轉十二行相無上法輪，遠[四]一切法無轉還故。能示諸法無顛倒性，顯了無性自性空故。世尊，三乘諸有情類於此般若波羅蜜多應云何住。佛言：是諸有情於此般若波羅蜜多應如佛住，供養禮敬思惟般若波羅蜜多，應如供養禮敬思惟佛薄伽梵。何以故。一切如來應正等覺，皆由般若波羅蜜多得出現故。

時天帝釋竊作是念：今舍利子以何因緣乃問斯事。時舍利子知其心念，告言：憍尸迦，菩薩爲般若波羅蜜多及方便善巧所攝受故，於一切功德善根，合集稱量隨喜迴向，由是因緣，故問斯事。憍尸迦，布施、淨戒、安忍、精進、靜慮波羅蜜多諸生盲衆，若無般若波羅蜜多淨目者導，尚不能趣菩薩正道，況能得入一切智城。由此般若所攝受故，布施等一切皆得到彼岸名。所以者何。住般若波羅蜜多，方能圓滿布施、淨戒、安忍、精進、靜慮波羅蜜多，非住餘五能成是事。是故般若於前五種爲最爲勝。爾時，舍利子白佛言：云何引發般若波羅蜜多。佛言：不爲引發色故，應引發般若波羅蜜多。不爲引發受、想、行、識故，應引發般若波羅蜜多。舍利子，以色、受、想、行、識無作無止、無生無滅、無成無壞、無得無捨、無自性故。菩薩不爲引發色、受、想、行、識故，應引發般若波羅蜜多。乃至不爲引發諸佛無上正等菩提故，應引發般若波羅蜜多。

時，舍利子復白佛言：如是引發般若波羅蜜多與何法合。佛言：如是引發般若波羅蜜多不與一切法合，以不合故，得名般若波羅蜜多。何以故。如是般若波羅蜜多，於一切法無所得故。爾時，天帝釋言：如是般若波羅蜜多，豈不合一切智智。佛言：亦不合一切智智，由此於彼不可得故。世尊，云何般若波羅蜜多，於一切智無合亦無得。憍尸迦，非般若波羅蜜多，於一切智智如名如相、如其所作、有合有得。世尊，云何般若波羅蜜多，於一切智亦有合有得。憍尸迦，般若波羅蜜多於一切智智，如名相等無受無取、無住無斷、無執無捨，如是合得而無合得。於一切法，亦如名相等，無受無取、無住無斷、無執無捨，如是合得而無合得。時天帝釋復白佛言：如是般若波羅蜜多，爲一切法無作無止、無生無滅、無成無壞、無得無捨、無自性故而現在前，雖有合有得，然無合無得。

善現復白佛言：菩薩信般若波羅蜜多時，爲不信何法。佛言：菩薩信般若波羅蜜多時，則不信色，不信受、想、行、識。觀色，觀受、想、行、識不可得故。乃至信般若波羅蜜多時，則不信諸佛無上正等菩提，觀諸佛無上正等菩提不可得故。

佛言：善現，汝緣何意，説菩薩般若波羅蜜多，名大波羅蜜多。善現白佛言：世尊，菩薩於一切法不作大、不作小，不作集、不作散，不作有量、不作無量，不作廣、不作狹，不作有力、不作無力，故説菩薩般若波羅蜜多，名大波羅蜜多。復次，世尊，若新學大乘菩薩，依六波羅蜜多，起如是想，如是般若波羅蜜多，於一切法不作大、不作小，乃至不作有力、不作無力，是菩薩由起此想，非行般若波羅蜜多。復次，世尊，若新學大乘菩薩，不依六波羅蜜多，起如是想，如是般若波羅蜜多，於一切法作大作小、作集作散、作有量作無量、作廣作狹、作有力作無力，是菩薩由起此想，非行般若波羅蜜多。何以故。世尊，若菩薩起如是想，如是般若波羅蜜多，於一切法，若作大小、不作大小乃至若作有力無力、不作有力無力，如是一切皆非般若波羅蜜多等流果故。世尊，是菩薩名大有所得，非行般若波羅蜜多。何以故。非有所得想能證無上正等菩提故。所以者何。世尊，有情無生故，當知般若波羅蜜多亦無生。有情無滅故，當知般若波羅蜜多亦無滅。有情無自性故，當知般若波羅蜜多亦無自性。有情無所有故，當知般若波羅蜜多亦無所有。有情空故，當知般若波羅蜜多亦空。有情無相故，當知般若波羅蜜多亦無相。有情無願故，當知般若波羅蜜多亦無願。有情遠離故，當知般若波羅蜜多亦遠離。有情寂靜故，當知般若波羅蜜多亦寂靜。有情不可得故，當知般若波羅蜜多亦不可得。有情不可思議故，當知般若波羅蜜多亦不可思議。有情無覺知故，當知般若波羅蜜多亦無覺知。有情勢力不成就故，當知般若波羅蜜多亦不成就。我緣此意，故説菩薩般若波羅蜜多名大波羅蜜多。乃至如來應正等覺無生故，般若波羅蜜多亦無生。如來應正等覺勢力不成就故，般若波羅蜜多勢力亦不成就，名大波羅蜜多。讚般若品竟。

卷一百八十一之八葉謗般若品

舍利子白佛言：菩薩摩訶薩，於此甚深般若波羅蜜多能信解者，從何處没，來生此間。發趣無上正等菩提已經幾時。曾親近供養幾所如來。

修一切法爲已久如，云何信解如是般若波羅蜜多甚深義趣。佛言：從十方界無數、無量、無邊如來應正等覺法會中没，來生此間。發趣無上正等菩提，已經百千俱胝那庾多劫。已曾親近無數、無量、無邊如來應正等覺。從初發心常勤修習布施、淨戒、安忍、精進、靜慮、般若波羅蜜多，已經百千俱胝那庾多劫。是菩薩摩訶薩以無相無二、無所得爲方便，能正信解如是般若波羅蜜多甚深義趣。爾時，善現白佛言：甚深般若波羅蜜多爲有能聞、能見者否。佛言：如㈤是般若波羅蜜多，實無能聞及能見者，如是般若波羅蜜多亦非所聞及非所見。何以故。一切法無聞無見，諸法鈍故。善現復白佛言：諸菩薩摩訶薩積行久如，便能修學甚深般若波羅蜜多。佛言：善現，方此事中應分別説。有菩薩從初發心，即能修學六波羅蜜多，是菩薩有方便善巧，於一切法不增不減，是菩薩摩訶薩，常不遠離布施、淨戒、安忍、精進、靜慮、般若波羅蜜多相應之行，亦常不離諸佛世尊及諸菩薩摩訶薩衆。是菩薩從一佛土趣一佛土，以諸妙供，供養諸佛世尊及菩薩衆，亦能於彼如來所植衆善根。是菩薩隨受身處，不墮母腹胞胎中生，心常不與煩惱雜住，亦曾不起二乘之心，恒不遠離殊勝神通，從一佛國趣一佛國，成熟有情、嚴淨佛土，能正修學甚深般若波羅蜜多。善現，有菩薩乘諸善男子、善女人等雖曾見多佛，亦多修習布施、淨戒、安忍、精進、靜慮、般若，而有所得爲方便故，不能修學甚深般若波羅蜜多，聞説甚深般若波羅蜜多心不悦可，捨衆而去。是善男子善女人等先世聞説已曾捨去，今世聞説由宿習力還復捨去，身、語及心皆不和合，由斯造作增長愚癡、惡慧罪業，聞説如是甚深般若，即便毁謗，障礙棄捨，則爲毁謗、障礙棄捨過去、未來、現在諸佛一切相智，即便造作增長，能感匱正法業，墮大地獄經歷多歲，受諸楚毒、猛利大苦。彼罪重故，於此世界從一大地獄至一大地獄，乃至火劫、水劫、風劫未起以來受諸楚毒猛利大苦。若此世界火劫、水劫、風劫起時，彼匱法業猶未盡故，死已轉生他世界，與此同類大地獄中經歷多歲。若他世界火劫、水劫、風劫起時，彼匱法業猶未盡故，死已轉生餘方世界。如是展轉徧歷十方經無數劫。彼匱法罪業勢稍微，從地獄出墮傍生趣，經歷多歲，備遭殘害、恐逼等苦。罪未盡故，于此世界從一險惡處至一險惡處，乃至火劫、水劫、風劫未起已來，備遭殘害、逼迫等苦。若此世界三災壞時，彼匱法業餘勢未盡，死已轉生他方世界與此同類傍生趣中，經歷多歲，如是展轉徧歷十方傍生趣中，廣受諸苦經無數劫，彼匱法罪業勢漸薄，免生旁生趣墮鬼界中，備受虛羸、饑渴等苦。罪未盡故，於此世界從一餓鬼國至一餓鬼國，乃至火劫、水劫、風劫未起已來，備受虛羸[六]、饑渴等苦。若此世界三災壞時，彼匱法業餘勢未盡，死已轉生他方世界與此同類餓鬼趣中，經歷多歲徧歷十方經無數劫。彼匱法業餘勢將盡，雖得爲人而居下賤，或所受身諸根缺減、貧窮枯瘁、頑嚚無識，凡有所爲人皆輕賤，不聞佛名、法名、僧名、菩薩名、獨覺名。或復生於幽闇世界，恒無晝夜不覩光明，彼匱法業造作增長極深重故，受如是等不可愛樂圓滿苦果。

匱正法業，最極粗重，不可以比五無間業。

爾時，善現白佛言：謗正法者，於未來世久受大苦，應善護持身、語、意業，勿於正法誹謗毀壞，墮三惡趣，長時受苦，於久遠時，不見諸佛、不聞正法、不值遇僧、不得生於有佛國土。雖生人趣，下賤貧窮、醜陋頑愚、支體不具、諸有所説人不信受。世尊，造作增長感匱法業，豈不由習惡語業耶。佛言：善現，如是如是，實由慣習惡語業故，造作增長感匱法業。善現當知，若有謗毀甚深般若波羅蜜多，則爲謗毀諸佛無上正等菩提，則爲謗毀過去、未來、現在諸佛一切相智，則謗毀佛、謗毀法、謗毀僧，則當謗毀世間正見，則當謗毀布施、淨戒、安忍、精進、靜慮、般若波羅蜜多，乃至亦當謗一切陀羅尼門、三摩地門。彼由謗毀諸功德聚，則便攝受無數、無量、無邊罪聚，則便攝受諸大地獄、傍生、鬼界及人趣中無數、無量、無邊苦聚。善現復白佛言：幾因緣故謗毀如是。佛言：由四因緣：一者爲諸邪魔所扇惑。二者於甚深法不信解。三者不勤精進，堅著五蘊，諸惡知識所攝受。四者多懷瞋恚，樂行惡法，喜自高舉，輕毀他故。如是四因緣故，諸愚癡者，謗毀如是甚深般若波羅蜜多。謗般若品竟。

卷一百八十二難信解品　至卷二〔七〕百八十四竟品〔八〕

善現復白佛言：如是般若波羅蜜多，云何甚深難信難解。佛言：色非縛非解。何以故。以色無所有性，爲色自性故。受、想、行、識非縛非解。何以故。以受、想、行、識無所有性爲受、想、行、識自性故，乃至諸佛無上正等菩提非縛非解。何以故。以諸佛無上正等菩提無所有性，爲諸佛無上正等菩提自性故。復次，善現，一切法前際非縛非解。何以故。以一切法前際無所有性，爲一切法前際自性故。一切法後際非縛非解。何以故。以一切法後際無所有性，爲一切法後際自性故。一切法中際非縛非解。何以故。一切法中際無所有性，爲一切法中際自性故。至八十三卷之四竟。

善現復白佛言：諸有不勤精進、未種善根、惡友所攝、隨魔力行、懈怠增長、精進微劣、失念惡慧補特伽羅，於此般若波羅蜜多實難信解。佛言：如是補特伽羅，實難信解。所以者何。善現，色清淨即果清淨，果清淨即色清淨。何以故。是色清淨與果清淨，無二無二分、無別無斷故。受、想、行、識清淨即果清淨，果清淨即受、想、行、識清淨。何以故。是受、想、行、識清淨，與果清淨無二無二分、無別無斷故，乃至諸佛無上正等菩提清淨即果清淨，果清淨即諸佛無上正等菩提清淨。何以故。是諸佛無上正等菩提清淨與果清淨無二無二分、無別無斷故。卷一百八十三之十一葉。復次，善現，色清淨即般若波羅蜜多清淨，般若波羅蜜多清淨即色清淨。何以故。是色清淨與般若波羅蜜多清淨無二無二分、無別無斷故。受、想、行、識清淨即般若波羅蜜多清淨，般若波羅蜜多清淨即受、想、行、識清淨。何以故。是受、想、行、識清淨與般若波羅蜜多清淨無二無二分、無別無斷故，乃至諸佛無上正等菩提清淨即般若波羅蜜多清淨，般若波羅蜜多清淨即諸佛無上正等菩提清淨。何以故。是諸佛無上正等菩提清淨與般若波羅蜜多清淨，無二無二分、無別無斷故。復次，善現，色清淨即一切智智清淨，一切智智清淨即色清淨。何以故。是色清淨與一切智智清淨，無二無二分、無別無斷故。受、想、行、識清淨即一切智智清淨，一切智智清淨即受、想、行、識清淨。何以故。是受、想、行、識清淨與一切智智清淨，無二無二分、無別無斷故。乃至諸佛無上正等菩提清淨，即一切智智清淨，一切智智清淨即諸佛無上正等菩提清淨。何以故。是諸佛無上正等菩提清淨與一切智智清淨，無二無二分、無別無斷故。卷一百八十四之十一葉止。

卷一百八十四之十二葉　至卷一百八十九之末

復次，我清淨、有情清淨，乃至知者、見者清淨，即色清淨，即受、想、行、識清淨，乃至諸佛無上正等菩提清淨。何以故。是我清淨、有情清淨，乃至知者、見者清淨，無二無二分、無別無斷故。

卷一百九十　一百九十一　一百九十二

我清淨，有情清淨，命者清淨，生者清淨，養育者清淨，士夫清淨，補特伽羅清淨。

卷一百九十三　至卷一百九十九

意生清淨，儒童清淨，作者清淨，受者清淨，知者清淨，見者清淨。

我清淨故，一切法清淨。一切法清淨故，一切智智清淨。乃至作者清淨故，一切法清淨。一切法清淨故，一切智[九]清淨。

卷二百　二百一　二百二　二百三

受者清淨故，一切法清淨。一切法清淨故，

一切智智清淨。乃至見者清淨故，一切法清淨。一切法清淨故，一切智智清淨。貪清淨，瞋清淨，癡清淨。貪清淨故，一切法清淨。一切法清淨故，一切智智清淨。乃至癡清淨故，一切法清淨。一切法清淨故，一切智智清淨。

卷二百四

色清淨故，受清淨，受清淨故，想清淨，乃至菩薩摩訶薩行清淨故，無上正等菩提清淨。五陰、六根、十八界，一切法連序成文，如《易》之有序、卦、傳。

卷二百五　二百六　二百七

般若波羅蜜多清淨故，一切法清淨。一切法清淨故，一切智清淨。靜慮波羅蜜多清淨，乃至布施波羅蜜多清淨。

卷二百八　至卷二百二十二

內空清淨，外空清淨，內外空清淨，乃至無性自性空清淨。真如清淨，乃至不思議界清淨。

卷二百二十三　二百二十四

苦聖諦清淨，集聖諦清淨，滅聖諦清淨，道聖諦清淨。

卷二百二十五　至二百二十九

四靜慮清淨，四無量清淨，四無色定清淨，八解脱清淨，八勝處清淨，九次第定清淨，十徧處清淨，四念住清淨，四正斷清淨，四神足清淨，五根清淨。

卷二百三十　二百三十一　二百三十二

五力清淨，七等覺支清淨，八聖道支清淨，空解脱門清淨，無相解脱門清淨，無願解脱門清淨。

卷二百三十三　至二百三十八

十地清淨，五眼清淨，六神通清淨，佛十力清淨，四無所畏清淨，四無礙解清淨，大慈清淨，乃至大捨清淨，十八佛不共法清淨，無忘失法清淨，恒住捨性清淨。

卷二百三十九　至卷二百四十七

一切智清淨，道相智清淨，一切相智清淨，一切陀羅尼門清淨，一切三摩地門清淨，預流果清淨，一來果清淨，不還果清淨，阿羅漢果清淨，獨覺菩提清淨，菩薩摩訶薩行清淨，諸佛無上正等菩提清淨，一切智智清淨故，一切法清淨。一切法清淨故，般若波羅蜜多清淨。一切智智清淨故，靜慮波羅蜜多清淨。乃至一切智智清淨故，布施波羅蜜多清淨。

卷二百四十八　至卷二百五十二

一切智智清淨故，一切法清淨。一切法清淨故，內空清淨乃至散空清淨。

卷二百五十三　至卷二百六十六

一切智智清淨故，一切法清淨。一切法清淨故，無變異空清淨，乃至無性自性空清淨。一切智智清淨故，一切法清淨，一切法清淨故，真如清淨，乃至不思議界清淨。苦聖諦清淨，乃至道聖諦清淨。四靜慮清淨，四無量清淨，四無色定清淨，八解脱清淨。

卷二百六十七　至卷二百七十七

一切智智清淨故，一切法清淨。一切法清淨故，八勝處清淨。九次第清淨，十徧處清淨，四念住清淨，四正斷清淨，四神足清淨，五根清淨，五力清淨，七等覺支清淨，八聖道支清淨，三解脱門清淨，菩薩十地清淨，五眼清淨，六神通清淨，佛十力清淨，四無所畏清淨，四無礙解清淨，大慈清淨，乃至大捨清淨。

卷二百七十八　二百七十九　二百八十

一切智智清淨故，一切法清淨。一切法清淨故，十八佛不共法清淨。無忘失法清淨，恒住捨性清淨，一切智清淨，道相智清淨，一切相智清淨。

卷二百八十一　至卷二百八十四

一切智智清淨故，一切法清淨。一切法清淨故，一切陀羅尼門清淨。一切三摩地門清淨，一切預流果清淨，一切一來果清淨，不還果清淨，阿羅漢果清淨，獨覺菩提清淨，菩薩摩訶薩行清淨，諸佛無上正等菩提清淨，有爲無爲清淨，過去未來現在清淨。難信解品竟。

卷二百八十五讚清淨品

舍利子白佛言：如是清淨最爲甚深。佛言：如是，畢竟淨故。舍利子復白佛言：如是清淨極爲明了。佛言：如是，畢竟淨故。

清淨不轉不續，清淨本無襍染，清淨本性光潔，清淨無得無觀，清淨無生無顯。清淨不生欲界，欲界自性不可得故。清淨本性無知，以一切法本性鈍故。

云何一切法性無知即是清淨。佛言：自相空故。云何般若波羅蜜多，於一切智，無益無損。佛言：法界常住故。

云何般若波羅蜜多，於一切法，無所執受。佛言：法界不動故。

云何而說我清淨故，一切法清淨，是畢竟淨。善現，我無所有故，一切法無所有，是畢竟淨。

云何而說我清淨故，一切智智清淨是畢竟淨。善現，我無相無得、無念無知故，一切智智無相無得、無念無知，是畢竟淨。

世尊，何緣而說無二清淨、無得無觀，是畢竟淨。善現，無染淨故，是畢竟淨。

世尊，何緣而說我無邊故，一切法無邊，是畢竟淨。善現，以畢竟空無際空故，是畢竟淨。以畢竟空無際空故，成道相智。以三世法性平等故，成道相智。讚清淨品竟。

卷二百八十七之十二葉著不著相品　二百八十八

善現白佛言：若無方便善巧，於此般若波羅蜜多起般若波羅蜜多想，以有所得爲方便，棄捨遠離甚深般若波羅蜜多。佛言：如是如是，著名、著相，是故於此棄捨遠離。彼善男子等，於此般若波羅蜜多，取名取相已，躭著般若波羅蜜多，不能證得實相般若。

爾時，舍利子問善現言：云何爲著不著相。善現答言：善男子等若無方便善巧，行般若波羅蜜多時，於一切法謂空，起空想著。於一切法謂一切法，起一切法想著。於一切法起行想著，名爲著相。復次，舍利子，菩薩摩訶薩行般若波羅蜜多時有方便善巧，於一切法不起空、不空想。以無所得爲方便，不作是念，我能具證諸佛功德，無一切分別，是菩薩無執著相。

時，天帝釋問善現言：云何著相。善現答言：行般若波羅蜜多時，起心想著，起一切法想著，是所有著相。由著想故，不能修無著般若波羅蜜多，迴向無上正等菩提。何以故。非一切法本性可能迴向故，菩薩不應分別，便能遠離一切想著。

復有餘微細著相。

善現白佛言：一切法性皆難可覺。佛言：如是，以一切法一性非二。善現當知，諸法一性即是無性，諸法無性即是一性。能如實知諸所有法一性無性、無造、無作，則能遠離一切執著。如是般若波羅蜜多無能見聞、覺知者，離證相故。如是般若波羅蜜多不可以心知，離心相故。不可以一切法知，離一切法相故。如是般若波羅蜜多，無所造作，以諸作者不可得故。善現，由諸作者及色等法不可得故，如是般若波羅蜜多無所造作。

卷〔一〇〕二百八十九　至二百九十二

善現復白佛言：菩薩應云何行般若波羅蜜多。佛言：善現，菩薩摩訶薩行般若波羅蜜多時，不行一切法若常若無常，若樂若苦，若我若無我，若淨若不淨，是行般若波羅蜜多。何以故。一切法性尚無所有，況有一切法若常若無常，若樂若苦，若我若無我，若淨若不淨。

行般若波羅蜜多時，若不行一切法圓滿及不圓滿，是行般若波羅蜜多。何以故。若一切法圓滿及不圓滿，俱不名一切法，亦不如是行，是行般若波羅蜜多。若不行一切法著不著相，是行般若波羅蜜多。

般若波羅蜜多甚深法性，若說不說俱無增減。

善現復白佛言：此般若波羅蜜多，若修不修，無增無減，亦無向背，而勤修學，乃至無上菩提，曾無退轉。何以故。菩薩修行般若波羅蜜多，如修虛空都無所有，如虛空中無一法可施設，修般若波羅蜜多亦復如是。

善現復白佛言：菩薩爲諸有情，擐功德鎧勤精進者，如爲虚空發勤精進。何以故。假使三千大千世界，滿中如來應正等覺，如竹麻葦甘蔗等林，若經一劫，或一劫餘，爲諸有情常説正法，應度無量、無邊有情，令入涅槃究竟安樂，而有情界不增不減。所以者何。以諸有情，皆無所有、性遠離故。

爾時，天帝釋問善現言：菩薩欲學般若波羅蜜多當如何學。善現言：欲學甚深般若波羅蜜多，當如虚空學。

天帝釋言：云何守護。善現言：汝見有法可守護不，有能守護幻夢乃至尋香城不。不也，大德。善現言：若欲守護般若波羅蜜多亦復如是。是菩薩修行般若波羅蜜多，雖知諸法如幻、如夢、如響、如像、如陽焰、如光影、如變化事、如尋香城，而是菩薩摩訶薩不執是幻、是夢乃至是尋香城，不執由幻、由夢乃至由尋香城，亦不執屬幻、屬夢乃至屬尋香城，亦不執依幻、依夢乃至依尋香城。著不著相品竟。

般若綱要卷四

校勘記

〔一〕「法究」，底本作「究法」，據《大般若經》改。

〔二〕「覺」，底本作「菩」，據底本原校改。

〔三〕「有斷有滅」，底本原校疑衍。

〔四〕「遠」，底本原校疑爲「達」。

〔五〕「如」，底本作「汝」，據底本原校及《大般若經》改。

〔六〕「嬴」，底本作「羸」，據《大般若經》改。

〔七〕「二」，疑爲「一」。

〔八〕「竟品」，疑爲「品竟」。

〔九〕「智」，底本原校疑後脱「智」字。

〔一〇〕「卷」，底本作「倦」，據文意改。

般若綱要卷五

古南沙門通門閲正
七空居士葛䵍提綱

卷二百九十二之六葉說般若相品　至二百九十六

爾時，世尊告善現言：彌勒菩薩亦於此處宣說般若波羅蜜多。爾時，善現白佛言：彌勒菩薩摩訶薩得阿耨多羅三藐三菩提時，當以何法諸行相狀宣說如是甚深般若波羅蜜多。佛言：當以色非常非無常、非樂非苦、非我非無我、非淨非不淨、非寂靜非不寂靜、非遠離非不遠離、非縛非解、非有非空、非過去非未來非現在，乃至非以諸佛無上正等菩提非常非無常、非過去未來現在宣說如是甚深般若波羅蜜多。爾時，善現復白佛言：彌勒菩薩摩訶薩得阿耨多羅三藐三菩提時，證何等法，復說何法。佛言：證色畢竟淨法，說色畢竟淨法。乃至證諸佛無上正等菩提畢竟淨法，說諸佛無上正等菩提畢竟淨法。爾時，善現復白佛言：云何一切法清淨故，般若波羅蜜多清淨。善現，一切法無生無滅、無染無淨故，一切法清淨故，般若波羅蜜多清淨。

云何一切法無染污故，般若波羅蜜多清淨。善現，一切法不可取故，無染污。一切法無染污故，般若波羅蜜多清淨。復次，世尊，云何一切法惟假說故，般若波羅蜜多清淨。善現，如依虚空二事響現，一切唯假說故，般若波羅蜜多清淨。一切法無可說事，故不可說，由此般若波羅蜜多清淨。一切法無可得事，故不可得，由此般若波羅蜜多清淨。一切法畢竟空故，不生不滅、不染不淨，由此般若波羅蜜多清淨。卷九十六之四葉止。讀誦宣説功德利益。

善現，如是般若波羅蜜多大寶藏中，不説有法是善是非善、是世間是出世間、是有漏是無漏、是有罪是無罪、是襍染是清淨、是有爲、是無爲，如是般若波羅蜜多，名無所得大法寶藏。

善現，如是般若波羅蜜多，於一切法不向不背、不引不賓、不取不捨、不生不滅、不染不淨、不常不斷、不一不異、不來不去、不出不入、不增不減，非過去、非未來、非現在，不超欲界、不住欲界，不超色界、不住色界，不超無色界、不住無色界，於一切法不與不捨，不與無爲法、不捨有爲法。所以者何。若佛出世，若不出世，如是諸法常無變易，法性、法界、法定、法住一切如來等覺現觀。

善現白佛言：般若波羅蜜多，是大波羅蜜多，達一切法自性空故，雖達一切法自性皆空，而諸菩薩摩訶薩因此般若波羅蜜多，證得無上正等菩提，轉妙法輪，度無量衆。雖證菩提而無所證，證不證法不可得故。雖轉法輪而無所轉，轉法還法不可得故。雖度有情而無所度，見不見法不可得故。世尊，如是大波羅蜜多中，轉法輪事，畢竟不可得，以一切法皆永不生故。所以者何。非空、無相、無願法中可有能轉及能還事。說般若相品竟。

卷二百九十六之十三葉波羅蜜多品下卷之二葉止

卷二百九十七難聞功德品　至二百九十九

佛告天帝釋言：如汝所說，敬禮般若波羅蜜多，即爲敬禮一切智智。何以故。諸佛世尊一切智智，皆從般若波羅蜜多而得生故，欲住諸佛一切智智，當學般若波羅蜜多。爾時，天帝釋白佛言：修行般若波羅蜜多時，云何住一切法。佛言：菩薩摩訶薩行般若波羅蜜多時，若於一切法不住不習，是爲住習一切法，以所住習一切法不可得故。復次，憍尸迦，菩薩行般若波羅蜜多時，若於一切法非住非不住、非習非不習，是爲住習一切法。何以故。是菩薩摩訶薩觀一切法前、後、中際不可得故。爾時，舍利子白佛言：如是般若最爲甚深。佛言：如是。舍利子，一切法真如甚深故，般若波羅蜜多甚深。舍利子復白佛言：如是般若難可測量。佛言：如是。舍利子，一切法真如難測量故，般若波羅蜜多難可測量。舍利子復白佛言：如是般若最爲無量。佛言：如是。舍利子，一切法真如無量故，般若波羅蜜多無量。舍利子白佛言：云何菩薩行般若波羅蜜多。佛言：若菩薩摩訶薩行般若波羅蜜多時，不行一切法甚深性，是行般若波羅蜜多。何以故。一切法甚深性則非一切法故。

舍利子，不行一切法難測量性，是行般若波羅蜜多。何以故。一切法難測量性則非一切法故。舍利子，不行一切法無量性，是行般若波羅蜜多。何以故。一切法無量性，則非一切法故。爾時，舍利子白佛言：如是般若波羅蜜多，既最甚深、難測難量、難可信解，不應在彼新學大乘菩薩前説，但應在彼不退轉位菩薩前説。

卷三百　三百一

舍利子白佛言：我今樂説菩薩譬喻。佛言：汝善説譬喻，當知皆是佛威神力。

善現復白佛言：云何修行般若速得圓滿。佛言：修般若波羅蜜多時，不見一切法若增若減，速得圓滿。何以故。以一切法無性相故、無作用故、不可轉故、虛妄誑詐，性不堅實不自在故、無覺受故、離我有情命者、生者，廣説乃至知見者故。

善現白佛言：如來所説不可思議。佛告善現：一切法不可思議故，如來所説不可思議。若菩薩行般若波羅蜜多時，於一切法，不起不思議想，是菩薩摩訶薩，修行般若波羅蜜多，速得圓滿。

善現白佛言：如是般若理趣甚深，誰能信解。佛言：若菩薩已久修六波羅蜜多、已久種善根、已供養多佛、已事多善友是能信解。是菩薩摩訶薩，行般若波羅蜜多時，不思惟分別一切法，不思惟分別一切法相，不思惟分別一切法性。何以故。一切法不可思議故。善現白佛言：如是般若極爲甚深。佛言：一切法甚深故，般若波羅蜜多甚深，是故般若波羅蜜多名極甚深。善現言：如是，般若是大寶聚。佛言：能與有情功德寶故。

卷三百二

善現復白佛言：如是般若波羅蜜多，是清淨聚。佛言：一切法清淨故，般若波羅蜜多清淨。

善現白佛言：般若波羅蜜多，以極甚深，多諸留難。佛言：佛神力故，今雖廣説，留難不生。是故大乘諸善男子等，於此般若波羅蜜多，若欲書寫，應疾書寫。若欲讀誦，應疾讀誦。若欲受持，應疾受持。若欲修習，應疾修習。若欲思惟，應疾思惟。若欲宣説，應疾宣説。何以故。甚深般若波羅蜜多，多諸留難，留難事起，不究竟故。善男子等，以能書寫、受持讀誦、供養恭敬、尊重讚歎，甚深般若波羅蜜多，由此善根，乃至無上正等菩提，常不遠離一切法。由此因緣，於此般若波羅蜜多應勤書寫、受持讀誦、修習思惟、爲他廣説。

舍利子，是善男子等，信解廣大，能依妙色、聲、香、味、觸修廣大施，修此施已，復能種殖廣大善根，因此善根復能攝受廣大果報，攝受如是廣大果報，專爲利樂一切有情，於諸有情能捨内外一切所有，彼迴如是所種善根，願生他方諸佛國土。現有如來應正等覺，宣説如是甚深般若波羅蜜多無上法處，彼聞如是甚深般若波羅蜜多無上法已，復能安立彼佛土中，無量百千俱胝那庾多諸有情類，令發無上正等覺心，令於無上正等菩提得不退轉。

舍利子，恒於此六波羅蜜多，勇猛精進、欣求不息，一切時得，無不得時，諸佛菩薩常護念故。恒於此六波蜜多相應經典，受持讀誦、思惟修學，由此善根，隨所生處，常得此六波羅蜜多，相應契經，受持讀誦、如教修行。難聞功德品竟。

卷三百三魔事品　三百四

善現白佛言：云何是修諸行時留難魔事。佛言：若善男子等，棄捨一切智智根本甚深般若波羅蜜多，而攀枝葉諸餘經典，終不能得大菩提，是爲菩薩魔事。善現白佛言：何等餘經猶如枝葉，不能引發一切智智。佛言：若説二乘相應之法，謂四念住、四正斷、四神足、五根、五力、七等覺支、八聖道支及空、無相、無願解脱門等所有諸經，於中修學得預流果、得一來果、得不還果、得阿羅漢果、得獨覺菩提，不得無上正等菩提，是名餘經，猶如枝葉，不能引發一切智智。甚深般若波羅蜜多，定能引發一切智智，有大勢力，猶如樹根。何以故。如是般若波羅蜜多甚深經典，出生一切菩薩摩訶薩世間、出世間功德法故。若修學般若波羅蜜多，則爲修學一切世間、出世間法。

善男子等，書大般若波羅蜜多甚深經時，衆辯競起，樂説種種差别法門，令所書寫不得究竟，是爲菩薩魔事。何以故。甚深般若波羅蜜多中，無樂説相故，所説諸法，都無所有、皆不可得。

善現白佛言：甚深般若波羅蜜多可書寫否。佛言：不可書寫。何以故。於此般若波羅蜜多甚深經中諸法自性無所有、不可得。善現，諸法自性皆無所有、不可得故，即是無性。如是無性，即是般若波羅蜜多。非無性法能書無性，是故般若波羅蜜多不可書寫。若作如是，於此般若波羅蜜多甚深經中，無性是諸法，當知是爲菩薩魔事。

彼執文字能書寫般若波羅蜜多，當知是爲菩薩魔事。何以故。於此般若波羅蜜多甚深經中，一切法無文字，是故不應執有文字能書般若波羅蜜多。若作如是執，於此甚深經中無文字是一切法，當知是爲菩薩魔事。

有諸惡魔，作苾芻像，至菩薩所，謂作是言：汝所習誦無相經典，非真般若波羅蜜多，我所習誦有相經典，是真般若波羅蜜多。有諸菩薩未得受記，便生疑惑，當知是爲菩薩魔事。有諸惡魔作苾芻像，威儀庠序，形貌端嚴。菩薩見之，深生愛著，由斯損減一切智智。有作佛形像，身純金色，常光一尋，具三十二大丈夫相，八十隨好以自莊嚴，菩薩見之，深生愛著，由斯損減一切智智。有化作菩薩摩訶薩像，若百若千乃至無量，或行布施波羅蜜多，或行淨戒、安忍、精進、靜慮、般若波羅蜜多，菩薩見之，深生愛著，由斯損減一切智智。不獲聽問、書寫、受持讀誦、修習思惟、演説甚深般若波羅蜜多，當知是爲菩薩魔事。所以者何。於此甚深般若波羅蜜中，一切無所有，則於是處佛無所有，菩薩、聲聞、獨覺亦無所有。何以故。以一切法自性空故。魔事品竟。

卷三百五佛母品　至三百八之十葉

佛言：善現，甚深般若波羅蜜多，能生我等一切佛法，能示世間諸法實相。由此因緣，諸佛常以佛眼觀視、護念甚深般若波羅蜜多，爲報彼恩，不應暫捨。善現，一切如來應正等覺，已得無上正等菩提、今得無上正等菩提、當得無上正等菩提，皆因如是甚深般若波羅蜜多，於諸如來有大恩德。

善現，甚深般若波羅蜜多，能示世間諸法實相者，謂能示世間五蘊實相。善現，諸佛般若波羅蜜多，俱不説示五蘊有成有壞、有生有滅、有染有淨、有增有減、有入有出。俱不説示五蘊有過去、有未來、有現在，有善、有不善、有無記，有欲界繫、有色界繫、有無色界繫。所以者何。善現，非諸空法有成有壞、非無相法有成有壞、非無願法有成有壞、非無作法有成有壞、非無生滅法有成有壞、非無體性法有成有壞。諸佛般若波羅蜜多，如是説示五蘊實相，此五蘊相即是世間，是故世間亦無成壞生滅等相。善現，一切如來應正等覺，皆依般若波羅蜜多，普能證知諸有情類，無量、無數心行差别。然此般若波羅蜜多甚深理中，無有情、無有情施設可得，無諸法、無諸法施設可得，如是説示世間實相。善現，然此般若甚深理中不示現諸法。何以故。如是般若波羅蜜多甚深理中，甚深般若波羅蜜多，尚無所有、不可得，況有一切法可得示現。復次善現，一切有情施設言説，一切如來應正等覺，依甚深般若波羅蜜多，皆如實知諸有情類略心、散心。

善現，如來應正等覺，由法性故，如實知法性中，法性尚不可得，況有略心、散心。復次，善現，一切如來應正等覺，依甚深般若波羅蜜多，如實知彼諸有情類有貪心離貪心、有瞋心離瞋心、有癡心離癡心。善現，如來應正等覺，如實知彼諸有情類，有貪瞋癡心如實性，非有貪瞋癡心、非離貪瞋癡心。如實知離貪瞋癡心如實性，非有貪瞋癡心、非離貪瞋癡心。何以故。如實性中心、心所法尚不可得，況有有貪瞋癡心、離貪瞋癡心。復次，善現，一切如來應正等覺，依甚深般若波羅蜜多，如實知諸有情類所有廣心無廣無狹、無增無減、無去無來。何以故。心之自性無所有故，誰廣誰狹、誰增誰減、誰去誰來。如實知諸有情類所有大心無去無來、無生無滅、無住無異、無大無小。何以故。心之自性無所有故，非去非來、非生非滅、非住非異、非大非小。如實知諸有情類所有無量心非住非不住、非去非不去。何以故。無量心性無漏無依，如何可說有住不住、有去不去。如實知諸有情類所有無見無對心，皆無心相。何以故。以一切心自相空故。如實知諸有情類所有無色不可見心，諸佛五眼皆不能見。何以故。一切心自性空故。如實知諸有情類心、心所法若出若没，若屈若伸，謂諸如來應正等覺如實知出没屈伸心、心所法，或依色，或依受、想、行、識執我及世間常，此是諦實，餘皆癡妄。執我及世間無常，此是諦實，餘皆癡妄。執我及世間亦常亦無常，此是諦實，餘皆癡妄。執我及世間非常非無常，此是諦實，餘皆癡妄。執我及世間有邊無邊，亦有邊亦無邊，非有邊非無邊，此是諦實，餘皆癡妄。執命者即身，執命者異身，此是諦實，餘皆癡妄。執如來死後有，執如來死後非有，執如來死後亦有亦非有，執如來死後非有非非有，此是諦實，餘皆癡妄。復次，善現，一切法真如即一切如來應正等覺真如，一切如來應正等覺真如即一切有情真如。善現，若一切如來應正等覺真如，若一切有情真如，若一切法真如無二無別，是一真如。如是真如無別異故，無壞無盡，不可分別。善現，一切如來應正等覺依甚深般若波羅蜜多證一切法真如究竟，乃得無上正等菩提。由此故説甚深般若波羅蜜多能生諸佛，是諸佛母，能示諸佛世間實相。善現白佛言：一切法真如甚深誰能信解。佛言：真如無盡，是故甚深。以一切法皆無盡故，真如無盡。如來證真如故，獲得無上正等菩提，爲諸有情顯示、分別一切法真如相，由此故名真實説者。

佛告諸天子言：甚深般若波羅蜜多，有無量諸相，世間天、人、阿素洛等，皆不能壞。何以故。天、人、阿素洛等亦是相故。當知諸相不能破壞諸相，諸相不能了知諸相。諸相不能破壞無相，諸相不能了知無相。無相不能破壞諸相，無相不能了知諸相。無相不能破壞無相，無相不能了知無相。何以故。若相若無相，若相、無相皆無所有，能破能知、所破所知及破、知者不可得故。天子當知諸相非一切法所作、無所繫屬、不可宣説，當知甚深般若波羅蜜多遠離衆相，不應致問以何爲相。一切如來應正等覺住如是相，分别開示甚深般若波羅蜜多，爲諸有情集諸法相方便開示。世尊告天子言：一切法相，如來如實覺爲無相。所謂變礙是色相，如來如實覺爲無相。領納是受相，如來如實覺爲無相。取像是想相，如來如實覺爲無相。造作是行相，如來如實覺爲無相。了别是識相，如來如實覺爲無相。苦惱聚是蘊相，如來如實覺爲無相。生長門是處相，如來如實覺爲無相。多毒害是界相，如來如實覺爲無相。和合起是緣起相，如來如實覺爲無相。能惠捨是布施相，如來如實覺爲無相。無熱惱是淨戒相，如來如實覺爲無相。不忿恚是安忍相，如來如實覺爲無相。不可伏是精進相，如來如實覺爲無相。攝持心是靜慮相，如來如實覺爲無相。無罣礙是般若相，如來如實覺爲無相。無所有是内空等相，如來如實覺爲無相。不顛倒是真如等相，如來如實覺爲無相。不虚妄是四聖諦相，如來如實覺爲無相。無擾惱是四靜慮相，如來如實覺爲無相。無限礙是四無量相，如來如實覺爲無相。無諠雜是四無色定相，如來如實覺爲無相。無繫縛是八解脱相，如來如實覺爲無相。能制伏是八勝處相，如來如實覺爲無相。不散亂是九次第定相，如來如實覺爲無相。無邊際是十徧處相，如來如實覺爲無相。能出離是三十七菩提分法相，如來如實覺爲無相。極遠離是空解脱門相，如來如實覺爲無相。最寂靜是無相解脱門相，如來如實覺爲無相。厭衆苦是無願解脱門相，如來如實覺爲無相。趣大覺是菩薩十地相，如來如實覺爲無相。能觀照是五眼相，如來如實覺爲無相。無壅滯是六神通相，如來如實覺爲無相。善決定是佛十力相，如來如實覺爲無相。善安立是四無所畏相，如來如實覺爲無相。無斷絶爲四無礙解相，如來如實覺爲無相。拔哀苦是大悲相，如來如實覺爲無相。慶善事是大喜相，如來如實覺爲無相。棄諠雜是大捨相，如來如實覺爲無相。不可奪是十八佛不共法相，如來如實覺爲無相。善憶念是無忘失法相，如來如實覺爲無相。無取著是恒住捨性相，如來如實覺爲無相。現等覺是一切智相，如來如實覺爲無相。善通達是道相智相，如來如實覺爲無相。現別覺是一切相智相，如來如實覺爲無相。徧攝持是一切陀羅尼門相，如來如實覺爲無相。徧攝受是一切三摩地門相，如來如實覺爲無相。善受教是聲聞果相，如來如實覺爲無相。自開悟是獨覺菩提相，如來如實覺爲無相。趣大果是一切菩薩摩訶薩行相，如來如實覺爲無相。無與等是諸佛無上正等菩提相，如來如實覺爲無相。於如是等一切法相，皆能如實覺爲無相，由是因緣，我説諸佛得無礙智，無與等者。

佛告善現：言一切如來應正等覺，無不皆依甚深般若波羅蜜多，於諸有相及無相法皆現等覺，無實作用，以能作者無所有故。無所成辨，以諸形質不可得故。如來能現等覺相無相法，皆無作用、無所成辨，於一切時供養恭敬、尊重讚歎、攝受護持無有間斷，故名真實知恩報恩。

善現白佛言：云何不見一切法故，名示一切法相。佛言：由不緣一切法而生於識，是爲不見一切法故，名示一切法相。復次，善現，甚深般若波羅蜜多，能爲諸佛顯世間空，令諸世間受世間空、想世間空、思世間空、了世間空。復次，善現，甚深般若波羅蜜多，能示諸佛世間空相，能示諸佛世間不可思議相，能示諸佛世間遠離相，能示諸佛世間寂靜相，能示諸佛世間畢竟空相，能示諸佛世間無性空相，能示諸佛世間自性空相，能示諸佛世間無性自性空相，能示諸佛世間純空相，能示諸佛世間純無相無願相。善現，由如是義，甚深般若波羅蜜多，能示諸佛世間實相，名諸佛母。佛母品竟。

卷三百八之十一葉不思議等品　至三百十之七葉

善現白佛言：世尊，爲但如來應正等覺所有佛性、如來性、自然法性、一切智智性不可思議、不可稱量、無數量、無等等，爲更有餘法耶。佛言：非但如來應正等覺所有佛性、如來性、自然法性、一切智智性不可思議、不可稱量、無數量、無等等，一切法法亦不可思議、不可稱量、無數量、無等等。善現，於一切法真法性中心及心所皆不可得。復次，善現，一切法不可施設、不可思議、不可稱量、無數量、無等等性。善現，一切法自性不可思議、不可稱量、無數量、無等等無自性故，一切法不可施設、思議、稱量、數量、平等、不平等性。善現，無自性中一切法可得不。不也，世尊。佛言：善現，如是如是。由此因緣，一切法皆不可思議、不可稱量、無數量、無等等。以一切法皆不可思議乃至無等等故，一切如來應正等覺所有佛法、如來法、自然法、一切智智法，亦不可思議，乃至無等等。不思議品竟。

卷三百十之八葉辦事品　三百十一之九葉

善現，甚深般若波羅蜜多，不取著一切法故，出現世間能成辦事。

善現言：云何出現世間不取著一切法。佛

言：善現，汝頗見一切法可取可著否，頗見有法能取能著不，頗見由是法有取有著不。不也，世尊。佛言：我亦不見一切法可取可著，亦可〔三〕見有法能取能著，亦不見由是法有取有著。由不見故不取，不取故不著。

爾時，欲、色界諸天子白佛言：於此般若波羅蜜多忍樂思惟、稱量觀察所成就忍，勝彼智斷無量、無邊。何以故。諸隨信行所有智斷皆是已得無生法忍、菩薩忍少分故。諸隨法行第八、預流、一來、不還、阿羅漢、獨覺所有智斷皆是已得無生法忍、菩薩忍少分故。辦事品竟。

卷三百十一之十葉衆喻品　至三百十三之九葉

善現白佛言：聞説般若、深生信解，復能書寫、讀誦受持、思惟修習，是菩薩從何處没來生此間。佛言：善現，有菩薩乘補特伽羅，雖於先世得聞一切法而不請問甚深義趣，今生人中，聞説如是甚深般若波羅蜜多，其心迷悶，猶豫怯弱，或生異解。有菩薩乘補特伽羅雖於先世得聞般若波羅蜜多，亦曾請問甚深義趣，而不能經一日、二日、三、四、五日隨順修行，今生人中，聞説如是甚深般若波羅蜜多，設經一日乃至五日，其心堅固，無能壞者，若離所聞，尋便退失。何以故。以先世雖復請問甚深義趣，而不如説隨順修行。故於今生若遇善友殷勤勸勵，便樂聽受。若無善友，或時樂聞，或時不樂，或時堅固，或時退失，其心輕動，進退非恒，如堵羅綿隨風飄颺。當知如是補特伽羅發趣大乘，經時未久，未多親近諸善知識，未曾供養諸佛世尊，未曾受持讀誦、書寫、思惟、演説甚深般若波羅蜜多。善現，當知如是補特伽羅，未曾修學般若、靜慮、精進、安忍、淨戒、布施波羅蜜多，乃至未曾修學無上正等菩提。復次，善現，住菩薩乘善男子等，不能以甚深般若波羅蜜多，乃至無上正等菩提，攝他有情。復不能隨順修行甚深般若波羅蜜多，乃至無上正等菩提，由此因緣，或墮聲聞地、或獨覺地，不證無上正等菩提。如泛大海，所乘船破，定知溺死，若能取木器物、浮囊、板片以爲依附，當知是類終不没死，得至安隱大海彼岸。善現，是善男子等若能書寫、受持讀誦、思惟修習甚深般若波羅蜜多以爲依附，復能思惟、修習静慮、精進、安忍、淨戒、布施波羅蜜多，乃至修習諸佛無上正等菩提，以爲依附，終不中道退入聲聞，或獨覺地，定證無上正等菩提。如人欲度險惡曠野，攝受資糧器具，必當達到安樂國土。如是，善現，諸善男子等，若不攝受甚深般若波羅蜜多，亦不攝受方便善巧，墮聲聞、獨覺，不證無上正等菩提。若能攝受甚深般若波羅蜜多，亦能攝受方便善巧，不墮聲聞、獨覺，疾證無上正等菩提。衆喻品竟。

卷三百十三之十葉真善友品　至三百十六之十五葉

善現白佛言：初業菩薩應云何學般若乃至布施波羅蜜多。佛言：應作是念，所修六波羅蜜普施一切有情，同共迴向無上正等菩提，汝不應以一切法而取無上正等菩提。所以者何。若不取一切法，便得無上正等菩提。汝勿於一切法而生貪愛。何以故。以一切法自性空故。

善現復白佛言：菩薩摩訶薩能爲難事，於一切法自性空中，希求無上正等菩提。佛言：如是如是。菩薩雖知一切法如幻、如夢、如響、如像、如光影、如陽焰、如變化事、如尋香城，自性皆空，而爲世間得義利故，發趣無上正等菩提。爲令世間得利益故，爲令世間得安樂故，爲欲救拔諸世間故，爲與世間作歸依故，爲與世間作舍宅故，爲欲作世間究竟道故，爲與世間作洲渚故，爲與世間作光明故，爲與世間作焰炬故，爲與世間作導師故，爲與世間作將帥故，爲與世間作所趣故，發趣無上正等菩提。

善現，一切法皆不和合，不和合即不相屬，不相屬即無生，無生即無滅，無滅即不和合，菩薩摩訶薩欲爲有情説一切法，皆有如是不和合相，發趣無上正等菩提。宅舍。

善現，一切法究竟，即非一切法。善現白佛言：若一切法相如究竟相者，云何菩薩摩訶薩於一切法應現等覺。所以者何。世尊，非一切法究竟中有如是分別，謂此是一切法。佛言：如是如是，如汝所説，一切法究竟中無如是分別。謂此是一切法，是爲菩薩摩訶薩難事。雖觀一切法皆寂滅相，而心不沉没，作是念言，我於是法現等覺已，證得無上正等菩提。究竟道。

善現，譬如巨海，大小河中高顯可居，周迴水斷，説名洲渚。一切法前後際斷，由此前後際斷故，一切法斷。此一切法前後際斷，即是寂滅，即是微妙，即是如實，謂空、無所得、道斷、愛盡、無餘、離染、永滅、涅槃。洲渚。

善現，一切法以虚空爲所趣，爲諸有情宣説開示一切法非趣非不趣。何以故。以一切法性空，空中無趣、不趣故。所以者何。一切法皆以空爲趣，彼於是趣不可超越。何以故。空中趣、不趣不可得故。一切法皆以無相無願、無起無作、無生無滅、無染無淨爲趣，彼於是趣不可超越。何以故。無相無願，乃至無染無淨中，非趣、非不趣不可得故。一切法皆以無所有爲趣，彼於是趣不可超越。何以故。無所有中趣、非趣不可得故。一切法皆以幻爲趣、以夢爲趣，乃至〔三〕皆以尋香城爲趣，彼於是趣不可超越。何以故。幻中、夢中，乃至尋香城中，趣、非趣不可得故。一切法皆以無量、無邊爲趣，彼於是趣不可以超越。何以故。無量、無邊中趣、非趣不可得故。一切法皆以不與不取、不舉不下、無去無來、無增無減、不入不出、不集不散、不合不離爲趣，彼於是趣不可超越。何以故。不與不取乃至不合不離中，趣、非趣不可得故。一切法皆以我、有情、命者，乃至知者、見者爲趣，彼於是趣不可超越。何以故。我、有情、命者乃至知者、見者尚畢竟無所有，況有趣、非趣可得。一切法皆以常爲趣、以樂爲趣、以我爲趣、以淨爲趣，彼於是趣不可超越。何以故。常乃至淨尚畢竟無所有，況有趣、非趣可得。一切法皆以無常爲趣、以苦爲趣、以無我爲趣、以不淨爲趣，彼於是趣不可超越。何以故。無常乃至不淨，尚畢竟無所有，況有趣、非趣可得。一切法皆以貪事爲趣、瞋事爲趣、癡事爲趣，彼於是趣不可超越。何以故。貪事、瞋事、癡事尚畢竟無所有，況有趣、非趣可得。一切法皆以見所作事爲趣，彼於是趣不可超越。何以故。見所作事尚畢竟無所有，況有趣、非趣可得。一切法皆以真如爲趣、法界爲趣、法性爲趣、不虚妄性爲趣、不變異性爲趣、平等性爲趣、離生性爲趣、法定爲趣、法住爲趣、實際爲趣、虚空界爲趣、不思議界爲趣，彼於是趣不可超越。何以故。真如中乃至不思議界中，趣、非趣畢竟不可得故。一切法皆以不動爲趣，彼於是趣不可超越。何以故。不動中趣、非趣畢竟不可得故。一切法皆以色爲趣，受、想、行、識爲趣，乃至皆以一切相智爲趣，彼於是趣不可超越。何以故。色、受、想、行、識，乃至一切相智，尚畢竟不可得，況有趣非趣。如是善現，菩薩爲與世間作所趣故，發趣無上正等菩提。作所趣真善友品竟。

卷三百十六之十六葉趣智品　至卷三百十八

爾時，善現白佛言：誰於如是甚深般若波羅蜜多能生信解。佛言：若菩薩久於無上正等菩提，發意趣求、精勤修行，已供養多佛、發弘誓願、善根淳熟、善友攝受故，乃於如是般若波羅蜜多，能生信解。善現復白佛言：生信解者，何性何相、何狀何貌。佛言：調伏貪、瞋、癡性爲性，遠離貪、瞋、癡相爲相，遠離貪、瞋、癡狀爲狀，遠離貪、瞋、癡貌爲貌。時，善現白佛言：信解如是甚深般若波羅蜜多，當何所趣。佛言：當趣一切智智。若能趣向一切智智，則能與一切有情爲所歸趣。善現復言：是菩薩能爲難事，謂擐如是堅固甲胄，度脱一切有情，皆令證得究竟涅槃，雖於有情作如是事，而都不見有情施設。佛言：善現，如是如是，是菩薩所擐甲胄不屬色。何以故。色畢竟無所有，非菩薩、非甲胄，故説彼甲胄不屬色。是菩薩所擐甲胄不屬受、想、行、識。何以故。受、想、行、識畢竟無所有，非菩薩、非甲胄，故説彼甲胄不屬受、想、行、識。乃至是菩薩甲胄不屬道相智、一切相智。何以故。道相智、一切相智畢竟無所有，非菩薩、非甲胄，故説彼甲胄不屬道相智、一切相智。善現，是菩薩行深般若波羅蜜多，能擐如是堅固甲胄，度脱有情皆證究竟涅槃。善現言：是菩薩非爲度脱少分有情而擐甲胄，亦非爲求少分智故而擐甲胄。佛言：如是如是，是菩薩爲救拔一切有情，令般涅槃而擐甲胄。爲求得一切智智，而擐甲胄。由此因緣，不墮聲聞及獨覺地。爾時，善現白佛言：如是般若波羅蜜多最爲甚深，無能修者，無所修法，亦無修處，亦無由此而得修習。所以者何。非此般若波羅蜜多甚深義中而有少分實法可得，名能修者及所修法，若修習處，若由此修。世尊，若修虛空，是修般若波羅蜜多。若修一切法，是修般若波羅蜜多。若修不實法，是修般若波羅蜜多。若修無所有，是修般若波羅蜜多。若修無攝受，是修般若波羅蜜多。若修除遣，是修般若波羅蜜多。佛言：善現，修何除遣，爲修般若波羅蜜多。善現答言：世尊，修除遣色，是修般若波羅蜜多。修除遣受、想、行、識，是修般若波羅蜜多。乃至修除遣道相智、一切相智，是修般若波羅蜜多。佛言：如是如是。爾時，佛告善現言：應依甚深般若波羅蜜多驗知不退轉菩薩。若菩薩於甚深般若波羅蜜多不生執著，當知是爲不退轉菩薩。乃至於道相智、一切相智不生執著，當知是爲不退轉菩薩。善現，不退轉菩薩行深般若波羅蜜多，不爲貪心之所牽引，不爲瞋心、癡心、慢心之所牽引，不爲種種餘雜染心之所牽引，不離六種波羅蜜多，聞説甚深般若波羅蜜多其心不驚不恐不怖、不沈不没，亦不退捨，歡喜樂聞、受持讀誦、究竟通利、如説修行。善現白佛言：若菩薩聞説般若，其心不驚不恐，乃至亦不退捨，是菩薩云何修行甚深般若波羅蜜多。佛言：是菩薩相續隨順趣向臨入一切智智，應作如是行深般若波羅蜜多。世尊，云何相續隨順趣向臨入一切智智。善現，若菩薩相續隨順趣向臨入空、無相、無願、虛空、無所有、無生無滅、無染無淨、真如、法界、法性、不虛空性、不變異性、平等性、離生性、法定、法住、實際、虛空界、不思議界、無造作、幻、夢、響、像、光影、陽焰、變化事、尋香城，行深般若波羅蜜多，是爲菩薩相續隨順趣向臨入一切智智，行深般若波羅蜜多。三百十七。

善現白佛言：世尊，如佛所說，相續隨順趣向臨入空、無相、無願，乃至變化事、尋香城，行深般若波羅蜜多者，是菩薩爲行色不，爲行受、想、行、識不，乃至爲行道相智、一切相智不。佛言：是菩薩不行色，不行受、想、行、識，乃至不行道相智、一切相智。所以者何。善現，是菩薩所隨順趣向臨入一切智智，無能作、無能壞、無所從來、無所去處，亦無所住、無方無域、無數無量、無往無來。善現，如是一切智智既無數量、往來可得，亦無能證。如是一切智智不可以色證，不可以受、想、行、識證，乃至不可以道相智、一切相智證。何以故。色即是一切智智，受、想、行、識即是一切智智，乃至道相智、一切相智即是一切智智。所以者何。若色真如，若一切智智真如，若一切法真如皆一真如，無二無別。若受、想、行、識真如，若一切智智真如，若一切法真如皆一真如，無二無別，乃至若道相智、一切相智真如，若一切智智真如，若一切法真如皆一真如，無二無別。趣智品竟。

卷三百十八之十三葉真如品　至卷三百二十一

爾時，欲、色界諸天子，各持香華遥散佛上，頂禮白言：如是般若波羅蜜多最爲甚深、難見難覺、不可尋思、過尋思境、微妙沖寂、聰敏智者之所能知，非諸世間卒能信受。即佛無上正等菩提、一切如來應正等覺，於此經中皆作是說：色即是一切智智，一切智智即是色。受、想、行、識即是一切智智，一切智智即是受、想、行、識。

諸佛無上正等菩提即是一切智智，一切智智即是諸佛無上正等菩提，無二無別，亦無窮盡。爾時，世尊告欲、色界諸天子言：如是如是，如汝所説。諸天子，我觀此義心恒趣寂，不樂説法。所以者何。謂深般若波羅蜜多即是如來應正等覺所證無上正等菩提，如是無上正等菩提，無能證、非所證、無證處、無證時。諸天子，此法深妙，不二現行，非諸世間所能比度。諸天子，虛空甚深故此法甚深，真如甚深故此法甚深，法界甚深故此法甚深，乃至不思議界甚深故此法甚深。諸天子，無量無邊甚深故此法甚深，無來無去甚深故此法甚深，無生無滅甚深故此法甚深，無染無淨甚深故此法甚深，無知無得甚深故此法甚深，無造無作甚深故此法甚深。時，欲、色界諸天子白佛言：世尊，此深妙法不爲攝取色故説，不爲棄捨色故説。不爲攝取受、想、行、識故説，不爲棄捨受、想、行、識故説。乃至不爲攝取道相智、一切相智故説，不爲棄捨道相智、一切相智故説。

世尊，諸世間有情多行攝取行，起我、我所執，謂色是我、是我所，受、想、行、識是我、是我所，乃至道相智、一切相智是我、是我所。爾時，佛告諸天子言：如是如是，如汝所説。諸天子，若菩薩爲攝取色故行，爲棄捨色故行。爲攝取受、想、行、識故行，爲棄捨受、想、行、識故行。是菩薩不能修般若波羅蜜多，亦不能修靜慮乃至布施波羅蜜多，乃至亦不能修道相智、一切相智。爾時，善現白佛言：此深妙法隨順般若波羅蜜多，乃至隨順道相智、一切相智。世尊，此深妙法，於色無礙，於受、想、行、識無礙，乃至於道相智、一切相智無礙。世尊，此深妙法無生無滅。何以故。色無生無滅，受、想、行、識無生無滅，乃至道相智、一切相智無生無滅故。世尊，此深妙法都無足迹。何以故。色足迹不可得，受、想、行、識足迹不可得，乃至道相智、一切相智足迹不可得故。時，欲、色界諸天子復白佛言：上座善現隨如來生，佛真弟子。所以者何。善現，諸法所説，一切皆與空相應故。爾時，善現告諸天子言：云何善現隨如來生，謂隨如來真如生故。所以者何。如來真如無來無去，善現真如亦爾，無來無去。如來真如即一切法真如，一切法真如即如來真如，如是真如無真如性，亦無不真如性，善現真如亦爾。如來真如常住爲相，善現真如亦爾，常住爲相。如來真如無變異、無分別，偏諸法轉，善現真如亦爾，無變異、無分別，偏諸法轉。如來真如無所罣礙，一切法真如亦無所罣礙，同一真如，無二無別，無造無作，如是真如，常真如相，無時非真如相，善現真如亦爾，故説善現隨如來生。復次如來真如，不離一切法真如。一切法真如不離如來真如，善現真如亦爾。故説善現隨如來生，雖説隨生而無所隨生，以善現真如不異佛故。

卷三百二十二

正説如是真如相時，於此三千大千世界，六種變動，時欲、色界諸天子，以種種香華，奉散世尊，及善現上座，而白佛言：甚奇，世尊，未曾有也，上座善現由真如故隨如來生。爾時，善現告諸天子言：當知上座善現，不由一切法故隨如來生，不由一切法真如故隨如來生，不離一切法故隨如來生，不離一切法真如故隨如來生。不由有爲故隨如來生，不由有爲真如故隨如來生，不離有爲故隨如來生，不離有爲真如故隨如來生。不由無爲故隨如來生，不由無爲真如故隨如來生，不離無爲故隨如來生，不離無爲真如故隨如來生。何以故。諸天子，是一切法都無所有。諸隨生者若所隨生，由此隨生及隨生處皆不可得。爾時，舍利子白佛言：諸法真如、法界、法性乃至不思議界皆最甚深。世尊，此中色不可得，色真如亦不可得。何以故。此中色尚不可得，況有色真如可得。此中受、想、行、識不可得，受、想、行、識真如亦不可得。何以故。此中受、想、行、識尚不可得，況有受、想、行、識真如可得，乃至此中道相智、一切相智不可得，道相智、一切相智真如亦不可得。何以故。此中道相智、一切相智尚不可得，況有道相智、一切相智真如可得。佛言：如是如是，如汝所説。説此真如相時六萬菩薩諸漏永盡、心得解脱，成阿羅漢。爾時，佛告舍利子言：此六萬菩薩已於過去親近供養五百諸佛、一一佛所，發弘誓願、正信出家，雖修布施、淨戒、安忍、精進、靜慮，而不攝受般若波羅蜜多，亦不攝受方便善巧故，起別異想，行別異行。修布施時，作如是念，此是布施，此是財物，此是受者，我能行施。修淨戒時，作如是念，此是淨戒，此是罪業，此所護境，我得持戒。修安忍時，作如是念，此是安忍，此是忍障，此是忍境，我能安忍。修精進時，作如是念，此是精進，此是懈怠，此是所爲，我能精進。修靜慮時，作如是念，此是靜慮，此是散動，此是所爲，我能修定。彼離般若波羅蜜多及離方便善巧故，依別異想而行布施、淨戒、安忍、精進別異之行。由別異想、別異行故，不得入菩薩正性離生位。由不得入菩薩正性離生位故，得預流果，漸次乃至阿羅漢果。舍利子，此諸菩薩雖有菩薩道、空、無相、無願解脱門，而遠離般若波羅蜜多，及方便善巧力故，於實際作證得聲聞果。

卷三百二十三

爾時，舍利子白佛言：世尊，何因緣故，有諸菩薩修空、無相、無願解脱門，不攝受般若波羅蜜多，無方便善巧，便證實際，取聲聞果，或獨覺菩提。有諸菩薩，修空、無相、無願解脱門，攝受般若波羅蜜多，有方便善巧不證實際，而趣無上正等菩提。佛言：舍利子，若諸菩薩遠離一切智智心，修空、無相、無願解脱門，是菩薩不攝受般若波羅蜜多、無方便善巧故，便證實際、取聲聞果，或獨覺菩提。若諸菩薩不離一切智智心，修空、無相、無願解脱門，是菩薩攝受般若波羅蜜多、有方便善巧故，能入菩薩正性離生位，得阿耨多羅三藐三菩提。譬如有鳥，其身長大而無有翅，從於三十三天投身而下，於其中道便作是念，我欲還上三十三天，是能還不。舍利子言：不也，世尊。是鳥身大，從遠而墮，無有翅故。佛言：諸菩薩亦復如是，雖經殑伽沙數大劫，勤修布施乃至靜慮，亦修三解脱門，作廣大事，發廣大心，欲證無量、無所攝受、微妙、無上正等菩提，而無般若波羅蜜多，遠離方便善巧力故，便墮聲聞或獨覺地。何以故。是菩薩遠離一切智智心，雖念過去、未來、現在一切如來應正等覺，戒蘊，乃至解脱智見蘊，恭敬供養，隨順修行，而於其中執取相故，不能正解。是諸如來真實功德，雖聞菩薩道、空、無相、無願解脱門聲，而依此聲執取其相，執取相已，迴向無上正等菩提，此菩薩如是迴向，不得菩提，住於聲聞或獨覺地。舍利子，有諸菩薩從初發心，常不遠離一切智智心，勤修布施，乃至靜慮，不離般若波羅蜜多、方便善巧，雖念過去、未來、現在一切如來應正等覺，戒蘊、定蘊、慧蘊、解脱蘊、解脱知見蘊，而不取相，雖修一切空、無相、無願解脱門，亦不取相，雖念自他種種功德善根，與諸有情同共迴向無上正等菩提，亦不取相，當知是菩薩摩訶薩，不住聲聞及獨覺地，直趣無上正等菩提。何以故。是菩薩有方便善巧故，以離相心，修行布施波羅蜜多，以離相心，修行淨戒、安忍、精進、靜慮，般若波羅蜜多，乃至以離相心，修行道相智、一切相智。舍利子白佛言：世尊，善男子等遠離般若波羅蜜多方便善巧，而求無上正等菩提，或得不得。何以故。於所修行六波羅蜜多，乃至道相智、一切相智，皆取相故。爾時，欲、色界諸天子白佛言：諸佛無上正等菩提，極難信解，甚難證得。所以者何。於一切法自相、共相皆能證知，方能獲得所求無上正等菩提，而諸菩薩所知法相都無所有，皆不可得。佛告諸天子言：天子當知，我亦現覺一切法相，證得無上正等菩提，而都不得勝義法相，可説名爲此是能證、此是所證、此是證處、此是證時，及可説爲由此而證。何以故。一切法畢竟淨故，有爲、無爲畢竟空故。

爾時，善現白佛言：如我思惟佛所説義，諸佛無上正等菩提極易信解、甚易證得。所以者何。若能信解無法能證、無法所證、無有證處、無有證時，亦無由此而有所證，則能信解諸佛無上正等菩提，則能證得所求無上正等菩提。何以故。以一切法皆畢竟空，畢竟空中，都無有法可名能證、可名所證、可名證處、可名證時、可名由此而有所證。所以者何。諸法皆空，若增若減，都無所有，皆不可得。諸菩薩摩訶薩所修諸法，都無所有，皆不可得。以是因緣，我思惟佛所説義趣，極易信解、甚易證得，不應於中謂難信解，及難證得。所以者何。一切法自性空故，若菩薩摩訶薩於如是自性空，深生信解、無倒證知，便得無上正等菩提，由此故説非難信解、非難證得。

時，舍利子謂善現言：觀一切法，都無自性、皆如虛空。若菩薩摩訶薩，信解一切法，皆與虛空等，便於無上正等菩提，易生信解、易證得者，則不應有殑伽沙等菩薩摩訶薩，擐大功德鎧、發趣無上正等菩提，於其中間而有退屈，故知無上正等菩提，極難信解、甚難證得。爾時，善現白尊者舍利弗言：舍利子，於意云何，一切法於無上正等菩提有退屈不。舍利子言：不也，善現。舍利子，於意云何，離一切法有法於無上正等菩提有退屈不。舍利子言：不也，善現。爾時，善現語舍利子言：若一切法諦故、住故，都無所有、皆不可得，説何等法可於無上正等菩提而有退屈。舍利子語善現言：如仁者所説，無生法忍中，都無有法，亦無菩薩可於無上正等菩提，説有退屈，若爾，何故佛説三種住菩薩乘補特伽羅，但應説一。又如仁者説，應無三乘菩薩差別，但應有一正等覺乘。善現語舍利子言：一切法真如中，爲有三種住菩薩乘補特伽羅差別相不，謂於無上正等菩提，定有退屈、定無退屈，及不定耶。舍利子言：不也，善現。舍利子，一切法真如中，爲有三乘菩薩異不，謂聲聞乘、獨覺乘、正等覺乘耶。舍利子言：不也，善現。舍利子，一切法真如中，爲實有一定無退屈菩薩乘不。舍利子言：不也，善現。舍利子，一切法真如中，爲實有一正等覺乘諸菩薩不。舍利子言：不也，善現。舍利子，諸法真如，有一、有二、有三相不。舍利子言：不也，善現。舍利子，一切法真如中爲有一法，或一菩薩而可得不。舍利子言：不也，善現。爾時，善現語舍利子言：若一切法諦故、住故，都無所有，皆不可得，云何舍利子可作是念，言如是菩薩，於佛無上正等菩提定有退屈、定無退屈，説不決定。如是菩薩，是聲聞乘、是獨覺乘、是正等覺乘，如是爲三，如是爲一。舍利子，若菩薩摩訶薩，于一切法都無所得，於一切法真如，亦善能信解、都無所得，於諸菩薩亦無所得，於佛無上正等菩提，亦無所得，當知是爲真菩薩摩訶薩。若聞説如是諸法真如不可得相，其心不驚、不恐，乃至不退、不没，疾得無上正等菩提。真如品竟。

卷三百二十四之十三葉菩薩住品　至下卷之十葉

善現白佛言：若菩薩欲得無上正等菩提，當於何住，應云何住。佛言，當於一切有情住平等心，不應住不平等心，乃至應於一切有情，起畢竟空、無所有、不可得心，起空、無相、無願心，菩薩欲得無上正等菩提，當於此住。

卷三百二十五之十一葉不退轉品　至三百二十七

善現白佛言：不退轉菩薩有何行狀相。佛言：善現，能觀一切法無行、無狀、無相，當知是爲不退轉菩薩摩訶薩。

善現復白佛言：若一切法無行、狀、相，是菩薩於何法退轉故，名不退轉。佛言：是菩薩於一切法退轉故，名不退轉。何以故。一切法自性無所有，是菩薩摩訶薩於中不住，故名退轉。

若菩薩恒常成就慈悲喜捨等，起相應身、語、意業，當知是爲不退轉。

若菩薩入出往來，心不迷謬，恒時安住正念

正知，進止威儀，行往坐臥，舉足下足，安詳繫念，運動語言，常無卒暴，當知是爲不退轉。若菩薩隨所聽聞世、出世法，皆能方便會入般若波羅蜜多甚深理趣，諸所造作世間事業，亦以般若波羅蜜多會入法性，不見一事出法性者。設有不與法性相應，亦能方便會入般若波羅蜜多甚深理趣，由此不見出法性者。

菩薩摩訶薩，以自相空觀一切法已，入菩薩正性離生，乃至不見少法可得。不可得故，無所造作。畢竟不生故，名無生法忍。由得如是無生法忍，故名不退轉。

惡魔惱壞，謂菩薩言：無上菩提與虚空等，自性、自相皆畢竟空、都無所有，云何唐受勤苦，求證無上正等菩提。汝等應捨大菩提願，勿于長夜唐爲利樂一切有情，自受勤苦。菩薩摩訶薩聞彼語時，能審觀察，不應信受彼説。雖一切法與虚空等，自性、自相皆畢竟空，而諸有情生死長夜不知不見、不解不覺，顛倒放逸，受諸劇苦。我當擐以性相皆空，如太虚空，大功德鎧，速趣無上正等菩提，爲諸有情如應説法，令其解脱生死大苦，是菩薩摩訶薩，依此堅固不動轉心，恒正修行布施、淨戒、安忍、精進、靜慮、般若波羅蜜多，由此六種隨分成就已，入菩薩正性離生，由此得入不退轉位。

善現白佛言：是菩薩摩訶薩，爲不退轉故名不退轉，爲退轉故名不退轉耶。佛言：以不退轉故名不退轉，亦以退轉故名不退轉。是菩薩摩訶薩，超過聲聞及獨覺地，不復退墮彼二地中，由斯故説不退轉故名不退轉。遠離聲聞及獨覺地，於彼二地決定退捨，由斯故説以退轉故名不退轉。

若菩薩常不遠離大菩提心，不見有法可生貴重。何以故。一切法與虚空等，性相皆空，無生義故，當知是爲不退轉。

不退轉位菩薩摩訶薩，恒爲上士、不爲下士，是菩薩一切煩惱不復現前，刹那刹那功德精進，乃至無上正等菩提，於一切時，心無散亂，當知是爲不退轉。

若菩薩達一切世間文章伎藝，皆雜穢語、邪命所攝，是故菩薩知而不爲。又諸世俗外道書論所説理事，多有增減，於菩薩道，非爲隨順，皆是戲論、雜穢語攝，是故菩薩知而不樂，當知是爲不退轉。若菩薩摩訶薩常修一切法，不見少法可於無上正等菩提説有退轉，亦不見少法可於無上正等菩提説無退轉，於自所住不退轉地所攝諸法現知現見、無惑無疑，住此地中嚴淨佛土、成熟有情、修諸功德，有魔事起即能覺知，善能摧滅，令不障礙所修功德，譬如造作無間業者，彼無間心恒常隨逐，乃至命終亦不能捨。何以故。彼能等起無間業纏，增上勢力，恒常隨轉乃至命盡亦不能伏，設有餘心，不能遮礙。是不退轉位菩薩亦復如是，安住自地其心不動無所分別，世間天、人、阿素洛等皆不能轉。所以者何。是菩薩其心堅固，已入菩薩正性離生，已得殊勝神通。是菩薩安住自地，有魔事起即能覺知、終不隨順而轉，以善巧力集諸魔事置實際中方便除滅，於自地法無惑無疑。何以故。知一切法皆入實際，通達實際非一非多，於實際中無所分別，亦無猶豫。是菩薩設轉受生，亦於實際無復退轉，趣向聲聞或獨覺地。何以故。是菩薩知一切法自相皆空，於此空中不見有法若生若滅，若染若淨，乃至轉身亦不疑我當得菩提、爲不當得，是菩薩即是無上正等菩提。

若菩薩摩訶薩護持正法、不惜身命，作是念，如來所説一切法空，是諸有情所歸依處，菩薩修學速證無上正等菩提，拔諸有情生老病死憂悲苦惱，令得畢竟安樂涅槃，故應護持、不惜身命。由此因緣，諸佛正法即是我法，我應護持、不惜身命，我未來世得作佛時，亦當説此諸法空故，當知是爲不退轉菩薩。普聞一切有情之類，所有言音、文字、義理，悉能解了、無惑無疑，窮未來際，無有忘失。所以者何。已得字藏陀羅尼等，任持所説令不忘故，當知是爲不退轉菩薩。不退轉品竟。

卷三百二十八巧方便品　至三百三十之十三葉

善現白佛言：由此所説諸行相狀，顯不退轉位菩薩摩訶薩，成就種種殊勝功德，惟願如來應正等覺，復爲菩薩説甚深處，令諸菩薩安住其中，修一切法令速圓滿。佛言：甚深處者，謂空、無相、無願、無作、無生無滅、寂靜涅槃、真如、法界、法性、實際，如是等法名甚深處，如是所説甚深處名，皆顯涅槃爲甚深處。善現言，爲但涅槃名甚深處，爲諸餘法亦名甚深。佛言：餘一切法亦名甚深。善現言：云何一切法亦名甚深。佛言：一切法真如甚深故，一切法亦甚深。善現言：云何一切法真如甚深。佛言：一切法真如非即一切法，非離一切法，是故甚深。爾時，善現白佛言：佛以甚奇微妙方便爲不退轉地菩薩，遮遣一切法，顯示涅槃。遮遣一切若世間若出世間，若共若不共，若有漏若無漏，若有爲若無爲法，顯示涅槃。

復次，善現，若菩薩能於如是諸甚深處，依般若波羅蜜多相應理趣，審諦思惟、稱量觀察，如所説而住，如所説而學，是菩薩起一念心，尚能攝取無邊功德、超無量劫生死流轉、疾證無上菩提，況能無間常修般若波羅蜜多，恒住無上正等菩提相應作意。善現，若菩薩遠離般若波羅蜜多，設經殑伽沙數大劫，修一切法，若依甚深般若波羅蜜多所説而住，經一晝夜，修行一切法，所獲功德甚多於彼，是故常應不離甚深般若波羅蜜多。爾時，善現白佛言：如佛所説，分別所作，皆非實有，以何因緣，獲福無數、無量、無邊。佛言：如汝所説，分別所作，不能發起真實正見、不能趣入正性離生、不能得預流果，乃至無上菩提。善現，諸菩薩摩訶薩，善學内空乃至無性自性空，安住空已，如如觀察分別所作，空無所有、虚妄不實。如是如是，即不遠離甚深般若波羅蜜多，獲福無數、無量、無邊。善現言：無量、無數、無邊有何差别。佛言：言無數者，數不可得，不可數在有爲界中、無爲界中。言無量者，量不可得，不可量在過去、未來、現在法中。言無邊者，邊不可得，不可測度彼邊際故。善現，我常説此諸法皆空，如汝所説無盡、無數、無量、無邊文義無别，皆共顯了諸法空故。善現，一切法空皆不可説，如來方便説爲無盡，或説無數、或説無量、或説無邊、或説爲空、或説無相、或説無願、或説無作、或説無生、或説無滅、或説離染、或説寂滅、或説涅槃、或説真如、或説法界、或説法性、或説實際，如是等義皆是如來方便演説。善現，一切法性皆不可説。所以者何。一切法性皆畢竟空，無能宣説畢竟空者。

善現白佛言：不可説義有增減否。佛言：不可説義無增無減。善現復言：不可説義無增無減者，則一切法義亦應無增無減。世尊，若一切法無增無減者，云何菩薩摩訶薩修行一切法，證得無上正等菩提。佛言：不可説義無增無減者，一切法亦無增無減。善現，諸菩薩摩訶薩，修行般若波羅蜜多，安住般若波羅蜜多方便善巧。不作是念，我於般若波羅蜜多，若增若減。但作是想，惟有名想謂爲般若波羅蜜多。善現，菩薩摩訶薩修行一切法時，持此一切法俱行作意，及依此起心及善根，與諸有情平等共有，迴向無上正等菩提。

善現白佛言：何謂無上正等菩提。佛言：一切法真如，是謂無上正等菩提。善現，諸法真如無增無減故，諸佛無上正等菩提亦無增無減，諸菩薩摩訶薩依止無增無減，方便修行般若波羅蜜多。由此爲門集諸功德，便證無上正等菩提。

善現言：是菩薩摩訶薩爲用初心證得無上正等菩提，爲用後心證得無上正等菩提。世尊，若用初心證得無上正等菩提，初心起時後心未起，無和合義。若用後心證得無上正等菩提，後心起時前心已滅，無和合義。如是前後心、心所法進退推徵，無和合義，云何可得積集善根。若諸善根不可積集，如何菩薩能證無上正等菩提。佛言：善現，我當爲汝略説一喻，如然燈時爲初焰能焦炷，爲後焰能焦炷。世尊，如我意解非初焰能焦炷，亦不離初焰。非後焰能焦炷，亦不離後焰。善現，於意云何，炷爲焦不。世尊，世間現見其炷實燋。佛言：諸菩薩摩訶薩亦復如是，非用初心證得無上正等菩提，亦不離初心證得無上正等菩提。非用後心證得無上正等菩提，亦不離後心證得無上正等菩提。

佛告善現：若心已滅，可更生不。善現答言：不也，世尊。若心已生，有滅法不。善現答言：如是，世尊。有滅法心，非當滅不。善現答言：不也，世尊。心住爲如心真如不。善現答言：如是，世尊。心如真如住，爲如實際不。善現答言：不也，世尊。真如實際爲甚深不。善現答言：如是，世尊。即真如是心不。善現答言：不也，世尊。離真如有心不。善現答言，不也，世尊。即心是真如不。善現答言：不也，世尊。離心有真如不。善現答言：不也，世尊。真如見真如不。善現答言：不也，世尊。若菩薩能如是行，是行般若波羅蜜多不。善現答言：能如是行，是行深般若波羅蜜多。若菩薩能如是行，爲行何處。善現答言：能如是行，都無行處。所以者何。菩薩行深般若波羅蜜多，無心現行，無現行處。何以故。世尊，住真如中，都無現行、現行處故。佛告善現：爲行在何處。善現答言：行在勝義諦中，此中現行及現行處，俱無所有，能取所取，不可得故。行勝義諦中，雖不取相而行相不。善現答言：不也，世尊。行勝義諦中，爲壞相不。善現答言：不也，世尊。行勝義諦中，壞相想不。善現答言：不也，世尊。云何不壞相，亦不壞相想。善現答言：是菩薩不作是念，我當壞相及壞相想。亦不作是念，我當壞無相及壞無相想，於一切種無分別故。世尊，是菩薩雖能如是離諸分別，而佛十力、四無所畏、四無礙解、大慈大悲大喜大捨、十八佛不共法等，無量勝功德未圓滿故，未證無上正等菩提。世尊，是菩薩成就方便善巧力故，於一切法不取不壞。何以故。知一切法自相空故。住一切法自相空中，爲度諸有情，入三三摩地，大悲願力所牽逼故，用此三定成熟有情。佛言：如是如是，如汝所説。時，善現白佛言：云何入此三三摩地成熟有情。佛言：菩薩安住空三摩地，見諸有情多執我者，以方便力教令安住空三摩地。菩薩安住無相三摩地，見諸有情多行相者，以方便力教令安住無相三摩地。菩薩安住無願三摩地，見諸有情多願樂者，以方便力教令安住無願三摩地。時，舍利子問善現言：夢中入此三三摩地，於深般若波羅蜜多，有增益不。善現答言：若晝時入此三三摩地，於深般若波羅蜜多有增益者，彼夢中入亦有增益。何以故。晝與夢中無差別故。舍利子，若菩薩晝行般若波羅蜜多，既名修習甚深般若波羅蜜多，是菩薩夢行般若波羅蜜多，亦名修習甚深般若波羅蜜多。三三摩地，於深般若波羅蜜多，能爲增益亦應如是。時，舍利子問善現言：夢中作業，爲有增益或損減不。佛説有爲虚妄不實，如夢所作，云何彼業能有增減。善現答言：諸有晝日，斷他命已，於夜夢中，憶想分別，深自慶快。或復有人夢斷他命，謂在覺位，生大歡喜，如是二業，於意云何。舍利子言：無所緣事，若思若業，俱不得生，要有所緣，思業方起，夢中思業，緣何而生。善現答言，如是如是，舍利子，若夢若覺，要於見聞覺知法中，有覺慧轉，由斯起染，或復起淨。若無見聞覺知諸法，無覺慧轉，亦無染淨，由此故知若夢，若覺，有所緣事思業方起，無所緣事思業不生。舍利子問善現言：佛説思業皆離自性，云何可言有所緣起。善現答言：雖諸思業及所緣事自性皆空，而由自心取相分別，故説思業有所緣生，若無所緣思業不起。舍利子問善現言：若菩薩夢中修行布施、淨戒、安忍、精進、靜慮、般若，持此善根與諸有情平等共有，迴向無上正等菩提，是菩薩爲實迴向大菩提不。善現語舍利子言：慈氏菩薩摩訶薩久已受不退轉記，惟隔一生，定當作佛，善能酬答一切難問，現在此會，宜請問之。舍利子如善現言，恭敬請問。時，慈氏菩薩語舍利子言：謂何等名慈氏能答，爲色耶，爲受、想、行、識耶，爲色空耶，爲受、想、行、識空耶。且色不能答，受、想、行、識亦不能答，色空不能答，受、想、行、識空亦不能答。何以故。舍利子，我都不見有法能答、有法所答、答處答時及由此答亦皆不見，我都不見有法能記、有法所記、記處記時及由此記亦皆不見。以一切法本性皆空、都無所有，無二無別，畢竟推徵不可得故。時，舍利子復問慈氏言：仁者所説法，爲如所證不。慈氏菩薩言：我所説法，非如所證。何以故。我所證法不可説故。爾時，佛告舍利子言：汝由是法得阿羅漢果，爲見此法是可説不。舍利子言：不也，世尊。佛言：諸菩薩所證諸法，亦復如是，是菩薩行深般若波羅蜜多，不生猶豫，我於無上正等菩提爲得、不得，但作是念，我於無上正等菩提定當證得。巧方便品竟。

般若綱要卷五

校勘記

〔一〕「諸相不能破壞無相」，底本後衍「諸相不能了知諸相諸相不能破壞無相」十六字，據文意删。

〔二〕「可」，疑爲「不」。

〔三〕「至」，底本作「以」，據文意改。

般若綱要卷六

古南沙門通門閲正

七空居士葛鼒提綱

卷三百三十之十四葉願行品　至下卷十二葉

佛告善現言：菩薩修行六種波羅蜜多，成熟有情，嚴淨佛土，令速圓滿，疾證無上正等菩提，由此六種波羅蜜多速得圓滿，鄰近無上正等菩提。

卷三百三十一之十三葉

佛告阿難：金華菩薩作佛時，亦爲衆會宣説甚深般若波羅蜜多，今此天女，久爲無上正等菩提，植衆德本，今既成熟，我爲授記。

卷三百三十一之十六葉善學品　至三百三十三

善現白佛言：如佛所言，菩薩於諸法空，不應作證。云何住諸法空而不作證，佛言：菩薩觀法空時，先作是念，我爲學故，觀諸法空，不爲證故，今是學時，非爲證時。譬如壯夫仰射虚空，復以後箭射前箭括，不令墮落，菩薩方便善巧所攝受故。乃至菩提，因行、善根未皆成熟，終不中道證於實際。若得無上正等菩提，因行、善根一切成熟，爾時菩薩方證實際。善現，是菩薩雖於實際未即作證，而不退失一切法，刹那刹那白法增益，諸根猛利，超過一切聲聞、獨覺。

應善覺知魔事，應善覺知記説虚名號等微細魔事。

善現白佛言：菩薩應修何等餘遠離行，而佛不讚居阿練若遠離功德。佛言：但能遠離煩惱惡業，遠離聲聞、獨覺作意，勤修般若波羅蜜多及修諸餘殊勝功德，是名菩薩真遠離行。善現，欲證無上正等菩提，應親近、供養、恭敬、尊重、讚歎真勝善友。善現白佛言：何等名爲真勝善友。佛言：當知布施波羅蜜多，乃至虚空界、不思議界，是菩薩真勝善友。當知一切法與諸菩薩摩訶薩衆爲師爲導、爲明爲炬、爲燈爲照、爲解爲覺、爲智爲慧、爲救爲護、爲室爲宅、爲洲爲渚、爲歸爲趣、爲父爲母。何以故。過去、未來、現在諸佛，皆從布施波羅蜜多，乃至不思議界而出生故。

善現白佛言：如是般若波羅蜜多，以何爲相，而勸菩薩摩訶薩衆應勤修學。佛言：如是般若波羅蜜多，以虚空爲相、以無著爲相、以無相爲相。何以故。般若波羅蜜多甚深相中，諸法諸相皆不可得，無所有故。善現言：諸法亦有如是相耶。佛言：諸法亦有如是妙相，以一切法皆自性空，離衆相故。善現復白佛言：若一切法皆自性空遠離衆相，則一切法一切法空，一切法一切法離，云何有情可施設、可雜染清淨。世尊，非性空中有法可得，亦非遠離中有法可得，云何令我解佛所説義趣。佛告善現言：善現，有情長夜有我、我所心，執我、我所否，彼心所執我及我所空、遠離否，豈不有情由我、我所執流轉生死。善現言：如是，世尊。佛言：善現，如是有情流轉生死，由有雜染，以是證知雜染可得。若諸有情無心執著我及我所，則無雜染，若無雜染，是則應無流轉生死。流轉生死既現可得，由此應知有雜染法。既有雜染，亦有清淨，是故善現，應知有情雖自性空遠離衆相，而有雜染、清淨可得。

卷三百三十四　三百三十五之五葉

復次，善現，假使於此四洲，乃至大千世界諸有情類，皆得人身，盡其形壽，供養迴向，得福甚多。若宣説甚深般若波羅蜜多，施設建立，分別開示，及住甚深般若波羅蜜多相應作意，所獲功德，甚多於彼，不可稱計。善現，若善男子等，於大衆中，宣説甚深般若波羅蜜多，及正安住一切智智相應作意，所獲功德甚多於彼不可稱計。善現，是菩薩常住般若波羅蜜多相應作意，諸餘作意於其中間無容現起。若離般若波羅蜜多相應作意，則爲喪失一切智智相應作意。善學品竟。

卷三百三十五之六葉斷分別品　三百三十六

善現白佛言：一切作意皆自性離，一切作意皆自性空，諸法亦爾，皆自性離、自性空。於自性離、自性空中，若菩薩摩訶薩，若般若波羅蜜多，若一切智智，若謂作意皆不可得，云何菩薩摩訶薩不離般若波羅蜜多相應作意，亦復不離一切智智相應作意。佛言：如是離、空，非聲聞作，非獨覺作，非諸菩薩摩訶薩作，非諸佛作，亦非餘作，然一切法、法住、法定、法性、法界、不虛妄性、不變異性、真如、實際法爾常住，是菩薩摩訶薩，不離般若波羅蜜多相應作意，亦復不離一切智智相應作意。何以故。如是離、空無增無減，能正通達，名不離故。善現言：世尊，爲即空性能行空不。不也，善現。世尊，爲離空性能行空不。不也，善現。世尊，爲即一切法能行般若波羅蜜多不。不也，善現。世尊，爲離一切法能行般若波羅蜜多不。不也，善現。世尊，爲即一切法空虚非有、不自在性、不堅實性能行般若波羅蜜多不。不也，善現。世尊，爲離一切法空虚非有、不自在性、不堅實性，能行般若波羅蜜多不。不也，善現。世尊，爲即一切法真如、法界、法性、不虚妄性、不變異性、平等性、離生性、法定、法住、實際、虚空界、不思議界，能行般若波羅蜜多不。不也，善現。世尊，爲離一切法真如、法界、法性、不虚妄性、不變異性、平等性、離生性、法定、法住、實際、虚空界、不思議界，能行般若波羅蜜多不。不也，善現。善現白佛言：世尊，若如是諸法，皆不能行般若波羅蜜多者，云何菩薩摩訶薩，能行般若波羅蜜多。佛告善現：汝見有法能行般若波羅蜜多不，汝見般若波羅蜜多是菩薩摩訶薩所行處不。汝所不見法，是法可得不。不可得法有生滅不。善現答言：不也，世尊。佛告善現：如汝所見諸法實性，即是菩薩摩訶薩無生法忍，若菩薩成就如是無生法忍，便爲如來應正等覺，授與無上正等菩提不退轉記。

善現復白佛言：世尊，諸菩薩摩訶薩，以一切法無生性，得佛無上正等菩提不退轉記不。不也，善現。世尊，諸菩薩摩訶薩，以一切法生性，得佛無上正等菩提不退轉記不。不也，善現。世尊，以一切法生、無生性，得佛無上正等菩提不退轉記不。不也，善現。世尊，以一切法非生、非無生性，得佛無上正等菩提不退轉記不。不也，善現。時，善現白佛言：世尊，云何菩薩摩訶薩得佛無上正等菩提不退轉記。佛告善現：菩薩摩訶薩，於一切法無所得時，不作是念，我於無上正等菩提當能證得，我用是法證得無上正等菩提，我由此法，于如是時、如是處，證得無上正等菩提。所以者何。諸菩薩摩訶薩，行深般若波羅蜜多，無如是等一切分別。何以故。甚深般若波羅蜜多，無分別故。斷分別品竟。

卷三百三十四巧便學品

爾時，天帝釋白佛言：般若波羅蜜多，一切分別，畢竟離故。若諸有情，如理思惟、依教修行，不雜諸餘心、心所者，必不成就微少善根。佛言：般若波羅蜜多功德，勝一切法功德。爾時，天帝釋告苾芻言：苾芻當知，菩薩修行甚深般若波羅蜜多故，常學菩薩摩訶薩衆所應學法，不學聲聞及諸獨覺所應學行，常學菩薩衆所應學故，諸天讚歎如説修行般若故，獲現世、後世功德無量無邊。

辨魔擾亂不擾亂。阿難啓問。

佛告阿難：阿難當知，若菩薩摩訶薩，未得無上正等菩提不退轉記，於不退轉記菩薩所，起損害心，鬭諍毀辱、輕蔑誹謗，是菩薩摩訶薩，隨起爾所念不饒益心，還退爾所劫曾修勝行，經爾所時遠離善友，還受爾所生死繫縛。若不棄捨大菩提心，還爾所劫勤修勝行，然後乃補所退功德。阿難白佛言：世尊，是菩薩摩訶薩所起惡心、生死罪苦爲要流轉經爾所時，爲於中間亦得出離。所退勝行爲要精勤經爾所劫然後乃補，爲於中間有復本義。佛告阿難：我爲菩薩、獨覺、聲聞説有出罪還補善義，若菩薩摩訶薩所起損害心，後生慚愧、心無怨結，速還如法發露改悔，作如是念：我今已得難得人身，如何復起如是過惡，失大善利。我應饒益一切有情，如何於中反作衰損。我應恭敬一切有情，如僕事主，如何於中反生憍慢、毀辱、凌蔑。我應受一切有情捶打訶罵，如何於彼反以暴惡身語加報。我應和解一切有情令相敬愛，云何復起勃惡言，與彼乖諍。我應忍受一切有情長時履踐，猶如道路，亦如橋梁，云何於彼反爲凌辱。我求無上正等菩提，爲脱有情生死大苦，令得究竟安樂涅槃，云何復欲加之以苦。我應從今窮未來際，如癡如瘂、如聾如盲，於諸有情無所分別，假使截斷手足身分，於彼有情終不起惡，忽我起惡，破壞無上正等覺心，障礙所求一切智智。阿難當知，是菩薩摩訶薩我説中間亦有出罪還補善義，非要終于爾所劫數、流轉生死。

菩薩當知，與求聲聞、獨覺來者，不應交涉。設與交涉，不應共住。設與共住，不應與彼論議決擇。

卷三百三十八　至三百四十一之十三葉

阿難白佛言：菩薩云何共住。佛言：應作是念，彼是我等真善知識，我等與彼學處、學時及所學法一切無異。如彼應學六波羅蜜多乃至道相智、一切相智，我亦應學。若彼菩薩摩訶薩住雜作意，遠離一切智智相應作意，我則于中不同彼學。若彼菩薩離雜作意，不離一切智智相應作意，我則於中常同彼學，如是學時，名平等學。善現白佛言：云何菩薩摩訶薩平等性而諸菩薩摩訶薩於中學故名平等學。佛言：一切法自性空，是菩薩摩訶薩平等性，諸菩薩摩訶薩於中學故名平等學，由平等學疾證無上正等菩提。

佛言：善現，如汝所説，若菩薩摩訶薩，爲一切法盡故學，是學一切智智不。爲一切法離故學，是學一切智智不。爲一切法滅故學，是學一切智智不。爲一切法無生故學，是學一切智智不。爲一切法無滅故學，是學一切智智不。爲一切法本來寂靜故學，是學一切智智不。爲一切法自性涅槃故學，是學一切智智不。善現，於汝意云何，一切法真如、盡、滅、斷不。善現答言：不也，世尊。佛言：若菩薩摩訶薩於真如如是學，是學一切智智。善現，當知真如無盡、無滅、無斷，不可作證。

是菩薩摩訶薩成就善巧方便勢力，由此善巧方便力故，雖能數入靜慮無量及無色定，而不隨彼勢力受生，甚深般若波羅蜜多所攝受故，成就如是善巧方便。於諸定中雖常獲得入出自在，而不隨彼諸定勢力生長壽天，廢修菩薩摩訶薩行。如是學時，於佛十力、四無所畏、四無礙解、大慈大悲大喜大捨，及十八佛不共法等無量、無數、無邊佛法皆得清淨，決定不墮一切聲聞、獨覺地。爾時，善現白佛言：若一切法本性清淨，云何菩薩摩訶薩，於諸法中復得清淨。佛告善現言：諸法本來自性清淨，菩薩於一切法本性清淨中精勤修學甚深般若波羅蜜多，如實通達，無没無滯，遠離一切煩惱染著，故説菩薩復得清淨。善現，雖一切法本性清淨，而諸異生不知、見、覺。是菩薩摩訶薩，爲欲令彼知、見、覺故，修行一切佛法，於諸有情心行差別，皆能通達，至極彼岸，善巧方便，令諸有情證一切法本性清淨。

如是修學甚深般若波羅蜜多善巧方便，終不發起執取色等法相相應之心。何以故。行深般若波羅蜜多善巧方便，都不見法是可得者，無所得故，不起執取色等法相相應之心。復次，善現，甚深般若波羅蜜多，含容一切波羅蜜多，譬如諸殞殁者，命根滅故，諸根亦滅，般若波羅蜜多亦復如是，一切所學波羅蜜多悉皆隨從，若無般若波羅蜜多，亦無一切波羅蜜多。復次，善現，修學如是甚深般若波羅蜜多，無有一切功德善根而不能得，聲聞、獨覺功德善根亦皆能得，但於其中無住、無著，以勝智見正觀察已，超過彼位，趣入菩薩正性離生故。復次，善現，修學如是甚深般若波羅蜜多，當知已於一切智智得不退轉，遠離聲聞及獨覺地，鄰近無上正等菩提。巧便學品覺竟。

卷三百四十一之十四葉願喻品　三百四十二之十四葉

佛告天帝釋言：隨喜福，不可稱量、不可數知，所隨喜福，無邊際故。天帝釋言：若諸有情，深心愛敬佛法僧寶，於諸菩薩功德善根，應生隨喜，既隨喜已，迴向無上正等菩提，而不應生一、二、多想。佛言：如是如是，於迴向時，不應執著即心、離心，亦不應執著即心修行、離心修行。若能如是無所執著隨喜迴向，疾證無上正等菩提。

善現白佛言：云何菩薩以如幻心，能證無

上正等菩提。佛言：汝見菩薩如幻心不。善現答言：我不見幻，亦不見有如幻之心。佛言：若處無幻、無如幻心，汝見有是心能證無上正等菩提不。善現答言：我都不見有處無幻、無如幻心，更有是心能證無上正等菩提。佛言：若處離幻、離如幻心，汝見有是法能證無上正等菩提不。善現答言：我都不見有處離幻、離如幻心，更有是法能證無上正等菩提。世尊，我都不見即、離心法，説何等法是有是無，以一切法畢竟離故。若一切法畢竟離者，不可施設此法是有、此法是無，若法不可施設有無，則不可説能證無上正等菩提，非無所有法能證菩提故。所以者何。一切法皆無所有、性不可得，無染無淨。何以故。一切法畢竟離故。世尊，若法畢竟離，是法不應修，亦不應壞，亦不應引，甚深般若波羅蜜多畢竟離故，不應能引。世尊，甚深般若波羅蜜多，既畢竟離，云何可説菩薩摩訶薩依甚深般若波羅蜜多，證得無上正等菩提。世尊，諸佛無上正等菩提亦畢竟離，云何離法能證離法，是故般若波羅蜜多，應不可説證得無上正等菩提。佛言：如是如是，以一切法畢竟離故，可得無上正等菩提。若一切法畢竟離，應非一切法，以一切法畢竟離故，名爲一切法。是故善現，菩薩摩訶薩，非不依般若波羅蜜多，能證無上正等菩提，雖非離法能證離法，而證無上正等菩提，非不依止甚深般若波羅蜜多。是故菩薩摩訶薩衆，欲得無上正等菩提，應勤修學甚深般若波羅蜜多。善現白佛言：菩薩觀一切法既不可得，有何法義可爲所證，有何般若可爲能證，復有何等而可設施，云何由此證得菩提。世尊，甚深般若波羅蜜多，於一切法無分別故。爾時，舍利子問善現言：若一切法皆無分別，云何而有地獄、傍生、鬼界、人、天五趣差別，云何復有修預流、一來、不還、阿羅漢、獨覺、菩薩諸佛位異。善現言：舍利子，有情顛倒煩惱因緣，造作種種身、語、意業，由此感得欲爲根本，業異熟果，依此施設地獄、傍生、鬼界、人、天五趣差別。言云何有修預流等諸位異者，舍利子，無分別故，有修預流，及預流果。乃至無分別故，有修如來應正等覺，及佛無上正等菩提。舍利子，過去如來應正等覺由無分別、分別斷故，可施設有。未來如來應正等覺亦無分別、分別斷故，可施設有。現在十方諸佛世界一切如來應正等覺現説法者，亦無分別、分別斷故，可施設有。由此因緣，知一切法皆無分別，若行如是無分別相甚深般若波羅蜜多，便能證得無分別相所求無上正等菩提。願喻品竟。

卷三百四十二之十五葉堅等讚品

舍利子問善現言：菩薩摩訶薩，行深般若波羅蜜多時，爲行堅實法，爲行無堅實法耶。善現答言：爲行無堅實法，不爲行堅實法。何以故。般若波羅蜜多無堅實故，乃至一切智智亦無堅實故。所以者何。菩薩摩訶薩行深般若波羅蜜多時，於般若波羅蜜多乃至一切智智，尚不見無堅實可得，況見有堅實可得。善現告欲、色界諸天子言：菩薩摩訶薩雖知有情都無所有，而發無上正等覺心，擐功德鎧爲欲調伏諸有情類，如有爲欲調伏虛空。諸天子，諸菩薩摩訶薩擐大悲鎧，爲欲調伏一切有情，而諸有情都無所有。爲欲利樂一切有情，而諸有情，及大悲鎧，俱不可得。所以者何。諸天子，有情離故，當知菩薩摩訶薩亦離。有情空故，當知菩薩摩訶薩亦空。有情不堅實故，當知菩薩摩訶薩亦不堅實。有情無所有故，當知菩薩摩訶薩亦無所有。若菩薩問如是事，心不沈没，不驚不怖，亦不憂悔，當知是菩薩摩訶薩行深般若波羅蜜多。

卷三百四十三　至三百四十五

諸天子，色離故，有情離。乃至一切智智離故，有情離。乃至一切智智離故，諸佛無上正等菩提離。若菩薩聞説諸法無不遠離，心不沈没、不驚不怖，亦不憂悔，當知是菩薩摩訶薩行深般若波羅蜜多。

卷三百四十六

佛告善現言：何因緣故，諸菩薩於深般若波羅蜜多，心不沈没。善現白佛言：以一切皆非有、皆遠離、皆寂靜，無所有、無生滅故，諸菩薩於深般若波羅蜜多，心不沈没。所以者何。是菩薩觀一切法皆不可得、不可施設，是能沈没、是所沈没、是沈没時、是沈没處、是沈没者、由此沈没。由是因緣，諸菩薩聞如是事，心不沈没、不驚不怖、亦不憂悔。

善現白佛言：世尊，諸法實性皆不可得，云何菩薩摩訶薩安住真如，精進修學，速當安住不退轉地，疾證無上正等菩提。佛言：善現，如佛所化安住真如，修諸菩薩摩訶薩行，速當安住不退轉地，疾證無上正等菩提，爲諸有情宣説正法，諸菩薩亦復如是。善現復白佛言：如來所化都無所有，法離真如又不可得，誰住真如修菩薩行。佛言：真如尚不可得，何況得有安住真如修菩薩行。此若實有，無有是處。何以故。諸法真如無生無滅，亦無住異少分可得，誰於其中可得安住修菩薩行。爾時，天帝釋白佛言：雖知諸法皆不可得而求菩提甚爲難事。善現語天帝釋言：憍尸迦，諸菩薩行深般若波羅蜜多，觀一切法無不皆空，謂觀一切有色法空，無色法亦空。觀一切有見法空，無見法亦空。觀一切有對法空，無對法亦空。觀一切有漏法空，無漏法亦空。觀一切有爲法空，無爲法亦空。觀一切世間法空，出世間法亦空。觀一切寂靜法空，不寂靜法亦空。觀一切遠離法空，不遠離法亦空。觀一切過去法空，未來、現在法亦空。觀一切善法空，不善、無記法亦空。觀一切欲界法空，色、無色界法亦空。觀一切學法空，無學、非學、非無學法亦空。觀一切見所斷法空，修所斷、非所斷法亦空。觀一切有法空，無法、非有非無法亦空。觀如是等一切法空，諸法空中都無所有，誰沈誰没、誰怖誰驚、誰疑誰滯。天帝釋白善現言：尊者所説一切依空，是故所言常無罣礙。譬如以箭仰射虚空，若近若遠俱無罣礙，尊者所説亦復如是。堅等讚品竟。

卷三百四十六之十一葉囑累品　三百四十七之十五葉

佛告天帝釋言：憍尸迦，具壽善現安住空故，觀一切法尚不可得，況有行一切法者。何以故。於一切法住、遠離住、寂靜住、無所得住、空住、無相住、無願住，如是等無量勝住，除如來住，是諸菩薩摩訶薩衆所住般若波羅蜜多最勝行住，於諸聲聞、獨覺等住，爲最爲勝、爲長爲尊、爲妙爲微妙、爲上爲無上。

菩薩摩訶薩欲得安住最勝住者，當學般若波羅蜜多。欲得安住如來住者，當學般若波羅蜜多。

爾時，無數天衆，及六千苾芻，各取天上香華，奉散如來，各發願言：願常安住甚深般若波羅蜜多最勝行住。爾時，世尊於微笑時，種種色光從口中出，慶喜即從座起，合掌白言：何因何緣，現此微笑。佛告慶喜：此發勝願六千苾芻，於未來星喻劫中，當得菩提，名散華如來，故我微笑。爾時，世尊讚説般若波羅蜜多，付囑慶喜已，復於天龍大衆前，現神通力，令衆皆見不動如來爲衆説法，及見彼土衆相莊嚴，忽復不見。佛告慶喜：不動如來應正等覺，國土衆會，汝復見不。慶喜白言：我不復見，彼事非此眼所行故。佛告慶喜：如彼佛土衆會等事，非此土眼所行境界，一切法亦如是，皆非眼根之所行境。法不行法、法不見法、法不知法，當知一切法無行者、無見者、無知者、無動無作。所以者何。以一切法皆無作用，能取所取，性遠離故。以一切法不可思議，能所思議性遠離故。以一切法如幻事等，衆緣和合相似有故。以一切法無作受者，妄現似有，無堅實故。若菩薩摩訶薩如是知、如是見、如是行者，是行般若波羅蜜多，亦不執著此諸法相甚深般若波羅蜜多無量無盡。囑累品竟。

卷三百四十七之十五葉無盡品　卷三百四十八

善現白佛言：云何菩薩應引般若波羅蜜多。

佛告善現言：一切法無盡故，菩薩摩訶薩應引般若波羅蜜多。一切法虚空無故，應引般若波羅蜜多。觀十二緣如虚空無盡故，應引般若波羅蜜多。善現，菩薩摩訶薩，行深般若波羅蜜多時，不見一切法若常若無常，若樂若苦，若我若無我，若寂靜若不寂靜，若遠離若不遠離。是時菩薩摩訶薩，雖行般若波羅蜜多，而不見有所行一切法，亦復不見有法能見所行一切法，當知菩薩摩訶薩，於一切法，都無所得而爲方便，應行如是甚深般若波羅蜜多。

爾時，惡魔見諸菩薩，於一切法以無所得而爲方便，行深般若波羅蜜多，生大愁惱，如中毒箭，各於其座不能自安。善現當知，諸菩薩應常安住甚深般若波羅蜜多最勝行住。無盡品竟。

卷三百四十九相引攝品　卷三百五十

佛告善現，安住布施波羅蜜多，引攝淨戒、安忍、精進、靜慮、般若波羅蜜多。

安住淨戒波羅蜜多，引攝布施、安忍、精進、靜慮、般若波羅蜜多。

安住安忍波羅蜜多，引攝布施、淨戒、精進、靜慮、般若波羅蜜多。

安住精進波羅蜜多，引攝布施、淨戒、安忍、靜慮、般若波羅蜜多。本卷十九葉止。

安住靜慮波羅蜜多，引攝布施、淨戒、安忍、精進、般若波羅蜜多。

安住般若波羅蜜多，引攝布施、淨戒、安忍、精進、靜慮波羅蜜多。引攝品竟。

卷三百五十一多問不二品　卷三百五十二

佛言：善現，當知布施等五波羅蜜多，皆由般若波羅蜜多所攝受故，乃得名爲波羅蜜多。布施等五波羅蜜多，隨順般若波羅蜜多，由彼勢力所引導故，速趣無上正等菩提。

善現白佛言：若六波羅蜜多，無差別相，皆是般若波羅蜜多所攝受故，皆由般若波羅蜜多修成滿故，應合成一波羅蜜多，云何可説於布施等波羅蜜多爲最爲勝、爲長爲尊、爲妙爲微妙、爲上爲無上。佛言：如是如是，依上般若波羅蜜多，方能趣入一切智智，乃得名爲到彼岸故，皆同一味，相無差別，不可施設此是布施、此是淨戒乃至般若。善現復白佛言：波羅蜜多及一切若隨實義，皆無此彼勝劣差別，何緣故説般若爲最爲勝、爲長爲尊、爲妙爲微妙、爲上爲無上。佛言：如是如是，如汝所説。若隨實義，波羅蜜多，及一切法，皆無此彼勝劣差別，但依世俗言説作用，説有此彼勝劣差別。施設布施波羅蜜多，施設淨戒、安忍、精進、靜慮、般若波羅蜜多，爲欲度脱諸有情類，世俗作用生老病死，然諸有情，生老病死皆非實有，但假施設。所以者何。有情無故，當知諸法亦無所有。甚深般若波羅蜜多，了達一切都無所有，能拔有情世俗作用生老病死，由此故説般若爲最爲勝、爲長爲尊、爲妙爲微妙、爲上爲無上。善現，由此般若波羅蜜多，能善攝取一切善法、和合趣入一切智智，安住不動，以無所住而爲方便。善現白佛言：於諸善法有取捨不。佛言：甚深般若波羅蜜多，於一切法無取無捨。善現言：云何於一切法無取無捨。佛言：不思惟一切法，如是於一切法無取無捨。善現，甚深般若波羅蜜多於一切法不思惟一切相，亦不思惟一切所緣，如是不思惟一切法。

善現復白佛言：若菩薩摩訶薩，不思惟一切法，云何增長所種善根。若不增長所種善根，云何圓滿波羅蜜多。若不圓滿波羅蜜多，云何能得一切智智。佛言：善現，不思惟一切法，便能增長所種善根。所種善根得增長故，便能圓滿波羅蜜多。波羅蜜多得圓滿故，便能證得一切智智。所以者何。不思惟一切法，乃能具足修諸菩薩摩訶薩行，證得無上正等菩提。善現復白佛言：何緣諸菩薩要不思惟一切法，乃能具足修諸菩薩行，證得無上正等菩提。

卷三百五十三

佛言：善現，若菩薩摩訶薩思惟一切法，則染著欲界，色、無色界，不能具足修諸菩薩摩訶薩行，證得無上正等菩提。是故當勤修學甚深般若波羅蜜多，不應思惟染著諸法。善現復白佛言：世尊，若菩薩摩訶薩，精勤修學甚深般若波羅蜜多，當於何住。佛言：善現，若菩薩摩訶薩，精勤修學甚深般若波羅蜜多，不應住一切法。何以故。不見有法可于其中而起執著及安住故。善現，甚深般若波羅蜜多，都無自性，可于諸法有所執著，是故修行般若波羅蜜多，于一切法及深般若波羅蜜多，皆無執著。若菩薩修行般若波羅蜜多時，起如是想，此是般若波羅蜜多，則是遍行諸法實相，由起此想，便退般若波羅蜜多，若退般若波羅蜜多，則退一切法。何以故。甚深般若波羅蜜多，是一切種白法根本，若退般若波羅蜜多，則爲退失一切白法。

卷三百五十四　至卷三百五十八

復次，善現，甚深般若波羅蜜多，遍能攝受一切法，若退失般若波羅蜜多，則不能攝受一切法。何以故。非離般若波羅蜜多，能遍攝受殊勝善法，及證無上正等菩提。

復次，善現，若菩薩作如是念，安住般若波羅蜜多，定得授記。若退失般若波羅蜜多，不得授記。何以故。非離般若波羅蜜多，可於無上正等菩提而得授記。復次，善現，若菩薩作如是念，安住般若波羅蜜多，則遍引發一切法。若退失般若波羅蜜多，則不能引發一切法。何以故。非離般若波羅蜜多，而能引法安住善法。復次，善現，若菩薩作如是念，佛知諸法無攝受相，自證無上正等菩提，則爲退失般若波羅蜜多。何以故。如來於法無知無覺、無説無示。所以者何。諸法實性不可知覺、不可施設，云何得有知覺、説示一切法者，若言實有知覺、説示一切法者，無有是處。爾時，善現白佛言：云何修行般若波羅蜜多，遠離如是種種過失。佛言：諸法無所有、不可取，若法無所有、不可取，則無有能現等覺者，亦無有能宣説開示。若如是行，是行般若波羅蜜多，離諸過失。若著無所有、不可取法，則離般若波羅蜜多。何以故。甚深般若波羅蜜多，於一切法無所執著、無所攝受，若於諸法有所執著、有所攝受，則離般若波羅蜜多。時，善現白佛言：般若波羅蜜多，於般若波羅蜜多，爲遠離、爲不遠離。乃至一切法，於一切法爲遠離、爲不遠離。若般若波羅蜜多於般若波羅蜜多，設遠離、設不遠離，乃至一切法，於一切法設遠離、設不遠離，云何菩薩摩訶薩能無執著般若波羅蜜多，乃至能無執著引發一切法。佛言：善現，般若波羅蜜多，於般若波羅蜜多，非遠離非不遠離，是故菩薩摩訶薩能無執著，引發般若波羅蜜多，乃至能無執著引發一切法。何以故。善現，非即自性、非離自性，而能安住引發自性。復次，善現，菩薩摩訶薩行深般若波羅蜜多時，不執著一切法，謂此是一切法、此一切法屬彼，於如是一切法無執著故，便能引發一切法。若於諸法中有所執著，謂此是法，此法屬彼，則不能隨意引發、安住殊勝功德。

復次，善現，行深般若波羅蜜多時，不觀一切法若常若無常，若樂若苦，若我若無我，若淨若不淨，若寂靜若不寂靜，若遠離若不遠離，是菩薩摩訶薩，於如是一切法不觀察故，便能引發安住一切法。若於諸法中有所觀察，則不能隨意引發、安住殊勝功德。復次，善現，若菩薩行深般若波羅蜜多，則爲行靜慮，乃至布施波羅蜜多，則爲行内空乃至道相智、一切相智。善現，甚深般若波羅蜜多，隨所行處，所有一切波羅蜜多，及餘一切菩提分法，皆悉隨從甚深般若波羅蜜多。時，善現白佛言：云何爲道，云何爲非道。佛言：諸異生道，非諸菩薩摩訶薩道，諸聲聞、獨覺道，非諸菩薩摩訶薩道、自利利他道。是諸菩薩摩訶薩道，一切智智道。是諸菩薩摩訶薩道，不住生死及涅槃道。是諸菩薩摩訶薩道，是爲道及非道。善現，甚深般若波羅蜜多雖能示現一切法所作事而於此事無所取著。善現，甚深般若波羅蜜多離令菩薩，遠離聲聞、獨覺等地，親近無上正等菩提，而於諸法無起無滅，以法住性爲定量故。善現，菩薩行深般若波羅蜜多時應緣一切智智，爲諸有情而修六種波羅蜜多，應與六種波羅蜜多，常共相應不相捨離。爾時，善現白佛言：云何常共相應不相捨離。佛言：如實觀一切法非相應非不相應，是能與六波羅蜜多常共相應不相捨離。若菩薩恒作是念，我不應住一切法。何以故。一切法非能住、非所住故，是菩薩能與六種波羅蜜多，常共相應不相捨離。

善現白佛言：云何行般若波羅蜜多時，便爲過去、未來、現在諸佛護念。佛言：菩薩摩訶薩行一切法時，觀一切法不可得故，爲過去、未來、現在諸佛護念。善現，過去、未來、現在諸佛不以一切法故，護念是菩薩摩訶薩。

善現白佛言：諸菩薩雖多處學而無所學。佛言：如是如是，實無有法可令菩薩摩訶薩於中學故。

善現復白佛言：云何菩薩於一切法如實了知略廣之相。佛言：若菩薩摩訶薩，如實了知一切法真如相，是於一切法如實了知略廣之相。善現，一切法真如無生無滅，亦無住異而可施設，是名一切法真如相。復次，善現，若菩薩如實了知一切法實際相，是於一切法如實了知略廣之相。善現，無色際，是名色實際相。乃至無諸佛無上正等菩提際，是名諸佛無上正等菩提際相。復次，善現，若菩薩如實了知一切法、法界相，是於一切法如實了知略廣之相。善現，色界虚空界，是名色法界，乃至諸佛無上正等菩提界虚空界，是名諸佛無上正等菩提法界，此一切法界，無斷無别而可施設，是名一切法界相。諸菩薩摩訶薩，如實了知當於中學，於一切法如實了知略廣之相。

卷三百五十九

善現白佛言：菩薩復云何知一切法略廣相。佛言：一切法，不合不散。何以故。諸法皆無自性，若無自性，則無所有，若無所有，則不可説有合有散。諸菩薩摩訶薩，於一切法如是了知，則能了知略廣之相。時，善現白佛言：如是名爲略攝六種波羅蜜多，初修業菩薩，常應於中學，乃至住十地菩薩，亦應於中學，學此略攝波羅蜜多，於一切法知略廣相。佛言：如是如是，如是法門利根菩薩能入，中根菩薩亦能入。定根菩薩能入，不定根菩薩亦能入。善現，若菩薩摩訶薩，如此般若波羅蜜多所説而學，能隨證得一切法，轉近所求一切智智，所有魔事隨起即滅，爲十方一切如來應正等覺，現在住持説正法者皆共護念。所以者何。過去、未來、現在諸佛，無不皆從如是般若波羅蜜多而出生故。是故能行般若波羅蜜多，應作是念，過去、未來、現在諸佛所證得法，我亦當得常應不離一切智智，相應作意，修行般若波羅蜜多。若菩薩如此般若波羅蜜多所説而住，當知已爲無量真善知識之所攝受，已久修習一切法，當知是菩薩摩訶薩，住童子地，一切所願，無不滿足。常見諸佛，曾無暫捨，於諸善根，恒不捨離，常能成熟一切有情，亦常嚴淨所有佛土，已得無斷無盡辯才，已得殊勝陀羅尼法，成就最上微妙色身，已得諸佛授圓滿記，於隨所樂，爲度有情，受諸有身，已得自在。善知所緣門、善知行相門，善知字門、善知非字門，善知言、善知不言，善知增語、善知諸文、善知諸義，善知一切法、善知一切法作意、善知一切法相空，善知止息道、善知不止息道，善知生滅、善知住異，善知貪瞋癡、善知無貪瞋癡，善知見非見、善知邪見非邪見，善知一切見纏隨眠結縛、善知一切見纏隨眠結縛斷，善知名色、善知因緣，善知行、解、相狀，善知苦、集、滅、道，善知六道，善知預流果乃至無上正等菩提，善知一切智、一切相智，善知一切智道、一切相智道，善知根、善知慧，善知過去世、未來世、現在世，善知方便、善知意樂，善知顧有情，善知文義相，善知諸聖法，善知安立三乘方便。善現，若菩薩摩訶薩，修般若波羅蜜多，獲如是等功德勝利。爾時，善現白佛言：云何當行般若波羅蜜多。佛言：菩薩觀一切法寂靜故、可破壞故、不自在故、體虛妄故、不堅實故，應行若般波羅蜜多。善現復白佛言：菩薩爲經幾時，當行若般波羅蜜多。佛言：菩薩從初發心乃至安坐妙菩提座，應行若般波羅蜜多。善現，從初發心，乃至安坐妙菩提座，不容發起諸餘作意，唯常安住一切智智相應作意，乃至能令心、心所法於境不轉。善現復白佛言：爲但般若不可施設，爲靜慮乃至布施亦不可施設。佛言：非但般若波羅蜜多不可施設，一切法皆不可施設。

卷三百六十　至卷三百六十三之十六葉

善現白佛言：菩薩行深般若波羅蜜多時，豈不應於一切法學。佛言：菩薩行般若波羅蜜多時，應於一切法學不增不減。

行般若波羅蜜多時，應一切法不生不滅故學。行般若波羅蜜多時，應於一切法不起作諸行，若有若無故學。行般若波羅蜜多時，應觀諸法自相皆空故學。行般若波羅蜜多時，應觀一切法、一切法相空故學。

善現白佛言：若一切法、一切法相空，云何菩薩摩訶薩，當行般若波羅蜜多。佛言：善現，菩薩摩訶薩都無所行，是行般若波羅蜜多，以於其中一切戲論不可得故。善現言：菩薩摩訶薩都無所行，是行般若波羅蜜多，初修業菩薩摩訶薩，云何當行般若波羅蜜多。佛言：從初發心應於一切法常學無所得，修一切法時以無所得而爲方便修一切法。善現白佛言：云何名有所得，云何名無所得。佛言：諸有二者，名有所得。諸無二者，名無所得。世尊，云何名有二，云何名無二。善現，諸眼、諸色爲二，諸耳、諸聲爲二，乃至諸佛無上正等菩提、諸佛爲二，如是一切有戲論者皆名爲二。非眼、非色爲無二，非耳、非聲爲無二，乃至非諸佛無上正等菩提、非諸佛爲無二，如是一切離戲論者皆名無二。世尊，爲由有所得故無所得，爲由無所得故無所得。佛言：非由有所得故無所得，亦非由無所得故無所得，然有所得、無所得平等性，是名無所得。如是善現，於有所得、無所得平等性中應勤修學，如是學時，名學般若波羅蜜多無所得義，離諸過失。善現白佛言：菩薩行般若波羅蜜多時，不著有所得，不著無所得，云何從一地至一地漸次圓滿。若無從一地至一地漸次圓滿，云何當得所求無上正等菩提。佛言：非住有所得中，修行般若波羅蜜多，亦非住無所得中，修行般若波羅蜜多，能從一地至一地，漸次圓滿，證得無上正等菩提。何以故。此無所得法，亦無所得故。善現言：世尊，若不可得，云何菩薩摩訶薩修行般若波羅蜜多時，於一切法常樂決擇，謂此是色，此是受、想、行、識，乃至此是諸佛無上正等菩提。佛言：雖於諸法常樂決擇而不得色，亦不得受、想、行、識，乃至亦不得諸佛正等菩提。善現言：若不得一切法，云何能圓滿六度，入菩薩正性離生，嚴淨佛土、成熟有情及令證得常涅槃樂。佛言：菩薩摩訶薩不爲一切法故，修行般若波羅蜜多。善現言：爲何事故修行般若波羅蜜多。佛言：無所爲故，修行般若波羅蜜多，應以無所爲、無所作而爲方便，修行般若波羅蜜多。善現言：若一切法無所爲、無所作，不應安立三乘差別。佛言：非無所爲、無所作法安立可得，要有所爲、有所作法安立可得。所以者何。有諸愚夫無聞異生，執著一切法，由執著故，念色得色，念受、想、行、識得受、想、行、識，乃至念諸佛無上正等菩提，得諸佛無上正等菩提。是諸愚夫無聞異生，念一切法實可得，我當決定證得無上正等菩提，脱諸有情生死衆苦，令獲究竟常樂涅槃。善現，是諸愚夫無聞異生顛倒因緣，作如是念，則爲謗佛。何以故。佛以五眼求一切法，尚不可得，若有決定當得無上正等菩提，及脱有情生死衆苦，令獲究竟常樂涅槃無有是處。善現言：如來應正等覺以五眼求一切法不可得故，諸有情類亦不可得，則定無有證得無上正等菩提，及脱有情生死衆苦，令獲究竟常樂涅槃，云何世尊證得無上正等菩提，安立有情三聚差別，謂正性定聚、邪性定聚及不定聚。佛言：我以五眼如實觀察，決定無我能證無上正等菩提，安立有情三聚差別。然諸有情愚癡顛倒，於非實法起實法想。於非實有情想起實有情想。我爲遣除彼虚妄執，依世俗説，不依勝義。六十二卷。善現復白佛言：爲住勝義，證得無上正等菩提耶，爲住顛倒證得無上正等菩提耶。若不住勝義、不住顛倒者，將無世尊不證得無上正等菩提耶。不也，善現。我雖證得無上正等菩提，不住有爲界，不住無爲界，然有去、來、坐、立等事。善現，是所化者，若行一切法轉妙法輪，作諸佛事，復轉化作無量有情，於中建立正性等三聚差別。於汝意云何，是諸如來所變化者爲實有不。善現言：不也，世尊。佛言：如來亦爾，知一切法皆如變化，説一切法皆如變化，雖有所作而無真實，雖度有情而無所度，如所化者度化有情。如是善現，修行般若波羅蜜多，應知諸佛所變化者，雖有所爲而無執著。

善現白佛言：若一切法皆如變化，如來亦爾，佛與化人有何差别。佛言：佛與化人及一切法等無差别。何以故。佛所作業，佛所化人亦能作故。善現言：設無有佛，佛所化人能作業不。佛言：能作。善現言：其事云何。佛言：如過去世有一如來應正等覺，名善寂慧，自應度者皆已度訖，時無菩薩堪受佛記，遂化作一佛令住世間，自入無餘依大涅槃界。時彼化佛於半劫中作諸佛事，過半劫已授一菩薩摩訶薩記，現入涅槃。爾時，天、人、阿素洛等皆謂彼佛今入涅槃，然化佛身實無起滅。如是，善現，修行般若波羅蜜多，應信諸法皆如變化。

善現言：若如來身，與化無異，云何能作真淨福田。佛言：如如來法身由法性故，能與天、人、阿素洛等作淨福田。化佛亦爾，由法性故，能與天、人、阿素洛等作淨福田。當知如來與化佛身，等無差别，諸法、法性爲定量故。菩薩摩訶薩應以諸法、法性而爲定量，修行般若波羅蜜多善巧方便，入諸法法性已，而於諸法不壞法性，謂不分别此是一切法、此是一切法法性，不應分别諸法法性差别而壞法性。善現言：云何如來自壞諸法法性，謂此是色，此是受、想、行、識，乃至此是内法、此是外法，此是善法、此是非善法，此是有漏法、此是無漏法，此是世間法、此是出世間法，此是共法、此是不共法，此是有諍法、此是無諍法，此是有爲法、此是無爲法。佛既曾説如是等法，將無自壞諸法法性。佛言：但以名相方便假説諸法法性，令諸有情而得悟入諸法法性無差别理，我曾不壞諸法法性。善現言：云何佛於無名無相法以名相説令他悟入耶。佛言：我隨世俗假立名相，方便宣説諸法法性而無執著。如諸愚夫聞説苦等執著名相，不知假説，非諸如來及佛弟子聞説苦等執著名相，然如實知法但有名相，隨世俗説，無有真實諸法名相。善現言：若一切法但有名相，菩薩摩訶薩，爲何事故發菩提心，受諸勤苦，行菩薩行，修行一切法皆令圓滿。佛言：一切法但有名相、但假施設，名相性空。諸有情類顛倒執著、流轉生死，不得解脱。是故菩薩摩訶薩發菩提心、行菩薩行，漸次證得一切相智，轉正法輪，以三乘法，度脱有情，令出生死，入無餘依涅槃界。而諸名相無生無滅，亦無住異施設可得。爾時，善現白佛言：如來常説一切智、道相智、一切相智，如是三智，其相云何，有何差别。佛言：一切智者，是共聲聞及獨覺智。道相智者，是共菩薩摩訶薩智。一切相智者，是諸如來應正等覺不動妙智。善現言：何緣一切智是共聲聞及獨覺智。佛言：一切智者，謂五藴、十二處、十八界等，聲聞、獨覺亦能了知，而不能知一切道相，及一切法、一切種相。善現言：何緣道相智是共菩薩摩訶薩智。佛言：諸菩薩摩訶薩，應學徧知一切道相，謂聲聞道相、獨覺道相、菩薩道相、如來道相。菩薩修行般若波羅蜜多，都無所住而證實際。善現言：何緣一切相智，名一切相智耶。佛言：知一切法皆同一相，謂寂滅相，是故名爲一切相智。善現，諸相行狀能表諸法，如來如實能徧覺知，是故名一切相智。善現言：如是三智諸煩惱斷，有差別不，有有餘斷、無餘斷不。佛言：如來應正等覺，一切煩惱習氣相續，皆已永斷，聲聞、獨覺習氣相續，猶未永斷。善現，習氣相續，實非煩惱，然諸聲聞、獨覺，煩惱已斷，猶有少分似貪、瞋、癡、身、語、意轉，即說此爲習氣相續。此在愚夫異生相續，能引無義，非在聲聞、獨覺相續能引無義，如是一切習氣相續，諸佛永無。爾時，善現白佛言：道與涅槃俱無自性，佛何故說此是預流、此是一來、乃至此是如來應正等覺。佛言：如是一切無爲所顯，我依世俗言說顯示，不依勝義，非勝義中可有顯示。何以故。非勝義中有語言路，或分別慧，或復二種，然彼、彼邊斷，立彼、彼後際。善現言：一切法自相皆空，前際尚無，況有後際。佛言：如是如是，諸所有法，自相皆空，前際尚無，況有後際，立後際有定無是處。菩薩達一切法自相皆空，修行般若波羅蜜多，於諸法中無所執著，謂不執著内法外法、善法非善法、世間法非世間法、有漏法無漏法、有爲法無爲法，若聲聞法、獨覺法、菩薩法、如來法，如是一切皆不執著。善現白佛言：以何義故，名爲般若波羅蜜多。佛言：一切如來，及諸菩薩，用是般若波羅蜜多，依勝義理，分析諸法，如析諸色至極微量，猶不見有少實可得，故名般若波羅蜜多。善現，如來不見有法，能與少法爲義、非義，菩薩摩訶薩應離義、非義，常依般若波羅蜜多甚深義趣。善現，佛及弟子，皆以無爲法爲第一義，然無爲法不與諸法爲益爲損，是故般若波羅蜜多，不與諸法爲義、非義。善現白佛言：若無二法，不以二法、不二法得，菩薩云何當得一切智智。佛言：二、不二法俱不可得，是故所得一切智智，非有所得故得，亦非無所得故得，有所得法、無所得法不可得故。若如是知，乃能證得一切智智。

多問不二品竟。

卷三百六十三之十七葉實說品　至三百六十五

之十葉

善現白佛言：菩薩不得有情，亦復不得有情施設，而爲有情求趣無上正等菩提。佛言：如是如是，由此真如施設有情，即由此施設一切法，當知菩薩摩訶薩即是如來應正等覺，以一切法、一切有情皆以真如爲定量故，應學真如甚深般若波羅蜜多。

善現，一切有情皆趣聲聞、獨覺地，彼所獲福，於初發無上正等覺心一菩薩，所獲福聚，百分不及一，乃至那庾多分亦不及一。何以故。聲聞、獨覺，皆因菩薩摩訶薩有，非菩薩摩訶薩因諸聲聞、獨覺而有。

善現白佛言：初發無上正等覺心，何所思惟。佛言：恒正思惟一切相智。又汝所問一切相智，何所緣、何增上、何行相、有何相者。善現，一切相智無性爲所緣，正念爲增上，寂靜爲行相，無相爲相。善現言：爲但一切智無性爲性，爲一切法亦無性爲性。佛言：非但一切智無性爲性，一切法亦無性爲性。善現言：何緣一切相智無性爲性，何緣一切法亦無性爲性。佛言：一切相智自性無故，若法自性無，是法無性爲性。一切法自性無故，若法自性無，是法無性爲性。善現言：何緣一切相智自性無。佛言：一切相智無和合自性故，若法無和合自性，是法則以無性爲性。世尊，何緣一切法自性無。善現，一切法無和合自性故，若法無和合自性，是法則以無性爲性。由是因緣，諸菩薩摩訶薩，應知一切法皆以無性爲其自性。善現言：若一切法皆以無性爲自性者，初發無上正等覺心菩薩摩訶薩，成就何等善巧方便，能行一切法，成熟有情、嚴淨佛土。佛言：雖修學知一切法皆以無性爲其自性，而常精勤成熟有情、嚴淨佛土，知諸有情及諸佛土皆以無性爲其自性，雖行一切法、學菩提道，而知菩提道無性爲自性。菩薩摩訶薩如是修行安住一切法、學菩提道已圓滿故，由一刹那相應妙慧，證得如來一切相智。爾時，一切微細煩惱、習氣相續永不生故，名無餘斷，則名如來應正等覺。以無障礙清淨佛眼徧觀十方三界諸法，尚不得無，况當得有，是名最勝善巧方便。善現言：世尊，豈不諸法離諸法性。佛言：如是如是，所説諸法，無不離諸法性。善現言：若一切法離諸法性者，云何離法能知離法，若有若無。何以故。世尊，無法不應能知無法，有法不應能知有法，無法不應能知有法，有法不應能知無法。如是一切法，皆無知爲性，云何菩薩摩訶薩，修行般若波羅蜜多，顯示諸法若有若無。佛言：隨世俗故，顯示諸法若有若無，非隨勝義。世尊，世俗、勝義爲有異不。不也，善現，非異世俗别有勝義。何以故。世俗真如即是勝義。諸有情類顛倒妄執，於此真如不知不見。菩薩摩訶薩哀愍彼故，隨世俗相顯示諸法若有若無。諸有情類於蘊等法起實有想，不知非有。菩薩摩訶薩哀愍彼故，分别諸法若有若無，令彼有情類知蘊等法皆非實有。實説品竟。

卷三百六十五之十一葉巧便行品　卷三百六十六

善現白佛言：菩薩摩訶薩當於何處行菩薩行。佛言：當於一切法空行菩薩行，菩薩摩訶薩如是行菩薩行時，如佛無上正等菩提，於諸法中不作二相，名爲無上正等菩提行菩薩行。善現言：如來常説佛陀，以何義故名爲佛陀。佛言：隨覺實義，故名佛陀。現覺實法，故名佛陀。如實開覺一切有情，令離顛倒惡業衆苦，故名佛陀。如實覺一切法相所謂無相，故名佛陀。善現言：如來常説菩提，以何義故，名爲菩提。佛言：證法空義，是菩提義。證真如義，是菩提義。證實際義，是菩提義。證法性義，是菩提義。證法界義，是菩提義。假立名相，施設言説，能真實覺最上勝妙，故名菩提。不可破壞、不可分别，故名菩提。善現言：菩薩摩訶薩爲菩提故，行一切法時，於何等法爲益爲損、爲增爲減、爲生爲滅、爲染爲淨。佛言：菩薩摩訶薩，行深般若波羅蜜多時，不以二故攝受一切法。若菩薩摩訶薩以二故行，則諸善法不得增長。何以故。一切愚夫異生皆依二故，所起種種善法不得增長。菩薩摩訶薩行不二故，從初發心乃至最後心起，於一切時善法增長。

善現白佛言：何因緣故，菩薩摩訶薩，雖已恭敬供養諸佛、種植圓滿殊勝善根、得真善友攝受，而不能得一切智智。佛言：彼菩薩摩訶薩，遠離方便善巧力故，不能證得一切智智。善現言：何等名爲方便善巧，成就如是方便善巧，諸有所爲定能證得一切智智。佛言：從初發心，修行六波羅蜜多時，以一切智智相應作意，觀一切法自相皆空、無起無成、無轉無滅，入諸法相。知一切法，無作無能，入諸行相。是菩薩摩訶薩成就如是方便善巧，恒時增長殊勝善根，由增長故，能行一切法，成熟有情、嚴淨佛土。能行一切法而不忻求彼所得果，漸次證得一切智智，如是名爲方便善巧。成就如是方便善巧，諸有所爲定能證得一切智智。巧便行品竟。

卷三百六十六之十六葉遍學道品　至三百七十二之二葉

佛言：善現，諸菩薩摩訶薩具最勝覺，雖能受行如是深法，而於其中不求果報。何以故。於自性無動故。善現言：能於何等自性無動。佛言：能於一切法無性自性無動。何以故。善現，諸法自性即是無性，無性不能現證無性。

爾時，善現白佛言：世尊，有性法爲能現證無性不，無性法爲能現證有性不，有性法爲能現證有性不，無性法爲能現證無性不。不也，善現。世尊，若爾，亦應有性不能現觀無性，無性不能現觀有性，有性不能現觀有性，無性不能現觀無性，將無世尊不得現觀。佛言：有得現觀，然離四句非有非無，絶諸戲論，乃名現觀，得亦如是。善現言：菩薩摩訶薩以何爲戲論。佛言：觀一切法若常若無常，是爲戲論。觀一切法若樂若苦，是爲戲論。觀一切法若我若無我，是爲戲論。觀一切法若淨若不淨，是爲戲論。觀一切法若寂靜若不寂靜，是爲戲論。觀一切法若遠離若不遠離，是爲戲論。觀一切法若是所遍知，若非所遍知，是爲戲論。復次善現，菩薩摩訶薩若作是念，應修行一切法，是爲戲論。若作是念應斷一切煩惱習氣相續，是爲戲論。應證諸佛無上正等菩提，是爲戲論。如是等類一切戲論，是爲菩薩摩訶薩所有戲論。六十七卷。

復次，善現，菩薩摩訶薩應觀一切法不可戲論故，不應戲論，應行無戲論甚深般若波羅蜜多。六十九卷之十葉止。

善現白佛言：云何觀一切法皆無戲論。佛言：觀一切法無自性，若法無自性則不應戲論，是故一切法亦無戲論。永斷一切煩惱習氣相續，諸佛無上正等菩提亦無戲論。菩薩摩訶薩，若能如是行無戲論甚深般若波羅蜜多，便入菩薩正性離生。善現言：世尊，若一切法皆無自性，亦無戲論而可得者，菩薩摩訶薩用何等道，得入菩薩正性離生，爲用聲聞道，爲用獨覺道，爲用佛道耶。佛言：非用聲聞道，非用獨覺道，非用佛道得入菩薩正性離生。然諸菩薩摩訶薩於一切道先徧學已，用菩薩道而入菩薩正性離生。乃至未起金剛喻定，猶未能得一切智智，若起此定以一刹那相應妙慧，乃能證得一切智智。善現言：世尊，若菩薩摩訶薩爲欲圓滿一切相智，於一切道先遍學已，用菩薩道而入菩薩正性離生者，世尊，豈不第八道異、預流果道異、一來向道異、一來果道異、不還向道異、不還果道異、阿羅漢向道異、阿羅漢果道異、獨覺道異、如來道異。如是諸道既各有異，是菩薩摩訶薩，若起第八道時，應成第八。若起具見道時，應成預流果。若起進修道時，應成一來向，或成一來果，或成不還向，或成不還果，或成阿羅漢向。若起無學道時，應成阿羅漢果。若起獨覺道時，應成獨覺菩提。若菩薩摩訶薩成第八已，能入菩薩正性離生，無有是處。成預流果，乃至或成獨覺菩提已，能入菩薩正性離生，無有是處。不入菩薩正性離生，而能證得一切智智，亦無是處。世尊，云何令我如實了知於一切道要徧學已，方入菩薩正性離生，而不違理。佛言：善現，如是如是。諸菩薩摩訶薩，於一切道要徧學已，方入菩薩正性離生，亦不違理。謂諸菩薩摩訶薩，從初發心，勇猛正勤，修行六種波羅蜜多，以勝智見超過八地。何等謂八，謂淨觀地、種性地、第八地、見地、薄地、離欲地、已辦地、獨覺地。雖於如是所説八地皆徧修學，而能以勝智見超過，用道相智而入菩薩正性離生，復用一切相智，永斷一切習氣相續，入如來地，爾乃成就一切智智。是菩薩摩訶薩所學第八若智若斷，皆是菩薩摩訶薩忍。所學預流及一來、不還、阿羅漢、獨覺若智若斷，亦是菩薩摩訶薩忍。善現，是菩薩摩訶薩，徧學聲聞及獨覺等，諸所有道，得圓滿已，用道相智，趣入菩薩正性離生，復用一切相智，永斷一切習氣相續，入如來地，方成就一切智智。善現白佛言：如佛所説一切道相，於佛道中，云何當起道相智道。

佛言：應起一切淨道相智，若諸行狀相，能顯發起淨道相智，於如是諸行狀相，皆現等覺，如實爲他宣説開示、施設建立，令諸有情得無倒解，雖有解了而無執著。由此因緣，應學圓滿諸道相智，學已，應如實知一切有情隨眠意樂種種差別，應如實知地獄有情、傍生有情、鬼界有情，諸龍、藥叉、阿素洛等，四大王衆天，乃至非想、非非想處天諸道因果，知已，方便隨其所應，遮障彼道，及彼因果，或勸攝受修證善法，應如實知一切法，及彼因果。是菩薩摩訶薩，以如是道安立有情，應得預流果、一來果、不還果、阿羅漢果者，以預流果法，乃至阿羅漢果法而安立之。應得獨覺菩提、應得無上正等菩提者，以獨覺菩提法、無上正等菩提法而安立之，是名菩薩摩訶薩所應發起諸道相智。善現，諸菩薩摩訶薩，應行如是諸道般若波羅蜜多。何以故。一切聲聞、獨覺、菩薩摩訶薩所應學道，如是一切菩提分法，皆爲般若波羅蜜多所攝受故。六十九卷。善現白佛言：若一切種菩提分法，及諸菩提，如是一切，皆非相應，非不相應、無合無散、無色無見、無對一相，所謂無相。云何如是菩提分法能取菩提，能於餘法有取有捨。世尊，譬如虚空於一切法無取無捨，自相空故，諸法亦爾，自相皆空，非於餘法有取有捨。云何可説菩提分法能取菩提。佛言：如是如是，一切法自相皆空、無取無捨，然諸有情，於一切法自相空義，不能解了，哀愍彼故，方便宣説菩提分法能取菩提。

善現言：何等名聖法毗奈耶。佛言：若諸聲聞、獨覺、菩薩摩訶薩，若諸如來應正等覺，如是一切，皆與一切法非相應非不相應、不合不散，彼名爲聖，此是彼聖法毗奈耶，是故名聖法毗奈耶。何以故。此一切法，無色無見、無對一相，所謂無相。彼諸聖者，如實現見，無色與無色，非相應，非不相應、不合不散。無見與無見、無對與無對、一相與一相、無相與無相亦非相應非不相應、不合不散。菩薩摩訶薩於此常應修學，學已，不得一切法相。善現言：菩薩摩訶薩，豈不應於一切法相學耶。佛言：若一切法實有相者，諸菩薩摩訶薩應於中學。以一切法實非有相，是故不於有相法學，亦復不於無相法學。何以故。如來出世，若不出世，法界常住，諸法一相，所謂無相。如是無相，既非有相，亦非無相。

一切法非有相、非無相、非一相、非異相，菩薩摩訶薩，知一切法咸同一相，所謂無相。修此無相，是修般若波羅蜜多。

善現言：云何菩薩摩訶薩，修遣一切法、亦遣此修，是修般若波羅蜜多。佛言：菩薩摩訶薩行深般若波羅蜜多時，若念有一切法有遣此修，非修行般若波羅蜜多。何以故。非有想者，能修般若波羅蜜多。住有想者，若修一切法，必當執有我及我所，由此執故，便著二邊。著二邊故，不解脱生死，無道、無涅槃，云何實能修一切法，乃至般若波羅蜜多。

善現復白佛言：何等是有，何等是非有。佛

言：二是有，不二是非有。世尊，云何爲二，云何爲不二。佛言：一切法想爲二，一切法想空爲不二，乃至一切想皆爲二，一切二皆是有，一切有皆有生死，有生死者，不能解脱生老病死愁歎苦憂惱。諸相空者，皆爲無二，諸無二者，皆是非有，諸非有者，皆無生死，無生死者，則能解脱生老病死愁歎苦憂惱。七十一卷。

善現，由此因緣，當知有二想者，定無六種波羅蜜多、無道無果，亦無現觀。下至順忍，彼尚非有，況有一切法徧知。彼尚不能修諸聖道，況得預流、一來、不還、阿羅漢、獨覺菩提，況復能得一切智智，及能永斷一切煩惱習氣相續。

遍學道品竟。

般若綱要卷六

般若綱要卷七

古南沙廣通門閲正

七空居士葛⿰鼎曹提綱

卷三百七十二之三葉三漸次品　卷三百七十三

善現白佛言：菩薩摩訶薩，行深般若波羅蜜多時，爲有有想、有無想不，爲有一切法想不，爲有一切法想、有一切法斷想不。佛言：於一切法皆無有想，亦無無想。善現，若無有想，亦無無想，當知即是菩薩順忍。若無有想，亦無無想，即是修道。若無有想，亦無無想，即是得果。善現當知，無性即是菩薩摩訶薩道，無性即是菩薩摩訶薩現觀，由此因緣，應知一切法皆以無性爲其自性。善現言：世尊，若一切法皆以無性爲自性者，云何如來於一切法，無性爲性現等正覺，現等覺已，於一切法，及諸境界，皆得自在。佛言：如是如是，我本修學菩薩道時，於諸靜慮，以清淨行相，無所分別，具足安住，於所發起智證通，以如虛空見，無所分別，具足安住。善現，我於爾時，以一刹那相應妙慧，證得無上正等菩提。謂現等覺，是四聖諦，都無所有，成就一切法無邊功德，安立三聚有情差别，隨其所應方便教導，令獲殊勝利益安樂。

善現言：世尊，若諸菩薩摩訶薩，依無性爲自性法，起四靜慮，發五神通，證得無上正等菩提，安立三聚有情差别，方便教導令獲利樂事者，云何菩薩摩訶薩，於無性爲自性法中，有漸次業、漸次學、漸次行，由此漸次，證得無上正等菩提。佛言：諸佛世尊，以無性爲自性，究竟證得以無性爲自性法，故名佛世尊。諸菩薩摩訶薩、一切獨覺、諸阿羅漢、一切不還、一來、預流諸賢善士、諸餘有情、一切行、一切法皆以無性爲自性，乃至無有如毛端量若行，若法實有自性而可得者。是菩薩摩訶薩聞此事已，作是思惟，皆以無性爲自性證得信解，以無性爲自性法故，名佛、菩薩、獨覺、聲聞賢善士者，我於無上正等菩提若當證得，若不證得一切有情、一切行、一切法，我定應發趣無上正等菩提，得菩提已，若諸有情行有想者，方便安立令住無想。是菩薩摩訶薩既思惟已，爲普救度諸有情故，作漸次業、修漸次學、行漸次行，先應修行布施、淨戒、安忍、精進、靜慮波羅蜜多，後應修行般若波羅蜜多。菩薩摩訶薩，雖能如是作漸次業、修漸次學、行漸次行，而觀一切都不可得。何以故。以一切法自性無故。是爲菩薩摩訶薩依行六種波羅蜜多，作漸次業、修漸次學、行漸次行。復次，善現，菩薩摩訶薩作漸次業、修漸次學、行漸次行時，從初發心，以一切智智相應作意，信解諸法，皆以無性爲其自性，先應修佛隨念，次應修法隨念，次應修僧隨念，次應修戒隨念，次應修捨隨念，後應修天隨念。

一切法無自性，若無所有，則不可念。所以

者何。若無念無思惟，是爲隨念。菩薩摩訶薩，不應以一切法思惟，是爲菩薩摩訶薩作漸次業、修漸次學、行漸次行，則圓滿一切法，證得一切智智。菩薩摩訶薩，以無性爲自性方便力故，覺一切法皆無自性，其中無有想，亦復無無想，謂於其中尚無少念，況有念佛、念法、念僧、念戒、念捨、念天。復次，善現，菩薩摩訶薩，修行般若波羅蜜多時，爲欲圓滿作漸次業，修漸次學，行漸次行，以無性爲自性方便力故，應學一切法。學一切法時，皆以無性爲其自性，於中無少念可得，況有所念一切法。如是諸念及所念法若少有實，無有是處。善現，雖作漸次業、修漸次學、行漸次行，而於其中所有一切心所行業、心所行學、心所行行皆悉不轉，以一切法皆以無性爲自性故。善現言：若一切法皆以無性爲自性者，則應無一切法，應無佛，亦無法僧。應無道，亦無果。應無雜染，亦無清淨。應無行，亦無得。無現觀，乃至一切法皆應是無。佛言：於汝意云何，於一切法皆以無性爲自性中，有性、無性爲可得不。善現言：俱不可得。佛言：若俱不可得，云何汝今可爲是問，若一切法皆以無性爲自性者，則應無一切法。時，善現白佛言：我於是法無惑無疑，然當來世，有苾芻等，或求聲聞乘、獨覺乘，或求菩薩摩訶薩乘，彼作是說，佛說一切法皆以無性爲其自性者，誰染誰淨、誰縛誰解。彼於染淨及於縛解，不了知故，破戒、破見、破威儀、破淨命。由破戒、見、威儀、淨命，當墮地獄、旁生、鬼界，受諸劇苦，輪迴生死，難得解脫。我觀未來，當有如是可怖畏事，故問如來應正等覺如是深義，然我於此無惑無疑。佛言：善哉善哉，如汝所說，於一切法皆以無性爲自性中，有性、無性俱不可得，不應於此執有、無性。三漸次品竟。

卷三百七十三之十五葉無相無得品　至三百七十八之四葉

善現白佛言：菩薩摩訶薩見何等義，爲欲利

樂諸有情故，求趣無上正等菩提。佛言：以一切法皆以無性爲自性故，爲欲利樂有情，求趣無上正等菩提。何以故。諸有情類具斷常見，住有所得，難可調伏。愚癡顛倒，難可解脱。善現，住有所得者，由有所得想，無得、無現觀，亦無無上正等菩提。若無所得，即是得，即是現觀，即是無上正等菩提，以不壞法界故。若於是無所得中欲有所得，欲得現觀，欲得無上正等菩提，當知彼爲欲壞法界。

善現言：何因緣故，無所得者，六種波羅蜜多及諸神通，皆無差別。佛言：菩薩摩訶薩，修行般若波羅蜜多時，不得所施而行布施、不得淨戒而護淨戒、不得安忍而修安忍、不得精進而修精進、不得靜慮而修靜慮、不得般若而修般若、不得神通而修神通，乃至不得有情而成熟有情，不得佛土而嚴淨佛土，不得一切佛法而證無上正等菩提，能行如是無所得般若波羅蜜多，一切惡魔皆不能壞。善現白佛言：云何修行般若波羅蜜多時，一心具攝六種波羅蜜多，亦能具攝一切法。佛告善現：所行一切法，不離般若波羅蜜多，皆爲般若波羅蜜多之所攝受。善現，如是菩薩摩訶薩，修行般若波羅蜜多時，一刹那心，則能具攝六種波羅蜜多，亦能具攝一切法，亦能具攝三十二大士相、八十隨形好。

佛告善現，修行般若波羅蜜多時，所行一切法，皆爲般若波羅蜜多所攝受故，遠離二想。

修行般若波羅蜜多時，爲欲圓滿一切法故，即於一法中攝受一切法，由是因緣而無二想。

七十五卷竟。

善現言：云何住無漏心而行一切法。佛告善現：修般若波羅蜜多時，以離相心修行一切法，所謂不見我能修一切法，我能捨此、於此、由此、爲此。如是修一切法，住是離相無漏心中，無染無著而修一切法。爾時，不見所修一切法，亦復不見此無漏心，乃至不見一切佛法，如是菩薩摩訶薩住無漏心而修一切法。

佛告善現：菩薩摩訶薩，行深般若波羅蜜多時，能以離相無漏之心而行六種波羅蜜多，由離諸相無漏心力，能於一切無相、無覺、無得、無影、無作法中，圓滿六種波羅蜜多，亦能圓滿諸餘功德。無相無得品竟。

卷三百七十八之五葉無雜法義品　卷三百七十九

爾時，善現白佛言：世尊，云何於一切無雜無相、自相空法中，能圓滿修布施、淨戒、安忍、精進、靜慮、般若波羅蜜多。云何於一切無漏無差別法中，施設如是諸法差別，及可了知。云何於般若波羅蜜多中，攝受一切布施、淨戒、安忍、精進、靜慮、般若波羅蜜多，攝受一切內空、外空乃至無性自性空，攝受一切真如、法界、法性乃至不思議界，攝受一切四念住、四正斷、四神足、五根、五力、七等支覺、八聖道支，攝受一切空、無相、無願解脱門，攝受一切苦、集、滅、道聖諦，攝受一切四靜慮、四無量、四無色定，攝受一切八解脱、八勝處、九次第定、十徧處，攝受一切三摩地門、陀羅尼門，攝受一切五眼、六神通，攝受一切佛十力、四無所畏、四無礙解、大慈大悲大喜大捨、十八佛不共法，攝受一切無忘失法、恒住捨性，攝受一切一切智、道相智、一切相智，攝受一切世、出世法。云何於一切異相法中，施設一相所謂無相，及於一相、無相法中，施設種種差別法相。佛言：善現，若菩薩行深般若波羅蜜多時，安住如夢、如響、如像、如光影、如陽焰、如幻事、如尋香城、如變化事五取蘊中，修行布施、淨戒、安忍、精進、靜慮、般若波羅蜜多，如實了知如夢、如響乃至如變化事五取蘊皆無相。所以者何。諸夢、響乃至如變化事皆無自性。若法無自性，是法則無相，若法無相，是法一相所謂無相。由此因緣，當知一切布施無相、施者無相、受者無相、施物無相，若如是知而行布施，則能圓滿修行布施波羅蜜多，若能圓滿布施波羅蜜多，則不遠離淨戒、安忍、精進、靜慮、般若波羅蜜多，安住如是布施乃至般若波羅蜜多，則能圓滿四靜慮、四無量、四無色定，乃至亦能圓滿一切智、道相智、一切相智。是菩薩安住如是異熟生聖無漏諸法中，以神通力往到十方殑伽沙等諸佛世界，復以種種上妙所須供養恭敬、尊重讚歎諸佛世尊，作諸有情利益安樂。應以布施而攝益者，即以布施而攝益之。應以淨戒、安忍、精進、靜慮、般若而攝益者，即以淨戒乃至般若而攝益之。應以諸餘種種善法而攝益者，即以諸餘種種善法而攝益之。應以一切殊勝善法而攝益者，即以一切殊勝善法而攝益之。是菩薩成就如是無量善法，雖受生死不爲生死過失所染，爲欲利樂諸有情故，攝受人、天，富貴自在，由此富貴自在威力，能作有情諸利樂事，以四攝事而攝受之。是菩薩知一切法皆無相故，雖知預流果，而不住預流果。雖知一來果、不還果、阿羅漢果而不住一來、不還、阿羅漢果。雖知獨覺菩提，而不住獨覺菩提。所以者何。是菩薩如實了知一切法已，爲欲證得一切相智，不共一切聲聞、獨覺。如是善現，菩薩知一切法皆無相故，如實了知布施、淨戒、安忍、精進、靜慮、般若亦皆無相，如實了知諸餘佛法亦皆無相。由是因緣，普能圓滿一切佛法。

復次，善現，菩薩行深般若波羅蜜多時，安住如夢、如響，乃至如變化事五取蘊中，圓滿淨戒波羅蜜多。是菩薩如實了知是五取蘊如夢、如響乃至如變化事已，便能圓滿無相淨戒波羅蜜多。如是淨戒無缺無隙、無瑕無穢、無所取著，應受供養，智者所讚妙善受持、妙善究竟，是聖無漏，是出世間道支所攝。安住此戒，能善受持：受施設戒、法爾得戒、律儀戒、有表戒、無表戒、現行戒、不現行戒、威儀戒、非威儀戒。是菩薩雖具成就如是諸戒而無取著，不作是念，我由此戒，當生刹帝利大族、婆羅門大族、長者大族、居士大族，富貴自在。不作是念，我由此戒，當爲小王，或爲大王，或爲輪王，富貴自在。不作是念，我由此戒，當生四大王衆天，乃至他化自在天，當生梵衆天，乃至大梵天，當生光天，乃至極光淨天，當生淨天，乃至遍淨天，當生廣天，乃至廣果天，當生無煩天，乃至色究竟天，富貴自在。不作是念，我由此戒，當生空無邊處，或生識無邊處，或生無所有處，或生非想非非想處，富貴自在。不作是念，我由此戒當得預流果乃至或得獨覺菩提，或入菩薩正性離生，或得菩薩無生法忍，或得無上正等菩提。所以者何。是諸法皆無相，咸同一相，所謂無相。無相之法，不得無相。有相之法，不得有相。無相之法，不得有相。有相之法，不得無相。由是因緣，都不可得。如是善現，菩薩修行般若波羅蜜多，速能圓滿無相淨戒波羅蜜多，證入菩薩正性離生，復得菩薩無生法忍。既得菩薩無生法忍，修行道相智，趣一切相智，得異熟五神通，復得五百三摩地門、五百陀羅尼門。安住此中復能證得四無礙解，從一佛土至一佛土，供養、恭敬、尊重、讚歎諸佛世尊，成熟有情、嚴淨佛土。是菩薩爲化有情，雖現流轉諸趣生死，而不爲彼煩惱業報諸障所染，譬如化人，雖現行、住、坐、卧等事而無真實往來等業。雖現種種饒益有情而於有情及彼施設都無所得，如有如來應正等覺證得無上正等菩提，轉妙法輪度無量衆，令脱生死，證得涅槃，而無有情堪受次得無上正等菩提記者。時，彼如來化作化佛，令久住世，自捨壽行，入無餘依般涅槃界，彼化佛身住一劫已，授一菩薩無上正等菩提記已，方入涅槃。彼佛化身，雖作種種益有情事，而無所得，謂不得色，不得受、想、行、識。不得眼處，不得耳、鼻、舌、身、意處。不得色處，不得聲、香、味、觸、法處。不得眼界，不得耳、鼻、舌、身、意界。不得色界，不得聲、香、味、觸、法界。不得眼識界，不得耳、鼻、舌、身、意識界。不得眼觸，不得耳、鼻、舌、身、意觸。不得眼觸爲緣所生諸受，不得耳、鼻、舌、身、意觸爲緣所生諸受，不得一切有漏、無漏法及有情。是菩薩亦復如是，雖有所作而無所得。如是善現，菩薩修行般若波羅蜜多，圓滿淨戒波羅蜜多，由此淨戒波羅蜜多得圓滿故，便能攝受一切佛法。復次，善現，菩薩行深般若波羅蜜多時，安住如夢、如響，乃至如變化事五取蘊中，圓滿安忍波羅蜜多，是菩薩如實了知是五取蘊如夢、如響，乃至如變化事已，便能圓滿無相安忍波羅蜜多。

善現，是菩薩修二種忍，便能圓滿無相安忍波羅蜜多。何等爲二，一安受忍，二觀察忍。安受忍者，謂諸菩薩從初發心，乃至安坐妙菩提座，於其中間，假使一切有情之類，競來呵毁，以粗惡言，罵詈凌辱，復以瓦石刀杖加害，是菩薩爲滿安忍波羅蜜多，不生一念瞋恨，亦復不起加報之心。但作是念，彼諸有情深可憐愍，增上煩惱撞繫其心，不得自在，於我發起如是惡業，我今不應瞋恨於彼。復作是念，由我攝受怨家諸蘊，令彼有情，於我發起如是惡業，但應自責，不應瞋彼。菩薩如是審觀察時，於彼有情，深生慈愍，如是等類，名安受忍。觀察忍者，謂諸菩薩作是思惟，諸行如幻，虚妄不實、不得自在，亦如虚空，無我有情，乃至知者、見者，皆不可得。唯是虚妄分别所起，誰呵毁我、誰罵詈我、誰凌辱我，誰以種種瓦石刀杖加害於我，誰復受彼毁辱加害，皆是自心虚妄分别，我今不應横起執著，如是諸法由自性空、勝義空故，都無所有。菩薩如是審觀察時，如實了知諸行空寂，於一切法不生異想，如是等類名觀察忍。是菩薩修習如是二種忍故，便能圓滿無相安忍波羅蜜多，即便獲得無生法忍。時，善現白佛言：云何爲無生法忍，此何所斷，復是何智。佛言：善現，由此勢力，乃至少分惡不善法，亦不得生，是故説名無生法忍。此令一切我及我所，慢等煩惱，究竟寂滅，如實忍受諸法如夢、如響，乃至如變化事，此忍名智，得此智故，説名獲得無生法忍。善現復白佛言：聲聞、獨覺無生法忍，與菩薩摩訶薩無生法忍，有何差别。佛言：善現，諸預流者、諸一來者、諸不還者、諸阿羅漢若智若斷，亦名菩薩摩訶薩忍。一切獨覺若智若斷，亦名菩薩摩訶薩忍。復有菩薩摩訶薩忍，謂忍諸法畢竟不生，是爲差別。善現，菩薩成就如是殊勝忍故，超勝一切聲聞、獨覺。是菩薩安住如是殊勝異熟無生忍中，行菩薩道，能圓滿道相智，常不遠離四念住、四神足、五根、五力、七等覺支、八聖道支，亦不遠離空、無相、無願解脱門，亦不遠離異熟神通。由不遠離異熟神通，從一佛土至一佛土，供養恭敬諸佛世尊、成熟有情、嚴淨佛土，以一刹那相應妙慧，證得無上正等菩提。如是善現，菩薩修行般若波羅蜜多，速能圓滿無相安忍波羅蜜多，便能證得一切智智，一切佛法無不圓滿。

復次，善現，菩薩行深般若波羅蜜多時，安住如夢、如響，乃至如變化事，五取蘊中，如實了知五取蘊如夢、如響，乃至如變化事，無實相已，發起勇猛，身心精進，引發殊[二]迅速神通，由此神通，往十方界供養恭敬、尊重讚歎諸佛世尊，於諸佛所植衆德本，利益安樂無量有情，亦能嚴淨種種佛土。是菩薩由身精進，成熟有情，隨其所宜，方便安立於三乘法，各令究竟。如是善現，菩薩修行般若波羅蜜多，由身精進，速能圓滿無相精進波羅蜜多。善現，是菩薩發起勇猛，心精進故，引發諸聖無漏道支所攝精進，圓滿精進波羅蜜多，於中具能攝諸善法，謂四念住、四正斷、四神足，乃至一切智、道相智、一切相智。是菩薩安住此中，能圓滿一切相智，永斷一切習氣相續，諸相隨好，成就圓滿，證得無上正等菩提，放大光明，遍照三千大千世界，令諸世界六種變動，轉正法輪，具三十二相。諸有情類蒙光照觸，覩斯變動、聞正法音，皆於三乘復不退轉。如是，善現，菩薩修行般若波羅蜜多，圓滿精進波羅蜜多，能辦自他多饒益事，速能圓滿一切佛法，證得無上正等菩提。復次，善現，菩薩行深般若波羅蜜多時，安住如夢、如響乃至如變化事五取蘊中，圓滿靜慮波羅蜜多，如實了知是五取蘊如夢、如響，乃至如變化事無實相已，入初靜慮具足住，入第二、第三、第四靜慮具足住，入慈悲喜捨無量具足住，入空無邊處定具足住，入識無邊處、無所有處、非想非非想處定具足住，修空三摩地，修無相、無願三摩地，乃至若餘無量三摩地。如是一切，皆能身證具足而住，然於如是靜慮、無量、無色定等諸三摩地不生味著，亦不躭著彼所得果。何以故。是菩薩如實了知靜慮、無量等及一切法皆無實相，皆以無性而爲自性。不應以無相法，味著無相法，亦不應以無性爲自性法，味著無性爲自性法，由不味著，終不隨順靜慮、無量、無色定等諸三摩地勢力，而生色、無色界。何以故。是菩薩於一切界，都無所得，於入定者及所入定、由此入定，亦無所得。速滿[三]圓滿無相靜慮波羅蜜多，超諸聲聞及獨覺地。善現白佛言：云何圓滿無相靜慮波羅蜜多，超諸聲聞及獨覺地。佛言：善現，是菩薩善學內空、外空，乃自[三]無性自性空故，是菩薩於是諸空中，不得一切法，安住此中，不得預流果，不得一來、不還、阿羅漢果、獨覺菩提，不得一切菩薩摩訶薩行、諸佛無上正等菩提。何以故。是諸空性亦皆空故。由住此空，超諸聲聞及獨覺地，證入菩薩正性離生。善現復白佛言：菩薩以何爲生，以何爲離生。佛言：菩薩以一切有所得爲生，以一切無所得爲離生。善現白佛言：以何爲有所得，以何爲無所得。佛言：以一切法爲有所得，謂以色爲有所得，以受、想、行、識爲有所得，乃至以一切菩薩摩訶薩行爲有所得，以諸佛無上正等菩提爲有所得，菩薩以如是等有所得爲生。善現，無所得者，謂於如是一切法，無行無得、無説無示。謂於色，無行無得、無説無示，於受、想、行、識無行無得、無説無示。何以故。色自性乃至識自性，皆不可行、得、説、示故。乃至菩薩摩訶薩行，無行、無得、無説、無示。於諸佛無上正等菩提無行、無得、無説、無示。何以故。一切菩薩摩訶薩行自性、諸佛無上正等菩提自性，皆不可行、得、説、示故。菩薩以如是等無行、無得、無説、無示爲無所得，即無所得説名離生，善現，是爲菩薩摩訶薩生及離生。諸菩薩證入正性離生位已，圓滿一切靜慮解脱、等持等至，是菩薩尚不隨定勢力而生，況隨貪等煩惱勢力。是菩薩若住此中，造作諸業，由業勢力，生四靜慮，諸趣流轉，無有是處。是菩薩雖住如幻諸行聚中，作諸有情如實饒益，而不得幻及有情，於如是無所得時，成熟有情、嚴淨佛土，疾證無上正等菩提，轉妙法輪、度無量衆。如是善現，菩薩修行般若波羅蜜多，速能圓滿無相靜慮波羅蜜多，由是靜慮波羅蜜多，疾證菩提轉妙法輪，度無量衆。如是法輪，名無所得，亦名爲空、無相、無願，能作有情無上饒益。復次，善現，菩薩行深般若波羅蜜多時，安住如夢、如響乃至如變化事五取藴中，圓滿般若波羅蜜多。是菩薩如是了知一切法皆如夢、如響乃至如變化事已，便能圓滿無相般若波羅蜜多。善現，菩薩修行般若波羅蜜多時，不見夢，不見見夢者。不聞響，不見聞響者。乃至不見變化事，不見見變化事者。何以故。夢、見夢者，響、聞響者乃至變化事、見變化事者，皆是愚夫異生顛倒所執著故。諸阿羅漢、獨覺、菩薩及諸如來應正等覺皆不見夢，亦不見見夢者。皆不聞響，亦不見聞響者。乃至皆不見變化事，亦不見見變化事者。何以故。以一切法皆以無性而爲自性，非成非實、無相無爲、非實有性，與涅槃等。若一切法皆以無性而爲自性，非成非實、無相無爲、非實有性，與涅槃等，云何菩薩修行般若波羅蜜多時，於一切法起有性想、成想、實想、有相有爲、實有性想、非寂滅想。若起是想，無有是處。何以故。若一切法有少自性、有成有實、有相有爲、有實性、非寂滅而可得者，則所修行甚深般若波羅蜜多，應非般若波羅蜜多。如是菩薩行深般若波羅蜜多時，不著色，不著受、想、行、識，乃至不著一切菩薩摩訶薩行，不著諸佛無上正等菩提。由不著故，能圓滿初地而於其中不生貪著。何以故。是菩薩不得初地，云何於中而起貪著。由不著故，能圓滿第二、第三乃至第十地而於其中不生貪著。何以故。是菩薩不得第二地乃至第十地，云何於中而起貪著，是菩薩雖修行般若波羅蜜多，而不得般若波羅蜜多，由不得般若波羅蜜多故，亦不得一切法，雖觀般若波羅蜜多攝一切法，而於是法都無所得。何以故。如是諸法，與此般若波羅蜜多無二無別。所以者何。一切法性，不可分别說爲真如，説爲法界、法性，乃至不思議界，法無雜、無差别故。時，善現白佛言：若一切法性皆無雜、無差別者，云何可説是善是非善、是有漏是無漏、是世間是出世間、是有爲是無爲，諸如是無量法門。佛告善現：於汝意云何，一切法實性中，有法可説，是善是非善，乃至是有爲是無爲，是預流果、一來果，乃至是佛無上正等菩提不。善現答言：不也，世尊。佛言：善現，由此因緣，當知一切法無雜、無差別、無相無生無滅、無礙無説無示。善現，當知我本修行菩薩道時，於法自性都無所得，謂若色，若受、想、行、識，乃至若諸菩薩摩訶薩行，若佛無上正等菩提，於如是等諸法自性，都無所得。如是善現，菩薩修行般若波羅蜜多，從初發心，乃至安坐妙菩提座，將證無上正等菩提，常應善知諸法自性，則能善淨大菩提道，亦能圓滿諸菩薩行，成熟有情、嚴淨佛土，安住是法，疾證無上正等菩提，轉妙法輪，以三乘法，方便調伏諸有情類，令於三有速得解脱。如是善現，菩薩摩訶薩，以無所得而爲方便，應學般若波羅蜜多，速能圓滿一切佛法。

無雜法義品竟。

卷三百七十九之十葉諸功德相品　至三百八十三之十六葉

善現白佛言：云何諸法都無實事，皆以無性而爲自性，自相皆空而可安立，是善是非善、是有漏是無漏、是世間是出世間、是有爲是無爲，乃至是預流，以至是諸佛無上正等菩提耶。佛告善現：世間愚夫無聞異生，得夢、得見夢者，得響、得聞響者，得像、得見像者，得光影、得見光影者，得陽焰、得見陽焰者，得幻事、得見幻事者，得尋香城、得見尋香城者，得變化事、得見變化事者，顛倒執著造身語意善、不善行，由諸行故，往來生死流轉無窮。菩薩摩訶薩行深般若波羅蜜多，觀察畢竟無際二空、安住畢竟無際二空，爲彼有情，宣說正法，謂言，一切法是空，無我、我所都無自性。又作是言，此中無一切法，汝等虛妄分別力故，無一法中見有一切法，當知蘊界處等一切法性，皆從衆緣和合建立，顛倒所起，諸業異熟之所攝受。汝等何爲於是虛妄無實事法，起實事想。是時菩薩摩訶薩，修行般若波羅[四]善巧方便，拔濟有情，若諸有情躭著，有爲及果，以諸方便，令住無餘般涅槃界，成就無色、無見、無對、真無漏法，安住其中，爲說種種大菩提道，示現勸導、讚勵慶喜，令住無上正等菩提。善現，菩薩摩訶薩觀察、安住畢竟無際二空，雖知諸法如夢、如幻，乃至如變化事，都非實有、自性皆空，而能安立是善是非善，乃至是有爲是無爲，乃至是能證預流果、是能證諸佛無上正等菩提，皆無雜亂。善現，汝等若知菩薩摩訶薩甚奇希有之法，聲聞、獨覺皆非所有、不能測量，於諸菩薩摩訶薩辯，尚不能報，況餘有情而能酬對。七十九卷竟。

善現言：何等名爲甚奇希有之法，聲聞、獨覺皆非所有。佛告善現：菩薩摩訶薩，行深般若波羅蜜多時，施諸有情，上從諸佛、下至傍生，平等平等，無所分別。何以故。了達諸法及諸有情，自性皆空、都無差別，故無異想，由無異想，當得無異、無分別果。復次，菩薩摩訶薩，恒作是念，我爲利樂諸有情故而受此身，諸有來求，定當施與，見有乞者便作是念，今於此中，誰施誰受、所施何物、由何而施、爲何而施、云何而施，諸法自性，皆不可得。所以者何。如是諸法皆畢竟空，非空法中有予有奪，住此空中而行布施，爲他割截内外物時，心無瞋恨，但念有情及法，一切皆空，誰割截我、誰受割截、誰復觀空。

善現言：若菩薩摩訶薩亦能得一切相智者，與諸如來應正等覺，有何差别。佛言：諸菩薩摩訶薩，與諸如來應正等覺，俱住諸法無差别性，於諸法相求正遍知，説爲菩薩摩訶薩衆，若至究竟，即名如來應正等覺。於一切法自相、共相照了無闇、清淨具足。住因位時，名爲菩薩摩訶薩衆。若至果位，即名如來應正等覺。

世間法施，出世法施。自三百八十卷之十四葉，至八十一卷之九葉，並標名相，所謂出世聖法財法二施結。

如來應正等覺，於法善巧、於字善巧，以於諸法諸字善巧，於無字中亦得善巧，由善巧故，能爲有情説有字法、説無字法，爲無字法説有字法。所以者何。離字無字無異佛法，過一切字名真佛法，以一切法、一切有情，皆畢竟空、無際空故。

善現言：若一切法、一切有情，皆畢竟空、無際空，超諸字者，則一切法、一切有情，自性畢竟皆不可得，云何菩薩摩訶薩，修行一切法，云何爲諸有情宣説正法。佛告善現：見一切法皆悉空已，爲諸有情宣説諸法，而於有情都無所得、於一切法亦無所得，於諸空相不增不減、無取無捨。由是因緣，雖説諸法而無所説。善現，於一切法如是觀時，於一切法得無障智。由此智故，不壞諸法，無二分别，爲諸有情如實宣説。八十一卷竟。菩薩摩訶薩行深般若波羅蜜多，爲諸有情如應説法，雖不分别破壞法相，而能如實安立有情，令其安住所應住地，雖於有情及一切法都無所得，而令有情解脱妄想顛倒執著、無縛無脱爲方便故。所以者何。一切法本性無縛無脱，一切法本性無縛無脱則非一切法。何以故。一切法畢竟淨故。復次，善現，行深般若波羅蜜多時，以無所住爲方便故，住一切法無所得中，謂以無所住爲方便故。善現，一切法無所住，一切法空無所住。何以故。一切法無自性不可得，一切法空亦無自性不可得，非無自性不可得法有所住故。菩薩摩訶薩，以是諸空，修遣諸法，亦能如實説示有情，而於法性無轉無越。何以故。諸法實性即是法界、真如、實際，如是法界、真如、實際皆無自性而可轉越。八十二卷。

善現白佛言：若真如界、真如實際無轉越者，一切法與法界、真如、實際爲有異不。佛言：一切法不異法界、真如、實際。善現言：若一切法不異法界、真如、實際者，云何世尊安立黑法感黑異熟，所謂地獄、旁生、鬼界。安立白法感白異熟，所謂人、天。安立黑白法感黑白異熟，所謂一分旁生、鬼界及一分人、天。安立非黑非白法感非黑非白法異熟，所謂預流果或一來果，或不還果、或阿羅漢果、或獨覺菩提，或復無上正等菩提。佛言：善現，依世俗諦，安立如是因果差別，不依勝義。勝義諦中不可説有因果差別，勝義諦中，一切法性不可分別，無説無示，云何當有因果差別，勝義諦中，無生無滅、無染無淨，以畢竟空、無際空故。善現復白佛言：若依世俗諦故，安立聖果差別，不依勝義諦者，則一切愚夫異生皆應有預流果乃至菩提。佛告善現：一切愚夫異生，如實知世俗諦及勝義諦，不若如實知彼應有預流果，乃至應有阿耨多羅三藐三菩提。然諸愚夫異生，不如實知世俗諦及勝義諦，無聖道、無修聖道，彼云何有聖果差別。惟諸聖者，能如實知世俗諦及勝義諦有聖道、有修聖道，是故得有聖果差別。善現言：若修聖道，得聖果不。佛言：不也，善現。非修聖道能得聖果，亦非不修聖道能得聖果。非離聖道能得聖果，亦非住聖道中能得聖果。何以故。勝義諦中，道及道果不可得故。菩薩摩訶薩，雖爲有情安立聖果種種差別，而不分別如是聖果，在有爲界，或無爲界，安立差別。善現白佛言：若不分別，云何世尊説斷三結，名預流果。薄欲貪瞋，名一來果。斷順下分五結永盡，名不還果。斷順上分五結永盡，名阿羅漢果。令所有集法皆成滅法，名獨覺菩提。

永斷一切煩惱習氣相續，名爲無上正等菩提。佛告善現：所説預流、一來、不還、阿羅漢果、獨覺菩提、諸佛無上正等菩提，如是聖果爲是有爲，爲是無爲。善現答言：皆是無爲，非是有爲。佛告善現：無爲法中有分別不。善現答言：不也，世尊。佛告善現：菩薩摩訶薩，雖爲有情宣説諸法，而不分別所謂法相，自於諸法無所執著，亦能教他於諸法中無所執著，謂於一切法皆無執著。無執著故，於一切處皆得無礙，如諸如來應正等覺所變化者，雖行一切法而於彼果不受不著，唯爲有情般涅槃故。善現，菩薩摩訶薩亦復如是，於一切法皆無所住，亦無所礙。何以故。善達諸法如實相故。諸功德相品竟。

卷三百八十三之十七葉諸法平等品　至三百八十六之十一葉

善現白佛言：云何於一切法善達實相。佛言：於一切法都無所行，是謂善達諸法實相，謂於法性無所分別。善現言：云何通達諸法皆無實事。佛告善現：彼諸如來應正等覺所變化者，爲有實事，依斯實事，有染有淨，有輪迴五趣不。善現答言：不也，世尊。非依彼事有染有淨，亦無輪迴五趣生死。佛言：菩薩摩訶薩，行深般若波羅蜜多時，於一切法善達實相，亦復如是通達諸法都無實事。善現言：爲一切法皆如化不。佛言：一切法皆如化。八十三卷竟。善現言：若一切法皆如化者，諸所變化皆無實法，亦無實輪迴五趣，亦無實解脱生死，云何於諸有情有勝士用。佛告善現：諸菩薩摩訶薩本行菩薩道時，不見有情可脱三界。何以故。於一切法，知見通達，皆如幻化，都非實有。善現言：爲何事故修行一切法。佛告善現：若諸有情於一切法了知如幻，則菩薩不應無數劫爲諸有情行菩薩道，以諸有情自不能知皆如幻化，是故菩薩於無數劫，爲諸有情行菩薩道。善現言：若一切法如夢、如幻，乃至如尋香城，所化有情住在何處，拔濟令出。佛告善現：所化有情，住在名相虚妄分別，諸菩薩摩訶薩，從彼名相虚妄分別拔濟令出。善現言：何謂爲名，何謂爲相。佛言：一切名皆是假立，爲表諸義，施設諸名，皆非實有，愚夫異生於中妄執，菩薩摩訶薩方便善巧，爲諸有情説離名法。云何爲相，善現，相有二種，一者色相，二者無色相。諸所有色，若過去若未來若現在，若内若外，若粗若細，若劣若勝，若遠若近，於此剎那諸空法中愚夫異生分別執著，是名色相。諸所有無色法中，愚夫異生取相分別、生諸煩惱，是名無色相。菩薩摩訶薩方便善巧，教諸有情遠離二相，復教安住無相界中，不令其墮二邊執，謂此是相、此是無相。善現言：所有名相皆是假立，云何於諸善法能自增進，亦能令他增進。佛告善現：若諸法中少有實事，有名相者，則菩薩應於善法不自增進，亦不令他增進，以諸法中無少實事、諸名及相，是故菩薩以無相爲方便，能圓滿一切法。

一切佛法皆由學無相、無念、無作意，而得增益。所以者何。除空、無相、無願解脱門，更無餘要所應學法，三解脱門，能攝一切妙善法故。能學如是三解脱門，則能學五蘊，亦能學十二處、十八界，乃至亦能學諸餘無量無邊佛法。八十五卷之五葉。善現白佛言：若菩薩摩訶薩，行深般若波羅蜜多時，如實了知五蘊等法，展轉差別，豈不以五蘊壞法界耶，乃至豈不以諸餘無量無邊佛法壞法界耶。佛告善現：若離法界餘法可得，可言彼法能壞法界。然離法界無法可得，故無餘法能壞法界。既知無法離法界故，亦不爲他施設宣説，是故法界無能壞者。如是，善現，應學法界無二無別、不可壞相。善現白佛言：欲學法界當於何學。佛言：當於一切法學。何以故。以一切法皆入法界故。善現言：何因緣故説一切法皆入法界。佛言：如來出世若不出世，諸法法爾，皆入法界，無差別相，不由佛説。所以者何。若一切法，無不皆入無相無爲性空法界，是故欲學法界，當學一切法，若學一切法，即學法界。善現言：若一切法皆入法界，無二無別，云何菩薩摩訶薩，當學般若波羅蜜多，乃至亦學諸佛無上正等菩提。世尊，非法界中有如是等種種分別，將無菩薩由此分別行於顛倒、無戲論中，起諸戲論。世尊，法界非一切法，亦不離一切法。法界即一切法，一切法即法界。佛告善現：如是如是，真法界中，無一切種種分別戲論。善現，一切法非法界，亦不離一切法別有法界。一切法即法界，法界即一切法。若見有法離法界者，便非正趣所求無上正等菩提。善現，菩薩摩訶薩知一切法即法界，而以方便善巧無名相法，爲諸有情寄名相說。如巧幻師，執持少物，於衆人前，幻作種種異類色相，無智男女，見已驚歎，其中有智，作是思惟，云何此人能現是事，此中無有實事可得，而令衆人於無實物，起實物想。善現，菩薩摩訶薩修行般若波羅蜜多時，雖不見有法離真法界，亦不見法界離諸法，亦不見有情及彼施設實事可得，而能種種善巧方便説真法界，以真法界初、中、後立常無差別。是故菩薩摩訶薩能方便善巧説真法界，成熟有情、嚴淨佛土，修諸菩薩摩訶薩行，證得無上正等菩提。諸法平等品竟。

卷三百八十六之十二葉不可動品　至卷三百九十

善現白佛言：若諸有情，及有情施故(五)皆不可得者，爲誰故修行般若波羅蜜多。佛告善現：諸菩薩摩訶薩，以實際爲量故，修行般若波羅蜜多。若有情際與實際異者，則不應修行般若波羅蜜多。以有情際不異實際，是故爲諸有情，修行般若波羅蜜多。

善現白佛言：若有情際即是實際，云何菩薩摩訶薩，以不壞實際法，安立有情於實際中。世尊，若安立有情於實際中者，則爲安立實際於實際。若安立實際於實際者，則爲安立自性於自性。然不應安立自性於自性，云何可説以不壞實際法，安立有情於實際中。佛告善現：不可安立實際於實際，亦不可安立自性於自性。然諸菩薩摩訶薩方便善巧，能安立有情於實際中，而有情際不異實際。善現，有情際與實際無二、無二分。

善現言：何等名爲方便善巧，由此方便善巧，安立有情於實際中，而能不壞實際之相。佛告善現：菩薩摩訶薩，從初發心，成就如是方便善巧，由此方便善巧故，安立有情於布施中，爲説布施前、後、中際無差别相，如是布施前、後、中際，一切皆空，施者、受者、施所得果亦復皆空，於實際中都無所有，皆不可得。安立有情於淨戒中，於諸有情應深慈愍，離斷生命、離不與取、離欲邪行，離虛誑語、離離間語、離粗惡語、離雜穢語、離貪欲、離瞋恚、離邪見，如是諸法都無自性，不應分别執著。應修安忍，樂安忍法調伏其心，受安忍行。汝所瞋法，自性皆空，云何於中而起瞋忿。見諸有情身心懈怠，退失精進，方便勸導，令其發起身心精進，修諸善法，爲言本性空中無懈怠法、無懈怠者、無懈怠處、無懈怠時、無由此事發生懈怠，是一切法皆本性空，不越空理。見諸有情心多散動，於諸欲境不能寂靜，方便令入勝三摩地，勿起散亂，及等持想。何以故。是一切法皆本性空，本性空中，無法可得，可名散亂，或名一心。若能住此勝定，所作善事，皆速成滿，亦隨所欲。住本性空，見有情類，智慧薄少、愚癡顛倒，造諸惡業，方便引入勝智慧門，觀一切法，本性空寂，諸所修行身、語、意業皆趣甘露、得甘露果，必以甘露而作後邊，是名諸菩薩摩訶薩修行般若波羅蜜多時方便善巧。由此方便善巧故，安立有情於實際中，而能不壞實際之相。

菩薩摩訶薩如實了知一切法本性空已，住本性空，爲諸有情宣説本性空法。

復次，善現，若内空性，本性不空。若外空性，乃至無性自性空性，亦本性不空者，則諸菩薩不應爲諸有情説一切法皆本性空。若作是説，壞本性空，然本性空理，不可壞，非常非斷。所以者何。本性空理，無方無處、無所從來，亦無所去，如是空理，亦名法住，是中無法，無聚無散、無減無增、無生無滅、無染無淨，是一切法本所住性。諸菩薩摩訶薩，安住其中，不見諸法有所發趣、無所發趣，以一切法都無所住，故名法住。

　　善現，本性空中，一切法不可得，諸菩薩摩訶薩，雖爲有情宣説種種本性空法，而諸有情實不可得，哀愍彼墮顛倒法故，拔濟令住無顛倒法，無顛倒者，謂無分別。善現，諸無分別無顛倒中，無一切法，此無所有，即本性空。諸菩薩摩訶薩安住此中，見諸有情墮顛倒想，方便善巧，令得解脱一切法，亦令解脱五取蘊等諸有漏法，亦令解脱四念住等諸無漏法。何以故。四念住等諸無漏法，亦非如勝義諦無生無滅、無相無爲、無戲論、無分別，亦應解脱。勝義諦者即本性空，此本性空，即是諸佛所證無上正等菩提。八十七卷竟。

　　過去、未來、現在如來應正等覺，一切皆以本性空爲佛眼，無離本性空而出世者。

　　善現言：諸菩薩摩訶薩，雖行一切法皆本性空，而於本性空，曾無失壞，謂不執一切法異本性空。佛告善現：如是如是，如汝所説。一切法不異本性空，本性空不異一切法。一切法即是本性空，本性空即是一切法。若一切法異本性空，本性空異一切法者，則諸菩薩摩訶薩，不應觀一切法異本性空，證得無上正等菩提。八十八卷。善現，離本性空，無有一法是實是常、可壞可斷。本性空中，亦無一法，是實是常、可壞可斷，唯諸愚夫，起別異想，執諸法異本性空。諸菩薩摩訶薩，住本性空波羅蜜多，修行般若波羅蜜多，不執受一切法，亦不壞一切法，若空若不空。所以者何。一切法不壞空，空不壞一切法。謂此是法、此是空，譬如虛空不壞虛空，內虛空界不壞外虛空界，外虛空界不壞內虛空界。何以故。如是諸法，俱無自性不可相壞，謂此是空、此是不空。八十九卷竟。善現白佛言：若一切法皆本性空，本性空中都無差別，諸菩薩摩訶薩，爲何所住，發起無上正等覺心，作是願言，我當趣證廣大無上正等菩提。世尊，諸佛無上正等菩提，無二行相，非二行相能證無上正等菩提。佛言：如是如是，菩提無二，亦無分別。若於菩提行於二相有分別者，必不能證。諸菩薩摩訶薩，不於菩提行於二相，亦不分別、都無所住，發起無上正等覺心。於一切法，不行二相，亦不分別，都無所行，則能趣證廣大無上正等菩提。善現，所求無上正等菩提，非行二相而能證得，所有菩提都無所行，謂不於一切法行。何以故。所有菩提，不緣名聲，執我、我所，謂不作是念我行於一切法。

復次，善現，諸菩薩摩訶薩所有菩提，非取故行、非捨故行。善現言：非取故行、非捨故行，所有菩提當何處行。佛告善現：諸佛化身所有菩提，當何處行。善現言：諸佛化身實無所有，如何可說有所行處，若取若捨。佛告善現：諸阿羅漢夢中菩提，當何處行。善現答言：諸阿羅漢，諸漏永盡，惛沈睡眠、蓋纏俱滅，畢竟無夢，云何當有夢中菩提，有所行處，若取若捨。佛言：諸菩薩摩訶薩所有菩提，亦復如是，非取故行，非捨故行，都無行處，本性空故。善現言：不行於一切法、不住菩薩殊勝神通、成熟有情、嚴淨佛土，而得無上正等菩提。佛言：不也，善現。所有菩提雖無行處，而諸菩薩摩訶薩，要行一切法、要住菩薩殊勝神通、成熟有情、嚴淨佛土，乃得無上正等菩提。

復次，善現，欲得無上正等菩提，應住一切法本性空、應住有情本性空，修諸功德，令圓滿已，便證無上正等菩提。是諸法本性空，及有情本性空，最極寂靜，無有少法能增能減、能生能滅、能斷能常、能染能淨、能得果能現觀。當知菩薩摩訶薩，依世俗言說，施設法故。說修般若波羅蜜多，如實了知本性空已、證得無上正等菩提，非真勝義。何以故。真勝義中無一切法可得。善現言：若一切法皆不可得，云何行菩提行，云何能得無上菩提。佛告善現：汝於先時，依止斷界，斷諸煩惱，得無漏根，住無間定，得預流果，若一來、不還、阿羅漢果，汝於彼時，頗見有情若心，若道，若諸道果，有可得不。善現答言：不也，世尊。佛言：若汝彼時都無所得，云何言得阿羅漢果。善現答言：依世俗説，不依勝義。佛告善現：如是如是，諸菩薩摩訶薩，亦復如是，依世俗説，不依勝義。善現，依世俗故，施設有一切法。依世俗故，施設有情。施設有菩薩諸佛，不依勝義。善現，諸菩薩摩訶薩，不見有法，能於無上正等菩提，有增有減、有益有損。以一切法本性空故，諸菩薩摩訶薩，於一切法觀本性空，尚不可得，況一切法而有可得。如是，善現，諸菩薩摩訶薩，修行無上正等菩提、證得無上正等菩提，饒益有情，常無間斷。不可動品竟。

卷三百九十之十八葉成熟有情品　至卷三百九十二

善現白佛言：云何菩薩摩訶薩，修菩薩道，令得圓滿，能證無上正等菩提。佛告善現：修行一切法時不得一切法，亦不遠離諸法，則能圓滿修菩薩道。

舍利子白佛言：世尊，云何菩薩摩訶薩修行般若波羅蜜多時，勇猛正勤、修菩提道。佛言：舍利子，修行般若波羅蜜多時，方便善巧不和合一切法、不離散一切法。何以故。如是諸法，皆無自性可合、離故。舍利子言：若一切法都無自性可合、離者，云何菩薩摩訶薩引發般若波羅蜜多於中修學，若不學般若波羅蜜多，終不能得所求無上正等菩提。佛告舍利子：如是如是，所求無上正等菩提，要有方便善巧，乃能證得。舍利子，修行般若波羅蜜多時，若見有法自性可得，則應可取，不見有法自性可得，當何所取。所謂不取，此是般若波羅蜜多，乃至此是諸佛無上正等菩提，此是異生，此是聲聞、獨覺，此是菩薩、如來。舍利子，如實了知一切法性皆不可取，是不可取波羅蜜多，即是無障波羅蜜多，如是無障波羅蜜多，即是般若波羅蜜多，諸菩薩摩訶薩應於中學。舍利子，於中學時，尚不得學無少法有自性，於如是無性爲自性法中，何等是異生法，何等是預流、一來、不還法，何等是阿羅漢、獨覺法，何等是菩薩法，何等是如來法。諸法既不可得，依何等法可施設。舍利子白佛言：若一切法皆無自性、都非實有，依何等事而可了知，此是異生、此是異生法，乃至此是如來應正等覺，此是如來應正等覺法。佛告舍利子：於汝意云何，爲實有一切法如諸愚夫異生執不。舍利子言：不也，世尊。但由顛倒愚夫異生有如是執。舍利子，修行般若波羅蜜多方便善巧，雖觀諸法皆無自性、都非實有，而依世俗，發趣無上正等菩提，爲諸有情種種宣説，令得正解，遠離顛倒。九十一卷竟。舍利子，不見有情少實可得，唯依世俗假説有情，菩薩摩訶薩修行般若波羅蜜多時，安住二諦，爲諸有情宣説正法，謂世俗諦，及勝義諦。

舍利子白佛言：菩薩摩訶薩，雖於諸法不得一性、不得異性、不得總性、不得別性，而擐如是大功德鎧，不現三界、不現有爲界、不現無爲界，雖化有情令脱三界，而於有情都無所得，亦復不得有情施設，無縛無解、無染無淨，諸趣差別不可了知，無業、無煩惱，亦無異熟果，如何得有我及有情流轉諸趣，現於三界種種差別。佛告舍利子：如是如是，若有情類，先有後無，菩薩如來應有過失。若諸趣生死先有後無，則菩薩如來亦有過失。先無後有，理亦不然。是故如來出世，若不出世，法相常住，終無改轉，以一切法猶如虛空，云何當有諸趣生死，云何當有成熟有情令其解脱，唯依世俗假爲有。舍利子，以如是法自性皆空，諸菩薩摩訶薩，從過去佛如實聞已，爲脱有情顛倒執著，發趣無上正等菩提。於發趣時，不作是念，我於此法已得、當得，令彼有情已度、當度所執著處生死衆苦。恒作是思，我必當證所求無上正等菩提，作諸有情真實饒益，謂令解脱迷謬顛倒諸趣往來、受生死苦。舍利子，是菩薩摩訶薩，雖説有情迷謬顛倒諸趣生死，而無所得，但依世俗，説有是事。舍利子，諸菩薩摩訶薩，雖作是事，而於有情及一切法，都無所得，不作是念，我以此法調伏諸有情類。

爾時，善現白佛言：何謂菩薩摩訶薩大菩提道，修行此道，方便善巧成熟有情、嚴淨佛土。佛告善現：從初發心所行一切法，及餘無量無邊佛法，皆是菩薩摩訶薩大菩提道。修行此道，方便善巧成熟有情、嚴淨佛土，而無有情、佛土等想。成熟有情品竟。

卷三百九十三之四葉嚴淨佛土品　三百九十四之八葉

爾時，善現作是念言：何法名爲菩薩摩訶薩道，安住此道能擐大功德鎧，利益安樂一切有情。佛知其念，告善現言：總一切法，皆是菩薩摩訶薩道，若不學一切法，不能得一切智智。善現言：若一切法自性皆空，云何學一切法，將無世尊於無戲論法，而作戲論。佛告善現：若諸有情知一切法自性皆空，則諸菩薩摩訶薩，不應學一切法，證得無上正等菩提，爲諸有情安立宣說。以諸有情不知諸法皆自性空故，諸菩薩摩訶薩學一切法，證得無上正等菩提，爲諸有情安立宣說。善現，初修學時，應審觀察諸法自性，都不可得，唯有執著和合所作。我當審察諸法自性皆畢竟空，不應於中有所執著。何以故。空性不應執著空性，空中空性尚不可得，況有空性能執著空。善現，住此學中，觀諸有情心行差別，謂審觀察是諸有情心行何處，如實了知彼心，但行虛妄所執，便作是念，彼心既行虛妄所執，我令解脫，必不爲難。作是念已，安住般若波羅蜜多，方便善巧，教授教誡，今者皆應遠離虛妄所執，趣入正法，修諸善行。復作是言，行一切法然勿恃此而憍逸。何以故。此中都無堅實事故。善現，是菩薩摩訶薩，如是修行菩提道時，以無所住而爲方便，雖行一切法，而於其中都無所住。何以故。如是自性、行者、行相一切空故。是菩薩摩訶薩，雖能得預流果，而於中不住，雖能得一來、不還、阿羅漢果、獨覺菩提，而於中不住。善現言：何因緣故，於中不住。佛告善現：有二因緣，一者彼果都無自性，能住、所住俱不可得。二者於彼不生喜足，是故不住。彼菩薩恒作是念，我自初發無上正等菩提心來，於一切時，更無餘想，唯求無上正等菩提，豈於中間應住餘果。是菩薩摩訶薩，從得初地，乃至得第十地，曾無異想，於一切時，心無散亂，諸有所起身、語、意業，無不皆與菩提心俱，住菩提心、起菩提道，不爲餘境擾亂其心。善現言：若一切皆不生者，云何起菩提道。佛言：如來出世，若不出世，諸法法界，法爾常住，然諸有情，不能解了，諸菩薩摩訶薩，爲饒益故，起菩提道、出菩提道，拔濟有情，令永解脱生死衆苦。善現言：爲用生道得菩提耶，爲用不生道得菩提耶，爲用生不生道得菩提耶，爲用非生非不生道得菩提耶。佛言：不也。善現言：云何菩薩摩訶薩當得菩提。佛告善現：不用道得菩提，亦不用非道得菩提。何以故。菩提即是道，道即是菩提故。善現言：諸菩薩摩訶薩，已得菩提道，應已得菩提，云何如來應正等覺，復爲彼説無量佛法，令其修證。佛告善現：汝謂佛得菩提耶。善現答言：不也，世尊。佛即是菩提，菩提即是佛故，不應謂佛得菩提。佛言：如是如是，諸菩薩摩訶薩修菩提道未得圓滿，云何可説已得菩提。善現，諸菩薩摩訶薩若已圓滿一切法，乃至若已圓滿無量無邊不可思議諸佛妙法，從此無間，以一刹那金剛喻定，相應妙慧，永斷一切煩惱所知二障，粗重習氣相續，證得無上正等菩提，乃名如來應正等覺，於一切法，得大自在，盡未來際，利益安樂一切有情。善現白佛言：云何菩薩摩訶薩嚴淨佛土。佛告善現：從初發心，乃至究竟，常自清淨身粗重、語粗重、意粗重，亦清淨他身粗重、語粗重、意粗重，清淨自、他三粗重故，則能嚴淨所求佛土。

菩薩摩訶薩，修行般若波羅蜜多，發弘誓願，精勤勇猛，自修一切法，亦勸他修一切法。作此事已，復發願言，當得無上正等覺時，令我土中諸有情類，皆不遠離一切法，由此行願，便能嚴淨所求佛土。嚴淨佛土品竟。

卷三百九十四之九葉淨土方便品

善現白佛言：諸菩薩摩訶薩，爲住正性定聚，爲住不定聚耶。佛言：皆住正性定聚，非住不定聚。善現言：爲住何等正性定聚。佛言：住佛乘正性定聚，非住二乘正性定聚。善現言：爲何時住正性定聚，初發心耶，不退位耶，最後身耶。佛言：若初發心，若不退位，若最後身皆住菩提[六]正性定聚。善現言：住正性定聚，爲復墮於諸惡趣不。佛言：決定不復墮諸惡趣。何以故。諸菩薩摩訶薩從初發心，修行一切法，伏斷一切惡不善法。由此因緣，是諸菩薩摩訶薩道復墮惡趣，無有是處。善現言：成就如是善根功德，於諸惡處不復受生，何故世尊每爲衆説，自本生事若百若千，於中亦有生諸惡處，爾時善根爲何所在。佛告善現：非菩薩摩訶薩由不淨業，受惡趣身，但爲利樂諸有情類，而受彼身。善現，成就如是方便善巧，受傍生身，有獵者來，欲爲損害，便起無上安忍慈悲，欲令彼人得利樂故，自捨身命而不害彼。由是因緣，當知菩薩摩訶薩爲欲饒益諸有情故、爲大慈悲速圓滿故，雖現受傍生之身而不爲傍生過失所染。善現復白佛言：住何善法受如是身。佛告善現：一切善法皆應圓滿，諸菩薩摩訶薩從初發心乃至安坐妙菩提座，於其中間常學圓滿一切善法，學已，當得一切相智，永斷一切習氣相續，證得無上正等菩提。善現白佛言：云何就如是一切白淨聖無漏法，而生惡趣，受傍生身。佛言：如來化作傍生身時，是實傍生受彼苦不。善現言：不也，世尊。佛告善現：諸菩薩摩訶薩亦復如是，雖成就一切白淨無漏法，而爲饒益諸有情故，現受種種傍生等身，而實非彼，亦不爲彼過所染汙。善現言：安住何等白淨勝法，能作如是善巧方便。佛告善現：安住般若波羅蜜多，能作如是方便善巧，雖往十方無量世界現種種身，而於其中不生染著。何以故。於一切法都無所得，不得能染、所染及染因緣，以一切法自性空故。善現，如是名爲不可得空，諸菩薩摩訶薩安住此中，能證無上正等菩提。善現言：爲但安住如是般若波羅蜜多，能作方便善巧，爲亦住餘法耶。佛告善現：豈有餘法不入般若波羅蜜多，云何復疑爲住餘法。世尊，若自性空，云何般若波羅蜜多攝一切法。世尊，非於空中可説有法攝與不攝。善現，豈不諸法自性皆空。如是，世尊。善現，若一切法自性皆空，豈不空中攝一切法。

一切法自性皆空，由遍觀空方便善巧便，能引發殊勝神通波羅蜜多。住此神通波羅蜜多，復能引發天眼、天耳、神境、他心、宿住、隨念及知漏盡殊勝通慧，諸菩薩摩訶薩，非離神通波羅蜜多，成熟有情，嚴淨佛土，是故神通波羅蜜多，是菩提道。菩薩摩訶薩皆依此道，求趣無上正等菩提，能自圓滿一切善法，亦能令他修諸善法而於善法不生執著。所以者何。諸善法自性皆空，非自性空有所執著，若有執著則有愛味，由無執著亦無愛味，自性空中無愛味故。

修習神通波羅蜜多得圓滿故，隨意所樂受種種身，不爲苦樂過失所染。

卷三百九十五

善現白佛言：何等名爲菩薩摩訶薩菩提資糧。佛告善現：一切善法皆是菩提資糧，諸菩薩摩訶薩修行一切法，於中都無分別執著。謂作是念，此是一切法，由此、爲此而修一切法，是三分別執著皆無，知一切法自性空故。由是所修一切法能自饒益，亦能饒益一切有情，令出生死得涅槃故，説爲善法，亦名菩薩菩提資糧，亦名菩薩摩訶薩道。過去、未來、現在菩薩行此道故，已得、當得、今得無上正等菩提，亦令有情已、當、今度生死大海，證涅槃樂。淨土方便品竟。

卷三百九十五之七葉 初分無性自性品

善現白佛言：若如是法，是菩薩法，復何等法是佛法耶。佛告善現：即菩薩法亦是佛法。謂諸菩薩摩訶薩於一切法，覺一切相，由此當得一切相智，永斷一切習氣相續，若諸如來應正等覺，於一切法，以一剎那相應妙慧現等覺已，證得無上正等菩提。善現，如是菩薩與佛有異，如二聖者，雖俱是聖，而有行、向、住、果差別。若無間道中，行於一切法，未離闇障、未到彼岸、未得自在、未得果時，名爲菩薩摩訶薩。若解脱道中，行於一切法，已離闇障、已到彼岸、已得自在、已得果時，名爲如來應正等覺。善現，是爲菩薩與佛有異，雖位有異而法無別。善現言：若一切法自相皆空，云何得有種種差別。佛告善現：自相空中，無數取趣、無所造業、無異熟果差別可得。然諸有情，於一切法自相空理，不能盡知，由此因緣，造作諸業，謂造罪業，或造福業，或造不動業，或造無漏業。造罪業故，或墮地獄，或墮傍生，或墮鬼界。造福業故，或生人趣，或生欲天。造不動業故，或生色界，或生無色界。造無漏業故，或得聲聞果，或得獨覺果。若知諸法自相皆空，或入菩薩摩訶薩地，或證得無上正等菩提。

四聖諦平等性，即是涅槃，如是涅槃，不由苦、集、滅、道諦得，亦不由苦、集、滅、道智得，但由般若波羅蜜多，證平等性，名得涅槃。

菩薩摩訶薩，雖遍知苦，而能不起緣執苦心。雖永斷集，而能不起緣執集心。雖證於滅，而能不起緣執滅心。雖修於道，而能不起緣執道心，但起隨順趣向臨入無上正等菩提之心，於一切法觀察實相。

善現言：云何於一切法觀察實相。佛言：菩薩摩訶薩，於一切法觀自相空。何以故。諸佛無上正等菩提，及一切法，皆以無性而爲自性，如是無性，非諸佛所作、非獨覺所作、非菩薩所作、非諸聲聞向果所作，但爲有情，於一切法不知不見，如實皆空。善現言：云何施設有諸法異，謂此是地獄、傍生、鬼界，此是人、天，此是預流、一來、不還、阿羅漢、獨覺，此是菩薩摩訶薩，此是如來應正等覺，由此業故施設。世尊，無性之法必無作用，云何可説由如是法，生於地獄、傍生、鬼界。由如是法，生於人、天。由如是法，得預流果，乃至得成如來應正等覺，令諸有情解脱生死。佛告善現：如是如是，如汝所説，無性法中，不可施設有諸法異，無業無果，亦無作用，愚夫異生不了諸法，皆以無性而爲自性，愚癡顛倒發起種種身、語、意業，隨業差别受種種身。依如是身品類差别，假施設有地獄、傍生、鬼界及人，假施設有四大王衆天，乃至非非想處天。善現，爲欲拔濟愚夫異生，施設聖法及毗奈耶分位差别，施設預流乃至如來應正等覺。然一切法，皆以無性而爲自性，無性法中，實無異法、無業無果，亦無作用，無性之中常無性故。復次，善現，如汝所言，無性之法必無作用，諸所修道，是無性不。預流、一來、不還、阿羅漢果，是無性不。獨覺菩提，是無性不。一切菩薩摩訶薩道，是無性不。諸佛無上正等菩提，是無性不。善現答言：諸所修道，皆是無性，預流、一來，乃至諸佛無上正等菩提，亦是無性。佛言：無性之法，能得無性法不。善現答言：不也，世尊。佛言：善現，無性及道，是一切法，皆非相應非不相應、無色無見、無對一相，所謂無相。愚夫異生愚癡顛倒，於無相法虚妄分别，起有法想，執著五藴，於無常中起於常想，於諸苦中起於樂想，於無我中起於我想，於不淨中起於淨想，於無性中執著有性。由此因緣，諸菩薩摩訶薩成就殊勝方便，拔濟有情安置無相法中，令勤修學解脱生死，證得畢竟常涅槃樂。善現言：頗有事是真實非虚妄不。佛告善現：愚夫異生於中執著造作諸業，由此因緣輪迴諸趣，不能解脱生死衆苦，唯有顛倒虚妄執著，吾今爲汝廣説譬喻，重顯斯義，令其易了。諸有智者由譬喻故，於所説義而生正解。善現，夢中見人受五欲樂，夢中頗有少分實事，可令彼人受欲樂不。夢中頗有真實修道，依彼修道有離雜染、得清淨不。明鏡等中所現諸像，爲有實事可依造業不。諸像頗有真實修道，依彼修道有離雜染、得清淨不。深谷等中所發諸響，爲有實事可依造業不。諸響頗有真實修道，依彼修道有離雜染得清淨不。諸陽焰中現似水等，爲有實事可依造業不。諸陽焰中水等，頗有實修道、依彼修道有離雜染得清淨不。諸光影中所現實相，爲有實事可依造業不。諸光影中色相，頗有真實修道、依彼修道有離雜染得清淨不。幻師幻作象、馬、車、步四軍衆等，種種幻事，此幻象等，爲有實事可依造業不。幻事頗有真實修道、依彼修道有離雜染得清淨不。佛所化作諸變化身，此變化身，爲有實事可依造業不。化身頗有真實修道、依彼修道有離雜染得清淨不。尋香城中所現物類，爲有實事可依造業不。尋香城中物類，頗有真實修道、依彼修道有離雜染得清淨不。善現答言：不也，世尊。此中都無實雜染者，及清淨者。佛言：如雜染者及清淨者實無所有，由此因緣，雜染清淨亦非實有。何以故。住我、我所諸有情類，虛妄分別，謂有雜染及清淨者，非見實者謂有雜染及清淨者，如見實者知無雜染及清淨者，如是亦無雜染清淨。無性自性品竟。

般若綱要卷七

校勘記

〔一〕「殊」，底本原校疑後脱「勝」字。
〔二〕「滿」，底本原校疑爲「能」。
〔三〕「自」，底本原校疑爲「至」。
〔四〕「羅」，底本原校疑後脱「蜜多」二字。
〔五〕「故」，底本原校疑爲「設」。
〔六〕「提」，底本原校疑爲「薩」。

般若綱要卷八

古南沙廣通門閲正
七空居士葛鼒提綱

卷三百九十六之七葉勝義瑜伽品　至三百九十七

之十五葉

善現言：一切法皆用無性爲自性，何故有時佛説有清淨法耶。佛告善現：我説一切法平等性爲清淨法。世尊，何等一切法平等性。善現，如來出世，若不出世，性相常住，是名一切法平等性，此平等性名清淨法，此依世俗説爲清淨，不依勝義。所以者何。勝義諦中無分別、無戲論，一切音聲、名字路絶。善現言：若一切法如夢所見，如像、如響、如陽焰、如光影、如幻事、如變化身、如尋香城，雖現似有而無實事，云何依止如是非真實法，發阿耨多羅三藐三菩提心，作是願言：我當圓滿一切法，我當發起無量光明遍照十方無邊世界。我當發起一妙音聲，遍滿十方無邊世界，隨諸有情心、心所法，意樂差別，爲説種種微妙法門，令勤修學，證得殊勝利益安樂。佛告善現：汝所説法，豈不亦如夢之所見，如像、如響乃至如尋香城耶。善現答言：如是，世尊。若一切法如夢所見，廣説乃至如尋香城，皆無實事，云何菩薩摩訶薩，發誠諦言，我當圓滿一切功德，利益安樂無量有情。世尊，非夢所見，廣説乃至尋香城中所現物類，能行一切法，況能圓滿，餘一切法，亦應如是，俱非實故。佛告善現：如是如是，如汝所説。非實有法，尚不能行一切法，況能圓滿非實有法。復次，善現，一切法非實有故，不能證得所求無上正等菩提。如是諸法，一切皆是思惟造作，諸有思惟所造作法，皆不能得一切智智。復次，善現，如是諸法，於菩提道雖能引發，而於其果無資助能，由此諸法無生、無起、無實相故。諸菩薩摩訶薩從初發心，雖起種種身、語、意善，修行一切法，而知一切如夢所見，乃至如尋香城，皆非實有。復次，善現，如是諸法，雖非實有，若不圓滿，決定不能成熟有情、嚴淨佛土，證得無上正等菩提。

善現白佛言：佛證無上正等覺時，所得佛法爲依世俗，爲依勝義説得名耶。佛告善現：依世俗故説名爲得，不依勝義。若依勝義，能得、所得俱不可得。若謂此人得如是法，便有所得，有所得者便執有二，不能得果，亦無現觀。善現言：執無二者爲能得果、有現觀耶。佛言：執無二者，亦復如是。若無二、無不二即名得果，亦名現觀。所以者何。若執由此便能得果亦有現觀，及執由彼不能得果，亦無現觀，俱是戲論。若離戲論乃可名爲法平等性。善現言：若一切法皆以無性而爲自性，此中何謂法平等性。佛言：若於是處都無有性，亦無無性，亦不可説爲平等性，如是乃名法平等性。當知法平等性既不可説、亦不可知。除平等性，無法可得。離一切法，無平等性。善現，法平等性，異生、聖者俱不能行，非彼境故。善現言：法平等性豈亦非佛所行境耶。佛言：法平等性非諸賢聖所行之境，謂隨信行，若隨法行，若第八，若預流，乃至若諸佛應正等覺，皆不能以法平等性爲所行境。善現言：一切如來應正等覺於一切法皆得自在，云何可言法平等性，亦非諸佛所行境耶。佛言：若平等性與佛有異，可言是佛所行之境，然平等性與佛無異，云何可説佛行彼境。善現當知，若諸異生法平等性，若隨信行法平等性，若隨法行法平等性，若諸第八乃至若諸如來應正等覺法平等性，皆同一相，所謂無相，是一平等，無二、無別。於此一法平等性中，諸平等性既不可得，於中異生及諸聖者差別之相亦不可得。九十六卷竟。

善現言：若一切法平等性中，異生、聖者、法及有情俱無差別，云何三寶出現世間。佛言：如來於法，方便善巧，能於無相，建立種種法等差別。復次，善現，若諸如來不爲有情施設諸法差別之相，諸有情類爲能自知不。善現答言：諸有情類不能自知。佛言：是故如來應正等覺，於無相法方便善巧，雖爲有情施設種種差別之相，而於諸法平等法性，都無所動。善現言：如是一切愚夫異生，亦於諸法平等法相，無所動不。如是隨信行，若隨法行，若第八預流，乃至若菩薩摩訶薩，亦於諸法平等法性，無所動不。佛言：

一切法及諸有情，皆不出過平等法性，皆於諸法平等法性，都無所動。善現白佛言：若一切法平等法性，即是異生平等法性，亦是隨信行、隨法行、第八預流，乃至如來應等覺平等法性，令一切法及諸有情相應異故，性亦應異，是則法性亦應各異，云何於諸異相法等，可得安立法性一相。云何菩薩摩訶薩修行般若波羅蜜多時，不分别法及諸有情有種種性。佛告善現：一切法性是空性不。善現答言：如是，世尊。一切法性皆是空性。佛告善現：於空性中法等異相爲可得不。善現答言：不也，世尊。於空性中一切異相皆不可得。佛告善現：由此當知平等法性，非一切法、不離一切法。善現白佛言：平等法性，爲是有爲，爲是無爲。佛告善現：平等法性，非是有爲、非是無爲，然離有爲法，無爲法不可得，離無爲法，有爲法亦不可得。善現，若有爲界，若無爲界，如是二界，非相應非不相應、無色無見，無對一相，所謂無相。一切如來應正等覺，依世俗説，不依勝義。何以故。非勝義中可有身行、語行、意行，非離身行、語行、意行勝義可得，當知即有爲、無爲平等法性，説名勝義。是故菩薩摩訶薩，修行般若波羅蜜多時，不動勝義而行菩薩摩訶薩行，成熟有情、嚴淨佛土，能證無上正等菩提。勝義瑜伽品竟。

卷三百九十七之十六葉無動法性品

善現，若諸法等，平等法性，皆本性空，此本性空，於有、無，非能所作，云何不動勝義而作菩薩所應作事。佛告善現：若諸有情自知諸法皆本性空，則諸如來不現神通，作希有事，謂於諸法本性空中，雖無所動，而令有情遠離種種妄想顛倒，安住諸法空，解脱生死苦，謂令有情遠離一切想，亦令遠離一切法想，安住無爲界，解脱生死苦。無爲界者，即諸法空，依世俗説名無爲界。善現言：由何空故説諸法空。佛告善現：由想空故，説諸法空。復次，善現，若變化身復作化事，此有實事而不空耶。善現答言：諸所變化都無實事，一切皆空。佛告善現：變化與空，如是二法非合非散，此二俱以空空故空，不應分別是空、是化。何以故。非空性中有空、有化二事可得，以一切法畢竟空故。復次，善現，無一切法非化，諸是化者無不皆空。善現言：世間諸蘊、諸處、諸界，緣起、緣生、緣起支等可皆是化，諸出世間波羅蜜多，若三十七菩提分法，乃至若由彼法所得諸果，若依彼法施設種種補特伽羅，豈亦是化。佛告善現：一切世間、出世間法，無非是化，然於其中，有是聲聞所化，有是獨覺所化，有是菩薩所化，有是如來所化，有是煩惱所化，有是善法所化。由此因緣，說一切法皆如變化、等無差別。善現復白佛言：所有斷果謂預流果，或一來、不還、阿羅漢果，或獨覺地，或如來地，永斷煩惱習氣相續，豈亦是化。佛告善現：如是諸法若與生、滅二相合者，亦皆是化。世尊，何法非化。善現，若法不與生、滅相合者，是法非化。世尊，何法不與生滅相合。善現，不虚誑法即是涅槃，此法不與生滅相合，是故非化。善現復白佛言：如世尊說，平等法性一切皆空，無能動者，無二可得，無有少法非自性空，云何涅槃可言非化。佛告善現：如汝所說，無有少法非自性空。此自性空非聲聞作、非獨覺作、非菩薩作、非如來作，亦非餘作，有佛、無佛其性常空，此即涅槃。是故我說涅槃非化，非實有法名爲涅槃，可說無生無滅非化。無動法性品竟。

卷三百九十八常啼菩薩品　卷三百九十九之十四葉

常啼菩薩，常樂居阿練若處，欻然聞有空中聲，曰：咄，善男子，汝可東行，決定得聞甚深般若波羅蜜多，於内外法心莫散亂、勿破威儀、勿壞身相、勿動於一切法。何以故。若於諸法有所動者，則於佛法不能安住，於生死諸趣輪迴，不能得甚深般若波羅蜜多。

空中聲復語常啼菩薩言：善男子，汝當於空、無相、無願甚深之法，應生信解，汝應以離一切相心求深般若波羅蜜多。

常啼菩薩思惟，何時當見法湧菩薩，得聞般若波羅蜜多，永斷種種虛妄分別，疾證無上正等菩提。善現當知，常啼菩薩即住此處，作是念時，於一切法中起無障智見，由斯智見，即能現入無量殊勝三摩地門，安住如是三摩地中，現見十方諸佛如來咸共讚慰、教誡、教授此諸三摩地，所稟自性無入無出，亦不見法能入出者，以於諸法無所執故，即名般若波羅蜜多。時，十方佛方便讚慰、教誡、教授已，忽然不現，常啼菩薩心懷惆悵，作是思惟：我向所見十方諸佛先從何來，今往何所，誰能爲我斷如是疑。我當疾詣法湧菩薩所，當以何物而爲供養，我若空往自喜不生，何以表知至誠求法，我於今者應自賣身以求價值，持用供養甚深般若波羅蜜多及說法師。何以故。我於長夜諸界趣生，虛喪壞滅無邊身命，無始生死受無量苦，故我今者定應賣身。時，天帝釋見已念言：此善男子，我當試之，爲實慕法，爲惑世間，即自化作婆羅門，語常啼曰：我欲祠天，但須人血、人髓、人心。常啼即申右手，執取利刀刺臂出血，破骨出髓，欲剖心出。有長者女作是念言：何因緣故困苦其身。常啼報曰：我爲供養甚深般若波羅蜜多，及說法師。長者女言：當獲何等功德勝利。常啼答言：法湧菩薩，於甚深法，已得自在，當爲我說甚深般若波羅蜜多方便善巧，菩薩所學、菩薩所乘、菩薩所行、菩薩所作。我得聞已，如說修行，成熟有情，嚴淨佛土，速證無上正等菩提。長者女恭敬合掌，白常啼言：大士家貧尚爲如是微妙功德，不惜身命，況我家富，爲是功德而不棄捨，唯願大士勿復自害，我身亦願隨大士往，共植善根，爲得所說諸佛法故。時，天帝釋即復本形，曲躬而立讚言大士：善哉善哉，爲法至誠，堅固乃爾。我實不用人血、心、髓，但來相試，今何所願我當相與。常啼報言：我本所願唯有無上正等菩提，天主頗能與斯願不。時，天帝釋赧然有愧：此非我力，唯有諸佛大聖法王於法自在，能與斯願。常啼報曰：甚深般若波羅蜜多，亦我所願，頗能惠不。時，天帝釋倍復生慙：我於此願亦不能與，然我有力，令大士身，平復如故。常啼報言：如是所願，自能滿足，無勞天主。時，長者女入舍白父母言：願多與我家中所有種種供具，亦聽我身，五百侍女持諸供具，往妙香城，爲欲供養甚深般若波羅蜜多，及説法師，定獲無邊微妙佛法。父母報言：汝應嚴辦供具侍從，速當共往。常啼菩薩尋聲復問天帝釋言：如是所説甚深般若波羅蜜多，今在何處，我欲供養，唯願示之。天帝釋言：甚深般若波羅蜜多，在此臺中，七寶座上，四寶函內，真金爲葉，吠瑠璃寶以爲其字，法湧菩薩以七寶印，自封印之。爾時，常啼菩薩，及長者女，并其父母、侍女，聞是語已，即取所持種種供養之具，分作二分，先持一分詣寶臺所，供養般若波羅蜜多，復持一分俱共往詣法湧菩薩所。供養已，頂禮雙足，合掌恭敬，右繞三匝，却住一面，請問大師：我先所見十方諸佛，先從何來、今往何所，唯願爲我説彼諸佛所從至處，令我了知，知已，生生常見諸佛。常啼菩薩品竟。

卷三百九十九之十四葉法湧菩薩品　卷四百

爾時，法湧菩薩摩訶薩，告常啼菩薩摩訶薩言：善男子，如來應正等覺所有法身，無所從來，亦無所去。何以故。諸法實性皆不動故。善男子，諸法無來無去，不可施設，諸法即是如來應正等覺，廣説乃至佛薄伽梵。善男子，一切如來應正等覺，非即諸法、非離諸法。善男子，諸法真如、如來真如，一而非二。善男子，諸法真如，非合非散，唯有一相，所謂無相。善男子，諸法真如，非一、非二、非三、非四，廣説乃至非百千等。何以故。諸法真如離數量故、非有性故。譬如陽焰乃至如夢，爲所何來、去何所至，彼人愚癡無智，若謂如來應正等覺有來有去，亦復如是。善男子，若於如是諸佛所説甚深法義，不如實知，執如來身，是名是色、有來有去，當知彼人迷法性故，遠離般若波羅蜜多，亦復遠離一切佛法。善男子，諸有爲法，緣合故生、緣離故滅，於中都無生者滅者，是故諸法無來無去。諸如來身，依本修淨行圓滿爲因緣故，及依有情先修見佛業成熟故，有如來身出現於世。佛身滅時，亦無所去，但由因緣和合力盡，即便滅沒，是故諸佛無來無去。善男子，汝於如來應正等覺無來去相，應如是知，隨此道理，於一切法無來去相，亦如是知。善男子，若於如來應正等覺及一切法，能如實知無來無去、無生無滅、無染無淨，定能修行甚深般若波羅蜜多善巧方便，必得無上正等菩提。法湧菩薩，爲常啼菩薩説諸如來無來無去相時，令彼三千大千世界，一切大地諸山、大海，及諸天宫六種變動，諸魔宫殿皆失威光，魔及魔軍皆悉驚怖。彼三千大千世界一切所有草木叢林，生非時華，悉皆傾向，空中亦雨種種香華。時，天帝釋及諸天衆言：得聞如是勝義之教，一切世間住身見者，聞是法已，能捨執著，皆悉住於難伏之地。常啼菩薩踴躍歡喜，作是念言：我今已爲獲大善利，謂因我問，令諸有情得聞如是甚深般若波羅蜜多，説諸如來應正等覺無來去相，令爾所衆獲大饒益。我由如是殊勝善根，足能成辦所求無上正等菩提，無復疑慮，我於來世，定成如來應正等覺，利益安樂無量有情。頂禮雙足，合掌恭敬，白言大師：我從今日，願以身命，奉屬大師，以充給使。作是語已，合掌而住。時，長者女及諸眷屬，合掌恭敬，白常啼言：我等從今，亦以身命，奉屬供侍。是時，法湧菩薩説法既久，日將欲没，下師子座，還入宫中。爾時，常啼菩薩便作是念：我爲法故而來至此，未聞正法不應坐卧，我應唯住行立威儀，以待大師。法湧菩薩既入宫已，時經七年，一心不亂，遊戲菩薩無量無數三摩地門，安住菩薩無量無數甚深般若波羅蜜多方便善巧。常啼菩薩於七歲中，不坐、不卧，唯行、唯立，長者女亦七歲中，唯行、唯立，不捨所願進止相隨。常啼菩薩作是念言：我今當爲法涌菩薩敷設嚴飾師子之座，掃灑其地，散妙香華。既敷座已，求水灑地，惡魔隱蔽，城内外水皆令不現，乃至遍體皆刺出血，爲説法師周灑其地，曾不發起一念異心。時，天帝釋作是念已，變常啼等所出身血，一切皆成栴檀香水，有天上不可思議最勝甚奇栴檀香氣。時，法涌菩薩摩訶薩過七日已，從所遊戲三摩地門安庠而起，爲説般若波羅蜜多，告常啼言：善男子，一切法平等故，當知般若波羅蜜多亦平等。一切法遠離故，當知般若波羅蜜多亦遠離。一切法不動故，當知般若波羅蜜多亦不動。一切法無念故，當知般若波羅蜜多亦無念。一切法無畏故，當知般若波羅蜜多亦無畏。一切法無懼故，當知般若波羅蜜多亦無懼。一切法一味故，當知般若波羅蜜多亦一味。一切法無際故，當知般若波羅蜜多亦無際。一切法無生故，當知般若波羅蜜多亦無生。一切法無滅故，當知般若波羅蜜多亦無滅。太虚空無邊故，當知般若波羅蜜多亦無邊。大海水無邊故，當知般若波羅蜜多亦無邊。妙高山無邊故，當知般若波羅蜜多亦無邊。妙高山嚴好故，當知般若波羅蜜多亦嚴好。如太虚空無分別故，當知般若波羅蜜多亦無分別。爾時，常啼菩薩摩訶薩聞説般若波羅蜜多差别句義，即於座前得六十二億三摩地門。從是以後，多聞智慧，不可思議，猶如大海，隨所生處，恒見諸佛，常生諸佛淨妙國土，乃至夢中，亦常見佛，爲説般若波羅蜜多，親近供養，曾無暫捨，離無暇法，具足有暇。法涌菩薩品竟。

四百之十七葉結勸品

善現當知，由是理趣甚深般若波羅蜜多威德殊勝，令諸菩薩速能引得一切智智。是故善現，若菩薩摩訶薩，欲學六種波羅蜜多，令速圓滿，欲具通達諸佛境界，欲得諸佛自在神通，欲疾證得一切智智，欲能畢竟利益安樂一切有情，應學如是甚深般若波羅蜜多。應於如是甚深般若波羅蜜多恭敬聽聞、受持讀誦、究竟通利、如説修行、如理思惟甚深義趣，書寫流布，爲他解説。應以種種上妙華鬘塗散等香、衣服瓔珞、寶幢幡蓋、妓樂燈明及餘種種珍奇雜物供養恭敬、尊重讚歎。所以者何。由此所説甚深般若波羅蜜多，是諸如來應正等覺真生養母，是諸菩薩摩訶薩衆真軌範師。一切如來應正等覺咸共尊崇，恭敬讚歎，一切菩薩摩訶薩衆無不供養，精勤修學，是爲如來真實教誡。爾時，佛告阿難陀言：汝於如來有愛敬不。阿難陀曰：如是，世尊。如是善逝，我於佛所實有愛敬，如來自知。佛告慶喜：如是如是，汝於我所實有愛敬。汝從昔來嘗以慈善身、語、意業恭敬供養隨侍於我未曾違失。慶喜，汝應如我現在，以實愛敬供養我身。我涅槃後，汝亦當用如是愛敬供養尊重甚深般若波羅蜜多。第二第三佛以如是甚深般若波羅蜜多，教誡慶喜，令深愛敬，供養尊重過如來身。復告慶喜，我以如是甚深般若波羅蜜多，對今大衆，付囑於汝，汝應受持，我涅槃後，乃至一字，勿令忘失，如是般若波羅蜜多，隨爾所時，流布於世，當知即有諸佛世尊現住世間，爲衆説法。慶喜當知，若有於此甚深般若波羅蜜多，恭敬聽聞、受持讀誦、究竟通利、如説修行，如理思惟甚深義趣、書寫流布、爲他解説，復以種種上妙華鬘塗散等香、衣服瓔珞、寶幢幡蓋、妓樂燈明，及餘種種珍奇雜物，供養恭敬、尊重讚歎，當知是人常見諸佛、恒聞正法、修諸梵行。時薄伽梵説是經已，無量菩薩摩訶薩衆，慈氏菩薩而爲上首，大迦葉波及舍利子、阿難陀、諸大聲聞，及餘天、龍、人、非人等，一切大衆，聞佛所説，皆大歡喜、信受奉行。

按：經文初分四百卷。後第二分七十八卷，第三分四十七卷，第四分二十八卷，第五分十卷，總計一百六十三卷，與初分四百卷經義相同，品目互異，或一品分爲兩，或二品合爲一品，既分合各殊，義則繁簡互出，隨文悉載不免複陳。茲照卷次詳列品目，而以初分品目繫註其下，庶異同皎爾，義可相參，品題秩然，全經宛在。至於經中意義，有初分含攝，而後分發揮圓滿更圓滿者，有緒本初分而引伸曲暢融通更融通者，亦間有初分未載者，另集義同文異一卷，備全經之後，仍詳註所自，令與初分經文義趣交參，掀揭各見，別開生面，倍饒融通，探索多奇，迺無遺憾。其自五百六十五卷第六分後，以至第七會及第十六會，凡三十五卷經文，仍依初分例提綱要，晰條理録之。葢列品題者，倣昔人以經題一句爲全經，慎遺漏也。辨異同者，俾學人以妙義各見爲融通，珍義趣也。大抵區區之意，務簡約以便流通，則惟恐文繁，捧全經而毋凌節，又惟恐或略。庶幾體備全經，義探簡要，行笈毋繁，流通克廣，是余志爾。敬爲引端，以當前導，統俟高賢，慈悲鑒別。

庚戌仲冬望前一日七空居士葛體合十載述

大般若經第二會序

觀夫委契中道，攄妙軌於無垠，流賞一歸，漾玄津於有截。何嘗不首情而汲悟，即事以排疑，疑繁而誨自廣，悟初而訪逾篤。所以重指鷲阿，再扣龍衆，慧命相聚，則善現居宗，法恐爲羣，則妙祥端首。既而摇區示警，闢寓開嚴，舌掩大千，身分巨億，光汎慈影而六趣霑和，聲颺法言而十方動訊。既駭殊觀，方希秘獎，或謂迹高類誕，情昏佇析。故嘗言曰：殉蠡管之察，是病高深，執蟪菌之辰，終欺歲祀。夫以淺定微術，猶擅五通，小善片言，實應千里，況埏孕羣品，彈厭衆靈，萬期一會，窮冥極遠。是使微塵刹土，不動而遊，恒沙諸佛，不謀而證，非般若至賾，其孰能致此。是用十空瑩曬，七如朗聽，雖惱趣森横，寂岸層迴，莫不同幻蘂之開落，不滅不生，比夢象之姸蚩，無染無淨。焱谷投響，則譽毁共銷，月池寖色，則物我俱謝。文優理詣，感通悟永，凡有八十五品，七十八卷，即舊《大品》《光讚》《放光》。然《大品》之於《光讚》，詞倍豐而加美，即明此分之於《大品》，文益具而彌正，攢輝校寶，豈不盛歟。

唐西明寺沙門玄則製

卷四百一　緣起品初分緣起品

卷四百二　歡喜品初分學觀品

卷四百二之十七葉　觀照品初分學觀品　卷四百

三初分相應品　卷四百四初分轉生品　卷四百五之十二
葉觀照品竟
卷四百五之十三葉　無等等品初分讚勝德品
卷四百五之十七葉　舌根相品初分現舌相品
卷四百六　善現品初分教誡教授品　卷四百
七　卷四百八之十葉善現品竟
卷四百八之十一葉　入離生品初分勸學品
卷四百八之十八葉　勝軍品初分無住品
卷四百九　行相品初分行相品　卷四百十之五葉
行相品竟
四百十之六葉　幻喻品初分譬喻品
卷四百十一　譬喻品初分菩薩品　初分摩訶薩品
卷四百十一之十五葉　斷諸見品初分摩訶薩品
卷四百十一之十八葉　至彼岸名初分摩訶薩
品
卷四百十二之十七葉到彼岸品竟
卷四百十二之十八葉　乘大乘品初分摩訶薩品
卷四百十三　無縛解品初分大乘鎧品
卷四百十三之十六葉　三摩地品初分辯大乘

品
卷四百十四之十三葉三摩地品竟
卷四百十四之十四葉　念住等品初分辯大乘
品
卷四百十五之十葉念住等品竟
卷四百十五之十一葉　修治地品初分辯大乘
品
卷四百十六之十四葉修治地品竟
卷四百十六之十五葉　出住品初分辯大乘品　卷
四百十七之十二葉出住品竟
卷四百十七之十三葉　超勝品初分讚大乘品　卷
四百十八之四葉超勝品竟
卷四百十八之五葉　無所有品初分讚大乘品　卷
四百十九卷四百二十之十葉無所有品竟
卷四百二十之十一葉　隨順品初分隨順品
卷四百二十之十四葉　無邊際品初分無所得
品
卷四百二十一　卷四百二十二　卷四百二十
三初分觀行品無邊際品竟
卷四百二十三之十二葉　遠離品　卷四百二
十四初分無生品　初分淨道品　遠離品竟
卷四百二十五　帝釋品初分天帝品　初分諸天子

品
卷四百二十六之二葉帝釋品竟
卷四百二十六之三葉　信受品初分諸天子品　初分受教品
卷四二十六之八葉　散華品初分散華品　初分學般若品　初分求般若品　卷四百二十七初分歎衆德品　散華品竟
卷四百二十七之五葉　授記品初分攝受品
卷四百二十七之十二葉　攝受品初分攝受品　卷四百二十八之三葉攝受品竟
卷四百二十八之四葉　窣堵波品初分攝受品　初分較量功德品
卷四百二十九　福生品　功德品　外道品　天來品初分較量功德品
卷四百三十之五葉　設利羅品初分較量功德品
卷四百三十一　經文品初分較量(二)功德品　卷四百三十二之十葉經文品竟
卷四百三十二之十一葉　隨喜迴向品初分隨喜迴向品
卷四百三十四　大師品初分讚般若品

卷四百三十四之十八葉　地獄品初分謗般若品　初分難信難解品　卷四百三十五
卷四百三十六　清淨品初分著不著相品
卷四百三十六之十六葉　無標幟品初分說般若相品　卷四百三十七
卷四百三十七之十五葉　不可得品
卷四百三十八　東北方品初分難聞功德品　卷四百三十九　卷四百四十東北方品竟
卷四百四十之四葉　魔事品初分魔事品
卷四百四十之十四葉　不和合品初分魔事品　卷四百四十一
卷四百四十一之十四葉　佛母品初分佛母品　卷四百四十二之十四葉佛母品竟
卷四百四十二之十五葉　示相品初分佛母品　初分不思議等品　卷四百四十三示相品竟
卷四百四十四　成辦品初分辦事品　初分衆喻品
卷四百四十四之十四葉　船等喻品初分衆喻品　卷四百四十五

卷四百四十五之六葉　初業品初分真善友品
卷四百四十六之六葉　調伏品初分趣智品
卷四百四十六之十六葉　真如品初分真如品　卷四百四十七　卷四百四十八
卷四百四十八之八葉　不退轉品初分不退轉品
卷四百四十九　轉不轉品初分不退轉品
卷四百四十九之十八葉　甚深義品初分巧方便品
卷四百五十甚深義品竟
卷四百五十一　夢行品初分巧方便品
卷四百五十一之四葉　願行品初分願行品
卷四百五十一之十七葉　殑伽天品
卷四百五十二　習近品初分善學品
卷四百五十二之十五葉　增上慢品初分善學品
卷四百五十三　卷四百五十四初分斷分別品　增上慢品竟
卷四百五十四之十四葉　同學品初分巧便學品
卷四百五十五
卷四百五十五之十一葉　同性品初分巧便學品　卷四百五十六
卷四百五十六之五葉　無分別品初分願喻品
卷四百五十六之十七葉　堅非堅品初分堅等讚品
卷四百五十七
卷四百五十七之十六葉　實語品初分囑累品　卷四百五十八
卷四百五十八之十四葉　無盡品初分無盡品　卷四百五十九相攝品初分相引攝品
卷四百六十　巧便品初分多問不二品　卷四百六十一至四百六十三之四葉巧便品竟
卷四百六十三之五葉　樹喻品初分實説品
卷四百六十四　菩薩行品初分巧便行品
卷四百六十四六葉　親近品初分巧便行品
卷四百六十四之十三葉　徧學品初分徧學道品
卷四百六十五徧學品竟
卷四百六十五之十八葉　漸次品初分三漸次品
卷四百六十六
卷四百六十六之十五葉　無相品初分無相無得

品
卷四百六十七
卷四百六十七之十四葉　無雜品初分無雜法義品
卷四百六十八
卷四百六十八之十四葉　衆德相品初分諸功德相品
卷四百六十九至四百七十一之七葉衆德相品竟
卷四百七十一之八葉　善達品初分諸法平等品
卷四百七十二　卷四百七十三
卷四百七十三之五葉　實際品初分不可動品　卷四百七十四之十五葉實際品竟
卷四百七十四之十五葉　無闕品初分成熟有情品
卷四百七十五
卷四百七十六　道士品初分嚴淨佛土品
卷四百七十七　正定品初分淨土方便品
卷四百七十七之十四葉　佛法品初分無性自性品
卷四百七十八　無事品初分無性自性品
卷四百七十八之八葉　實説品初分勝義瑜伽品
卷四百七十八之二十葉　空性品初分無動法性品　第二分竟

大般若經第三會序

夫正理晦於率情，而情由理鏡，妙觀睽於循迹，而迹以觀冥。然情迹兩崇，假名相而躭習，則理觀雙拔，資漸漬於多聞。王城所以亟遷，聖席於茲復坦。是用入遊戲定，擒前會之神蹤，出微妙音，集向時之遥證。光敷法潤，澡沃心源，將欲利無利於情區，度不度於生品，運六通於即寂，流四辯於忘言，固當住不思議，得無分别。至如夢中重夢，尚縈馳徇之勞，即明覺後復覺，乃有發蒙之慶，何物物之殊炫，而如如之罕覯哉。彼如復如者，非異所異也，在纏出纏而性淨，有佛無佛而體常。會之則歸來號如來矣，乖之則流異稱異生焉。前際空而累盡，後際空而德滿。爾其闢甘露門，坐金剛座，假名法外，無色而莊嚴，勝義諦中，無心而啓悟。故能斷以空滯空之惡取，開無説假説之善權，熙妙色之殊對，霈圓音之各解。莫非自般若以爲源，依般若以成學。譬山王之高妙，谷王之宗長，義必重深，辭亦豐祕。凡五十九卷，三十一品，於舊無涉，號單譯焉。

唐西明寺沙門玄則製

卷四百七十九　緣起品初分緣起品

卷四百七十九之十葉　舍利子品初分相應品　初分轉生品　卷四百八十至四百八十二之十二葉舍利子品竟。

卷四百八十二之十三葉　善現品初分教誡教授品　卷四百八十三　卷四百八十四初分勸學品　初分無住品　初分般若行相品　卷四百八十五初分譬喻品　卷四百八十六初分菩薩品　初分摩訶薩品　卷四百八十七初分大乘鎧品　卷四百八十八　卷四百八十九　卷四百九十初分辯大乘品　卷四百九十一　卷四百九十二　卷四百九十三初分讚大乘品　初分隨順品　卷四百九十四　卷四百九十五　卷四百九十六初分無所得品　卷四百九十七初分觀行品　卷四百九十八初分無生品　初分淨道品。善現品竟。

卷四百九十八之十六葉　卷四百九十九　天帝品初分天帝品　初分諸天子品　初分受教品　卷五百初分學般若品

卷五百之十二葉　現窣堵波品初分攝受品　初分較量功德品　卷五百一　卷五百二

卷五百二之四葉　稱揚功德品初分較量功德品　卷五百三稱揚功德品竟

卷五百三之五葉　佛設利羅品初分較量功德品

卷五百三之十五葉　福聚品初分較量功德品　卷五百四福聚品竟

卷五百四之十八葉　隨喜迴向品初分隨喜迴向品　卷五百五

卷五百五之十八葉　地獄品初分讚般若品　初分謗般若品　卷五百六

卷五百六之十七葉　歎淨品初分讚清淨品　初分著不著相品　卷五百七

卷五百七之十五葉　讚德品初分説般若相品

卷五百八　陀羅尼品卷五百九

卷五百九之五葉　魔事品初分魔事品

卷五百十　現世間品初分佛母品

卷五百十一　不思議等品初分不思議等品

卷五百十一之五葉　譬喻品初分衆喻品

卷五百十二　善友品初分真善友品　初分趣智品

卷五百十三　真如品初分真如品　卷五百十四

卷五百十四之五葉　不退相品初分不退轉品　卷五百十五

卷五百十五之十七葉　空相品初分巧方便品　卷五百十六　卷五百十七空相品竟

卷五百十七之十一葉　殑伽天品

卷五百十七之十四葉　巧便品初分善學品　卷五百十八　卷五百十九初分斷分別品　卷五百二十初分巧便學品

卷五百二十之十二葉　學時品初分巧便學品

卷五百二十一　見不動品初分願喻品　初分堅等讚品　卷五百二十二見不動品竟

卷五百二十三　方便善巧品初分無盡品　初分相引攝品　卷五百二十四初問(三)多問不二品　卷五百二十五　卷五百二十六初分實説品　初分巧便行品　方便善巧品竟

卷五百二十七　慧到彼岸品初分遍學道品

卷五百二十八　妙相品初分三漸次品　卷五百二十九初分無相無得品　卷五百三十初分諸功德相品　卷五百三十一　卷五百三十二妙相品竟

卷五百三十二之四葉　施等品初分諸法平等品　卷五百三十三初分不可動品　卷五百三十四初分成熟有情品　卷五百三十五施等品竟

卷五百三十五　佛國品初分嚴淨佛土品　卷五百三十六

卷五百三十六之三葉　宣化品初分淨土方便品　初分無性自性品

卷五百三十七初分勝義瑜伽品　初分無動法性品　宣化品竟　第三分竟

大般若經第四會序

若夫識之所識，曷嘗非識，如之所如，未始

不如。是故能行與所行兼空，則攝受之理廢，自性與無性不異，則執取之念忘。若忘執而有恃，或存槩以隳業，知盛修而不行，乃虛己而制勝。恐野馬之情未戢，故靈鷲之談復敞。或曰：其在名也，每切有行之誡，其在實也，必警無行之怠，塗致或爽，折中奚歸。竊應之曰：一切凡夫，剖名相之符，保癡愛之宅，所以措懷有著，擬議必違。至真反此，動寂斯會。由此言之，行亦不行，不行亦不行，而宛然行矣，宛然不行矣。以假名般若，授假名菩薩，是持幻法與幻人，故無作亦無得。此又晨蜉之語歲，夢蝶之議覺乎。慨斯取之未傾，欣此教之方漸。凡二十九品，一十八卷，即舊《小品道行》，新《道行明度經》。品之爲言分也，分有長短，故有《大品》《小品》焉。《道行》即分中之初品。譯者，取以別經。明度，乃智度之異言。即就總目爲號，實由殘缺未具，故使名題亦差。今大教克圓，鴻規允布，心術之要可復道哉。

唐西明寺沙門玄則製

卷五百三十八　妙行品 初分觀學品　初分無住品　初分般若行相品　初分無生品　卷五百三十九

卷五百三十九之四葉　帝釋品 初分天帝品　初分諸天子品　初分受教品

卷五百三十九之十六葉　供養窣堵波品 初分攝受品

卷五百四十 初分較量功德品　卷五百四十一之七葉 供養窣堵波品竟

卷五百四十一之八葉　稱揚功德品

卷五百四十一之十一葉　福門品　卷五百四十二

卷五百四十三　隨喜迴向品 初分隨喜迴向品　卷五百四十四之九葉 隨喜迴向品竟

卷五百四十四之十葉　地獄品

卷五百四十五　清淨品 初分著不著相品

卷五百四十五之十葉　讚歎品 初分説般若相品

卷五百四十五之十五葉　總持品初分難聞功德品

卷五百四十六之十葉總持品竟。

卷五百四十六之十一葉　魔事品　卷五百四十七

卷五百四十七之五葉　現世間品初分佛母品

卷五百四十七之十八葉　不思議等品初分不思議等品

卷五百四十八之八葉　天讚品初分趣智品

卷五百四十八之十七葉　真如品初分趣智品初分真如品

卷五百四十九

卷五百四十九之六葉　不退相品初分不退轉品

卷五百四十九之十八葉　空相品初分不退轉品屢言空

卷五百五十

卷五百五十之四葉　深功德品初分巧方便品

卷五百十之十四葉　殑伽天品初分殑伽天品

卷五百五十之十六葉　覺魔事品初分善學品　卷五百五十一

卷五百五十一之十四葉　善友品初分善學品　卷五百五十二之四葉初分斷分別品　善友品竟

卷五百五十二之五葉　天主品初分巧便學品

卷五百五十二之九葉　無雜無異品初分巧便學品

卷五百五十二之十七葉　迅速品初分巧便學品

卷五百五十三

卷五百五十三之六葉　幻喻品初分願喻品

卷五百五十三之十五葉　堅固品初分堅等讚品

卷五百五十四堅固品竟

卷五百五十四之七葉　散華品初分囑累品　初分無盡品

卷五百五十五　隨順品第四分竟

大般若經第五會序

蓋聞申申夭夭，宴居而欲流誨，憤憤悱悱，離座而思請益。況深慈之遠鞠，徧知之委照，妙感之潛通，玄機之盛扣，其於說也，何能已乎。神運之來，亟諧景集，靈山之上，復動希聲。良由心塗易蕪，情靄難拂，滯識象之爲識，昧空色之即空。豈知夫法體法如，不一不二，性相性宗，言慮莫尋。既無一在而可舒，又無不在而可卷，諒非朕兆之可導，又非塵躅之可隨。斯則行不行矣，住不住矣。觀無二之性，與二不二，則非一之名，在一恒一，故紛之則萬舛，澄之則一如。一如未限，而義區之，一義未易，而名異之。一名未改，而相貿之，一相未派，而取亂之。過此以往，其不涯矣。故正乘之與大心，迴向之與隨喜，忘之則戒定慧蘊，存之則相心見倒。夫見生死者三有，著涅槃者二乘。是故知生死空，斯出三界矣，知涅槃空，斯過二地矣。釋五華之授記，乃證菩提，摅七寶之較量，高深福地。天供天護，加頂讚而徒殷，神呪神珠，語靈祥而不極。鋪惟此會未傳茲壤，凡二十四品，今譯十卷，亹亹通韻，新新渴奉者，固當不以抵羽而輕積珍矣。

唐西明寺沙門玄則製

卷五百五十六　善現品初分無生品

卷五百五十六之十八葉　天帝品初分諸天子品　初分求般若品

卷五百五十七　窣堵波品初分較量功德品

卷五百五十七之十一葉　神呪品初分較量功德品

卷五百五十八　設利羅品

卷五百五十八之六葉　經典品

卷五百五十八之十二葉　迴向品初分隨喜迴向品

卷五百五十九　地獄品

卷五百五十九之九葉　清淨品

卷五百五十九之十七葉　不思議品　卷五百六十之七葉不思議品竟

卷五百六十之八葉　魔事品

卷五百六十之十五葉　真如品

卷五百六十一　甚深相品

卷五百六十一之十葉　船等喻品

卷五百六十一之十一葉　如來品

卷五百六十二　不退品

卷五百六十二之十三葉　貪行品　卷五百六

十三

卷五百六十三之六葉　姊妹品

卷五百六十三之十三葉　夢行品

卷五百六十四初分善學品　初分斷分別品

卷五百六十四之九葉　修學品

卷五百六十四之十四葉　根栽品　卷五百六十五初分巧便學品　初分願喻品

卷五百六十五之七葉　付囑品

卷五百六十五之十四葉　見不動佛品第五分竟

大般若波羅蜜多經第六會序

原夫控歸塗以彌綸，踐要極而端務，莫若警十度於一施，披六蔽於三檀。矧般若之大猷，固總領而高視，誠庶心之扃牖，積行之樞軸，故能範圍真際，充塞塵區。汎之則無緣，綏之則無動。大悲抗其首，大捨維其末，恬五痛之苦修，倏三祇之遥序。願無近遠，遇物成資，善靡鴻纖，觸塗必衍。憑無象而永日，輟有輪於長夜，窮幽盡妙，其般若之致乎。粤有天王，是爲最勝，捐樂宮而下拜，汎嘉言而上表，念茲在茲，爰究爰度。然以位懸道隔，非目擊之能存，所以軌衆諧辰，寄言提而取悟。即舊《勝天王般若》，今譯成八卷，一十七品，其發明弘旨，敞拔幽關，固已法寶駢映，義林交積。自性三種，鬱無性以芊眠，果德萬區，殷不德而輝煥。凡鼓篋之士，猶希取質，況乘杯之客，如何勿思。

唐西明寺沙門玄則製

卷五百六十六緣起品

卷五百六十六之五葉通達品

修學般若波羅蜜多，則能通達布施、淨戒、安忍、精進、靜慮、般若、方便善巧、妙願、力、智波羅蜜多，是名菩薩修學一法能通一切法。

卷五百六十七顯相品

甚深般若波羅蜜多，如地、水、火、風、空等相。

行深般若波羅蜜多，信解如來三種清淨。

世間常有大火熾然，謂貪、瞋、癡爲火煙闇，云何當使一切有情，從此世間，皆得出離。若能通達諸法平等，無染著心，名爲出離。

諸法無本而有業果。如是諸法，空無所有，非自在性，虛妄分別，因緣合故，無生似生。

無名字法，假立名字，謂是有情，謂是般若、謂有能說、謂有所說、謂有聽者，及所聽法。勝義諦中，皆同一相，所謂無相，都無差別。

如來於法，本無說心，亦不作意爲此爲彼，但障重者雖近如來而不見聞。

卷五百六十七之十三葉法界品　卷五百六十八

最勝天王白佛言：云何名爲法界。佛告最勝天王：當知法界即是不虛妄性、不變異性，即是諸法真如。天王當知，真如深妙，但可智知，非言能說。何以故。諸法真如，過諸文字、離語言境，一切語業不能行故，離諸戲論、絶諸分別，無此無彼、離相無相，遠離尋伺、過尋伺境，無想無相，超過二境，非識所了，住無所住，寂靜聖智，及無分別，後得智境，無我、我所，求不可得，無取無捨、無染無著，清淨離垢，最勝第一，性常不變，若佛出世，若不出世，性相常住。天王當知，是爲法界，是名實相般若波羅蜜多。真如實際無分別相，不思議界，亦名真空及一切智、一切相智、不二法界。最勝便白佛言：云何能證能得如是法界。佛告最勝：當知出世般若波羅蜜多，及所得無分別智，能證能得。世尊，證、得義有何異。天王當知，出世般若波羅蜜多能如實見，故名爲證。後智通達，故名爲得。

實相般若波羅蜜多，甚深微妙，聞慧粗淺，不能得見。是勝義故，思不能量。出世法故，修不能行。諸菩薩行深般若波羅蜜多遠離諸相，謂都不見内外諸相，離戲論相、離分別相、離尋求相、離貪著相、離境界相、離攀緣相、離諸能知及所知相。最勝白佛言：能如是觀諸法無相，復云何觀。佛言：天王，諸佛境界不可思議。何以故。離境界故。一切有情思量佛境，心則狂亂不知此彼。何以故。同虚空性不可思量求不可得，離尋伺境。諸菩薩行深般若波羅蜜多，尚不見有異生境等可得思量，況佛境界，亦不依止一切妙願。雖行種種波羅蜜多，而於彼果都無所著，於諸幻法乃至涅槃亦不依著。何以故。離我、我所無二無别，自性離故。

隨順般若波羅蜜多不違生死，雖在生死不違般若波羅蜜多，隨順法相。最勝白佛言：云何隨順甚深法相，不違世俗。佛言：隨順甚深般若波羅蜜多，不遠離色、受、想、行、識，不遠離欲界、色界、無色界，不遠離法而無取著，隨順般若波羅蜜多不遠離道。何以故。具大方便善巧力故。何謂菩薩方便善巧。佛言：謂四無量，諸菩薩具大慈悲喜捨心故，常能利樂所化有情，是爲菩薩方便善巧。六十七卷。

甚深般若波羅蜜多，相不可得，諸菩薩相亦不可得，但由方便善巧威力，爲有情類示現入胎，乃至涅槃，種種化相。諸天計常，謂無墮落，爲破彼執，示現入胎，因令彼天起無常念。復有諸天，放逸著樂、不修正法，菩薩多勤精進，如救頭然，破放逸行，示現墮落。復有下劣有情，善根少故，不堪見佛，示現嬰兒，及作童子，有高行人，常能離俗，菩薩爲彼示現出家。復有天人，端坐受樂，不得聖道，菩薩爲彼示現苦行，亦爲降伏苦行外道，示現種種難行苦行。有天、人等，不求出離，而根性純熟，是深法器，爲是有情示現三轉十二行相無上法輪。復有天、人，樂聞圓寂，菩薩爲彼示現涅槃，當知菩薩摩訶薩行深般若波羅蜜多，能現如是種種化相。

菩薩行深般若波羅蜜多，終不生於無暇之處。菩薩終不生長壽天，不能利他，不見佛故，多生欲界，示現出世利樂有情。

菩薩生處，必具三寶，宿願強故。

菩薩行深般若波羅蜜多，能得如來十身差别。

卷五百六十八之八葉念住品

菩薩善修身，受心法念住。如來功德威神。

卷五百六十九法性品

如來法性因果，甚深微妙、不可思議，功德威神，及所説法利樂他事，亦復如是。天王，如來法性，在有情類，蘊界處中，從無始來，展轉相續，煩惱不染，本性清淨，諸心意識，不能緣起，餘尋伺等不能分別，邪念思惟，不能緣慮，遠離邪念，無明不生。是故不從十二緣起説名無相，非所作法，無生無滅、無邊無盡，自相常住。天王，諸菩薩行深般若波羅蜜多，能知法性清淨如是，無染無著、遠離垢穢，從諸煩惱超然解脱，此性即名諸佛法本。福德智慧因之而起，本性明淨不可思議。

諸佛悉知有情本性清淨，客塵煩惱之所覆蔽，不能悟入，我當爲説甚深般若波羅蜜多，除其煩惱，令得悟入本性清淨。復作是念：此諸煩惱，無力無能、自體虛妄、違清淨法。何以故。背一切智，順生死故。清淨法性，爲諸法本，自性本無虛妄煩惱，皆從邪念顛倒而生。譬如四大，依虛空立，虛空無依。煩惱亦爾，依於法性，法性無依。諸菩薩行深般若波羅蜜多，如實觀知，不起違逆，以隨順故，煩惱不生。是諸菩薩觀察煩惱，不生染著。若自染著，云何説法令他出離。

復作是念，若生死中有一煩惱能益有情，我則攝受。然無是事，故名斷滅。

如是法性，無量無邊，爲諸煩惱之所隱覆，隨生死流，沈没六趣，長夜輪轉，隨有情故，名有情性。諸菩薩起厭離心，除五境欲，滅諸分別，修無上道，是時此性名爲出離，超一切苦，故名寂靜。

諸菩薩依此法性，修習善根，來入三有，饒益有情，雖現無常而非真實。何以故。菩薩行深般若波羅蜜多，如實觀知真法性故，具足方便大悲願力，不捨有情。二乘異生，既無如是大悲願力，不見圓淨法性，不能如實饒益有情。

菩薩行深般若波羅蜜多，能如是觀真淨法性，諸佛如來無邊功德不共之法，從此性生、由是性出。一切聖者戒定慧品，從此性生。是性寂靜過諸名相，性是真實、遠離顛倒、性不變異，故稱真如。是聖智境，故名勝義。

諸菩薩復作是念，法性離相、諸法離相，無二無別。何以故。諸法離相，即法性離相。法性離相，即有情離相。有情離相，即法界離相。法界離相，即諸法離相。如是離相求不可得。法性真如，有情真如無二無別。法性真如、諸法真如無二無別。諸法真如、諸佛真如無二無別。法性真如、三世真如，不相違逆，三世真如，即蘊界處真如，蘊界處真如，即染淨真如，染淨真如，即生死涅槃真如，生死涅槃真如，即一切法真如。天王當知，真如名爲無變無異、無生無滅、自性真實。如實知見諸法不生，諸法雖生真如不動，真如雖生諸法，而真如不生，是名法身。清淨不變，如虛空等，一切三界無能及者、遍有情身無與等者，清淨離垢，本來不染，自性明淨、自性不生、自性不起。在心意識非心意識，性即是空，無相無願，遍虛空界諸有情處，一切平等、無量無邊，不異不別。非色、受、想、行、識，不離色、受、想、行、識。非地、水、火、風大，不離地、水、火、風大。無生不離生，雖逆生死不順涅槃。眼不能見、耳不能聞、鼻不能嗅、舌不能嘗、身不能覺、意不能知，不在心意識、不離心意識，是名法性。菩薩摩訶薩，以能通達此法性故，修行清淨，能於三千大千世界示現色身，所現身者非色非相而現色相，雖非六根所行境界，而化有情常無休息。菩薩如是行深般若波羅蜜多通達法性，即得自在無有移動，而起智業遊神通種種示現，如是自在，是無盡相，遍一切處無色現色，自在遍觀諸有情心，見如實心性，自在憶念無邊無數劫相續不斷，自在變化住解脱相，自在漏盡，爲有情故不證漏盡。自在出世，是聖智境。自在甚深，聲聞獨覺不能測量。自在堅牢，魔不能壞。坐菩提座成就佛法，最爲第一，自在隨順，轉妙法輪，自在調化一切有情，自在受位得法自在。

若欲受生，於生自在遠離繫縛。若欲現滅，於滅自在隨其生處恒攝大乘，成熟佛法。

若離名相，即是平等。若法平等，即無執著。無可執著，是法真實。若著真實，即是虛妄。以不著故，即非虛妄。

雖轉法輪，不見説聽。雖現涅槃，而知生死本性平等。

譬如虛空，遍滿一切，菩薩行深般若波羅蜜多，心亦如是。

菩薩善能通達世俗諦法，雖説諸法而非實有，終不取著。

諸法無滅，是故無生。何以故。性不變故，但依世俗見有生滅，皆是虛妄，非真實有。

邪見外道，但欲斷死，不知斷生。若法不生，即無有滅，外道不知斷生，終不離死。

淨修一行，亦生淨土。何以故。一一行中具衆行故。

此諸菩薩，能生衆善，有巧方便，化度有情，住此佛土，身不動摇，而遊無邊諸佛世界，雖作種種佛事，而不作意，亦無分别。

鷲峰山中舊住天神，皆是安住不可思議解脱菩薩，是故能知過去佛境久近差别。

如來所居之處，皆無雜穢，即是淨土。

三世諸佛，皆因般若波羅蜜多而得有。法性品竟。

卷五百七十平等品

能執、所執一切煩惱障善法者，依身見生，能滅身見。一切隨眠及諸煩惱，皆永寂靜，作願亦息。

於五取藴妄謂有我，即起我見。真實之法，自性平等，無能所執，我見相違，是故爲障。當知如是我見，不在内、不在外、不在兩間，都無所住，名爲寂靜，即是平等。遠離我見，通達平等，名真實空。

修一切種波羅蜜多，遠離魔障，不見可修、

不見可離，故名平等。緣一切智，心不休息，常修空行，由大悲力，不捨有情，故名平等。於一切法，心緣自在、心緣無相，而修菩提，不見無相及菩提異，故名平等。心緣無願、不捨三界，不見無願及三界異，故名平等。

緣有爲法，爲得佛智。緣無爲法，爲得寂靜。菩薩行深般若波羅蜜多方便善巧，無有一心一行空過，而不迴向一切智者，如是菩薩雖遍緣法，而能不著，觀一切法無不趣向大菩提者，菩薩所緣境界，無有一法不趣菩提。何以故。菩薩修行，皆因外緣而得成立。

最勝天王，無量劫修行一切波羅蜜多，爲諸菩薩守護般若波羅蜜多，今得值我諮受，於未來世，復經無量劫，修習無上菩提資糧，然後證得所求無上菩提。

卷五百七十之八葉現相品

舍利子問最勝言：菩薩修行甚深般若波羅蜜多，通達法性，爾時即應坐菩提座，何緣先現苦行六年，降伏天魔，復成正覺。最勝答曰：大德，當知菩薩實無苦行，爲伏外道故示現之。謂彼外道自稱能修苦行，菩薩示現過彼苦行，經于六年一無虧失，然實菩薩無斯苦行。時，有諸天人衆因見此事，安住三乘。復有天人宿善根力，深樂大乘，則見菩薩坐七寶臺，身心不動舒顔含笑，入勝等持，時經六所方從定起。有天人衆深樂大乘欲聽聞者，則見菩薩端坐説法，經於六年，既經六年從定而起，隨順世法，詣無垢河浴，有牧牛女乳糜奉獻。復有六億天龍等各持種種香美飲食而來奉獻，時，牧牛女、天、龍等互不相見，各見菩薩獨受其供。菩薩爾時實不洗浴，亦不受彼人天等供。菩薩方便善巧，菩提樹下受草敷坐，右遶七匝，正念端坐，下劣有情見如是相，諸大菩薩見有八萬四千天子，各别敷一大師子座，而諸天子互不相見，各謂菩薩獨坐我座。菩薩方便善巧，眉間毫相放大光明，普照三千大千世界，諸魔宫殿皆失威光，即皆顛仆，菩薩以大悲力，令諸魔衆皆離怖畏，恐怖、歡喜二事交懷。如是菩薩處菩提座，魔來擾亂都不生瞋，一刹那心，能與般若波羅蜜多理趣相應，已至究竟，通達一切所知見覺。爾時，菩薩將欲示現轉大法輪，諸梵天衆哀愍三請，天主帝釋皆爲如來敷師子座。時，三千大千世界，靡有間隙如一毛孔，天、龍、人、非人等充滿其中，若諸有情，應聞苦法而受化者，聞佛説苦。應聞無我、寂靜、遠離、無常、空法而受化者，亦復如是。應聞如幻，乃至如尋香城法而受化者，亦復如是。應聞空、無相、無願解脱門而受化者，聞佛説空、無相、無願。時有情類，或聞如來説一切法從因緣生，或聞説蘊或聞説界，或聞説處，或聞説苦，乃至集、滅，道，或有聞説念住、正斷、神足、根、力、覺支、道支，或有聞説寂止妙觀，或有聞説諸聲聞法，或有聞説諸獨覺法，或有聞説諸菩薩法。如是菩薩方便善巧，示現種種轉法輪相，隨諸有情根性差別，各得利樂，深心歡喜。

菩薩行深般若波羅蜜多方便善巧，心無所緣，亦無所住。譬如有人，生無色界，八萬大劫，唯有一識，無有住處，亦無所緣。如是菩薩，心無所緣，亦無所住。何以故。是諸菩薩，心不行無行處、心不想無想處、心不緣無緣處、心不著無著處、心不亂無亂處，心不隨智、心不自在，亦不住他，不依眼住，不依耳、鼻、舌、身、意住，不依色住，不依聲、香、味、觸、法住，心不在内，亦不在外，不在兩間。心不緣法，亦不緣智，不住三界，不住離三世。

信受般若波羅蜜多方便善巧，近佛境界，以此一心即能通達一切佛法，達佛法故，利樂有情，不見有情與佛法異。何以故。有情、佛法理無二故。現相品竟。

卷五百七十一 無所得品

善思菩薩最勝天王問答。

以無所得，故得授記。

求法者，實無所求，若實可求，即爲非法。

真實理中，無有一法可生可滅。

菩薩行深般若波羅蜜多方便善巧，具足正信、心不放逸、勤修精進，即得正念，用是念智知有、知無。云何有、無，苦修正行得正解脱，是名爲有。若修邪行得正解脱，是名爲無。眼等六根、色等六境，世俗爲有，勝義爲無。精進菩薩能得菩提，是名爲有，懈怠菩薩得菩提者，是名爲無。説五取蘊皆從虚妄分別而生，是名爲有，説世俗法不由因緣自然而起，是名爲無。説色無常、苦敗壞法，是名爲有，若言常、樂非敗壞法，是名爲無，受、想、行、識亦復如是。無明緣行，是名爲有，若離無明而行生者，是名爲無。乃至生緣老死愁歎苦憂惱亦復如是。施得大富，是名爲有，得貧窮者，是名爲無。受持淨戒得生善趣，是名爲有，生惡趣者，是名爲無。乃至修慧能得成聖，是名爲有，作愚夫者，是名爲無。若修多聞能得大智，是名爲有，得愚癡者，是名爲無。若修正念能出離者，是名爲有，不得爲無。若行邪念不得出離，是名爲有，能得爲無。離我、我所能得解脱，是名爲有，執我我所能得解脱，是名爲無。若言虚空遍一切處，是名爲有，言五蘊中有真實我，是名爲無。如實修智慧得解脱，是名爲有，若著邪智慧得解脱，是名爲無。離我等見能得空智，是名爲有，著我等見能得空智，是名爲無。菩薩知世有、無，能修平等，了達諸法從因緣生，世俗故有，不起常見。知因緣法，本性皆空，不生斷見，於諸佛教，如實通達。

卷五百七十一之十二葉證勸品

治世輪王即然燈佛諮問功德，寶王如來證勸最勝。

菩薩化有情類，所現色像，無決定相。

一切有情心行各別，是故菩薩種種示現。最勝天王問答第六分初品經文起，至此品問答竟。此後二卷經文，曼殊室利説最勝往因。

卷五百七十二顯德品

曼殊室利菩薩問佛，經幾劫數，行深般若波

羅蜜多，而能對揚如來所説如最勝天王者。

若諸菩薩勤修衆善，是則不能久住生死，利樂有情，故菩薩以處生死爲樂，不以涅槃而爲樂。何以故。諸菩薩以化有情而爲樂故，若勤修善，便速盡漏，不能利樂一切有情。是故菩薩具方便力，久住生死，得見無量無邊如來，聽受無量無邊正法，化導無量無邊有情，不厭生死，不樂涅槃。若觀生死而起厭怖，欣樂涅槃，則墮非道，不能利樂一切有情，通達如來甚深境界。云何非道，聲聞、獨覺於有情類無大悲心，非諸菩薩摩訶薩道，不能具足福德智慧，以是義故，非菩薩道。時，多聞佛讚歎精進力言：善哉善哉，應修自行，勿習非道。時，精進力白佛：何謂菩薩自所行道。佛言：菩薩成就一切福慧，以大悲力不捨有情，雖知諸法無一可生而方便現生，雖知有情無一實有而方便化導。知一切法皆離自性，觀諸佛土猶如虛空而能巧便嚴淨佛土。知一切佛法身無像，方便示現相好莊嚴。知自性空，悉能通達甚深智慧，能以方便爲他説法，不證聲聞、獨覺乘果，勤求知來所證解脱，不捨菩薩一切道行，是名菩薩自所行道。時，精進力從彼如來，聞説菩薩所行境界，復白多聞佛言：如我解佛所説義者，菩薩具足方便善巧，觀一切法無非是道，謂異生法，若聲聞法，若獨覺法，若菩薩法，若如來法。何以故。是諸菩薩所通達故，曼殊室利，彼精進力，即是今者最勝天王。

曼殊室利復白佛言：世尊，正信流出何法。佛告曼殊室利：正信流出得真善友。世尊，多聞流出何法。佛言：多聞流出妙慧。世尊，布施流出何法。佛言：布施流出大富。淨戒流出何法，淨戒流出善趣。安忍流出何法，安忍流出容受一切有情。精進流出何法，精進流出能辦一切佛法。靜慮流出何法，靜慮流出遠離一切散動。般若流出何法，般若流出遠離一切煩惱。聽法流出何法，聽法流出遠離一切疑網。正問流出何法，正問流出於法決定妙智。居靜流出何法，居靜流出勝定及諸神通。正修流出何法，正修流出厭道。無常聲流出何法，無常聲流出於境無所攝護。苦聲流出何法，苦聲流出無生。無我聲流出何法，無我聲流出滅除我我所執。空聲流出何法，空聲流出寂靜。正念流出何法，正念流出聖見。身心遠離流出何法，身心遠離流出一切妙定神通。聖道流出何法，聖道流出聖果。勝解流出何法，聖解流出成就一切解脱。佛生流出何法，佛生流出一切菩提分法。

卷五百七十二之七葉現化品

不違正理，常無諍論，名護正法。何以故。世間愚夫皆著諸見，順正理者，則常説空，是故世間共興諍論。愚夫愛重有法，順正理者，於有則輕，世間説有常樂我淨，順正理説無常、苦、無我、不淨，是故世間共興諍論。諸愚夫類，順世間流，順正理者，逆世間流，是故世間共興諍論。愚夫著蘊界處，順正理者，都無所著，是故世間共興諍論。順世愚夫，不行正理。順正理者，與世相違，故常無諍，名護正法。

不住無生無滅法者，則無辯才説甚深法。何以故。遠離戲論，不見所緣，不見能緣，心無所住，是故能説。不住我法，不住此彼，唯住清淨勝義諦中，是故能説。

賢德天子修習希有陀羅尼門，經劫説法亦不窮盡。此希有者，過諸文字，言不能入，心不能量，内外法中，皆不可得，無有少法能入此者，是故名爲衆法不入陀羅尼門。所以者何。此法平等，無高無下、無入無出，無一文字從外而入，無一文字從内而出，無一文字住此法中，亦無文字共相見者，亦不分别法、非法異。是諸文字，説亦無減、不説無增，從本際來，都無起作及壞滅者。如諸文字，心亦如是，如心一切，法亦如是。何以故。法離語言，亦離思量，從本際來，無生無滅，故無入出，由此名爲衆法不入陀羅尼門，若能通達此法門者，辯才無盡。

卷五百七十二之十二葉陀羅尼品

若得如是陀羅尼門，諸有所説一文一字，無非佛語，如是所説，遠離色、聲、香、味、觸、法。何以故。此所説法，非世俗故。

寶功德菩薩告大衆言：諸佛世尊無生無滅，何用勸請不入涅槃。若太虚空入涅槃者，如來乃可入般涅槃。若有真如、法界、實際、不思議界入涅槃者，如來乃可入般涅槃。

卷五百七十二之十七葉勸誡品　卷五百七十三

較量持經福聚，較量毀經獲罪。

卷五百七十三之五葉二行品

諸菩薩應於甚深境界、廣大境界、功德境界，行深般若波羅蜜多。甚深境者，體是無爲，不著二邊，亦不相離，自性清淨，諸障解脱，不可思議、不可稱計、不共一切聲聞、獨覺。廣大境者，諸佛如來一切功德、大悲般若，二法爲性，離分別相，無功用心，利樂有情，無時暫捨，諸所説法，皆稱彼意。功德境者，行深般若波羅蜜多，所與相應，一切功德、三十二相、八十隨好，隨諸有情根欲性行所樂種種形相差別，佛威神力悉能示現，皆爲有情解脱生死，如是名爲甚深般若波羅蜜多所行境界。

行深般若波羅蜜多，凡有五事不可思議：一者自性，二者方處，三者諸住，四者一異，五者利樂。

卷五百七十三之十三葉讚歎品

堪忍界主大梵天王，頂禮世尊，願以神通力，令此般若波羅蜜多久住世間。

寶月如來，有二苾芻弟子，作大法師，善説深法，一名智盛，二名諦授，常隨彼佛宣説甚深般若波羅蜜多。智盛即是曼殊室利，諦授即是最勝天王，此二菩薩擁護甚深般若波羅蜜多，十方佛國，若説如是般若波羅蜜多，即往聽受，尋光來集。

卷五百七十三之十九葉付囑品

佛告阿難陀：受持此經，有十種法：一者書寫，二者供養，三者施他，四者諦聽，五者披讀，六者受持，七者廣説，八者諷誦，九者思惟，十者修習。

佛告持髻梵王，於此穢土護持正法，須臾之間，勝淨土中，若經一劫，或一劫餘所護功德。

第六分經文竟。

般若綱要卷八

校勘記

〔一〕「量」，底本脱，據上文補。

〔二〕「問」，底本原校疑爲「分」。

般若綱要卷九

古南沙門通門閲正

七空居士葛鼒提綱

大般若經第七會曼殊室利分序

聞夫即相無覩，挺真如之壯觀，即慮無知，成種智之默識。但二塵且落時，逐見以輕濃，五瞖將披復，因疑而聚散。是以驟明空道，給孤總旋憇之場，歷選時徒，妙吉昇對揚之重。忽無覩以瞻仰，俄不聆以餐悟，既泯修而造修，亦絶學以趣學。狀其區别，則菩提萬流，斷其混茫，則涅槃一相。一相則不見生死，萬流則無非佛法，不壞假名之繁總，而開實相之沈寥。正明如來法無，況菩薩法。菩薩法無，況二乘法。二乘法無，況凡夫法。法尚不有，何有菩提。尚無菩提，云何可趣。尚無可趣，何有證得。尚無證得，何有證者。是故有之斯殊，無之斯貫，洞之斯遠，沮之斯局。豁爾夷蕩而無懈，熾然翹厲而不精，惱祲與慈滰分華，劍林將玉毫比色。皆其所也，何以易諸。觀其假言路以便便，仰真宗而止止，奕奕珠轉，冷冷玉振，起予聖旨，莫尚於慈，晞體法王，不亦宜矣。然則探其義也，發秘藏之玄局，味其談也，包密語之殊轍，詞婉而旨密，即舊《文殊般若》矣。雖雙軸成部，而警策備彰，庶七衆所歸，較然無遠。

唐西明寺沙門玄則製

卷五百七十四曼殊室利分

曼殊室利白佛言：我觀如來即真如相，若以此等觀於如來，名真見佛，亦名禮敬親近如來，實於有情爲利樂故。佛告曼殊室利：汝作是觀爲何所見。曼殊室利白言：世尊，我作是觀都無所見，於諸法相亦無所取。時，舍利子謂曼殊室利言：仁能如是親近禮敬，觀於如來甚爲希有，雖常慈愍一切有情，而於有情都無所得，雖能化導一切有情，令趣涅槃而無所執，雖爲利樂諸有情故擐大甲冑，而於其中不起積集散壞方便。時，曼殊室利白舍利子言：如是如是，我爲利樂諸有情故，擐大甲冑，令趣涅槃，實於有情及涅槃界所化所證無得無執。所以者何。諸有情界無增無減，雖有爾所諸佛世尊，經爾所時，説爾所法，度脱爾所有情，皆令證入無餘涅槃而有情界亦無增減。何以故。以諸有情自性離故、無邊際故、不可增減故。舍利子言：若諸有情無增減者，何緣菩薩求大菩提欲爲有情常説妙法。曼殊室利言：有情都不可得，何有菩薩求大菩提欲爲有情常説妙法。何以故。諸法畢竟不可得故。佛告曼殊室利：若諸有情都不可得，云何施設諸有情界。曼殊室利白言：世尊，有情界者但假施設。曼殊室利，設有問汝，有情界者爲有幾何，汝云何答。世尊，我作是答，如佛法數，彼界亦爾。曼殊室利，設復問汝，有情界者其量云何，復云何答。世尊，我作是答，有情界量如諸佛境。曼殊室利，設有問言，諸有情者爲何所屬，復云何答。世尊，我作是答，彼界所屬如佛難思。曼殊室利，設有問言，有情界者爲何所住，復云何答。世尊，我作是答，若離染際所應住法，即有情界所應住法。曼殊室利，汝修般若波羅蜜多爲何所住。世尊，我修般若都無所住。曼殊室利，無所住者云何能修。世尊，我由無所住故能修。曼殊室利，汝修般若波羅蜜多，於善於惡何增何減。世尊，於善於惡無增無減，於一切法亦無增減。世尊，般若波羅蜜多出現世間，不爲增減一切法故。修學甚深般若波羅蜜多，不爲棄捨異生等法、不爲攝受一切佛法。所以者何。甚深般若波羅蜜多不爲捨法、得法故起。修學甚深般若波羅蜜多，不爲厭離生死過失，不爲欣樂涅槃功德。所以者何。修此法者不見生死況有厭離，不見涅槃況有欣樂。修學甚深般若波羅蜜多，不見諸法有劣有勝、有失有得、可捨可取。修學甚深般若波羅蜜多，不得諸法可增可減。所以者何。非真法界有增有減。佛告曼殊室利：諸佛妙法豈亦不勝。世尊，諸佛妙法不可取故，亦不可言是勝是劣。如來豈不證諸法空，離相空中有何勝劣。

佛告曼殊室利：汝已親近供養幾佛。世尊：我已親近供養佛數量同幻士心、心所法，以一切法皆如幻故。曼殊室利：汝於佛法豈不趣求。世尊：我今不見有法非佛法者，何所趣求。曼殊室利：汝於佛法已成就耶。世尊：我今都不見法可名佛法，何所成就。曼殊室利：汝豈不得無著性耶。世尊：我今即無著性，豈無著性復得無著。曼殊室利：汝不當坐菩提座耶。世尊：諸佛於菩提尚無坐義，況我能坐。何以故。以一切法皆用實際爲定量故，於實際中座及坐者俱不可得。曼殊室利：言實際者是何增語。世尊：實際當知即是僞身增語。曼殊室利：云何僞身可名實際。世尊：實際無去無來、非真非僞，身非身相俱不可得，僞身亦爾，是故僞身即是實際。

佛告曼殊室利：汝觀何義欲證無上正等菩提。世尊，我於無上正等菩提，尚無住心，況當欲證。我於菩提無求趣意。所以者何。菩提即我，我即菩提，如何求趣。佛言：汝能巧說甚深義處，汝於先佛多種善根、久發大願，能依無得修行種種清淨梵行。曼殊室利白佛言：若於諸法有所得者，可依無得修淨梵行，我都不見有法可得及無所得，如何可言能依無得淨修梵行。

舍利子言：曼殊室利，佛於法界豈不證耶。

不也，大德。所以者何。佛即法界，法界即佛，法界不應還證法界。又舍利子，一切法空說爲法界，即此法界說爲菩提，法界、菩提俱離性相。又舍利子，若造無間，當知即造不可思議，亦造實際。何以故。不可思議與五無間俱即實際、性無差別，既無有能造實際者，是故無間不可思議，亦不可造。由斯理趣，造無間者非墮地獄，不思議者非得生天。造無間者亦非長夜沈淪生死，不思議者亦非究竟能證涅槃。何以故。不可思議與五無間，皆住實際，性無差別。

真法界中若持，若犯，平等無別。

佛告曼殊室利：頗有因緣，可說菩薩坐菩提座，不證無上正等菩提。世尊，亦有因緣可說，謂菩提中，無有少法可名無上正等菩提。然真菩提性無差別，非坐可得、不坐便捨，無相菩提不可證故。曼殊室利復白佛言：無上菩提即五無間，彼五無間即此菩提。所以者何。菩提、無間俱假施設、非真實有，菩提之性，非可證得、非可修習、非可現見，彼五無間亦復如是。又一切法本性畢竟不可現見，於中無覺、無覺者，無見、無見者，無知、無知者，無分別、無分別者，離相平等，名爲菩提，五無間性亦復如是。由此菩提非可證得，言可證得，修習、現見大菩提者，是增上慢語。佛告曼殊室利：汝今謂我是如來耶。不也，世尊。我不謂佛是實如來。所以者何。夫如來者，以微妙智，證會真如，妙智、真如二俱離相。真如離相，非謂真如。妙智亦然，非謂妙智。既無妙智及無真如，是故如來亦非真實。何以故。真如、妙智俱假施設，如來亦爾，非二不二，故不謂佛是實如來。佛告曼殊室利：如來豈不出現世間。不也，世尊。若真法界出現世間，可言如來出現於世。非真法界出現世間，是故如來亦不出現。曼殊室利，汝謂殑伽沙數諸佛入涅槃不。世尊，豈不見諸佛如來同一不思議境界相。曼殊室利復白佛言：今佛世尊現住世不。佛言：如是。曼殊室利便白佛言：若佛世尊現住世者，殑伽沙等諸佛世尊亦應住世。何以故。一切如來同不思議一境相故，不思議相無生無滅，如何諸佛有入涅槃。是故世尊，若未來佛當有出世，一切如來皆當出世。若過去佛已入涅槃，一切如來皆已滅度。若現在佛現證菩提，一切如來皆應現證。何以故。不思議中去、來、現在所有諸佛無差別故。

曼殊室利復白佛言：佛、有情心及一切法，若皆平等不可思議，今諸聖賢求涅槃者勤行精進豈不唐捐。所以者何。不思議性與涅槃性既無差別，何用更求。若有説言此異生法、此聖者法有差別相，令諸有情執二法異，沈淪生死，不得涅槃。佛告曼殊室利：如來於有情類最爲勝不。世尊，若有真實有情，我願如來於彼最勝，然有情類實不可得。曼殊室利，佛成就不思議法耶。世尊，若有不思議法實可成就，我願如來成就彼法，然無是事。曼殊室利，如來説法調伏弟子衆不。世尊，諸有情類皆住無雜真如法界，於此界中異生、聖者、能説、能受，俱不可得。

卷五百七十五

舍利子白佛言：曼殊室利所説法相，不可思議。佛告曼殊室利：汝之所説實難思議。曼殊室利即白佛言：我所説法不可説可思議，亦不可説不可思議。所以者何。不可思議、可思議性俱無所有，但有音聲，以一切法自性離故，作是説者，乃名爲説不可思議。佛告曼殊室利：汝今現入不可思議三摩地耶。世尊，我不現入此三摩地。所以者何。我都不見此三摩地性異於我，不見有心能思惟我及此定，故不可思議三摩地者，心、非心性俱不能入，云何可言我入此定。世尊，我昔初學作意現入此三摩地，非於今時復更作意現入此定。如射初學注心發箭，久習成就不復注心。如是我先初學定位，要先繫念在不思議，然後乃能現入此定，久習成就不復繫心，任運能住。所以者何。我於諸定已得善巧，任運出入，不復作意。舍利子言：曼殊室利，豈今此定亦不可得。

大德，此定實不可得。所以者何。謂一切定可思議者有相可得，不思議者無相可得，此定既曰不可思議，是故定應實不可得。又舍利子，不思議定一切有情無不得者。所以者何。一切心性皆離心性，離心性者皆即名爲不思議定，故有情類無不得者。佛讚曼殊室利：汝依無得發言皆說甚深義處，汝豈不以住深般若波羅蜜多能一切時說甚深義。曼殊室利即白佛言：若我由住甚深般若波羅蜜多能如是說，便住我想及住有想，若住我想及住有想，則深般若波羅蜜多亦有所住，若深般若波羅蜜多有所住者，則深般若波羅蜜多，亦以我想及以有想爲所住處。然深般若波羅蜜多，遠離二想，住無所住，如諸佛住，微妙寂靜，無起無作、無動無轉以爲所住，不住有法，不住無法，故此所住不可思議，不思議界，與如來界、我界、法界無二無別。

當知佛智，無法可知，名不知法。所以者何。此智自性都無所有。無所有法，云何能於真法界轉。此智自性既無所有，即無所著。若無所著，即體非智。若體非智，即無境界。若無境界，即無所依。若無所依，即無所住。若無所住，即無生滅。若無生滅，即不可得。若不可得，即無所趣。既無所趣，此智不能作諸功德，亦復不能作非功德。所以者何。此無思慮不可思議，即是佛智，無餘智類此可得，故名無等等智。又無餘智對此可得，故名無對對智。佛告曼殊室利：如是妙智不可動耶。世尊，如是妙智久修成熟，無作無證、無生無盡、無起無没、安固不動。曼殊室利，誰能信解如是妙智。世尊，於生死法，不起不墮，於諸聖道，不離不修，彼於此智能深信解。

大迦葉波白佛言：如來善說聞深般若波羅蜜多，信解修行諸行狀相。

能正修行一相莊嚴三摩地者，疾證無上正等菩提。

諸佛無上正等菩提，即是不思議界。

曼殊室利白佛言：世尊，善男子等來至我所

作是問言，仁與如來嘗所談論甚深般若波羅蜜多，請爲説之。我當告彼，汝等欲聞，勿起聽心，勿專繫念，當起如幻、如化等心，如是乃能解我所説，如是教誡、教授，以無相印印定諸法，令求聽者離取著心，然後爲説相應之法。第七會竟。

大般若經第八會那伽室利分序

載維清規，外滌，乃照晉於襟，靈神理内，康俄發揮於事業。若不訊諸動寂，將或謬以隨迎，是故妙祥資舍衛之稟，龍祥扣分衛之節。挫舉下而迂足，措屈伸而矯手，慮不慮以思惟，行無行以發趣。食夫幻食，反類懸匏，資以無資，翻同冽井。俄而縱觀空術，澄襟海定，孕生靈爲水性，罄功德爲珍府，晏六動而不摇，走三乘以終駐。無宰不宰，黜心王而利見，無親不親，恢善友而遥集。是令近事取鉢，駭循臂之不存，應供投襟，兀撫心其已滅。譬蜃樓切景，知積氣以忘躋，鸞鏡含姿，悟惟空而輟攬。故能自近而鑒遠，由真以立俗，識危生之露集，知幻質之泡浮。電倏青紫之輝，雲空軒蓋之影，文約理贍，昔秘今傳。雖一軸且單譯，而三復固多重味矣。

唐西明寺沙門玄則製

卷五百七十六那伽室利分

妙吉祥欲入室羅筏城乞食，龍吉祥言：尊者，今於食想猶未破耶。妙吉祥曰：吾於食想，都不見有，知何所破。所以者何。一切法本性空寂，猶若虚空無斷無壞，我何能破。龍吉祥言：頗有能證菩提者不。妙吉祥曰：若無名姓施設，以無表心、無見心等能證無上正等菩提。龍吉祥言：以何等心當得菩提。妙吉祥曰：我無所趣，亦非能趣。所以者何。諸法無動，不可破壞，不可攝受，畢竟空寂，我以如是非趣心等當得菩提。龍吉祥言：菩提何謂。妙吉祥曰：言菩提者，徧諸時處一切法中，譬如虚空，都無障礙，於時處法無所不在，如是菩提最爲無上。仁今欲證何等菩提。龍吉祥言：欲證無上。妙吉祥曰：無上菩提非可證法，汝欲證者便行戲論。何以故。無上菩提，離相寂滅，仁今欲取，成戲論故。諸佛世尊，説一切法不可分別，皆如幻事，汝今欲證無上菩提，豈不便成分別幻法。然一切法皆不可取、亦不可捨、無成無壞，非法於法能有造作及有滅壞，無法於法能有和合及有別離，寧可於彼起分別心。龍吉祥言：我今由此定得菩提，由尊爲我説深法故。妙吉祥曰：我於今者，曾未爲汝有所宣説，若顯若密，若深若淺，云何令汝能得菩提。所以者何。諸法自性，皆不可説，以一切法皆如幻事，畢竟性空，尚不可知，況有宣説。爾時，無能勝菩薩，求至其所，讚言：正士、大士能共宣説甚深法門。時，妙吉祥語無能勝言：正士、大士爲説何法，作是念者便行戲論，若行戲論，流轉生死。彼於一切如響法中，不如實知，起諸乖諍，心則動摇，多諸迷謬，是故世尊親於晝夜，教誡教授，汝等苾芻，勿行戲論，於我所説寂滅法中，常應思惟、審諦觀察、精勤修習，無得法忍，如是能寂大聖法王，説諸法空本性寂靜，無染無得、無所依住，能如實知，解脱生死，定當證得菩提涅槃。

諸有情類，本來皆有諸佛妙法，一切已有無退佛智，故諸有情咸可安立於佛妙法。龍吉祥言：諸佛妙法，誰能信解。妙吉祥曰：諸佛真子，皆能信解，已善安住畢竟空法，無所得法。所以者何。是諸菩薩妙菩提座，已現在前，能對世間天魔梵釋等前，大師子吼。我於此座結跏趺坐，乃至未得無上菩提，終不中間暫解斯坐。何以故。菩薩已善安住畢竟空法、無所得法，一切有情不能傾動，令離覺、所覺及菩提座處。

妙吉祥言：諸菩薩衆無得法忍，豈無差別。龍吉祥曰：若菩薩衆於少分法有執著者，是則名爲行有所得，菩薩不行有所得故，無得法忍非有差別。妙吉祥言：若爾，菩薩云何修學趣菩提行。龍吉祥曰：若菩薩衆於諸法中無所取著，是爲修學趣菩提行。若菩薩衆雖有所行而無行想，是爲修學趣菩提行。妙吉祥言：如是如是，如人夢中，雖謂遊止種種方所，而無去、來、行、住、坐、卧，亦無真實遊止處所。菩薩亦爾，雖住寤時，有所修行，而無行想，觀所行行，本性皆空，於諸法中，無所取著。能如是行，無所執取，離諸戲論，是天人等真淨福田，堪受世間恭敬供養。爾時，龍吉祥歡喜踴躍而作是言：我今欲往寶[二]羅筏城乞食。妙吉祥曰：隨汝意往，然於行時，勿得舉足、勿得下足、勿屈勿伸、勿起於心、勿興戲論、勿生路想，勿生城邑聚落大小男女之想，勿生街巷、園林、舍宅、户牖等想，遠離諸所有想，是爲菩薩所趣菩提。龍吉祥既承教誡威力入海喻定，此定威力廣深，神明難思，三業安靜，具功德寶攝養含識。時有菩薩名曰善思，爲欲令彼速出定故，設大加行觸動其身，雖令三千大千世界諸山大地六反變動，而龍吉祥身心宴寂安固不動如妙高山。後從定起，善思問言：仁在定中覺地動不。龍吉祥曰：善思當知，若諸身心有動轉者，見大地等亦有傾摇。諸佛菩薩及大獨覺、大阿羅漢，身心安靜，遠離動摇，於諸法中，不見不覺有動、有轉、有傾、有摇。時，妙吉祥見聞此已，歡喜讚歎：善哉善哉，今者隨意入城乞食。龍吉祥曰：我今已證海喻勝定無上法食，於諸段食不復希求。我今惟求布施、淨戒、安忍、精進、靜慮、般若、方便、善巧、妙願、力、智波羅蜜多，及餘無邊菩薩勝行，疾證無上正等菩提，轉妙法輪，拔有情類生死大苦，令住究竟清淨涅槃，棄捨諸行，不欲資養雜穢身心，今我由尊真淨善友哀愍我力，證獲勝定，我今頂禮。妙吉祥言：善哉仁者，能得如是海喻勝定，了達諸法，汝今應求如來十力、四無所畏、四無礙解、大慈大悲大喜大捨，并十八佛不共法等，無量無邊、無上法食，用自資益、解脱法身，一切如來應正等覺，皆由此食。所以者何。如是法食，無漏無繫，能永解脱執著世間不出離法，一切菩薩摩訶薩衆，皆希此食。龍吉祥曰：我今聽尊所讚，如斯無上法食，已爲充足，況得食耶。我食當來得斯法食，即以無食而爲方便自充足已，復持充足一切有情。妙吉祥言：汝能充足虛空界不，汝能充足響、像、夢、幻、陽焰、光影、諸變化事、尋香城不，汝頗能以衆流充足諸大海不。答曰：不能。妙吉祥言：諸法亦爾，云何汝欲充足一切。汝欲充足一切者，則欲充足大虛空界，亦欲充足響、像、夢等，亦欲充足一切大海，亦欲充足一切法空、無相、無願、無造無作、無生無滅，亦欲充足遠離、寂靜、離染、涅槃、畢竟解脱，亦欲充足無色無見、無對一相，與虛空等，不可執取，真如、法界。龍吉祥言：如尊所説，食及食者無不皆空，則諸有情應不資食。妙吉祥曰：法及有情，皆如幻化，是故一切無資食者。若不能了達諸法皆如幻化，則於諸趣，生死輪迴，虛妄執爲有所資持，然彼資持都不可得。龍吉祥言：我今欲住斷除饑渴。妙吉祥曰：饑渴尚無，何有能斷，諸法本來自性充足，都無饑渴，何所除斷。龍吉祥言：尊者説諸法要，如是如是，法界出現。妙吉祥曰：非真法界有出有没、有屈有伸。真法界者離相寂然，無出無没、不可分別、不可戲論。諸法亦爾，自相本空，性亦非有，相不可得。若諸法相有可得者，已般涅槃佛應可得，故一切法本來寂滅，是故諸佛雖已般涅槃，而無一法般涅槃者。諸有欲令般涅槃位有法滅者，即爲欲令太虛空界彼位亦滅。所以者何。一切法性，本來寂滅，自性寂靜，最極寂靜，不可更滅。諸愚夫類不如實知，般涅槃時方起滅想，謂我、我所今時乃滅。彼由執著我及有情及由執有無自性法，般涅槃時一切永滅，我説彼類皆不能解脱生老病死、愁歎苦憂惱。

爾時，善現來至其所，言二大士何所談論。妙吉祥言：諸法如響，皆非真實，其響豈能有所談論。善現聞是語已，入無所得三摩地門。時，舍利子來至其處，問妙吉祥：大士，頗知善現今者入何等定。妙吉祥言：大德善現，不違少法，由此常入不違法定、無所住定、無依法定、無執藏定、害執藏定，非住此中有言有説、有來有往、有住有臥。何以故。信解諸法自性皆空不可得故。善現爾時便從定起，妙吉祥曰：食時將至，宜速入城。善現對曰：我今不復入城乞食，我已遠離一切城邑、村落等想，亦已遠離諸色、聲、香、味、觸、法想。妙吉祥曰：若遠離者，云何現有遊履往來。善現詰言：如來變化，云何現有色、受、想、行、識等諸法，云何現有遊履往來、屈伸顧視。妙吉祥曰：且止斯事，奉請大德設希有食，令獲善利。舍利子言：今者欲爲我輩設何等食。妙吉祥曰：我今所設食者，不可分段、不可吞咽，非香、味、觸，非三界攝，亦非不繫，如是妙食是如來食，非餘食也。舍利子言：我等聞希有食名悉已飽滿，況當得食。妙吉祥曰：我此食者，肉、天、慧眼皆不能見。爾時，善現及舍利子聞如是語，俱入滅定。善思菩薩問妙吉祥言：今二上人食何等食、入何等定。妙吉祥言：此二尊者，食無漏食，入無所依、無雜染定，諸食此食、住此定者，畢竟不復食三界食。

善現乞食近事女因緣第八會竟。

大般若經第九會能斷金剛分序

竊尋浩汗其源者，必總靈恠之儲，紛糺其峯者，自動鬱冥之觀。況沖照倬存，逸韻遐舉，規真附體，紐玄立極，根大衍於初會，革小成於後心，蓄靈蘊福，信哉宜矣。故其承閑，語要三問，桀其標節，理情兩塗，如肅其致。窮非想以布想，弘不濟之大勳，攝衆度以檀度，勵無行之廣德。願侔皦日，格虛空而未量，信異隨風，泛聲香而不住。忘法身於相好，豈見如來，分剎土於微塵，誰爲世界。河沙數非多之多福，山王比非大之大身。法性絶言，謂有説而便謗，菩提離取，知無授而乃成。皆所以拂靄疑津，剪萌心徑，尚觸類而不極，悋緣情而必盡。然金剛之鋭，賞二物之可銷，對除之猛，雖一念其無罣。詞必舉凡，故率言每約，理好鉤賾，故屬意多迷。前聖由之著論，後賢所以殷學，非直有緣震旦，實亦見重昌期。廣略二本，前後五譯，無新無故，逾鍊逾明。然經卷所在，則爲有佛，故受持之跡，其驗若神。傳之物聽，具如別録。爾其刷蕩二邊，彰明九觀。雲飄絲鬢，愁含變滅之影，電轉珠目，榮遷倏忽之光。星夜編而曉落，則邪見難保，露陰泫而陽晞，則色蘊方促。以有爲之若此，加無相之如彼，寧不荷付囑之遥恩，躬受行之美證矣。

唐西明寺沙門玄則製

卷五百七十七能斷金剛分

金剛般若波羅蜜經較流通本爲詳。閲至此，誦全經一過。

大般若經第十會般若理趣分序

般若理趣分者，蓋乃叢諸會之旨歸，綰積篇之宗緒，眇詞筌而動眷，燭意象以興言。是以瞬德寶之所叢，則金剛之慧爲極，睎觀照之攸炫，則圓鏡之智居尊。所以上集天宮，因自在而爲心表，傍開寶殿，寄摩尼而作説標。明般若之勝規，乃庶行之淵府，故能長驅大地，抗策上乘，既得一以儀真，且吹萬以甄俗。行位兼積，聳德山而秀峙，句義畢圓，呑教海而澄廓。爾其攝真淨器，入廣大輪，性印磊以成文，智冠嶷以騰質。然後即灌頂位，披總持門，以寂滅心，住平等性，滌除戲論，説無所説，絶棄妄想，思不可思，足使愉忿共情，親怨等觀。名字斯假，同法界之甚深，障漏未銷，均菩提之遠離。信乎心凝旨夐，義皎詞明，言理則理邃環中，談趣則趣沖垓表。雖一軸單譯，而具該諸分。若不留連此旨，咀詠斯文，何能指晤迷津，搜奇密藏矣。

唐西明寺沙門玄則製

卷五百七十八般若理趣分

世尊爲諸菩薩説，一切法甚深微妙般若理趣

清淨法門，此門即是菩薩句義。云何名爲菩薩句義。一切法空寂清淨句義，是菩薩句義。所以者何。以一切法自性空故自性遠離，由遠離故自性寂靜，由寂靜故自性清淨，由清淨故甚深般若波羅蜜多最勝清淨。如是般若波羅蜜多，當知即是菩薩句義，諸菩薩衆皆應修學。

復依徧照如來之相，宣説般若波羅蜜多，一切如來寂靜法性甚深理趣現等覺門。依調伏一切惡法釋迦牟尼如來之相，宣説攝受一切法平等性甚深理趣普勝法門。復以性淨如來之相，宣説一切法平等性觀自在妙智印甚深理趣清淨法門。依一切三界勝主如來之相，宣説一切如來和合灌頂甚深理趣智藏法門。依一切無戲論法如來之相，宣説甚深理趣輪字法門。依一切如來輪攝如來之相，宣説入廣大輪甚深理趣平等性門。依一切廣受供養真淨器田如來之相，宣説一切供養甚深理趣無上法門。依一切能善調伏如來之相，宣説攝受智蜜調伏有情甚深理趣智藏法門。依一切能善建立性平等法如來之相，宣説一切法性甚深理趣最勝法門。依一切住持藏法如來之相，宣説一切有情住持徧滿甚深理趣勝藏法門。依究竟無邊際法如來之相，宣説究竟住持法義平等金剛法門。復依徧照如來之相，宣説得諸如來秘密法性及一切法無戲論性，大樂金剛不空神呪金剛法門，初、中、後位最勝第一甚深理趣無上法門。

大般若經第十一會布施波羅蜜多分序

蓋萬德相照，統之者三身，萬行相資，都之者六度。若中虚之六𦐂，伺塵之六情矣，故每因别會，各彰其分焉。至如利物之基，捨著之漸，詳其要也，無出施乎。但施有淪昇，良資誘折，所以室羅復集，檀那肇唱，欲令三堅失守，十度成津，即當躡四誓之修期，排七空之秘鍵，鑠二乘之直上，摧三輪以遐鶩。糺以唯識，何國城之可依，斥以假名，豈頭目之爲我。推之以隨喜，則不值而自滋矣，終之以迴向，則不勸而自覃矣。

控之以菩提，則不遷而自致矣，權之以方便，則不念而自融矣。故不患物之少也，患夫用心之不弘。不患施之難也，患夫忘取之不易。其有嚴心以爲淨，是未臻其嚴矣，趣寂以爲真，是未會其寂矣。又況名譽福樂之求，王賊水火之慮，其於致極，不亦彌遠。然則大覺之士，弘願所歸，其財施也，畢生品以充足，其法施也，罄含識而出離。然後忘其所以爲之，失其所以利之，洎乎無感矣，巍乎有成矣。惟斯文之允被，欣此念之方恢，雖慮志之不拔，卜商之難假，亦冀慈音漸染，鄙悋推移，自此而還，孰能毋變。其文句贍溢，誨喻殷明。凡勒成五卷，非重譯矣。

唐西明寺沙門玄則製

卷五百七十九布施波羅蜜多分

世尊勑舍利子宣説布施波羅蜜多：

不以迴向二乘地心而行布施，應怖聲聞、獨覺地故。聲聞行施，迴向涅槃阿羅漢果。菩薩行施，迴向菩提一切智智。

若菩薩欲證無上正等菩提，一切行中應先行施，作如是念，我今所造此惠施業，施十方界一切有情，令永解脱惡趣生死。未發無上菩提心者，令速發心。已發心者，令永不退。已不退者，令速圓滿一切智智。如是菩薩思惟外境，不離内心，攝諸善根，令其漸次皆得增長。是諸菩薩若時若時，攝受善根，護令不退。此諸菩薩爾時爾時，展轉鄰近一切智智。是諸菩薩若時若時，漸得鄰近一切智智。此諸菩薩爾時爾時，善根圓滿，趣向無上正等菩提，能盡未來利樂一切。

菩薩修行布施，生如是心：我施善根，勿招餘果，唯證無上正等菩提。如是迴向，乃名布施波羅蜜多，普令一切波羅蜜多皆得圓滿。

菩薩隨喜之心，超諸世間所行施福，十方有情所行施福雖無量無邊，而爲菩薩隨喜心，所引善根之所映奪。

菩薩修行布施，應起是心，我今惠捨如是財

物，諸所引發殊勝善根，普施十方諸有情類，在地獄者，速出地獄。住傍生者，速脱傍生。居鬼界者，速離鬼界。人、天趣中有憂苦者，願彼一切諸苦永息。厭生死者，速出三界。是諸菩薩若時若時，捨諸善根施有情類。此諸菩薩爾時爾時，攝受布施波羅蜜多，乃至展轉親近一切智智，如是菩薩方便善巧，雖少用功而獲多福。

菩薩能捨一切色、非色物，能捨一切自、他所有殊勝善根，乃至能捨一切智智，施諸有情令同證得。如是菩薩大師子吼，我於諸法都無所見，我於一切有色、無色内外諸物亦無所見，雖無所見而皆能捨。由諸菩薩能捨一切，是故證得無上覺時，於一切法能究竟捨，由捨究竟，於一切法無不現證、無不徧知，如如於法，無所不捨。

修行布施波羅蜜多，先應修習方便善巧。

菩薩雖經河沙數大劫恒捨無量無數珍財，普施有情，而不迴向無上菩提，願與有情同證一切智智，如是菩薩，多行布施，攝受少福。雖經少時施有情類少分財物，而能迴向無上菩提、願與有情同證一切智智，如是菩薩，少行布施，攝受多福。

卷五百八十

菩薩求一切智，非初心起即能證得，亦非後時坐菩提座最後心起獨能證得。然由初心相續，乃至坐菩提座最後心起，展轉相資得一切智，初、中、後心無不皆能引一切智，證得無上正等菩提，要由諸心展轉相續、伏斷障法，方成辦故。

滿慈子，欲疾證得無上菩提，不應令[三]心有所間雜。時，滿慈子問舍利子言：齊何名爲心無間雜。舍利子言：若諸菩薩非理作意現在前時，能正觀察，此能隨順一切智智，非爲違逆。此菩薩能如實知我今所起非理作意，於一切智慧爲助伴，謂我所起非理作意，能引有身，令於生死，相續久住，饒益有情。我身若無非理作意，資引令住，即便斷滅，尚不能令自行圓滿，豈能饒益他諸有情，齊此名爲菩薩心無間雜。又滿慈子，若諸菩薩能觀諸法若順若違，皆能助引一切智智，不爲順違。心無間雜，能於違境心不生瞋，於順境中心不起愛，若違若順，皆能正知爲資助緣，引一切智，於一切時、一切境中，心無間雜。菩薩求一切智，雖如是住，無間雜心，精進修行，趣菩提行，能速圓滿菩提資糧，餘菩薩衆經無數劫，有間雜心，修菩薩行，乃得無上正等菩提資糧圓滿。何以故。是諸菩薩求一切智，諸餘作意無容暫起，於中間雜大菩提心，故無雜心修菩提行，不經百劫即能圓滿。有間雜心，多時相續不能成辦。無間雜心，少時相續即能成辦，刹那刹那常增進故。滿慈子問舍利子言：無間雜心，以何爲性。何等作意，能間雜心，云何避之。舍利子言：菩薩方便善巧求一切智，無餘作意於中間雜，無間雜心以此爲性。若聲聞乘作意，若獨覺乘作意，皆能間雜大菩提心，俱名菩薩非理作意。所以者何。二乘作意違害無上正等菩提，若起彼心現在前者，不能圓滿菩提資糧，欣樂涅槃，厭背生死，菩薩於彼應遠避之。作是思惟，二乘作意違一切智、順般涅槃，我心不應爲彼間雜。是故菩薩應作是念，貪、瞋、癡等相應之心，於大菩提雖爲障礙，而能隨順菩提資糧，於菩薩心非極間雜，如求獨覺、聲聞地心。所以者何。貪、瞋、癡等，能令生死諸有相續，助諸菩薩引一切智，謂菩薩衆方便善巧起諸煩惱，受後有身，與諸有情作大饒益，依之修學六種波羅蜜多令得圓滿，乃至修學無量無邊諸佛功德，令得圓滿。如是煩惱，能助菩薩，令證無上正等菩提，非諸聲聞、獨覺作意，由彼作意障大菩提，亦礙資糧令不圓滿，是故菩薩衆，起彼作意，間雜心時，無上菩提則爲更遠，是故間雜諸菩薩心，無如聲聞、獨覺作意，求大菩提，應遠避之，無令暫起。煩惱作意順諸有身，於菩薩心非極間雜。何以故。菩薩求大菩提爲度有情被精進鎧，久住生死作大饒益，不應速斷煩惱作意，由此作意現在前時，令諸有身長時相續，依之引攝六種波羅蜜多及餘無量無邊佛法皆得圓滿，菩薩衆不應於中極生厭惡。所以者何。由諸有結未永斷故，我能修行，因斯引發一切智智，是故菩薩未坐妙菩提座，不求滅除，由是菩薩諸作意中，唯除二乘相應作意，諸餘作意皆不厭捨，以於證得一切智智，無不皆有助伴之力。時，滿慈子便問舍利子言：豈不二乘於一切智亦有助力。舍利子言：聲聞、獨覺相應作意，於二乘地有勝助力，於諸菩薩所求無上正等菩提，及此資糧極不隨順，謂厭生死欣般涅槃，捨大菩提及有情類。故諸菩薩定不應起獨覺、聲聞作意，由彼作意，於諸菩薩所求佛果、所益有情，俱不隨順。

修行布施波羅蜜多，雖有棄捨珍財等事，而於彼事無取相想，若不捨相迴向菩提，欲爲有情作大饒益，終不能得一切智智。

諸有相法，皆有數量，有數量法，有分限故，緣彼不能證無分限一切智智。菩薩能捨内外一切種相，心無所著，求證一切智智，當得如頂無上菩提。

卷五百八十一

滿慈子白佛言：若一切法皆非實有，菩薩行布施時，爲何所捨。當證無上正等覺時，爲何所得。佛言：如布施時，於一切法都無所捨。當證無上正等覺時，於一切法亦無所得，諸有智者應正了知。是故菩薩行布施時，雖有所捨而不生憂。當證無上正等覺時，雖有所得而亦無喜，知所捨得如幻化故。

十方世界菩薩行施。

卷五百八十二

舍利子白佛言：云何菩薩最初發心，云何菩薩第二發心，云何菩薩住不退地，云何菩薩坐菩提座。佛告舍利子：若菩薩最初發心，超阿羅漢，應受一切世間天人妙供養故。若菩薩第二發心，超獨覺地，普覺一切我空、法空，所顯平等真法界故。若菩薩住不退地，超未授記不定菩薩定，當證得大菩提故，不爲煩惱間雜心故。若菩薩坐菩提座不起，定得一切智智，以諸菩薩坐菩提座，若未證得一切智智，無處無容起斯座故。又舍利子，過去、未來、現在菩薩坐菩提座，定無未得一切智智，於其中間起茲座者，應知菩薩坐菩提座，即是如來坐菩提座。所以者何。如是菩薩定證無上正等菩提，號爲如來應正等覺，如實利樂諸有情故。

時，舍利子，及諸大衆，佛神力故，即見東方無量沙等世界，無數菩薩，坐菩提座證大菩提。無數菩薩正信出家，能捨種種難捨施諸有情。無數菩薩作轉輪王，行菩薩道。無數菩薩爲欲化度有情，殷勤勸誨，爲諸有情説微妙法，令勤修學一切法。無數菩薩雖勤精進，無間訪求波羅蜜多相應之法。無數菩薩修行種種難行苦行。無數菩薩降伏無量天魔怨敵，令退散已，證得無上正等菩提。復見十方無量沙等世界無數如來應正等覺，爲諸菩薩摩訶薩衆，宣説色蘊，乃至受、想、行、識蘊常、無常相不可得，乃至寂靜不寂靜相亦不可得。宣説眼處，乃至耳、鼻、舌、身、意處，常無常相不可得，乃至寂靜不寂靜相亦不可得。宣説色處，乃至聲、香、味、觸、法處，常無常相不可得，乃至寂靜不寂靜相亦不可得。宣説眼界，乃至耳、鼻、舌、身、意界，常無常相不可得，乃至寂靜不寂靜相亦不可得。宣説眼觸爲緣所生諸受，乃至耳、鼻、舌、身、意觸爲緣所生諸受，常無常相不可得，乃至寂靜不寂靜相亦不可得。宣説地界乃至水、火、風、空識界常無常相不可得，乃至寂靜不寂靜相亦不可得。宣説因緣乃至等無間緣、所緣緣、增上緣，常無常相不可得，乃至寂靜不寂靜相亦不可得。宣説無明乃至行、識〔三〕、六處、觸、受、愛、取、有、生老死，常無常相不可得，乃至寂靜不寂靜相亦不可得。復見無數如來應正等覺，爲欲饒益諸菩薩故，多俱胝劫不般涅槃，未發無上菩提心者令其發心，已發心者令永不退，已不退者，令其圓滿一切智智。爲欲饒益諸聲聞故，經多劫住方便成熟，令其證得阿羅漢果。爲欲饒益諸獨覺故，經多劫住方便成熟，令其證得獨覺菩提。爲欲饒益諸有情故，經多劫住方便成熟，隨其種性，得般涅槃，或令脱惡趣苦，得人天樂，以神通力，往餘無量無邊世界，方便善巧利益安樂無量有情。

時，舍利子見如是事歡喜踴躍，甚奇世尊，成就如是大威神力，令我得見東方無量沙等世界無數菩薩，行菩薩行種種差別，無數如來應正等覺，種種方便饒益有情，能令菩薩發心趣求諸佛所成廣大妙法。爾時，世尊告舍利子：由此能修資糧圓滿，疾能證得一切智智，乃至復見十方，悉亦如是。

卷五百八十三

舍利子白佛言：頗有初心勝後心不。世尊告曰：善哉，能問如來如是深義，亦有初心勝後心義。謂阿羅漢、獨覺諸無漏心，雖離自身一切煩惱，而不能化無量有情，皆令發心捨諸煩惱。菩薩初發大菩提心，雖於自身煩惱未斷，而能普化無量有情，皆令發心捨諸煩惱，展轉饒益無量有情，是爲初心勝後心義。

菩薩所發大菩提心，威力殊勝，若善修習，疾證無上菩提，能授有情無顛倒記，非諸聲聞、獨覺能授他記，設有能記皆從佛聞，是爲初心勝後心義。

舍利子復白佛言：云何菩薩心，勝諸獨覺及阿羅漢無漏之心。世尊告舍利子：汝謂菩薩心，尚有貪、有瞋、有癡及有慢等隨煩惱不。舍利子言：如是，世尊。世尊復告舍利子言：汝謂獨覺及阿羅漢心，已離貪、離瞋、離癡及離慢等隨煩惱不。舍利子言：如是，世尊。世尊復告舍利子言：汝謂獨覺，及阿羅漢，諸漏永盡，有時能入慈悲無量，普緣無量，能令諸有情類，真實得樂及離苦不。舍利子言：不爾，世尊。彼諸獨覺，及阿羅漢其心都無方便善巧，云何能入慈悲無量，普緣無量令有情得樂離苦，唯暫假想，作如是觀，諸菩薩衆，發菩提心，決定趣求一切智智，爲欲利樂一切有情，窮未來際常無間斷，是故菩薩入慈悲定，欲令無量無邊有情，皆得安樂及離衆苦，無重障者，即此刹那，實皆得樂及離衆苦，況得無上正等覺時，而不能令諸有情類實皆得樂及離衆苦。佛告舍利子：如是如是，諸菩薩心，於諸獨覺及阿羅漢無漏之心，爲最爲勝、爲尊爲高、爲妙爲微妙、爲上爲無上。又舍利子，假使十方一切有情，皆盡諸漏，成阿羅漢，具六神通、八解脱等，種種功德，一一化作百億魔軍，如是無數魔軍，頗有力能暫時令一不退菩薩心轉變不。舍利子言：不也，世尊。如是魔軍，不能令一不退菩薩心有轉變。佛言：如是，應知菩薩心力，勝諸漏盡阿羅漢心。舍利子，不退菩薩摩訶薩心，普能映奪一切獨覺、聲聞之心，不退菩薩慈悲俱心，能使有情，得樂離苦。聲聞、獨覺慈悲俱心，但有假想而無實用。又舍利子，有阿羅漢永盡諸漏，具神通解脱種種功德，能以神力擲此世界置於餘方，而不能令不退菩薩心有轉變。

能以神力涸大海水，而不能令不退菩薩心有轉變。能以神力吹碎殑伽沙數世界，其中一切妙高山王皆如灰粉，而不能令不退菩薩心有轉變。能以神通力，能吹殑伽沙數世界，大劫火聚，猛焰熾然，皆令頓滅，而不能令不退菩薩心有轉變。由此緣故，不退菩薩心，於諸聲聞及諸獨覺，爲最爲勝。

舍利子言：不退菩薩摩訶薩心所有神力，除一切智智相應之心所有神力，無能及者。由此因緣，不退菩薩摩訶薩心所有神力，唯佛能知、唯佛能説，於餘神力，爲最爲勝。佛告舍利子：如是如是，唯有如來應正等覺，知彼菩薩不退轉心，爲諸有情如實宣説。爾時，滿慈子問舍利子言：何因緣故不退菩薩不可轉變。舍利子言：如諸菩薩行布施時，無不皆緣一切智智，其心堅固不可傾動，如是證得不退轉時，心不隨緣而有轉變。是故菩薩欲不退轉，常應依止一切智智，修菩薩行，勿樂餘乘。滿慈子言：何等菩薩爲諸獨覺、聲聞所勝。舍利子言：聞説獨覺、聲聞勝事心生欣慕，讚二乘教，由起如斯非理作意，便爲獨覺、聲聞之所勝伏。滿慈子言：何緣説此作意名非理耶。舍利子言：此能障礙一切智智，能令引發一切智心漸微漸遠，故名菩薩非理作意。滿慈子白舍利子言：若諸菩薩發起二乘相應作意，便爲二乘之所勝伏，當知不入諸菩薩數。何以故。菩薩唯求無上正等菩提，若起二乘相應作意，違本所欲，不能證得一切智故。如預流者煩惱現行，便違所求若智若斷，勤求智、斷故名預流，非煩惱行有勤求義。何以故。夫預流者求二遍知，一智遍知，一斷遍知，煩惱現行，二求俱壞故。預流者常應精勤求智遍知，滅諸煩惱，如是菩薩若起二乘相應作意，便違菩薩本所希求，一切智智，則不名爲真實菩薩。

爾時，滿慈子問舍利子言：菩薩欲證無上菩提，當起何等相應作意。舍利子言：應正發起一切智智相應作意，住此作意，修行布施，即能迴向一切智智。若不能迴向一切智智所行布施，不名布施波羅蜜多。是故菩薩欲不障礙一切智智，應離分别思惟，應平等施。又滿慈子，菩薩欲證無量一切智智，應當發起無限量心而行布施，我當修行無限量施，乃至未證無上菩提，於諸有情且行財施。若證無上菩提，於諸有情當行法施。

爾時，佛告阿難陀言：汝應受持舍利子等所説，菩薩被大願鎧，趣大菩提，具勝善巧、增上意樂，修行布施波羅蜜多，捨法捨財、無染無著。布施波羅蜜多分竟。

大般若經第十二會淨戒波羅蜜多分序

夫欲儲淨法，先滌身器，將越愛流，前鳩行檝。居其選也，特有戒焉。所以復指名區，更申玄集。切身口而流訓，則一言一行斯佛事矣，因動靜以研機，則舉足下足，斯道場矣。誠險道之夷隥，闇室之凝缸[四]，度疾之仙丸，出苦之神馭，鑒德者之明鏡，嚴心者之寶鬘，涉象季之大師，處塵俗之善友。雖目之無朕，搏之不觸，而芬郁布寫，類迷迭之盈空，潔映澄華，比醍醐之洞色。含靈所以埏埴，法界所以彌綸。善逝法王，抗之以爲明足，具壽尊者，養之而爲淨命。但簡以行處，或非處而難遵，格以正乘，或他乘而致爽。十七羣之喧俗，尚動王譏，五百生之掉影，仍貽佛誡。矧復嗅蓮馥而爲盜，分釧響以成婬。涅槃爲求，保專精而尚犯，菩提入願，欲受樂而猶持。輕嫌與重性同科，意防與身遮共品。諦故住故，能行所行，導以隨喜，融以法性。豈止艸繫情殷，木叉義遠，毒龍卷毒，怖鴿忘怖，將被之黎蠢，棲之常樂，使八寒流煦，五熱浮涼，薜荔失其炎河，輪圍發其闇渚，行門允備，種智克圓。其五軸單譯，一如施分，凡息心之士，豈不諏焉。

唐西明寺沙門玄則製

卷五百八十四 淨戒波羅蜜多分

若諸菩薩安住聲聞、獨覺作意，是名菩薩非所行處，決定不能攝受淨戒波羅蜜多，是爲菩薩犯戒。

若諸菩薩雖處居家，而受三歸、深信三寶，迴向無上正等菩提，是諸菩薩，雖復受用五欲樂具，而於菩薩所行淨戒波羅蜜多，常不遠離，亦名真實持淨戒者，雖多發起五欲相應非理作意，而起一念無上菩提相應之心，即能摧滅。

時，滿慈子問舍利子言：若菩薩求一切智智而修行布施，豈不執著一切智智。若起心執著成戒禁取，云何名爲持菩薩戒。舍利子言：一切智智遠離衆相，非方處攝。一切智智非色蘊，不離色蘊。非受、想、行、識蘊，不離受、想、行、識蘊。乃至非諸佛無上正等菩提，不離諸佛無上正等菩提。一切智智，遠離衆相，無法可得，無所得故，不可執取。是故菩薩修行布施、受持淨戒、迴向無上正等菩提，雖求證得一切智智，而不名爲戒禁取攝。若迴向聲聞、獨覺地，執取淨戒，是諸菩薩失菩薩戒，應知名爲犯戒菩薩。滿慈子言：違犯菩薩所受戒，爲有因緣可還淨不。

舍利子言：迴向聲聞、獨覺地已，未見聖諦、未證實際，或有因緣，易可還淨。若見聖諦、證實際已，異見深重，難可還淨。

修行淨戒波羅蜜多，不應受持二乘淨戒，由彼淨戒，不能攝受一切智智，不能引發一切智智。

滿慈子問舍利子言：云何名爲菩薩持戒。舍利子言：菩薩隨所護戒，一切迴向無上菩提，與諸有情作大饒益，窮未來際無間無斷，應知是爲菩薩持戒。若諸菩薩雖經殑伽沙數大劫，修行淨戒，令得圓滿，而心迴向聲聞、獨覺，是諸菩薩，不能攝受淨戒波羅蜜多，雖多受持二乘淨戒，而可名爲犯淨戒者。何以故。應知名爲行於非處，言非處者即二乘地，非諸菩薩所行處故。云何名爲菩薩行處，舍利子言：布施、淨戒、安忍、精進、靜慮、般若波羅蜜多相應作意，應知是爲菩薩行處，乃至一切智智相應作意，應知是爲菩薩行處。若諸菩薩諦故住故，行此行處，應知是爲菩薩持戒。

滿慈子問舍利子言：若諸菩薩心作分限，我當精勤，經爾所劫，定當證得一切智智，如是期心，有何過失，而不能得一切智智。舍利子言：是諸菩薩厭怖生死，速求菩提，由心速故，便作分限，由作分限，不能成熟殊勝善根。若諸菩薩，求證無上正等菩提，決定不應心作分限，修行布施，乃至般若波羅蜜多。若時若時，六處生死修菩薩行。爾時爾時，所修布施乃至般若波羅蜜多，漸善成熟，堪能證得一切智智。

菩薩成就廣大妙法，普勝獨覺及諸聲聞。

卷五百八十五　卷五百八十六

舍利子告滿慈子言：若菩薩修行淨戒波羅蜜多，見有少法名爲作者，當知雖住菩薩法中，而名棄捨諸菩薩法，是爲非理作意，名爲犯戒。滿慈子復[五]舍利子言：若不見少法名爲作者，是諸菩薩受持淨戒波羅蜜多，無所違犯，何法於此淨戒波羅蜜多爲益、爲損。舍利子言：無法於此淨戒波羅蜜多，爲益、爲損。若見少法爲益、爲損，當知執取菩薩淨戒，不能攝受。若不見少法名爲作者，是諸菩薩能正攝受。若受持淨戒，迴向趣求一切智智，乃名淨戒。不能迴向一切智智，雖得戒名而非淨戒，或求世間二乘果故。

又滿慈子，若諸菩薩隨所行施、隨所護戒、隨所修忍、隨所精進、隨所靜慮，一切智用大悲爲首，常能發隨順迴向一切智智相應之心，是名具戒菩薩。若諸菩薩隨所修行甚深妙慧，皆爲於法遠離顛倒，得諸善巧，謂蘊善巧，若界善巧，若處善巧，若諦善巧，若緣起善巧，若是處非處善巧，如是菩薩於諸蘊等應修善巧。由善巧故爲諸有情如應説法，令永斷滅有情想等。菩薩如是起殊勝心，爲利自他修諸妙慧，一切皆用大悲爲首，常能發起隨順迴向一切智智相應之心，是名具戒菩薩。菩薩以此六種波羅蜜多，迴向趣求一切智智，是諸菩薩由此淨戒，普勝一切聲聞、獨覺。

滿慈子言：尊者説何等法名爲第八，令我了知義趣，如理受持。舍利子言：若於諸法平等性中，以如實智知平等性，證平等性，由此智故所作已息，我於此中不見第八，亦復不見知平等智，此中無我、我所故。滿慈子言：尊者前説一切第八所有淨戒，於發無上正等覺心，諸菩薩衆，初發心時一菩薩戒，百分不及一，乃至鄔波尼殺曇分亦不及一，今復説言於此中不見有第八及智。舍利子言：我先所説，爲初學者，不爲已入平等性者，欲使有情知大乘行出過二乘，欲使有情如實覺了佛乘大乘淨戒殊勝，故作是説。當知欲令聲聞、獨覺所有淨戒勝菩薩戒，則爲欲令聲聞、獨覺所有淨戒勝如來戒，彼類欲與如來共爭勝劣，而諸菩薩法不可勝，菩薩是真法王子故。

滿慈子問舍利子言：云何菩薩有漏淨戒，能勝聲聞、緣覺無漏淨戒。舍利子言：聲聞、獨覺唯求自利，迴向涅槃。菩薩淨戒，普爲度脱無量有情，迴向無上菩提，是故能勝。所以者何。菩薩淨戒，能引無量無邊有情，解脱生死及諸惡趣，由此因緣，菩薩淨戒，於諸異生、聲聞、獨覺所有淨戒，爲最爲勝、爲尊爲高、爲妙爲微妙、爲上爲無上。

舍利子白佛言：若有欲勝菩薩戒者，當知彼欲勝如來戒。所以者何。除如來戒，定無能勝菩薩戒者。若修菩薩淨戒圓滿，即名如來應正等覺。

卷五百八十七

又滿慈子，一有菩薩有方便善巧故，疾證無上正等菩提。一有菩薩無方便善巧故，遲證無上正等菩提。當知寧爲菩薩遲證菩提，不墮聲聞或獨覺地。若速求無上正等菩提，應知此中容有二事，如火宅中有衆寶聚，有人求寶入此宅中，其人爾時容有二事：一者若無方便善巧，死於火宅。二者若有方便善巧，持寶而出。如是菩薩速求無上正等菩提，一者若無方便善巧，便證實際，墮二乘地，如死火宅。二者若有方便，善巧疾證無上正等菩提，如持寶出。是故寧爲菩薩遲證無上菩提，不爲速求墮二乘地。時，滿慈子便問舍利子言：速證實際豈非菩薩方便善巧。舍利子言：速證實際，非爲菩薩方便善巧。所以者何。墮二乘地，非爲方便善巧等流，乃是無方便善巧等流果，退失所求大菩提故。夫爲菩薩求大菩提，饒益有情，不求實際，故證實際，非巧便果。

若諸菩薩方便善巧修諸功德，若起如是種種思惟，應知彼非方便善巧。何以故。菩薩不應欲勝菩薩，菩薩不應輕慢菩薩，菩薩不應降伏菩薩。菩薩於餘諸菩薩所供養恭敬，應如供養恭敬如來，亦應敬餘有情心無差別。

大悲般若力所任持，不怖法空、不證實際，方便善巧成就圓滿淨戒波羅蜜多，爲所依止，於一切法應勤修習時無間斷，而於其中不應味著。

卷五百八十八

舍利子白佛言：諸菩薩衆，若暫起心，欣讚聲聞，或獨覺地，應知毁犯淨戒。若暫起心，厭毁聲聞或獨覺地，應知毁犯淨戒。所以者何。心生愛著，不能趣求一切智智。心生輕蔑，即障所求一切智智，皆是行於非處。是故菩薩於二乘地，但應遠離，不應讚毁。

世尊，我謂煩惱於諸菩薩有大恩德，謂能隨順一切智智。若菩薩能觀煩惱，能助發一切智智，於菩薩衆有大恩德，應知已證於一切事方便善巧。

舍利子白佛言：菩薩迴己善根，施有情類，經幾劫數修行大乘，當得出離。佛言：五百大劫修行大乘，當得出離，如是菩薩。當知已住不退轉位。

如來應正等覺，皆不棄捨一切有情，其心平等。

如來應正等覺，於諸菩薩最不棄捨。何以故。如來般涅槃後，有諸菩薩精進修行一切法漸次圓滿，與諸世間作法明照。舍利子言：誠如聖教，如來般涅槃後，十方世界有菩薩摩訶薩，紹先如來應正等覺，宣說無量法門，令勤精進，方便善巧，無倒觀察，離諸戲論，方便修行六波羅蜜多，及餘無量無邊佛法，究竟證得一切智智。淨戒波羅蜜多分竟。

大般若經第十三會安忍波羅蜜多分序

惟夫擅等覺之靈根，膺廣慈之奧主，馮闇海而利往，籠蒼品以遐征，則忍波羅蜜爲無與競。是以玄朋踵萃，神謨繼闡。將夷道梗，爲沮心怨，播親親於蠢徒，闢蕩蕩於情路。雖毁甚矛箭，害窮齏粉，必當内蠲我想，外抵人相。目鄰虛之有間，投刃曷傷，念機關之無主，觸舟奚若。我無自我，物復誰物。譬夫大浸稽空，而空無溺懼，積洿歸澤，而澤無垢忿。況已謝之聲，毁譽一貫，既遷之色，損益同科。大欲饒之以樂，豈復加之以苦。不有來損，則攝受之路無從，不有往慈，則菩提之行無主。翻爲善友，更領深恩，聞罪劇絲竹之娱，得捶踰捧戴之悦。太子之二目兼喪，曾靡二心，仙人之七分支解，方酬七覺。其感通也，則百矛集體，百福之相開，萬惱嬰身，萬德之基立。其致用也，則遠契無生，俯遠塵於證淨，遥資大捨，均左塗而右割。比慚愧而爲衣，則龍究不侔其麗，禦煩惱而成鎧，則犀渠有謝其堅。語其大力，則拔山無以喻，談其無畏，則賈勇弗之倫。始即事而爲三，卒階行而成五，莫不具依方便，斯著圓音。詞旨殷勤，理義詳覈，一軸單譯，比於勤分，規弼之美，不其要歟。

唐西明寺沙門玄則製

卷五百八十九安忍波羅蜜多分

舍利子問滿慈子言：諸菩薩衆所修安忍，與聲聞衆所修安忍，有何差别。滿慈子言：聲聞所修安忍，名爲少分行相所緣，非極圓滿。菩薩所修安忍，名爲具分行相所緣，最極圓滿。是故聲聞安忍，唯爲棄捨自身煩惱，非爲有情，非如菩薩安忍無量，不離安忍波羅蜜多。

舍利子復問滿慈子言：菩薩修安忍時，有二人來，至菩薩所，一善心故，以旃檀塗。一惡心故，以火燒身。菩薩於彼，應起何心。滿慈子言：是菩薩欲證無上正等菩提，於第一人，不應起愛。於第二人，不應起恚。應於彼二起平等心，俱欲畢竟利益安樂。如是菩薩能行安忍波羅蜜多、能住安忍波羅蜜多。如是有情，來至我所，欲與鬭諍，當爲宣説，所有諸法，皆如幻化、畢竟性空，畢竟空中無所諍競，令彼聞已鬭諍心息，由斯感得大士夫相所莊嚴身，見者歡喜互相饒益，乃至證得清淨涅槃，離諸戲論畢竟安樂。舍利子問滿慈子言：菩薩、聲聞二種安忍，應知何者廣大微妙清淨殊勝。滿慈子言：聲聞乘人所有安忍唯觀色蘊，乃至識蘊無我、有情，乃至知者、見者之所引發。菩薩乘人所有安忍，亦觀色蘊乃至識蘊，都無自性，無生無滅、無染無淨、無增無減，本來寂靜之所引發，是故菩薩安忍殊勝。

菩薩欲證無上正等菩提，應修其身，令如大地、大水、大火、大風、虚空無所分别。雖以可愛色、香、味、觸，擲置其中而都不生高欣喜愛，雖以非愛色、香、味、觸擲置其中，而都不生下蹙憂恚，安忍淨信常現在前，猶如大地乃至虛空平等而轉。

舍利子問滿慈子言：虛空無爲，諸菩薩衆，豈無爲攝。滿慈子言：菩薩依止般若波羅蜜多，觀察身心與虛空等，攝受安忍波羅蜜多。假使恒時地獄猛火刀杖，及餘苦具，逼迫其身，亦能忍受，其心平等、無動無變，即是安忍波羅蜜多。如是菩薩修行般若波羅蜜多，重苦觸時，便作是念，我從無始生死以來，雖受身心猛利衆苦，而由此苦，尚不能得若預流果，若一來果，若不還果，若阿羅漢果，若獨覺菩提果，況由此苦，能證無上正等菩提。今我身心所受衆苦，既爲利益諸有情故，定證無上正等菩提，應歡喜受，如是菩薩觀此義故，雖受衆苦，而能發生增上猛利，歡喜忍受。

菩薩恒不捨離一切智心，於諸有情欲饒益故。假使身受百千鉾矟，而無一念報害之心，於彼常生淨信安忍。所以者何。菩薩寧以自身具受生死無邊大苦，而不愛著聲聞、獨覺自利，退失自所行處、行他行處，起聲聞作意，或獨覺作意，是菩薩行他行處。修行六種波羅蜜多、一切智智相應作意，是菩薩行自行處。

若菩薩於此六種波羅蜜多，隨一現行，不能憶念一切智智，不能迴向一切智智，是爲虛費時日、損時日果。若能憶念迴向一切智智，名爲有時日果。安忍波羅蜜多分竟。

大般若經第十四會精進波羅蜜多分序

觀夫至運無動，妙警伊寂，梵輪冥退轉之規，慈航虛下濟之影，斯進德所以爲貴，勤音所由而作也。其有揭情區而遠荷，指覺地以高驤，比擐甲之精堅，同策駟之遄夙，則必任善以爲軛，引之無窮之路，委身而作隸，驅之罔極之期。微五欲之宴安，乃三塗之酖毒，從四修之勞悴，實萬德之光敷。惟夫淺溜穿石，小滴盈器，鑽燧之勤，斷幹之漸，皆積微不已，故在著可觀。蚓弱質而飲泉，蟠壯容而寄穴，騂鑣怠已，駑駕先之。矧乎摩訶衍心，波羅蜜行，其於勉刻，豈忘動靜。故能千界如煅，詢一句以投之，萬流方割，拯一命而派之。假使駐補處以三祇，終競勇於初發，雖復澹即空於萬行，乃均熾於昔耽。不端倪其所欲行，不翹佇其所當證，撫塵劫之修如瞬，仍如渴日，視沙界之赴若鄰，猶殷夙夜。故精進之於諸度也，若銜捶之在群馭焉，正勤之於道品也，若鹽梅之資列鼎焉。正法源底，由之而至，聖人能事，於茲而畢。然後聞舍利之談，覺支則輟賞無地，憶底沙之流，讚頌則勃興斯在。三練之業允該，六意之修奚極。緬惟景躅，豈遑寧處，載詠玄章，益荷昭趣。文乃單卷，事非重譯，庶將貿寸陰以尺璧，甘夕死於朝聞矣。

唐西明寺沙門玄則製

卷五百九十 精進波羅蜜多分

滿慈子白佛言：云何方便安住精進波羅蜜多。

世尊告滿慈子言：欲證無上正等菩提，初發心時應作是念，我諸所有若身，若心，先應爲他作饒益事，當令一切所願滿足，依止精進波羅蜜多，誓爲有情作所應作，不隨己心而有所作，將護他心隨他意轉，爲作種種利益安樂，如已事業，常無厭倦，是爲安住精進波羅蜜多。

菩薩爲疾證得一切智智，與諸有情作大饒益，常勤修學一切法，心無退轉。

菩薩觀經一年所作事業，生長久想，當知名爲懈怠菩薩。觀經一年所作事業，謂如一日，當知名爲精進菩薩，安住精進波羅蜜多。

菩薩修菩提行，不應思惟劫數多少，若思惟劫數而作分限，精勤勇猛修菩提行，求證無上正等菩提，當知名爲懈怠菩薩。作是思惟，設經無量無邊大劫，精進勇猛修菩提行，方證無上正等菩提，我定不應心生退屈，勤求無上正等菩提，當知是爲精進菩薩。安住精進波羅蜜多，修行精進波羅蜜多令速圓滿，遠離生死，疾能證得一切智智，與諸有情作大饒益。

滿慈子白佛言：世尊，諸菩薩如是精進，我謂非難。所以者何。佛説諸法皆如幻事，樂受、苦受及助受法既如幻事，菩薩已能通達諸法實性，精進何難。世尊告滿慈子言：當知菩薩雖知諸法皆如幻事，而能發起身心安住精進波羅蜜多，求大菩提常無萎歇，由此菩薩精進最極爲難。時，滿慈子便白佛言：希有世尊，善説菩薩精進，當知菩薩能爲難事，雖知諸法都無所有，而求無上正等菩提，爲有情類説能永斷無智正法，然諸無智實無所有，亦無實法，能令無智取之爲我及我所，亦無有情能作是念，此是真實我及我所。如是無智，緣合故生而實無生。緣離故滅而實無滅。若菩薩雖如是知而心無退，當知名爲精進菩薩。若作是念，諸法皆空，我今何爲發起精進，當知名爲懈怠菩薩。若菩薩作如是念，以一切法畢竟空故，我求無上正等菩提，覺諸法空，爲有情説，令脱五趣生死衆苦，當知名爲精進菩薩。若作是念，生死無際，我豈能令皆得滅度，當知名爲懈怠菩薩。佛告滿慈子言：我觀世間天、人等衆，無有成就希有功德如諸菩薩，唯除如來應正等覺。滿慈子言：若無菩薩，則無諸佛出現世間，若無諸佛出現世間，則無菩薩及聲聞衆。要有菩薩修菩薩行，乃有諸佛出現世間，以有諸佛出現世間，便有菩薩及聲聞衆。譬如大樹由有根莖，便有枝葉。由有枝葉，便有華果。由有華果，復生大樹。佛讚滿慈子言：善哉善哉，如汝所説。精進波羅蜜多分竟。

大般若經第十五會靜慮波羅蜜多分序

夫心之用也，其大矣哉，動之則舛競聿興，靜之則衆變幾息，大之則充乎法界，細之則入於鄰虚。故海嶽寰區，心之影也，形骸耳目，心之候也，生死亶迴，心之迷也，菩提昭曠，心之悟也。三界唯此，實曰難調，一處制之，斯無不辦。所以仍給孤之勝集，開等持之妙門。明夫定品克遷，心源允晏，沉掉雙斥，止觀兩澄。朋棲欲界之表，孤騫有頂之外，境焰滅而逾明，因枝翦而更肅，湛乎累盡，動與德會。故統之則一如，權之則二相，敞之則三脱，依之則四神，行之則五印，檢之則六念，聚之則七善，流之則八解，階之則九次，肆之則十遍。其餘四念四等之儔，五根五力之類，莫不互諸禪地，蒨蒨乎根本，儲之定瀲，磊砢乎邊際。譬泥之在均，金之在鍛，唯所用耳，豈有限哉。故能力味精通，神妙揮忽，日月上掩，川嶽下摇，身遍十方，聲覃六趣。水火交質，金土易形，殫變化之塗，出思議之表。具微妙定，不受快已之勝生，闢惡趣門，而甘利他之獄苦。至有入禪分用，三昧異名，日旋星光，月愛華德，遊戲奮迅，清淨照明，或百或千，難階難極，咸資説力，具啓嗣編。凡勒成兩卷，亦未經再譯，罩入禪秘，其誰捨諸。

唐西明寺沙門玄則製

卷五百九十一　靜慮波羅蜜多分

菩薩欲證無上正等菩提，應先入初靜慮，應作是念：我從無際生死以來，數數曾入如是靜慮，作所應作，身心寂靜，此復應入，此爲功德所依，乃至入第二靜慮、第三靜慮、第四靜慮已。復應思惟，此四靜慮，於菩薩衆有大恩德，與諸菩薩衆爲所依止。謂諸菩薩將得無上正等覺時，皆漸次入此四靜慮，依四靜慮引發五神通，降伏魔軍，成無上覺。此菩薩依如是靜慮波羅蜜多，隨意所樂引發般若波羅蜜多。

又舍利子，一切菩薩，無不皆依第四靜慮，方便趣入正性離生，證會真如，捨異生性，無不皆依第四靜慮。方便引發金剛喻定，永盡諸漏，證如來智，如是菩薩雖能現入此四靜慮，而不味著四靜慮樂，及此等流勝生妙處。

又舍利子，菩薩安住四種靜慮，引諸功德，起空無邊處想，引空無邊處定。依空無邊處定起識無邊處想，引識無邊處定。依識無邊處定起無所有處想，引無所有處定。依無所有處定起非有想、非無想處想，引非想、非非想處定。如是菩薩，雖能現入四無色定，而不味著四無色定，及此所得勝妙生處。爾時，舍利子白佛言：菩薩觀何義故，雖能現入滅受想定而不現入。佛言：菩薩怖墮聲聞及獨覺地故，不現入滅受想定，勿著此定寂滅安樂，便欣證入阿羅漢果，或獨覺果，入般涅槃。舍利子便白佛言：菩薩雖現入如是諸定，而於諸定不生味著，又雖現入如是諸定，能起勝用而不離染。佛言：如是如是。菩薩雖復現入四種靜慮、四無色定，寂靜安樂，歷觀其中所起種種微妙寂靜殊勝功德，而不味著，還入欲界，方便善巧，依欲界身精勤修學六種波羅蜜多，乃至諸佛無上正等菩提，亦勸有情修諸善法，如是等事甚爲希有。

如來應正等覺，許諸菩薩捨勝定地寂靜安樂，還受下劣欲界之身，不許生長壽天失本所願。

舍利子，菩薩捨勝地身，還生欲界，起勝作意，雖觀色蘊常、無常性都不可得，及觀受、想、行、識蘊常、無常性亦不可得，而不棄捨一切智智。

滿慈子問舍利子言：何緣如來許諸菩薩入四靜慮、四無色定，不許久住其中心生染著。舍利子言：若生欲界，速能圓滿一切智智，生色、無色，無斯用故。

佛告滿慈子言：菩薩不作是念，我由此定生色、無色，亦不思惟，我由靜慮及無色定，超色、無色，但欲引發自在神通，與諸有情作大饒益，亦欲調伏粗重身心，令有堪能修諸功德。是諸菩薩受欲界，身於諸勝定亦無退失，不超三界，亦不染著，饒益有情，親近諸佛，疾能證得一切智智。

滿慈子白佛言：如來應正等覺，一切智智超過三界，觀何義故不許菩薩衆於三界法究竟出離。佛告滿慈子言：菩薩求證無上正等菩提，安住靜慮波羅蜜多，如來若許超過三界，彼便退失菩薩誓願，安住聲聞或獨覺地，觀如是義不許菩薩衆於三界法究竟出離，勿捨本所誓願。若菩薩坐菩提座衆行圓滿，方乃究竟捨三界法，由斯證得一切智智。又滿慈子，菩薩隨所生起六種波羅蜜多，及餘無邊菩提分法，隨所觀察内空、外空，乃至真如等甚深理趣一一皆發無染著心，迴向趣求一切智智，是菩薩於三界法漸捨漸遠，展轉鄰近一切智智。

卷五百九十二

菩薩安住靜慮波羅蜜多，攝受般若波羅蜜多，於諸靜慮及靜慮支不生味著，亦不退轉。

菩薩安住靜慮波羅蜜多，超過欲界諸雜染法，還復棄捨受欲界身，精進修行六種波羅蜜多，及餘無邊菩提分法，攝受精進波羅蜜多。

菩薩修學成就大慈大悲，於諸有情欲作饒益，安住靜慮波羅蜜多，遇諸違緣心無雜穢，攝受安忍波羅蜜多。

安住靜慮波羅蜜多，於諸聲聞及獨覺地，不生取著，攝受淨戒波羅蜜多，於諸有情，起大悲念，誓不棄捨，欲令解脱生死苦故。作是念言，我當決定以大法施，攝受有情，常爲有情，宣説永斷一切煩惱真淨法要，如是菩薩安住靜慮波羅蜜多，攝受布施波羅蜜多。

諸法無我，亦無我所。衆苦生時，唯有苦生，無能生者。衆苦滅時，唯有苦滅，無能滅者。

世尊告滿慈子言：若菩薩心無散亂，相續安住一切智智相應作意，應知名爲靜慮波羅蜜多。若住聲聞地或獨覺地相應作意，應知名爲心常散亂。何以故。修學二乘相應作意，障礙無上正等菩提，令菩提心恒散亂故。

菩薩諸有所作，無不定心，如吠瑠璃隨所在處，於自寶色，終不棄捨。

滿慈子白佛言：齊何應知菩薩心定。佛言：菩薩見彼有情，便作是念，我當精勤修菩薩行，證得無上正等覺時，決定當令有情入無餘依涅槃界，或證菩提，乃至方便勸導修行一切法。安住此已，即持如是所集善根，迴向趣求一切智智，齊此應知菩薩心定。若於一切處心得定已，應知名爲安住靜慮波羅蜜多。何以故。常不遠離一切智智勝作意故。二乘靜慮遠離一切智智相應作意，故於菩薩靜慮爲劣。

時，滿慈子便白佛言：聲聞住此靜慮，證得法性，成聲聞果。即諸菩薩住此靜慮，證得法性，離諸執著，得成如來應正等覺。云何可説聲聞靜慮，決定遠離一切智智相應作意。佛告滿慈子言：諸聲聞人，雖能現入四種靜慮、四無色定，證得法性成聲聞果，而無如來力無畏等殊勝功德，及諸相好，不名如來。由斯遠離一切智智相應作意，由無佛德，説名聲聞。滿慈子便白佛言：何等名爲菩薩勝定，如是勝定復有何名。世尊告言：菩薩勝定，名不思議，威力難思，速能證得一切智智故。如是勝定，亦名利樂一切有情，若現在前，引發無邊方便善巧，教誡教授無量有情，證真法性，斷諸煩惱，入無餘依般涅槃界，或證無上正等菩提。滿慈子白佛言：我謂聲聞所得諸定，勝菩薩定。所以者何。聲聞具得九次第定，菩薩於中唯得前八，不得滅受想定。世尊告言：菩薩亦得滅受想定，謂於此定已得自在，但不現入。所以者何。如來不許現入此定，勿由現入退墮聲聞或獨覺地。所以者何。菩薩若入滅受想定，便非時處，若菩薩坐菩提座，永害一切虚妄相想，證甘露界，爾時方入滅受想定。時，滿慈子白佛言：菩薩甚爲希有，能作難作，謂雖有力引滿盡智，而爲有情不證漏盡，以於有情所，長夜思惟利益安樂、增上意樂恒現在前。爾時，舍利子白佛言：菩薩安住靜慮波羅蜜多，云何方便還從定起。世尊告舍利子言：菩薩離欲惡不善法、有尋有伺，離生喜樂入初靜慮，乃至非想、非非想處具足而住，於色、無色靜慮等至順逆次第超越串習，極善純熟遊戲自在，復入欲界非等引心。所以者何。勿由定力生色、無色長壽天故，勿色、無色靜慮等至引起彼地續生之心，爲護彼心，令不現起，還入欲界，非等引心，由起此心還生欲界，親近供養諸佛世尊，引發無邊菩提分法，生色、無色無如是能，上二界生身心鈍故。由斯菩薩先習上定，令善純熟，後起下心還生欲界，修集無量菩提資糧至圓滿已，超過三界，證得無上正等菩提。靜慮波羅蜜多分竟。

般若綱要卷九

校勘記

〔一〕「寶」，底本原校疑爲「室」。

〔二〕「今」，底本原校疑爲「令」。

〔三〕「識」，底本原校疑後脱「名色」二字。

〔四〕「缸」，《大般若經》作「缸」。

〔五〕「復」，疑後脱「白」字。

般若綱要卷十

古南沙門通門閱正

七空居士葛䵍提綱

大般若經第十六會般若波羅蜜多分序

尋夫理殊湊以司方，坦一歸而揆務，何嘗不鎔想真際，弭執幻塵。雖檀戒之崇嚴，忍進之調鋭，卒悟寵於實慧，假道於真詮，將開象觸之迷，復有鷺池之會，所以光導五之迹，昇第一之乘。甄陶二邊，洞希微而睠睇，擬議四句，仰涔寂以韜音。剪諸見之萌，則翳蘂星落，褰積疑之網，則障縠雲披。了性空而常修，悟生假而恒利，四魔由之亂轍，六度因而彙征。施以之不捐，而難捨能捨，戒以之不檢，而難護能護。忍以之無受，而堪於不堪，進以之無行，而發於不發。定以之亡靜，而三相不相，慧以之亡照，而三輪不輪。故體之則動而逾寂，謬之則寂而彌動。法不即離於非法，行豈一異於無行。其覺證也，真心混而一觀，其出生也，法寶駢而萬區。故有二智焉、三身焉、四辯焉、五眼焉、六通焉、七覺焉、八正焉、九定焉、十力焉，加十八不共、八十隨相、十二緣智、二十空心，皆挺以呬多成之羅，若聚以玉毫之表，流之金吻之誨，勒成八卷，元非再譯。則以不敏，謬齒譯徒，緬諸會之昌筵，嗟既往而莫奉。眷言殊獎，載表遺音。本慈吹以紛騰，因聖期而頂戴，將使家傳妙寶，人握靈珠，洗客塵於八區，霈玄滋於萬葉。福庇宸極，帝后延齡，慶洽黎蒸，法教增闡。庶狹中之士，擺凝於驚怖之辰，上慢之賓，輟謗於充詘之際。自非恒沙歷奉，宿代累聞，何能啓篇投悕，忘言入賞者哉。悲夫。

唐西明寺沙門玄則製

卷五百九十三般若波羅蜜多分

善勇猛菩薩白佛言：世尊處處爲諸菩薩衆，宣說般若波羅蜜多。何謂般若波羅蜜多。云何菩薩摩訶薩修行般若波羅蜜多。云何修行般若波羅蜜多令速圓滿。云何修行般若波羅蜜多，一切惡魔不能得便、所有魔事皆能覺知。云何安住般若波羅蜜多，速能圓滿一切智法。佛告勇猛菩薩言：汝問何謂般若波羅蜜多者，當知實無少法可名般若波羅蜜多，超過一切名言道故。善勇猛，甚深般若波羅蜜多，實不可說此是般若波羅蜜多，亦不可說屬彼般若波羅蜜多，亦不可說由彼般若波羅蜜多，亦不可說從彼般若波羅蜜多。何以故。慧能遠達諸法實性，故名般若波羅蜜多，如來智慧尚不可得，況得般若波羅蜜多。善勇猛，般若者，謂解諸法及知諸法，故名般若。云何般若解知諸法謂諸法異、名言亦異，然一切法不離名言，若解諸法，若知諸法皆不可說，然順有情所知而說，故名般若。善勇猛，般若者，謂假施設，由假施設說爲般若，然一切法不可施設、不可動轉、不可宣說、不可示現，如是知者名爲實知。善勇猛，般若者，非知非不知、非此非餘處，故名般若。善勇猛，般若者，謂智所行，非智所行。非非智境，亦非智境，以智遠離一切境故。若智是境，即應非智。不從非智而得有智，亦不從智而有非智，不從非智而有非智，亦不從智而得有智。不由非智說名爲智，亦不由智說名非智，不由非智說名非智，亦不由智說名爲智。然即非智說名爲智，由斯即智說名非智，此中智者不可示現此名爲智，不可示現此智所屬，不可示現此智所由，不可示現此智所從。是故智中無實智性，亦無實智住智性中，智與智性俱不可得。非智與性亦復如是，決定不由非智名智。若由非智說名智者，一切愚夫皆應有智。若有如實於智、非智俱無所得，於智、非智如實徧知，是名爲智。然智實性非如所說。所以者何。以智實性離名言故。智非智境、非非智境，以智超過一切境故。不可說是智非智境，是名如實宣說智相。如是智相，實不可說、不可示現，然順有情所知說示，其能知者亦不可說，智境尚無，況有知者。若能如是如實了知、如實隨覺，是名般若。

復次，善勇猛，若能如是現觀作證，是則名爲出世般若。若如是所說出世般若，亦不可說。所以者何。世尚非有，況有出世，所出尚無，況有能出。以都不得世及出世、能出所出，故得說名出世般若。若有所得，則不名爲出世般若。若此般若性亦不可得，離有無等可得性故。又善勇猛，世名假立，非假立世，實有可出，然出諸假，故名出世。又出世者，非實於世有出、不出。所以者何。此中都無所出、能出少法可得，故名出世。又出世者，無世、無出世，無出、無不出，故名出世。若能如是如實了知，是則名爲出世般若。若如是般若，非如所說。所以者何。出世般若，超過一切名言道故，雖名出世而無所出，雖名般若而無所知，所出、所知不可得故，能出、能知亦不可得，如是如實知，名出世般若。由此般若無所不出，是故名爲出世般若。

復次，善勇猛，此亦名爲通達般若。如是般若何所通達，謂此般若無所通達。若此般若有所通達，即是假立，若是假立，則不名爲通達般若。謂於此中都無所有，無此無彼，亦無中間、無能通達、無所通達、無通達處、無通達時、無通達者，故名通達。又善勇猛，諸有成就如是般若，即能如實通達三界。云何如實通達三界，謂非三界説名三界。所以者何。此中無界而可通達，通達三界，即爲非界，由能如是通達三界，故名成就通達般若。復次，善勇猛，言通達者，謂能徧知所有緣起。由諸緣故諸法得起，故名緣起。如是緣起都無所有，如是名爲通達緣起。即此名爲遍㈠知緣起，謂能顯示如實無起，以無起故，説名緣起，平等無起，故名緣起。謂於是處起尚非有，況當有滅，隨覺緣起，若順若違皆不可得，無等起故，説名緣起。若無等起，則無有生。若無有生，則無過去亦無已生。若無過去亦無已生，則無有滅。若無有滅，即無生智。由無生智，更不復生，亦不證滅，由無生故，即亦無滅，由有生故，施設有滅，既無有生，是故無滅。

於一切法如是知見、通達作證，説名盡智。善勇猛，盡智者，謂盡無知，故名盡智。由何名盡，謂由無盡故名爲盡，不見有法可名爲盡，然離無知説名盡智，即盡無知説名盡智。遍知一切無知法故，名盡無知，由盡無知，説名盡智，非無知法有盡、不盡。然離無知，故名盡智，如實偏知此無知法都無所有，故名爲離。由如是智，知無知法無別可得，名離無知，然無知法實不可得，智尚非有，況有無知，若能於盡得解脱者，名爲盡智。

善勇猛，非此波羅蜜多，有遠彼岸少分可得。若此般若波羅蜜多有遠彼岸少分可得，如來應説甚深般若波羅蜜多有遠彼岸，非此般若波羅有遠可得，是故不説此有彼岸。又善勇猛，甚深般若波羅蜜多隨覺諸法，若能隨覺，即違覺悟。所以者何。此中無物可名隨覺，隨覺無故，覺悟亦無，即於諸法無通達義。隨覺通達平等法性是菩提故，隨覺諸法故名菩提。云何此能隨覺諸法，此中無物可名菩提，故於此中亦無隨覺。何以故。若有菩提少分可得，即菩提内應得菩提，然菩提中菩提非有，應作如是現證菩提，非隨覺故、非通達故説名覺悟。雖作是説而不如説，以一切法不可隨覺、不可通達。又法、非法俱無自性，由覺此理故名菩提。何以故。非諸如來應正等覺能得菩提，非諸如來應正等覺能了菩提，如實菩提不可了故、不可表故。非諸如來應正等覺生起菩提，菩提無生無起性故。善勇猛，有情界者即是無實有情增語，非有情中有有情性，有情無故，名有情界。若有情中有有情性，則不應説爲有情界，有情界者即顯無界，以有情界無界性故。若有情界即界性有，則應實有命者即身。若有情界離界性有，則應實有命者異身，然有情界無實界性，但由世俗假説爲界，非有情界中可有界性，亦非界性中有有情界，非即界性是有情界，非離界性有有情界，以一切法無界性故。

復次，善勇猛，我依此義密意，説諸有情界不可施設有減有滿。所以者何。以有情界非有性故，諸有情界離有情故。如有情界不可施設有減有滿，諸法亦爾，不可施設有減有滿。以一切法皆無實性，故不可言有減有滿。若能如是隨覺諸法，是則名爲隨覺佛法。以一切法無減滿故，説名佛法。佛法，即非佛法增語，非諸佛法有物能令或減或滿。所以者何。以即隨覺一切法故，若能隨覺一切法性，此中無法或減或滿。一切法者，當知即是增語，非彼法界有減有滿。所以者何。以彼法界無邊際故，非有情界及彼法界差别可得，非有情界及彼法界或減或滿、或得或有，如是隨覺即名菩提，由此故言非諸佛法可得施設有減有滿。又善勇猛，無減、滿性若能如實無分别者，當知名爲如實見者，非於此中能有取捨，如是隨覺説名菩提。菩提者，即是佛相。云何佛相，謂一切相畢竟無相，即是佛相。何以故。畢竟無相與菩提相自性離故，如是隨覺説名菩提。

又善勇猛，一切有情行菩提行，不知不覺諸法實性，不名菩薩。所以者何。不知有情非有情故。若知有情非有情性行菩提行應成菩薩。然諸有情由顛倒故，不能覺了自行自境、自所行處。若於自行如實了知，則不復行有分別行，是名菩薩行於無行。菩薩不應由分別故，起分別行。若於是處無所分別，非於此處而有所行。若於是處不起分別，非於此處復有所行。諸佛菩薩於一切行無所分別而修行故，一切憍慢畢竟不起，於一切法不復攀緣、不復分別、不游不履，如是名爲真菩薩行，以無所行爲方便故。

復次，善勇猛，無有情者，當知即是菩薩增語，以能遣除一切想故。所以者何。以能了達一切有情非實有情，一切有情皆非有情，一切有情皆是顛倒執著有情，一切有情皆是遍計所執有情，一切有情皆是虚妄所緣有情，一切有情皆是敗壞自行有情，一切有情皆是無明緣行有情。善勇猛，非有情名有少實法可執爲我，或爲我所，以無實法是故可説一切有情非實有情。非有情者，當知即是非實增語。非實者，當知即是非有情增語。若於諸行有遍覺者，可名菩薩。

卷五百九十四　卷五百九十五

復次，善勇猛，言菩薩者，謂能隨覺有情無實無生增語。又菩薩者，於一切法亦能如實如佛而知，謂如實知一切法性無實無生，亦無虚妄。善勇猛，若諸菩薩發菩提心作如是念：我於今者發菩提心，此是菩提，我今爲趣此菩提故發修行心，是諸菩薩有所得故，不名菩薩，但可名爲狂亂薩埵。何以故。由彼菩薩決定執有發起性故、決定執有所發心故、決定執有菩提性故，但可名爲於菩提心有執薩埵，不名真淨發心菩薩。彼由造作發菩提心，復名造作薩埵，不名菩薩。彼由加行發菩提心，復名加行薩埵，不名菩薩。何以故。彼諸菩薩由有所取發菩提心，但可名爲發心薩埵，不名菩薩。又善勇猛，無實能發菩提心者，以菩提心不可發故。菩提無生，亦無心故，彼諸菩薩惟執發心，不了菩提無生心義。心平等性即是菩提，此中無所分別。若分別心及菩提，便執著心及菩提。由此二種發菩提心，當知不可真發心者。又善勇猛，菩提與心非各有異，非於心内有實菩提，非菩提内得有實心，菩提與心如實如理俱不可説是覺是心。由如實覺菩提與心俱不可得，無生、不生，故名菩薩，亦名摩訶薩。

善勇猛，以證入大乘，名摩訶薩。何謂大乘，謂一切智，説名大乘。云何一切智，謂諸所有智：若有爲智，若無爲智，若世間智，若出世間智，能證入如是等智，名摩訶薩。所以者何。以能遠離大有情想，又能遠離大無明蘊，又能遠離大諸行蘊，又能遠離大無知蘊，又能遠離大衆苦蘊，名摩訶薩。又善勇猛，遠離大有情想，名摩訶薩。彼於一切心及心所法雖無所得，而能了知心之本性，彼於菩提及菩提分法雖無所得，而能了知菩提本性。彼由此智，非於心内見有菩提，亦非離心見有菩提，非於菩提内見有實心，亦非離菩提見有實心。如是除遣無所修習、無所恃怙、無所執著。雖不見有菩提心性而能發起大菩提心，如是發菩提心而於菩提無所引發。何以故。彼已安住大菩提故，都不見有心及菩提生滅差别，亦不見有發心趣向大菩提者，無見無執、無所分别發起勝解及解脱心，當知名爲真實菩薩。又善勇猛，若諸菩薩不離心想及菩提想發菩提心，彼遠菩提，非近菩提，若不見菩提有近有遠，當知彼近無上菩提，亦名真發菩提心者。我依此義密意説言，若能自知無二相者，彼如實知一切佛法。所以者何。彼能證會我及有情俱無自性，即能遍知諸法無二，定能了達我及有情與一切法，皆以無性而爲自性理無差别。若能了知諸法無二，即能了知一切佛法。若能遍知諸法無二，即能遍知一切佛法。若能遍知我，即遍知三界。

增上慢者，於此法教不能悟入，以非彼境、非彼地故。

要諸佛子從正等覺自然智生，乃能精勤學正等覺大師子吼，於正等覺無上法財，善能受用。

諸佛世尊將欲開示斷一切疑，微妙甚深菩薩藏法，必有如是無量無邊最勝清淨，功德衆集。

隨所知境界世俗文句方便，演説甚深般若波羅蜜多，令菩薩衆，精勤修學一切法如所有性本性不可得，般若波羅蜜多亦復如是，般若波羅蜜多於一切法都無所依。

一切法不在内不在外，不在兩間，遠離而住。一切法非相應，非不相應。一切法真如、不虚妄性、不變異性、如所有性，是謂般若波羅蜜多。一切法者，離一切法性。所以者何。非一切法中有一切法，此無所有是謂般若波羅蜜多。一切法自性離，此離自性是謂般若波羅蜜多。一切法無一切法自性，此無自性是謂般若波羅蜜多。九十四卷止。

一切法非一切法所行，於一切法無知無見，是謂般若波羅蜜多。一切法不捨一切法自性，於自性如是遍知，是謂般若波羅蜜多。一切法非合非離，是謂般若波羅蜜多。一切法非減非增，是謂般若波羅蜜多。一切法非染非淨，是謂般若波羅蜜多。一切法非有淨法，非有不淨法，是謂般若波羅蜜多。一切法非移轉，非趣入，是謂般若波羅蜜多。一切法非繫，非離繫，是謂般若波羅蜜多。一切法非死非生，一切法非生非死，是謂般若波羅蜜多。一切法非流轉，非有流轉法，是謂般若波羅蜜多。一切法非盡，非有盡法，是謂般若波羅蜜多。一切法非有集法，非有滅法，是謂般若波羅蜜多。一切法非有起法，非有盡法，是謂般若波羅蜜多。一切法非有變壞法，非無變壞法，是謂般若波羅蜜多。一切法非常非無常，乃至非淨非不淨，是謂般若波羅蜜多。一切法非有貪、瞋、癡法，非離貪、瞋、癡法，是謂般若波羅蜜多。一切法非作者，非使作者，乃至非知見者，是謂般若波羅蜜多。一切法非斷非常，非有邊非無邊，是謂般若波羅蜜多。一切法非見趣、非見趣斷，非愛、非愛斷，是謂般若波羅蜜多。一切法非善、非非善，是謂般若波羅蜜多。九十五卷止。

卷五百九十六

夢幻泡影，自性都無所有，如是般若波羅蜜多，雖假説有種種自性，而此般若波羅蜜多，實無自性可得宣説。

舍利子白佛言：如來雖説般若波羅蜜多，而説般若波羅蜜多非圓成實。世尊告舍利子言：如是如是，我説般若波羅蜜多非圓成實。何以故。一切法非圓成實故。我説般若波羅蜜多非圓成實，譬如虹蜺，雖有種種妙色顯現，而無一實，如是般若波羅蜜多，雖假種種言相顯示，而所顯示，無性可得。譬如虚空，雖以種種尺寸量度，而未曾見有五指許是圓成實，如是般若波羅蜜多雖假種種言相顯示，而未曾見有少自體是圓成實。

諸法甚深故，般若波羅蜜多最爲甚深。般若波羅蜜多深廣無量，無邊功德之所證故。諸法本性清淨故，般若波羅蜜多本性清淨。諸法無邊際故，般若波羅蜜多亦無邊際，當知般若波羅蜜多，初、中、後位皆無邊際，亦無方域。邊不可得，故名無邊。際不可得，故名無際。以無邊故，説名無際。以無際故，説名無邊。

卷五百九十七

舍利子白佛言：云何菩薩依如是法，行諸境相。佛言：諸菩薩衆，尚不得法，何況非法，知一切境，皆無境性。由此因緣，是諸善士，依如是法，行諸境相，無所執著。

舍利子，諸有情類，多有成就下劣法者，所有信解亦皆下劣，不能種值廣大善根，彼於如是甚深廣大無染正法，不能信受。隨類勝劣各相愛樂，下劣信解諸有情類，還樂下劣信解有情，廣大信解諸有情類，還樂廣大信解有情。

舍利子白佛言：以何等法爲所行境。佛言：

般若波羅蜜多以無邊法爲所行境、以諸法空爲所行境，如虛空界、風界俱無處所而可見者，亦復不爲生起法相而現其前，如是般若波羅蜜多，於法都無可現示者，亦復不爲生起法相而現其前。

舍利子復白佛言：如是般若波羅蜜多，以何爲相。佛言：如是般若波羅蜜多，遠離衆相，無有少相而可得者。舍利子，如虛空界，無礙著處，如是般若波羅蜜多無礙著處，由斯故説甚深般若波羅蜜多無著爲相。又舍利子，非無著法，有相可得，然隨世間名言理趣，作如是説，甚深般若波羅蜜多，無著爲相。又舍利子，諸法皆以無著爲相，以諸法不可得故，名無著相，無有少法爲起相故而現在前。以於此中無相可得，故名無相。以無相故，説名無著。若一切法有少相者，應於此中有著可得。以一切法衆相都無，是故此中無著可得，故説諸法無著爲相。又舍利子，諸雜染法顛倒現前，諸顛倒者皆是無相，諸無相者皆不可説，故有相法即是無相。又舍利子，諸清淨法，亦無有相。所以者何。雜染尚無有相，況清淨法而可有相。又舍利子，若能偏知諸雜染法如實性者，彼諸雜染皆不可得，然諸有情由顛倒故，起諸雜染。諸顛倒者皆非真實，若非真實則無實體，亦無實相。若能如是如實遍知，即名清淨。是故雜染、清淨二法俱非有相、非圓成實。又舍利子，愚夫異生著無著相。又舍利子，此無著相當知即是智所行處，亦是般若波羅蜜多所行之處。此無著相智所行處，亦名般若波羅蜜多。又舍利子，所行處者當知此顯非所行處，甚深般若波羅蜜多非行處相可能顯示。又舍利子，所行境者當知顯示非所行境，以一切法如實之性，如所有性皆不可得，故一切法非所行境，以一切法無境性故，若能如是遍知諸法，是則名爲行一切境。

時，舍利子告善現言：云何具壽嘿然無説。

善現答言：我於諸法都無所見，是故我今嘿然無説。又舍利子，我都不見甚深般若波羅蜜多，亦不見有諸菩薩衆，不見能説，不見所説，亦復不見由此、爲此、因此、屬此、依此而説，我於此中既無所見，云何令我宣説般若波羅蜜多。

舍利子，甚深般若波羅蜜多，不由顯示所有法故而現在前。又舍利子，如無有法，由顯示法而現在前，我當云何宣説如是甚深般若波羅蜜多。然舍利子，若能了知如是所説甚深般若波羅蜜多，不由顯示所有法故而現在前，即能了知甚深般若波羅蜜多，亦能宣説甚深般若波羅蜜多。

爾時，世尊告善勇猛菩薩言：諸菩薩修行般若波羅蜜多，於一切法都無所行。何以故。以一切法皆是顛倒之所等起，非實有邪僞虚妄。譬如於法有所行者，皆行顛倒、皆行不實，如是菩薩若有所行，應行顛倒、應行不實。非諸菩薩是顛倒行及不實行之所顯了，亦非菩薩行顛倒行及不實行，能行般若波羅蜜多。又善勇猛，顛倒、不實則非所行，是故菩薩不於中行。又善勇猛，言顛倒者，即是虚妄愚夫異生之所執著。如是諸法不如是有，如是所執不如其相，是故説名顛倒不實。故諸菩薩不行顛倒、不行不實，由此菩薩名無倒行者。若實無倒則無所行，故説菩薩行無所行，一切行斷，名菩薩行。善勇猛，菩薩不行一切分別異分別行、一切分別異分別斷，名菩薩行。分別者，謂於諸法分別自性。異分別者，謂於諸法分別差別。非一切法可得分別及異分別，以一切法不可分別、異分別故。若分別法，則於諸法作異分別，然一切法遠離分別及異分別。又善勇猛，言分別者，是謂一邊。異分別者，是第二邊。若諸菩薩於邊、無邊俱無所行，是諸菩薩亦不見中。若見中者，則行於中。若行中者，則行於邊。非中有行、有顯、有示，離行相故。又善勇猛，所言中者，即是八聖支道，如是聖道於一切法都無所得而現在前，都無所見而現其前。若時於法無修無遣，爾時名爲止息之道，此止息道於一切法無修無遣、超過修遣，證一切法平等實性。又止息道者，謂阿羅漢漏盡苾芻。何以故。彼遣道故。非修非遣，故名爲遣。彼遣亦無，故名爲遣。

以遺修故，説名爲遺。若有修遺，應有所得，不名爲遺。此中遺者，謂遺修性。此中無修，故名爲遺。以修無故，遺亦非有。

菩薩摩訶薩不緣一切法，是行般若波羅蜜多。何以故。菩薩知諸所緣性遠離故，若知所緣其性遠離，則無所行，故説菩薩行無所行。

若諸菩薩能行般若波羅蜜多，遍知一切所緣而行，除遺一切所緣而行。

卷五百九十八　卷五百九十九　卷六百

菩薩能如是行，則不緣一切法清淨而行。何以故。菩薩遍知一切法所緣本性清淨故。

菩薩修行般若波羅蜜多，於一切法不行集，不行滅。不行深，不行淺。不行空，不行不空。不行有相，不行無相。不行有願，不行無願。不行有造作，不行無造作。何以故。如是諸法一切皆有恃執、動轉、戲論、愛趣，謂我能行如是動轉、我於此行如是戲論、我由此行如是愛趣、我依此行如是恃執。此中菩薩了知一切恃執、動轉、戲論、愛趣害諸無知，無所恃執。無恃執故，都無所行，亦無執藏。無執藏故，無所繫縛，亦無離繫，亦無等起，如是菩薩害諸恃執修行般若波羅蜜多。復次，菩薩修行般若波羅蜜多，於一切法不行常無常、不行樂無樂、不行我無我、不行淨不淨、不行空不空，不行如幻、如夢、如光影、如谷響。何以故。如是諸法，有尋有伺、有行有觀，此中菩薩了知一切有尋有伺、有行有觀，害一切行，遍知諸行修行般若波羅蜜多，是謂宣説諸菩薩行。

一切法不可思議故，菩薩修甚深般若波羅蜜多，亦不可思議。何以故。非心所生故，名不可思議。亦不生心故，名不可思議。若謂心生，是爲顛倒。謂心不生，亦是顛倒。能通達心及心所俱無所有，則非顛倒。愚夫異生不能覺了於心遠離，不能正知、亦不正知所緣遠離，由斯執著心即是我、心是我所、心依於我、心從我生。彼執心已，復執爲善，或執非善，或執爲樂、或執爲苦，或執爲斷、或執爲常種種法門。諸菩薩衆修行般若波羅蜜多遠離顛倒心、心所法，證心本性清淨明白，於中都無心、心法起。復作是念，由所緣境心、心所生，了知所緣無所有故。心、心所法皆不得生，既不得生，亦無住滅，亦不令法有生、住等，能如是行，是行般若波羅蜜多。

菩薩通達諸法若因若集，若没若滅，無有少法不合般若波羅蜜多，如實了知諸法因集、滅、道之相，於一切法不修不遺。何以故。以一切法無性爲性、遠離自性，則非實物。非實物故，無修無遺。於一切法無修無遺，名修般若波羅蜜多。

菩薩修行般若波羅蜜多，不起一切法相應相心，不起一切倶行之心，能成[三]就如是清淨心故。於諸有情，雖起遍滿慈悲喜捨，而能遣除諸有情想，於有情想無執而住，於四梵住亦無執著，成就妙慧方便善巧，般若波羅蜜多速得圓滿。速圓滿故，便於諸法無取無執。

菩薩如是學時，不於一切法學，不爲超越一切法學。不於一切法生學，不於一切法滅學。不爲調伏一切法故學，不爲不調伏一切法故學。不爲攝伏移轉一切法故學，不爲趣入安住一切法故學。九十八卷止。

菩薩如是學時，不於一切法學，若常若無常，若樂若苦，若空若不空，若我若無我。不緣一切法若過去行，若未來行，若現在行。雖以空、寂靜、無我行相，觀察過去而不以空、寂靜、無我行於過去，雖以空、寂靜、無我行相觀察未來而不以空、寂靜、無我行於未來，雖以空、寂靜、無我行相觀察現在而不以空、寂靜、無我行於現在。菩薩能如是行，雖觀過去空，無我、無我所，無常、無恒，無久安住不變易法，而不如是行於過去。雖觀未來空，無我、無我所，無常、無恒，無久安住不變易法，而不如是行於未來。雖觀現在空，無我、無我所，無常、無恒，無久安住不變易法，而不如是行於現在。能如是行、能如是住，修行般若波羅蜜多速得圓滿。能如是行，則不緣一切法，以一切法非所緣故，以一切法非能緣故，非一切法有所取故，而可於彼説有所緣。若有所緣，則有動作計著執取。若有執取，即有憂苦猛利愁箭悲惱歎生。若有所緣，即有恃執動轉戲論。

能如是行，則於一切法不起分別、無異分別，能如是行、能如是住，一切惡魔不能障礙，成就般若波羅蜜多利慧刀劍具大勢力，是諸菩薩於一切處無所依止。何以故。若有所依，則有移轉。若有移轉，則有動摇。若有動摇，則有戲論。若諸有情有依有轉、動摇戲論，隨魔力行未脱魔境。菩薩不依止一切法，證得一切依止淨法，依止清淨微妙智見，修行般若波羅蜜多，由此惡魔不能得便。

修行般若波羅蜜多，不行一切法合、離相，不行一切法清淨、不清淨相，能如是行，則不與一切法若合，若離。何以故。以一切法無合、離故。善勇猛，合者謂常，離者謂斷，一切法性不爲合故、離故現前。若諸法性爲合、爲離現在前者，則應諸法可得。不可得故，佛不施設。愚夫異生妄見合、離顛倒繫縛，馳流生死，謂合得、合住、合見、合執，有合故，便執有離，謂除遣合而得離故。善勇猛，若處有合，是處有離。若於合中無得無恃、不起執著，亦不見離。若於離中有得有恃、起執著者，彼便有合，與生死苦未可別離。菩薩觀諸法性非合非離，亦不爲法若合，若離而有所作，或有修學，如是安住，速能圓滿一切智法。

修行般若波羅蜜多，不行一切法著、無著，所緣清淨、不清淨，都不見行及不行法，能如是行，速能圓滿一切智法。九十九卷止。

修行般若波羅蜜多，不行一切法開顯、不開顯，寂靜、不寂靜，清淨、不清淨，遠離、不遠離，能如是行速能圓滿一切智法。

菩薩能如是行，不住一切法，非一切法有可住義。所以者何。以一切法皆無執藏，無執藏故無可住者。善勇猛，以無所住及無不住爲方便故，説一切法都無可住。如四大河無熱池出，未入大海終無住義，如是諸法乃至無造諸行未盡，終無住義。

手執如是甚深般若波羅蜜多相應法教，是諸菩薩，設不現前蒙佛授記，當知已近蒙佛授記，或復不久當蒙諸佛現前受記。

一切法無著無縛，無有少法爲著爲縛而現在前，由此亦得無解脱義。善勇猛，一切法無著無縛，亦無解脱。言著縛者，謂於法性執著繫縛，法性既無，故不可説有著有縛。言解脱者，謂脱著縛，彼二既無，故無解脱。

如是法門非諸雜染、弊有情類手所能得，非魔、羅網所拘縶者之所行地，是性調、善極、聰慧者之所行地。般若波羅蜜多甚深法門受持一句，尚獲無量無邊功德，況有於此《大般若經》能具受持、轉讀書寫、供養流布、廣爲他説，彼所獲福不可思議。

《大般若波羅蜜經》六百卷

般若義同文異節義詳載《綱要》第八卷初分後。

第二分

修行般若波羅蜜多時，於一切有情起平等心，於一切法性皆得平等，安立一切有情於一切法平等性中。觀照品。

復次，善現，所言菩薩摩訶薩者，於意云何，即一切法是菩薩摩訶薩不。不也，世尊。離一切法，有菩薩摩訶薩不。不也，世尊。佛告善現：汝觀何義作如是言，即色等法非菩薩摩訶薩，離色等法無菩薩摩訶薩耶。善現白佛言：若菩提，若薩埵，若色等法尚畢竟不可得，性非有故，況有菩薩摩訶薩。此既非有，如何可言即色等法是菩薩摩訶薩，離色等法有菩薩摩訶薩耶。佛告善現：如是如是，如汝所説。若菩提，若薩埵，若色等法不可得故，諸菩薩摩訶薩亦不可得。諸菩薩摩訶薩不可得故，所行般若波羅蜜多亦不可得。善現，諸菩薩摩訶薩修行般若波羅蜜多應如是學。

復次，善現，所言菩薩摩訶薩者，即色真如是菩薩摩訶薩不。不也，世尊。離色真如有菩薩摩訶薩不。不也，世尊。佛告善現：汝觀何義作如是言，即色等法真如非菩薩摩訶薩，離色等法真如無菩薩摩訶薩耶。善現白佛言：色等法尚畢竟不可得，性非有故，況有色等法真如。此真如既非有，如何可言即色等法真如是菩薩摩訶薩，離色等法真如有菩薩摩訶薩。佛告善現：如是如是，如汝所説，色等法不可得故，色等法真如亦不可得。色等法及真如不可得故，諸菩薩摩訶薩亦不可得。諸菩薩摩訶薩不可得故，所行般若波羅蜜多亦不可得。善現，諸菩薩摩訶薩修行般若波羅蜜多應如是學。善現品，與《綱要》第一卷二十二葉經文參看。

復次，善現，所言般若波羅蜜多者，色增語是菩薩摩訶薩不。不也，世尊。色常增語是菩薩摩訶薩不。不也，世尊。色無常增語是菩薩摩訶薩不。不也，世尊。乃至一切法雜染增語、清淨增語是菩薩摩訶薩不。不也，世尊。佛告善現：汝觀何義作如是言，色等法增語，非菩薩摩訶薩。復觀何義作如是言，色等法若常若無常增語，乃至若生若滅增語，亦非菩薩摩訶薩耶。善現白佛言：世尊，色等法尚不可得，性非有故，況有色等法增語。此增語既非有，如何可言色等法增語是菩薩摩訶薩，乃至色等法生滅增語是菩薩摩訶薩。佛言：如是如是，如汝所説，色等法及常無常等不可得故，色等法增語及常無常等增語亦不可得。法及增語不可得故，諸菩薩摩訶薩亦不可得。諸菩薩摩訶薩不可得故，所行般若波羅蜜多亦不可得。善現，諸菩薩摩訶薩修行般若波羅蜜多，應如是學。善現品，與《綱要》第一卷二十三葉經文參看。

善現，非離有爲施設無爲，非離無爲施設有爲。善現品。復次，世尊，諸菩薩摩訶薩，修行般若波羅蜜多時，亦當如是審諦觀察何者是般若波羅蜜多，何故名般若波羅蜜多，誰之般若波羅蜜多，如是般若波羅蜜多爲何所用。審諦觀察若法無所有、不可得，是爲般若波羅蜜多。勝軍品。

善現言：何等爲法，云何常於此法愛樂欣喜。佛告善現：所言法者，謂色、非色皆無自性，都不可得，不可破壞，不可分別，是名爲法。言愛法者，謂於此法起欲希求。言樂法者，謂於此法稱讚功德。言欣法者，謂於此法歡喜信受。言喜法者，謂於此法慕多修習，親近愛重，以無得而爲方便，常能如是愛樂欣喜，而不憍舉，決定能於大有情衆當爲上首。譬喻品。

菩薩摩訶薩修行無縛、無解六波羅蜜多，能證無縛、無解一切法性，是名被無縛、無解大乘鎧者。無縛解品。

諸佛弟子，於一切法無依著者，法爾皆能隨所問詰，一一酬答自在無畏。何以故。以一切法無所依故。遠離品。

憍尸迦，諸菩薩摩訶薩迴向心則非心，菩提心亦非心。不應非心迴向非心，心亦不應迴向非心，非心不應迴向於心，心亦不應迴向於心。何以故。非心即是不可思議，不可思議即是非心，如是二種俱無所有，無所有中無迴向義。憍尸迦，心無自性，心性無故，心所亦無，心及心所既無自性故，心亦無迴向心義。若作是觀，是爲菩薩摩訶薩般若波羅蜜多。帝釋品。

一切法性，無所依止、無所繫屬，由此因緣，無生無起、無知無見。當知甚深般若波羅蜜多，雖生如來應正等覺，亦能示現世間實相而無所生，亦無所示。示相品。

能示如來應正等覺世間相者，謂令不起此世間想，亦令不起他世間想。所以者何。以一切法皆無所有、實不可得，無可依彼起此世間、他世間想。示相品。

不可思議，思議滅故。不可稱量，稱量滅故。無數量，數量滅故。無等等，等等滅故。不可思議者，但有不可思議增語。不可稱量者，但有不可稱量增語。無數量者，但有無數量增語。無等等者，但有無等等增語。示相品，與《綱要》五卷十六葉經文參看。

雖諸聲聞、獨覺、菩薩，皆依如是甚深般若波羅蜜多，精勤修學，各得究竟所作事業，而是般若波羅蜜多，無增無減。成辦品。

菩薩摩訶薩，雖聞真如與一切法無二、無別而無滯礙。所以者何。真如與法不可説一、不可説異，不可説俱及不俱故。菩薩摩訶薩，終不觀他好惡長短，平等憐愍而爲説法。不觀法師種性好惡，唯求所説微妙法義。善現，不退轉菩薩，具如是等諸行狀相。不退轉品。

不退轉菩薩，修行般若波羅蜜多，通達諸法皆無所有，常不遠離菩提作意，不樂觀察、論説諸蘊、諸處、諸界。所以者何。是菩薩於蘊、處、界性相空理已善思惟、善通達故。不樂觀察、論説衆事。所以者何。是菩薩於一切衆，性相皆空已善思惟、善通達故。不樂觀察論説五事，是菩薩住本性空，不見少法有勝、有劣、貴賤相故。不樂觀察、論説賊事，是菩薩住自相空，不見少法有得、有失與奪相故。不樂觀察、論説軍事，是菩薩住本性空，不見諸法有多、有少聚散相故。不樂觀察、論説戰事，是菩薩住真如一切法空，不見少法有強有弱愛恚相故。不樂觀察論説城邑事，是菩薩住虛空界空，不見少法有攝、不攝好惡相故。不樂觀察、論説聚落事，是菩薩住一切法空，不見少法有增、有減合離相故。不樂觀察、論説國土事，是菩薩安住實際，不見諸法有屬、不屬此彼相故。不樂觀察、論説我、有情乃至知者、見者事，是菩薩住畢竟空，都不見我乃至見者若有，若無差別相故。不樂觀察、論説相好事，是菩薩善住無相，不見諸法有好、有醜差別相故。是菩薩摩訶薩，不樂觀察、論説世間如是等事，但樂觀察、論説般若波羅蜜多。所以者何。甚深般若波羅蜜多遠離衆相，能證無上正等覺故。不退轉品。

是菩薩摩訶薩，雖行一切法空，而愛樂正法，不愛非法，恒願饒益一切有情。雖行不可得空，而常稱讚三寶功德，利益安樂一切有情。雖行諸法真如法界一味之相，而樂稱讚真如法界種種功德。雖知諸法皆畢竟空，而愛善友，不愛惡友。轉不轉品。

是菩薩摩訶薩，若晝若夜，常不遠離念佛作意，常不遠離聞法作意，由此因緣，隨諸國土，有佛世尊現説正法，即乘願力往彼受生，或乘神通往彼聽法，由是因緣，此諸菩薩生生之處，常不離佛，恒聞正法，無間無斷。是菩薩摩訶薩，常爲利樂諸有情故，雖能現起初靜慮定，乃至非想非非想處定，而巧方便起欲界心，教諸有情十善業道，亦隨願力現生欲界、有佛國土，供養恭敬、尊重讚歎諸佛世尊，聽聞正法，修諸勝行。轉不轉品。

菩薩摩訶薩護正法時，應作是念，我不爲護一佛、二佛乃至百千諸佛正法，普爲護持十方三世諸佛正法，令不虧損。何等名爲諸佛正法，一切如來應正等覺所覺、所説一切法空，如是名爲諸佛正法。轉不轉品，與《綱要》第五卷三十八葉經文參看。

依深般若波羅蜜多所起迴向，是爲最勝迴向，遠離般若波羅蜜多所起迴向，是爲下劣迴向。甚深義品。

復次，善現，有菩薩摩訶薩，具修六種波羅蜜多，見諸有情生死長遠，諸有情界其數無邊。見此事已作是思惟，生死邊際猶如虛空，諸有情界亦如虛空，雖無真實諸有情類流轉生死，及得解脱，而諸有情妄執爲有，輪迴生死，受苦無邊，我當云何方便濟拔。既思惟已，作是願言：我當精勤無所顧戀，修行六種波羅蜜多，成熟有情、嚴淨佛土，令速圓滿疾證無上正等菩提，爲諸有情説無上法，皆令解脱生死大苦，亦令證知生死解脱都無所有、畢竟皆空。善現，是菩薩由此六種波羅蜜多速得圓滿，疾能證得一切智智。願行品，與《綱要》六卷首葉經文參看。

如堅翅鳥，飛騰虛空，自在翱翔，久不墮落，雖依空戲而不據空，亦不爲空之所拘礙。諸菩薩亦復如是，雖於空、無相、無願解脱門數數習近安住修行，而於中能不作證。由不證故，不墮聲聞及獨覺地。若時無上正等菩提，因行善根一切成熟，爾時方證實際。習近品，與《綱要》六卷首葉經文參看。

以如虛空無盡行住，引發般若波羅蜜多，如實觀察十二緣起，速能圓滿甚深般若波羅蜜多。如是觀察緣起法時，不見有法無因而生。不見有法無因而滅。不見有法性相常住、不生不滅。無盡品，與《綱要》六卷十七葉經文參看。

善現言：云何於無名相法，以名相說而言不壞。佛告善現：我隨世俗於一切法假立名相，爲諸有情方便宣說而無執著，故無所壞。若諸聖者於名著名、於相著相，則亦應於空著空、於無相著無相、於無願著無願、於真如著真如、於法界著法界、於實際著實際、於無爲著無爲。善現，是一切法唯有假名、惟有假相而無真實，菩薩摩訶薩住一切法，但假名相行深般若波羅蜜多，而於其中無所執著。巧便品，與《綱要》六卷三十二葉，經文參看。

善現復白佛言：諸菩薩修如來道，得圓滿已，豈於實際亦不證住。佛告善現：諸菩薩摩訶薩成熟有情、嚴淨佛土及修大願若未圓滿，猶於實際未應證住。若已圓滿，乃於實際應可證住。善現言：爲何所住證住實際。佛告善現：汝何所住，得盡諸漏，心永解脱。善現對曰：非我有住，得盡諸漏，心永解脱，然我盡漏心得解脱，都無所住。佛告善現：諸菩薩摩訶薩，亦復如是，行深般若波羅蜜多，都無所住。巧便品。初分平答三智，少此二問二答，提出與道相智一段問答參看。見《綱要》六卷之三十三葉。

善現復問：諸煩惱斷，得無爲不。佛言：如是。善現復問：聲聞、獨覺不得無爲，煩惱斷不。佛言：不爾。善現復問：無爲法中有差別不。佛言：不爾。善現言。若無爲法無差別者，佛何故説如來習氣相續永斷，聲聞、獨覺猶未永斷。佛言：習氣相續實非煩惱，然諸聲聞及諸獨覺煩惱已斷，猶有少分似貪、瞋、癡動發身語，即説此爲習氣相續，諸佛世尊究竟無有。巧便品，與初分習氣相續，實非煩惱後經文參看。

無所得法能得無所得。巧便品，與俱不可得一段經文參看。

菩薩摩訶薩雖作大饒益事，而竟不見有實有情得涅槃者，但見妄想衆苦寂滅。樹喻品。

善現即白佛言：若一切法皆以無性爲自性者，云何如來應正等覺，於一切法無性爲性現等覺已，説名爲佛。於一切法及諸境界，得自在轉。佛告善現：一切法皆以無性爲自性，我本修學菩薩道時，無倒修行布施、淨戒、安忍、精進、靜慮、般若波羅蜜多，由此離欲惡不善法、有尋有伺、離生喜樂，入初靜慮具足住，如是乃至斷樂斷苦、先喜憂没、不苦不樂、捨念清淨，入第四靜慮具足住。我於爾時，於諸靜慮及靜慮支，雖善取相而無所執。於靜慮及靜慮支不生味著。於諸靜慮及靜慮支都無所得。我於爾時，於四靜慮行相清淨，無所分別。我於爾時，於諸靜慮及靜慮支，雖善純熟而不受彼所得果報，但依靜慮令心引發神境、天耳、他心、宿住、天眼智通，於此五通，雖善取相而無所執，亦不愛味，於諸通境都無所得，亦不分別，如空而住。我於爾時，觀一切法，平等平等無性爲性，以一刹那相應般若，證得無上正等菩提，謂如實知是苦聖諦、是集聖諦、是滅聖諦、是道聖諦，皆同一相，所謂無相，如是無相亦無所有，由此成就如來十力、四無所畏、四無礙解、大慈大悲大喜大捨，并十八佛不共法等，無量無數不可思議微妙功德。以佛妙智，安立有情三聚差別，隨其所應方便化導，令獲殊勝利益安樂。漸次品，與七卷首葉經文參看。

菩薩摩訶薩，見諸愚夫，於非我中而住我想，於非有情住有情想，乃至於非知者住知者想，非見者住見者想，是菩薩摩訶薩，見是事已，深生憐愍，方便教化，令離顛倒妄想執著，安置無想甘露界中，住是界中，不復現起我想，乃至知見者想，是時一切掉動、散亂、戲論分別，不復現行，心多安住寂靜、澹泊、無戲論界。實説品。

復次，善現，我爲新學諸菩薩説涅槃非化，

非別實有不空涅槃，是故不應執此爲難。善現便白佛言：云何方便教誡教授新學菩薩，令知諸法自性常空。佛告善現：豈一切法先有後無而不常空，然一切法先既非有、後亦非無，自性常空不應驚怖，應作如是方便教誡教授。空性品。

第三分

諸天思惟我等常設種種方便，令是菩薩離淫欲法，從初發心，乃至證得所求無上正等菩提，常修梵行，於順結法不生貪染。所以者何。行非梵行、生於梵天尚能爲礙，況證無上正等菩提。是故菩薩斷欲出家、修梵行者，能得無上正等菩提，非不出家、行非梵行。爾時，舍利子白佛言：諸菩薩爲要當有父母妻子諸親友耶。佛言：或有菩薩，具有妻子眷屬，而修菩薩摩訶薩行。或有菩薩無有妻子，從初發心，乃至成佛，常修梵行，不壞童真。或有菩薩，方便善巧，先現受用五妙欲境，後方厭捨，勤修梵行，乃得無上正等菩提。如彼幻師幻作種種，彼幻所作爲有實不。舍利子言：不也，世尊。佛言：菩薩亦復如是，爲欲成熟有情示受五欲而實無染。所以者何。諸菩薩於五欲中深生厭患，不爲彼過之所塗染，以無量門訶毁諸欲。謂作是念，欲如熾火、欲如糞穢、欲如魁膾、欲如怨敵、欲如毒器、欲如闇井，豈有真實爲諸欲事，但爲方便饒益有情，化現斯事。緣起品。

舍利子言：彼於何處不能出離。佛言：彼於欲界，色、無色界不能出離，便於聲聞、獨覺、菩薩及諸佛法不能成辦，設於三界能出離者，而於二乘不能出離，由此不能信解深法。善現品，與《綱要》一卷三十一葉，不能信受經文參看。

次答大乘從何處出、至何處住者。善現，當知大乘從三界中出，至一切智智中住，然以無二爲方便故，無出無住。所以者何。若大乘，若一切智智，如是二法不合不散、非有色非無色、非有見非無見、非有對非無對，皆同一相，所謂無相。無相之法無出無住，非已出已住、非當出當住、非今出今住，其有欲令無相之法有出、住者，則爲欲令真如、法界、法性、不虛妄性、不變異性、平等性、離生性、法定、法住、實際、虛空界、不思議界亦有出、住。所以者何。真如乃至不思議界皆不能從三界中出，亦不能至一切智智中住。何以故。真如、真如自性空，乃至不思議界、不思議界自性空故。其有欲令無相之法有出、住者，則爲欲令斷界、離界、滅界、安隱界、寂靜界、無生界、無滅界、無性界、無相界、無作界、無爲界亦有出、住。所以者何。斷界乃至無爲界皆不能從三界中出，亦不能至一切智智中住。何以故。斷界、斷界自性空，乃至無爲界、無爲界自性空故。其有欲令無相之法有出、住者，則爲欲令名字假想、施設言説，亦有出、住。所以者何。名字假想、施設言説，皆不能從三界中出，亦不能至一切智智中住。何以故。名字假想、施設言説，名字假想、施設言説自性空故。

善現，諸菩薩摩訶薩行深般若波羅蜜多時，雖觀諸法皆無所有、都不可得，畢竟淨故，無乘、大乘而出、住者，然無所得而爲方便，乘於大乘，從三界生死中出，至一切智智中住，窮未來際利樂有情，無斷無盡。善現品，與《綱要》二卷末葉參看。

現前發起無倒隨喜迴向心者，應作是念，色乃至識，與解脱等，廣説乃至一切相智，與解脱等、戒蘊等、五與解脱等，於一切法所起勝解，與解脱等，三世諸佛，與解脱等，三世諸法，與解脱等，一切隨喜及諸迴向，與解脱等，佛及弟子并諸獨覺諸根熟變，與解脱等，佛及弟子并諸獨覺所得涅槃，與解脱等，諸佛、菩薩、獨覺、聲聞諸法法性，與解脱等，一切有情及一切法并彼法性，與解脱等。隨喜迴向品，與《綱要》四卷二十六葉解脱亦如是經文參看。

若於如來應正等覺，取相憶念，皆是執著。歎淨品。

善現白佛言：甚深般若波羅蜜多，是大波羅蜜多，達一切法自性空故。於此大般若波羅蜜多中，轉法輪事，都不可得，以一切法永不生，能轉、所轉不可得故。善現復白佛言：世尊，甚深般若波羅蜜多是無邊波羅蜜多。如是，善現，如太虛空無邊際故。是平等波羅蜜多，以一切法性平等故。是遠離波羅蜜多，畢竟空故。是難屈伏波羅蜜多，以一切法不可得故。是無足跡波羅蜜多，以一切法無名體故。是虛空波羅蜜多，入息出息不可得故。是不可説波羅蜜多，此中無尋亦無伺故。是無名波羅蜜多，受、想、行等不可得故。是無轉波羅蜜多，以一切法來故。是不可引波羅蜜多，以一切法不可取故。是盡波羅蜜多，以一切法畢竟盡故。是無生滅波羅蜜多，以一切法無滅生故。是無作波羅蜜多，以諸作者不可得故。是無知波羅蜜多，以諸知者不可得故。是無移動波羅蜜多，以死生者不可得故。是無調伏波羅蜜多，以一切法可調伏性不可得故。是如夢、如響乃至如變化事波羅蜜多，以一切如夢、如響乃至如變化事不可得故。是無染淨波羅蜜多，以染淨因不可得故。是無塗染波羅蜜多，彼所依法不可得故。是無戲論波羅蜜多，諸戲論事永滅除故。是無慢執波羅蜜多，破壞一切慢執事故。是無動轉波羅蜜多，住法界故。是離染著波羅蜜多，覺一切法非虛妄故。是無等起波羅蜜多，於一切法無分別故。是寂靜波羅蜜多，於諸法相無所得故。是無貪、瞋、癡波羅蜜多，除滅一切三毒事故。是無煩惱波羅蜜多，離分別故。是離有情波羅蜜多，達諸有情無所有故。是無斷壞波羅蜜多，此能等起一切法故。是無二邊波羅蜜多，離二邊故。是無雜壞波羅蜜多，以一切法不壞雜故。是無取著波羅蜜多，超過聲聞、獨覺地故。是無分別波羅蜜多，一切分別不可得故。是無分限波羅蜜多，諸法分限不可得故。是如虛空波羅蜜多，於一切法無滯礙故。是無常苦無我波羅蜜多，於一切法滅壞逼迫無執著故。是空、無相、無願波羅蜜多，達一切法都無所有，遠離諸相不可願故。是內空乃至無性自性空波羅蜜多，知所空法不可得故。是四念住乃至十八佛不共法波羅蜜多，知身受心法皆不可得，乃至超諸聲聞、獨覺法故。是如來波羅蜜多，能如實説一切法故。是自然波羅蜜多，於一切法自在轉故。是正等覺波羅蜜多，於一切法能正等覺一切相故。讚德品。

聞説般若波羅蜜多甚深經時，心不清淨而捨去者，隨彼所起不清淨心，厭捨此經，舉步多少，便滅爾許，劫數功德、獲爾許劫障菩提罪。受彼罪已，更爾許時，發勤精進、求趣無上正等菩提，修諸菩薩難行苦行，方可復本。魔事品。

如來應正等覺，依法而住，此法即是甚深般若波羅蜜多。現世間品。

應如是學甚深般若波羅蜜多方便善巧，乃能安住所應住法，如是安住，則於一切法得無障礙。何以故。從本際來，不攝受一切法。所以者何。一切法不可攝受，若不可攝受，則非一切法，説是所應住法時，二千菩薩同時證得無生法忍。真如品。

菩薩摩訶薩雖住一切法空，而愛樂正法，不樂非法。雖住不可得空，而常稱讚三寶功德。雖行諸法真如法界一味之相，而樂讚揚真如法界種種功德。不退相品。

善現白佛言：應修何等餘遠離行，而佛不讚居阿練若、曠野山林、棄勝臥具、思惟晏坐遠離功德。佛告善現：若居山林空澤曠野阿練若處，若住城邑聚落王都喧雜之處，但能遠離煩惱惡業及諸聲聞、獨覺作意，行深般若波羅蜜多，及修諸餘勝妙功德，是名菩薩真遠離行。惡魔所讚，隱於山林空澤曠野阿練若處、棄勝臥具，晏坐思惟，非諸菩薩真遠離行。所以者何。彼遠離行猶有喧雜，謂彼或雜惡業煩惱，或雜聲聞、獨覺作意，於深般若波羅蜜多，不能精勤信受修學，不能圓滿一切智智。

彼於如是真遠離行，不生愛樂，但樂勤修聲聞、獨覺空遠離行，執著如是二乘所修遠離行法，以爲最勝，於佛所讚住真遠離行菩薩，謂居憒鬧心不寂靜。於諸如來所不稱讚住真喧雜行菩薩，謂不喧雜其心寂靜，能正修行妄生種種分別執著。巧便品，與《綱要》七卷首葉經文參看。

假使爲聲聞乘人，説聲聞法得阿羅漢果，猶未爲我作佛弟子所應作事。若能爲菩薩乘人，宣説一句甚深般若波羅蜜多相應之法，即名我爲作佛弟子所應作事。

若有菩薩摩訶薩，爲聲聞、獨覺乘等宣説般若波羅蜜多相應之法，經一日夜，置一日夜。但經一日，復置一日。但經半日，復置半日。但經一時，復置一時。但經食頃，復置食頃。但經須臾，復置須臾。但經俄爾，復置俄爾。但經彈指，所獲福聚無量無數。何以故。甚深般若波羅蜜多相應法施，超過一切聲聞、獨覺相應法施，及彼三乘諸善根故。見不動品。

善現白佛言：諸菩薩摩訶薩，爲何所住，證於實際。佛告善現：汝爲住道，得盡諸漏，心解脱不。不也，世尊。汝爲住非道，得盡諸漏，心解脱不。不也，世尊。汝爲住道非道，得盡諸漏，心解脱不。不也，世尊。汝爲住非道非非道，得盡諸漏，心解脱不。不也，世尊。佛告善現：汝何所住，得盡諸漏，心永解脱。善現答言：非我有住得盡諸漏，心永解脱，然我盡漏心得解脱，都無所住。佛告善現：菩薩亦復如是，都無所住而證實際。方便品，與二分巧便品參看，問語較詳。

相無相法，相待而立，非究竟故。慧到彼岸品。

諸佛無上正等菩提及諸功德，無自他性，但以無性而爲自性。諸有情無自他性，但以無性而爲自性。妙相品，與《綱要》七卷二葉經文參看。

菩薩行願圓滿，各於所居嚴淨佛土，證得無上正等覺時，所化有情亦生彼土，共受淨土大乘法樂。佛國品。

諸有情於一切自相空理，不能盡知，造作諸業，或善、或惡，或復無漏。由於善業造作增長，生天、人中。由於惡業造作增長，墮三惡趣。於善業中由於定業造作增長，得生色界或無色界。

由無漏業加行根本，有種性等賢聖差別。宣化品，義同少異，參看。

第四分

甚深般若波羅蜜多，及菩薩名俱無決定，亦無住處。所以者何。如是二名俱無所有，無所有法無定無住。

若住色、受、想、行、識，便作色、受、想、行、識行，非行般若波羅蜜多。所以者何。非作行者能攝般若波羅蜜多。不攝般若波羅蜜多，則於般若波羅蜜多不能修習圓滿，便不能得一切智智，若不能得一切智智，便不能攝所攝有情，是故不應攝受諸色、受、想、行、識，亦不攝受一切智智。所以者何。是一切智智非取相修得，諸取相者皆是煩惱。若取相修得一切智智者，則勝軍梵志於一切智智不能信解。是勝軍梵志雖由信解力歸趣佛法，名隨信行，而能以少分智觀一切法空，悟入一切智智，既悟入已，不取色相，亦不取受、想、行、識相。非以喜樂觀見此智，不以内色、受、想、行、識觀見此智。不以外色、受、想、行、識觀見此智。亦不以内外色、受、想、行、識觀見此智。亦不離色、受、想、行、識觀見此智。勝軍梵志以如是等離相門，於一切智智深生信解，於一切法皆無取著，乃至涅槃亦不取著，以法性爲定量故。

能相亦離所相，所相亦離能相，能相亦離能相，所相亦離所相。菩薩摩訶薩於此中學，速能成辦一切智智。何以故。知一切法無生滅故。

離不生法無法可得。妙行品。

憍尸迦，非但獲得相好身故，説名如來應正等覺，要由證得一切智智，乃名如來應正等覺。憍尸迦，如來所得一切智智，要由般若波羅蜜多爲因故。起佛相好身，但爲依處，若不依止，佛相好身無由而起，是故般若波羅蜜多正爲因生一切智智。欲令此智現前相續故，復修集佛相好身。此相好身若非遍智所依處著，一切天、龍、人、非人等不應竭誠供養恭敬。以相好身與佛遍智爲所依止故，諸天、龍、人、非人等供養恭敬。我涅槃後，我設利羅，皆以般若波羅蜜多，爲根本故，若善男子等，供養般若波羅蜜多，即爲供養一切智智佛相好身設利羅故。供養窣堵波品。

一切如來應正等覺，皆由般若波羅蜜多，通達真如、法界、法性及實際等，成就法身，由法身故，説名爲佛、佛設利羅，依法身故，乃爲世間恭敬供養。稱揚功德品。

於已滅度諸佛世尊及弟子等，取相分別，隨喜迴向無上菩提，是則名爲大有所得。過去已滅，無所有故。未來、現在佛弟子等未至、不住，亦不可得。若不可得，非取相境。若取其相發生隨喜迴向菩提，俱墮顛倒。隨喜迴向品。

欲趣無上正等菩提，於諸如來應正等覺，以淨信心取相憶念，隨所取相，皆名執著。所以者何。諸取相者名執著故。若於過去、未來、現在一切如來應正等覺諸無漏法，深生隨喜，復持如是隨喜善根，與諸有情平等共有迴向無上正等菩提，亦名執著。所以者何。諸法實性非過去、非未來、非現在，遠離三世，非離三世可能迴向離三世法，不可取相、不可攀緣，亦無見聞覺知事故。

一切如來應正等覺，於一切法無所證故，名現等覺。所以者何。諸法本性，唯一無二，當知諸法本性即非本性，此非本性即是本性，能如是知，即能遠離一切執著。

世尊於諸著中，説無著相。

爲如虚空諸有情類，脱如虚空生死苦，得如虚空涅槃樂。爾時，會中有一苾芻，向佛合掌，白言：世尊，我應敬禮甚深般若波羅蜜多，謂此般若波羅蜜多，無法可生、無法可滅。

爾時，善現告帝釋言：汝見有法可守護不。天帝釋言：我不見法是可守護。善現告言：如深般若波羅蜜多，所説不住，即爲守護。若離般若波羅蜜多，人、非人等欲爲損惱，即得其便。清淨品。

甚深般若波羅蜜多，於一切法不生不滅、不成不壞、不向不背、不引不遣、不取不捨、不垢不淨、不增不減、不近不遠。所以者何。以一切法都無所有，皆不可得。於一切法無所得故，非能染汙、非所染汙。所以者何。無法不能染汙無法。當知色無染汙故，甚深般若波羅蜜多亦無染汙。受、想、行、識無染汙故，甚深般若波羅蜜多亦無染汙。甚深般若波羅蜜多無染汙故，色等諸法亦無染汙。若於如是亦不分別，是行般若波羅蜜多。讚歎品，與《綱要》五卷二葉經文參看。

聞般若波羅蜜多深心敬信、受持讀誦、精勤修學、如理思惟、書寫解說、廣令流布，當知是人不久當受大菩提記，疾證無上正等菩提，無墮聲聞、獨覺地位。何以故。已得見聞供養恭敬甚深般若波羅蜜多，無上菩提之前相故。譬如春時，華果樹等，故葉已墮、枝條滋潤，新華果葉當出非久。所以者何。此諸樹等新華果葉先相現故。總持品。

如是真如，甚深甚妙，唯不退轉菩薩，及諸願滿大阿羅漢，并具正見善男子等能生信解，如來爲彼依自所證真如之相顯示分別。

甚深般若波羅蜜多，不見色故，名示色相。不見受、想、行、識故，名示受、想、行、識相。由不緣色而起於識，是爲不見色故名示色相。不緣受、想、行、識而起於識，是爲不見受、想、行、識故名示受、想、行、識相。現世間(三)品。

菩薩所著甲胄不屬色，不爲色。不屬受、想、行、識，不爲受、想、行、識。不屬聲聞、獨覺地，不爲聲聞、獨覺地。不屬菩薩地，不爲菩薩地。不屬佛地，不爲佛地。所以者何。以一切法皆無所屬、皆無所爲，菩薩能著如是堅固甲胄。

能著如是堅固甲胄，即於三處無所住著，何等爲三：一聲聞地，二獨覺地，三如來地。天讚品，與《綱要》五卷二十六葉能爲難事參看。

色、受、想、行、識，亦得名爲甚深般若波羅蜜多，相應義處。

色、受、想、行、識性空，亦可説爲無量無邊。

無量無邊，是空、無相、無願增語。一切法門，無不皆空，空即無盡、空即無量、空即無邊。一切法門，雖有種種言説差别，而義無異。

不可説義，雖無增減，而不退失真如作意，波羅蜜多，雖無增減，而不退失所求無上正等菩提。若菩薩安住如是真如作意，修行布施，乃至般若波羅蜜多，便近無上正等菩提。空相品。

佛告善現：行深般若波羅蜜多時，於勝義諦爲取相不。不也，世尊。於勝義諦，雖不取相，而行相不。不也，世尊。是菩薩摩訶薩，於勝義諦，爲壞相不。不也，世尊。於勝義諦爲遣相不。不也，世尊。佛告善現：是菩薩於勝義諦，若不壞相，亦不遣相，云何能斷取相之想。善現答言：是菩薩行深般若波羅蜜多時，不作是念，我今壞相、我今遣相，斷取相想，亦不修學斷相想道。若菩薩修斷相想道，爾時一切佛法未滿，名墮聲聞，或獨覺地。世尊，是菩薩成就最勝方便善巧，雖於諸相及取相想，深知過失，而不壞斷，速證無相。何以故。一切佛法未圓滿故。

菩薩若念無上正等菩提，經久乃得，不應怖畏。所以者何。前際劫數，雖有無量，而一心頃，憶念分别積集所成，後際劫數，應知亦爾。不應於中生久遠想，而謂無上正等菩提，要經長時，方乃證得。何以故。前際、後際劫數長短，皆一刹那心相應故。

若諸菩薩，於餘一切見聞覺知可怖畏法，不生怖畏，應知速證所求無上正等菩提。是故應隨如來真淨空教，被功德鎧，精勤修學，於一切法不應怖畏。深功德品，與《綱要》五卷四十三葉經文參看。

善現白佛言：云何習空，云何現入空三摩地。佛告善現：行深般若波羅蜜多，應觀色、受、想、行、識空。作此觀時，不令心亂，則不見法。若不見法，則不作證。善現言：云何住空等持而不作證。佛告善現：觀法空時，先作是念，我應觀法諸相皆空，不應作證，今是學時，非是證時，是菩薩未入定時，繫心於境，攝受般若波羅蜜多，於如是時，不退一切菩提分法，不證漏盡。善現當知，若時菩薩住空三摩地而不證空，亦住無相三摩地而證無相。

諸菩薩雖行空而不住空，雖現入空定而不證實際。覺魔事品，與《綱要》六卷首葉經文參看。

甚深般若波羅蜜多，無著爲相，餘一切法，亦可說有此無著相。

由諸有情虚妄執著我及我所，說有雜染，而於其中無雜染者。由諸有情，不妄執著我及我所，說有清淨，而於其中無清淨者。善友品。

若菩薩摩訶薩，欲行諸佛所行境界，欲居諸佛大仙尊位，欲遊戲佛所遊戲處，欲作諸佛大師子吼，欲擊諸佛無上法鼓，欲扣諸佛無上法鐘，欲吹諸佛無上法螺，欲昇諸佛無上法座，欲演諸佛無上法義，欲決一切有情疑網，欲入諸佛甘露法界，欲受諸佛微妙法樂，欲證諸佛圓淨功德，欲以一音爲三千界一切有情宣說正法，普令一切獲大饒益，當學如是甚深般若波羅蜜多。迅速品。

善現白佛言：法離真如，無別可得，爲說何法安住真如。復說誰能近一切智，疾證無上正等菩提。誰復爲誰，說何法要。佛告善現：如是如是，如汝所說。善現，真如尚不可得，況別有法能住真如。豈復有能近一切智，疾證無上正等菩提。寧復有能爲他說法。善現當知，真如不可自住真如，此中都無能所住故。真如不能近一切智，此中都無能所近故。真如不能證得無上正等菩提，此中都無能得所得差別性故。真如不能爲他說法，此中都無能所說故。隨世俗故，說有菩薩行深般若波羅蜜多，安住真如，近一切智，疾證無上正等菩提，爲諸有情宣說法要。

善現，所有辯才，無不依空而施設。所以者何。觀一切法皆畢竟空，尚不得甚深般若波羅蜜多，況有能行甚深般若波羅蜜多者。尚不得諸佛無上正等菩提，況有能證，諸佛無上正等菩提者。

尚不得一切智智，況有能得一切智智者。尚不得真如，況有能得真如成如來者。尚不得無生性，況有能證無生性者。尚不得菩提，況有能證佛菩提者。尚不得諸法，況有能説法者。堅固品。

菩薩摩訶薩能如是思惟觀察、覺悟蘊等隨順般若波羅蜜多，便能遠離種種作意。隨順品。

第五分

菩薩於諸苦行，作樂行想，於難行行，作易行想，於諸有情，作父母及已身想。善現品。

不應以色壞故，觀色無常。不應以受、想、行、識壞故，觀受、想、行、識無常。但應以常無故，觀色乃至識爲無常。經典品。

執此心能正迴向無上正等菩提，亦名爲著。若於三世諸佛無漏法中，深生隨喜，共諸有情迴向菩提，亦名執著。諸法實性，非三世攝，不可取相攀緣，亦無見聞、覺知事故。清淨品。

如來應正等覺，無不皆依甚深般若波羅蜜多，於一切法無作無成，無生智轉，復能知此無轉因緣，是故應知甚深般若波羅蜜多，能生如來應正等覺，亦能如實示世間相。甚深相品。

諸菩薩超煩惱品，亦超魔品及二乘地，雖住空定而不盡漏，雖善習空而不作證。爾時，菩薩住空定中，雖於相不執而不證無相。如堅翅鳥飛騰虚空，自在翱翔久不墮落，雖依空戲而不住空，亦不爲空之所拘礙。菩薩亦復如是，雖學空、無相、無願解脱門而不住空、無相、無願，乃至佛法未極圓滿，終不依彼示盡諸漏。姊妹品，般若義同文異竟。

般若綱要卷十　子雲薛較對

牧雲禪師題七空居士像

余聞出世之士，身證無生法者，能坐臥虚空，石壁無礙。圖景四山石壁宴坐其中。偶觀葛子穀調圖卷，其意在斯乎，因爲題語。

沙門之法，來自五天。中國從化，莫知其然。一瓶一鉢，閒雲野鶴。舍於樹下，道在丘壑。觀身如幻，觀世如囚，般若之由。示蝴蝶夢，解蠻觸軍，般若之勳。齊彼萬物，空其死生，般若之明。石壁無礙，坐臥虛空，般若之通。苦海羣迷，引覲法王，般若之杭〔四〕。導莊嚴路，生菩提家，般若之車。葛子志此，處於林間。惟寂惟默，怡然道顏。無我無人，何仙何凡。鳥飛莫度，惟石巖巖。

康熙辛亥九月中澣繫珠乞士槜叟書於湖山精舍

附見：毅翁於我家有舊戚而爲新姻，昨歲範孫成室益密邇，而悉其家庭規范，鼎鼎如也。避囂城市，樊圃郊居，軒中萬卷，手遍丹黃。更精心内典，長齋泊然，堅猛志力，可謂毅矣。至於承先啓後，特立獨行，無弗自慊者，丙何敢品題，述所服膺云爾。

碧水丹山際，清風擁白雲。
曠然此默坐，理亂可弗聞。
雖然吾徒與，安得便離羣。
讀書以行古，家國原不分。
政施惟孝友，緣空彛等倫。
至人遵大道，終始足自了。
淵靜鮮攖搆，鏡月常美好。
此中無纖翳，造物何能老。
葛子既敏悟，與世本自然。
琴書依孔孟，蔬水棲禪玄。
但攄我性宗，便已得光天。
征邁深明發，華萼益緜芊。
滋蘭成九畹，馨香播南國。
經史珍腹笥，丹黃祕五色。
匆煩挾弧矢，恐疏筆與墨。
山水鬱林泉，幀帙渝萬卷。
視履苟不惑，吐茹無強勉。
唄誦匪恒苦，塵根由外遣。
蒲團晷刻間，面壁何深淺。
一日是兩日，百年同瞬轉。

噫嚱汨汨中，誰便緣彼岸。
但勿隨逝波，固已得長算。
高深任陵谷，舉趾常不亂。
我呼三青鳥，同君刷羽翰。

窳老人張丙拜手可菴先生子

柴桑宅畔溪流泓，面前高矗玉峰青。
墻東大隱遺世名，城市囂煩耳目清。
鄉閭比德烈與寧，傳經不數金滿籯。
擁書萬卷雄百城，前生應許是淵明。
東皋煙月有誰爭，黄唐寄慨寫幽貞。
君家稚川好長生，爲訪丹砂勾漏行。
北郭高賢丈室扃，臥遊廬阜尋蓮盟。
會儒歸佛探彌精，從乳得酪醍醐成。
傳來小影儼僧形，千巖萬壑相迴縈。
嘯詠其間衆妙并，俛仰乾坤一草亭。

弟張立廉具草木陳禪師付囑

吾見其人，瓊雕岳立，冲明在襟，惟世德之駿邁，樹孝友之令望，而黽勉沈深，雖握珠璣，盛組繡，而不羨乎當世之華簪。常煦煦低首折步，不以色待物，蓋庶幾寡欲清真，亭皐摇落，郊戍寂寥，是間有隱君子，而不必以緑流翠草好鳥佳木之爲珍。惟塵勞漸遠，能了夢幻虚無，而不同乎土木瓦石之無心。抑動不離靜，融然忘適，共期爲毅調子，鏡中之影，身外之身。

同學弟王棨題芥菴先生孫

毅翁輯《般若綱要》，嘉惠後學，真大宗匠也。薰沐讀之，口占一律：

濟下全提一喝通，和同佛乘是真風。
華嚴誦憶惟龍樹，般若宣流有葛翁。
會得别傳非教外，由來直指在經中。
一披綱要臚全帙，沙界咸資蓋代功。

弟陳祈年拜撰

家弟名髗，於先宜人爲少子，而於兄弟行第七。平生學行，以持敬、立誠、存仁爲本，經史該洽，無忝先人家教。壬午觀光南闈而不遇，便棄舉子業，時年甫二十外也。茲戊申孟冬爲弟五旬初度，家兄弟子姪，並舉觴祝，而弟出小像，諸弟遜余執筆，謹草質辭紀之，亦家言之體，宜如是耳。弟置書萬卷，自少至今，披誦刻葉有常課，著有《復菴小稿》六卷，《世譜》一卷。

孝友以立其基，愷悌以彰其用。服雖寓乎儒禪，志實專於讀誦。平生心事落落經明，一世英姿閒閒莫動。窮性理而少即知修，篤倫常而操克儼重。處兄弟則人得其歡誠，導子姪而胥沐其躬諷。先府君廉憲公清勤之緒，賴此非遐。先母氏錢宜人未愜之齡，可焉無恫。詣以虛受而日醇，識以年加而益聳。堪學者之良模，豈一家之瑞鳳。余故不復發興於雲山，而但恪徵其既成之實德也。過茲以往，當愈邵而稽，以爲家乘之光焉。其交修而並勗者，凜凜然實奉乎前人之貽，永惟旦夕之吾規，企邁征之俱共。

兄蹇菴鼎沐手述

家君輯録《綱要》，因《大經》卷帙浩繁，文勢綿邈，家君以朝氣遇之，丙夜而起，通其條理，抉其綱宗，簡首標題，長文段落，銖兩悉稱，頭訖宛然，全經非繁，綱要非簡。有時徹曉而無倦色，如是者兩載，始克告成，而心神枯瘁矣。聞古南牧雲禪師耆宿好學，此經反覆尋繹，極其鈎致，遂賫經往證。師留之半載，復取全經而較定之，雅有同心，幾同水乳。師來興福，家君躬親諮叩，師欵之丈室，往復敷陳，雲興波湧，兼及智論。甫理歸棹，脾疾大作，刳劂方始，危篤良甚，而奮然爲之。今《大經》告成，恙亦漸起。惟是家君志在津濟，不惜形枯，三寶加被宏深，真有神助。敬識師傳之正的，神感之靈異，非同泛常也。

子雲薛百拜記

般若綱要卷十終

校勘記

〔一〕「遍」，底本作「通」，據《大般若經》改。

〔二〕「成」，底本脱，據《大般若經》補。

〔三〕「間」，底本作「問」，據《大般若經》改。

〔四〕「杭」，疑爲「航」。

般若綱要後序

樗叟曰：余讀《般若》而知佛慧之遍攝世、出世法焉。諸佛之説法也，隨順法性，世界無量，法門亦無量。有情癡迷，頑執無量，諸佛善巧方便亦無量。用是啓之、廸之、導之、引之、拯之、拔之，然皆出於悲心，本於法性。苟無悲心，則墮小乘。苟違法性，則爲外爲邪，而非佛之法矣。佛之法必隨順法性，所謂色無邊，故般若波羅蜜亦無邊。受、想、行、識無邊，故般若波羅蜜亦無邊。夫色、受、想、行、識者，謂之五陰，亦謂之五藴，假合則一，而功能各異，因又謂之五衆。五衆之合，世乃名人。然則人也者，所謂世界則有，第一義即無。人而如是，一切法可知矣。夫摩訶般若者，第一義斯有，而世界本無也。吁嗟有情，不無者無之，不有者有之，所以長劫顛倒，以其違背法性也。佛暨菩薩則不然，其所不無者，默而尊之，其所不有者，則以假視之而已。此所以超越凡情，而能隨順法性也。隨順法性，是之謂摩訶般若也。一摩訶般若，而談至六百卷，其義猶未罄者何。以其體性離微，功用幽深，善巧無方，故對揚莫盡，如入大海，愈前愈深，莫窮其底止。又如觀乾城幻事，見者喜悦，莫測其變化。雖然，綜而理之，無出法性。故説世間法，則五陰、六根、六塵、六識、四大、十二因緣諸法，靡不隨摩訶般若而無二也。説出世間法，則六波羅蜜、四無量、三解脱、五根、五力、七覺、八正、十力等諸法，靡不順摩訶般若而無得也。

無二無得，此佛及大菩薩所證境界，而非凡夫外道、小乘下位所可企及矣。是故摩訶般若之相，平等一相，所謂無相，有佛無佛，恒自清淨，此其正旨也。順此而修，順此而習，不休不息，所謂相應。種種諸法，一以貫之，無世、出世。其所修習種種法門，每往復迴環，互爲方便，正若以水投水，將空合空，雖有進趣，絶無異相。第譯人序次文字層疊，以致學者讀之，駭猶河漢，莫百緒千頭，首尾纏綿，終卷不斷，易生厭倦，莫尋端倪。蓋法細而心麤，法勝而機劣，法廣而門狹，又法大器小，或無善根，卒難承受，所以不得其門而入也。

葛公所輯《綱要》，其經僅纂十一，亦云略矣。或者迷津猶然，趦趄病涉，余於是更設方便，備列世、出世諸法名目於前，次録般若體相功能於後，此蓋出自新意，指示徑道。如曰但有名，則知一切世、出世間法皆但有名。如曰無所得，則知世、出世一切法皆無所得。如曰畢竟淨，則知一切世、出世法皆畢竟淨。約本無生，廣亦無二。是猶啓重門而特授之匙鑰，涉大川而密贈其指南，直捷快便，無踰此者矣。俾讀是經者，般若大義，開卷現前，盎然皆得，不至望崖自餒，此余啓廸扶樹來學之心也。

嗚呼，去聖時遥，法雲留蔭，講壇絶響，禪肆如狂，瞻仰鷲峯，何能已已。將伯助予，喜勸葛公，人涉卬否，猥慚張仲。觀者苟能擊節賞音，則於六百卷之雄文思過半矣。

辛亥六月下浣晦前三日槜叟門撰於破山般若軒。

（文平志、梁健鳴整理）

〇二一六

金剛般若波羅蜜經注[一]

注金剛經序

金龍沙門敬雄撰

曩昔慈覺大師之入于支那也，齎持晉肇公《注金剛經》而歸，祕諸名山，光明不照世也，殆九百年矣。頃祖芳禪人持來告曰：是乃祖請來之本，予偶得之，請師校而梓之，使見聞者結般若種子焉。予受而讀半，乃掩卷歎曰：夫此經者，般若第九會，直示無住生心妙旨，故云爲發最上乘者說。蓋一切菩薩，未有不學般若成無上菩提者。故彌勒、天親、無著、功德施四大菩薩，造之偈論，讚揚弘通。法流乎支那，羅什初譯，肇公乃注。從時厥後，奉爲日課者亦多矣。且黄梅印心，曹溪悟道，靈瑞之著，注疏之多，宜莫此經若也。而其注之舊，肇公爲先，注來於大東，亦此注爲先。而發諸注既行之殿者，豈非時節因緣乎？天台大師曾講此經，專依肇公，猶如説《觀經》專依淨影也。故今每有疑誤，輒依天台疏以校讎焉。

嗟乎，斯注者，天台所欽用，慈覺所請來，文古義幽，深得佛意，且投好略機，實苦海津梁，迷塗司南也。梓而行之，則其利益復如何哉。故隨喜以校，亦願後之讀此注者，因指得月，悟無住生心妙旨，則與黄梅、曹溪同一鼻孔出氣，不必紛紛更從事於後世異説，而哆以爲博也。

寶曆十二壬午之夏

校勘記

〔一〕底本據《卍續藏》。

金剛般若波羅蜜經注

姚秦三藏法師鳩摩羅什譯

姚秦釋僧肇注

夫理歸中道，二諦爲宗。何者？萬法之生，皆假因緣而有生滅流謝，浮僞不實，稱之爲俗也。因緣諸法，皆無自性，自性既無，因緣都忘，本自不生，今則無滅，體極無改，目之爲真。真俗爲二，理審爲諦。聖心正觀，鑒真照俗。此當中道、法相之解，稱爲般若。般若，慧也。金剛者，堅利之譬也。堅則物莫能沮，利故無物不摧。以況斯慧，邪惡不能毁，堅之極也，本惑皆破，利之義也。波羅蜜者，到彼岸也。生死爲此，涅槃爲彼，大士乘無相慧，捨此生死，到彼涅槃矣。經，由津通義也。言由理生，理經言顯。學者神悟，從理教而通矣。

此經本體，空慧爲主，略存始終，凡有三章：初，訖尊重弟子，明境空也。意在語境，未言於慧。第二，正名辯慧，即明慧空，但語慧空，未及行人。第三，種問以下，明菩薩空也。三章之初，其文各現，前後相似，意不同矣。四時般若，此最爲初。言約義豐，幽旨難見。敢以野陋，輒爲注解，述其大略，非云曲盡。詳析究密，請俟明識者矣。

如是

佛臨泥洹時，侍者請曰：一切經首，皆致何等？佛勅阿難：應言如是，乃至時衆也。如我所傳，如佛所説，稱如是也。

我聞：

若從佗傳聞，不必如是。我親承金口而聞，事非謬矣。

一

謂是自聞當理，以不自不當理，傳之何

爲？言則當理，理亦如言。言理不差，故言一也。

時

雖曰當理，容不得時。若不得時，何能悟人？明聖不虚説，言必會機，時哉之説也。

佛在舍衛國

法王行運，應物而遊，一時降集，在舍衛大城憍薩羅國之也。

祇樹給孤獨園，

須達市園，祇陀施樹，共立精舍，故言祇樹給孤獨園也。〇市，疏作布字。

與大比丘衆千二百五十人俱。

聖化無私，聽必有儔。俱聞如林，可信明矣。應有四衆，略而不載者耳。〇私，疏作祕。

爾時，世尊食時，

日營資膳，食熟之時。此時人家皆有，施心易生。

著衣

著僧伽梨，福田衣也。佛觀良田塩乘齊整，因命侍者，出家之人，一切福田，凡製僧那，唯此爲之。欲令顧惟道，無空信施之也。〇塩乘，疏作區塍。

持鉢，

執應器也。

入舍衛大城乞食。

法身無待，何須何欲。且人天妙供日盈，現行分衛，福物宜之也。〇現，疏作自。福物宜，作福物之宜。

於其城中次第乞已，還至本處。

不越貧與富，不捨賤從貴。大慈平等，次第至也。

飯食訖，收衣鉢，洗足已，敷座而坐。

將陳般若，遵拭自敷。

時長老須菩提，在大衆中，即從座起，偏袒右肩，右膝著地，合掌恭敬，夫神鍾雖朗，非扣而不鳴。聖不孤應，影響唯仁。師尊道重，故尅敬盡恭也。○神鍾，疏作鉅鐘。尅，作克。

而白佛言：希有世尊，

慈恩之重，豈可勝言。

如來善護念諸菩薩，善付囑諸菩薩。

護念付囑即希有事也。慈善將衛，令其行令，護念也。行立道成，委授弘通，付囑也。

世尊，善男子、善女人，發阿耨多羅三藐三菩提心，

菩提，一切智也。標意擬向，遠期正覺，故言發心之也。○意，疏作心。

應云何住，云何降伏其心？

菩提妙果，非行不就，萬行雖曠，解有明昧，故有位降之異。始則抑心就理，漸習自調，謂之降伏；終能契解會宗，心不移去，謂之爲住耳。○位，疑住字。

佛言：善哉，善哉，須菩提，如汝所説，如來善護念諸菩薩，善付囑諸菩薩。

讚諸之儀，當理會機。盡善之甚，誠如所言。○諸，疏作請。

汝今諦聽，當爲汝説。善男子、善女人，發阿耨多羅三藐三菩提心，應如是住，如是降伏其心。

若聽不審則漏言遺理。或令諦聽，言理弗虛也。○或，疏作誡。

唯然，世尊，願樂欲聞。

慈戒許説，敬肅傾心。○戒，疏作誡。

佛告須菩提：諸菩薩摩訶薩，應如是降伏其心，

虛心履道，謂之菩薩。曠濟萬物，摩訶薩也。應如下所説，則是降伏之方也。問降在後，而答在前，何耶？住深降淺，故問者標深於初。降淺易習，故答之於前。問答有指，非其謬也。

所有一切衆生之類，若卵生、若胎生、若濕

生、若化生，若有色、若無色，若有想、若無想，若非有想、非無想，我皆令入無餘涅槃而滅度之。

正答降伏之行也。萬法雖曠，略爲二科：一衆生法，二五陰法。法不自起，因緣故生，但是因緣，自性皆無。斯則順理爲解，乖宗成惑。惑故生死流轉，解則累滅無爲。身心爲苦，苦盡爲樂。盡苦之道，其唯大解。解極惑盡，身心俱忘，寂然永樂，謂之滅度。非我弘化，群生豈濟。凡解不自生，要由漸習。假名法麤，抑心則易。故始就衆生空，以明降伏也。○皆無，作皆空。惑故，作惑即。解則，作即。

如是滅度無量、無數、無邊衆生，實無衆生得滅度者。

解會中道，不有不無。無性故不有，假名則不無。非無假名，故恒度衆生。自性空故，實無滅者矣。

何以故？須菩提，若有我相、人相、衆生相、壽者相，即非菩薩。

釋何故無滅者。若有我相，可言有滅。既無我人，其誰滅乎？但是假名，而横計我，執我爲非，忘我爲是。是非既彰，得失明矣也。

復次，須菩提，菩薩於法應無所住行於布施。所謂不住色布施，不住聲、香、味、觸、法布施。

次答住行，即明法空。謂法彌曠，略舉内則六度，外爲六塵。内外諸法，斯皆因緣無性。因緣無性，則心無停處，故應無住也。捨心無悋，謂之布施。無相可存，何悋之有。施爲六度之首，塵爲法生之基。二法皆空，于何不盡。既得法空，解明行立，無復退失，故言住也。○基，疏作機。

須菩提，菩薩應如是布施，不住於相。

結成住義也。施者、受者、財物皆不可得，不住相也。

何以故？若菩薩不住相布施，其福德不可思量。

釋何故布施應不住相耶，正以虚心而施，則福不可量，故知不住爲是，住相爲非。又理既無量，心不應限，稱理行施，故其福彌曠者乎。

須菩提，於意云何，東方虚空可思量不？不也，世尊。須菩提，南、西、北方，四維，上、下虚空，可思量不？不也，世尊。須菩提，菩薩無住相布施，福德亦復如是，不可思量。

理極二空，降住已彰。理行既顯，時聽戢心。如説而行，其福爲多。爲多之況，齊乎太虚之矣。

須菩提，菩薩但應如所教住。

聖言無謬，理不可越，但當如佛所教而安心也。

須菩提，於意云何，可以身相見如來不？

菩薩發心，義兼三端：一化衆生，二修萬行，三向菩提。降伏已明化物之儀，辨住則示修行之軌，此章明趣菩提之方。如來身相，即菩提之體。若識法身，則菩提可登。若計實菩提，乖之遠矣。故問法身，明菩提空者乎。○之體，疏作果體。計實菩提，作計性實，菩提二字無。故問，作故舉。

不也，世尊。不可以身相得見如來。

須菩提深識法身，故言不可以實身相而見也。○實字，疏無。

何以故？如來所説身相，即非身相。

即引佛語而釋也。法身者，萬善之極，體含萬善，妙集成身，緣，構無性，故即非身。

佛告須菩提：凡所有相，皆是虚妄。

即述成須菩提之言也。又則虚妄理非相也。又假名故虚，實計爲妄乎？

若見諸相非相，則見如來。

行合解通，則爲見佛。

須菩提白佛言：世尊，頗有衆生得聞如是言説章句，生實信不？

理空無相，奇心無所，時聽昧然，未即

於心，示同未悟。諮問云爾，訖法尚應捨何況非法，以信驗理身。〇奇，疏作寄。

佛言：須菩提，莫作是說。

聖不空言，稟悟如流，方問有是何言也。

如來滅後，後五百歲，有持戒修福者，此於章句能生信心，以此爲實，

後五百歲，像法之中，人衰道喪，尚有信者。況今大聖感興，英慧雲集，從化如林，何謂無信乎？後世能信，要具戒德。今之未悟，無福愚闇，自爲疑滯，非理不實之也。

當知是人，不於一佛，二佛，三、四、五佛而種善根，已於無量千萬佛所，種諸善根。

見佛聞法積德已久，然後能信，明法之深妙也。

聞是章句，乃至一念生淨信者，須菩提，如來悉知悉見，是諸衆生得如是無量福德。

即以如來知見，明理非虛，一念淨信，其福無量。推功測理，豈不信之乎？

何以故？是諸衆生無復我相、人相、衆生相、壽者相，

釋一念至促而福德無量何耶，政以無或我人，理解爲弘。

無法相，亦無非法相。

無因緣法相，亦無無因緣之非法相。

何以故？是諸衆生若心取相，則爲著我、人、衆生、壽者。

我人橫計，理故宜忘，諸法是理，何故復無耶？正以心緣四大假名諸法，而計我人，見假名空，我人息矣，故應無也。

若取法相，即著我、人、衆生、壽者。

若取色聲香等實法相者，亦起我人等見，故應無之耳。

何以故？若取非法相，即著我、人、衆生、壽者。

釋何故復無非法耶。緣空故有有，由有故空，空若無。有相雲起，起相計我，萬或

慈生矣。〇或慈，應作惑茲。

是故不應取法，不應取非法。

并結無法相，無非法相也。空有兩忘，心無所取，解會平等，結盡道成。

以是義故，如來常説，汝等比丘知我説法如筏喻者，法尚應捨，何况非法。

即引昔説以證今理也。譬欲濟河，搆筏自運，既登彼岸，棄筏而去。將度生死，假乘萬行，既到涅槃，萬善俱捨。道法尚捨，而况非法之空也。〇之空二字，疏無。

須菩提，於意云何，如來得阿耨多羅三藐三菩提耶？如來有所説法耶？

竟尊重弟子。引衆聖同解，以證理之必然。

須菩提言：如我解佛所説義，無有定法名阿耨多羅三藐三菩提，亦無有定法如來可説。

如我於佛所説義中而作解，窮相盡，謂之菩提。無相故不有，假名則不無，不有不無，何實可得，何定可説也。〇窮相之上，疑脱解字。

何以故？如來所説法，皆不可取、不可説，非法、非非法。

菩提無相可取，諸法空不可説，故無定實。

非法則不有，非非法故不無，有無並無，理之極也。〇有無之上，疏有故不可説四字。

所以者何？一切賢聖皆以無爲法而有差别。

理無生滅，謂之無爲。無爲之理，衆聖同解。解會無爲，結盡道成。所謂一解脱義，同入法性者也。然無爲雖一，解有明昧，明深昧淺，優劣差者也。

須菩提，於意云何，若人滿三千大千世界七寶，以用布施，是人所得福德，寧爲多不？須菩提言：甚多，世尊。

又格功德，即以明理。功德既多，故宜弘也。

何以故？是福德即非福德性，是故如來説福德多。

福德無性，可以因緣增多。多則易差，故即遣之耳。

若復有人於此經中受持乃至四句偈等，爲他人説，其福勝彼。

積寶多而功薄，四句約而福厚。

何以故？須菩提，一切諸佛，及諸佛阿耨多羅三藐三菩提法，皆從此經出。

何以故四句約而功勝耶？金玉三千，正以養身，四句雖約，妙極資神，豈可同日而等彼者也。○正，疏作止。

須菩提，所謂佛法者，即非佛法。

愛佛功德，七住未忘，妙著難覺，宜應虚心也。

須菩提，於意云何，須陀洹能作是念，我得須陀洹果不？

例訪衆聖，求之諸心，優劣雖異，忘懐必同。

須菩提言：不也，世尊。何以故？須陀洹名爲入流，

海爲衆流之川，菩提神極之淵，始會無生，終必盡源。

而無所入，

理無乖順，何入之有？

不入色聲香味觸法，是名須陀洹。

違理故入色聲，背色聲則會於理。理會無入，非入色聲也。自下衆果類可知。

須菩提，於意云何，斯陀含能作是念，我得斯陀含果不？須菩提言：不也，世尊。何以故？斯陀含名一往來，而實無往來，是名斯陀含。須菩提，於意云何，阿那含能作是念，我得阿那含果不？須菩提言：不也，世尊。何以故？阿那含名爲不來，而無不來，是故名阿那含。須菩提，於意云何，阿羅漢能作是念，我得阿羅漢道不？須菩提言：不也，世尊。何以故？實無有法，名阿羅漢。世尊，若阿羅漢作是念，我得阿羅漢道，即爲著我、人、衆生、壽者。

阿羅漢者，無生也。相滅生盡，謂之無生。若計念則見我、人，起相受生，非謂羅漢。諸果類亦應爾，但隨義異明耳。

世尊，佛説我得無諍三昧，人中最爲第一，是第一離欲阿羅漢。

以己所解，驗理非虚，心宣恒靜，諍從何起？○宣，疏作空。

我不作是念，我是離欲阿羅漢。世尊，若作是念，我得阿羅漢道，世尊則不説須菩提是樂阿蘭那行者。

阿蘭那行者，寂靜行也。相盡於外，心息於内，内外俱寂，何時不靜也。

以須菩提實無所行，而名須菩提，是樂阿蘭那行。

得名不虚，必積實也。○積，疏稱。

佛告須菩提：於意云何，如來昔於然燈佛所，於法有所得不？不也，世尊。如來在然燈佛所，於法實無所得。

次明菩薩，其解亦同。

須菩提，於意云何，菩薩莊嚴佛土不？

菩薩自行，嚴土化人，嚴國之義，亦在虚心。

不也，世尊。何以故？莊嚴佛土者，即非莊嚴，是名莊嚴。

相或必土穢，虚明則國淨。○或，疏作惑。

是故，須菩提，諸菩薩摩訶薩應如是生清淨心。

理極於此，結勸修明。

不應住色生心，不應住聲、香、味、觸、法生心，應無所住而生其心。

不封六塵，相滅解生。

須菩提，譬如有人身如須彌山王，於意云何，是身爲大不？須菩提言：甚大，世尊。何以故？佛説非身，是名大身。

解洹虚通，猶身假能大也。○洹，疑恒字。

須菩提，如恒河中所有沙數，如是沙等恒河，於意云何，是諸恒河沙寧爲多不？須菩提言：甚多，世尊。但諸恒河尚多無數，何况其沙？須菩提，我今實言告汝，若有善男子、善女人，以七寶滿爾所恒河沙數三千大千世界，以用布施，得福多不？須菩提言：甚多，世尊。佛告須菩提：若善男子、善女人於此經中，乃至受持四句偈等，爲他人説，而此福德勝前福德。

第二廣格。

復次，須菩提。隨説是經，乃至四句偈等。當知此處，一切世間天人阿脩羅，皆應供養，如佛塔廟。

封賨法身，謂之爲塔。樹像靈堂，稱之爲廟。聖體神儀，全在四句，獻供致敬，宜盡厥心矣。〇賨，疑殯字。

何况有人，盡能受持讀誦。

四句已爾，况乎始終。

須菩提，當知是人，成就最上第一希有之法。

法妙人勝，理故宜然。

若是經典所在之處，即爲有佛，若尊重弟子。

人能弘法，則人有法。以法成人，則法有人。人法所處，理令弘矣。初章訖之也。〇令弘，疏作當貴。

爾時，須菩提白佛言：世尊，當何名此經？

夫脩散難究，本一易尋。會宗領旨，宜正其名也。〇脩，疏作條。

我等云何奉持？

尊脩爲奉，任弘爲持。在三成範，請聞其軌。〇尊，疏作遵。

佛告須菩提：是經名爲《金剛般若波羅蜜》。

名貫首題，義已脩矣。然境慧相從，通名波若，取要宜歸乎聖心。〇貫首題，疏作冠題首。脩，疏作備。

以是名字，汝當奉持。

契經舉目，苓合義從，名正理顯，宜應脩弘。〇經，疏作綱。苓，作詮。弘，作習。

所以者何？須菩提，佛説般若波羅蜜，即非

般若波羅蜜。

釋所以此名字而奉持者何。夫名不虛設，必當其實。金剛所擬，物莫不碎，此慧所照，法無不空。則非般若，即慧空也。境滅慧忘，何相不盡？弘持之旨，宜存於此乎？

須菩提，於意云何，如來有所説法不？須菩提白佛言：世尊，如來無所説。

境慧都空，復何所説。

須菩提，於意云何，三千大千世界所有微塵，是爲多不？須菩提言：甚多，世尊。須菩提，諸微塵，如來説非微塵，是名微塵。如來説世界，非世界，是名世界。

散爲微塵，合成世界。無性故非，假名則是。○則是，疏即有。

須菩提，於意云何，可以三十二相見如來不？不也，世尊。不可以三十二相得見如來。何以故？如來説三十二相，即是非相，是名三十二相。

世界，宅也。如來，主也。如來出，道王三千，主宅皆空，其誰説法乎？○出下，疑脱世字。

須菩提，若有善男子善女人，以恒河沙等身命布施。若復有人，於此經中，乃至受持四句偈等，爲他人説，其福甚多。

身命布施，不免有生。弘持四句，累滅道成。

爾時，須菩提聞説是經，深解義趣，

飡名服旨，妙悟解衿。

涕淚悲泣，

嗟我晚悟，兼悲未聞。

而白佛言：希有，世尊，佛説如是甚深經典，我從昔來所得慧眼，未曾得聞如是之經。

資神之寶，曠代難聞，深慶自幸，加難及人。○難，疑歎字。

世尊，若復有人得聞是經，信心清淨，則生實相。

聞妙不疑，不解必真。○不解不，疑生字。

當知是人，成就第一希有功德。

解生累滅，人德之高也。

世尊，是實相者，則是非相，是故如來説名實相。

虚盡實忘，理之極也。

世尊，我今得聞如是經典，信解受持，不足爲難。

遇佛成聖，方信何難。

若當來世後五百歲，其有衆生得聞是經，信解受持，是人則爲第一希有。

道敗時信，此最可稱。

何以故？此人無我相、人相、衆生相、壽者相。

上士虚心，故爲希有。

所以者何？我相即是非相，人相、衆生相、壽者相即是非相。

有封爲或，無封爲解，解爲第一，所以

希有也。○或，疑惑字。

何以故？離一切諸相，則名爲佛。

相盡解極，則是爲佛。故知惑見我人，解則無矣。

佛告須菩提：如是，如是。若復有人得聞是經，不驚、不怖、不畏，當知是人甚爲希有。何以故？須菩提，如來説第一波羅蜜，即非第一波羅蜜，是名第一波羅蜜。

述成須菩提之言，如汝所説，是而非虚也。

須菩提，忍辱波羅蜜，如來説非忍辱波羅蜜。

即以忍辱，明無我人。安耐爲忍，加毁爲辱。無我人，誰加誰忍，故非忍之也。○無上，疏有既字。

何以故？須菩提，如我昔爲歌利王割截身體，我於爾時無我相、無人相、無衆生相、無壽者相。

何故忍即非忍耶？即引忍事以爲證也。

有人受割，可名爲忍。既無我人，割忍何生也？

何以故？我於往昔節節支解時，若有我相、

人相、衆生相、壽者相，應生瞋恨。

何故爾時無我人相耶？若有我人，必生忿恚。而能怡然，無我人明矣。○怡，疏恬。

須菩提，又念過去於五百世作忍辱僊人，於爾所世，無我相、無人相、無衆生相、無壽者相。

事理非虛，重引益明。

是故須菩提，菩薩應離一切相，發阿耨多羅三藐三菩提心，

菩提以相盡爲極，故宜以忘懷而期心也。

不應住色生心，不應住聲香味觸法生心，

離一切相者，不住色聲等也。

應生無所住心。

無相可緣，心何所住。

若心有住，則爲非住。

住相則心動，故非住。

是故佛説菩薩心不應住色布施。

還舉前宗，會以成義。政以理無所住，故應忘心而布施也。施不住色，無財物也。

須菩提，菩薩爲利益一切衆生，應如是布施。

施不望報，利益必深。

如來説一切諸相，即是非相。

諸相皆無，不見施者。

又説一切衆生，則非衆生。

既非衆生，受者亦無。

須菩提，如來是真語者、實語者、如語者、不誑語者、不異語者。

真不僞，實無虛，如必當理，不誑則非忘語，不異則始終恒一。聖言不謬，故宜修行也。○忘，疏作妄。

須菩提，如來所得法，此法無實無虛。

寄實以非虛，何實之可得？

須菩提，若菩薩心住於法而行布施，如人入闇，則無所見。

住相非曉，則實若夜遊。○實，疏作冥。

若菩薩心不住法而行布施，如人有目，日光明照，見種種色。

無或三事，則不住相也。慧見爲目，理鏡爲日。萬行顯别，爲種種色。〇鏡，疏作境。

須菩提，當來之世，若有善男子、善女人能於此經，受持讀誦，則爲如來，以佛智慧悉知是人，悉見是人，皆得成就無量無邊功德。

如來所見，理周非謬。明勸將來，宜加修勲也。〇周，疏作用。修勲，作勤修。

須菩提，若有善男子、善女人，初日分以恒河沙等身布施，中日分復以恒河沙等身布施，後日分亦以恒河沙等身布施，如是無量百千萬億劫，以身布施，

分一日爲三分，故言初中後分也。施重又多，功德彌曠矣。

若復有人聞此經典，信心不逆，其福勝彼，

施則有限，信心無極。

何况書寫受持讀誦，爲人解説。

但言已信，况復持弘者也。〇已，疏作以。持弘，作弘持。

須菩提，以要言之，是經有不可思議、不可稱量、無邊功德，

理圓道極，言不盡美。提宗表實，約言之耳。物莫能測，不思議也。竿數不妶，不稱量也。蕩然無崖，無邊也。取要言之，備此三句。〇竿、妶，疏作筭、該。

如來爲發大乘者説，爲發最上乘者説。

廣運無崖，謂之大乘。三乘之勝，謂之最上。自非其人，不謬説也。

若有人能受持、讀誦、廣爲人説，如來悉知是人，悉見是人，皆得成就不可量、不可稱、無有邊、不可思議功德。

人高道曠，唯佛見之。

如是人等，則爲荷擔如來阿耨多羅三藐三菩提。

千載不墜，由於人弘。住持運行，荷擔義也。〇住，疏作任。

何以故？須菩提，若樂小法者，著我見、人

見、衆生見、壽者見，則於此經不能聽受、讀誦、爲人解説。

何故人能荷擔耶？心虚解曠，道軍必强也。

須菩提，在在處處，若有此經，一切世間天、人、阿修羅，所應供養。當知此處，則爲是塔，皆應恭敬，作禮圍繞，以諸華香，而散其處。

地是無知，法處故貴。道在於人，而不寧乎？○寧，疑尊字。

復次，須菩提。善男子、善女人受持讀誦此經，若爲人輕賤，是人先世辠業，應墮惡道，以今世人輕賤，故先世辠業，則爲消滅，

罪起由惑，福生於解。福解既積，宿殃矣。○殃下，疏有滅字。

當得阿耨多羅三藐三菩提。

累滅解生，菩提可登也。

須菩提，我念過去無量阿僧祇劫，於然燈佛前得值八百四千萬億那由他諸佛，悉皆供養承事，無空過者。若復有人，於後末世，能受持讀誦此經，所得功德，於我所供養諸佛功德，百分不及一[二]，千萬億分，乃至算數譬喻所不能及。

心限則福，曠則功多。○福下，疏有少意二字。功下，亦有德字。

須菩提，若善男子、善女人，於後末世，有受持、讀誦此經，所得功德，我若具説者，或有人聞，心則狂亂，狐疑不信。

解通人曠，德必無崖。狂亂不信，足以明道。○足上，脱不字。

須菩提，當知是經義不可思議，

萬行淵深，義能難測。○難，疏作誰。

果報亦不可思議。

菩提妙果，豈有心之所議。第二章訖。

爾時，須菩提白佛言：世尊，善男子、善女人發阿耨多羅三藐三菩提心，云何應住，云何降伏其心？

此第三章，明菩薩空也。夫解不頓生，

教亦有漸。何者？始開衆生空、法空，明境空也。次辯般若，則非即慧空也。此下云實無有法發菩提者，即行人空也。又更料辯二行始終之義，始習衆生空爲降伏，終得法空爲住。然此二空，十地未窮，唯佛乃盡，是爲十地通有始、終、降、住之義，故衆生空，以有自降住，法空亦爾，是爲初地之住，則是二地之降，降亦住也，住亦降也。重問之旨，義兼於此。何以知之？舉二行爲兩問，混一空而併答。一空始終，降住備矣。事以逍遥而非重出，雖幽開難啓，善拂易開，豈敢獨悟，實希共曉。○則非二字，疑衍。有自，疑寫倒。幽開，疑幽關。啓，疑啓字[三]。

佛告須菩提：善男子、善女人發阿耨多羅三藐三菩提心者，當生如是心：我應滅度一切衆生，滅度一切衆生已，而無有一衆生實滅度者。何以故？須菩提，若菩薩有我相、人相、衆生相、壽者相，則非菩薩。

何故無滅者，以失明得，理可知矣。見我則非，忘我爲是。既無我人，豈得有滅也。

所以者何？須菩提，實無有法發阿耨多羅三藐三菩提心者。

所以有我相則非菩薩者何？我法則我能發心。無發心者，故知無我。計我爲或，故非菩薩也。無發心者，即行人空也。○或，疏作惑。

須菩提，於意云何，如來於然燈佛所，有法得阿耨多羅三藐三菩提不？

即引自得記之解，以證今記。○自下，疏有昔字。今記，作前説。

不也，世尊，如我解佛所説義，佛於然燈佛所，無有法得阿耨多羅三藐三菩提。

聖心難測，義推可圖。得記由於無相，無相之中則無所得也。

佛言：如是，如是。須菩提，實無有法如來得阿耨多羅三藐三菩提。須菩提，若有法如來得阿耨多羅三藐三菩提者，然燈佛則不與我授記：汝於來世當得作佛，號釋迦牟尼。

若見有法則乖，菩提何容得記。

以實無有法得阿耨多羅三藐三菩提，是故然燈佛與我授記，作是言：汝於來世當得作佛，號釋迦牟尼。

無法則會理，會理則向極，故得記也。

何以故？如來者，即諸法如義。

何以故無法便得記耶？諸法性空，理無乖異，謂之爲如。會如解極，故名如來。有相則違，無相即順。順必之極，故宜得記之也。

若有人言如來得阿耨多羅三藐三菩提，

若説有如來得菩提者，此俗聞人語，非理中言也。○聞，疏作間。

須菩提，實無有法佛得阿耨多羅三藐三菩提。

佛，人也。菩提，道也。既無人法，誰得菩提乎？

須菩提，如來所得阿耨多羅三藐三菩提，於是中無實無虛，

向來辯有得爲非，無得爲是。寄是以明非，非謂有是。尋言著是，故復遣之。是非既盡，則會菩提。菩提之中不見是非，非實則無是，非虛無非也。

是故如來説一切法，皆是佛法。

凡夫以違一切法理爲耶，聖人以順一切法理爲正。正則覺悟，故皆佛法者矣。○耶，疏邪。

須菩提，所言一切法者，即非一切法，是故名一切法。

一切法以何爲理，而言皆佛法耶？諸法緣假，自性皆無，如假會而解者，名得一切法理，爲悟佛法矣。○如假二字，疑剩。

須菩提，譬如人身長大。須菩提言：世尊，如來説人身長大，則爲非大身，是名大身。

旨舉人身，類上諸法。緣假故長大，無性則非身。即又況下菩薩觀衆生，如身假名

則可度，無自性故無滅者，若見實衆生而欲化者，則非菩薩者矣。〇旨，疏作直。即字，疑衍。

須菩提，菩薩亦如是，若作是言，我當滅度無量衆生，則不名菩薩。

合譬也。無衆生而横見衆生，猶無身而見身耳。見則乖道，非菩薩者也。〇無衆生上，疏有元字。

何以故？須菩提，無有法名爲菩薩。

菩薩自無，何有衆生？

是故佛説一切法無我、無人、無衆生、無壽者。

收結上義也。以無菩薩，亦無衆生，一切法都無我人也。

須菩提，若菩薩作是言，我當莊嚴佛土，是不名菩薩。

虚矜進道，嚴土濟物。濟物之行，方便慧也。解空無相，謂之爲慧。緣假不著，謂之方便。若言我能莊嚴國土，衆生可化，見惑違道，何名菩薩之耳？〇衿，疏作襟。

何以故？如來説莊嚴佛土者，即非莊嚴，是名莊嚴。

無存於化，而土自嚴。

須菩提，若菩薩通達無我法者，如來説名真是菩薩。

解通非僞，真菩薩也。〇解通，疏作通達。

須菩提，於意云何，如來有肉眼不？如是，世尊，如來有肉眼。須菩提，於意云何，如來有天眼不？如是，世尊，如來有天眼。須菩提，於意云何，如來有慧眼不？如是，世尊，如來有慧眼。須菩提，於意云何，如來有法眼不？如是，世尊，如來有法眼。須菩提，於意云何，如來有佛眼不？如是，世尊，如來有佛眼。

相盡照極，五眼淨矣。道成由乎行立，淨國本於化物，國淨則化周。五眼必，道極化周，本願備矣。如來一念照達三世，何用五眼之異乎，於化境别爲立耳。○眼必下，恐脱淨字。

須菩提，於意云何，如恒河中所有沙，佛説是沙不？如是，世尊，如來説是沙。須菩提，於意云何，如一恒河中所有沙，有如是沙等恒河，是諸恒河所有沙數佛世界，如是寧爲多不？甚多，世尊。佛告須菩提：爾所國土中所有衆生，若干種心，如來悉知。

五眼照極，理無不周，略舉色心，於境盡矣。心從緣起，識了多端，故若干種也。○於，疏作收。

何以故？如來説諸心皆爲非心，是名爲心。

言必當理，故解無不周也。

所以者何？須菩提，過去心不可得，現在心不可得，未來心不可得。

所以説非心名心者何？以三世心無性可得故，可從緣而生心。

須菩提，於意云何，若有人滿三千大千世界七寶以用布施，是人以是因緣，得福多不？世尊，此人以是因緣得福甚多。須菩提，若福德有實，如來不説得福德多，以福德無故，如來説得福德多。

金玉無性，故可積滿三千大千。福德無實，則可曠施而多。心之無性，惑滅解生矣。○大千二字，疏無。

須菩提，於意云何，佛可以具足色身見不？不也，世尊，如來不應以具足色身見。何以故？如來説具足色身，即非具足色身，是名具足色身。須菩提，於意云何，如來可以具足諸相見不？不也，世尊，如來不應以具足諸相見。何以故？如來説諸相具足，即非具足，是名諸相具足。

慧爲萬善之主，施爲衆行之首。因備道成，理之必然。總爲丈六金容，别則衆相之姿。妙集非有，故身感構。隨現則爲相，豈可一方而盡極乎？

須菩提，汝勿謂如來作是念，我當有所説法，莫作是念。

道成應出説法化人也。

何以故？若人言如來有所説法，即爲謗佛，不能解我所説故。

謬傳毀聖，名爲謗佛。

須菩提，説法者，無法可説，是名説法。

教傳者，説法之意也。向言無説，非杜嘿而不語也。但無存而説，則説滿天下，無乖法理之過矣。

爾時，慧命須菩提白佛言：世尊，頗有衆生，於未來世聞説是法，生信心不？佛言：須菩提，彼非衆生，非不衆生。何以故？須菩提，衆生衆生者，如來説非衆生，是名衆生。

〇此六十二字，肇本無之，天台疏亦無科判，然諸本皆有此文，故且存之。

須菩提白佛言：世尊，佛得阿耨多羅三藐三菩提，爲無所得耶？

佛，人也。菩提，道也。佛得道故説示人。而言無法可説，未審佛得道不也？〇示上，疏有以字。

佛言：如是，如是。須菩提，我於阿耨多羅三藐三菩提乃至無有少法可得，是名阿耨多羅三藐三菩提。

相盡虚通，謂之菩提。菩提無相，有何可得？寂滅無得，道之至也。

復次須菩提，是法平等，無有高下，是名阿耨多羅三藐三菩提。

結成菩提義也。人無貴賤，法無好醜，蕩然平等，菩提義也。

以無我、無人、無衆生、無壽者，修一切善法，則得阿耨多羅三藐三菩提。

夫形端故影直，聲和則響順。忘我人而修因，必尅無相之菩提也。

須菩提，所言善法者，如來説即非善法，是名善法。

人既不有，善何得實。

須菩提，若三千大千世界中所有諸須彌山王，如是等七寶聚，有人持用布施。若人以此般若波羅蜜經，乃至四句偈等，受持、讀誦、爲他人説，於前福德百分不及一，百千萬億分，乃至算數譬喻所不能及。

聚寶有盡，妙解無窮也。

須菩提，於意云何？汝等勿謂如來作是念，我當度衆生。須菩提，莫作是念。

菩提以無得爲果，教以忘言而説。時聽唯疑，理未悟心，故呵之，勿謂如來見衆生作念而欲化之耳。

何以故？實無有衆生如來度者。

何故勿謂作念耶？以如來不見有衆生可度也。

若有衆生如來度者，如來則有我、人、衆生、壽者。

若見有衆生，則爲我見，何謂如來耶？

須菩提，如來説有我者，則非有我，

但説假名我耳，非實我也。

而凡夫之人以爲有我。

聞説假名，不達言旨，以爲實我。

須菩提，凡夫者，如來説則非凡夫。

凡夫不實，故可化而成聖。

須菩提，於意云何，可以三十二相觀如來不？

疑者謂衆生是有，可化而成聖，法身不無，可以妙相而期，故問之云爾也。

須菩提言：如是，如是，以三十二相觀如來。

聽者實爾，用三十二相是如來而觀求也。

佛言：須菩提，若以三十二相觀如來者，轉輪聖王則是如來。

即以近事質之，令其自解。

須菩提白佛言：世尊，如我解佛所説義，不應以三十二相觀如來。

時情謂然，我解不爾。

爾時，世尊而説偈言：

若以色見我　以音聲求我
是人行邪道　不能見如來

金容焕眼而非形，八音盈耳而非聲。偏謬爲邪，愚隔不見也。〇金容，疏作五色。

須菩提，汝若作是念：如來不以具足相故得阿耨多羅三藐三菩提。須菩提，莫作是念：如來不以具足相故得阿耨多羅三藐三菩提。

不偏在色聲，故向言非，非不身相，故復言是之也。

須菩提，汝若作是念：發阿耨多羅三藐三菩提者，説諸法斷滅。莫作是念。何以故？發阿耨多羅三藐三菩提心者，於法不説斷滅相。

相盡寂滅故不有，道王十方非謂無。應畢而謝則不常，滅至隨現故不斷。體令中，軌物之拭也。而限之一方，豈不謬。〇滅至，疏作感至。令中，作合中道三字。拭，作式。謬下有哉字。

須菩提，若菩薩以滿恒河沙等世界七寶，持用布施。若復有人知一切法無我得成於忍，此菩薩勝前菩薩所得功德。何以故？須菩提，以諸菩薩不受福德故。

忘我則忍成，超出故勝也。

須菩提白佛言：世尊，云何菩薩不受福德？須菩提，菩薩所作福德，不應貪著，是故説不受福德。

期報鍾已名貪著。無存我人，取染何生。

須菩提，若有人言如來若來若去，若坐若卧，是人不解我所説義。

一時般若，文理粗周。然上來所説，事分言散，故更略始結終，領會大宗也。如來道蔭之主，世界權之宅，衆生慈育之子。舉此三事，大旨彰矣。若計有實，人履行而至爲來，運盡之滅故去，處現優化則坐卧，此但都形滯迹，不及道也。〇權字下，疏有應字。都，疑覩字。

何以故？如來者，無所從來，亦無所去，故

名如來。

何故見去來坐臥不解義耶？解極會如，體無方所，緣至物見，來無所從，感畢爲隱，亦何所去？而云來去，亦不乖乎？

須菩提，若善男子、善女人以三千大千世界，碎爲微塵，於意云何，是微塵衆寧爲多不？甚多，世尊。何以故？若是微塵衆實有者，佛則不說是微塵衆。所以者何？佛說微塵衆，則非微塵衆，是名微塵衆。世尊，如來所說三千大千世界，則非世界，是名世界。

微塵非實，故可碎而爲多。世界非有，則可假借而成也。

何以故？若世界實有者，則是一合相。

何故非世界名世界耶？若是實有，應一性合而不可分也。

如來說一合相，則非一合相，是名一合相。

假衆爲一，無合可得耳。

須菩提，一合相者，則是不可說。

假名無體，不可定說。

但凡夫之人，貪著其事。

癡惑則凡夫，貪著故計實。○癡，疏作疑。

須菩提，若人言：佛說我見、人見、衆生見、壽者見。須菩提，於意云何，是人解我所說義不？不也，世尊。是人不解如來所說義。

此辯無實衆生可化。如來但稱諸見爲邪，不言見體是實。若人報言佛說諸見是實者，謬取佛意，非謂解也。

何以故？世尊說我見、人見、衆生見、壽者見，即非我見、人見、衆生見、壽者見，是名我見、人見、衆生見、壽者見。

諸見非實，可改爲正。衆生虛假，凡至聖也。○凡上，疏有從字。

須菩提，發阿耨多羅三藐三菩提心者，於一切法應如是知、如是見、

始終既畢，故旨宗以勸人也。凡欲發心成佛、淨國土、化衆生，當如上所說理，而

生知見之也。○旨，疏作指。

如是信解，

理深未明，政應推信爲解。

不生法相。

但是虛假，非實法也。

須菩提，所言法相者，如來説即非法相，是名法相。

窮理盡明，其唯如來。説言非實，故應從信矣。

須菩提，若有人以滿無量阿僧祇世界七寶持用布施。若有善男子、善女人發菩提心者，持於此經乃至四句偈等，受持讀誦，爲人演説，其福勝彼。

七寶有竭，四句無窮。

云何爲人演説？不取於相，如如不動。

末示弘宣之義也。大道不正，不足授人。中心疑者，其辭枝。説當於如，故言如如。始終不易，不可動也。

何以故？

一切有爲法　如夢幻泡影
如露亦如電　應作如是觀

浮僞不實，理之皆空。空無異易，故如如不動也。

佛説是經已，長老須菩提，及諸比丘、比丘尼、優婆塞、優婆夷，一切世間天、人、阿修羅，聞佛所説，皆大歡喜，信受奉行。

道藴聖心，待乎則彰。宿感冥構，不謀而集。同聽齊悟，法憙蕩心。服翫遵拭，永崇不朽也。○喜，疏作憙。拭，作式。

金剛般若波羅蜜經注終

（徐蕤銘整理）

校勘記

〔一〕「百分不及一」，底本作「百及不分一」，據《金剛經》（《大正藏》本）原文改。

〔二〕此處疑有誤字，未詳。

○二一七

梁朝傅大士頌金剛經[一]

梁朝傅大士頌金剛經序

《金剛經歌》者，梁朝時傅大士之所作也。武帝初請志公講經，志公對[二]曰：「吾不解誨[三]，自有傅大士，善解講之。」帝問：「此人今在何處？」志公對曰：「見在魚行。」于時即詔[四]大士入内。帝問大士曰[五]：「欲請大士講《金剛經》，要何高座？」大士對曰[六]：「不用高坐，只須一具柏板。」大士得板，即唱經歌四十九頌，終而便去。志公問武帝曰：「識此人不？」帝言：「不識。」志公告[七]帝曰[八]：「此是弥勒菩薩，分身下來，助帝楊化。」武帝忽聞，情大驚訝，深加珎仰，因題此頌，於荆州寺四層閣上，至今見在。

夫《金剛經》者，聖教玄關，深奥難測，諸佛莫不皆由[九]此生。雖文疏精研，浩汗難究，豈若茲頌，顯然目前。遂[一〇]使修行者，不動足而登金剛寶山；諦信者，寂滅識而超於涅槃彼岸。故書其文，廣博無窮，凡四十九篇，列之於後。所謂慧日流空，照如來之淨土；禪刀入手，破生死之魔軍。既而人法雙祛，有無俱遣，快哉斯義，何以故加焉。

更[一一]有一智者，不顯姓名，資楊[一二]五首，都合成五十四篇[一三]，以申助[一四]也。全久處之情莫已，長居生滅之性弥增，實未由若遇善友，遂使玄宗旨教妙義，真言開心悟智[一五]。其層閣既被焚燒，恐文隳墮，聊請人賢，於此閣見本，請垂楷定。

若有人持誦《金剛般若波羅蜜經》者，先須至心念淨口業真言，然後啟請八金剛、四菩薩名号所在之處，常當擁護[一六]。

淨口業真言：

唵修利修利　摩訶修利　修修利　莎婆訶

虚空藏[一七]菩薩普供養真言：

唵　誐誐曩　三婆縛　襪曰羅斛

云何梵

　云何得長壽　金剛不壞身
　復以何因緣　得大堅固力
　云何於此經　究竟到彼岸
　願佛開微密　廣爲衆生説〔一八〕

發願文

　稽首三界尊　十方無量佛
　我今發弘願　持此金剛經
　上報四重恩　下濟〔一九〕三塗苦
　若有見聞者　悉發菩提心
　盡此一報身〔二〇〕　同生極樂國

奉請八金剛

第一奉請青除災金剛
第二奉請辟毒金剛
第三奉請黄随求金剛
第四奉請白淨水金剛
第五奉請赤聲金剛
第六奉請定除災金剛
第七奉請紫賢金剛
第八奉請大神金剛
第一奉請金剛羂菩薩
第二奉請金剛索菩薩
第三奉請金剛愛菩薩
第四奉請金剛語菩薩〔二一〕

金剛般若波羅蜜經

校勘記

〔一〕底本據上圖〇〇四（七九五〇一七）。校本分別爲：甲本，斯一八四六；乙本，北敦〇三四四四；丙本，斯三三七三；丁本，北敦〇八八八四；戊本，伯二九九七；己本，伯二七五六。

〔二〕「對」，己本作「答」。

〔三〕「吾不解誨」，底本無，據己本補。

〔四〕「詔」，底本作「照」，據丙本、戊本、己本改。

〔五〕「曰」，底本脱，據己本補。

〔六〕「對曰」，己本作「答言」。

〔七〕「告」，丁本作「答」。

〔八〕「曰」，底本缺，據甲本補。

〔九〕「由」，丁本作「因」。

〔一〇〕「遂」，己本作「若」。

〔一一〕「更」，底本缺，據己本補。

〔一二〕「資楊」，己本作「制歌」。

〔一三〕「都合成五十四篇」，底本缺，據己本補。

〔一四〕「助」，己本作「智」。

〔一五〕「全久處之情莫已」至「真言開心悟智」，底本缺，據己本補。

〔一六〕「若有人持誦」至「常當擁護」，底本缺，據甲本補。

〔一七〕「藏」，甲本缺，據丁本補。

〔一八〕「淨口業真言」至「廣爲衆生説」，底本缺，據甲本補。

〔一九〕「濟」，底本作「齊」，據甲本改。

〔二〇〕「身」，底本作「此」，據文意改。

〔二一〕「奉請八金剛」至「第四奉請金剛語菩薩」，底本缺，據甲本補。

法會因由分第一

如來涅槃日　娑羅雙樹〔一〕間。

阿難没憂海　悲慟不能前

優婆初請問　經首立何言

佛教如是着　万代古今傳

如是我聞：一時佛在舍衛國祇樹給孤獨園，與大比丘衆千二百五十人俱。尒時，世尊食時，著衣持鉢，入舍衛大城乞食。扵其城中，次第乞已，還至本處，飰食訖，收衣鉢、洗足已，敷座而坐。

校勘記

〔一〕「樹」，底本缺，據丁本補。

善現起請分第二

時，長老須菩提在大衆中，即從坐起，偏袒右肩，右膝著地，合掌恭敬而白佛言：「希有，世尊。如來善護念諸菩薩，善付囑諸菩薩。世尊，善男子、善女人，發阿耨多羅三藐三菩提心，應云何住？云何降伏其心？」佛言：「善哉！善哉！須菩提，如汝所説：『如來善護念諸菩薩，善付囑諸菩薩。』汝今諦聽，當爲汝説，善男子、善女人，發阿耨多羅三藐三菩提心，應如是住，如是降伏其心。」「唯然，世尊！願樂欲聞。」

大乘正宗分第三

佛告須菩提：「諸菩薩摩訶薩應如是降伏其心，所有一切衆生之類。若卵生、若胎生、若濕生、若化生，若有色、若無色，若有想、若無想，若非有想、若非無想，我皆令入無餘涅槃而滅度之，如是滅度無量無數無邊衆生，實無衆生得滅度者。何以故？須菩提，若菩薩有我相、人相、衆生相、壽者相，即非菩薩。」

弥勒頌曰：

空生初請問　善逝應機訓[一]
先答云何住　次教如是修
胎生卵濕化　咸令悲智收
若起衆生見　還同著相求

校勘記

〔一〕「善逝應機訓」，底本缺，據甲本、丁本補。

妙行無住分第四

「復次，須菩提菩薩[二]，菩薩於法應無所住行於布施，所謂不住色布施，不住聲、香、味、觸、法布施。須菩提，菩薩應如是布施，不住於相。

何以故？若菩薩不住相布施，其福德不可思量。」

檀波羅蜜。布施。弥勒頌曰：

施門通六行　六行束三檀

資生無畏法〔三〕　聲色勿相干

二邊純莫立　中道不須安

欲覔無生處　背境向心觀

尸波羅蜜。持戒。弥勒頌曰：

尸羅得清淨　無量劫來囙

妄想如怨賊　貪愛若參辰

在欲而無欲　居塵不染塵

權依離垢地〔三〕　當證法王身

羼提波羅蜜。忍辱。弥勒頌曰：

忍心如幻夢　辱境若龜毛

常能修此觀　逢難轉堅牢

無非亦無是　無下亦無高

欲滅貪瞋賊　須行智慧刀

毗離耶波羅蜜。精進。弥勒頌曰：

進修名焰地　良爲慧光舒

二智心中遣　三空境上袪

無明念念滅　高下執情知〔四〕

觀心如不間　何啻至無爲〔五〕

禪波羅蜜。禪定。弥勒頌曰：

禪河隨浪淨　定水逐波清

澄神生覺性　息慮滅迷情

遍計虛分別　由來假立名

若了依他起　無別有圓成

般若波羅蜜。智惠。弥勒頌曰：

惠燈如朗日　藴界若乾城

明來闇便謝　無暇暫時停

妄心猶未滅　乃見我人形

妙智圓光照　唯得一空名

三大〔六〕僧祇劫　万行具齊修

既悟無人我　長依聖道流

二空方漸證　三昧任遨遊

創居歡喜地　常樂遂忘憂

「須菩提，於意云何？東方虛空可思量不？」

「不也，世尊。」「須菩提，南、西、北方，四維，上，下虛空可思量不？」「不也，世尊。」「須菩提，菩薩無住相布施，福德亦復如是，不可思量。須菩提，菩薩但應如所教住。」

弥勒頌曰：

若論無相施　功德極難量
行悲濟貧乏　果報不須望
凡夫情行劣　初且[七]略稱揚
欲知檀皃狀　如空遍十方

校勘記

[一]「菩薩」，底本缺，據丙本、丁本補。
[二]「法」，底本作「地」，據丙本改。
[三]「地」，底本作「他」，據甲本改。
[四]「知」，底本作「除」，據甲本改。
[五]「爲」，底本作「餘」，據丙本改。
[六]「大」，底本作「代」，據文意改。
[七]「且」，乙本作「請」。

如理實見分第五

「須菩提，於意云何？可以身相見如來不？」「不也，世尊，不可以身相得見如來。何以故？如來所說身相，即非身相。」佛告須菩提：「凡所有相，皆是虛妄，若見諸相非相，則見如來。」

弥勒頌曰：

如來舉身相　爲順世間情
恐人生斷見　權且立虛名
假言三十二　八十也空聲
有身非覺體　無相乃真形

正信希[二]有分第六

須菩提白佛言：「世尊，頗有衆生，得聞如是言說章句，生實信[三]不？」佛告須菩提：「莫作是說，如來滅後後五百歲，有持戒修福者，於此章句能生信心，以此實爲。」

弥勒頌曰：

因深果亦深　理密奥難尋
當來末法世　唯慮法將沉
空生情未達　聞義恐難任
如能信此法　定是覺人心

「當知是人，不扵一佛二佛三四五佛而種善根，已扵無量千万佛所種諸善根。聞是章句，乃至一念生淨信者。須菩提，如來悉知悉見是諸衆生，得如是無量福德。」

弥勒頌曰：

信根生一念　諸佛盡能知
生因扵此日　證果未來時
三代經多劫　六度久安施
薰成無漏種　方号不思議

「何以故？是諸衆生無復我相、人相、衆生相、壽者相，無法相，亦無非法相。何以故？是諸衆生，若心取相，則爲著我、人、衆生、壽者；若取法相，即著我、人、衆生、壽者。何以故？若取非法相，即著我、人、衆生、壽者。」

弥勒頌曰：

人空法亦空　二相本來同
遍計虚分別　依他导不[三]通
圓成説識海　流轉若飄蓬
欲識無生性　心外断行蹤

是故不應取法　不應取非法

弥勒頌曰：

有因名假号　無相乃[四]馳名
有無無別體　無有有無形
有無無自性　妄起有無情
有無如谷響　勿著有無聲

「以是義故，如來常説：『汝等比丘，知我説法如筏喻者，法尚應捨，何況非法。』」

弥勒頌曰：

渡河須用筏　到岸不須舡
人法知無我　悟理詎勞筌

中流仍被溺　誰論在二邊
有無如取一　即被污心田

校勘記

〔一〕「希」，底本作「虛」，據甲本、乙本改。
〔二〕「信」，底本缺，據丙本補。
〔三〕「㝵不」，甲本作「不㝵」。
〔四〕「乃」，底本作「有」，據甲本改。

無得無說分第七

「須菩提，扵意云何？如來得阿耨多羅三藐三菩提耶？如來有所說法耶？」須菩提言：「如我解佛所說義，無有定法名阿耨多羅三藐三菩提，亦無有定法如來可說。何以故？如來所說法皆不可取、不可說，非法、非非法。」

弥勒頌曰：

菩提離言說　從來無得人
須依二空理　當證法王身
有心俱是妄　無執乃名真
若悟非非法　逍遥出六塵

「所以者何？一切賢聖，皆以無爲法而有差別。」

弥勒頌曰：

人法俱名執　了即二無爲
菩薩能齊證　聲聞離一非
所知煩惱障　空中無所依
常能作此觀　得聖定無疑

依法出生分第八

「須菩提，扵意云何？若人滿三千大千世界七寶以用布施，是人所得福德寧爲多不？」須菩提言：「甚多，世尊。何以故？是福德即非福德性，是故如來說福德多。」「若復有人扵此經中，受持乃至四句偈等，爲他人說，其福勝彼。何以故？

須菩提，一切諸佛及諸佛阿耨多羅三藐三菩提法，皆從此經出。須菩提，所謂佛法者，即非佛法。」

弥勒頌曰：

寶滿三千界　賫持作福田

唯成有漏業　終不離人天

持經取四句　與聖作良緣

欲入無爲海　須乘般若舡

一切無相分第九

「須菩提，於意云何？須陁洹能作是念：『我得須陁洹果』不？」須菩提言：「不也，世尊。何以故？須陁洹名爲入流，而無所入，不入色、聲、香、味、觸、法，是名須陁洹。」「須菩提，於意云何？斯陁含能作是念：『我得斯陁含果』不？」須菩提言：「不也，世尊。何以故？斯陁含名一往來，而實無往來，是名斯陁含。」「須菩提，於意云何？阿那含能作是念：『我得阿那含果』不？」須菩提言：「不也，世尊。何以故？阿那含名爲不來而實無不來，是故名阿那含。」

弥勒頌曰：

捨凡初至聖　煩惱漸輕微

斷除人我執　創始至無爲

緣塵及身見　今者乃知非

七返人天後　趣寂不知歸

「須菩提，於意云何？阿羅漢能作是念：『我得阿羅漢道』不？」須菩提言：「不也，世尊。何以故？實無有法名阿羅漢。世尊，若阿羅漢作是念：『我得阿羅漢道』，即爲著我、人、衆生、壽者。世尊，佛說我得無諍三昧，人中宦爲第一，是第一離欲阿羅漢。我不作是念：『我是離欲阿羅漢。』世尊，我若作是念，『我得阿羅漢道』，世尊則不說須菩提是樂阿蘭那行者。以須菩提實無所行，而名須菩提是樂阿蘭那行。」

弥勒頌曰：

無生即無滅　無我復無人

永除煩惱障　長辞後有身
境亡心亦滅　無復起貪瞋
無悲空有智　蕭然獨任真

莊嚴淨土分第十

佛告須菩提：「於意云何？如來昔在然燈佛所，於法有所得不？」「不也，世尊，如來在然燈佛所，於法實無所得。」

弥勒頌曰：

昔時稱善惠　今日号能仁
看緣緣是妄　識體體非真
法性非因果　如理不從因
謂得然燈記　寧知是舊身

「須菩提，於意云何？菩薩莊嚴佛土不？」「不也，世尊。何以故？莊嚴佛土者，則非莊嚴，是名莊嚴。」「是故須菩提，諸菩薩摩訶薩應如是生清淨心，不應住色生心，不應住聲、香、味、觸、法生心，應無所住而生其心。」

弥勒頌曰：

掃除心意地　名爲淨土因
無論福與智　先且離貪瞋
莊嚴絶能所　無我亦無人
斷常俱不〔一〕染　頴脱出囂塵

「須菩提，譬如有人，身如須弥山王，於意云何？是身爲大不？」須菩提言：「甚大，世尊。何以故？佛説非身，是名大身。」

弥勒頌曰：

須弥高且大　將喻法王身
七寶齊圍遶　六度次相隣
四色成山相　慈悲作佛因
有形終不大　無相乃爲真

校勘記

〔一〕「不」，底本作「人」，據文意改。

無爲福勝分第十一

「須菩提，如恒河中所有沙數，如是沙等恒河，扵意云何？是諸恒河沙寧爲多不？」須菩提言：「甚多，世尊。但諸恒河尚多無數，何況其沙？」「須菩提，我今實言告汝，若有善男子、善女人，以七寶滿尒所恒河沙數三千大千世界，以用布施，得福多不？」須菩提言：「甚多，世尊。」佛告須菩提：「若善男子、善女人，扵此經中乃至受持四句偈等，爲他人説，而此福德勝前福德。」

尊重正教分第十二

「復次，須菩提，随説是經乃至四句偈等，當知此處一切世間天、人、阿修羅，皆應供養，如佛塔廟。何況有人盡能受持讀誦？須菩提，當知是人成就冣上、第一、希有之法。若是經典所在之處，則爲有佛，若尊重弟子。」

弥勒頌曰：

恒沙爲比量　分爲六種多
持經取四句　七寶詎能過
法門遊歷處　供養感修羅
經中稱冣勝　尊高似佛陁

如法受持分第十三

尒時，須菩提白佛言：「世尊，當何名此經？我等云何奉持？」佛告須菩提：「是經名爲『金剛般若波羅蜜』。以是名字，汝當奉持。所以者何？須菩提，佛説般若波羅蜜，則非般若波羅蜜。」

「須菩提，扵意云何？如來有所説法不？」須菩提白佛言：「世尊，如來無所説。」

弥勒頌曰：

名中無有義　義上復無名
金剛喻真智　能破悪堅[一]貞
若到波羅岸　入理出迷情
智人心自覺　愚者外求聲

「須菩提，於意云何？三千大千世界所有微塵，是爲多不？」須菩提言：「甚多，世尊。」「須菩提，諸微塵，如來説非微塵，是名微塵。如來説世界、非世界，是名世界。」

弥勒頌曰：

積塵成世界　析界作微塵
界喻人天果　塵爲有漏因
因塵[二]因不實　界果果非真
果因知是幻　逍遥自在人

「須菩提，於意云何？可以三十二相見如來？」「不也，世尊，不可以三十二相得見如來。何以故？如來説三十二相，即是非相，是名三十二相。」「須菩提，若有善男子、善女人，以恒河沙等身命布施。」

弥勒頌曰：

施命如沙數　人天業轉深
既掩菩提相　能障涅槃心
猿猴探水月　莨菪拾花針
愛河浮更没　苦海出還沉

「若復有人於此經中乃至受持四句偈等，爲他人説，其福甚多。」

弥勒頌曰：

經中持四句　應當不離身
愚人看似妄　智者見唯真
法性無前後　無中非故新
蘊空無實法　憑何見有人

校勘記

〔一〕「堅」，底本作「賢」，據甲本改。

〔二〕「因塵」，疑爲「塵因」。

離相寂滅分第十四

尒時須菩提聞説是經，深解義趣，涕淚悲泣，而白佛言：「希有世尊，佛説如是甚深經典，我從昔來所得慧眼，未曾得聞如是之經。」

弥勒頌曰：

聞經深解義　心中喜且悲
昔除煩惱障　今能離所知
遍計於先了　圓成證此時
宿乘無导惠　方便勸人持

「世尊，若復有人得聞是經，信心清淨，則生實相。當知是人，成就第一希有功德。世尊，是實相者，則是非相，是故如來説名實相。」

弥勒頌曰：

未有無心境　曾無無境心
境忘心自滅　心滅無境心[一]
經中稱實相　語妙理能深
證知唯有佛　小聖詎堪任

「世尊，我今得聞如是經典，信解、受持不足爲難。若當來世後五百歲，其有衆生，得聞是經信解、受持，是人則爲第一希有。何以故？此人無我相、人相、衆生相、壽者相。所以者何？我相即是非相，人相、衆生相、壽者相即是非相。何以故？離一諸相，則名諸佛。」

弥勒頌曰：

空生聞妙理　如蓬植在麻
凡流信此法　同火出蓮花
恐人生斷見　大聖預開遮
如能離諸[二]相　乞入法王家

佛告須菩提：「如是，如是，若復有人得聞是經，不驚、不怖、不畏，當知是人甚爲希有。」

弥勒頌曰：

如能發心者　應當了二邊
涅槃無有相　菩提離所緣
無乘及乘者　人法兩俱捐

欲達真如理　應當識本源

「何以故？須菩提，如來説第一波羅蜜，即非第一波羅蜜，是名第一波羅蜜。」

弥勒頌曰：

波羅稱彼岸　於中十種名
高卑緣妄識　次第爲迷情
焰裏尋求水　空中覓響聲
真如何得失　今始号圓成

「須菩提，忍辱波羅蜜，如來説非忍辱波羅蜜。何以故？須菩提，如我昔爲歌利王割截身體，我於尒時無我相、人相，無衆生相、壽者相。何以故？我於往昔節節支解時，若有我相、人相、衆生相、壽者相，應生瞋恨。須菩提，又念過去，於五百世作忍辱仙人，於尒所世無我相、無人相、無衆生相、無壽者相。」

弥勒頌曰：

暴虐[三]唯無道　時稱歌利王
逢君出遊獵　仙人横被傷
頻經五百代　前後極時長
承仙忍辱力　今乃證真常

「是故須菩提，菩薩應離一切相，發阿耨多羅三藐三菩提心，不應住色生心，不應住聲、香、味、觸、法生心，應生無所住心，若心有住則爲非住，是故佛説菩薩心不應住色布施。須菩提，菩薩爲利益一切衆生，應如是布施。」

弥勒頌曰：

菩薩懷深智　何時不帶悲
投身憂虎餓　割肉恐鷹飢
精勤三大劫　曾無一念疲
如能同此行　皆得作天師

「如來説：『一切諸相，即是非相。』又説：『一切衆生，則非衆生。』須菩提，如來是真語者、實語者、如語者、不誑語者、不異語者。」

弥勒頌曰：

衆生与蘊界　名别體非殊
了知心似幻　迷情見有餘

真言言不妄　實語語非虚
始終無變異　性相本來如

「須菩提，如來所得法，此法無實無虚。須菩提，若菩薩心住於法而行布施，如人入闇則無所見。若菩薩心不住法而行布施，如人有目，日光明照，見種種色。須菩提，當來之世，若有善男子、善女人，能於此經受持讀誦，則爲如來以佛智慧悉知是人，悉見是人，皆得成就無量無邊功德。」

弥勒頌曰：

證空便爲實　執我乃成虚
非空亦非有　誰有復誰無
對病應施藥　無病藥還祛
須依二空理　顓脱人無餘

校勘記

〔一〕「心」，底本作「侵」，據甲本改。
〔二〕「諸」，底本作「知」，據甲本、乙本改。
〔三〕「虐」，甲本作「虎」。

持經功德分第十五

「須菩提，若有善男子、善女人，初日分以恒河沙等身布施，中日分復以恒河沙等布施，後日分亦以恒河沙等身布施，如是無量百千万億劫以身布施。若復有人聞此經典，信心不逆，其福勝彼，何況書寫、受持、讀誦、爲人解説。」

弥勒頌曰：

衆生及壽者　蘊上假虚名
如龜毛不實　似兔角無形
捨身由妄識　施命爲迷情
詳論福比智　不及受持經

「須菩提，以要言之。是經有不可思議、不可稱量、無邊功德。如來爲發大乘者説，爲發㝡上乘者説。若有人能受持、讀誦、廣爲人説，如來悉知是人、悉見是人，皆得成就不可量、不可稱、無有邊、不可思議功德。如是人等，則爲荷擔如來阿耨多羅三藐三菩提。何以故？須菩提，若樂小法者，著我見、人見、衆生見、壽者見，則扵此經不能聽受、讀誦、爲人解説。須菩提，在在處處，若有此經，一切世間天、人、阿修羅所應供養，當知此處則爲是塔。皆應恭敬、作礼、圍繞，以諸華香而散其處。」

弥勒頌曰：

所作依他性　修成功德林
終無趣寂意　唯有濟群心
行悲悲廣大　用智智能深
利他兼自利　小聖詎能任

能淨業障分第十六

「復次，須菩提，善男子、善女人受持讀誦此經，若爲人輕賤，是人先世罪業應墮恶道，以今世人輕賤故，先世罪業則爲消滅，當得阿耨多羅三藐三菩提。須菩提，我念過去無量阿僧祇劫，扵然燈佛前，得值八百四千万億那由他諸佛，悉皆供養承事[一]無空過者。若復有人扵後末世，能受持、讀誦此經，所得功德，扵我所供養諸佛功德，百分不及一，千万億分，乃至筭數、譬喻所不能及。須菩提，若善男子、善女人，扵後末世，有受持、讀誦此經，所得功德我若具説者，或有人聞，心則狂乱，狐疑不信。須菩提，當知是經義不可思議，果報亦不可思議。

弥勒頌曰：

先身有報障　今日受持經
暫被人輕賤　轉重復還輕
若了依他起　能除遍計情
常依般若觀　何慮不圓成

校勘記

〔一〕「事」，甲本、乙本作「是」。

究竟無我分第十七

尒時，須菩提白佛言：「世尊，若善男子、善女人，發阿耨多羅三藐三菩提心，云何應住？云何降伏其心？」佛告須菩提：「善男子、善女人發阿耨多羅三藐三菩提心者，當生如是心，我應滅度一切衆生，滅度一切衆生已，而無有一衆生實滅度者。何以故？須菩提，若菩薩有我相、人相、衆生相、壽者相，則非菩薩。所以者何？須菩提，實無有法發阿耨多羅三藐三菩提心者。」

弥勒頌曰：

空生重請問　無心爲自身
欲發菩提者　當了現前因
行悲疑似妄　用智叡言真
度生權立我　證理即無人

「須菩提，於意云何？如來於然燈佛所有法得阿耨多羅三藐三菩提不？」「不也，世尊。如我解佛所説義，佛於然燈佛所無有法得阿耨多羅三藐三菩提。」佛言：「如是，如是。須菩提，實無有法如來得阿耨多羅三藐三菩提。須菩提，若有法如來得阿耨多羅三藐三菩提者，然燈佛則不與我受記，『汝於來世當得作佛，号釋迦牟尼』。以實無有法得阿耨多羅三藐三菩提，是故然燈佛與我受記，作是言『汝於來世當得作佛，号釋迦牟尼』。何以故？如來者，即諸法如義。若有人言『如來得阿耨多羅三藐三菩提』。須菩提，實無有法，佛得阿耨多羅三藐三菩提。須菩提，如來所得阿耨多羅三藐三菩提，於是中無實無虚，是故如來説一切法皆是佛法。須菩提，所言一切法者，即非一切法，是故名一切法。須菩提，譬如人身長大。」須菩提言：「世尊，如來説人身長大則爲非大，是名大身。」「須菩提，菩薩亦如是，若作是言：『我當滅度無量衆生，則不名菩薩。』何以故？須菩提，實無有法名爲菩薩，是故佛説一切法無我、無人、無衆生、無壽者。須菩提，若菩薩作是言[一]：『我當莊嚴佛土。』是不名菩薩。何以故？如來説莊嚴佛土者，即非莊嚴，是名莊嚴。須菩提，若菩薩通達無我法者，如來説名真是菩薩。」

弥勒頌曰：

人與法相待　二相本來〔二〕如
法空入是妄　人空法亦祛
人法兩俱實　受記可非虚
一切皆如幻　誰言得有無

校勘記

〔一〕「言」，甲本作「念」。

〔二〕「來」，底本缺，據甲本補。

一體同觀分第十八

「須菩提，於意云何？如來有肉眼不？」「如是，世尊，如來有肉眼。」「須菩提，於意云何？如來有天眼不？」「如是，世尊，如來有天眼。」「須菩提，於意云何？如來有慧眼不？」「如是，世尊，如來有慧眼。」「須菩提，於意云何？如來有法眼不？」「如是，世尊，如來有法眼。」「須菩提，於意云何？如來有佛眼不？」「如是，世尊，如來有佛眼。」

弥勒頌曰：

天眼通非㝵　肉眼㝵非通
法眼唯觀俗　慧眼直緣空
佛眼如千日　照異體還同
圓明法界内　無處不鑒容

「須菩提，於意云何？恒河中所有沙，佛説是沙不？」「如是，世尊，如來説是沙。」「須菩提，於意云何？如一恒河中所有沙，有如是等恒河，是諸恒河所有沙數佛世界，如是寧爲多不？」「甚多，世尊。」佛告須菩提：「尒所國土中，所有衆生若干種心，如來悉知。何以故？如來説諸心，皆爲非心，是名爲心。所以者何？須菩提，過去心不可得，現在心不可得，未來心不可得。」

弥勒頌曰：

依他一念起　俱爲妄所行

便分六十二　九百乱縱横

過去滅無滅　當來生不生

常能作此觀　真妄坦然平

法界通化分第十九

「須菩提，於意云何？若有人滿三千大千世界七寶以用布施，是人以是因緣，得福多不？」「如是，世尊，此人以是因緣，得福甚多。」「須菩提，若福得有實，如來不説得福德多，以福德無故，如來説得福德多。」

離色離相分第二十

「須菩提，於意云何？佛可以具足色身見不？」「不也，世尊，如來不應以具足色身見。何以故？如來説具足色身，即非具足色身，是名具足色身。」「須菩提，於意云何？如來可以具足諸相見不？」「不也，世尊。如來不應以具足諸相見。何以故？如來説諸相具足，即非具足，是名諸相具足。」

弥勒頌曰：

八十随形好　相分三十二

應物万般形　理中非一異

人法兩俱遣　色心齊一弃

所以證菩提　寔由諸相離

非説所説分第二十一

「須菩提，汝勿謂如來作是念：『我當有所説法』。莫作是念，何以故？若人言：『如來有所[二]説法』，即爲謗佛，不能解我所説故。須菩提，説法者無法可説，是名説法。」

尒時，慧命須菩提白佛言：「世尊，頗有衆

生於未來世，聞説是法生信心不？」佛言：「須菩提，彼非衆生，非不衆生。何以故？須菩提，衆生者，如來説非衆生，是名衆生。」

校勘記

〔一〕「所」，底本缺，據甲本、乙本補。

無法可得分第二十二

須菩提白佛言：「世尊，佛得阿耨多羅三藐三菩提，爲無所得耶？」佛言：「如是如是，須菩提，我於阿耨多羅三藐三菩提，乃至無有少法可得，是名阿耨多羅三藐三菩提。」

淨心行善分第二十三

「復次，須菩提，是法平等無有高下，是名阿耨多羅三藐三菩提。以無我、無人、無衆生、無壽者，修一切善法，則得阿耨多羅三藐三菩提。須菩提，所言善法者，如來説非善法，是名善法。」

弥勒頌曰：

水陸同真際　飛行體一如
法中無彼此　理上豈親疎
自他分別遣　高下執情除
了斯中等性　咸共入無餘

福智無比分第二十四

「須菩提，若三千大千世界中，所有諸須弥山王，如是等七寶聚，有人持用布施，若人以此般若波羅蜜經，乃至四句偈等，受持、讀誦、爲他人説，於前福德，百分不及一，百千万億分乃至筭數譬喻所不能及。」

弥勒頌曰：

施寶如沙數　唯成有漏因

不如無我觀　了妄乃名真
欲證無生忍　要假離貪瞋
人法知無我　逍遥出六塵

化無所化分第二十五

「須菩提，於意云何？汝等勿謂如來作是念：『我當度衆生。』須菩提，莫作是念。何以故？實無有衆生如來度者，若有衆生如來度者，如来則有我、人、衆生、壽者。須菩提，如來説有我者，則非有[一]我，而凡夫之人以爲有我。須菩提，凡夫者，如來説則非凡夫，是名凡夫[二]。」

校勘記

〔一〕「有」，底本作「者」，據甲、乙本改。
〔二〕「是名凡夫」，底本缺，據甲本補。

法身非相分第二十六

「須菩提，於意云何？可以三十二相觀如來不？」須菩提言：「如是，如是，以三十二相觀如來者[一]。」佛言：「須菩提，若以三十二相觀如來者，轉輪聖王則是如來。」須菩提白佛言：「世尊，如我解佛所説義，不應以三十二相觀如來。」尒時世尊而[二]説偈言：「若以色見我，以音聲求我，是人行邪道，不能見如來。」

弥勒頌曰：

涅槃含四德　唯我契真常
齊名八自在　獨我寂靈長
非色非聲相　心識豈能量
看時不可見　悟理即形彰

校勘記

〔一〕「者」，底本缺，據甲本補。

〔二〕「而」，底本作「如」，據甲、乙本改。

無断無滅分第二十七

「須菩提，汝若作是念：『如來以具足相故，得阿耨多羅三藐三菩提。』須菩提，莫作是念：『如來不以具足相故，得阿耨多羅三藐三菩提。』須菩提，汝若作是念：『發阿耨多羅三藐三菩提心者，説諸法断滅相〔一〕。』莫作是念。何以故？發阿耨多羅三藐三菩提心者，於法不説断滅相。」

校勘記

〔一〕「相」，底本缺，據甲本補。

不受不貪分第二十八

「須菩提，若菩薩以滿恒河沙等世界七寶布施，若復有人知一切法無我，得成於忍。此菩薩勝前菩薩所得功德。何以故？須菩提，以諸菩薩不受福德故。」須菩提白佛言：「世尊，云何菩薩不受福德？」「須菩提，菩薩所作福德不應貪著，是故説不受福德。」

威儀寂靜分第二十九

「須菩提，若有人言，『如來若來、若去、若坐、若臥』，是人不解我所説義。何以故？如來者，無所從來亦無所去，故名如來。」

一合理相分第三十

「須菩提，若善男子、善女人，以三千大千世界碎爲微塵，於意云何？是微塵衆寧爲多不？」「甚多，世尊，何以故？若是微塵衆實有者，佛則不説是微塵衆，所以者何？佛説微塵衆，則非微塵衆，是名微塵衆。世尊，如來所説三千大千世界，則非世界，是名世界。何以故？若世界實有者，則是一合相，如來説一合相，則非一合相，是名一合相。」「須菩提，一合相者，則是不可説，但凡夫之人貪著其事。」

弥勒頌曰：

界塵何一異　報應亦同然
非因亦非果　誰後復誰先
事中通一合　理則兩俱捐
欲達無生路　應當識本源

知見不生分第三十一

「須菩提，若人言：佛説我見、人見、衆生見、壽者見。須菩提，於意云何？是人解我所説義不？」「世尊，是人不解如來所説義。何以故？世尊説我見、人見、衆生見、壽者見，即非我見、人見、衆生見、壽者見，是名我見、人見、衆生見、壽者見。」「須菩提，發阿耨多羅三藐三菩提心者，於一切法，應如是知、如是見、如是信解，不生法相。須菩提，所言法相者，如來説即非法相，是名法相。」

應化非真分第三十二

「須菩提，若有人以滿無量阿僧祇世界七寶，持用布施；若有善男子、善女人，發菩薩心者，持於此經乃至四句偈等，受持、讀誦、爲人演説，其福勝彼。云何爲人演説，不取於相，如如不動。何以故？一切有爲法，如夢幻泡影，如露亦如電，應作如是觀。」

弥勒頌曰：

如星翳燈幻　皆爲喻無常
漏識修因果　誰言得久長
危脆同泡露　如雲影電光
饒經八万劫　終是落空亡

佛説是經已，長老須菩提及諸比丘、比丘尼、優婆塞、優婆夷，一切世間天、人、阿修羅，聞佛所説，皆大歡喜，信受奉行。

金剛般若波羅蜜經

頌遍計：

妄計因成執　迷繩爲是蛇
心疑生闇鬼　眼病見空花
一境雖無異　三人乃見差
了茲名不實　長馭白牛車

頌依他：

依他非自立　必假衆緣成
日謝樹無影　燈來室乃明
名因共業變　万像積微生
若悟真空色　翛然去有情

頌圓成：

相寂名亦遣　心融境亦亡
去來終莫見　語嘿永無方
智入圓成理　身同法性常
證真還了俗　不廢亦津梁

大身真言：

那謨薄伽跋帝　鉢喇壤　鉢羅弭多曳　唵　伊利底　伊室利　輸盧馱　毗舍耶　毗舍耶　娑婆訶

隨心真言：

那謨婆伽筏帝　鉢嚩惹　波羅蜜多曳　怛姪他　唵　吽　筏折羅　韈麗　娑婆訶

心中心真言：

唵　嗚倫泥沙　娑婆訶

（肖自强整理）

○二一八

梁朝傅大士夾頌金剛經[一]

武帝請志公講經時，志公對曰：「自有大士，見在魚行，善能講唱。」帝乃詔大士入内，問曰：「用何高座？」大士對曰：「不用高座，只用拍板一具。」大士得板，遂乃唱經，并四十九頌，唱畢，便乃辝帝去之。帝遂問志公：「此是何人？」志公對曰：「此是弥勒菩薩，化身下来，助帝揚化。」帝乃聞之，龍顔大訝，深加珎仰，遂題此頌并經，見在荊州寺四層閣上，至今見在。續有智者，不顯姓名，相次復製一十五頌，清涼大法眼禪師，又製四頌，惣成六十八頌。今略攙序文，廣傳靈驗，將俟後来崇信，顯示玄通，興般若之教。

此《經》並依《音疏》正定。

金剛經啓請　為字平聲　爲字去聲

若有人受持《金剛經》者，先須志心念淨口業真言，然後啓請八金剛、四菩薩名号，所在之霧常當擁護。

淨口業真言：

修唎修唎　摩訶修唎　修修唎　薩婆訶

安土地真言：

南無三滿哆　母馱喃　唵　度嚕　地尾薩婆訶

虚空藏菩薩普供養真言：

唵　誐誐曩　三婆嚩　襪囉斛

奉請八金剛：

奉請青除災金剛能除一切衆生宿世災殃

奉請□辟毒金剛能除一切衆生温毒之病

奉請黄隨求金剛能令一切衆生所求如願

奉請白淨水金剛能除一切衆生熱惱之苦

奉請赤聲金剛能令一切衆生常得見佛

奉請定除災金剛能除一切衆生災難之苦

奉請紫賢金剛能令一切衆生心開悟解

奉請大神金剛能令一切衆生智牙成就

奉請四菩薩：
奉請金剛眷菩薩
奉請金剛索菩薩
奉請金剛愛菩薩
奉請金剛語菩薩

發願文：

稽首三界尊　歸命十方佛
我今發弘願　持此金剛經
上報四重恩　下濟三塗苦
若有見聞者　悉發菩提心
盡此一報身　同生極樂國

持經梵音：

云何得長壽　金剛不壞身
復以何因緣　得大堅固力
云何於此經　究竟到彼岸
願佛開微密　廣爲衆生説

金剛般若波羅蜜經

校勘記

〔一〕底本據《房山石經》。

法會因由分第一

如是我聞，一時佛在舍衛國祇樹給孤獨園，與大比丘衆千二百五十人俱。尒時世尊□食時，著衣持鉢，入舍衛大城乞食，於其城中次第乞已。還至本雰，飯食訖，收衣鉢，洗足已，敷座而座〔二〕。

頌曰：

如来涅槃日　娑羅雙樹間
阿難没憂海　悲慟不能前
優波初請問　經首立何言
佛教如是著　万代古今傳

校勘記

〔二〕「座」，疑爲「坐」。

善現起請分第二

時長老須菩提在大衆中，即從座起，偏袒右肩，右膝著地，合掌恭敬，而白佛言：「希有世尊，如来善護念諸菩薩，善付囑諸菩薩。世尊，善男子、善女人發阿耨多羅三藐三菩提心，應云何住？云何降伏其心？」佛言：「善哉善哉！須菩提，如汝所説，如来善護念諸菩薩，善付囑諸菩薩。汝今諦聽，當爲汝説。善男子、善女人發阿耨多羅三藐三菩提心，應如是住，如是降伏其心。」「唯然，世尊，願樂欲聞。」

頌曰〔一〕：

希有希有佛　妙理極泥洹
云何降伏住　降伏住為難
二儀法中妙　三乘教喻寬
善哉今諦聽　六賊免遮欄

大乘正宗分第三

佛告須菩提：「諸菩薩摩訶薩應如是降伏其心。所有一切衆生之類，若夘生、若胎生、若濕生、若化生，若有色、若無色，若有想、若無想、若非有想非無想，我皆令入無餘涅槃而滅度之。如是滅度無量無數無邊衆生，實無衆生得滅度者。何以故？須菩提，若菩薩有我相、人相、衆生相、壽者相，即非菩薩。」

頌曰：

空生初請問　善逝應機酬
先荅云何住　次教如是修
胎生夘濕化　咸令悲智收
若起衆生見　還同著相求

校勘記

〔一〕「曰」，底本殘，據文意補。

妙行無住分第四

「復次須菩提，菩薩於法應無所住行於布施，所謂不住色布施，不住聲、香、味、觸、法布施。須菩提，菩薩應如是布施，不住於相。何以故？若菩薩不住相布施，其福德不可思量。」

六般頌曰：

檀波羅蜜　布施

施門通六行　六行束三檀
資生無畏法　聲色勿相干
二邊純莫立　中道不須安
欲覓無生處　背境向心觀

尸波羅蜜　持戒

尸羅得清淨　無量劫来因
妄想如怨賊　貪愛若參辰
在欲而無欲　居塵不染塵
權依離垢地　當證法王身

羼提波羅蜜　忍辱

忍心如幻夢　辱境若龜毛
常能修此觀　逢難轉堅牢
無非亦無是　無下亦無高
欲滅貪嗔賊　須行智慧刀

毗離耶波羅蜜　精進

進修名焰地　良爲慧光舒
二智心中遣　三空境上祛
無明念念滅　高下執情除
觀心如不間　何啻至無餘

禪波羅蜜　禪定

禪河隨浪靜　定水逐波清
澄神生覺性　息慮滅迷情
遍計虚分別　由来假立名
若了依他起　無別有圓成

般若波羅蜜　智慧

慧燈如朗日　藴界若乹城
明来闇便謝　無暇暫時停

妄心猶未滅　乃見我人形
妙智圓光照　唯得一空名

惣頌六度，應經文六波羅蜜名不倫，所已七頌并隨檀波羅蜜六至耳。

頌曰：

三大僧祇刧　万行具齊修
既悟無人我　長依聖道流
二空方漸證　三昧任遨遊
創居歡喜地　常樂逐忘憂

「須菩提，於意云何？東方虛空可思量不？」「不也，世尊。」「須菩提，南、西、北方，四維上下，虛空可思量不？」「不也，世尊。」「須菩提，菩薩無住相布施，福德亦復如是不可思量。須菩提，菩薩但應如所教住。」

頌曰：

若論無相施　功德極難量
行悲濟貧乏　果報不須望
凡夫情行劣　初且略稱揚
欲知檀皃狀　如空遍十方

如理實見分第五

「須菩提，於意云何？可以身相見如来不？」「不也，世尊，不可以身相得見如来。何以故？如来所説身相，即非身相。」佛告須菩提：「凡所有相皆是虛妄，若見諸相非相，則見如来。」

頌曰：

如来舉身相　爲順世間情
恐人生斷見　權且立虛名
假言三十二　八十也空聲
有身非覺體　無相乃真形

正信希有分第六

須菩提白佛言：「世尊，頗有衆生，得聞如是言説章句，生實信不？」佛告須菩提：「莫作是説。如来滅後後五百歲，有持戒修福者，於此章句能生信心，以此為實。」

頌曰：

因深果亦深　理密奧難尋
當来末法世　唯慮法將沉
空生情未達　聞義恐難任
如能信此法　定是覺人心

「當知是人不於一佛、二佛、三、四、五佛而種善根，已於無量千萬佛所種諸善根。聞是章句，乃至一念生淨信者。須菩提，如来悉知悉見是諸衆生得如是無量福德。」

頌曰：

信根生一念　諸佛盡能知
生因於此日　證果未来時
三大經多刧　六度久安施
熏成無漏種　方号不思議

「何以故？是諸衆生無復我相、人相、衆生相、壽者相，無法相，亦無非法相。何以故？是諸衆生，若心取相，則為著我、人、衆生、壽者；若取法相，則著我、人、衆生、壽者。何以故？若取非法相，即著我、人、衆生、壽者。」

頌曰：

人空法亦空　二相本来同
遍計虛分別　依他礙不通
圓成沉識海　流轉若飄蓬
欲識無生性　心外断行蹤

「是故不應取法，不應取非法。」

頌曰：

有因名假号　無相有馳名
有無無別體　無有有無形
有無無自性　妄起有無情
有無如谷響　勿著有無聲

「以是義故，如来常説，汝等比丘，知我説法，如筏喻者，法尚應捨，何况非法。」

頌曰：

渡河須用筏　到岸不須舩

人法知無我　悟理詎勞筌
中流乃被溺　誰論在二邊
有無如取一　即被汚心田

無得無説分第七

「須菩提，於意云何？如来得阿耨多羅三藐三菩提耶？如来有所説法耶？」須菩提言：「如我解佛所説義，無有定法名阿耨多羅三藐三菩提。亦無有定法如来可説。何以故？如来所説法皆不可取不可説，非法非非法。」

頌曰：

菩提離言説　從来無得人
須依二空理　當證法王身
有心俱是妄　無執乃名真
若悟非非法　逍遥出六塵

「所以者何，一切賢聖皆以無為法而有差别。」

頌曰：

人法俱名執　了即二無為
菩薩能齊證　聲聞離一非
所知煩惱盡　空中無所依
常能作此觀　得聖定無疑

依法出生分第八

「須菩提，於意云何？若人滿三千大千世界七寶以用布施，是人所得福德寧為多不？」須菩提言：「甚多，世尊。何以故？是福德即非福德性，是故如来説福德多。」「若復有人於此經中受持乃至四句偈等為他人説，其福勝彼。何以故？須菩提，一切諸佛及諸佛阿耨多羅三藐三菩提法，皆從此經出。須菩提，所謂佛法者，即非佛法。」

頌曰：

寶滿三千界　賫持作福田
唯成有漏業　終不離人天

持經取四句　與聖作良緣
欲入無為海　須乘般若船

一切無相分第九

「須菩提，於意云何？須陁洹能作是念：『我得須陁洹果不？』」須菩提言：「不也，世尊。何以故？須陁洹名為入流，而無所入，不入色、聲、香、味、觸、法，是名須陁洹。」「須菩提，於意云何？斯陁含能作是念：『我得斯陁含果不？』」須菩提言：「不也，世尊。何以故？斯陁含名一往来，而實無往来，是名斯陁含。」「須菩提，於意云何？阿那含能作是念：『我得阿那含果不？』」須菩提言：「不也，世尊。何以故？阿那含名為不来，而實無来，是故名阿那含。」

頌曰：

捨凡初至聖　煩惱漸輕微
断除人我執　創始至無為

緣塵及身見　今者乃知非
七返人天後　趣寂不知歸

「須菩提，於意云何？阿羅漢能作是念：『我得阿羅漢道不？』」須菩提言：「不也世尊。何以故？實無有法名阿羅漢。世尊，若阿羅漢作是念，『我得阿羅漢道』，即為著我、人、衆生、壽者。世尊，佛説我得無諍三昧，人中冣為第一，是第一離欲阿羅漢。世尊，我不作是念：『我是離欲阿羅漢。』世尊，我若作是念，『我得阿羅漢道』，世尊則不説須菩提是樂阿蘭那行者，以須菩提實無所行，而名須菩提是樂阿蘭那行。」

頌曰：

無生即無滅　無我復無人
永除煩惱障　長思後有身
境亡心亦滅　無復起貪瞋
無悲空有智　蕭然獨任真

莊嚴淨土分第十

佛告須菩提：「於意云何？如来昔在然燈佛所，於法有所得不？」「不也，世尊。如来在然燈佛所，於法實無所得。」

頌曰：

昔時稱善慧　今日号能仁
看緣緣是妄　識體體非真
法性非因果　如理不從因
謂得然燈記　寧知是舊身

「須菩提，於意云何？菩薩庄嚴佛土不？」「不也，世尊。何以故？庄嚴佛土者，則非庄嚴，是名庄嚴。」「是故須菩提，諸菩薩摩訶薩應如是生清淨心，不應住色生心，不應住聲、香、味、觸、法生心，應無所住，而生其心。」

頌曰：

掃除心意地　名為淨土因
無論福與智　先且離貪瞋
庄嚴絶能所　無我亦無人
断常俱不染　穎脱出囂塵

「須菩提，譬如有人，身如須弥山王，於意云何？是身為大不？」須菩提言：「甚大，世尊。何以故？佛説非身，是名大身。」

頌曰：

須弥高且大　將喻法王身
七寶齊圍繞　六度次相隣
四色成山相　慈悲作佛因
有形終不大　無相乃為真

無為福勝分第十一

「須菩提，如恒河中所有沙數，如是沙等恒河，於意云何？是諸恒河沙寧為多不？」須菩提言：「甚多，世尊。但諸恒河尚多無數，何況其沙？」「須菩提，我今實言告汝，若有善男子、善女人，以七寶滿尒所恒河沙數三千大千世界，以用布施，得福多不？」「須菩提言：甚多，世尊。」佛告須菩提：「若善男子、善女人，於此經中乃至受持四句偈等，爲他人説，而此福德勝前福德。」

頌曰：

河沙數甚多　沙數更難量
將沙齊七寶　能持布施漿
有相皆為幻　徒言智慧強
若論四句偈　此福未為量

尊重正教分第十二

「復次須菩提，隨説是經乃至四句偈等，當知此䖏一切世間，天、人、阿修羅，皆應供養，如佛塔廟。何況有人盡能受持讀誦？須菩提，當知是人成就㝡上第一希有之法。若是經典所在之䖏，則為有佛，若尊重弟子。」

頌曰：

恒沙為比量　分為六種多
持經取四句　七寶詎能過
法門遊歷䖏　供養感修羅
經中稱㝡勝　尊高似佛陁

如法受持分第十三

尒時須菩提白佛言：「世尊，當何名此經？我等云何奉持？」佛告須菩提：「是經名為『金剛般若波羅蜜』，以是名字，汝當奉持。所以者何？須菩提，佛説般若波羅蜜，則非般若波羅蜜，是名般若波羅蜜。須菩提，於意云何？如来有所説法不？」須菩提白佛言：「世尊，如来無所説。」

頌曰：

名中無有義　義上復無名
金剛喻真智　能破悪堅貞
若到波羅岸　入理出迷情

智人心自覺　愚者外求聲

「須菩提，於意云何？三千大千世界所有微塵是為多不？」須菩提言：「甚多，世尊。」「須菩提，諸微塵，如来説非微塵，是名微塵。如来説世界，非世界，是名世界。」

頌曰：

積塵成世界　析界作微塵
界喻人天果　塵為有漏因
塵因因不實　界果果非真
果因知是幻　逍遥自在人

「須菩提，於意云何？可以三十二相見如来不？」「不也，世尊，不可以三十二相得見如来。何以故？如来説三十二相，即是非相，是名三十二相。」「須菩提，若有善男子、善女人，以恒河沙等身命布施。」

頌曰：

施命如沙數　人天業轉深
既掩菩提相　能障涅槃心
猿猴探水月　莨菪拾花針
愛河浮更没　苦海出還沉

「若復有人於此經中乃至受持四句偈等，爲他人説其福甚多。」

頌曰：

經中持四句　應當不離身
愚者看似夢　智者見唯真
法性無前後　無中非故新
藴空無實法　憑何見有人

離相寂滅分第十四

尒時須菩提聞説是經，深解義趣，涕淚悲泣，而白佛言：「希有世尊，佛説如是甚深經典，我從昔来所得慧眼，未曾得聞如是之經。」

頌曰：

聞經深解義　心中喜且悲
昔除煩惱障　今能離所知

遍計於先了　圓成證此時
宿乘無礙慧　方便勸人持

「世尊，若復有人得聞是經，信心清淨，則生實相。當知是人，成就第一希有功德。世尊，是實相者，則是非相，是故如来説名實相。」

頌曰：

未有無心境　曾無無境心
境忘心自滅　心滅境無侵
經中稱實相　語妙理能深
證知唯有佛　小聖詎能任

「世尊，我今得聞如是經典，信解受持不足為難。若當来世後五百歲，其有衆生，得聞是經信解受持，是人則為第一希有。何以故？此人無我相、人相、衆生相、壽者相。所以者何？我相即是非相，人相、衆生相、壽者相即是非相。何以故？離一切諸相，則名諸佛。」

頌曰：

空生聞妙理　如蓬植在麻
凡流信此法　同火出蓮花
恐人生断見　大聖預開遮
如能離諸相　定入法王家

佛告須菩提：「如是，如是，若復有人得聞是經，不驚不怖不畏，當知是人甚為希有。」

頌曰：

如能發心者　應當了二邊
涅槃無有相　菩提離所緣
無乘及乘者　人法兩俱捐
欲達真如理　應當識本源

「何以故？須菩提，如来説第一波羅蜜，非第一波羅蜜，是名第一波羅蜜。」

頌曰：

波羅稱彼岸　於中十種名
高卑緣妄識　次第爲迷情
焰裏尋求水　空中覓響聲
真如何得失　今始号圓成

「須菩提，忍辱波羅蜜，如来説非忍辱波羅

蜜。何以故？須菩提，如我昔為歌利王割截身體，我於尒時無我相、無人相、無衆生相、無壽者相。何以故？我於徃昔節節支解時，若有我相、人相、衆生相、壽者相，應生瞋恨。須菩提，又念過去，於五百世作忍辱仙人。於尒所世，無我相、無人相、無衆生相、無壽者相。」

頌曰：

暴虐唯無道　時稱歌利王
逢君出遊獵　仙人横被傷
頻經五百世　前後極時長
承仙忍辱力　今乃證真常

「是故須菩提，菩薩應離一切相，發阿耨多羅三藐三菩提心，不應住色生心，不應住聲、香、味、觸、法生心，應生無所住心，若心有住則為非住，是故佛説菩薩心不應住色布施。須菩提，菩薩爲利益一切衆生，應如是布施。」

頌曰：

菩薩懷深智　何時不帶悲
投身憂虎餓　割肉恐鷹飢
精勤三大劫　曾無一念疲
如能同此行　皆得作天師

「如来説一切諸相即是非相，又説一切衆生則非衆生。須菩提，如来是真語者、實語者、如語者、不誑語者、不異語者。」

頌曰：

衆生與藴界　名別體非殊
了知心似幻　迷情見有餘
真言言不妄　實語語非虚
始終無變異　性相本来如

「須菩提，如来所得法，此法無實無虚。須菩提，若菩薩心住於法而行布施，如人入[二]闇則無所見。若菩薩心不住法而行布施，如人有目，日光明照，見種種色。須菩提，當来之世，若有善男子、善女人，能於此經受持讀誦，則為如来以佛智慧悉知是人，悉見是人，皆得成就無量無邊功德。」

頌曰：

說空便為實　執我乃成虛
非空亦非有　誰有復誰無
對病應施藥　無病藥還祛
須依二空理　顒脱入無餘

校勘記

〔一〕「入」，底本脱，據文意補。

持經功德分第十五

「須菩提，若有善男子、善女人，初日分以恒河沙等身布施，中日分復以恒河沙等身布施，後日分亦以恒河沙等身布施，如是無量百千萬億刧以身布施。若復有人聞此經典，信心不逆，其福勝彼，何况書寫、受持、讀誦、爲人解說。」

頌曰：

衆生及壽者　蘊上假虛名
如龜毛不實　似兎角無形
捨身由妄識　施命爲迷情
詳論福比智　不及受持經

「須菩提，以要言之。是經有不可思議、不可稱量無邊功德。如来爲發大乘者說，爲發冣上乘者說。若有人能受持讀誦廣爲人說，如来悉知是人、悉見是人，皆得成就不可量、不可稱、無有邊、不可思議功德。如是人等，則為荷擔如来阿耨多羅三藐三菩提。何以故？須菩提，若樂小法者，著我見、人見、衆生見、壽者見，則於此經不能聽受讀誦爲人解說。須菩提，在在雾雾，若有此經，一切世間、天、人、阿修羅所應供養，當知此雾則為是塔，皆應恭敬作禮圍繞，以諸花香而散其雾。」

頌曰：

所作依他性　修成功德林
終無趣寂意　唯有濟群心
行悲悲廣大　用智智能深

利他兼自利　小聖詎能任

能淨業障分第十六

「復次須菩提，若善男子、善女人受持讀誦此經，若為人輕賤，是人先世罪業應墮惡道，以今世人輕賤故，先世罪業則為消滅，當得阿耨多羅三藐三菩提。須菩提，我念過去無量阿僧祇劫，於然燈佛前，得值八百四千萬億那由他諸佛，悉皆供養承事無空過者。若復有人於後末世，能受持讀誦此經所得功德，於我所供養諸佛功德，百分不及一，千万億分乃至筭數譬喻所不能及。須菩提，若善男子、善女人於後末世，有受持讀誦此經，所得功德我若具説者，或有人聞心則狂亂狐疑不信。須菩提，當知是經義不可思議，果報亦不可思議。」

頌曰：

先身有報障　今日受持經
暫被人輕賤　轉重復還輕
名了依他起　能除遍計情
常依般若觀　何慮不圓成

究竟無我分第十七

尒時須菩提白佛言：「世尊，善男子、善女人，發阿耨多羅三藐三菩提心，云何應住？云何降伏其心？」佛告須菩提：「善男子、善女人發阿耨多羅三藐三菩提心者，當生如是心，我應滅度一切衆生，滅度一切衆生已，而無有一衆生實滅度者。何以故？須菩提，若菩薩有我相、人相、衆生相、壽者相，則非菩薩。所以者何？須菩提，實無有法發阿耨多羅三藐三菩提心者。」

頌曰：

空生重請問　無心爲自身
欲發菩提者　當了現前因
行悲疑似妄　用智寂言真

度生權立我　證理即無人

「須菩提，於意云何？如来於然燈佛所有法得阿耨多羅三藐三菩提不？」「不也，世尊。如我解佛所説義，佛於然燈佛所無有法得阿耨多羅三藐三菩提。」佛言：「如是，如是。須菩提，實無有法如来得阿耨多羅三藐三菩提。須菩提，若有法如来得阿耨多羅三藐三菩提者，然燈佛則不與我授記，『汝於来世當得作佛，号釋迦牟尼』。以實無有法得阿耨多羅三藐三菩提，是故然燈佛與我授記，作如是言：『汝於来世當得作佛，号釋迦牟尼。』何以故？如来者，即諸法如義。若有人言『如来得阿耨多羅三藐三菩提』，須菩提，實無有法，佛得阿耨多羅三藐三菩提。須菩提，如来所得阿耨多羅三藐三菩提，於是中無實無虚，是故如来説一切法皆是佛法。須菩提，所言一切法者，即非一切法，是故名一切法。須菩提，譬如人身長大。」須菩提言：「世尊，如来説人身長大則為非大身，是名大身。」「須菩提，菩薩亦如是，若作是言：『我當滅度無量衆生，則不名菩薩。』何以故？須菩提，實無有法名為菩薩，是故佛説一切法無我、無人、無衆生、無壽者。須菩提，若菩薩作是言：『我當荘嚴佛士。』是不名菩薩。何以故？如来説荘嚴佛士者，即非荘嚴，是名荘嚴。須菩提，若菩薩通達無我法者，如来説名真是菩薩。」

頌曰：

人與法相待　二相本来如
法空人是妄　人空法亦祛
人法兩俱實　授記可非虛
一切皆如幻　誰言得有無

一體同觀分第十八

「須菩提，於意云何？如来有肉眼不？」「如是，世尊，如来有肉眼。」「須菩提，於意云何？如来有天眼不？」「如是，世尊，如来有天眼。」「須菩提，於意云何？如来有慧眼不？」「如是，世尊，如来有慧眼。」「須菩提，於意云何？如来有法眼不？」「如是，世尊，如来有法眼。」「須菩提，於意云何？如来有佛眼不？」「如是，世尊，如来有佛眼。」

頌曰：

天眼通非礙　肉眼礙非通
法眼唯觀俗　慧眼直緣空
佛眼如千日　照異體還同
圓明法界内　無處不鑒容

「須菩提，於意云何？恒河中所有沙，佛説是沙不？」「如是，世尊，如来説是沙。」「須菩提，於意云何？如一恒河中所有沙，有如是沙等恒河，是諸恒河所有沙數佛世界，如是寧為多不？」「甚多，世尊。」佛告須菩提：「尒所國土中，所有衆生若干種心，如来悉知。何以故？如来説諸心，皆為非心，是名為心。所以者何？須菩提，過去心不可得，現在心不可得，未来心不可得。」

頌曰：

依他一念起　俱為妄所生
便分七十二　九百亂縱横
過去滅不滅　當来生不生
常能作此觀　真妄坦然平

法界通化分第十九

「須菩提，於意云何？若有人滿三千大千世界七寶以用布施，是人以是因緣，得福多不？」「如是，世尊，此人以是因緣，得福甚多。」「須菩提，若福德有實，如来不説得福德多，以福德無故，如来説得福德多。」

頌曰：

三千大世界　七寶滿其中
有人持布施　得福也如空
由勝慳貪者　未得達真宗
須修四句偈　知覺證真〔一〕空

校勘記

〔一〕「真」，底本作「金」，據文意改。

離色離相分第二十

「須菩提，於意云何？佛可以具足色身見不？」「不也，世尊，如来不應以具足色身見。何以故？如来説具足色身，即非具足色身，是名具足色身。」「須菩提，於意云何？如来可以具足諸相見不？」「不也，世尊，如来不應以具足諸相見。何以故？如来説諸相具足，即非具足，是名諸相具足。」

頌曰：

八十隨形好　相分三十二
應物万般形　理中非一異
人法兩俱遣　色心齊一弃
所以證菩提　實由諸相離

非説所説分第二十一

「須菩提，汝勿謂如来作是念：我當有所説法。莫作是念，何以故？若人言『如来有所説法』，即為謗佛，不能解我所説故。須菩提，説法者無法可説，是名説法。」

幽冥禪師新加六十二字

尒時慧命須菩提白佛言：「世尊，頗有衆生於未来世，聞説是法生信心不？」佛言：「須菩提，彼非衆生，非不衆生。何以故？須菩提，衆生衆生者，如来説非衆生，是名衆生。」

頌曰：

不言有所説　所説妙難窮
有説皆為謗　志道霿其中
多言無所解　默耳得三乘
智覺一刹那　無生無用終

無法可得分第二十二

須菩提白佛言：「世尊，佛得阿耨多羅三藐三菩提，為無所得耶？」佛言：「如是，如是，須菩提，我於阿耨多羅三藐三菩提，乃至無有少法可得，是名阿耨多羅三藐三菩提。」

頌曰：

諸佛智明覺　覺性本無涯
佛因有何得　所得爲無邪
妙性難量比　得理則無差
執迷不悟者　路錯幾河沙

淨心行善分第二十三

「復次，須菩提，是法平等無有高下，是名阿耨多羅三藐三菩提。以無我、無人、無衆生、無壽者，修一切善法，則得阿耨多羅三藐三菩提。須菩提，所言善法者，如来説非善法，是名善法。」

頌曰：

水陸同真際　飛行體一如
法中何彼此　理上豈親疎
自他分别遣　高下執情除
了斯平等性　咸共入無餘

福智無比分第二十四

「須菩提，若三千大千世界中，所有諸須弥山王，如是等七寶聚，有人持用布施，若人以此般若波羅蜜經，乃至四句偈等，受持讀誦，爲他人説，於前福德，百分不及一，百千万億分乃至筭數譬喻所不能及。」

頌曰：

施寶如沙數　唯成有漏因
不如無我觀　了妄乃名真

欲證無生忍　惡假離貪瞋
人法知無我　逍遥出六塵

化無所化分第二十五

「須菩提，於意云何？汝等勿謂如来作是念：『我當度衆生。』須菩提，莫作是念。何以故？實無有衆生如来度者，若有衆生如来度者，如来則有我、人、衆生、壽者。須菩提，如来説有我者，則非有我，而凡夫之人以為有我。須菩提，凡夫者，如来説即非凡夫，是名凡夫。」

頌曰：

衆生修因果　果熟自然圓
法舩自然度　何必要人牽
恰似捕魚者　得魚忘卻筌
若道如来度　從来度幾舩

法身非相分第二十六

「須菩提，於意云何？可以三十二相觀如来不？」須菩提言：「如是，如是，以三十二相觀如来。」佛言：「須菩提，若以三十二相觀如来者，轉輪聖王則是如来。」須菩提白佛言：「世尊，如我解佛所説義，不應以三十二相觀如来。」尒時世尊而説偈言：「若以色見我，以音聲求我，是人行邪道，不能見如来。」

頌曰：

涅槃含四德　唯我契真常
齊名八自在　獨我自靈長
非色非聲相　心識豈能量
看時不可見　悟理則形彰

無断無滅分第二十七

「須菩提，汝若作是念：『如来不以具足相故，得阿耨多羅三藐三菩提。』須菩提，莫作是説：『如来不以具足相故，得阿耨多羅三藐三菩提。』須菩提，汝若作是念：『發阿耨多羅三藐三菩提心者，説諸法断滅相。』莫作是念。何以故？發阿耨多羅三藐三菩提心者，於法不説断滅相。」

頌曰：

相相非有相　具足相無憑
法法生妙法　空空體不同
断滅不断滅　知覺悟深宗
若無人我念　方知是志公

不受不貪分第二十八

「須菩提，若菩薩以滿恒河沙等世界七寶，持用布施。若復有人知一切法無我，得成於忍，此菩薩勝前菩薩所得功德。何以故？須菩提，以諸菩薩不受福德故。」須菩提白佛言：「世尊，云何菩薩不受福德？」「須菩提，菩薩所作福德不應貪著，是故説不受福德。」

頌曰：

布施有無相　三生卻彼吞
七寶多行慧　那知捨六根
但離諸有欲　旋弃愛情恩
但且無貪相　應到法王門

威儀寂靜分第二十九

「須菩提，若有人言『如来若来、若去、若坐、若卧』，是人不解我所説義。何以故？如来者，無所從来亦無所去，故名如来。」

頌曰：

如来何所来　修因幾劫功

断除人我見　方用達真宗
見相不求相　身空法亦空
徃来無所著　来去盡通通

一合理相分第三十

「須菩提，若善男子、善女人，以三千大千世界碎為微塵，於意云何？是微塵衆寧為多不？」「甚多，世尊，何以故？若是微塵衆實有者，佛則不説是微塵衆，所以者何？佛説微塵衆，則非微塵衆，是名微塵衆。世尊，如来所説三千大千世界，則非世界，是名世界。何以故？若世界實有者，則是一合相，如来説一合相，則非一合相，是名一合相。」「須菩提，一合相者，則是不可説，但凡夫之人貪著其事。」

頌曰：

界塵何一異　報應亦同然
非因亦非果　誰後復誰先
事中通一合　理則兩俱捐
欲達無生路　應當識本源

知見不生分第三十一

「須菩提，若人言：佛説我見、人見、衆生見、壽者見。須菩提，於意云何？是人解我所説義不？」「不也，世尊，是人不解如来所説義。何以故？世尊説我見、人見、衆生見、壽者見，即非我見、人見、衆生見、壽者見，是名我見、人見、衆生見、壽者見。」「須菩提，發阿耨多羅三藐三菩提心者，於一切法，應如是知、如是見、如是信解，不生法相。須菩提，所言法相者，如来説『即非法相』，是名法相。」

頌曰：

非到真如理　弃我入無為
衆生及壽者　悟見惣皆非
若悟菩提道　彼岸更求離

法相與非相　了應如是知

應化非真分第三十二

「須菩提，若有人以滿無量阿僧祇世界七寶，持用布施。若有善男子、善女人，發菩薩心者，持於此經乃至四句偈等，受持讀誦爲人演說，其福勝彼。云何爲人演說？不取於相，如如不動。何以故？一切有為法，如夢幻泡影，如露亦如電，應作如是觀。」

頌曰：

如星翳燈幻　皆為喻無常
漏識修因果　誰言得久長
危脆同泡露　如雲影電光
饒經八万刼　終是落空亡

佛說是經已，長老須菩提及諸比丘、比丘尼、優婆塞、優婆夷，一切世間天、人、阿修羅，聞佛所說，皆大歡喜，信受奉行。

金剛般若波羅蜜經一卷

（肖自强整理）

○二一九

金剛般若經義疏〔一〕

金剛般若經序

胡吉藏法師撰

《金剛般若波羅蜜經》者，斯乃是三觀之虚明，一實之淵致。昔仙人苑内，未燿此摩尼；今長者園中，方灑茲甘露。良由小志先開，故早馳羊鹿；大心始發，方駕此白牛。斯乃正教之供〔二〕範，薩埵明訓。非雲非雨，德潤四生；非日非月，照明三界。統萬行，若滄海之納衆流；蕩紛異，若冬霜之凋百艸。若具存梵本，應云《跋闍羅般若波羅蜜修多羅》，此土翻譯《金剛智慧彼岸到經》。明無累不摧，稱曰金剛；無境不照，目爲般若；永勉彼此，名波羅蜜；經者，訓法常也。

校勘記

〔一〕底本據《卍續藏》。

〔二〕「供」，底本原校云一本作「洪」。

金剛般若經義疏卷第一

胡吉藏法師撰

玄意十重：一序説經意，二明部僮〔一〕多少，三辨開合，四明前後，五辨經宗，六辨經題，七明傳譯，八明應驗，九章段，十正辨〔二〕文。

問：佛以種種因緣説《摩訶般若》，今有何等義故演説是經？

答：《摩訶般若》廣爲菩薩説菩薩行，此經爲諸大人略説大法。如經云，佛告須菩提，此經爲發大乘者説，爲最上乘者説故。

問曰：云何爲諸大人略説大法？

答曰：佛法無量，略説因果則總攝一切。

因者，所謂菩薩真實大願、真實大行。言大願者，如經：菩薩住般若心中，欲遍度一切衆生，令入無餘涅槃，而實無所度。言大行者，如經：菩薩不住於法而行布施等一切諸行，而無所行。若不以般若心發願，則願不成願。若不以般若心修行，則行不成行。是故菩薩欲修願行，要須般若，是名因義。

所言果者，菩薩以行無所得因故，得無所得果，無所得果即是如來實相法身。如經：不可以諸相得見如來，若見諸相非相，則見如來無爲法身。今欲爲諸大人説此因果，故説是經。復次，爲現在、未來一切衆生真實分别利益功德，故説此經。如經云：佛滅度後，後五百歲，般若中能生一念淨信，外爲諸佛護念，内得無邊功德，勝捨大千珍寶，亦勝捨恒沙身命。復次，爲欲説第一義悉檀，故説是經。第一義悉檀者，所謂諸法實相，滅一切戲論，過一切言語，亦無所過，亦無所滅，譬如火炎，四不可觸，的無所依止。如經：不可取、不可説。謂不可取心行斷，不可説言語滅，即是第一義悉檀。復次，以大悲心受請説法，故説是經。如《法華》云，於三七日中，思惟如是事，衆生諸根鈍，著樂癡所盲，我寧不説法，疾入於涅槃。爾時梵王稽首勸請，衆生根性爲上、中、下，願開甘露門爲演説法。是以如來便趣鹿苑説乎四諦，乃至祇園演於般若。

問曰：昔鹿苑説四諦，可爲梵王；今祇園演於般若，何開〔三〕受請？

答曰：梵王所請，非止小法；如來受請，本爲大事。大事者，所謂般若波羅蜜是。復次，佛欲集諸法藥，痛難痛病，故説是經。所以者何？一切衆生有二種病：一者身病，謂老病死；二者心病，謂貪瞋癡。自有生死已來，不得般若藥，故無人能治此病。佛以般若金剛摧破二病，故説是經。復次，欲增諸菩薩念佛三昧，故説此經。一切衆生雖欲念佛，不識如來，多墮邪觀。如經：以色見我，音聲求我，則墮邪道，不能見法身。法身者，以正法爲身，故秤法身。故《華嚴經》云，正法性，遠離一切言語道，一切趣非趣，悉皆寂滅相。正法性者，則是實相。斯經盛明實相，即是盛明法身，故觀身實相，觀佛亦然。爲斯觀者，名爲正觀；異斯觀者，名爲邪觀。復次，欲顯示中道，拔二邊見，故説是經。如經：發三菩提心者，於法不説斷滅相。菩提心者即是道心，道謂正道。發正道心，豈隨[四]斷常？若墮斷常，即發斷常心，是則不名發正道心。今欲令諸菩薩發正道心，斷常觀息，故説此經。復次，欲説異法門、異念處故，故説此經。昔説善門不善門、記門無記門、常無常、苦樂等念處，今欲説非善門非不善門、非記門非無記門、非常非無常念處。如經：法尚應捨，何況非法？復次，欲轉衆生深重障，故説此經。下云，應墮惡道，以受持經故，三惡道道[五]滅，當得三菩提。如是種種因緣，竝是依經文，及影龍樹《大論》，故説般若因緣。

問曰：爲何等位人説是經耶？

答曰：有人言般若是高位所行，我等凡夫豈預斯事？故望岸自絶。今謂不然，此人乃是無礙法中自作鄣礙，可不悲乎？若言般若必在高位，高位之人本自不墮惡道，何俟習行方得離耶？今經言：欲不墮惡道，不生卑賤家，欲世世人天淨土受樂，乃至究竟大般涅槃，須學般若。此意乃明，應墮惡道者，行般若故不墮。故從薄地凡夫已上，乃至十地已還，皆須學般若也。復次，有婆藪盤豆弟子金剛仙論師、菩提流支之所傳述，亦説般若緣起。所以説般若者，爲斷衆生十種鄣故。言十種鄣者：一無物相鄣，二有物相鄣，三非有似有相鄣，四謗相障，五一有相鄣，六異有相鄣，七實有相鄣，八異異相鄣，九如名義相鄣，十如義名相障。此之十障障於般若，八障般若一一障中皆對十障。所言無物相障者，衆生久劫已來著我我所，多滯有病，是以如來説一切法皆畢竟空。但稟教之徒聞畢竟空便起邪見，謂無因果，則失二諦。此之斷見障於般若，爲此障故，佛說斯經。如經：菩薩不住一切法，行於布施等一切諸行。故以萬行爲因，法身爲果，所以雖畢竟空而因果無失也。所言有物相障者，前是斷見，今是常見。稟教之徒，既聞菩薩行因得果，便謂因是能感果，能酬有，能行之人所行之行。是則無見雖泯，有念還生，故名爲障。爲是障故，說般若治之。如經：若菩薩有我相、人相，則非菩薩，見有法相非法相，亦非菩薩。雖復行施，三事恒空，因果宛然，而未曾感應。類如空中種樹，亦同空裏織羅，豈得聞有便起常見？所言非有似有相障者，稟教之徒，聞上菩薩不著有無，而便生異見，若使有無皆不可得，何得有萬用不同？故如六塵異對，四大互反，以有萬用，故知不無。

問曰：云何名爲非有似有？

答曰：譬如陽炎，非有似有，衆生所見萬用之有，此所見有非有似有，故秤爲障。云何治之？還以喻破，譬喻如陽炎，雖復似有而實非有，所見之有亦本自非有。如經：一合相者則不可說，但凡夫之人貪著其事。下夢幻泡影，亦是破之。

言謗相障者，或者聞上第二有物相障法體是空，次聞第三萬法用空，便謂生死涅槃、衆生佛性，一切皆空。作此空見，便謗佛性。所以者何？今辨空者生死虚妄，可得是空。佛性非妄，是故不空。是以經言：空者二十五有，不空者大般涅槃。此經下文云：亦非無相。非無相者，正明佛性非是無性相。

問曰：涅槃可明佛性，般若何有此說？

答曰：涅槃明佛性，般若未明佛性，此是訶梨門人作如此說。今婆藪弟子明般若佛性乃是眼目異名，是故般若亦明佛性。

次第五、第六，一有相障、異有相障者，此即一異相對。斯之一異，通内外兩計，備一切諸法。如僧佉計一，世師計異，尼乾子計亦一亦異，若提子計非一非異，斯之四執，皆障般若。又如學佛教之徒，或言二諦一體異體，或言相續假故一，實法滅故爲異，如此定〔六〕執，亦障般若。云何治之？如下文説，如來説一合相，則非一合相。亦應云，如來説異散相則非異散相，但凡夫貪著，見一合相，亦凡夫貪著，見異散相。故諸佛菩薩，檢此一異，究竟無從[七]，名破一異。

第七、第八，實有相障、異異相障者，此之兩障，執教執相，以爲一雙。言教執者，上來六章[八]事竝皆空破除，或者便云，如其無者，佛何故説？以佛説故，則知不無。由如色法，如其是無，不應説色，以説色故，則知非無。以執佛説，言法實有，故名爲障。云何治之？如下文説，菩薩不應住色生心，不應住聲、香、味、觸、法生心。若有六塵，云何不住？以不住故，則知無六。如來雖説有六，但假名字，云何執於假名便言實有？異異相障者，惑者云，若諸法但有假名無實體者，云何諸法各各有相？如見鵠知池，見烟知火，名爲標相。頸細，脣龜，底平，腹大，是缾體相。角夆[九]、垂壺，是爲牛體相。既有此諸相，不應但有假名。作此執者，即名爲障。云何治之？如經云：離一切相即名諸佛。若實有相，云何可離？以其離故，則知無相。

第九如名義相障，第十如義名相障。所言如名義相障者，惑者云：若諸法無有相者，云何有名？以有名故，則知有相。如以火名召火，則得火來，不得水至；以水召名[一〇]水，則得水來，不亦[一一]得火至。故知有名以表於法，則法體不無。作此謂者，即秤爲障。然此第九與第七障不同者，第七則執於佛教以生迷著，今則真[一二]尋相[一三]名，言有物體，所以爲異。云何治之？如下經云：説微塵則非微塵，如聚微塵則成細色，如聚細色乃至成於世界，雖有世界之名而實無其體，乃至雖有微塵之名而實無其體。既無其體，焉得有名？如肇公云：名無得物之功，物無應名之實。名無得物之功則非名，物無應名之實則非物。非名非物，名物安在？

第十如義名相障者，惑者言：若諸法無體，云何衆生受用萬法，既其受用，則有萬法之體，以有萬法之體，則有萬法之名，以體證名，故祥〔一四〕爲障。云何治之？如下經説：一切有爲法，如夢幻泡影。内心外境，悉無所有，云何言有法體，以體證名耶？

問曰：此之十障，般若治之。今爲當用此釋，爲當不用？

答曰：若必言有惑是能障、解是能滅，還是生滅觀義，即是障也，便須破之。若言般若爲能破，障爲所破，爲見故破，不見故破，爲獨故破，爲伴故破，如此檢責，即不見惑之可滅、解之可生，此即非解非惑、無生無滅。如此事〔一五〕了悟，始名般若也。

第二重明般若多少。

問曰：般若波羅蜜，凡有幾種？

答曰：備採南北，遍撿經論，部數不同。

第一，有二種。出《大智論》第四十一及九十九卷，云：般若有二種，一共聲聞説，二但爲十地諸大菩薩説，下位之所不聞。今諸部般若多是共聲聞説也。

第二，有三種。三種者，《釋論》第六十七卷云，般若部云〔一六〕般若部儻，有多有少，有上、中、下，謂《光讚》《放光》《道行》也。舊云《光讚》有五百卷，此土零落，唯有十卷，或分爲十二卷，有二十七品，即是上品。次《放光》爲中品，《道行》爲下品也。《放光》有二十卷，是古大品，道安法師所講者。今新定本有二十七卷，或爲二十四卷。對小品爲大品，於前三部實應是中品也。《道行》即是小品，有十卷。即有新定本，有七卷。《釋論》七十九卷云，般若義乃無邊，卷數有限。謂《小品》《放光》《光讚》，既前列，餘二同前，而以《小品》名代《道行》也，故知《道行》即是《小品》也。

第三，明四種般若者，長安叡法師《小品序》云，斯經正文凡有四種，多則十萬偈，少則六百偈，此之大品猶是外國中品耳。隨宜之言，復何足計其多少？雖習〔一七〕四名，而不列數。有人云，當以《金剛》足前三部，以爲四也。然《金剛》止有三百許偈，叡公云少則六百偈，故知未必用《金剛》足之。

次明五時般若者，出《仁王經》。初云釋迦入大寂定，衆相謂言：大覺世尊前已爲我等大衆二十九年説《摩訶般若波羅蜜》《金剛般若》《天王問波若》《光讚波若》，今復放光，斯作何事？既列四種於前，第五最後説《仁王護國般若》。又《大悲比丘尼本願經》末記，或在《仁王》末記，云五時波若者，是佛三十年中通化三乘人也。第一，佛在王舍城説《大品般若》《小品》從中出。第二，佛在舍衛祇洹精舍説《金剛波若》，本有八卷，淮南零落，唯有格量功德一品，别爲一卷，存其本名，亦云《金剛》。第三，佛在祇洹説《天王問波若》，大本不來漢地，此土唯有《須真天子問波若》七卷、《法才王子問波若》三卷、《四天王問波若》一卷竝出其中。第四，佛在王舍城説《光讚般若》，《成具》《道行》《廣淨》此三部從《光讚》中出。第五，佛在王舍城説《護國波若》。

次流支三藏云，波若應有八部：第一部有十萬偈，第二部有二萬五千偈，此之二部猶在外國。第三部有二萬二千偈，即是《大品》。第四部有八千偈，即是《小品》。第五部有四千偈，第六部有二千五百偈，此之二部亦未傳漢地。第七部有六百偈，即是《文殊師利波若》。第八部三百偈，即是此《金剛波若》。又言有《光讚》《大空》《道行》等。流支三藏云，此皆十萬偈波若中一品，非是别部。今以《釋論》驗之，不同流支所説。《釋論》云：波若部儻有多有少，有上、中、下，云何言《光讚》《道行》非是别部耶？又《大論》第百卷云，如此中波若或有二萬二千偈，大波若有十萬偈，諸龍天宫有千億萬偈，以其壽命長遠，念力堅強故，堪聞多説，人中壽命短促、億識力弱，止有少許文字。若爾，豈局在五時，限現於八部耶？

第三，辨開合。

問：餘經曾無再説，何故波若諸部無量？

答：佛經無量，來漢地者蓋不足言。但今唯見波若多部，未見餘經多耳。而今且論波若多部者，衆生入道要由波若。所以者何？一切凡夫未得道者，皆由有所依著。波若正破衆生有所依著，故説無依著〔一八〕之法。波若是真實懺悔故，諸大乘經辨真實懺悔皆依般若。如《普賢〔一九〕經》云，一切業障海，皆從妄想生，若欲懺悔者，端坐念實相。《大涅槃》亦云，若聞無作無受，王之重罪必得除滅。

問：諸經各説無所得法，各滅重罪，云何獨言諸經滅罪皆依波若？

答：諸大乘經雖竝是無依無得，但波若多作無依無得之説，正破衆生依得之病，餘經不爾。至如《涅槃》正明常無常，《法華》明會三歸一之法，《華嚴》廣明菩薩因果德行，不正辨無依無得。爲是義故，衆經説得道之與滅罪，要須波若。是以般若有多部不同，取其大要，衆生常有依得之病，是以如來常説無依得法。如《二夜經》云，佛從得道夜，訖至泥洹夜，常説波若。五時之與八部，何足爲多？

問：般若五時爲五部，《華嚴》八會何故不爲八部？八會既合爲一部，五時何不合爲一部？

答：通而爲論，皆得相類。今不爾者，《華嚴》八會，此義則前後相成。如前説十信、十住、十行、十迴向、十地，及大小相海，此即淺深次第因果相成，故得合爲一部。五時般若非是淺深次第、前後相成，故各開五部。

第四，重明二經前後。

問：《摩訶般若》《金剛般若》，何者前説？

答云：開善法師、會稽基法師、姑蘇華山顔法師、大領師等皆云，如《仁王》所列，前説《摩訶》，次説《金剛》。更以兩義證之。一者，《大智論》云，前未説菩薩行，今始欲爲彌勒等説菩薩行，故説波若。若前已説《金剛波若》，則是已説菩薩行，不應言未説也。二者，《金剛波若經》初云，善護念諸菩薩，善付屬諸菩薩。未說《摩訶般若》，則未有菩薩，云何付屬、護念耶？今說《摩訶》竟，方有菩薩，故後說《金剛般若》，始得明護念、付屬菩薩也。

次有人言，前說《金剛》，後說《大品》。何以知之？有三義三文往證。三義：一、金剛是破相之名，十二年中名有相教，受字[三〇]之徒生分別相，封執難祛，佛初開此經明無相深理，破彼相[三一]著心，故假金剛強喻空解。二者，說此經止集千二百五十比丘等，不廣集天、人、菩薩，正爲將明甚深空理，化著相衆生，欲令親近弟子在前悟解，因此得便[三二]，傳教義成，便[三三]聲聞助佛揚化。菩薩理中近佛，事迹更遠。又欲令菩薩轉教，聲聞望岸而退故，前爲常隨佛者說於此經。三者，形小故有大。前說此經甚略，未廣明菩薩萬行，名爲小。後演《放光般若》，此始復廣明無相，解萬行差別，名爲《摩訶般若》。以此義往推，故知《金剛般若》是第一時說，《摩訶般若》次在第二。次文證亦有三：一者，此經下文，須菩提問佛云，頗有衆生得聞如是言說章句，生實信不。若爾，前已說《大品》，無量衆生得信悟解、轉教說法，善吉於《大品》教門曾無此疑，今至此經方復致問，在義難解。二者，善吉領解云，我從昔來所得慧眼未曾得聞如是之經。若爾，前佛說《大品》，豈不能說經轉教？那得言不聞深經。若聞而未悟，豈能轉教？三者，善吉答佛不[三四]應以三十二相見如來。若爾，前已聞《大品》，云何執色相是佛？若生此執，非謂解空。故知直執昔日相教，故謂色身爲佛。而開善舉兩義爲證，今須釋之。一者，《大智論》云，說《摩訶》已前未明菩薩行者，此是未廣明菩薩行耳，非不已略說《金剛》。二者，云未說《大品》，故未有菩薩善付屬者。此事不然，今明佛初成道，以三乘度人，豈無菩薩付屬？彌勒即是其人。以文義往推，故知前說《金剛波若》也。今明此之二釋未可專判，隨宜之言，復何可定其前後？或可一時具説多部，或可一部具經多時，至《大品》中更當委釋。

第五，辨經宗。

問：此經以何爲宗？

答：釋者不同。有人言以無相境爲宗。所以者何？明此經正遣蕩萬相，明無相理，故以無相之理爲此經宗。有人言此經以智慧爲宗，自有二説。一説云，慧有二種，一者因中智慧，二者果中智慧，今正以因中智慧爲此經宗。凡有四文爲證：一者，《大品》初云，欲得一切種智，當學般若。此意言欲得佛地智慧，當習因中智慧。二者，《勸學品》通勸三乘學般若，此經未説二乘作佛而勸令學般若，證般若但在因中，非是果也。三者，《釋論》初云，爲彌勒等説菩薩行，故説般若，故知是般若因中之行，至果則轉名萬德。四者，《釋論》四十九卷云，因中名般若，菩薩成佛時轉名一切種智，故般若不屬佛，但屬菩薩。又云，般若成佛時轉名薩般若，佛智窮堅極利，即是金剛薩波若。今既説波若，故知但明十地無漏，所以是因中般若爲宗。有人言，從初地以上，終乎佛果，皆平等悉爲經體，此則因之與果竝爲經宗，即開善舊用。因[二五]慧中，復有二説。有人言，但取無相實慧以爲經宗，故《勝鬘經》云，金剛喻者是第一義智。有人言，實智、方便智悉爲經宗，故《大品》二周之説具明二慧。有人言，境之與智合爲經宗，故瑶法師云，語經宗極則以實相爲宗，明聖心則以妙智爲主，是故境、智合爲經宗。

問：如斯等説，何者是實？

答：有人言，皆有道理，悉是佛語故。有人言，如此諸説，竝悉失般若意。又有人言，唯我一解是，餘釋盡非。如莊嚴云，因名金剛，果非金剛，以因中斷惑，果地不斷。開善云，因果俱金剛，因果俱斷惑，故云佛智斷、佛菩提智斷。今明般若無一定相，如大火炎，四邊不可觸，豈得各定執？今當一一責之。若言境是波若，而今般若於汝正是智慧，云何辨於般若，不以般若爲宗，遂取非般若爲宗？次責問，若以智慧爲宗者，《大智論》云，般若深重，智慧輕薄，今既説深重般若，何故不取深重般若爲宗，而取輕薄智慧爲宗？次問，若取因中智慧以爲般若，是亦不然，所以者何？經中有種種説，或云因名般若，果稱薩般若，或因果悉稱般若，如《大經》三德之中有般若德，故知般若亦是果名，不應偏執。次問，若言始從初地終至佛果，通取因果爲宗者，是亦不然。《釋論》云，有人言，漏無漏慧皆是般若。有人言，但無漏慧是於[二六]般若，龍樹無的取捨，何因緣故而汝偏執？又問，若言般若通因果者，何故《釋論》但云是因，斯則得通，復告[二七]其别？次責，若言境、智合爲宗者，亦應境、智合爲般若，於汝義中，智是正般若，境是相從般若，亦應智是正宗，境是相從宗，此與前説更復何異？次問，若言七家皆是者，此不識得失耳，如愚癡盲人不知道路通與不通，皆言是道，故復爲失也。次問，若言莊嚴爲是，開善爲非者，開善亦以開善爲是，莊嚴爲非。此亦一是非，彼亦一是非，竟誰是耶？如《大品》云，是見實，餘妄語耳。

問：山門解釋與他爲同爲異？

答：若求由來，衆解若得，可問與今義同異，求竟不可得，將誰同異耶？能如此不同不異，不自不他，無依無得，一無所住，即是般若之玄宗也。作上解有所依住，皆非般若宗也。今明般若無有定相，隨緣善巧，義無不通。而正般若未曾境與不境、智與不智，乃至因與不因、果與不果，方便隨緣，在因名因，在果名果，在境名境，在智名智，故果、因、境、智必得名悉得。如肇師云，原夫能境、智、因、果者，豈境、智、因、果之所能？良以非境非智、能境能智、非因非果、能因能果等耳。而今就文爲論，一往方言，般若非因非果，正以因果爲宗。

問：以何義知因果爲宗？

答：經及論文竝作此説。經云，發菩提心住般若，乃至無住相布施，如此大願大行即是因義。

次得如來無爲法身，即是果義。論文至信者章中云，説因果深義，於彼惡世時，不空必[二八]有實，故知明因辨果事已究竟，然後方明信受，故知因果爲此經正宗耳。

第六，辨經名。更開五句：一解佛説，二釋金剛，三解般若，四釋波羅蜜，五明經。

經曰《金剛般若波羅蜜》。釋曰：經題有二種，一者具足，二者不具足。具足應言《佛説金剛般若》，不具足但云《金剛般若》。

問曰：餘經何因緣故不題佛説？

答：一切諸經，佛口自説，皆悉應題爲佛説也，而不題者，存略故。

問曰：何故此經題爲佛説耶？

答曰：《大智論》云，有五種人説：一者佛口自説，二者弟子説，三者諸天説，四者仙人説，五化人説。今此經是佛口自説，非餘人説，是故題佛説也。

問曰：餘經亦是佛口自説，非餘人説，何故不云佛自説？

答曰：已如前説，理實應題，以存略故。復次，如《大品》等經命須菩提説，非佛自説，是故不得題爲佛説，但云《摩訶波若》，波若具兼師、弟子二説。此經不爾，雖對須菩提而佛自説，非命説也。復次，以理言之，應題佛説。所以者何？諸外道六師等輩亦皆説經，今恐墮邪見，欲簡異六師，故題佛説，使人信受法也。復次，道不狐[二九]運，必由人弘。法雖佛師，要由佛説，法乃得弘，以是義故，題能説之人、所説之法，則於義具足也。

二釋金剛。

問曰：金剛爲是譬名，爲是法名？

答曰：有人言金剛是譬，如世間中金剛寶，堅而且利，譬於波若，體堅用利。今謂不然，所以者何？汝於法、譬生二見故。謂金剛但譬而非法，波若但法而非譬，則譬礙於法，不得以譬爲法；法礙於譬，不得以法爲譬。復次，若言借世金剛喻般若者，亦應借世智慧以譬般若。若言般若自有智慧，非世間智慧，亦應自有金剛，非世間金剛也。復次，若言金剛是譬喻者，摩訶之名亦應是譬喻。若言般若廣大體是摩訶，亦應般若堅利體是金剛。

問：汝今何故作如此難？

答：波若名爲真實之法，無所依止，不可言大，不可言小；不可言法，不可言譬。過一切語言，滅一切觀行。今非小大，歎美爲大。非金剛非不金剛，歎美爲金剛。非小非大，寄大以宣之，大既是法，非金剛非不金剛；寄金剛以宣之，金剛亦得是法；借金剛以目之，金剛既是譬；寄大以目之，大亦是譬。故以譬言之，一切皆是譬；以法言之，一切皆是法。復次，金剛是譬，般若是法。金剛是喻，非喻爲喻。所喻之理，非理爲理。非理爲理，雖理而事。非喻爲喻，雖事而理。雖理而事，故知非理。雖事而理，故知非事。是以般若未曾理事，但無名相中假名相說，故金剛爲事，般若爲理，此是不二二義，爲衆生故，假名相說二，豈定二耶？

問云：何是金剛耶？

答曰：《大智論》云，外國名越闍，此言金剛。又《華嚴經》云斫家羅，此翻金剛圍山。又舊相傳，直云跋闍羅，真諦三藏云跋闍羅侈臺履反迦居伽反。

問曰：舊翻跋闍羅爲金剛，出何處文？

答：《賢愚經》第二卷波斯匿王醜女名跋闍羅，晉言金剛。

問曰：汝以金剛喻般若者，此有何義？

答曰：如世間寶，金剛第一；出世間寶，般若第一。復次，如金剛寶，一切世人不能秤價，般若法寶所有所生功德，一切世人不能秤量。復次，如金剛寶若置山頂及在平地，直過無礙，到金剛際，同性乃住。般若金剛亦復如是，置福山頂，若罪平地，直過無礙，到諸法實相，非罪非福、非有非無，同性乃住。復次，如世[三〇]金剛寶照徹清淨，故羅什云，方寸金剛照數十里，物皆映現，般若亦爾，照實相水，明了清淨。復次，如金剛寶，除那羅延，一切衆生不能執持，般若亦爾，除信悟無依無得大力觀人，若樂小法及著見衆生不能信持。如經説，爲發大乘者説，爲發最上乘者説，若樂小法者及著諸見不能信持。復次，譬如丈夫食小金剛，終身不銷，波若亦爾，若能了悟，不可朽滅，必得作佛。復次，若有衆生得金剛寶，遠離一切貪〔三一〕窮困苦，受諸安樂，若得般若，離生死苦，得大涅槃。復次，如金剛寶所在之處，能銷惡鬼及諸蠱毒，般若亦爾，所在之處，天魔、外道、惡鬼不能得其便。復次，如金剛寶，悉摧破一切諸物，而是金剛無有折損，般若亦爾，悉能摧破一切煩惱而無折損。復次，金剛，一切諸物不能摧破，般若亦爾，一切論者及諸煩惱不能摧破。復次，如金剛寶若在日中，色則不定，般若亦爾，在大衆中亦復不定，或説名因，或説名果，在小心人中則名爲小，在大心人中則名爲大，在境名境，在智名智，而是般若無一定相。故偈云，般若是一法，佛説種種名，隨諸衆生力，爲之立異字。復次，如金剛寶雖有如此種種勝用，未嘗有心自言我勝，般若亦爾，雖有無量種種功德而未當有心，是故般若不可思議。

問：金剛出何處？

答：《毗婆沙》云，如從鑛出金，從金出金剛，故知金中之精名金剛。

問：金剛與天如意珠云何同異？

答：《大智論》云，帝釋手執金剛與修羅鬭，碎落閻浮提，變成如意珠。《毗婆沙》云，金剛能破頗梨山及如意珠，故知異也。

復次，此明般若與金剛同，而是般若超絶金剛，非可譬喻。金剛是世間物，般若非〔三二〕間。失〔三三〕之則憂之〔三四〕，得之則喜，得般若者無憂無喜。金剛是無知之物，般若無知無所不知。無量功德，今略説而已。

復次，有人言，聲聞法中，從假名空，終至羅漢，通名金剛。菩薩法中，從三十心，終至佛慧，通名金剛。若別而爲論，從初地以去，終至佛慧，始名真金剛。所以者何[三五]？而三十心人但是學妄，未得真妄，但是伏惑，未能斷惑，相田[三六]入體，所以未得秤真金剛也，亦得相從名金剛。初地以去，得於真妄，解正能斷惑，相不入體，是真金剛。舊以窮學之心喻金剛者，約開善義，伏惑既周，又無明元品之惑，此最難伏，唯是窮學之心而能伏之，故至佛果，起佛智斷之。以是義故，窮學之心名曰金剛。復次，有人言，窮學之心正能斷惑，故名金剛。如此等說，竝言有惑之可斷，有解之能斷。以是義故，名有所得。有所得故，不能斷惑，無有金剛。如經中說，有所得者不從一地至一地。復次，汝言未斷惑時有惑無解，斷惑之時有解無惑。此則惑是本有而今無，解是本無而今有，是生滅觀。如經中說，諸法本有今無，又言，若諸法前有後無，諸佛菩薩則有罪過。今所明者，知惑本不有，今亦不無，解本不無，今亦不有。是故諸法不有不無，不生不滅，非縛非解，無觀無緣，乃名般若。

問曰：若如是者，云何經言，一念相應慧，斷煩惱及習？

答：若見有生滅，則不能斷。以了諸法不解不惑，非斷不斷，故煩惱斷也。

問：金剛但喻般若，亦喻餘法？

答：借金剛種種喻，《大經》以喻法身云金剛身，又喻三昧云金剛三昧，此喻定爲金剛也，今喻智慧名金剛也。

問：金剛是天上寶，是人中寶耶？

答：人天具有。如轉輪王金輪是金剛寶，故所擬皆碎，帝釋執金剛與修羅鬪，即是天上寶也。

第三，釋般若。

般若是外國語。《釋論》有二文：一者，般若，秦言智慧，開善用之；次文云，般若深重，智慧輕薄，不可以輕薄智慧秤量深重般若。莊嚴法師云，般若名含五義，智慧但是一條，非正翻譯。但解智慧，經論不同。《淨名經》分二字解之，知衆生心念如應説法，起於智業，不取不捨；入一相門，起於慧業。舊釋此文云，智是有解，慧是空解，亦智是化他，慧是自行。《大品》云，道慧、道種慧、一切智、一切種智。此則智慧名通空有也。又因名慧，果秤智，如因名道慧、道種慧，果秤一切智、一切種智。又智名通因果，如三智義，聲聞一切智，菩薩道種智，佛一切種智。又慧名通因果，《法華》云，諸佛平等大慧也。《成論》文合解智、慧兩字，云真慧名智；又云慧名智人。又云，《慧義經》中説脱[三七]智是慧義，故智猶慧也。又《大智論》亦有二文：般若者，秦言慧也；又云，秦言智慧也。

問：經論何故言語或出或没、乍合乍開，不分明一途示人，合[三八]分明得解耶？

答：聖人非不能一途分明示人，而今有出没言者，此有深意。以衆生本來有取著之心，以是因緣，繫屬於魔，生死不絶，若輪常轉，不悟中道佛性正觀般若。今若復作一途實説，則更增其依者[三九]之心。所以不定出没，動其生死根裁[四〇]，令逈悟正法，故不定之説爲益深矣。若學者定執經論一文，以成一家之義者，皆是繫屬魔人耳。又衆生非一國土、一根性、一善知識，是故諸佛種種説法也。

問：已知般若名，云何是般若體？

答：地論人説，有二種般若：一真修般若，即第八識；二緣修般若，即第七識。成論師言，緣真諦心忌[四一]懷絶相，以此解心爲般若體。阿毗曇師云，緣四諦理，無漏慧相是般若體。此三解即世盛行，具須破洗。至《大品玄》中廣明，但即世多誦此經，今輒言其要句，冀參玄君子，領其指外。

問：今以何爲般若？

答：若行人了悟顛倒，豁然悟解，假名般若。

問：此豁然悟解豈非心耶？

答：此解悟非心非離心。

問：云何非心非離心？

答：既言心悟解，豈離心耶？此悟心畢竟不起有心無心，豈即心耶？

問：若言心悟，還是即心？若言悟此心，不得心有無，便是離心？

答：猶言即離，還是不悟。如其得悟，竟有何即離？

問：既不即離，應不迷悟？

答：迷故言其即離，悟故了無即離，既不即離，竟復何有迷悟耶？可取其意，勿著其言也。

第四，釋波羅蜜。

波羅蜜，此云彼岸到，外國風俗法，凡作一事究竟名波羅蜜。今悟道之人雖復積功累劫，若不得般若，爲行不成，若悟般若，萬行周畢，故名波羅蜜般若〔四二〕。

問：既有彼岸，云何爲此岸及中流耶？

答：聖人直假名説彼岸，令其因此悟入，何必須作此岸、彼岸、中流耶？《大經》云，雖無此岸而有彼岸，即其事也。必須作者，《大智論》云，有無見爲此岸，破有無見智慧爲彼岸，檀爲中流。

第五，釋經。

經有三種，或文爲經，或理爲經，或文理合爲經。地論師云，三十心前人文爲經，三十心文理合爲經，初地已去用理爲經。今明文理因緣故爲經。因文悟道，故以能表之文爲經也。

第七，辨傳譯。

問：《大悲比丘尼本願經》末記云，《金剛般若》本有八卷，今唯有《格量功德》一品，此事云何？

答：義不應爾。所以者何？此一卷經具有三人翻譯。一者，羅什法師弘始四年於逍遥園正翻一卷，若有八卷，何不翻譯之？二者，流支三藏於此土重復翻譯，經之與論合有三卷，而經長有信者一章，論解釋始終事義既畢，初則明經〔四三〕緣起歸敬之義，末則表隨喜讚歎功德，若有八卷，何因緣故止解一品？三者，真諦三藏於嶺南重翻此經，文小意廣，不云有八卷。又且此經序、正、流通三分具足，何得止言一品？

問：《大悲比丘尼本願經》末記又云，初説《大品》、《小品》出其中；後説《光讚》、《道行》出其中，此事云何？

答：是亦不然，《道行》由是《小品》之異名。《大智論》前列《光讚》《放光》《道行》，後復列云《小品》《放光》《光讚》，故知《小品》即《道行》之異稱也。叡公《小品序》云，此經三十章，貫之以道，故稱《道行》，當知《道行》由是《小品》。

第八，明應驗。

問：誦持般若，有何驗益？

答：此經流行漢地二百餘年，誦者得益，不可稱記。昔在山僧誦之，空中彈指，異香滿室。又開善法師誦，得延壽七年。又朱仕衡行〔四四〕以《大品》投火，火爲之滅而經不燒。廣益無量，不可具述。

第九，釋章段。

此經文約理玄，釋者鮮得其意，致使科段烟塵紛穢，遂令般若日月翳而不明。今粗列衆師，以示其得失。原夫大聖屬緣吐教意，令表筌悟實，其旨則不在文字，希得意之徒，領其要歸其所寄也。自北土相承，流支三藏具開經作十二分釋：一者序分，二者護念、付屬分，三者住分，四者修行分，五者法身非有爲分，六者信者分，七者格量分，八者顯性分，九者利益分，十者斷疑分，十一者不住道分，十二者流通分。夫大聖説法，必有由致，故有序分。將説大法，必爲諸菩薩，已悟之徒則須加被，未悟之者付屬已悟，故有第二護念、付屬。既護念、付屬，令其住般若中，故有第三住分。雖得住立，更進修諸行，故次有第四修行分也。以修無得之因，故得無爲之果，故次明法身非有爲分。説此因果，必有信受之人，故次須明信者分。信持則功德無邊，故須明格量分。持説之人所以功德無邊，必由佛性，若不識於佛性，則無此功德，故有顯性分也。以依佛性所修功德利益無窮，故須明利益分也。上來一周説法，利根已悟，中、下未了，更復生疑，故有第十斷疑分。疑心既除，則無所依住，故有第十一不住道分。此之大法，非止益現在，亦利益未來，故有第十二流通分也。

然分雖十二，不出因果，統其始末，凡有四周。護念、付屬至修行分，此則明因；法身非有爲分，斯則辨果益，是一周明因果也。次從信者分至于格量，此則爲因感得顯性之果，此則次周明因果也。既明佛性，依性之修行即因義，有因故得果，即利益分，謂三周明因果也。斷疑爲因，不住道爲果，則四周明因果也。然此之解釋，盛行北地，世代相承，多歷年序，而稟學之徒莫不承信，余鑽仰累年載，意謂不然。今請問之：此十二分爲出《般若經》文，爲是《婆藪論》釋？今所觀經論，悉無斯意，蓋是人情自穿鑿耳，渾純[四五]之絞絡，良弊於此也。

問：作此分文，有何過失，而汝非之？

答：其妨甚多，不可具載，今略題數過，以示其通塞也。一者，作此分文，則不識經之通別。所以者何？至如序分則通序一經，如護念、付屬等十分，此是正説中之別段，云何取經之通文以例正説之別段？斯則失之大矣。又且汝云，從大千珍寶至捨恒沙身命，名格量分，此則未識經始終，故有斯謬耳。所以者何？此中格量，凡舉内外兩施，外施則有三千之與恒沙，内施之中亦有二種：一者直捨恒沙身施，二者次舉日三時捨恒沙身施，此方盡格量之極。汝何故但取前三種爲格量分，而不取三時捨身爲格量分？是以爲失。又且論云，從法身非有爲分已來，竝是斷疑，汝云何獨取須菩提重問已去爲斷疑分？又且此經兩周之説，經論竝作斯判，汝何故取前周之説以開多分，取後周之説合爲一分？抑大爲小，患之甚也。又流通實是大章，還依小段之例，亦所不可。其間碎分章句，爰至異言語〔四六〕目，於經論竝穢，至文當具顯之。

復有人言，十二分開之，既其難解，取其易見，裁爲六章。六章者：一、序分，二、護念、付屬分，三、住分，四、修行分，五、斷疑分，六、流通分。此之分别，蓋是學之劣者，過還同前，而患復更甚。所以者何？若言後同是斷疑分，就斷疑中不復更開，附前亦是，同非斷疑，不斷疑中亦應不開。不斷疑中有種種義，既開多分，斷疑之中何因緣故取爲分〔四七〕？若爾，塗行乞食應是一分，若使塗行乞食既屬序分而不開者，護念、付屬屬正説，亦應不開。又元前解之與後釋，都不識論文之大體。所以者何？論主直是釋其難文，略其易句，云何後人見論解釋便取爲科段？

復有人注《金剛般若》開三門：從如是我聞至願樂欲聞，是因緣門，謂具此因緣故得説般若。從佛告應如是降伏至見諸相非相，明般若體門。從白佛頗有衆生下，明功德門。然此解釋，義亦不盡。流通復屬何門？又復後周重説，又屬何門？

有人言，開爲三段：一者序説，二者正説，三者流通説。大聖説法必有由漸，故有序説。序説既竟，正宗宜開，故有正説。非唯近益當時，亦乃遠被來葉，故有流通説。今謂三説開經，於理無妨。但開善之流不識三説起盡，故復爲失。所以者何？至如序文取善吉之問爲歎請序，如來之答始屬正經，此事爲謬。然一切經若問若答，皆悉是正，云何以問爲序、以答爲正？《大涅槃經》時會獻供爲序，純陀請受問難即以爲正。此經塗行乞食以之爲序，善吉發問即應是正。《大品》亦然，如來廣現神變以之爲序，告舍利弗即以爲正，斯事易明，不應濫也。

又且三説無定，雖序説不妨有正，雖正説不妨有序，流通亦爾。何者？以序於正故名爲序，以正於序故名爲正，正説悟道既得是正，序説悟道亦得是正。今但約一往方言，故開三不同耳。

就此三中各開二段，序有二者：一、通序，二者、別序。正文有二：第一周廣說，第二周略說。流通有二：一、序佛說經究竟，二者、明時衆歡喜奉行。序中二段，凡有四雙：一者通，二者別。通以同爲義，衆經六事悉同，故名通序。別以異爲義，衆經各異。或父母送書，或長者獻蓋，或天雨四華，或塗行乞食，故名別序。次雙證信序、發起序者，安此六事，令人生信，故名證信序。塗行乞食，發起正經，名發起序。次雙遺教序與現前序，明如來將入泥曰，阿難心没憂海，不能自喻，阿泥樓馳[四八]云，汝是持佛法藏人，所應問者，須及時問。於是阿難作於四問，最後問云，一切經初置何等語？佛言：一切經初當安如是我聞。遺言令安此六事，故名遺教序。現說經時即有乞食等事，名現前序。次雙經前序、經後序。說經竟後，方有如是六事，名經後序。說經之前，有乞食之事，名經前序。

問曰：佛何因緣故一切經初令安六事？

答曰：爲證信故。《大智論》云，說時、方、人[四九]，令人生信故。復次，一切外道皆以吉法貫在經初。故《百論》云，諸師作經，簡初皆說吉。今欲簡異外道故，故貫以六事。

問曰：若安六事異外道者，外道亦言安此六事，何以簡耶？

答曰：明此是般若六事，故以證信簡異外道。般若信者，此是無依無得之信。故《大品》云，不信一切法，名爲信般若。一切法不生，故名爲般若生。不信一切法，故名信般若也。

第十，正釋文。

如是我聞，通序有六事。如是者，第一，明所聞之法。

問曰：佛是一切智人，無師自悟，不從他聞，何故言如是我聞？若言如是我聞，即從他聞，非一切智人也。

答曰：已如前釋，此非佛自稱如是我聞，乃是勅於侍者令稱我聞。復次，此是阿難等大弟子自稱如是我聞。如《集法藏》中説，阿難登高座，大迦葉問曰：何處最初説法？阿難合掌向涅槃方答大迦葉云：如是我聞，佛初在鹿苑爲五比丘説法，是故非佛自稱。真諦三藏述婆藪釋云，阿難將誦出法藏，登無畏座，變身如佛三十二相八十種好，是時大衆生三種疑：一謂釋迦雖復前滅，今還重出，爲我説法；二謂釋迦已滅，此是他方佛來；三謂釋迦雖滅，阿難既爲佛弟子，今遂成佛，代於佛處。爲有此三疑，是以阿難即便釋疑云，如是我聞，明如來如是已滅，我從佛邊聞，非上三事也。

言如是者，釋此一句有二十餘師，今略而不述。一者，依龍樹所解，云如是者，佛法大海，信爲能入，智爲能度，如是者即是信也。以信故言此事如是，若不信則言此事不如是。今要由信得入佛法，是故經初建言如是。般若信者，明般若無依、無得、無戲論，畢竟清淨，真實可信，故因此信得入〔五〇〕般若也。次婆藪盤豆釋云：如是者，謂決定義。略明二種：一、教如是，二、理如是。教如是者，凡有數義。一者，如佛教度量，故云如是。所以者何？三世諸佛或廣説法，或處中説，或略説法，今阿難傳正法，還如佛廣略，不增不減，故云如是。二者，如是〔五一〕諸佛次第而説。所以者何？一切説法，凡有六事：一者發起，二略標宗，三廣解釋，四難，五通，六流通付屬。阿難今且次第誦持佛語，故云如是。三者，如經名字，故云如是。傳持佛經，須識經名，若不識經名，云何知義？所以者何？經之名題，總攝一經，如《大品》章雖九十，總名《摩訶般若》，以摩訶之名攝九十章義，爲是事故，須識經名。阿難如名誦持，故云如是。四者，因緣如是。三世諸佛説經因緣，略具四義：一者，根本有一切智方能説經；二者，有大悲心然後説法；三者，爲報正法恩故然後説法；四者，決定證信。有四：一知説經有時，二知説經處所，三知能説之人即是如來，四知有聽經之衆。如是時、處、聽衆、說者，如我所説，實可信受，故云如是。理如是者，言理是有，則名有見；言理是無，名爲邪見；亦有亦無，是名相違見；非有非無，名愚癡見。所明之理若墮此四中，即不名如是。今離此四謗，無所依止，故名如是。

我聞者，此第二明能聞之人。我者，所以阿難自稱我者，一、欲證親從佛邊聞故，非是傳聞。所以者何？我今親從如來聞，是故稱我。二者，欲顯阿難過去世願行成就，是故稱我。阿難無量劫來修習多聞，本願力故得陀羅尼，一經於耳，永無漏失，曾不再問，譬如寫水置之異器。故《法華》云，我與阿難於空王佛所同時發心，而我好精進，遂致作佛，阿難常樂多聞，故持我法藏。又如經云，釋迦本昔爲迦葉佛作沙彌，師日日限誦經千言，兼爲師乞食，恐誦經不上，一心憂懼。阿難于時爲長者，在路見之憂色，便問所以，故具答上事。長者仍語沙彌，日日給食，令得安心誦經，莫復憂惱。長者發願言，若沙彌成佛，我當爲法藏第一弟子，以顯宿願滿足，故稱爲我。三者，以自在故，所以稱我。如《大經》云，阿難具足多聞智慧，一切衆生不能一時具領佛語，設能具領，無陀羅尼力，不能憶而不忘，雖有憶而不忘，亦不能具三慧，於聞法中不能自在，不名爲我。我者，是自在義。今阿難能一時具領佛語，亦能永持不忘。四者，具足發生三慧，於聞法中而得自在，是故稱我。

問曰：佛法無我，何故稱我？

答：《中論》云，諸法實相中，非我非無我，欲引導衆生，故假名説我，是故無過。

聞者，所以稱聞，亦具數義。一者，欲顯所聞人德。阿難所聞，不從外道及佛弟子、仙人、化人及諸天聞，今所聞者從一切智人邊聞。二者，欲顯所聞法最勝，明佛法名句味巧妙，義理深淨。若外道法但有語言，無有實義。若聞佛法，名爲正聞。三者，所顯理最勝，佛法正道，圓滿具足，無有顛倒，如理而説，名爲正説；如理而聞，名爲正聞。四者，行最勝故名正聞，依正教修行，即是行中最勝，故名爲正聞。五者，修行得正果，故爲正聞。正果者，所謂大般涅槃。

問：爲用神聞，爲用識聞，爲用根聞，爲和合聞？若用神聞，何故神用耳聞，不用眼聞？若用識聞，亦如是難。若用根聞，無有識時，空根應聞。若一一不能聞者，和合亦不能聞。以如是義，悉無有聞。

答曰：今言聞者，是因緣聞。因緣聞者，是不聞聞，聞而無所聞。是以經云，其説法者無説無示，其聽法者無聞無得。如來説無所説，阿難聞無所聞。如此説聽，乃可相成。

一時者，此第三明説教之時。如轉輪王出世是寶物可得之時，如如來出世法寶可得之時，故云一時。二者，一切狂聾衆生聞如來説，得醒悟時，故云一時。又有正師時，有正教時，有正學時，故云一時。具此三時，衆生得道。《中觀論》云，真法及説者、聽者難得故。若具此三種，則生死有邊；若不具此三種，則生死無邊。又衆生若未下信種時，不名一時，今説般若是下信種時。若已下信種時，是正觀增長時；若正觀已增長時，是善根成就時，故云一時。又阿難一時能具足領於佛説，故云一時。又是逗一時根緣，故云一時。所以者何？諸佛説法廣略不同。今所以略説波若者，此是逗一時根緣故爾。又須知是般若一時，般若一時者，不時假言時，不一假言一。

佛者，此第四標説教之主。上來雖表三事，然邪正未分，第四標佛方顯明〔五三〕得失。所以者何？雖言我聞一時，未知從誰邊聞，是故今云從佛邊聞，非餘人也。然論云，婆伽婆者，能斷煩惱，有大功德，故名婆伽婆。住者有二種：一者外住，二者内住。言外住者，凡有四種：一、王化處住，謂釋迦住在娑婆；二者、異俗住，謂住在一切僧伽藍内；三、威儀住，謂行、住、坐、臥悉名爲住；四、未捨壽分住，謂如來未入涅槃。内住有四：一者天住，住施戒等；二梵住，住四無量心；三者聖住，住空、無相、無願；四者佛住，住諸法實相中。此是般若無住無不住，爲衆生故假名爲住。

舍衛國者，此是第五明住處。處有二種：一者通處，二者別處。舍衛國即是通處，祇洹精舍即是別處也。

問：佛何因緣故，多住王舍城及舍衛國？

答：佛前受頻婆娑羅王請，故住王舍城；次受須達多請，故住舍衛國。復次，欲報法身恩，故住王舍城；爲報生身恩，故住舍衛國。所以者何？佛在王舍城摩伽陀國得道，是故爲報法身恩故住王舍城。

問：佛生中天竺迦毗羅衛國，今舍衛國是東天竺國，今云何言爲報生身恩故住舍衛城[五三]？

答：佛上祖本在東天竺舍衛國住，未來中天竺迦毗羅城，今從本立名，故云報生身恩故住舍衛國也。

復次，王舍城及舍衛國多人物，故佛欲於多人處教化衆生。如經說，舍衛國凡有九億家。如《賢愚經》說有十八億人。復次，此二國生多智慧人及六師輩，是故佛多住此城。

問：何故名舍婆提？

答：有北土論師云，昔劫初有仙人兄弟二人：弟名娑[五四]婆，此云幻[五五]小；兄稱阿婆提，此云不可害。二人住此處求道，因以名之。弟略去婆，兄略去阿，二名雙取，故云舍婆提。真諦三藏云，彼國正音應云奢羅摩死底，此云好名聞國。昔有仙人，有好名聞，在此中住，從仙人作名，故云好名聞國也。又云，此國具足有四義：一、多寶；二、此中人多受五欲樂；三、有諸法德，此國中人多行施戒，謂之法德；四、未來得解脱果，明此國中人未來多生人天中及得解脱果。有此四義，遠聞餘國故云好名聞國也。從來舊翻爲聞物國，此土多出好物，遠聞諸國故名聞物國。《十二由經》云，無物不有，勝於餘處也。

問：佛住舍衛，凡得幾年？

答：經云，住舍衛國得二十五年，有九億家，三億家見佛不聞法，三億家亦聞法亦見佛，三億家不見佛不聞法。真諦三藏云，住舍衛始終得七年，住王舍城得四年，今未詳也。

問：王城、舍衛，前住何處？

答云：佛前住王舍城，後來舍衛也。

言祇樹給孤獨園者，此第二名爲別處。

問：何因緣故起立此祇園精舍？

答：如《十二由經》《涅槃經》《賢愚》等經廣説。如《賢愚》第九卷云，舍衛國主波斯匿王有一大臣，名曰須達。其人居家巨富，財寶無限，好喜布施，燕[五六]濟貧窮及諸孤老，時人因爲其立號名爲給孤獨。爾時長者生七男兒，年竝長大，爲其娉娶，次第至六。餘有第七兒，端正殊異，偏心愛念，當爲娶妻，欲得極妙姿容端正有相之女，爲兒求之，即語諸婆羅門言：誰有好女，相兒備足，當爲我[五七]行求之。諸婆羅門便爲推覓，展轉到王舍城中，有一大臣名曰護珍[五八]，財富無量，信敬三寶。時婆羅門到其家從乞食，彼國法施人物時要令童女持物布施。護珍長者時有一女，儀容端正，顔色殊妙，持食出施婆羅門。婆羅門見之，心大歡喜：我所覓者，正當是爾。即問女言：頗有人來求索汝未？女答言：未有[五九]。更問言：女子，汝父在不？女答云：在耳[六〇]。婆羅門語言[六一]：可[六二]令出外，我欲見之與共談語。時女入内白其父言：外有客來，欲得相見。其父便出。時婆羅門問訊起居安和善否，嗢涼既竟，謂長者言，舍衛國王有一大臣，字曰須達，爲國輔，相識不？答言：未見其人，但聞其名。報言：知不？是人於彼舍衛國第一富貴，汝於此間富貴亦最第一。須達有兒端正殊妙[六三]，卓犖多奇，欲取君子[六四]女，可爾[六五]不？答言：可爾。時婆羅門未得自還，仍值估客來舍衛國，即便因之寄書，逆報須達，具陳其事。須達得書歡喜，即詣波斯匿王，求請小許時，爲兒娶婦，王即聽之。於是大載珍寶，趣王舍城，於其路次，拯濟貧乏，至王舍城，到護珍家，爲兒求妻。護珍長者歡喜迎達〔六六〕，安置敷具，暮宿其舍，内則搔〔六七〕擾辦具飲食。須達念言，今此長者設何供具，欲作何等，將非欲請國王、太子、長〔六八〕大臣，及以婚姻者乎？便問之曰：長者今暮舩自執，營〔六九〕如是事務，施設供具，爲欲請國王、太子、大臣者乎？答言：不也。又問：欲設婚姻親戚會耶？答言：不也。又問：將何所作？答言：明日欲請佛及比丘僧。於時，須達聞佛僧名，肅然毛竪，如其〔七〇〕所得，心情悦豫。重問曰：云何名佛？願解其義。長者答言：汝不聞耶？淨飯王子，厥名曰悉達，其生之日，天降瑞應，天神侍衛，即行七步，唱言：天上天下，唯我爲尊。須達聞説如是等好事，歡喜踊躍，感念信敬，於今夜即欲見佛。於是天爲〔七一〕之明，便爾而去。中夜出門，見天祠即爲作禮，忽忘念佛心，於是曉還更闇。自念言：今夜闇，若我往者，要爲惡鬼猛狩〔七二〕之所見害，且還入城，待曉當去。爾時即有天，空中見其欲悔，便下語言：居士莫悔，我是汝昔善知識蜜肩婆羅門，因聞法故得生天中〔七三〕。汝往見佛，得無量利益，正使今日得百車珍寶，乃至一四天下滿中珍寶，不如舉足至世尊所，所得利益過百千倍，汝去莫悔。須達聞天説如此語，益增敬念，於是在闇還得明曉，便爾尋路往至世尊所。佛知爾時〔七四〕須達來，便出外經行。是時須達遥見世尊，猶如金山，相好威容，嚴然昺著，覩之心悦，不知禮法，直問世尊：不審瞿曇起居何如？世尊即時令就坐。是時首陀會天遥見須達雖覩世尊而不知禮足，諸天即化作四人，行列而來，到世尊所，執佛足作禮，長跪問訊，右繞三帀，却住一面。是時須達見其如此，乃爲愕然而自念言：恭敬之法，事應如是。即起離坐禮敬，問訊起居，右繞三帀，却住一面。爾時世尊即爲説法，四諦微妙，苦空無常。既其聞法歡喜，即證須陀洹果，於是白佛：唯願如來垂慈，臨傾〔七五〕舍衛大城中衆生，除邪就正。世尊告曰：出家之法與俗有別，住止處所應當有異，彼無精舍，云何得去？是時須達白佛言：世尊，弟子能起，願見聽許。世尊嘿然。須達辭往，因白佛言：還至本國當造精舍，不知揩法，唯願世尊使一弟子共往勑示。世尊思惟，舍衛城內婆羅門信邪倒見，餘人往者必不能辦，唯舍利弗是婆羅門種，少小聰明，神通兼備，去必有益。即便命之共須達往。於是還到舍衛國，共舍利弗安[七六]行諸地，何處平博，堪起精舍。悉皆周遍，無叶[七七]意處，唯王太子祇陀有園，其地平正，其樹鬱茂，不近不遠，正得處所。時舍利弗告須達云：今此園地宜起精舍，若遠作者，乞食難得，近則憒鬧，妨廢行道。須達歡喜，到太子所向太子言：我今欲爲如來起立精舍，唯太子園地可以宜用，願欲買之。太子咲曰：我何所乏？此園茂盛，當用遊戲，云何欲買耶？須達於是懃懃[七八]不已，太子聊復戲云：卿若能以黃金布地，令間無空地，便當相與。須達於是恭諾，載金布地隨價[七九]。太子云：我向戲言，何得便買？須達白言：太子之法不應戲言而作妄語，非謂儲君，無堪紹繼。即共太子往詣斷事人所。時首陀會天當爲佛起精舍，恐諸斷事大臣偏爲太子，則便化作一人爲斷事者，語太子言：夫太子者，不應妄語而有戲咲，既已許賣，不宜中悔。遂斷園與須達。須達歡喜，便得[八〇]勑使人以象馬負金，布八十頃，須臾欲滿，唯殘有少地。須達思惟，當出何藏金足，不多不少當得滿足？祇陀問言：嫌高買臺[八一]？答曰：自念必何金藏可足當滿之。祇陀念言：佛必有大德，乃使斯人輕財乃爾。即語云：齊是可止，勿更出金。園屬卿，樹屬我，我自爲佛造立門樓[八二]。須達歡喜，即便歸家。當施功作，六師聞之，即往白王：長者須達買太子園，欲爲瞿曇造立精舍。聽我與彼捔試道術，其若得勝，便聽起立。王即召長者問之：今六師云卿買祇陀園爲瞿曇起立精舍，彼求共沙門弟子捔其道術，彼若得勝者，乃得起造，如其不能，不得起造。長者歸家，著垢膩衣，愁惱不樂。身子明日著衣持鉢至長者家，見其不樂，即問曰：何故爾耶？長者答曰：起立精舍恐不得成，是故愁耳。身子曰：有何事故？答曰：今諸六師詣王求捔道術，尊者得勝，乃聽起立，若不如彼，即不聽也。然六師輩等出家來久，素學伎術，無能及者，未知尊者能與彼捔道術以不。身子答言：正使六師之徒滿三千世界，衆如竹林，不能動吾一毛，欲捔術（八三），但恣聽之。長者歡喜，更著新衣，往白王言，六師欲捔，恣隨其意。王即告六師，宣語國人，却後七日，當於城外，六師與沙門共捔道術。國中十八億人，時彼國法，擊鼓集衆，若擊銅鼓，十二億人集；若打銀鼓，十四億人集；若振金鼓，一切皆集。七日既滿，打鼓，一切皆集。六師衆有三億人，是時人民悉爲王及六師敷坐。爾時長者爲身子施坐，時身子在一樹下寂然入定，遊諸禪門，通達無礙。作念云：此會中大衆習邪來久，憍慢自高，此之羣生當以何德而降伏之？思惟是已，即立誓言：若我無數劫中慈孝父母、沙門、婆羅門者，今我入衆，令一切人爲我作禮。時六師衆已集，而身子獨未來，便白王言：瞿曇弟子自知無術，怖畏不來。王告長者：汝師今在何許？須達即至身子所，白言：大衆已集，願來詣會。時身子從禪定起，整衣安詳而趣，如師子王，往詣大衆。是時大衆及諸六師見其形容，忽然起立，如風靡艸，不覺爲禮。時身子便昇須達所敷之坐。六師衆中有一弟子名勞度差，善知幻術，於大衆前呪作大樹，蔭覆於衆。衆咸謂言：是勞度差作。時舍利弗便以神力作毗嵐風，吹拔樹根，倒著於地，碎若微塵。衆言：舍利弗勝。勞度差復呪作一池，四邊布七寶，水中生於蓮華。衆人言：勞度差所作。舍利弗作一六牙白象，牙上有華，華上有玉女，其象徐行蹈池，含水蹹華。衆人皆言：舍利弗勝。勞度差復作一山，七寶莊嚴，華菓茂盛。衆人言：勞度差所作。舍利弗又作金剛力士，以金剛杵打之，即便碎破。衆皆云舍利弗勝。勞度差復作一龍，有十頭，於虛空中雨種種寶，電雷振地。衆人皆言：是勞度差作。舍利弗作一金翅鳥王，即擘裂食之。衆人皆言：舍利弗勝。勞度差復作一牛王，身體肥大，峯角鋭地[八四]，奔突來前。時舍利弗化作師子王，即便擊裂食之。衆人皆言：舍利弗勝。勞度差復變身作一夜叉鬼，形體長大，頭上火然，目赤如血，口四牙，目出火，驚懼奔走。時舍利弗復化作毗沙門王，夜叉恐怖，即欲退走，四面火起，無有去處，唯舍利弗邊清涼無火，即便屈伏頂禮，火即還滅。衆人咸言：舍利弗勝，勞度差不如。爾時舍利弗身昇虛空，現十八變及八自在，時會見其神力，咸懷歡喜。舍利弗即爲説法，隨其福行，各得道迹。六師弟子三億人，於舍利弗所，出家學道。捔伎術竟，四衆各還所止。長者共身子還，圖精舍地，手自投繩一頭，舍利弗欣然含咲。長者問：尊人何咲？答云：始欲經地，六天宮已成。即借道眼，長者悉見。長者即問舍利弗：六欲天何處最勝？舍利弗云：第四天中少欲知足，恒有一生補處，菩薩來生其中。須達言：我正當生第四天中。長者出斯言已，餘五宮悉滅，唯第四天宮湛然不變也。又更投繩，時舍利弗慘然憂色。則問：尊人何故憂色？答曰：汝見此地中蟻子不？答曰：已見。舍利弗言：汝於過去毗波尸佛時，亦於此地爲彼佛起精舍，而此蟻子在此中生，乃至今日凡九十一劫，受一種身不得解脱，生死長遠，唯福是要，不可不勤，是故身子慘傷，長者悲慜也。長者起精舍，用妙栴檀爲香泥，別房住止千二百人。凡一百二十處打揵槌，施設。欲往請佛，復思惟：上有國王，應當令知，若不啟白，儻有慎[八五]恨。往白波斯匿王：我爲佛已起精舍，願大王遣使請佛。時王聞已，遣使詣王舍城請佛及僧，願臨覆舍衛國。爾時世尊與四部衆前後圍繞，放光動地，至舍衛國。漸近城邊，一切大衆持諸供具迎待。世尊到已，放大光明，以指案[八六]，三千世界皆悉震動，伎樂不鼓自鳴，一切聾盲拘癖皆得具足。一切人民覩佛歡喜，十八億人民竝聚佛所。世尊爾時隨病爲說法藥，各得道迹。須達造精舍因緣事如是。

言祇陀者，真諦三藏云，外國應云鳩摩羅祇陀，此云童真太子。又云祇陀者，此云戰勝。昔有兵賊欲破舍衛，波斯匿王遂拒破賊。宫人啟云，生於太子，因以立名，故名戰勝。

須達多者，此云善與。父母無兒，就神乞之，夢中得兒，故名善與。彼土曾十二年中不雨，而須達巨富，賑濟貧乏，故名給孤獨長者。

今言祇樹給孤獨園者，此是君臣兩舉，通別二名。祇陀是君名，給孤獨即是臣稱。樹是其別所，園即是通處。又祇樹是門處故前明，園是精舍故後舉。又祇陀是本稱，給孤是末名。真諦三藏云，須達爲過去第四鳩留村馱佛，已於此地起精舍，爾時此地廣四十里，佛及人壽四萬歲，須達爾時名毗沙長者，以金板布地，寶衣覆之，供養佛也。第五俱那含牟尼佛時，人及佛壽三萬歲，爾時須達名大家主長者，以銀布地，滿中乳牛之子，以爲供養，爾時地廣三十里。第六迦葉佛壽及人三萬歲，須達爾時名大番悉長者，以七寶布地，地廣二十里，以爲供養。第七釋迦佛及人壽百歲，地廣十里，以金布地，此處供養。彌勒出世，地還廣四十里，以七寶布地，以爲供養，佛及人壽八萬歲，須達爾時名儴佉王。儴佉王此云螺王，其色白如螺也，出家得成羅漢。又須知此處是般若處，般若依果，其猶彌勒樓館，亦如法尚香城也。

金剛波若經義疏卷第一

校勘記

〔一〕「幢」，底本原校云一本作「幢」。
〔二〕「辨」，底本原校云一本作「釋」。
〔三〕「開」，底本原校云一本作「闢」。
〔四〕「隨」，底本原校云一本作「墮」。
〔五〕「逍」，底本原校云一本作「消」。
〔六〕「定」，底本原校云一本作「二」。

〔七〕「從」，底本原校疑爲「蹤」。
〔八〕「章」，底本原校云一本無。
〔九〕「角夆」，底本原校云一本作「角峯」。
〔一〇〕「召名」，疑倒。
〔一一〕「不亦」，疑倒。
〔一二〕「真」，底本原校云一本作「直」。
〔一三〕「相」，底本原校云一本作「物」。
〔一四〕「祥」，底本原校云一本作「秤」。
〔一五〕「事」，底本原校云一本無。
〔一六〕「般若部云」，底本原校云一本無。
〔一七〕「習」，底本原校云一本作「唱」。
〔一八〕「著」，底本原校云一本前有「無」字。
〔一九〕「賢」，底本原校云一本後有「觀」字。
〔二〇〕「字」，底本原校云一本作「學」。
〔二一〕「相」，底本原校云一本無。
〔二二〕「便」，底本原校云一本作「使」。
〔二三〕「便」，底本原校云一本作「使」。
〔二四〕「不」，底本原校云一本無。
〔二五〕「因」，底本原校云一本前有「就」字。
〔二六〕「於」，底本原校疑衍。
〔二七〕「告」，底本原校云一本作「失」。
〔二八〕「必」，底本原校云一本作「以」。
〔二九〕「狐」，底本原校疑爲「孤」。
〔三〇〕「世」，底本原校云一本無。
〔三一〕「貪」，底本原校疑爲「貧」。
〔三二〕「非」，底本原校云一本後有「世」字。
〔三三〕「失」，疑前脱「金剛」二字。
〔三四〕「之」，底本原校疑衍。
〔三五〕「何」，底本原校云一本前有「者」字。
〔三六〕「田」，底本原校疑爲「由」。
〔三七〕「脱」，底本原校疑爲「解脱」，一作「解知」。
〔三八〕「合」，底本原校云一本作「令」。
〔三九〕「者」，底本原校云一本作「著」。
〔四〇〕「裁」，底本原校云一本作「識」。
〔四一〕「忌」，底本原校云一本作「忘」。
〔四二〕「般若」，底本原校云一本無。

〔四三〕「經」，底本原校云一本無。

〔四四〕「朱仕衡行」，疑爲「朱士行」。

〔四五〕「純」，底本原校云一本作「沌」。

〔四六〕「語」，底本原校云一本作「諮」。

〔四七〕「分」，底本原校云一本前有「一」字。

〔四八〕「馳」，底本原校疑爲「馱」。

〔四九〕「人」，底本原校云一本無。

〔五〇〕「入」，底本原校云一本前有「悟」字。

〔五一〕「是」，底本原校云一本無。

〔五二〕「顯明」，底本原校云一本作「驗」。

〔五三〕「城」，底本原校云一本作「國」。

〔五四〕「娑」，底本原校云一本作「舍」。

〔五五〕「幻」，底本原校云一本作「幼」。

〔五六〕「燕」，底本原校云明藏本作「賑」，一本作「拯」。

〔五七〕「我」，底本原校云一本後有「兒」字。

〔五八〕「珍」，底本原校云一本及明本作「彌」，下同。

〔五九〕「有」，底本原校云明本作「也」。

〔六〇〕「耳」，底本原校云明本無。

〔六一〕「語言」，底本原校云明本作「言語」。

〔六二〕「可」，底本原校云一本無。

〔六三〕「妙」，底本原校云一本作「好」。

〔六四〕「子」，底本原校云一本無。

〔六五〕「爾」，底本原校云一本後有「以」字。

〔六六〕「達」，底本原校云一本作「逆」。

〔六七〕「搔」，底本原校云一本作「騷」。

〔六八〕「長」，底本原校云一本後有「者」字。

〔六九〕「營」，底本原校云一本作「勤」。

〔七〇〕「其」，底本原校云一本作「有」。

〔七一〕「爲」，疑爲「未」。

〔七二〕「狩」，底本原校云一本作「獸」。

〔七三〕「莫悔」至「天中」，底本原校云一本無。

〔七四〕「知爾時」，底本原校云一本作「爾時知」。

〔七五〕「傾」，底本原校云一本作「覆」。

〔七六〕「安」，底本原校云一本作「案」。

〔七七〕「叶」，底本原校云一本作「可」。

〔七八〕「懃懃」，底本原校云一本作「慇勤」。

〔七九〕「價」，底本原校云一本後有「而買」二字。

〔八〇〕「得」，底本原校云一本無。

〔八一〕「嫌高買臺」，底本原校云一本作「嫌貴置之」。

〔八二〕「造立門樓」，底本原校云一本作「共立精舍」。

〔八三〕「術」，底本原校云一本後有「者」字。

〔八四〕「鋭地」，底本原校云依《金剛經》當作「跑地」。

〔八五〕「慎」，疑爲「瞋」。

〔八六〕「案」，疑後脱「地」字。

金剛般若經義疏卷第二

胡吉藏法師撰

與大比丘衆者，此是第六明同聞衆。

問：何因緣故要須六事？

答：具足六事，義乃圓足。所以者何？如是即所聞之法，我聞是能聞之人，一時是説經之時，佛是演教之主，祇洹[一]爲説教之處。今是同聞之衆，亦是教所爲人，竝[二]此亦得是證經人，亦得是聽經人。若取釋迦同行宿世善友，多是證經之人，證如來所説可信，證阿難所聞無僻。若是聽經之人，多是實行也。

問：《大智論》云，菩薩經初有聲聞衆，有菩薩衆；聲聞經初但有聲聞，無菩薩衆。若爾，今是大乘經，何故有聲聞衆，無菩薩衆？

答曰：具撿大乘經，有四句不同：一者，大乘經初但有菩薩衆，無聲聞衆，即如《華嚴》七處八會；二者，大乘經初但有聲聞衆，無菩薩衆，即是此經；三者，大乘經初具有大小兩衆，即如《涅槃》《大品》；四者，大乘經初但[三]無兩衆，則如《金光明》及《勝鬘》等經也。

問：何因緣故此大乘經但有聲聞衆？

答曰：今此經中實具兩衆。何以知之？下流通文廣列衆故。今但列聲聞衆者，示以此般若要略門故。又應具[四]四衆，今但列比丘者：一者，釋迦出世比丘最在前入道故；二者，心形兩勝故，形則勝於在俗，心則勝比丘尼，是故偏列。又此諸比丘是如來内眷屬，與佛共住，常在佛邊，餘三衆不爾。又比丘衆能受正法，能説〔五〕正法，助佛揚化，是故偏列。所以不列菩薩者，菩薩是客來故，所以不列；聲聞舊衆故，所以偏列之。又顯示〔六〕教中聲聞威儀勝於菩薩，菩薩形無定方，反常而化。又今正欲破聲聞人邪曲之見，令信受般若，是故偏列；菩薩不爾，所以不列。

言大比丘僧者，外國應云摩訶比丘僧。摩訶者，或大，或勝，或多。言大者，具大戒故，具大德故，大名聞故。言多者，數至千二百五十人故。言勝者，諸衆中最勝故，論議能勝九十六種外道故。比丘名乞士，從俗人乞食以資身，從諸佛乞法以練神也。言僧者，《福田經》説，諸有五淨德，名曰福田：一者，發心離俗，懷珮道故；二，毁於形好，應法服故；三者，永割親愛，無的漠〔七〕故；四者，委棄軀命，集善法故；五者，志求大乘，欲度人故。千二百五十人者，佛初成道前度五人。次度優樓頻螺迦葉、摩訶迦葉，得五百人。次度那提迦葉、伽耶迦葉兄弟二人，各有二百五十弟子，合成千人。次度舍利弗、目連，復得二百五十人，合有一千二百五十五人。今但舉其大數，取有名聞者，正云千二百五十也。

爾時世尊下，第二别序。就别序中大開爲二：第一明如來塗行乞食，第二明如來敷座而坐，入于三昧。就此二章，各開兩段：初段〔八〕二者，一明往事，二明還事；後章二者，一明敷座，即入定前方便；二而坐一句，第二正入三昧。

問：何因緣故前明乞食，後入三昧？

答曰：欲令衆生生福德故，所以前明乞食。欲令衆生生智慧故，入三昧後説法。復次，前利益在家衆生故，後通利益出家、在家諸大衆故。亦云，前益白衣則别益。何故？唯就白衣乞食，不就比丘、比丘尼乞食，有〔九〕稱别，後爲四衆説法，則通利益。復次，前與衆生世間利，後與衆生出世間利故。復次，前示爲福田，顯如來是應供故，後明佛爲施主，以般若法施衆生，即是釋迦如來正遍知義。復次，初是中前利益衆生，後是中後利益衆生故。復次，前是身業益物，後入三昧是意業益物，次説般若是口業益物也。復次，前欲令生身久住故，後欲令法身久住故。欲令生身久住，乞食資於生身，後説般若，即是益於法身，以有此兩住，令衆生令[一〇]得二身之益也。又乞食示如來少欲知足之行，説法顯如來微妙之解。又乞食明佛慈悲，説法明佛智慧。又乞食示末世衆生身軌，説法示末世衆生心軌，合令一切衆生心依般若也。又令弟子從俗人乞食以資身，從如來受般若以練神，二事便足。又乞食破憍慢心，説般若破愚癡心。

問：《大經》因食開涅槃，與此經何異？

答：彼經因食開如來法身、常身，非雜食身，此經因乞食明有上來諸義也。又二經亦同，初乞食明與凡夫二乘同，次説法明不可以身相得見如來，故如來身非是食身。論云，三相異體故，離彼是如來。要須先同而後異，此即欲令凡夫二乘皆發心求佛身也。

問：今説般若，何因緣故前明乞食？

答云：至人動無非時，諸有所作悉皆益物，故不應責所由。復次，以近顯遠，故將説般若前明乞食。所以者何？世間飲食本以資身養命，般若法食資法身，養於慧命。復次，乞食是四聖之種，般若是衆聖之本。復次，道遠乎哉？體之即神，是故飲食不離般若，若能了食清淨，即是般若也。

就經文中凡有五句：一、標福物之人，二、明乞食之時節，三、辨乞食儀容，四、明乞食之處所，五、明乞食方法。

爾時世尊者，此即是第一標福物之人。《成實論》云，具上九號故名世尊。食時下，第二明乞食之時[一一]。此乃是世間麤事，而遠表佛法兩益，而自他無惱，然世間居士食有定時，初旦則始營未辦，晚日噉食既訖，今是營食初熟之時，於是行詣，可謂得時。聖人心雖存道，身託有資，今内無積畜之累，外有福物之功，乞若得時，彼我兼益。乞若失時，則自他兩惱。故云食時，以知時故名大法師，信哉誠説。

著衣持鉢下，第三明整身[三]於容儀。明衣有三種，著亦三時。若平常臥起，著於五條，名安陀衛，此云下品衣，亦云内著衣。若入衆法事，著於七條，名鬱多羅僧，此云中品衣。若入聚洛，見國王長者，著僧伽梨，此云大衣，亦云正著衣。從九條已上至二十五條，略爲三品，品中有三，合成九種。下品三者，九條、十一、十三條也。中品三者，十五、十七、十九條也。上品三者，二十一、二十三、二十五條也。此隨形大小故，制條葉多少。佛身丈六，可著二十五條，今人唯可十五條而已。外國通稱袈裟，此云離塵服。若紅紫相糅，則增物染心。今三種壞色，則貪心不起。二云消瘦衣，入道之人身被此服，則煩惱折落。三者云蓮華服，此借喻爲名，體淨離垢，有類芙蕖。四者云間色衣，三色相間共成一衣。真諦三藏云赤血色衣，外國袈裟雖復五部不同，同皆赤色。

問：常云三種壞色，云何言竝赤色？

答：常解云，新衣前取青染，次則入泥，次樹汁度之，名爲木蘭。故云若青若泥若木蘭。三藏云，預是中國人都無此法。言三種壞色者，三色之中隨用一色以點印之，若有青處，即用青點。若無有青處，用泥爲點。無泥處可磨鐵汁點之，竝但應取一色便足。但爲時處各異，一色不恒，恐諸比丘生於疑悔，故言於三種，隨取一色，十八部義雖異，衣色是一。故《大經》云，見我弟子著赤色衣謂呼是血，但點不同故有諸部爲異。菩薩婆多部點顯現處，上座部則節節皆點，若正量部但點四角也。三藏又云，外國亦無五部著五種衣，但佛爲波斯匿王解夢，玄記末世有惡比丘破我法者分爲五部，彼土俗人有五性，故著五色衣，爲表五種神異故也。

問：佛入涅槃之時，三衣爲在何處？

答：説處不同。若依《胎經》云，佛將入涅槃，手自牒三衣置金棺中以儭佛身。若依《摩耶經》説，摩耶從忉利天下，不復見佛，唯見佛僧伽梨及錫杖，而自悲歎云：我子在世，著執此物以用度人，今空無主。以此而推，三衣猶在。三藏云：佛五條即在彌梯羅國，七條在半遮尸國，大衣及錫杖在罽賓國，尼師檀在迦毗羅國。

持鉢者，一隨順三世佛法；二者爲破外道手自捧食；三顯威儀利物，不同下賤乞人；四爲示永功德器。《無量壽經》云，貯功德示福田，著袈裟示福田。《律》中云，佛將阿難往南山國，彼土多有良田，鄰壟可愛，仍令傳〔一三〕像之以製衣，表出家之人爲世福田，能令施心種子，獲無量報，有散種良田收功而萬倍，故衣之條葉擬似田之壟畔，所以經云示福田也。姼鉢羅，此云應量器，即表出家人體具智斷，與〔一四〕内外相應，即是應受人天供養之器也。佛初受二女乳糜，即是金器盛之，廣於一尋，此是未成道時食器也。至成道竟，次受提謂波利長者所施菓，或言是麨，爾時未有鉢，自念三世諸佛無有手捧食法。是以四王奉以四鉢，佛以手案之，合成一鉢，而四重文現。又三藏云，淨居天還將過去四王石鉢以付四王，四王各用奉佛。此鉢今在罽賓國，有塔盛之。至像法滅四王還將付淨居天，淨居天待彌勒出，令〔一五〕四王送與彌勒。然鉢之大小，三品不同：上品容三鉢他飯，一鉢他羹，餘可食物者半羹。下品則容一鉢他飯，半鉢他羹，餘可食物半羹。若大於少，少於大，是爲中品鉢。鉢他是外國六舛器，上品鉢則容三斗，可盛二斗七舛食，須空上三舛，以示少欲。下品鉢容一斗半，可盛一斗二舛食，須空上三舛，則是一斗二舛。兩盈〔一六〕之間名中品鉢也。《大智論》云，明鉢有八種。不許弟子畜金銀鉢，恐生貪故。不許畜木鉢，受垢故。但許畜二種，謂鐵、瓦等也。佛畜〔一七〕石鉢也。

問曰：頗有佛不著袈裟、不用鉢不耶？

答：有，《大論》云，天王佛作白衣威儀也。

入舍衛大城乞食下，第四明乞食之處所。舊解云，園去城有千二百步，或有言四里。如來受食，其法有三：一、坐待日時，名膳自至。二則外來請佛，請佛有二：一者佛與衆僧俱去，二者僧去而佛不去，遣人請食。所以不去者，凡爲五事：一爲入定，二爲諸天説法，三爲看病比丘，四爲案行房舍，五爲欲制戒也。三者，如來自行乞食。行法有三：一則飛空而去，二者足離地四寸而印文現地，三者足踐蓮華而蓮華動而足不動。佛所以塗步乞食者，依《瓔珞女經》，凡有十事：一者，如來入城乞食，衆生見佛三十二相如須彌山王，故發菩提心，必[一八]求如來身也。二者，城中有盲聾疾病等人乃至百苦，不能得至如來所，是故如來入城放光照之，衆苦休息，便發菩提心。三者，爲刹利婆羅門豪貴長者自恃種性，不生敬心，見如來威德，嚴儀挺特，有異於世故，憍慢心息，故發菩提心。四者，爲守護女人有三監[一九]五障故，不得見佛，又爲懈怠者雖與如來鄰住而不能往，故佛今入城，令其因得禮拜問訊，故發菩提心也。五者，如來入城，四王八部皆悉導從，各賫華香，歌詠供養，城中人見，即便生念云，諸天尚捨天樂供養於佛，我等云何而不供養體拜者哉？故因發心也。六者，如來持四王所奉之鉢，實是一鉢四緣，宛然爲異，城中人見此希有，是故發菩提心也。七者，爲貧富二人，若使富者見如來鉢空，於是多施，若是貧者便見如來鉢滿，即少施，皆生歡喜，故發菩提心也。八者，如來鉢中受百味飯食，皆悉不雜，還如異器盛食，一切衆僧、諸衆生等恣意而散，不增不滅，見者歡喜，無不發心也。九者，爲未來弟子諸比丘等現行乞食，作其儀軌，不畜有爲。十者，如來之身常在三昧，其身不食，但爲利益衆生，故現行乞食，以是因緣，故云入城乞食也。

言於其城中次第乞已者，第五句明乞食方法。

有論師言，外國四性[二〇]豪族竝在城内住，若使庶人屠兒等竝在城外住，若入城時各自別行，不相參雜。今言次第乞者，由在城内四性之中，不擇其貧富次第而從乞也。又善吉捨貧從富，謂今雖受果，未來無因，今欲使其修未來因，業果相續，是故捨貧從富也。迦葉則捨富從貧，愍其交功[二一]之苦，又過去不施，今生貧窮，今不行施，來世復貧，貧[二二]相係，無得脱時，是以捨富從貧。此之二人，雖有慈悲而不能平等，是故爲淨名所屈。今如來欲顯平等之道，所以次第乞也。

還至本處下，第二明得食後事。然須識般若大意，此是去而不往、歸無所還、受而不納、食而不飡也。此中亦有四句：第一明還至本處。然鉢他既滿，須反所住，以待中時。又利物故，往利竟便還，所以令鉢滿即還。不許隨得隨噉者，略有二：前供養師長，二兼齊[二三]老病。如來得食，分爲三分：一分布施陸地衆生；一分布施水中衆生；一分自食，若有老病亦分施也。

飯食訖者，第二句明食事竟究。收衣鉢者，第三明攝容儀也。洗足已者，第四句亦有五：一者、明洗塵累，塗步行乞，雖離地四寸而示有塵垢，故便洗也；二、示尊敬般若，故須身淨方説；三、爲護僧臥具；四、爲諸天下禮敬於足；五、爲表衆生煩惱應淨。

問：佛日行幾里？

答：如轉輪王法，日行四十里也。

問：樂[二四]《瓔珞女經》云，雖明乞食爲於十事，今更有餘義不耶？

答：三藏云，佛欲爲破惡世貪名利、高慢出家人、多貪積聚，是故如來自行乞食；又爲息外道譏謗，言沙門釋子多好著樂，是故行乞；又爲顯如來少欲知足，不受人天所奉供養，躬自行乞。又有二外道：一者樂行，坐受供養；二者苦行，過時而乞。所以過時者，正以或得不得爲苦行也。今如來爲破二事，佛自乞故，破著樂外道；以其乞得時故，破苦行外道。

敷座而坐下，第二明將説般若故，前入三昧。文亦有二：一者敷座，定前方便；二者而坐，正入三昧。所以自敷座者，般若名爲佛母，今欲尊敬般若，故自敷座。二者，隨順諸佛教戒，若不自敷座臥具，得突吉羅罪。又是示少欲知足，不使人敷也。言而坐者，第二正入三昧。《論經》長有結跏趺坐，是坐中最勝故，見者歡喜故，身得安穩故，心得端直故。所以入三昧者，如來靜散無二，實無出入，而今爲説法人作於模軌。夫説深法必須靜心，若不靜心，則不識根緣，亦不審法相。是故如來前入三昧，然後説法，則是明照於根緣，明審法相。《毗婆沙》云，依相書，善法示聰明人相。聰明人相者，善言所言、善行所行、善思所思，是故如來入定思惟，然後方説也。又示輕賤薄衆生模軌法則故，有人得少知見，他問即答，而不思之，如來不爾，久思惟竟，方乃説也。

時長老須菩提下，若依開善，此則猶屬序分，此之一文名《歎請序》。今謂不爾，已如前説。善吉正問，如來正答，如《華嚴》普慧二百句問，普賢二千句答，何故容割問爲序、截答爲正？北地論師云，此文屬十二分中護念付屬分。是亦不然，如前説，善吉有歎有請，歎即是護念付屬，請即是發乎四句。問：若以歎爲護念付屬分者，應以請文爲請問分。若言論解護念付屬以之爲分，不解請問，故請問非分者，論亦不解通別二序，應無序分。然此是未見論家製作之意，故生此謬耳。此是易故不釋，難故須解，豈是解與不解而判分與不分耶？今從此文屬第二正説般若分也。若三業分經者，乞食等身業利益分，入三昧意業利益分，今是口業利益分也。若以福慧爲判者，上是生物福德門，今是生物智慧門，亦上是利益在家門，今是通益一切門，具如前十數寸〔三五〕説，亦不可專作序、正兩分。故經意無盡，言多不足，三段失旨，意顯於茲。今聊寄一名，爲序、正、流通之説耳。就此正説開爲二周：第一周爲利根人廣説般若，第二周爲中下根未悟略説般若。作此開文，驚乎常聽，今具引事義，證其起盡。

問：何以知前是一周，後復是一周説耶？

答：今當以數義驗之。一者，經自有文，善吉有前問後問，二問略同；如來前答後答，二答相類，是故當知二周説也。又經語難明，今以論爲證。論解前經，答四問竟，而後次第生起釋，玄疑伏難，蟬聯而來，亦釋後問竟，次第生起釋，玄疑伏難，相接而至，是故知爲兩周也。斯乃經、論兩證，豈虚講[二六]哉？

問曰：聖人制作，理致玄遠，辭即巧妙，豈當一軸之經，遂有二周煩長？

答曰：雖曰兩周，其旨各異，非煩長也。所以者何？類如《大品》兩周，前周明於實慧，後周辨於善權。今之兩周，在義亦異，前周則淨於緣，後周則盡於觀。然要須緣淨觀盡，不緣不觀，無所依止，方能悟於般若。故肇公云，法無有無之數，聖無有無之智。法無有無之數，則無數於外；聖無有無之智，則無心於内。於外無數，於内無心，彼已寂滅，乃階其玅。影公云，萬化非無宗，宗之者無相；虚宗非無契，契之者無心，故至人以無心之玅慧，契彼無相之虚宗。此則内外兩冥，緣智俱寂，豈容名數於其間哉？斯二三子，言與經會，信而好古，餘豈異哉？

問：何以得知前周盡緣，後周盡觀耶？

答：經有明文，論有誠説。前經直云雖度衆生而無衆生可度，正歎菩薩依般若，作無所得發心，乃至無所得修行。而經意雖復緣觀俱息，但文未正顯灼破於觀主，故鈍根之徒由言有於菩薩巧度衆生、巧能修行，故後周經文方息四心，無發心人乃至修行者。然前周正勸生四心，後周明四心亦息，豈不然乎？論偈云，於内心修行，存我爲菩薩，此則鄣於心，違於不住道。以是義故，當知此文正息觀至[二七]盡於觀主，文義昺然無所疑也。此之二周，非止是一經之大意，乃是方等之旨歸，至人環中之玅術也。又前周爲前會，後周爲後會，下當更辨。就前周文，科爲二別：一、善吉致問，二、如來答。就問之中，復開爲二：一者，經家序能問之人儀容；二者，發言正問。初序中又二：一者，標對揚之主。二，序請法之儀。

爾時者，此是如來加與善吉之時，亦是時會發悟之時，故云爾時。

問：此經加與義，與《大品》何異？

答：《大品》則具口、意二加，發言命説，稱爲口加；與其智慧辨才，名爲意加。今此經但其與〔二八〕智慧辯財〔二九〕爲意加。不命之令説，無有口加也。然下文亦有對揚之義，但無炳然命説，故與《大品》不同。

須菩提者，此人本迹，其事難知。三藏云，是本東方世界青龍陀佛，影響能仁，爲弟子化，其猶文殊之例也。或有經云，此是化人。《攝大乘論》明身子是化人，善吉猶爲其例。又經云，是舍衛國長者之子，位登遺顔。言遺顔者，法身菩薩過阿鞞之位也。復云，是舍衛國内有婆羅門，名曰鳩留，其人無子，祈天神。天神云：汝家大富，無堪生者。因見一大德天下，詫〔三〇〕生其家。兒既長大，令父母請佛還家，後送佛反於祇洹，即得羅漢果。復有經説，昔爲白家〔三一〕人，見沙門乞食不得，空鉢而反，因以食與之，後得十劫常生天中，故其人福德深厚無比。又言，是淨音嚮王太子。如此等説，多出《福報雜譬喻經》。須菩提者，翻爲善業，亦言善學，舊云善吉。善吉與善財生異。何者？善財生時七寶踊現，故名善財。須菩提生時舉室皆空，父母疑怪，請問相師，相師云唯善唯吉，故名善吉。又云空生，即從生時受稱。其人内秘菩薩行，外現聲聞，位高可崇，故呼爲長老也。

即從坐起下，第二明請法之儀。此中凡有五句：一避席修敬。弟子儀法既尊人重法，不可晏然而坐，故將欲請道，所以避席。偏袒右肩者，既表師弟之儀則，示永有駈策之相，又是隨從國法，故修敬袒肩。右膝著地者，此明屈曲伏從，示師弟無有違拒之皃。合掌向佛者，此是歛肅容皃，專心受道也。而白佛言者，上來經家序其身業，此之一句序其口業也。

希有世尊者，此下第二正明發問。就此爲兩：第一稱歎，第二請問。言希有世尊者，《中阿含》二十四卷云，昔時大王者，我身是也，我從子至子、從孫至孫、從族至族，八萬四千轉輪王，并前〔三〕鬀除鬚髮，捨家趣非家。又《增一阿含》第二十一卷云，若如來不出家者，當二千五百歲作轉輪王。今捨轉輪王位，遂能爲物塗行乞食，故爲希有。又善吉知般若無相無皃，念想觀除，言語亦滅，而無名相中爲衆生故作名相説，雖作名字而不傷無名，故爲希有。譬如劫盡大火，世界洞然，有人擔一束乾艸而從火中過，不燒一葉，故爲希有。

善護念諸菩薩、善付屬諸菩薩者，歎也。

問：何因緣故有此歎耶？

答：此一言貫於前後。如來所以塗行乞食者，正爲大慈大悲護念、付屬諸菩薩故也。又今説般若者，亦爲護念、付屬諸菩薩故也。又歎上塗行乞食以爲希有，則歎佛身業。今歎護念菩薩，是歎如來意業。善付屬諸菩薩即是歎口業。如來既三業利物，故善吉竝歎三業。

問：云何名爲善護念耶？

答：欲使其内德堅固，名爲〔三〕護念。令其外德成就，名爲善付囑。

問：諸佛如來常念六道，何因緣故偏念菩薩？

答：雖常念六道，但菩薩堪受般若，有其内因，是故外爲諸佛護念。

問：諸佛護念有何利益？

答：猶如魚子，母念則成，不念則壞。菩薩亦爾，佛若護念，善根則成；若不護念，善根則壞。付囑者，以無上法寶付諸菩薩，以諸菩薩善能問答，如是法寶則得久住無量千世。

所以通稱爲善者，若護念、付囑聲聞則不善，今以護念、付囑菩薩故名爲善，具如《大經》付囑老、少二人譬也。依論解釋。論曰：巧護義應知，加彼身同行者，此釋善護念也。善是巧之異名，故云巧護，義應知也。加彼身同行者，護念即是加與之義。謂加與二力，一者加其智慧力，令成就佛法故，此即是加其自行，故名爲身，身即自身也。次加其教化衆生力，即是加其化他力，令受化之徒與其行同，故云同行也。不退得未得，是名善付囑者。此之半偈，釋付囑義。論云，善護念者依根熟菩薩説，善付囑者依根未熟菩薩説。根熟菩薩則堪加與自行、化他二種之力，以如前明。今以根未熟菩薩付囑根熟菩薩，令其未熟得熟也。不退得未得者，已得功德令其不退，所未得者而令得之，故云不退得未得也。

問：論釋之與舊解，云何同異？

答：論以人付囑於人，名善付囑。舊釋以法寶付囑於人，名善付囑。兩言雖異，會歸終一，以人付囑人，終令得悟法，即是付囑法義。以法付囑人，終爲化人義，即是付囑人也。又一義，防遏衆魔，不令得菩薩便，爲護念義，爲説道法，令如説修行，爲付囑也。

問：根熟與未熟，約何位耶？

答：北地論師云，根熟菩薩即是内凡習種性之人，必能趣於初地，名爲根熟。若是外凡，未能必入於初地，名爲未熟。

善男子、善女人發菩提心者，此第二正發問。若依羅什法師翻經，唯可三問：一問菩提心，二問云何應住，三問降伏。但解此三問，衆師不同。第一師云，問雖有三，不出願之與行，菩提心一問即是問願，降伏、住二問即是問行。菩薩之道不出願、行二門，行以涉行爲義，願以要期爲旨。行若無願，行則無所御；願若無行，願則不果。其猶鳥之二翼，車之兩輪，故行以即事涉行，願以懸求未得。今明行、願之義，實如所説，若偏以菩提心爲願，此事未然。今以發正道心名菩提心，豈得空有其願而無行耶？復有師云，應爲三問：一問菩提心，即問平等空；二問云何住，問實法空；三問云何降伏，問假名空。然觀門次第應從淺至深，今乃從深至淺，此是説門，非是行門，問者唯慕其深，前問深也。今謂此亦不然；三空乃通貫大小，今正辨菩薩之行，又且問無三空之辭，佛答無三空之意。初答乃明菩薩城[三四]廣大心，遍度衆生而無所度，非謂但明假名空也。若但明假名空，即應但辨無衆生，亦無度義，亦無廣大心義。今乃明大心而無度，無度而大心，此乃是無度度義，度無度義，二慧具足，云何偏是假名空？次答住問，亦非實空。若是實空，應明無有諸法，無有修行，今乃明於一切法無所依住而修檀等萬行，豈偏是實空耶？

今依《論經》，凡有四句問：一問云何發菩提心，二問云何應住，三問云何修行，四問云何降伏。所以有此四問者，凡爲菩薩，必須發菩提心，故前問發心。若不依般若發心，則住顛倒，不住般若；今依般若發心，則住般若，不住顛倒，故次問住菩提心。既得住立，故修行萬行，所以次問修行。以修無所得行，故顛倒有得之心析[三五]伏不起，所以次問降伏也。

佛言善哉，此下第二如來答問。開爲二別：一答問緣起，二正答。答問緣起，復開爲二：一美其歎請，二則許酬其問。然佛歎善吉者，良由善吉歎得時宜，問復會道，故佛歎之。又善吉是聲聞人，今遂能問菩薩事，此爲希有，故復歎之。又時會恐菩薩道深，小乘智淺，問容僻謬，故印歎之，令衆尊人重法也。

汝今諦聽下，此第二句，許答其問。就文爲二：初正誡許，次受旨願聞。此兩易知，皆如文所列。

佛告須菩提下，第二如來正答。就正答中若依論判，則應開爲兩則，酬其四問。次從於意云何可以身相見如來下，竟經皆是斷疑。故論主判此章云，自下一切修多羅中斷生疑心。前酬四問，名爲略説般若[三六]。後斷衆疑，即是廣説。今探[三七]論意，按致一經，開爲三別：第一明般若體門，二明信受門，三明格量門。明此三者，既稱《般若波羅蜜經》，故前明般若體。既明般若體竟，必有信受人，故次明信受門。信持則獲福無盡，故次明格量門。又前就因果説般若，即是法門。次就信受門説般若，即是人門。後就功德門説般若，明人行法，故得功德也。就前門爲二：一答其四問，即明因門。二斷衆疑，次辨果門，因即無依無住，果則無相無爲。般若未曾因果，爲衆生故，故作因果名説。就明因門答其四問，唯有兩章經文。由來舊釋，初章經非答菩提心門[三八]，乃是答降伏心問，次章經答其住問，後舉佛果答菩提心問。北地論師云，初答其住問，不答菩提心問。今謂并不然，若言此中遍度四生，非答菩提心問者，汝復以何法名菩提心？又下第二周中善吉更發三問，佛答發菩提心者，當生如是心滅度一切衆生而無滅度，此即是修[三九]菩提心問而解釋之，云何言非答菩提心耶？今明經雖兩章，共酬四問。初一章經答住問，即是答菩提心問；次一章經答修行問，即是答降伏心問也。

問：云何答其住問即是答菩提心耶？

解云：由發菩提心故，得住大乘法。若不發菩提心，則不住大乘。故論云，利益深心住，此乘功德滿。

就初經文，復開爲二：第一，對於善吉總勸菩薩發菩提心；二者，正明發心之義。初則如文。

問曰：今正辨菩提心，寧言如是降伏其心？

答：以發一菩提心故，不起凡夫及二乘心，即是降伏。初明遍度衆生，故異二乘心，降伏二乘，後明度無所度，是降伏凡夫心也。降伏二乘即是以他降自，降伏凡夫心即是以無降有也。又降伏二乘亦得是以有降無，二乘無慈悲心，菩薩有慈悲心故，是以有降無。復以無降有，如前説也。又此中明大慈大悲，即降伏貪、瞋、煩惱，故名降伏。又菩薩雖度衆生，實無衆生可度，即是降伏衆生見也。又菩薩若言有衆生可度，即是常見。若言無衆生可度，則見斷見。今雖度衆生實無所度，故降伏常見；雖無所度而常度衆生，故降伏斷見也。

所有一切衆生之類下，此第二正明發菩提心。論偈云，廣大第一常，其心不顛倒。利益深心住，此乘功德滿。故用於四心釋此經文，四心者：一廣大心，二者第一心，三者常心，四者不顛倒心。

問：何因緣建乎四心？

答：凡爲菩薩，異凡夫二乘自調自度，今言遍度三界六道，名廣大心。雖復遍度衆生，若遍與衆生人天之樂，名爲下心。若遍與衆生二乘之樂，名曰中心。今遍與衆生大涅槃樂，名第一心。菩薩雖復遍與衆生大涅槃樂，或時休息，生死道長，衆生性多，云何可遍度之令得常樂？是故於生死中起疲厭心。今明生死邊如虚空，衆生性邊亦如虚空，是中無生死往來，亦無解脱者，故能菩薩常度衆生，誨而不倦，名爲常心。雖度衆生而不見衆生可度，是名菩薩不顛倒心。以建此四心，住菩薩道，得大利益，故論云利益深心住。是故建此四心，則菩提心滿足，故論云此乘功德滿。雖有四心，不出慈悲般若，前三是慈悲心，後一是般若[四〇]心。前是功德，後是智慧。前亦是方便，後名爲實慧。故發心即具福慧，亦即具二慧。如《大經》云，發心畢竟二不別。若望開善義，假名空但是空心，但得四中之一，又二慧中但得實慧意耳。

問：何故名廣大心？

答：從所有一切衆生之類，至非有想非無想已來，總攝衆生，名廣大心。

此中二句。所有一切衆生之類，此總攝衆生。若卵生下，此有三句，别攝衆生。第一句以一門攝衆生，謂一生門。第二有色、無色二門攝衆生，欲、色兩界名爲有色，無色一界名爲無色。第三以三門攝衆生，無想者即是色界第四禪中無想天也，非有想非無想者，無色界最後天也。有想一句，除上二處，通三界也。

問：何故不以六道攝衆生？

答：六道不攝中陰，四生則一切攝故也。

我皆令入無餘涅槃者，此下第二明第一心也。此言無餘者，非灰身滅智小乘無餘，斯乃無累不盡，無復餘累，無德不圓，無復餘德，故云無餘也。

問：此乃是涅槃教意，云何釋般若文？

答：作此問者，乃是五時教意，非經論之説。《般若論》云，此經正辨無爲法身，與《大般涅槃》更復何異？

如是滅度無量無邊衆生者，此下第三名爲常心。

問：《般若論》云，不見衆生異於菩薩，常不離是心，名曰常心，此意云何？

答：今言常心，可有二義：一者，常不離正觀心，名曰常心，則是論意，不見衆生異於菩薩，不見菩薩異衆生故，衆生、菩薩皆畢竟淨，常作此觀，名曰常心。二者，以正觀心常度衆生，不休不息，名曰常心。

何以故若菩薩有我相下，此第四明不顛倒心。雖常度衆生，無衆生可度，名不顛倒。若見有衆生，則是我見凡夫，自不能度，何能度物耶？

復次須菩提於法應無所住行於布施下，此第二章經，答修行、降伏心二問。前明以初發心故得住大乘，不發心不得住大乘，故發心與住二事相成，故合訓也。今二門亦爾，以修行故得降伏顛倒，若不修無得萬行，以何降伏有得煩惱？故二門相成，故須合訓也。又四門次第，前須發心，發心故得住大乘，住大乘故修行，修行故煩惱得降伏也。然此經文略意含，非可一言得盡，今更以數義釋之。一者前章正辨發菩提心，今此一章辨於修行。所以明此二者，如《華嚴經》善財童子於一一善知識所，皆自稱云已[四二]發菩提之心，未知云何修菩薩行、學菩薩道。故知前須發心，然後修行。菩提心即是願義，今之一章辨菩薩行義。菩薩之道雖復多門，統其大歸，不出願行。然願門雖多，略爲四弘誓願，行門無量，略爲六波羅蜜。四弘誓願者：一、未度苦海，令其得度；二、未脱業煩惱縛，令得脱之；三、未得道諦之安，令得安之；四、未得滅諦涅槃，令得涅槃。前章明一切衆生皆得涅槃，即是四願之中略舉後究竟願也，今一章經略舉六度中最初行也。然前章舉於後願則攝得三願，後章舉初行則攝於五行。

問：云何後願得攝前願？云何初行得攝後行耶？

答：後願既令衆生皆得滅諦涅槃，豈不度苦、脱集、見道諦耶？次辨初行攝後行者，論云，檀義攝於六，資生無畏法，此中一二三，名爲修行住。此偈意明六度悉名爲檀義。但檀義有三種：一，資生檀，即是布施資益衆生，亦是以資生之物以用布施。二者，無畏檀，持戒忍辱，持戒即不犯財奪命，即是施物無畏，忍辱不加報於物，亦是施物無畏，故此兩度名無畏檀。精進、禪定、智慧，此之三度名爲法檀。言法檀者，以法施物，故名法檀。精進則説法無倦；禪定則知他人心，方能説法；般若是智慧，正能説法，故此三種名爲法檀。言一二三者，一即是資生檀也，二則戒忍，三即後三度也。又此中依般若修行，但明布施者，如攝五品檀説，具攝於五故，又略舉初故，又檀則攝衆生之要法故也。又前章經明菩薩内有大慈大悲，此一章經明菩薩方便外能赴救。所以者何？菩薩發菩提心以赴緣度物爲務。故《大品》云，菩薩大事者，所謂不捨一切衆生。然度衆生必須二事：一者内有慈悲心，二者外有方便救濟。前章明遍拔衆生生死苦，即是大悲心義，與衆生大涅槃樂，即是大慈心義。雖内有慈悲之心，未有慈悲之事，是故今辨菩薩修行布施等萬行而拔濟之，令其離苦，使其得樂，即是成上慈悲之義。

問曰：上辨内有慈悲，今明外能赴救，何須般若？

答：上辨内有慈悲要須般若，若無般若則慈悲不成。故《大論》云，慈悲與實相合行。大悲雖拔其苦而實無所拔，大慈雖與其樂而實無所與。故慈悲不妨畢竟空，畢竟空不妨慈悲心。故雖行畢竟空觀而不捨大慈大悲，雖行大慈大悲，不捨畢竟空觀。故知即以畢竟空爲慈悲，即以慈悲爲畢竟空。故慈悲未曾不空，空未曾不慈悲也。今明修行亦與實相合行故，雖修萬行而實無所行，雖無所行而常修萬行，故行無所行，無所行故，具二慧也。又前章經正明菩薩度於衆生，始識衆生相。識於度相，知度無所度，方是識度。知衆生無衆生，方始識衆生。今此章經正辨度義，前雖識度，猶未正度，如雖復識病，猶未授藥。今此章經正明度義，即是正授於藥。亦前章正明識病，此章正明識藥。衆生即是病，由般若故能識衆生，即是由般若故能識病也。今修萬行，竝爲衆生，是故萬行悉名爲藥。由般若故解悟萬行，由般若故方能識藥。又前章經正辨衆生空，今此章經明諸法空。前辨雖度衆生，無衆生可度，故是衆生空。今明雖修萬行，實無耶〔四二〕修，即是法空。

問曰：《大品》開宗則云，不見菩薩及菩薩字，此經開宗，何因緣故但言不見衆生？

答：《大品》不見菩薩即不見衆生，此經辨不見衆生即不見菩薩，但兩經互舉，能、所不同耳。又《大品》正勸菩薩學般若，或者便謂有菩薩能學般若所學。爲此義故，前破菩薩，明不見菩薩。此經明菩薩發菩提心欲度衆生，便謂有衆生可度，是故今破無有衆生。

問曰：何因緣故前辨衆生空，今明法空，以爲説般若耶？

答曰：般若未曾空與不空，但衆生多滯有病，故破有病，明於空耳。有病既息，空則不留，如大火炎不可四觸。但佛在世時衆生根利，直聞説空，不取空相，故無所依止，即便得道也。

就此章經開爲三段：第一，正明無住相以修

行；第二，明得無所得果；第三，結勸。就初爲二：第一，正答修行問；第二，答降伏心問。此即第一。言無所住行布施者，即如《大品》開宗不住法，住般若，無所捨具足檀。然此中既云不住六塵，亦即不住六根、六識，但文略故偏明不住六塵耳。《大品》問住品，明不住一切法，故是住般若。今言不住六塵，六塵攝法盡矣。然菩薩身、口、意業一切所爲，行、住、坐、臥，乃至舉動、施爲、産業之事，皆是無依無得，今偏言不住行施，豈非略舉一以例諸耶？若依《論經》，便有三種：一者，不著自身故行布施，若著自身則惜外物，故不行施；今不著自身，則不惜外物，故能行施也。二者，無所住一句即是不著報恩。報恩者，謂供養、恭敬等也。三者，不住色、聲、香、味、觸、法布施，即是不著果報。果報者，謂人天樂等。菩薩若著報恩及以果報，則捨遠佛道，是故不著報恩及以果報也。

須菩提菩薩應如是布施下，若依論意，即是答第四降心問。然要須修行，故有所得心乃降伏耳，故次修行後明降伏也。以菩薩不見三事故行布施，名爲降伏。言三事者，謂施者、受者、財物等。以不見財物故得諸法空。不見施者、受者故得衆生空。以得此二空，即是降伏人法見也。然論作此意，正以修無所得行，即是降伏有所得心，故兩問相成，兩答相成也。

問：初章經親有降伏言，何故不答降伏問，今始答之耶？

有釋云，先但明衆生空，未明法空，故生、法二空未具得，不得稱降伏。今具得生、法二空，始是降伏名也。又前始明是菩提心，未明菩薩行，故降義未成。今願、行俱成，降伏義始顯也。

若菩薩不住相布施下，此第二明修無所住因，得無所得果。所以有此文來者，有[四三]二義：一者即是舉果勸修。良以修無住因得福無邊，是故勸修無住相布施也。二者即是釋疑。疑者云，有住布施可有福德，無住布施應無福德。是故釋云，有所得施功德則少，無所得施其福無邊。

問：今持戒、行道、書經、造佛，功德可多，云何以無住心而作福與十力空等？此言極成過差也。

答：覆面之舌，言豈虚哉？子若不信，今當略述。夫福德因扶理而生，故釋善以扶理爲義。以無所住蓋[四]是扶理之極，福豈不多？以此而思，焕然可解也。故一切有所得心，積劫種種修行、持戒、坐禪，皆是乖道，故福不多。今無得施與道相應，故福多。故爾前一切功德不及五華施福多也。

就此文開爲三别：第一，法説；第二，譬説；第三，合譬。法説如文。

東方虚空下，第二譬説。就中有兩：初舉東方虚空爲喻，次舉九方虚空爲喻。各有問答，如文尋之。

問：何因緣故借虚空爲喻？

答：凡有二義：一者，虚空無相無爲，無住相施，無依無得，是故假此爲喻；二者，虚空包含廣大，無住相施，果報亦大，故假喻也。

須菩提無住相布施亦如是下，第三合譬，如文可尋。

須菩提菩薩但應如所教住下，此第三章結勸也。所言如所教住者，如上來無所得之教，應須依此而住，依此而修行也。

須菩提於意云何可以身相見如來不下，若依開善，舉平等空答菩提心問。今謂二義不然。一者，有顛倒過，要先發菩提心，然後行菩薩行，豈得前明菩薩行竟，今始辨發菩提心耶？二者，此中文云可以身相見如來不，若是平等空則無復如來，何名見佛耶？

今作五義，生起此章。一者，若依論釋，自上已來答四問竟，從此下第二章斷生疑心。答於四問，即是略説般若。若斷生疑心，則是廣説般若。故論云自下一切修多羅中斷生疑心，故知説經皆是斷生[四五]疑故也。若依因果分門，上來酬於四問即是辨無所得因，此下第二明無爲法身之果。若行有所得因，還得有所得果。故《大經》云，有所得者名曰無明，有所得者名二十五有。今無所得因，故得無爲法身之果。故《大經》云，無所得者名爲智慧，無所得者名大涅槃。又初章經明發菩提心，次章經明修菩薩行，今一章經辨得於佛道，此三即是次第，是故斯經其義要也。又成上菩提心義，發菩提心，下度衆生，上求佛道。下度衆生已，辨衆生之相，故度無所度。今上求佛道，故須識法身，即是求無所求。若不識衆生，則不能度衆生；若不識法身，則不能上求佛道也。若有所得發心求佛，如淨名所呵，即欲令其捨菩提見而是發菩提心，捨於佛見及[四六]見佛耳。亦上辨度衆生即辨衆生空，次辨修萬行則辨六塵諸法空。此人之與法竝是世間畢竟空。今明不可以諸相得見如來，即是諸佛空故。衆生無所有則非衆生，諸佛無所有是即非佛，故非衆生、非佛、非生死、非涅槃。故衆生與佛本來不二。然爲破二見，故云不二，在二既息，不二亦除。故《華嚴》云，不著不二法，以無一二故也。若能如此而悟，一切諸見畢竟不起，始是金剛，稱爲般若。

就此文中開爲三意：第一，如來騰衆疑以問善吉；二，善吉對如來以釋疑；第三，如來印述，結成得失。此即是初。所言疑者，上云菩薩行無住相圓因時，衆生疑因若無住，果應無爲，今見果是有爲，云何因是無住？所以者何？小乘人言，釋迦之身體具有三相：初生王宮，即是生義；次八十年住世，即是住義；雙林入滅，即是滅義也。今果既具此三相，豈得言因是無所住耶？是故佛騰衆疑以問善吉：可以身有三相見如來法身不耶？須菩提言不也世尊下，此第二善吉對佛釋時會之疑。

問：佛應自釋，何故令善吉釋？

答：欲示有得解之人，故令善吉釋。又善吉是小乘人，今欲引接小乘人令信如來身是無爲，故令善吉釋也。又如雀母引子，善吉亦爾，欲引聲聞，令同其所解。善吉是聲聞，既知如來身是無爲，我亦是聲聞，亦須知如來身是無爲，不爲三相所相也。又善吉欲引菩薩令求如來法身，所以者何？小乘之人尚知如來身是無爲，云何菩薩言佛是有爲？

問：《涅槃經》可辨佛是無爲，《般若經》云何有於此説？

答：蓋是五時教人作此問耳，今《般若論》中正破此問。故偈云，三相異體，故離彼是如來，豈得般若教中佛是有爲？又今辨般若正法即是法身，般若非爲非無爲即是法身，非爲非無爲，但爲對凡夫二乘身是有爲，故歎美作無爲耳。亦不同北土論師謂如來身定是無爲，爲與無爲竝是般若功用也。不可以身相見如來者，不可以生、住、滅三相見如來無爲法身也。

何以故？如來所説身相者，時會復疑，若言三相非如來者，何故如來昔説有三相耶？昔説生在淨飯王家，即是説有生相；却後三月當入涅槃，即是滅相；八十年住世即是住相。是故釋云，如來所説有三相者，即非身相。言非身相者，非是法身無爲相也。此是無生生方便，即是生身，故有三相。若生無生方便，即是法身，無三相也。

佛告須菩提下，此第三如來述成，結其得失。所以須述成者，時會恐善吉所解未能不謬，是故如來述成其解。就此文中凡有兩句，初句明失，凡有名相皆是憶想而有，悉是虚妄，豈但計生、住、滅非虚妄耶？若見諸法相非相下，第二句明得。若見一切諸相非法身相，即是見法身。故《華嚴》云，一切法不生，一切法不滅，若能如此觀，諸佛常現前也。

金剛般若經義疏卷第二

校勘記

〔一〕「恒」，底本原校云一本作「洹」。

〔二〕「竝」，底本原校云一本作「而」。

〔三〕「但」，底本原校云一本作「俱」。

〔四〕「具」，底本原校云一本後有「列」字。
〔五〕「説」，底本原校云一本作「聞」。
〔六〕「示」，底本原校云一本作「現」。
〔七〕「的漢」，《佛説諸德福田經》（《大正藏》本）作「適莫」。
〔八〕「段」，底本原校云一本作「章」。
〔九〕「有」，《金剛般若疏》（《大正藏》本）作「故」。
〔一〇〕「令」，底本原校云一本無。
〔一一〕「時」，底本原校云一本後有「節」字。
〔一二〕「身」，底本原校云一本無。
〔一三〕「傳」，底本原校云一本作「傅」。
〔一四〕「與」，底本原校云一本無。
〔一五〕「令」，底本原校云一本前有「還」字。
〔一六〕「盈」，底本原校云當作「楹」。
〔一七〕「畜」，底本原校云一本前有「自」字。
〔一八〕「必」，底本原校云一本無。
〔一九〕「監」，底本原校云一本作「濫」。
〔二〇〕「性」，底本原校云當作「姓」。
〔二一〕「功」，底本原校云一本作「切」。
〔二二〕「貧」，底本原校云後應有「貧」字。
〔二三〕「齊」，底本原校云一本作「濟」。
〔二四〕「樂」，底本原校疑爲「案」。
〔二五〕「寸」，底本原校云一本作「對」。
〔二六〕「講」，底本原校云一本作「搆」。
〔二七〕「至」，底本原校疑爲「主」，又云一本無。
〔二八〕「其與」，疑倒。
〔二九〕「財」，底本原校疑爲「才」。
〔三〇〕「詫」，疑爲「託」。
〔三一〕「家」，底本原校云一本作「衣」。
〔三二〕「前」，底本原校云一本無。
〔三三〕「爲」，疑後脱「善」字。
〔三四〕「城」，底本原校疑爲「成」。
〔三五〕「析」，疑爲「折」。
〔三六〕「般若」，底本原校云一本無。
〔三七〕「探」，底本原校云一本作「採」。
〔三八〕「門」，疑爲「問」。

〔三九〕「修」，底本原校云一本作「牒」。

〔四〇〕「菩」，疑爲「若」。

〔四一〕「已」，底本原校云一本前有「我」字。

〔四二〕「耶」，底本原校云一本作「所」。

〔四三〕「有」，底本原校云一本前有「凡」字。

〔四四〕「蓋」，底本原校云一本作「善」。

〔四五〕「生」，底本原校云一本無。

〔四六〕「及」，底本原校云一本作「乃」。

金剛般若經義疏卷第三

胡吉藏法師撰

須菩提白佛言頗有衆生者，此下第二段明信受波若義。所以明信受者，上説波若即是能被之教，今明信受即是所被之緣，此即是緣、教相稱。若緣非教緣，此教則不稱緣；若教非緣教，此緣則不稟教。以今緣是教緣，故此緣稟教得益；以教是緣教，故此則〔一〕不空説。爲此因緣，故緣教相稱也。又佛種種門説於波若，上已因果門説波若竟，今就信受門説於般若。所以了悟無依無得，故名信受。説此無依無得之信，即是説般若義也。就此門中問答爲二，初即是善吉發問。所以問者，上明因辨果，義已周滿，是故今問信受之人。然因是無所得因，果是無所得果。因是無所得因，雖行萬行而實無所行；果是無所得果，雖得菩提而實無所得。此事難信，若實有萬行可行，實有佛果可得，信之則易。若實無萬行可行，實無佛果可得，信之了〔二〕亦易。若言俗諦自有因果，真諦自無因果，有無各轍，信之亦易。今竝不然，雖修萬行而不見菩薩能行，不見萬行可行，無所依止而修萬行，濟度衆生，此事希有，是以難信。如空中種樹，不依於地，而溉灌修治，有於華實，此事爲難。是故今問明有信者，若言佛身同於二乘，是生滅法，亦易信。若言佛身是常住法，凝然在金剛後心，此亦易信。若言應身自無常，法身自是常，此亦易信。今明如來雖生畢竟不生，雖滅畢竟不滅，雖無生無滅而生滅，方便利益衆生，此事希有，是故難信，所以問也。

問曰：此爲問現在信，爲問未來信耶？

答曰：現在衆生福慧深厚，三多具足，在祇洹受道，聞必生信，故不問現在。但佛滅度後後五百歲入像法中，此時衆生薄福鈍根，雖尋經文，不能通了，故聞不生信。《大智論》解信毁品文云，佛滅度後五百歲後有五百部，皆執佛語，不知佛意爲解脱，故聞畢竟空如刀傷心。故知未來能信人少，故知問未來世也。又此舉未來有信以況現在，未來是惡世，外不值佛，内薄福鈍根，尚信波若，況現世之人聞不生信。

佛告須菩提下，此第二章明如來答。就文爲二：一者遮無答，二者明有信答。莫作是説者即是遮無答也。汝勿謂現在有信受之人，言未來起信受也，故云莫作是説也。

如來滅後後五百歲下，此第二明有信答。就文大開七别：第一，明信之時節；第二，明能信之人；第三，明所信之法；第四，正出信心；第五，明信之所由；第六，明信之利益；第七，廣釋信義。此即第一。言後五百歲者，有人言正法五百年爲初五百，次像法五百年爲中五百，次像法後五百年名後五百。今舉最後五百，此是像法將滅，衰弊之時，亦有信般若者，況前兩五百無信人耶？今謂不然，言後五百歲者，如《大智論》明五百歲已後也。前五百年得道者多，不得者少，故名正法。次五百年得道者少，不得者多，名爲像法。既正法滅已[三]，次入像法，名後五百歲，此中雖多不信，如五百部之例，然亦有信受之人。故《大品》云，是波若波羅蜜，佛滅度後，南方轉至北方，是中四衆要有信持乃至供養也。又解云，佛滅後千年，爲斷疑云，前五百是正法，故聞有信；後五百是像法，故聞不信。若爾，後五百年無信波若。故佛今答云，後五百亦有信者，不應言無信者也，此時亦有信持，乃至供養也。

有持戒修福者下，此第二明有能信之人。什師翻經，但明二人：一者持戒人，二者修福人。持戒人多是出家菩薩，修福多是在家菩薩。《大智論》云，出家菩薩以尸羅爲首，在家菩薩以檀爲首。是故今文但明二人。然此二人具通大小，若有所得小乘，二人則不信波若。故下文云，若樂小法者則於此經不能聽受讀誦，若大乘二人樂無所得乃信是法，故下文云此經爲大乘者説，爲最上乘者説。若是《論經》，便有三人，論云不空以有實菩薩三德備。第三即是智慧人也，前之二人名爲聞信，若智慧人，此是證信也。又言：能信之人既是勝人，故舉止行二善，物情所貴，以褒歎之，令得信受。持戒是止善，修福是行蓋〔四〕。此二攝一切善盡，則諸惡莫作，諸善奉行，故舉此二攝一切人也。

於此章句下，第三明所信之法。即上因果法門名爲章句也。

能生信心下，此第四正辨於經生信。以此爲實者，即是無所得實信。若有所得信雖異小乘不信，若望無所得信還成不信，故《大品》有信毁之品，欲明有所得信，此即成毁。今此是無所得實相正信，故言以此爲實。亦信波若是法之實相，故云以此爲實也。

當知是人下，此第五明信之所由。所以聞經決能信者，良以殖因積久，故能信受。故《涅槃》云〔五〕，熙連河沙諸如來所發菩提心，然後乃能於惡世中不謗是經。今亦爾，三多久殖，故能信而不謗。文有二句，前句明非值少佛。

以〔六〕於下第二句明值於多佛也。

聞是章句乃至一念生淨信者下，第六章明信得利益。凡有二益：一者，外爲諸佛知見；二者，内得無邊功德。然信波若之利難可稱量，今舉一念之信尚獲無邊功德，始終之信，故復難言。如來懸鑒，信謗皆知，而今偏知〔七〕舉信人者，略有三義：一者，此經是諸佛之母，爲佛守護，故若生希向，則爲佛所記録，故《大品》云，佛常以佛眼觀此經卷，若受持者則爲佛護念，爲如來之所齒録，直置世間爲天王貴勝知友，尚自歡喜，況爲如來之所親愛耶！二者，此福與虛空等，豈下地所能知？唯佛窮其邊底。三者，佛無二言，言必可信。今明信得多福，故其福必知[八]多。

問：何因緣故名爲知見？

答：論云，如來願智力，知非是比智。知佛眼所見非肉眼見。又佛知此人行菩提因，見此人得菩提果，故言知見。

何以故下，此是第七廣釋淨信之義。若依論師釋，上來通明三種人信，此的辨第三智慧人信。今明此言即通，上釋於信得德福無邊，今釋無邊所以良由得無生信，故其福無邊。但無生信自具二種：一者聞信，二者證信。就此釋中有三何以，故大開三別：第一明得，第二明失，第三勸捨失從得。此是初，自有兩句：初句明衆生空，次句明諸法空。所以明此二空釋信義者，《大智論》云，知衆生及法不生，故名無生法忍。雖渡衆生，衆生畢竟不可得，即是無衆生。雖行萬行，諸法畢竟不可得，此即無生法忍。是故今辨此二空爲無生淨信。又衆生空故，是無果患，諸法空故，即無因患。所以者何？會法已成人故，法因而人果，因、果兩患雙離，故其福無邊。又無人見，故超凡夫地。凡夫著我，不知無我，今辨無我，即離凡夫地。又知法空，故離二乘地。二乘之人但得人無我，不得法無我。又以無人故，離煩惱鄣；已無法故，離於智鄣；超凡越聖，兼二鄣俱盡，是故其福無邊。離人見中具無十六，今但略故，止言無四。五陰中起我我所心，故名爲我。不斷不絶，相續住世，名爲衆生。計有一根之命不斷猶有我故，稱爲命者，亦名爲人。外道計有神我，死此生彼，經遊六道，故名壽者也。

無法相，無非法相者，第二句明法空。雖不見我，猶見有五陰之法，故今明亦無法相。五陰之法既無，五陰本無名爲非法，空病亦空，故云無非法相。此應如《淨名》三種次第：初不見我，爲衆生空；次不見法，名爲法空；不見非法，亦名空病亦空。所以明此三空者，我見是衆結之根本，故明我見。次有見無見又是斷常之本，乖道事深，故明有無見也。有人言，修善離惡，以善爲法，惡爲非法。又有人言，以空遣有，以空爲法，有爲非法。若依《論經》，人空之中有於四句，法空之中亦有四句，故論偈云依八八義别。言八八義者，人四法四，名爲一八。破人四，破法四，不此八病，復爲一八，故云八八。言法四者：一者法相，二者非法相，三者相，四者非相。此四是病也。

問：外道計我可是病，今見法生時是有，滅時是無，何故言病耶？

答：作此問者，未讀大乘經論也。破第一句法相，言非法相者，陰界入等法不可得，故言無法相。破第二句者，言非無法相者，或者聞陰入界虛誑故空，便謂諸法實相亦空。如《大經》云，既聞生死虛誑，謂涅槃亦虛誑。爲破此執生死自虛誑空，實相涅槃此非是空，故云空者二十五有，不空者大般涅槃。破第三句者，云無相者，或者云，涅槃實相若不可空，便還同有，若不可有，還應是空。是故今云不可謂涅槃還是有無相也，涅槃實相不可説有無相。破第四句者，或者既聞實相不可有無，便應不可得説，是故今明雖絶有無，爲衆生故無説而説，云何言不可説？但舊經文略，但云無非法相也。

何以故若心取相下，此第二對得明失，亦是舉失顯得。就此爲二：初明計人爲失，次明計法爲失。今失即是初，若心取相即取衆生相，則同外道計有我人，是故爲失也。

若取法相下，此第二明計法爲失。就中有兩：前明見法爲失，次明見非法爲失。

問曰：若計法爲失，應云著於法相，何因緣故計法爲失，著我相也？

答：理實應然，計人故著人，計法故著法。今明欲顯其失患之甚，計法之人非但起於法見，計法之人還起我見，以法是我因緣故也。《成實論》云，灰炭不盡，樹想還生。又《數論》取一切有相非病，取我相爲病。《成實論》云，有二諦則非病，取我人故是病耳。今明不然，但使生心動念，則過同我人。

何以故若取非法相下，此第二明著於非法，此亦爲失。既聞計法爲失，或者便謂無法爲得，是故今云若計非法，是亦爲失。所以者何？計有非法必起法見，若有法見則有我見。又若無有我，則無所計，以有所計，故知有我，所以計於非法，亦復著我。

是故不應取非法下，此第三章勸捨失從得。此文有二：一者正勸捨失，二者引證。此即是初勸捨失。然法與非法尚自須捨，我人之見云何不捨？是故舉法況人，但勸捨法，不勸捨人。

以是義故如來常說下，第二引證《阿含經》中佛爲比丘作於筏喻。譬如有人爲賊所逐，取艸爲栰，度於彼岸，既至彼岸，則便捨筏。初則取筏度河，既至彼岸，則河、筏兩捨矣。譬意初則以善捨惡，後則善、惡雙捨。初則以法捨人，以空捨有，次則人法兩除，空有雙淨，如是生死涅槃，萬善類然。若依《論經》，大意略同，其文小異。《論經》亦有三何以故，與舊經意同。第三何以故云，不應取法，非不取法，此明理、教之義。以得理忘教，得月捨指故，故云不應取法。而藉教悟理，因指得月，故非不取法。如到岸捨栰，故不應取栰，爲欲度河，故非不取栰也。

問：筏喻是小乘經，云何證大乘耶？

答：筏在小名小、在大名大也。又舉小況大，於小乘法中尚明兩捨，況於大乘耶？如《中論》引《迦旃延論》，是小乘尚捨有無，況大乘耶？法尚應捨，何況非法？明有是物情所安，尚應須捨，無非六情所對，豈可執也？

須菩提於意云何下，此文所以來者，凡有二義：一者，證信故來。上辨無依無得之信，乃至法、非法皆捨；今明一切賢聖同作此悟，故知此法可信受也。二者，依論釋疑故來。論主至此章凡釋三疑：初舉法身非有爲，釋以果徵因疑。次信者章雙釋因果之疑，謂説因果法門便無信者，上明有信者，即釋此疑。今此一章經釋以果徵果疑。上法身非有爲章云，生、住、滅相非是無爲法身，故不可以此三相見如來法身。疑者云，若言三相非是佛者，應亦釋迦不得菩提，不爲物説法，而今釋迦樹王下實證得菩提，趣於鹿苑爲物説法，若爾，則應王宫實生，雙樹實滅，不應言三相非佛。今正破此疑，就文爲二：一者，佛騰衆疑以問善吉；二者，善吉奉對以破衆疑。今即是初。佛問意云於意云何下，汝言佛於樹王下實得菩提耶，五十年住世實爲説法耶？善吉答中大開二别：第一，正破實證、實説之疑；第二，更破異疑。此即是初。善吉云，無有實得菩提，無有實説法。論偈云：應化非真佛，亦非説法者。明佛有三種：一者法身佛，即以正法爲身；二者報身佛，即是脩因已滿，果起酬因，名爲報佛；三者化身佛，今言無有實證、無有實説者，釋迦即是化身佛，非是真佛，即是化證化説，非是實證實説。以此例前，釋迦即是化生化滅，非實生實滅，是故如來身是無爲。故云，無有定法名菩提，亦無有定法如來可説也。

何以故如來所説法者，此下第二破無説之疑。惑者聞上釋迦是化佛，無有實證、無有實説，便謂無有化説、無有化證。是故今明雖無實證而有化證，雖無實説而有化説，故云如來所説法即是化説。前即破實説之疑，今則破無化説之疑也。不可取不可説者，此句更復破疑。惑者既聞有於化説，便謂有法可説，佛若有説，聽者便應有取，以有説故則言語不斷，聽者有取故則心行不滅。今以言語滅故不可説，以心行滅故不可取。《大智論》云，波若波羅蜜，實法不顛倒，念相觀已除，言語法亦滅，即是此意也。非法非非法者，此句成上不可取不可説意。諸法實相非有非無，非有故非法，非無故非非法。既離有離無，云何可説？既離有離無，云何可取？即此如《淨名》《仁王》所辨，其説法者無説無示，其聽者無聞無得。一切賢聖皆以無爲法而有差別者，所以有此文來者，成上非法非非法、非有非無義也。以一切賢聖皆體悟無爲，無爲無有無無，是故當知諸法實相非有非無，豈可取説？論文云，佛所以能説實相無爲法者，由體悟無爲法故耳，故無爲是説因也。又一切聖人所證尚不可説，聽者豈可取也？此中不獨舉佛，乃至廣引衆聖者，此意欲證一切賢聖同悟此法，當知此法必可信受。

問：何故言一切賢聖無爲而有差別？

答：復爲釋疑，既言同悟無爲，則衆聖無異，便無十地階級、四果淺深，是故今明雖同悟無爲，所悟不同，故有三聖爲異。三鳥出網，三獸度河，而昇空有近遠，涉水有淺深，即是其事。

問：三佛乃是地論師説，汝今何故乃用斯義？

答：作此問者，非是通方之論。今一師辨無一豪可得一切皆是義。如《思益》云，一切法正，一切法邪，若有所得心，非唯三佛不可得，一佛二佛悉是戲論。若以無所得了悟之心隨緣所説，一佛二佛，三佛十佛，至無量佛，竝皆無礙，云何苟存二身，疑於三佛？

問：何故須立三佛？

答：義要有三：由有法佛故有報佛，由有報佛故有化佛。法佛是佛性，要由佛性故修因滿成報身，此二即是自德，然後化衆生即是化他德，故有化佛也。

須菩提於意云何若人滿三千大千世界七寶布施下，此是第三格量顯勝，稱嘆勸修門。若以福慧而判，上來就智慧門説般若已，今以功德門説般若，般若未曾福慧，爲衆生故作福慧名説也。又上來就無依無得説波若，今就稱歎門説波若。又上來明波若體，今明波若用，以能受持，生無邊功德，是故用也。就此門中開爲三别：第一，舉外施格量；第二，舉内施格量；第三，舉釋迦往因格量。就舉外施格量中，更開爲二：第一，正舉外施格量；第二，釋成格量優劣之意。就正格量中，復開爲二：第一，正舉二種財施格量稱嘆；第二，辨於經名。就初亦開爲二：第一，正舉二施格量受持波若一四句偈；第二，稱歎波若，在處處貴，在人人尊。就第一舉二施格量四句開爲二別：第一，舉三千世界七寶布施格量四句；第二，舉恒沙界七寶布施格量四句。就初章中復開二別：第一，正舉財施格量；第二，釋成格量之義。今即是初。

問：何因緣故有此文來？

答：此文來意，凡有近遠。所言遠者，如向數義。所言近者，論生起云，若諸法實相不可取説，文字則是可取可説，受持應無功德。爲釋此疑，明文字雖是可取可説，因此文字得悟波若，則是因説悟無説，是以受持者其福無邊，故格量也。

就文爲二：第一，正舉財施；第二，格量波若。舉財施中，自開爲二：第一，佛問；第二，善吉答。開爲二別：初正答，次簡釋〔九〕答。正答如文，阿泥樓駄以一食施，九十一劫常受安樂，況今大千玅寶以用布施，其福不多。

問：實有以大千玅寶布施以不？

答：亦得言實有，亦得言假説。言實有者，轉輪聖王領四天下，能以四天下滿中玅寶以用布施。大梵天王主領大千世界，能以大千玅寶布施，故知得是實有。言假設者，若無此事，假説言有，亦不及受持波若。佛欲令人尊重波若，故雖無事，假説明也。

何以故是福德即非福德者，此下第二簡釋〔一〇〕答。有人言，福德即是世諦，即非福德即真諦，明此福德虚假即真，是名福德。多者，世諦故説多也。一切諸法不出二諦，故就二諦明之。今謂此釋似無次第，今乃是釋福德多之義，何因緣故明二諦也？復有人言，此是福德非福德，非福德福德，此是波若福德，但波若中有財施、法施，波若財施、法施實無優劣，但受財施人一生富樂，未能未來滅惡道之苦。受法施人能滅三惡道報，未來生天人好家乃至作佛，是故財施不及法施。今謂約受人，其實如此，但此中約能施人格之耳，不約受人格之，故不同此釋也。但施不同，有得財施不及無得法施，此是互對自有。無得財施勝有得法施，自有無得財法勝有得財法。

問：無得財施何如無得法施？有得財施亦作此問。

答：財、法不二，則無得財施與無得法施無有優劣。但無優劣優劣義，則法施爲勝、財施爲劣也，有得法施亦勝有得財施，大格如此也。今依論釋。論云，福不趣菩提，此簡布施之福雖多，此是有漏神德。即非福德者，非無漏無所得福德也。是名福德者，《論經》重言福德福德，此意略判福德凡有二種：一者有漏福德，二者無漏福德，是故重言福德福德。

問：善吉但應答佛明布施福多，何因緣故忽簡福德漏與無漏？

答：善吉領解佛意，佛意欲明布施之福雖多而是有漏，是故答佛如我所解，布施福多者，此是有漏之福多耳，非無漏也。

佛言下，第二正舉財施、格量法施。就中有二：初明持經勝於布施，第二釋勝所以。今即是初。

問：云何名爲四句偈耶？有人言，此經下文兩四句偈即是其事。今謂此人得經語不得經意。若取下偈爲四句偈者，自經初已來便應非偈，受持之者便無功德。又當佛説經時，至此中未有後兩偈，云何逆格量耶？有人言，一切大乘經四句要偈，如雪山之四句等，即是其事。是亦不然，今正論波若，不涉餘經。有人言，凡是言説成就一義者，此即是偈，故偈名爲竭義，取其竭盡，則名爲偈。今謂亦不然，經乃明四句偈，今云其義竭盡，何必的論四句？自有一句於義亦盡。若是別偈，則句定言不定。若是通偈，則言定句不定。別偈句定言不定者，要須四句故句定，或五言、四、七、六等，故言不定也。通偈言定者，要滿三十二字也。句不定者，三十二字或一、三、四句不定也。今既云四句，則是別偈，云何以通釋耶？有人言，三十二字名爲一偈。是亦不然，乃是外國數經法耳，非關四句偈也。有人言，凡是經論能顯道者，悉名爲偈。此亦不然，今的云四句偈，云何乃通取顯道之言，顯道何必四句耶？有人言，假名四句，如一假有，不可定有定無、亦有亦無、非有非無，亦得言假有即不有，乃至假有未曾有無，故此假四句即名爲偈。今謂上來亦無此説，乃是通方之論耳。有人言，上不可取、不可説、非法、非非法即是一四句偈。今謂是亦不然，若唯此是偈，餘應非偈。有人言，前答善吉四句問即是四句偈也。是亦不然，前乃是答於四句，豈關偈耶？今世俗中以四句爲一偈，佛隨世俗亦以四句爲一偈，明此乃是舉少況多之言耳。然一四句，斯言最少，若能受持一四句，其福無邊，況復一假〔二〕、一章、一品、一部耶！故須得經意，勿著語言也。

何以故下，此第二釋勝所以。至人極法，從是經生，是故持經，其福爲勝。論云，二能趣菩提，即是受持四句及演説四句也。

所謂佛法即非佛法者，有人言，此是遣執，向明出生極果人法，恐物著故，須遣即空。今謂不然，前明即非福德，亦應恐生物著，故須遣也。有人言，佛法非佛法，如中假之流。是亦不然，恐是玉巵無璫也。今依論釋，成上持經福多之義。偈云，唯獨諸佛法，福成第一體。所言佛法者，唯佛是無上無〔三〕菩提之法也。即非佛法者，自佛以外二乘菩薩無有此法，故云即非法佛〔三〕也。以佛獨有故，此法第一，今持經福能生第一之法，是故持經之福，其福最勝。

須菩提於意云何須陀洹能作是念下，此第二釋成格量之義。就此章中大開二別：第一，舉小乘因果釋成格量之義；第二，舉大乘因果釋格量之義。就此二章各開兩別：初段兩者，第一舉小乘因成格量義，第二舉小乘果成格量義。今即是初。

問曰：云何舉大、小乘義成格量耶？

答：前章云如來所説皆不可取不可説，乃至一切賢聖皆體悟實相無爲而有差别，然此語意即是明悟實相無依無得之義。以悟無依無得故，須有大、小乘賢聖不同。疑者云，若言諸法不可取不可説、無依無得者，云何小乘取得四果，乃至大乘證得佛耶？以大、小乘皆有證得故，知非是無依無得。以大、小乘皆説有證得故，知非是不可説義。今爲釋此疑，故明大、小乘雖有證得而實無所得，雖有所説實無所説，是故當知無取無説、無依無得，是以舉大、小乘釋成上不可取不可説，乃至皆以無爲法而有差别也。

問曰：云何成上格量？

答：諸法若是可取可説、有依有得者，受持則無功德。良由波若無取無説，是以受持其福無邊。

問曰：此經下文云，爲大乘者説，若樂小法者不能聽受。《大品》云，波若是菩薩法，不屬二乘。今云何乃引小乘爲證成？

答：此舉小況大，明小乘人尚悟無依無得、無取無説，云何菩薩而不信無所得法耶？如《大品》引先尼爲證，聽者聞諸法畢竟空不信受，故引先尼。小乘人尚信法空，今大乘人無相法中豈不信空耶？又今是無所得三乘，是波若善巧方便用，此是大小，非有所得小也。又欲引學小乘人令入大法，欲爲小乘亦須學此法。如《大品》云，諸天子汝欲住須陀洹果，亦不離是忍也。

問：若爾，此法便是通三乘法？

答：如觀中道者有三品，下智觀故得聲聞菩提，中智觀故得緣覺菩提，上智觀故得佛菩提也。

問：何故聲聞法中立於四果，菩薩法中開於十地？

師云：今須開此一路，此一路擁塞來久，今

明無礙通方悉得。聖人善巧爲欲出處衆生，隨其根性故開大、小。然至論道門未曾大、小，今作大、小者，竝是赴根緣故，開大、小方便。然大小不同，由有其通別。若通而爲論，大、小皆得名地，大、小悉得稱果故。如三乘共十地，八人地、見地即須陀洹果，薄地即斯陀含果，離欲地即阿那含果，已辦地即阿羅漢果。菩薩法中已辦地屬佛地，是知大、小皆得名地。然大、小皆名果者，小乘既名四果，菩薩十地亦名十果。故《大品》云，有法是菩薩道，無法是菩薩果也。若就别爲論，開大、小不同，則果、地爲異。小乘則名因果，菩薩稱爲十地。所以菩薩名地，是勝持廣普，能生能成，有此衆義故與其地名，聲聞無此諸義，故不名爲地。聲聞之人厭老病死，欲入無餘，故斷除煩惱數辨蘇息，遂其心斯〔一四〕，故與其果稱。菩薩無此諸事，故不名爲果。然復有互舉之義，其事常通。何以知之？如三種皆乘，三種皆道，三種皆地，三種皆聖人，然地豈不通耶？故知隨舉一義耳。

問：依小乘義明惑唯有見諦、思惟，斷三界見諦惑既立初果，斷思惟亦立一果，若爾，唯應有二果，何得有四果耶？若斷三界思惟既立三果，三界見諦亦應立三果。又若約界而判既有三界，斷三界惑應有三果，何故斷欲界惑立於二果、斷上二界惑立一果耶？若依靜、散而判，欲界已爲散地，斷欲界惑應立一果。上二界已爲靜地，斷二界惑亦應立一果。今何因緣故不依此諸義立因果耶？

答：此是如來善巧，假名制立，無有定相，通而爲論，具如問也。而今不爾者，斷三界見諦、出三塗之表爲聖人，故立初果人。見惡道塵散，八十八頭蛇死，就斷三界思惟，更立三果；斷欲界思惟，立於二果；斷上二界思惟，立羅漢。所以然者，欲界是苦難地，此既難可過度，是以斷欲界惑，立於二果。上二界非苦難地，已有解基，惑則易斷，是以斷上二界惑，立阿羅漢果。

言斷欲界惑立二果者，欲界思惟有九品，斷前六品名斯陀含果，具斷後三品，立阿那含果。所以斷前六品立斯陀含果者，《毗婆娑》中和須密論師云，前六品煩惱能發無作，潤於三塗，是故斷此六品，制於一果。又且既開惑以爲九品，是則上、中二三品其惑則重，是以斷之立於一果。後三品既輕，故斷之而立阿那含果。莊嚴師云，欲界思惟九品煩惱潤業不同，前之三品潤邊地貧窮，次有三品潤邊地富貴。

問曰：立此四果，出何處文？

答：《毗婆娑》以五義故立。一者，捨於曾道；二者，得未曾道；三者，得一味解脱；四者，具修十六行；五者，修得八智。今以五義具立初果，下三果者可具三義，謂捨於曾道、得未曾道及一味解脱也。如此等義，《數論》中廣釋，但知是假名方便，不如《數論》有所得解，《數論》但得名字，不知佛意也。

就初果文，前問，次答。就答中有三：一正答明悟初果時，不見得與不得、證與不證，即成上不可取不可説義也。何以故下，第二句釋於上義。須陀洹者，此言修習無漏，亦名逆生死流。流有二種：一，生死流，即是煩惱；二者，道流，名爲正觀。今此中具明二流，名爲入流，即是入於道流，不入色、聲、香、味、觸、法，即是逆生死流，由入道流，故逆生死流，故入道流。然入道流而實無所入，亦逆生死流實無所逆。第三句是名須陀洹者，結名也。餘經云得須陀，名爲溝巷斷結。前觀欲界苦，斷欲界苦下煩惱。次觀上界苦，斷上界苦下煩惱。還觀欲界集，次觀上界集。如是上下屈曲，似於溝巷，故云溝巷斷結。三藏師云，得須陀洹者，此云至流，如煩惱引人至生死流，八正道引人至涅槃流也。

問：何故但云不入六塵？

答：既不入六塵，亦不入六情六識，即明於法空。不見須陀洹故，即是人空，入道流無所入故，則涅槃不可得。逆生死流無所逆故，生死不可得，故不人不法不生死不涅槃，乃名波若須陀洹也。

第二果亦有問答，文來可知。斯陀含者，此云薄婬怒癡，亦名一往來。此人猶感欲界兩生，一生天上，一生人中，便成羅漢，故名一往來，亦名頻來。以頻受兩生，故名曰頻來。第三阿那含者，此云不還，亦云不來。斷欲界結盡，不生欲界，故名不來也。

而實無來者，問：阿那含名不來，既云實不來，斯陀含名一往來，應云實往來，上云一往來實無往來，時阿那含名不來，應云無不來？

答：其實應爾，但互文現意。而不爾者，那含名不來，而云實無來者，此不來之名，而無得之語，其義相稱，故以無來之語還釋不生之名。上二果名不同，此所以非類也。又意實應言而無不來，今少不字，但云無來者，無即兼不，故省煩言也。

問：四果十智中具有幾智？

答：初二果十智中除盡無生及他心。

問：凡夫外道尚得他心，二果聖人何故不得？

答：聖人非不能得，若得他心，即得四禪，斷欲界，非復初二果也。第三果人八智，加他心。第四果具十智也。從第四果去即是第二舉小乘果以成格量之義。

上來三種雖竝稱果，若望羅漢竝皆是因。就此文中，復開爲二：一者，通舉羅漢；二者，别明善吉。初亦有問答，答中有三：一、直答；二、順釋答；三、反釋答。

問：四人竝皆稱果，何故前三云果，羅漢稱道？

答：果、道之名，皆通四人，但羅漢既其德極，簡異上三，偏云道也。所以然者，《大經》云，菩提名盡智、無生智，菩提此稱爲道。羅漢既得此二智，與其道名。上之三果未得二智，不名與道〔一五〕也。

第二，偏據善吉悟解勝爲證者，善吉猶是羅漢，但今是對揚之主，又復別得勝定，異於餘人，又自引爲證，欲使於義明顯也。就文有四：一、明佛就其得上果，二、明其果不作得意，三、明若有得意則不爲佛所印可，四、明以無著故爲佛所歎。人中最爲第一者，凡有三種第一：一者，人第一。二者，離第一。離謂〔一六〕二種鄣，一離煩惱障，二離定障也。三者，德〔一七〕第一，即得無諍定及斷煩惱障智、斷定障智。

問：何因緣修無諍三昧？

答：凡有三義。一者，昔聞佛説此三昧有種種功德，心信願得，今成羅漢，故修此定，由昔因故便習得也。二者，在凡夫時於多衆生起諍，故受苦報，今得無學還憶昔憂悔，故修此定。三者，欲令多人得現果報，故復修之。得此定已，前作方便，守護他心，無一衆生於我起諍，然後現身，故名無諍。

問：以何方便法修此定耶？

答：前散心中發願，隨其心願要期近遠，或一土一村，人物處所，悉願見其形相、性〔一八〕族、名字，及知其心所趣向。發此願已，入達分三昧，如昔所願皆悉分明。此事已，還出散心，憶念定中所見，如夢中所見，覺已還憶。以是義故，能遮惡生善，不煩惱他，故名無諍。無諍與願智相成，如前説也。

問云：何名爲無諍？

答：有人言，以慈心爲無諍，以慈心故不與物諍。有人言，第四禪名無諍，以此定離三災、勉〔一九〕四受故也。有人言，空解爲無諍定；有人言，即以無諍智爲無諍定。今依論釋。論云，依彼善吉者，遠離二種鄣，斷煩惱故得羅漢，斷三昧鄣得無諍定。故知此別是方法定，非是空解，亦非四禪，亦非慈心也。

問：文云離欲羅漢，離何欲耶？

答：非是離煩惱之欲，乃是善吉好修阿蘭若行，遠離五欲五塵之境，名爲離欲。阿蘭若者，此云無事，即是優遊任放，不爲塵累所拘。

四段文處易知，不須出也。

佛告須菩提如來昔在然燈佛所下，是第二章，舉大乘因果釋成上義。就文爲兩：第一，舉大乘因釋成前義；第二，舉大乘果釋成前義。就舉大乘因中，開爲二别：第一，舉受記；第二，明嚴土。今即初，所以有此文來者，從上如來所説法，不可取不可説文生。若言諸法不可取者，昔爲儒童菩薩應不得記。若昔爲儒童菩薩遂得記者，則諸法可取。若言諸法不可説者，然燈佛不應爲其授記。既爲釋迦授記，汝於來世當得作佛，則是可説。以時會有於此疑故，佛騰衆疑，問於善吉，故云如來於然燈佛所，有法得菩提不。善吉答云：於然燈佛所實無所得。此意明不見人是能得，無有記之可得，具如《淨名》彌勒章記，如是無得無不得，乃名《得受記》，此得實無所得也。

北人云，凡有四時受記：一是習種性不現前受記，二是道種性亦不現前受記，三是初地現前受記，四是八地大無生忍現前受記。此中文明釋迦由是習種性菩薩，未得初地已上無生、法忍記。今佛問善吉云，我於爾時已證初地、無生、法忍三菩提耶？乃至金剛已後常住現果證三菩提耶？善吉答云：如來爾時未得初地、無生、法忍三菩提，亦未得金剛後常住三菩提。今謂論無此義，又未見經説，若就義推，於理不可。此中乃明無依無得之義，破有依有得之疑，成上不可取不可説意，云何乃作行位淺深解釋，故於義不然。但經中不無三賢十聖之説，《首楞嚴經》亦有四種受記之文，非此中正意也。

於意云何莊嚴佛土不下，此第二次辨嚴土釋成上義。來意同前，若言諸法不可取不可説，云何菩薩取淨佛土行。爲釋此疑，故有此文來也。

問：因行無量，何故前辨受記，今明嚴土？

答：受記是菩薩自行，嚴土是化他行。自悟無生，故佛授記是自行。衆生之類是菩薩佛土故，嚴土之行則是化他行。行門雖多，不出此二，是故明也。又前論得記，則是正果；今論嚴土，則依果。又菩薩得無生已後，更無餘事，唯成就衆生，淨佛國土，故次第二句來。文亦有二：一問，二答。問意可知，就答中有二：第一，正明嚴土之真僞；第二，勸修淨土因。今即是初。若依《大品經》説，此中始終圓成一意，即是菩薩無大莊嚴爲大莊嚴，雖大莊嚴實無莊嚴。然依論釋，此中文云須菩提言不也世尊者，此明如來法身實無七寶形相莊嚴，故不應言菩薩有七寶淨土之可取也。如來説莊嚴佛土者，疑者云，若形相莊嚴非真土者，佛何故説七寶等爲淨土，令菩薩修淨土因，取淨土果耶？故今釋云，如來以正法爲身，無身非身，是故無土。今説形相爲淨土者，此爲始行之人，令棄土沙之穢，取寶玉之淨耳，非是第一義真淨土也，故言如來莊嚴佛土則非莊嚴也。是名莊嚴者，此是第一義真實莊嚴，正以諸法實相無德不備，無累不淨，故名莊嚴，爲至人之所栖止，故名之爲土。

應如是生清淨心下，此第二明淨土因。然上明土果，破別相世俗之土，明第一義真淨佛土，故明二土真僞不同。此中辨因有得失之異，就文開爲三別：第一，正勸修得；二者，勸捨失；三者，重勸修得。應如是生清淨信心，此即是勸修得也。不應住聲、香、味、觸、法生心者，此第二句勸失捨。

應無所住下，第三句勸修得。

須菩提譬如有人身如須彌山王下，第二明大乘果，證前無取無説，成格量之義。就文爲二：前佛問，次善吉答。今即初問。成論人釋云，山王廣大譬無相理廣大也。今謂不然，非但義無次第，亦是文無所出。今依論生起，猶爲釋疑。疑云，若無取無説者，云何諸佛取得菩提，而爲他説得菩提耶？所以舉須彌山者，明須彌於十寶山中最大，譬佛於十地中最大。須彌此云妙高山，亦云安明山也。釋意云，如須彌山雖於十寶山中之大，亦無心言大，佛亦爾，雖於衆聖中大，亦云無心言大，雖得菩提，亦無心言得也。

佛説非身是名大身者，又釋疑。疑云，聞須彌無心言大，謂與佛齊，須彌既是有爲有漏，言佛亦是有爲有漏。故今釋云佛説非身者，明佛不同須彌，非是有爲有漏身，故云非身是名大身，即是無爲無漏身也，故云是名大身也。

問：此舉三佛中何佛耶？

答：正舉報佛。所以然者，報佛正是修因滿，故得菩提。法佛是佛性，未得菩提，故不説法佛。得報佛竟，方起應化，故化佛亦非得菩提，故但舉報佛也。

須菩提於意云何如恒河中所有沙數下，此第二舉諸恒河沙珍寶布施，格量持説四句偈也。所以有此文來者，凡有二義：一者上明布施少，正是三千世界珍寶，故不及持經；今明布施多，謂諸恒沙世界珍寶應及持經。又上大千珍寶，但施衆生，故是福田劣，今恒沙珍寶供養諸佛，此是福田勝，應及持經。今明雖施多田勝，由是有所得施，亦不及持經也。

問：先説大千格量既不及持經，何故不即説恒沙珍寶以格量持經耶？

答：增數明義，從小至多實應相次。但上聞大千格量不及持經，時會或未了不及之所以，謂波若猶是可取可説，云何受持四句及勝大千珍寶？是以上廣釋疑，明波若非可取可説，故四句雖少，若持若説，其福則多，布施雖多，是可取可説，故其福則少。所以釋前疑竟，方顯勝之所由，故方更格量也。

就此文中爲二：一、明財施福多；二、明法施格量。就初有兩問答，即爲二意：初一番明沙數多，後一番明福德多。今以問答相承，直爲四別：一、舉沙數爲問，二、稱事而答，三、舉財施爲問，四、明施福多也。初問中有三意：前舉一、恒沙爲本；二、以沙數河；三、以彼沙數河中之沙爲問。第二答中有兩意：初直〔三〇〕答多，從後〔三一〕德〔三二〕。但諸恒河下，顯多之義，明諸河顯數尚以無邊，況河中之沙，云何可數。

問：何因緣故佛經之中多舉恒河爲喻？

答：於四河中恒河最大，其沙又多，故舉爲喻；二者，外道云，此是吉河，入中洗者罪垢清淨，故舉爲喻；三者，餘河名字數轉，此河世世名字不轉也。又五天竺國在此河邊住，佛弟子眼見，故舉爲喻。香山頂有阿耨達池流出四河，恒河即是四河中一也。有人言，此河長八千里，廣處四十里，狹處十里。此中沙極細如麨麵，水作白色如乳，極深，象、馬度皆没。

次舉經格量，其文可見。財施不及法施者，具有多義：一者，明法施之時能施之人多是聖人、智人；若使財施，能施之者則不爾。愚人無〔三〕能行施，所以財施則劣，法施則勝也。二，明受法施之人亦必是智人方能領受，愚者之與畜生不能受，此故明法施爲勝。三者，明得福爲勝，財施則但明能施之者得福，受施之者則不得，若使法施，則能、所二人竝皆得福，是故爲勝也。四者，法施則能施、所施皆得而不失。若使財施，則受施之人得五事果，能施則失也。五者，財施則但益肉身，法施則益法身。六者，則法施能斷惑，財施正是伏慳。七者，法施則出有法，財施則是有流。八者，財施果有盡，法施果無盡。九者，財施不一時得，法施則一時而得。十者，明法施具四攝，財施但一攝。是故法施勝於財施也。

復次隨說是經下，上來舉二財施格量四句經竟，此下第二歎經之處及美受持之人，明經在處則處貴，在人則人尊。就文有四：一、明經在處則處重，二、明在人則人尊，三、釋人尊，四、釋處重。如塔者，塔婆外國語，亦云支提，此云方墳。然爲尊法身，是故敬塔，爲重此經，故供養所在處。

問：《大品》云，滿十方舍利作一分，波若經卷爲一分。佛問天主：二分之中意取何所分。天主答：寧取波若經卷，以能生舍利及一切佛法故。若爾，經既勝於舍利，則應經所在處過於塔廟。今云何言如塔經處，若言如塔，則波若經卷應如塔舍利。

以理言之，實應過塔，但世間敬塔以爲尊極，是故今借以喻耳。

何況有人下，第二明在人則人尊。

當知是人下，第三釋人尊。

若是經典下，第四釋處貴。此經，諸佛之母，能生諸佛及三乘十地。《大品》云，波若所在之處，十方諸佛常在其中。故欲供養佛，當知供養波若，波若與佛無二無別，故云則爲有佛也。及尊重弟子者，此處乃有文殊、普賢，非止目連、身子。《大品》云，諸天日作三時禮敬，六齋日彌多，故經所在處四面皆令清淨也。

當何名此經下，若依開善，從上已來竝是説波若體，此之一章明波若名，即是名説也。今明名説體説，非無此義，但此文猶屬格量段也。前格量中開爲二別：第一，正舉二種財施，格量稱嘆。第二章辨於經名。所以辨經[二四]者，上舉二施格量及稱歎，經在處則處貴，居人則人尊。時衆聞經有斯勝德，咸欲受持，但未識名字，是故此中辨名也。就文爲二：初問，次答。問中有二：一問經名，二問受持也。

佛告須菩提是經名爲《金剛波若》下，第二答經名。前問有二：一問經名，二問受持。今具答二問，開爲二別：第一，正答二問；第二，釋成答問意。今前答二問即爲二：初答名，二答受持。今前答名。《金剛般若》者，波若未曾法譬。非譬不譬，假設譬名；非法不法，強作法名；非名不名，強爲立名，名《金剛波若》耳。

以是名字下，第二答持經問。

所以者何下，第二釋成答問意。他云，答名中三段：一標金剛之名，即辨堅利之義；第二遣於體堅；第三遣其用利。上答名即標堅利義竟，此下即是遣其體堅。就遣體堅中二句，初明佛説波若即非般若，明心行斷也。下如來無所説，明絶言語也。今問，上不可取不可説已明心行斷、語言絶，今何因緣更復明絶？今依論判此二句，初句明下有所異，次句明上有所同。

問：何故明下有所異、上有所同耶？

答：下同二乘，上異諸佛，則波若不足可尊敬受持，良由下異二乘、上同諸佛，故可尊敬，以勸物之意，故作此説也。下有異者，上標此經名爲金剛，但二乘斷惑之智亦名金剛，未知此經名金剛者是何金剛耶？故釋云，佛説波若者，此是佛波若、佛金剛也。則非般若者，非是二乘智慧，非二乘金剛也。

須菩提於意云何下，他云，前明斷心行，今辨絶語言。今依論意不然，前文明下有異，今句明上有所同。時會疑云，但釋迦作此説般若，餘佛亦作此説耶？故佛牒時衆疑問善吉，如來有所説不。此問意明釋迦獨有此説，餘佛不作此説耶？

須菩提云如來無所説者，此明釋迦無别有説，還同十方三世佛説，離三世佛説外無别有説也。故《大品》無作品云，説是波若時，十方各千佛現，同説是波若經。難問者皆號釋提桓因，解釋波若者皆名須菩提。天主更問：但現在十方佛作此説，未來諸佛亦作此説。佛答：當來彌勒亦作如是説。故知十方三世佛同作此説。《大品》廣故廣明同，今文略故略明同。所以同者，明波若只是一正觀，正道豈當有異耶？

須菩提於意云何下，他云，此是第三遣於用利。波若能斷假、實二惑，得假、實二解，故是波若之用。今此中明假、實兩境皆空，豈有兩惑可斷、二解能斷？故是遣其用利也。他就此中爲二：初明依果空，次身相下明正果空。初中又兩：一者，舉微塵明實法空；二者，舉世界辨假名空也。今依論第二釋成格量優劣，所以時衆疑：何故持經小而福多、布施多而福少耶？故今釋云，布施雖多是煩惱塵染因，還得顛倒生死果，譬如大千世界微塵雖多，還成世界塵土之果。明四句雖小，此是不顛倒因，還得不顛倒果，故持經雖少而得福多、布施雖多而福小也。文云諸微塵者，明微塵有兩種：一者，塵染之塵；二者，成世界無記之塵。以兩塵相濫，故今簡之。諸微塵者，是成地微塵也；非微塵者，非塵染微塵也。是名微塵者，結是成地微塵也。

如來説世界下，前明因今辨果，如文。次舉三十二相者，他云，前明依果空，今明正果空；依果空中有假實，今正果空有問答。今明前云不可以身相見如來，已明正果空，此中何因緣復明耶？故不同常説。依論猶是釋成上格量意，明何但布施塵染之福不及持經，只相好之業亦不及持經。又持經之福尚勝相好之業，豈不勝布施耶？故有此文來。此中直明二果優劣，即顯二因優劣也。何者？法身之果勝相好之果，顯法身因勝相好因，以持經是法身法，故持經福勝相好業也。

於意云何可以身相見如來不者，可以相好身見法身以不？作此問也，須菩提答云：不可以身相見如來者，不可以相好見法身也。如來所説身相則非身相者，此明所説身相非法身也。是名身相，是相好身也。

須菩提以恒河沙身命下，第二明内施格量。上外施格量中有二：初捨三千世界七寶，次捨恒沙世界七寶。今内施格量中亦二：初捨恒沙身命，次舉日三時捨恒沙身命布施。今初。所以有此文來者，上明外施格量，此未足稱易〔一五〕。今捨内身命，方乃爲重也。又上明外施是下施格量，今明内施是中施格量。何以知之？大論呵迦旃延以内施爲上，若是財施此明名下施，内施名中施，若無依無得施方是上施。汝何得以中爲上耶？故知内施是中施，故從下施格次至中施格也。此文爲二：初正明格，第二領解釋疑。初復爲二：初正明捨恒沙身，第二正格。今初云捨恒沙身者，今生捨一身命施，次生復捨一身命布施，如是捨恒沙身命布施也。就受施中具有三句：一、須身不須命，如止須食肉。二、須命不須身，如怨家止欲得命。三、身、命俱須，通上二句也。

若復有人下，第二正格量。然持説俱得功德，如文。

金剛波若經義疏卷第三

校勘記

〔一〕「則」，底本原校云一本後有「教」字。
〔二〕「了」，底本原校云一本無。
〔三〕「已」，底本原校云一本無。
〔四〕「蓋」，底本原校云一本作「善」。
〔五〕「云」，底本原校云一本後有「於」字。
〔六〕「以」，底本原校云一本作「不」。
〔七〕「知」，底本原校云一本無。
〔八〕「知」，底本原校云一本無。
〔九〕「釋」，底本原校云一本作「擇」。
〔一〇〕「釋」，底本原校云一本作「擇」。
〔一一〕「假」，底本原校云一本作「段」。
〔一二〕「無」，底本原校云一本無。
〔一三〕「法佛」，底本原校云一本作「佛法」。
〔一四〕「斯」，底本原校云一本作「期」。
〔一五〕「名與道」，底本原校疑爲「名道」或「與道名」。
〔一六〕「離謂」，底本原校疑倒。
〔一七〕「德」，底本原校云一本作「得」。
〔一八〕「性」，底本原校云當作「姓」。
〔一九〕「勉」，底本原校疑爲「免」。
〔二〇〕「初直」，底本原校疑後有寫誤或脱字。
〔二一〕「從後」，底本原校云一本作「後從」。
〔二二〕「德」，底本原校云一本無。
〔二三〕「無」，底本原校疑誤。
〔二四〕「經」，底本原校疑後脱「名」字。
〔二五〕「易」，底本原校疑爲「重」。

金剛般若經義疏卷第四

胡吉藏法師撰

爾時須菩提聞説是經下，第二領解釋疑。文

爲二：初領解，次釋疑。領解中爲二：初領解，第二佛述成。初領解爲四：第一，自領解；第二，明他領解；三，明自領解爲易；四，明他領解爲難。初領解又二：第一，經家序其悟解相貌；第二，正明領解。初序其相貌者有四：一、標領解人，二、明所領解法，三、正明領解，第四、領解相貌。

問：得解應歡喜，云何乃悲泣耶？

答：領解相貌不同，凡有三句：一者，得解歡喜，如《法華》身子踊躍歡喜；二者，得解悲泣，如此文；三，得解亦歡喜亦悲泣，如善集王悲喜交集，喜則欣今悟，悲則慨昔迷，悲喜雙兼二事也。

希有世尊下，第二明得解。我從昔來所得慧眼未曾得聞者，古來釋經前後不同。一家云，此經在《大品》初說，以此文爲證，既云未曾聞般若，故知在前。第二師云，此經在《大品》後說。既在《大品》後，何得善吉云昔來未曾得聞耶？彼釋云，前於《大品》中，雖善吉已悟而中下根人未悟，今同其未悟，故云未曾得聞，中下根人於今得悟，故同其得悟，故言今始得聞耳。此事已如前明，今更開一意。上外施格量竟，如來自稱難[一]經，勸物受持。今內施格量竟，善吉自稱歎經，勸物受持。是故師、弟互文，勸緣信悟耳。

若復有人得聞是經下，第二陳他得解則生實相者。他云，世諦生，真諦不生。即問，實相即是真諦，既生實相，何不生真諦耶？彼釋云，生實相之慧耳，實相不可生。但慧從境作名，稱爲實慧。境從慧作名，故生慧言生境耳。今明二諦俱生不生，如義中釋，斯文即證也。但一師有觀發中、中發觀義，此明生實相即是觀發中，正觀明了則實相現前，故名生實相。此約迷悟爲論，於迷者不現前，名實相不生，悟者現前名爲生實相。令生實相既爾，佛性等例然。至論實相，未曾生不生也。是實相者則非實相者，他還以二諦釋此文，如常彈。今依論釋，簡成實相義。是實相者，獨佛法大乘有此實相，故云實相。即非實相者，天魔外道無實相，故言非實相。是名實相者，《論經》長有一句，云實相實相。此句簡二乘，實相有二種：一、大乘實相，二、小乘實相。今明是大乘實相，非二乘實相，故云實相實相。前句簡外實相，此句簡內實相。所以二簡者，以獨佛法有實相，及獨大乘有實相。生實相之慧，方是希有耳。

世尊我今得聞下，第三述自悟爲易。所以易者，一者明過去久殖三多，二者現在者值佛，內因外緣具足，故信受爲易也。又就迹中爲論，須菩提是大阿羅漢，如《大品》云，般若甚深，誰能信解？答云：正見成就人，漏盡阿羅漢能信。今須菩提既是羅漢，所以信解不難也。若就本爲論，須菩提內秘菩薩行，或可是往古如來，示同衆迷，所以悟解爲易。

若當來世下，第四陳他悟爲難。所以難者，良由生在末世後五百歲故也。叡法師云，前五百歲得道者多，不得道者少；後五百歲不得道者多，得道者少。前五百歲信無生者多，不信者少〔二〕；後五百歲不信者多，信者爲少。是以前五百年名正法，後五百年名像法，能於像法中信，所以爲難也。又明此時衆生不久殖三多，不久值佛，無內因外緣，能於中生信，是故爲難。

何以故下，此釋信爲難意也。若言有人能信般若所信，則是人法之見，不名爲信也。此信亦不難也，明若不見我是能信，即是人空，即是無有人見。不見般若是所信，即是法空，即是無法見。所以者何？我相即是非相者，所以不取我等相者，非有我相。是故不取我相，以實無我故無所取耳，故云我相即是非相也。又道理若實有我人之相，則不可離，以道理實無我人之相，但衆生妄謂爲有，故我相可離多〔三〕，故云我相即是非相也。《大品》云，衆生所著若有一毫末之可有，則不可離，以所著處無如毛髮許有，可離也。他云，所謂之我見是無耳，能謂之心是有，此不無也。如所謂陽炎是無，能謂之心是有。今明能謂之心如所謂不異也。若依論釋者，此明人、法兩空。前云無我人相，此是人空；今云我相即是非相，此則明法空。

問：若言此明法空，應云法相即是非法相，何云我相即是非相耶？

答：無我有二種：一者，人無我；二，法無我。今法無我也。何以故離一切諸相，則名諸佛者？此重釋無相所以也。若有諸相，佛應見之，以離一切諸相名爲諸佛故，則知諸法無此相也。

問：佛何故離一切相耶？

答：有一切相則是有所得，無一切相則是無所得。有所得故是生死凡夫，無所得名爲涅槃，名爲諸佛也。

佛告須菩提下，第二佛述成。前領解有四章，今但述第四陳他悟難。明無始以來習有所得久，昔日又稟小乘有所得教，忽聞般若無人無法，多生怖畏，是故今明能不怖畏，此則爲難。所言不驚不怖者，一往怛愕謂之爲驚，內心怯弱名之爲畏，一向深惡前事稱之爲怖也。

如來説第一波羅蜜者，他云，般若是六度中第一，故言第一。則非第一者，真諦遣第一也。是名第一者，世諦假名説第一也。依論解，此《般若》一經勝餘修多羅，故名此經爲第一波羅蜜。非第一波羅蜜者，餘修多羅非第一。是名第一，還結此經爲第一也。所以有此文來者，是近、遠二義：近者成上希有之言，以此經第一，故信此經方是希有耳，此經若非第一，信之不足稱爲希有也。遠成上者，上來所明內、外二施不及持經四句者，由此經是諸經中之第一法也。

須菩提忍辱下，第二釋疑念也。

問：何因緣故次般若明忍辱耶？依六度數前後竝非次第，今有何次第生此文耶？

答：開善解云，三門説般若，前就體、名二門説竟，今次第三功用門説。明般若功用無窮，能生諸佛，能示世間，能斷煩惱，又攝用、導用、忌〔四〕用，諸用非一。今此明忌〔五〕懷忍辱之用者，以得此用故，則逢苦不憂，值樂不喜，其功最要，故偏明之。又解云，忍與般若俱是慧，與慧同體，故共明也。今明無方之意不妨此義。若依論意釋疑故來，衆所以疑者，遠從前捨身命格量生。上云捨身施不及持經四句，所以不及者，爲捨身是有所得〔六〕顛倒苦因，還得有所得苦果，故不及持經。衆即疑佛昔來種種苦行亦應是顛倒之因，應得顛倒之果，不得菩提也。故今釋云，佛昔行苦行，此是無生忍心，雖復捨身而不苦惱，非但無苦，而還更有樂。故論偈云，苦〔七〕樂有慈悲，如是苦行果，以修無所得，忍故得菩提也。故云如來説忍辱波羅蜜也。非忍辱者，非是有得捨身忍辱也。又非忍辱者，此無所得忍不可稱量也。故論云，彼忍辱岸難量也。

何以故我於爾時無我相者，此二義故來：一者，反釋無瞋義，若有我相則應生瞋，以無我相，故今誰瞋耶？後〔八〕瞋者誰耶？二者，明無忍義，即是不忍不瞋爲忍波羅蜜，若有能忍之人則應生瞋，今尚不見能忍之人，何由有他起瞋之者？此是跨節釋也。

歌利王者，引事證因緣。歌利王即是陳如本身，昔曾害仙人，仙人發願：汝今無罪害我，我得道時要前度汝，如出《毗婆娑》文。

是故須菩提菩薩應離一切相下，所以有此文者，爲成前忍辱義。新發意菩薩既聞歷世修忍得於菩提，彼既見有身心，或生退轉，如身子六十劫行菩薩行，後因捨眼遂退成聲聞。故今勸云，欲不退菩提心者，應離一切相發三菩提心也。

問：從上來三處明不住，何異？

釋云：初不住爲成檀度義，勸行無得施也。次不住爲成淨土因義，若心有住則心有穢，心穢故則土穢，以心無所住故心淨，心淨故土淨也。今明不住爲成菩提心，勸不住發心。若心有住則乖正道，豈是道心耶？菩提是正道，今發道心，故名菩提心耳。若心有住則爲非住者，若心有住則是住顛倒，則爲非住，不住般若也。如《大經[九]》，不住一切法即是住般若，不信一切法是名信般若，生義亦爾。

是故佛説菩薩心不應住下，前明勸無住發菩提心，今勸無住修菩薩行，如善財之言也。

問：經初已明發心修行，今何得更説？

答：前明建廣大等四心名發心，就不住義以明修行。今此中通就不住，即明發心之與修行，故前離明，今是合辨也。但舉布施者，布施居六度之初，又檀義攝六也，如論偈云云。

須菩提，菩薩爲利益一切衆生者，前既明無住發心、無住修行，人便謂，既無所住，何故發心，何故修行耶？即釋曰：爲利衆生，故發心、修行也。又無住修行方能利衆生耳，有所住修行不能自利利人也。

如來説一切諸相下，此爲成上修行及爲衆生。既言修行，便有行可修。既言利益衆生，有衆生可利，便是人法見耳。故今明如來説一切相則非一切相，故雖修萬行，無行可修；雖利衆生，實無衆生可利。又引佛誠言勸菩薩如説修行，佛説衆生與法皆不可得，菩薩亦須如此而學也。

須菩提如來是真語者下，此文來有近遠。遠意成前内、外二施格量義。何者？前明離捨内、外二施，終不及持經四句，人聞此生疑：諸法實相絶言，云何名字文句能表實相，而受持四句頓有如此福耶？故今釋云，實相雖絶言，言是無言因，因言故得表無言，故受持此言，功德無量。

問：此乃釋言能表道，云何是釋五語文耶？

答：以言必能表道，故佛言是實，由能表道，故受持福多。近意者，上引佛説一切諸相則是非相，説一切衆生則非衆生，勸菩薩如説而行。今重釋所以須信佛説者，良由佛語不虚故也。真語者依真諦説也，實語者依世諦説也。所以舉二語者，爲如來常依二諦説法故也。如語者，如十方三世諸佛依二諦説法，此上同諸佛也。不誑語者，佛不誑衆生，如《大經》言，何緣當誑如子想者，令墮地獄也。不異語者，爲釋疑故來。人疑，若不誑衆生，何得一化[一〇]作種種異説，初三後一，乃至今常昔無常耶？故釋云，雖有諸説，爲成一道，所以不異。如經云，智者終不謂我二語，我於是人亦不二語。《法華》云，雖説種種乘，皆爲一乘也。次依論釋，唯有四語，故偈云：實智及小乘，説摩訶衍法，記於三世事，是名四種語。實智即真語，謂説佛菩提也。及小乘説四諦，即實語。説摩訶衍法爲菩提，即是如語也。記三世事合後二，爲不異語也。此四語含小大、理事、因果。真語是果也，如語是因；此二是大，實語爲小；記三世是事也，三語是理。

須菩提如來所得法者，有此文來者，上來至此凡有三文，引佛語勸信。初引如來説一切相則非相，説一切衆生則非衆生，此勸菩薩捨人法見，令信無所住教。次引五語，證佛語不虚，勸菩薩信佛説無所住教也。今第三引佛所證得法，復勸信無所住教，以佛親依無所住教證得菩提故，菩薩須信無所住教門也。《論經》長有一句謂，如來所得法，如來所説法，如來所得法釋已如向也，如來所説無實無虚者，上來三過勸信語，但恐鈍根守語而住故。今明佛説[一一]非實非虚，以正道絶言，若守言則失道，故言則非實，非不因言表道，故言則非虚，指月之譬，即其事也。斯乃貫一化之意，豈一章經耶？

須菩提如人入闇下，依流支十二分，前格量分竟，今是顯性分。今三種彈之。一者，顯性分，經論無文故，所以不用。二者，若就布施以明得失判顯性分者，前明忍辱修行，亦應是分也。三者，内外格量中各有二格，今内格中止一章竟，餘有一格量在，何得合取後格量爲顯性分耶？今明二意，故有此文來。一者近生，上來至此凡有三處勸修不住，捨於住義，未知住有何失、不住有何得，勸修不住，捨於住耶？故今最後釋其得失。心有所得，則如外無光明、内有黑暗，故不見正道。心無所住，如外有光明、内有眼目，能見正道。爲此得失，故有上來三勸也。依無住之教，如外有光明，得無所住觀解，如内有眼目，如此之人見正道也。有住之失，反此可知也。依論生起，云真如一切處一切時常有，何故衆生有得如，有不得如耶？論師云，真如即是佛性，一切凡聖衆生皆有佛性，何故聖見、凡不見耶？即用經文釋之，如雖常有一色，若外有光明、内有眼目則見，無此内外則不見也。雖常有真如佛性，心無所住則見，有所住則不見也。顯性之言，事在斯也。今明作此意亦於義無失。《大智論》云，或名如或名實相、法性、涅槃，但約衆生悟迷，故有得不得，至論佛性、涅槃，未曾得失隱顯也。

問：依論乃明見如不見如，似無次第，便是孤生此文？

答：此文即接前布施得失生，故有住布施則不見如，無住布施則便見如，故非無次第也。但講論者不見其近，便謂孤生，爲顯性分耳。講經師雖見其近文兩〔三〕施之得失，不得見其因施得失遠明皆有佛性。爲有方便無方便，故有見不見異也。若取近、遠兩義，則經論皆成也。

須菩提若當來世下，有此一章來者，還成上捨失從得之義也。菩薩若捨失從得者，要須受持讀誦般若故也。

問：信受門已明，若生一念淨信，則爲佛智〔三〕見得無量功德竟，今何故重説爲佛智見得無量功德耶？

答：此般若經有三門明功德：一自信門，二自受持讀誦復爲他説門，三但自受持讀誦門也。初明一念信爲佛智見得無量功德，是自信門明功德也。從三千七寶施至恒沙身命施，此明自行化佗門明功德也。今此章明受持讀誦自行門功德，故非重説也。此三門攝一切般若經明功德也。

初日分下，第二，三時捨身格量功德也。爲二：初明格量，第二稱歎勸修。格量中爲二：初正舉捨身，第二格量也。異上捨身者有二義：一者，施多，謂日三時捨身，此日初分、日中分、日後分，非是三日爲三分也。二者，時節久，謂無量千萬億劫常行捨身事也。次格量般若，直明信心不逆，其福已勝，況自受持讀誦，爲他説耶？此則格量轉高、般若之福轉重也。又此文所以來者，上信受門中，直明信心爲佛知見，得無量功德，猶未格量信心功德少多。今欲格量信心功德少多，故有此文來也。

問：何故須格量信心功德耶？

答：既三門明功德，則三門明格量。上已三處格量自行化佗功德門竟，謂三千布施、恒沙布施、捨身布施。皆自行化他門，猶未格量信心門，故今明之也。

問：何故格量自信門功德多上自行化他功德耶？

答：格量自信門功德尚多，自行化他則不可量。故今文云：信心不逆，其福勝彼，何況受持讀誦，爲他説耶？故此文來，有其深旨，欲講誦者，當依此意也。

須菩提以要言之下，第二稱歎勸修。開文爲四：第一，歎法；第二，歎人；第三，重歎法；第四，重歎人。今初歎法，前格量竟既稱歎，今格量竟亦稱歎也。

如來爲發大乘者説下，第二歎人。

問：大乘與最上乘何異？

答：通論不異，此種種歎耳。别者，大[一四]包含廣博義，最上高絶取超出二乘義，廣博等即是得義，出二乘即是離義。又大是其始義，據淺行之人；最上是其終義，據深行人也。

如來悉知是人者，問：前已二處明知見竟，今復明者有何異耶？解云：初知見自信功德，次知見自受持讀誦功德。今知見受持，復爲人説得功德，故三知見異也。若樂小法者，此明舉失顯得。歎此中舉二人，樂小法者此是小乘，著我見者此是外道，此二人不能聽受。小乘之人所以不能聽受者，以是有所得，故不信無得。又此經明如來法身常住，小乘人謂佛無常畢竟滅，故不信。

故《大智論》云，五百歲〔一五〕五百部聞大乘法説畢竟空，如刀傷心。叡法師《喻疑》論云，外國三十六國皆小乘學，不信大乘。

問：小乘亦明空，大乘亦明空，小乘人何意不信大耶？

答：《大論》云，空有二種，一者但空，二者不但空。小乘唯得但空，不得不但空。此經明不但空，故不信空也。又小乘人但得生空，不得法空。《大智論》云，佛滅後分爲二分，一信衆生空，不信法空。二俱信二空。今此經具明二空，故小乘人不信也。外道著我見，不信則易知也。

須菩提在在處處下，第三重歎法。

問：此歎法與初何異？

答：初直歎經法，今歎法所在之處，故異也。

問：上已歎經在處則處貴，猶如塔廟竟，今何故復歎如塔耶？

答：前略歎，今廣歎。前直云如塔廟，故是略；今云種種供養，故是廣。前略歎人，今廣歎人。前略歎處，今廣歎處也。又前歎經所在處則處貴也，今歎非但經所在處處貴，即持此經人行、住、坐、臥之處皆如塔廟，皆應恭敬供養。如《法華》云，持《法華經》人所在方面皆應爲作禮也。論意作此釋，勿不信也。

復次，須菩提，若善男子、善女人受持此經，若爲人輕賤下，此是第四重歎人。

問：今歎人與前何異？

答：上就得門歎，今就離門歎。何以知之？前文云持經得無邊功德，今言持經離於惡道，此即是金剛能摧諸患難。次意釋疑故來，自上以來竝明持經之人無邊功德，今那見持經之人有諸鄣礙，所謂疾病、遭官、横得打罵、不如意事耶？爲釋此疑，故明此人先世罪業應墮八難，以持經力故現世輕受也。

我念過去下，第三舉釋迦往因格量。前內、外兩施具舉現世〔一六〕也。今明往因，此就過去世格量現在世。前就所化功德格量，今就能化功德格量，如此格量方盡格量之極也。

問：何意舉能化所化功德格量皆不及持經耶？

答：此終是有所得功德不及持經。

問：何以得知皆是舉有所得功德格量耶？

答：經論皆有證。論釋初三千施云，一能趣菩提，福不趣菩提。所言二者，即是自能受持，復爲他說，此二能趣菩提也。施福是有漏、有所得，不能趣菩提也。經證者，此取然燈佛前，爾前是有所得，故未得無生，故知取有所得施也。又一意，所以舉釋迦往因格量者，三門明功德，上來已格量兩門功德竟，未格量自受持讀誦功德，今歎格自受持讀誦功德，故有此文也。

問：格自受持讀誦，何故功德轉重耶？

答：自受持讀誦其福尚重，具自行化佗，豈可稱量耶？此是顯功德之重，故格自行講誦者，須細看經，不爾不覺也。

問：三門明功德格量，三門何異耶？

答云：自行化佗門則功德即格量，從三千至恒沙身命是也。自信門、自受持門，此二門前明功德，後格量，故文有開合之異也。

問：三門明功德何異耶？

答：即是三品：但生信心爲下品；受持讀誦，不爲佗説爲中品；次受持復爲佗説爲上品。又前是自行，後一具自佗也。

須菩提善男子善女人下，大章第二。前第一明格量，今明格量所不能格量，會不格量所及，若其更格，則人不信，故云不思議也。

爾時須菩提白佛下，二周説法中此是第二。依論師十二分，此是第十斷疑[一七]，今所不用，何故爾耶？論云，從如來非有爲分下皆是斷生疑，何得言此中始是斷疑？復有人言，上來始答住問、降伏心問，今次答菩提心問，今明前具答四問竟，云何於此始答菩提心問耶？又前答後答無異，云何前非答菩提心，今始是答耶？其人見近不見遠也。次有人言，前明因空，今明果空，彼謂修行等是因，前辨修行空，故是因空。菩提是果，今云實無菩提可得，故是果空。此亦不然，上已具説因果深義竟，何得上言因空，此亦[一八]是果空？今明此是第二周説，何以知耶？以前後四問皆同，佛答亦同，故知是二周説也。

問：二周説何異？

答：前廣説，今略説。前爲前會衆説，後爲後會衆説。故《大智論·解無生品》云，問曰，前已説般若竟，今何得更説？答云，前爲前來衆説，後爲後來衆説也。如清涼池，前來者飲竟而去，後來者更飲也。

問：《大經》云爲後來衆生以偈誦[一九]説，今何故不作偈耶？

答：説法多體，不可一勢。自有前會長行，後來者偈，自有二俱偈，二俱長行，如《大智論》説，即是證也。

問：今何故不作偈耶？

答：諸般若多不作偈，以偈安字有限，於深義不能曲盡也。

次明還是一會而有二周説，初周爲利根人説，鈍根未悟，更爲後周説也。

問：前説後説無異，云何前説爲利根人，後説爲鈍根人耶？

答：大意乃同，其中轉易形勢故，鈍根聞之仍得了悟。如一種義作此語説之不解，更作異門釋之則悟。猶如一米作一種食不能食，更作異食則能食也。雖是近事，斯乃聖人制作之大體也。般若是一法，佛説種種名。隨諸衆生力，爲之立異字，即其證也。次意前周盡緣，後周盡觀。前周盡緣者，正教菩薩無所得發心破有所得發心，乃至無所得修行破有所得修行，故是盡緣也。今此章明無有發菩提心人，亦無有修行人，故是盡觀也。論云，於内心修行，存我爲菩薩，此即障於心，違於不住道。斯經論之作，豈空稱[二〇]哉？盡緣故無緣，盡觀故無觀，無緣無觀，不知何以目之。歎美強名正觀，正觀即是般若，即是金剛也。又前周正明觀行，後周除觀主。故《大智論·釋習應品》云，問曰：前已明生、法二空，今何故復辨生空？答：前爲破生、法二病，明生、法二空，今爲破觀空人也。若《無論經》有十五章，《有論經》凡有十六章，有《長信受》一章經也。

問：前周説既開三門：一、般若體門，二、信受門，三、功德門；今後周爲後會，亦得如此以不？

答：依《論經》亦得如此。初即般若體門，信受即第二門，三千世界須彌山七寶聚去，是功德門也。今觀形勢小異於上，故不開三門，但依十五章鉤鏁相生，故釋疑解難以爲次第也。初章爲二：前問，次答。若約後會爲論，則問意同前，昔來未依般若，不成發心修行，故今請問發心修行之義也。若約空觀爲論，則前問成發心修行，後問請佛泯發心、泯修行故也。

問：前爲成發心修行，後泯發心修行，將不相違耶？

答：終爲成一意耳，由泯發心乃成發心耳。若見有發心不成發心耳，故前來成發心即是泯發心，今泯發心即是發心也。

佛答中爲二：初牒問明發心，即是緣盡義，從[二]何以故實無發心者，明盡觀也。

問：佛答與上何異？

答：上但盡緣，今緣、觀俱盡，即是異也。又上是廣答，具答四問。今是略答，但答發心。發心既爾，三問例然，爲顯後周是略説故也。又意初發心尚緣、觀俱息[三]，況復修行等，猶存有所得耶。

於意云何如來於然燈佛所下，第二章來者，論生起云，若無發心菩薩，今那得有受記菩薩耶？既有受記之人，必有發心之者。以受記是果，發心是因，何容有果而無因耶？此終是歷破有所得我人見耳。前已破發心人見，今破受記人見也。就文有八菩提，開爲二：初，五菩提引昔時了悟無受記菩薩以釋疑，次有三菩提引現在佛果得菩提以釋疑。初中爲三：一、佛問，二、須菩提答，三、佛述成。初二如文。第三佛述釋中有三菩提句，開爲四意：一、直述理實無相，故無所得也；二、從若有法下，此是反釋，若有所得則不得記也；三、以實無有法下，順釋，以無所得故乃得記耳。何以故下，第四，釋無所得故得記之義也，言何以故無所得乃得記耶？釋云：如來者即諸法如義，以體如故名如來，亦體如故名得記，如中豈有法可得耶？若有得則不體如，不體如不名如來，亦不得受記也。

若有人言下，第二引現在得果時以釋疑也。疑云：無得受記之菩薩，今寧有得菩提之佛耶？以實有佛果得菩提，則實有菩薩得受記及發心也，此終是歷法破有所得我人見耳。故經云，菩提心見、受記見、佛見、菩提見、斷見、常見等，猶是一例義耳。實無佛得菩提者，初發菩提心及受記時，尚了悟無所得，況至佛時猶有我人得菩提耶？如來所得三菩提無實無虚者，上破有見，今破無見也。明佛得三菩提無所得爲得，何故不得耶？肇師云：玄道在乎絶域，不得以得之即其義也。無實無虚者，前各彈有無見，此雙結非有非無也。無有有得之得故言無實，非無無得之得故言非虚，論意爾也。是故如來説一切法皆是佛法者，此成上非實非無義虚非有[三三]耳，以體一切諸法如，故名爲如來，故一切法如即是如來如[三四]，故云一切皆是佛法也。即非一切法者，一切顛倒之法，此非如來所證，故云則非一切法也。以一切如是如來故非無，一切顛倒非如來故非有，故成上非有無也。此猶是《大經》有所無、無所有義耳。以無所有名大涅槃，故是如來也。有所無是顛倒生死，故非如來也。是名一切法者，還結一切諸法如也。

問：上兩句已足，何用下更結耶？

答：初句直明一切法是如來，次下兩句簡其有無。初句明無一切顛倒，次句明有一切法如也。

問：上明然燈佛與今何異？

答：上爲成不可取不可説義來也，今爲成菩薩無義故來也。又上是略明義，此下八菩提是廣明義也。依論釋佛答《中論偈》云：以後時受記，然燈行非上。論師釋云：有四時然燈，四時受記，謂習種、性種、道種及初地。前然燈是習種時也，今此是性種、道種二時然燈，此中但是名字受記，未得真無生記，故云無有法得菩提。若此時已得真無生記者，後一然燈不更與受記也？今謂此釋無所出，論直云以後時受記然燈行非上。此言自難解，亦無四時受記、四時然燈也。又設有此義，於文義相皆不順，故於今無取也。

譬如人身長大下，第三章經論無生起。觀此文舉山王譬法身，成上菩提非有非無義耳。法身無一切患故非有，具一切功德故非無。然菩提既非有無，故法身亦非有無也。文有二：初佛舉大身爲問，如文。次須菩提答云如來説人身長大者，論云：佛以真如爲身，二義故名大，一者遍一切處，二者具一切功德。

問：法身云何遍一切處耶？

答：《華嚴》云，無盡平等玅法界，皆悉充滿如來身，如來身未曾大小、遍與不遍，爲衆生歎美爲大耳。即非大身者，無一切患累故也。論云，遠離煩惱障及智障，故云非身也。是名大身者，具一切功德也。初句直明大身耳，次句無患累故非有，次句明有衆德故非無也。

問：與上明山王何異？

答：前爲前會，後爲後會。又上爲成無取説義來，今爲成菩提非有無義來也。上明報佛，今明法身佛也。上惑者謂初得佛時言有菩提可取，故是報佛。今直明法身體非有無，故是法身也。

菩薩亦如是下，此第四章經來者，論生起云，若上來明無發心菩薩、受記菩薩，又無諸佛得無上菩提，若因果皆不可得者，衆生亦不應入涅槃，亦無淨佛土事，菩薩何故欲成就衆生令入涅槃、修淨土行耶？此終是有所得心歷法生疑故，歷法破未竟，故生此章。

菩薩亦如是者，此是成就衆生菩薩、淨佛土菩薩也，亦如上發心、受記菩薩不可得，故云亦如是也。是亦上求菩提法身有無不可得，故求菩薩有無亦不可得，故云亦如是也。此中三句經：一、破成就衆生菩薩，二、破淨佛土菩薩，三、結正菩薩之義。

問：上已二處明滅度衆生，與今何異？

答：經初且明滅度衆生，爲答菩提心故來。次第二周初答泯菩提心故來。今爲破成就衆生菩薩義故來也。

問：上已明淨土，與今何異？

答：上爲成無取無説之義，今爲明無淨土之菩薩，故異也。

若菩薩通達無我法者，此第三句結正菩薩之名。名[二五]此文意有近有遠，近者從第二周初已來，云無發菩提心菩薩，無受記菩薩，乃至今明無成就衆生、淨佛土菩薩，人聞生疑，若爾，應都無菩薩也。故釋云，由了悟無菩薩故始是菩薩耳，見有菩薩則非菩薩也。遠即貫於一經，此經始終皆明無菩薩，破我人之見。若能了悟無菩薩，方是菩薩。見有菩薩，見有則是凡夫我見，非菩薩也。

問：了悟無菩薩者，此是知無有我，二乘亦悟無我，何故不名菩薩？

答：論云，悟二種無我，故名菩薩。聲聞但悟人無我，故不名菩薩也。又菩薩知我無我不二，故名菩薩；二乘見我無我異，是二見之人，非菩薩也。

五眼下，第五章經文來有二：一者，近生，還從上四章生。前來四章竝不見菩薩，時會即疑，若如來云無所見者，則應無眼，若有眼何故不見？故舉五眼。答：今言不見者，非無眼故不見，五眼見宛然而無所見，如《淨名·阿那律章》云，有佛世尊得真天眼，常見諸法，不以二相。《大品》復云，我五眼尚不見諸法，況凡夫無目而言得菩提耶？二者遠生，經初已來皆明無得無見，故有今文。又上破有見故云無見。今破無見故有見，未曾見不見也。五眼義別須[三六]釋，今且示數意。然五眼具得約五人有五，謂人有肉眼，天有天眼，二乘見四諦有慧眼，菩薩照三乘根性、説三乘法有法眼，佛有佛眼。次約二人，因人四眼，果人一眼。因人四眼，如《仁王經》歎菩薩得四眼五通，果人一眼即佛有佛眼也。次明一人具足五眼，即是佛。

問：何故具足五眼？

答：此是無差別差別用。舉障内境約佛智，故名肉眼；舉障外境目佛智，故名天眼；約二慧境名慧眼。《無量壽經》言：慧眼見真境，見真境名慧眼。《大品・往生品》中云，慧眼無法不見，又云而無所見。《大智論》言，具總相慧、别相慧名眼，故知慧眼具二慧也。法眼可知。四眼不了，佛眼具了，故名佛眼。亦見佛性故名佛眼也。

須菩提，恒河中有沙者，此章爲成五眼。依論師生起，明五眼既少而境多，何得以少眼知多境？境既多，眼亦應多，而今眼少，何能盡知多境？爲此疑故，今明眼雖少而能遍知一切境也。論既無文，今明前後[三七]無妨也。但知前既辨五眼，今出所照之境也。

問：前舉恒河，今明恒河，何異耶？

答：前爲成格量四句偈，故舉恒河。今爲五眼所照境，故舉恒河也。

問：境既多，何獨云知心？

答：有二意：一者廣略，前明能照之眼廣，故具明五眼，今辨所照之境略，故止言心也。二者，心無形觸最難知，今舉其難知尚知，易可明也。

如來説諸心者，明如來見一切衆生心唯在顛倒中行也，則爲非心，不在正觀中行也。是名爲心者，結顛倒心也。三世心來者，釋成顛倒心義。何故名顛倒心耶？以三世求心不可得而衆生見有心，此是無而謂有，故名顛倒也。

須菩提，滿三千世界七寶者，文來爲釋疑。上言佛知衆生心皆顛倒，則顛倒心所作布施等衆行皆是顛倒，若爾，應無佛因，既無佛因，應無佛果。故釋此疑，明無所得心、布施等則是佛因，既有佛因，則有佛果。

問曰：何由有不顛倒，爲從顛倒得不顛倒，爲從不顛倒得不顛倒？二俱有過。若從顛倒生不顛倒，則倒爲不倒因；若從不顛倒生不顛倒，則不顛倒便無因。

答：《大品·三慧品》，佛答此問，不從有得生無得，不從無得生無得，得無得平等，故是無所得，即其事也。

問：前已明三千世界七寶，與今何異？

答：前七寶爲格四句偈，今七寶爲成佛因也。若福德有實，此便釋疑。疑云：上亦三千七寶，今亦爾，何故是佛因耶？故釋云：若福德有實，此明有得福德。以福德無故，此明無得福德，故是佛因也。

須菩提於意云何佛可以具足色身下，第六章經。上來至此，三處明色身，何異？答：初爲明相好身異法身。相好身有三相，法身無三相也。次文爲成兩因優劣義，二身兩果既優劣，二身兩因亦應優劣，成格量經義故來。今文爲破二身一異見故來。上兩處明二身異，尋〔二八〕語之流即云，有相好身與法身異，如從來本迹異三佛異義，故此章經破一異見。論有二偈，上半云：法身畢竟體，非彼相好身。此即破其二身一見，明相好身有相好，法身無相好，二身有異，何得一耶？次偈上半云：不離於法身，此二非不佛。此破異見，何處離相好有別法身耶？故云此二非不佛也。

問：二身定一定異，非一非異耶？

答：諸法無有定相而具有三句：昔日明相好身亦生滅，五分法身亦生滅，故二身同生滅，則是一義。次此經上來兩處開二身之異，相好身有生滅，法身無爲無生滅，此是異義。今此一章雙破一異，故佛具有三種方便。

問：昔何故説一方便，乃至今何故説不一不異？

答：昔爲破常見，故明佛二身皆生滅無常，故二身是一，小乘人便作一解。故經初開二身，生不生異，時會便云小乘二身是一，大乘二身是異。故今具破一異。得意者三俱會道利物，不達者皆是顛倒戲論也。破二身一異見既爾，破法身有色無色亦然。論云，此亦無亦有，法身絶相，不可言有相好；離相好無别法身，不可言法身無相好也。所言具足色身者，唯佛一人盡形相之美，故言具足。餘人乃至輪王，相不明了，故不具足也。如來説具足即非具足者，破一見，明色身非法身，何得爲一。是名具足，此破異見，何處離相好别有法身也。可以諸相見不下，意與前同，但身總相别相爲異耳。

於意云何如來有所説法不下，此第七章來者，此破法身有説法疑。疑云：若具足色身非法身者，云何言如來有所説法耶？故佛破云：須菩提，汝勿言如來法身有所説，若言如來法身有所説則謗法身，法身非色，故法身非説也。何以故説此一句？破法身無説疑。若言法身不説，相好身説，此亦不然。上明不可離相好身别有法身，便謂法身無相好，亦不可離相好身説别有法身説，而謂法身無説。

問：何以知經文如此？

答：論偈云，如佛法亦然，故舉佛例法也。無法可説，是名説法者，此更破疑。人聞法身有説，便言有法可説。故今釋云，雖復説法，無法可説，假名説法耳。論次此章後，長有信受一章經。

問：上信，今信，何異？

答：上明信，信因果深義；今明信，信上如來雖説無所説也。

問：何等人能信此法耶？

答：論偈云，非衆生衆生，非聖非不聖。此[三九]人非凡夫衆生，故言非衆生，而是聖體衆生，故言衆生也。非衆生故非聖，是聖體衆生故非不聖也。

問：若言凡夫不信，不可爲凡，聖人能信，不須爲聖。今説此經，竟爲何人耶？

答：觀此論意，具足顛倒有所得凡夫不能了，此是習無所得觀衆生則能信。此衆生望有所得人，故非衆生。未具足了悟故，非不衆生也。

於意云何下，第八章經論生起，從上第二章經生。上第二章經云佛無菩提可得者，今云何有階級位行耶？如謂從十信至十住，從十住至十行，從十行至十迴向、十地等，既有進行階級，則佛果應有所得也。近文生者，相好論身業，無所説辨口業；今得菩提明意業，佛既無所説，應無所得，今實有所得，應實有所説也。

問：初周中已明佛無所説，無得菩提，與今何異？

答：前後兩會，利鈍兩緣，此二義通貫十五章也，但今文與上有開合之別及來意不同。來意不同，上明釋迦是化佛，破實説之疑，今明不可言法身有説，不可言無説，破法身有説、法身無説之義疑。上明無得菩提，破實得之疑，今明無得，破舉因行階級證果實得疑也。又上云如來有所説耶，有菩提可得耶，此得、説合論。今則開得、説爲二章經，前章經明無所説，此章明無所得也。文三：初佛牒疑情，反問善吉。次善吉奉答，明佛無少法得菩提，若有一豪之得則不得道，以畢竟無得爾乃得道耳。以得果實無一法可得，行因實無一行可行，無所得故始得果，無所行故乃是行因也。

次佛述四義，釋無上菩提。初仰〔三〇〕述以無所得故名無上也。二以體悟法界平等義，故名無上菩提。以無我無人故得菩提者，第三義。彼菩提體無二種我，名無上也。上之二義就得門釋無上菩提，今就離門釋，謂菩提體有我人則非無上，以體無有我人，故名無上菩提也。修一切善法者，上三門就果釋無上，此第四義就因門釋無上。以有無上方便，修一切衆行滿足，故是無上；餘菩薩修因行不滿，故非無上也。如來説善法則非善法者，簡上修善法義，今明是無所得善法耳，非是有所善法，故云則非善法。是名善法者，還結取無所得善法也。

三千世界須彌七寶下，此第九章。

問：前周已舉内、外兩施，明格量竟，今何故更説？

答：上已明前、後説爲兩會之衆，不應問也。又上來明般若體門及信受門竟，今説經是功德門也。又依論生起，從上修一切善法得菩提文生，若言修善法得菩提者，受持此經章句不得菩提。何以故？薩婆多等諸部人云，名字句是無記法故也。爲破此疑，故重舉也。明名字句雖是無記，能表實相，故受持四句，功德無邊。又汝法中言是無記，我法中明此是般若名字句，豈是無記？故受持四句勝大千廣施也。

問：等是破無疑，何故不舉恒沙七寶及舉恒沙身命耶？

答：三千寶是最初格，故舉初章耳。又爲後會人，須漸次格，不得頓格超説恒沙。又今三千財與上爲異，上但明三千財不及持經四句，今明百分不及一等也。依《論經》有四種勝：一者，云百分不及一，乃至百千分不及一，此是數勝，持經福不可數也；二者，歌羅分不及一，此是力用勝，明經力用勝七寶施力用；三者，優婆尼沙陀分不及一，此云不相似數勝，此是數中微細之數，乃至持經少許福德數，無有與此數相似，故云數勝；四者，因果勝，此經因果勝餘因果也。

須菩提於意云何下，第十章經來者，論云從上菩提無高下生，無高則諸佛不高，佛非能度。若無有下，則衆生非下，不下度衆生。而佛是能度，故佛爲高；衆生是所度，故衆生爲下，不應無高下也。又從上爲他説四句生者，時會既聞爲他説四句功德無邊，便謂有衆生可爲，故今破之也。文前〔三〕止於疑念，次何以故釋止疑念，所以明實無衆生可度，汝不應念佛度衆生也。若有衆生如來度者，此是反釋。若見有衆生可度，佛則有取我之過也。以衆生見衆生，衆生名衆生，不能自度，何能度衆生？佛亦見衆生，佛亦名衆生，不能自度，何能度衆生？佛若見衆生，佛能度衆生，衆生亦見衆生，衆生應能度佛。有如是大過，故佛不應見有衆生也。如來説有我者則非有我。又釋疑，疑云：若無衆生可度，佛口中何故自稱我耶？如云我本行菩薩道等，故知有我。答云：如來隨俗説有我耳，實無有我可説。而凡夫之人以爲有我者，更疑若無我者，何故世間皆云我來我去，我生我死等耶？即釋云，此是凡夫人於無我中横計有我耳，故云凡夫以爲有我也。凡夫者，如來説非凡夫，《論經》具足云，須菩提，凡夫生者，如來説非生，是名毛道凡夫生。所以有此語來者，上既云凡夫之人以爲有我，故今釋凡夫義也。所以言凡夫生如來説非生者，以不生聖觀，故名非生，生凡夫顛倒心，故是名凡夫生也。

問：《論經》何故云毛道凡夫耶？

答：愚癡不解一毛端聖法故也。數人别有凡夫法、凡夫性。凡夫性是非色非心不相應行無記法也。凡夫法通五陰、通三性也。《成論》義，無别凡夫性、法，但無無漏聖法，故名凡夫法耳。

可以三十二相觀如來不下，此第十一章經。上已三章來，各有其義，今復來者，上第三章中雖破如來法身有相無相、一異等見，但耳眼之徒多言三十二相是佛，即更復生疑，以修三十二相業等，故得三十二相身，有三十二相身即有法身，故知法身應有相好。爲破此疑，故有此章來。又初周兩過明相好，後周亦兩過明相好，二會之信亦不可失。又近接前章，總明正法平等，無有高下，次章明無衆生可度，釋無下義，今了三十二相非佛，釋無高義。此一章經凡五句：一、佛牒疑情問，二、須菩提同迷答，三、佛舉輪王竝破，四、須菩提悟解，五、佛説偈呵之。

問：《觀佛三昧經》云，若觀佛色聲皆滅重

罪，今云何見色聞聲行邪道耶？

答：若得般若方便用，見色聞聲亦是佛，非色聲亦是佛，乃至非非色聲亦是佛。若不得般若方便用，五句皆非佛。故《觀般若偈》云，若人見般若，見〔三二〕是則得解脱；若不見般若，是亦得解脱。若人見般若，是則爲繫縛；若不見般若，亦爲繫縛也。

汝若作是念下，第十二章經來者，論生起云，若言不以色相好見法身者，則修相好業不得菩提，若爾，應無福德之因、福德之果。爲破此疑，故明汝勿言無福因及福果。佛有二種莊嚴，福因得相好果，此是福莊嚴；修智慧因得智慧果，是慧莊嚴。如來具有福、慧二本無〔三三〕嚴，何故無相好果耶？汝若作是念，發菩提心説諸法斷滅，又疑菩薩得無生忍、出世間智慧，爾時捨肉身受法身，則應無復福德因、福德果。爲破此疑，故明菩薩得無生忍、得玅智慧、玅福德，豈失福德因果，墮斷滅中耶？

問：此中云發菩提心，何故釋云得無生忍耶？

答：初得無生忍，亦名初發心也。又此中明從初發心不習斷滅觀，亦不起常觀，後心皆爾，故初後不二，如云發心畢竟二不別也。前明佛果非有相非無相，今明因非斷非常，可謂因果皆是正觀，皆離斷常。

問：苦〔三四〕爾，因果何異？

答：明晦不同，故開因果耳。

以滿恒河沙世界七寶布施者，問：上已恒沙格竟，何故重説？

答：前周從三千至恒沙，後周亦爾，兩會之義不失也。又來意異，前爲格量持經四句，今爲格量菩薩無我忍也，此是人法無我，故名無我忍也。

不受福德者，不受有所得福德，故此菩薩勝前菩薩，前菩薩受有得福德，故不及後菩薩也。

次問答料簡不受之義。

問：菩薩既作福德，云何不貪著耶？

答：菩薩以無受心作故，不生貪心，多〔三五〕非作福德，然復不貪也。若有人言如來若來若去下，第十三章來者。論生起云，菩薩既不受福德，則不受世間人王天王，云何往來六道、利益衆生耶？故今釋云，菩薩雖不受世間果，而化身往來六道作人王天王，利益衆生。法身常住則無有去來，勿見化身去來利物，便言法身亦有去來，勿見法身無去來，謂生身亦無去來。此中正明化身有去來，破法身有去來疑。故云，若言如來法身有去來者，不解法身之義也。

問：若化身有來去，法身無來去，還是從來義耳？

答：此是不二二義，故開二身：無去來、去來是化身；去來、無去來是法身，皆是爲物作此名字耳。至論正般若，未曾二不二、去來不去來也。

須菩提以三千世界碎爲微塵下，第十四章經。

前已明微塵，今復明，何異？釋有同有異。有同者，同取爲譬喻。異者，來意各別。前舉有微塵，譬有所得布施，成格量優劣義故來，明有得布施。此是塵染因，還得塵染果，故不及持經四句。今舉微塵喻破十方佛法身一異之疑。如世界碎末爲塵，不可言一處住，以其各散故，亦非異處〔三六〕，既無聚，云何散耶？十方佛法身不可一處住，不可異處住。以不可一處住，非是混成一法身。不可異處住，故不可各各有法身。故論偈云，於是法界處，非一亦不異。此破由來兩解，或言十方佛混成一法身，或言各各有法身義也。

問：何故舉微塵喻破法身一異疑耶？

答：如微塵散滅故，不可說一異處，如是十方佛煩惱盡，故不可說法身一異處住。故論偈云，微塵碎爲末，示現煩惱盡也。

問：何因緣故破法身一異疑耶？

答：上明化身有來去，法身無有來去，法身無來去故，時會生疑：十方佛法身同爲無來去，爲成一法身同處住，爲各各有法身異處住耶？又上來廣破二身一異之見，令識正果，今破微塵世界聚散之見，令識依果故，令了悟不依不正畢竟空義，故有此文來也。此中前牒彼疑，而頓舉三千世界微塵者，欲明十方一切佛法身同異義也。

答云甚多者，十方諸佛多也。説微塵者，舉微塵爲喻也。假名微塵無所有，故云非微塵也。是名微塵者，還結正假名義也。

世界一合相者，若微塵世界相對，微塵喻十方法身不一，世界喻十方法身不異。但論意用微塵通喻不一異，世界偏喻不一也。

問：前微塵通喻不一異，何故舉世界别喻不一耶？

答：人聞十方法身皆無來去大小，應是一也，以多有一疑，故偏破一也。

一合相者，合衆塵成世界也。一合相不可説者，聖人了合無所合，如《破合品》，是法不自合，異法亦不合，合法及合時，合者亦皆無，故無有合。但凡夫見有世界，故起貪著心，言有世界耳。

若人言佛説我見者，此文近接前生，明凡夫貪著其事生也。凡夫貪著由於我見，我見既無貪著，何由有耶？又《遠釋》一經，上來處處歎無我無人，但凡夫顛倒起我見、人見耳。時會便疑：佛説凡夫起我見，故知有我見可起。若無我見，佛不應説凡夫起我見。此是一疑也。又二乘人云，先有我見，故斷我見故得無我智，是名得道。此是二疑。破初疑云，若人言説我見，便有我見可説者，則不解佛所説義。佛欲明我見是無，故説我見耳。非説我見便有我見可説也。故《中論》最後偈云，一切諸法空，世間常等見，何處於何時，誰起是諸見。故非但正見不可得，邪見亦不可得，故知道門未曾邪正。

此經將竟，上破昔有所得正見不可得，今破其邪見亦無得，顯正般若未曾邪、正也，即是答二乘人亦不得言先有我見，斷我見故，得無我智。

今乃明我本來畢竟不可得，何所斷故言無我耶？

應如是知者，上明我見本來不可得，今明法見亦本來不可得，故舉我列法，故云應如是知見信解，不在法相也。所言法相者則非法相者，亦如我義。佛説我既非我，説法相亦非法相也。

問：如是知、見、信解，何異耶？

答：論偈云：二智及三昧。知是世諦智，見是第一義諦智，信解者是二智所依三昧。依三昧故發生二智也。

問：何故明二智？

答：菩薩了人法空，具足二智也。又始行菩薩未得無生，了悟淺，名世諦智。深行菩薩得無生忍，了悟二空，名第一義諦智。三昧通是二人智所依也。

若人以滿無量下，此第十五章經。上如來者無所從來，總明二身，微塵譬喻別料簡法身，今此一章經別料簡化身。疑云：化佛既有去來，供養化佛，持化佛所説，何如真佛耶？故今明若能於化佛所發心受持化佛四句偈者，功德勝無量阿僧祇世界七寶施。云何爲人演説，釋爲他説義。明上來數勸爲人説法，今經之欲竟示説法之方。當如如而説，下如字則是如法性之如，勸行者當如法性如而説，勿生心動念也。下偈即明説法之辭，亦如十喻之説。故《居士經》云，説法者無説無示，譬如幻士爲幻人説法。什法師云，十喻以喻空，空必持此喻，借言以會意，意盡無會處，既得出長羅，住此無所住也。若依《論經》明之，經曰：云何爲人演説而不名説，是名爲説。此釋化佛説法義。化佛説法，不自稱是化，若自稱是化，則衆生不生信敬，故言不名爲説；是名爲説者，直化[三七]佛説法也。

一切有爲法偈來者，更釋疑。疑云：諸佛常爲衆生説法，何故復入涅槃。故明諸佛如來，不住涅槃，不住有爲。以諸佛爲利衆生，化身説法，故不住涅槃，觀有爲如夢幻，故不住世間也。《論經》廣有九喻云：一切有爲法，如星翳燈幻，露泡夢電雲。一者，如星，日未出有用，日出則無用。未有正觀日出，則妄心有用；正觀日出，則妄想不可得。第二，翳喻，如眼有翳故見空有毛輪，故可得翳慧眼，故無六塵妄見六塵也。第三，如燈，還喻能見識法，如有油、炷、器三法合故有燈，根塵及貪受故有識生，燈和合有無所有，法亦和合有無所有。燈念念滅，識亦爾也。第四，如幻喻，如幻師作種種物而無實，衆生業幻故見種種國土，亦無實也。第五，露喻，露少時住，身亦爾。第六，泡喻，如天雨渧成泡，小兒謂之即爲珠，心生貪著，衆生三受亦爾，從根塵識生，亦不實也。第七，夢喻，過去法如昨夜夢見有，了悟則無也。八者，如電喻，纔現即滅，現在法亦爾。第九，雲喻，空中淨，忽然雲生，即時便滅，未來法亦爾，忽然而起，即時散滅也。委曲須講釋，今略示耳。

第三流通，如文意云云。

金剛般若經義疏卷第四畢

校勘記

〔一〕「難」，底本原校云一本作「歎」。

〔二〕「少」，底本作「小」，據文意改。

〔三〕「多」，底本原校云一本作「耳」。

〔四〕「忌」，底本原校云一本作「忘」。

〔五〕「忌」，底本原校云一本作「忘」。

〔六〕「得」，底本原校疑前脱「所」字。

〔七〕「苦」，底本原校云《論》作「若」。

〔八〕「後」，底本原校云一本作「復」。

〔九〕「經」，底本原校云一本作「品」。

〔一〇〕「化」，底本原校云一本作「佛」。

〔一一〕「説」，底本原校云一本作「語」。

〔一二〕「兩」，底本原校云一本作「生」。

〔一三〕「智」，底本原校云一本作「知」。

〔一四〕「大」，底本原校云一本後有「乘取」二字。

〔一五〕「歲」，底本原校云一本後有「後」字。

〔一六〕「世」，底本原校云一本後有「格量」二字。

〔一七〕「疑」，底本原校云一本後有「分」字。

〔一八〕「亦」，底本原校云一本作「方」。

〔一九〕「誦」，底本原校云一本作「頌」。

〔二〇〕「稱」，底本原校云一本作「搆」。

〔二一〕「從」，底本原校云後與《經》異。

〔二二〕「息」，底本原校云一本作「盡」。

〔二三〕「無義虛非有」，底本原校云一本作「虛非有無義」。

〔二四〕「如」，底本原校云一本無。

〔二五〕「名」，底本原校云一本無。

〔二六〕「須」，底本原校云一本作「論」。

〔二七〕「前後」，底本原校云一本作「亦復」。

〔二八〕「尋」，底本原校云一本作「守」。

〔二九〕「此」，底本原校云一本前有「明」字。

〔三〇〕「仰」，底本原校疑爲「即」。

〔三一〕「文前」，底本原校疑倒。

〔三二〕「見」，底本原校疑衍。

〔三三〕「本無」，底本原校疑爲「莊」。

〔三四〕「苦」，疑爲「若」。

〔三五〕「多」，底本原校云一本無。

〔三六〕「處」，底本原校云一本後有「住」字。

〔三七〕「化」，底本原校云一本作「作」。

（文平志整理）

〇二二〇

金剛般若波羅蜜經并註[一]

唐慧淨註

金剛般若經註序

大常博士河南褚亮撰

若夫大塊均形，役智從物，情因習改，性與慮遷。然則達鑒窮覽，皎乎先覺，炳慧炬以出重昏，拔愛河而升彼岸，與夫輪轉萬劫，蓋染六塵，流遁以徇無涯，踳馳而趍捷徑，不同日而言也。頴川庾初孫，早弘篤信，以爲般若所明，歸於正道，顯大乘之名相，標不住之宗極，出乎心慮之表，絶於言像之外。是以結髮受持，多歷年所，雖妙音演説，成誦不虧，而靈源邃湛，或有未悟，嗟迷方之弗遠，睠砥途而大息。屬有慧淨法師，博通奥義，辯同炙輠，理究連環。庾生入室研幾，伏膺善誘，乘此誓願，仍求註述。法師懸鏡忘疲，衢罇[二]自滿，上憑神應之道，傍盡心機之用，敷暢微言，宣揚至理，曩日舊疑，涣焉氷釋。今兹妙義，朗若霞開，爲像法之梁棟，變羣生之耳目。辭峯秀上，映鷲岳而相高，言泉激壯，赴龍宫而競遠。且夫釋教西興，道源東注，世閲賢智，才兼優洽，精該睿旨，罕見其人。今則沙門重闡，藉甚當世，想此玄宗，鬱爲稱首。歲惟閹茂，始創懷袖，月躔仲吕，爰兹絶筆。緇俗攸仰，軒蓋成陰，扣鐘隨其小大，鳴劔發其光彩。一時學侣，專門受業，同涉波瀾，遞相傳授。方且顧蔑林遠，俯視安生，獨步高衢，對揚正法。遼東真本，望懸金而不刊，指南所寄，藏羣玉而無朽。豈不盛哉，豈不盛哉。

校勘記

〔一〕底本據《卍續藏》。

〔三〕「蹲」，《續高僧傳·慧淨傳》（《大正藏》本）作「罇」。

金剛般若波羅蜜經卷上并註

紀國寺釋慧淨註

如是

信辭也。信則所言之理順，順則師資之道成。辭無繁約，非信不傳，故建言如是。

我聞，

證聞也。親承曰我聞，傳受曰所聞。此曰我聞，則親承音旨也。

一時

化辰也。即法王啓運之日，大衆嘉會之時。

佛

化主也。大師之名，以覺爲義，一、自覺，二、覺他，三、覺滿。異凡夫故自覺，異二乘故覺他，異菩薩故覺滿。三者備矣，受佛名焉。

在舍衛國祇樹給孤獨園，

化處也。國是遊歷之境，園是依止之所。住國爲化在俗之徒，住園爲統出家之衆。舍衛，此云聞物國，勝物多出此土，嘉名遠振諸國，故曰聞物國也。祇陀是太子之名，此云戰勝。太子載誕之時，王破敵軍之賊，官人聞奏，遂以名。給孤獨是國臣之號，本名須達，須達内慈而外富，賑貧恤寡，鄉人美之，因以號焉。園是須達所買，樹是祇陀之施。樹爲别物，園即總名。君上而臣下，不可直稱獨園，園總而樹别，不可但言祇樹，故兼之也。買園施樹，事在别也。

與大比丘衆千二百五十人俱。

同聞也。比丘有三義：一曰怖魔，二曰乞士，三曰破惡。怖魔在初，乞士居次，破惡最後。夫創軌玄門，即達降魔之志，故剃髮染衣，天宫動而魔怖也。身爲道器，身安即道隆，故已沾法服，須乞食以資身也。聖人道長，凡夫道消，故所修已滿，即破惡以證果也。

爾時，世尊

上明通序以證信，下明别序以發起。世尊，化主也。《成實論》云，具上九號，故曰世尊。

食時，

化辰也。旭旦即始營未畢，晚日則飯食復終，莫若辰午之間，正是初成之際，此辰行乞，故曰食時也。

著衣持鉢，

化儀也。外道或不著衣，或以手捧食。爲破裸形外道故，所以著衣。爲破手捧外道故，所以持鉢。被僧伽梨衣，故曰著衣。執四天王所奉之鉢，故云持鉢。

入舍衛大城

化處也。此城家九億，縱横十二由旬，故言大也。園南而城北，自外以適内，故言入。

乞食。

化事也。由從之而乞食，則成彼之福田故也。

於其城中次第乞已，

化等也。夫捨富從貧，即益貧不益富，捨貧從富，即益富不益貧。捨富從貧，故大迦葉所以被呵，捨貧從富，故須菩提所以置鉢。今佛不爾，故云次第乞也。

還至本處，

知足也。由知足故乞不過量，由樂静故還歸本所也。

飯食訖，

化終也。金剛之體，豈資於食，爲益物故，現同飯也。

收衣鉢，

上叙行塗乞食，下明敷坐入静。欲令衆生生福故，所以行塗而前乞，欲令衆生生智故，所以入静而後説。收衣鉢者，屏外緣也。制僧伽梨衣，爲入聚落。受四天王鉢，爲貯資粮。還至本處，故衣須收，飯食事訖，故鉢須置也。

洗足已，

行塗所以穢足，敬定所以清身。

敷坐而坐。

正入静也。將欲説法，故敷師子之坐，即事入定，宜結跏趺之坐也。

時，長老須菩提

上明序分，言興致之由，下明經體，彰即坐之益。長老，尊稱也。須菩提，此云善吉，亦曰空生。生時其室盡空，故曰空生。父母問師，師云唯善唯吉，故言善吉。

在大衆中，即從坐起，

但尊人重法，理自不可端拱，況即事請道，所以側身避席。

偏袒右肩，

既表師資之儀，示有駈策之相，亦是隨從國法，即以右袒爲恭。

右膝著地，

屈曲伏從，示無違拒之貌。

合掌恭敬

斂容祇肅，顯有專一之心。

而白佛言：希有，世尊，

既欲請道，宜先歎德，歎德之意，即爲請益之基。希有世尊之言，命章總歎之謂也。

如來

如目真如，來目無分別智。如以不異爲義，來以至處爲功。三世諸佛，皆以無分別智，乘真如之道，來成正覺，故曰如來也。

善護念諸菩薩，善付屬諸菩薩。

菩薩者，此云道心衆生。護念約轉法輪時化深行菩薩，付屬約般涅槃時化淺行菩薩。護念者，護是防其自身，與智慧力，令成就佛法。念即緣其所化弟子，與教化力，令成就衆生。化力有三：一、神通輪，二、記心輪，

三、正教輪。神通轉變，故能使背邪以歸正。記心言實，故能使除疑以生信。正教示理，故能使捨惡以修善。付屬者，付是將淺以授深，屬即教深以化淺。淺行菩薩於功德有二種，一、已得，二、未得，已得者欲令不捨，未得者欲使增修，故將淺以付深，屬深化令不退也。

世尊，善男子、善女人

言善者，爲異闡提外道之流。男女者，即簡二根闇闇之類。

發阿耨多羅三藐三菩提心，

阿名無，耨多羅名上，三名正，藐名遍，後三名知，菩提名覺，總曰無上正遍知覺。正是如理智，遍是如量智，知是無分別智，覺是無分別後智。如理智緣真故言正，如量智緣俗故言遍，無分別智斷二種無知故言知，無分別後智出眠夢之表故言覺。此四智即佛果之正體，人若發心遠求此體，名曰發菩提心。此立爲問之本。

應云何住，云何降伏其心，

夫法門雖曠，不出大乘之與小乘，因德之與果德。此經顯大乘法門，明菩薩正行，所以請因而不請果，由因成必得果故，亦舉果以明因耳。大乘明因有三：一、應得因，二、加行因，三、圓滿因。所應得者謂菩提心，所可行者謂十度行，所須滿者謂三德果。發心因乎佛性，起行因乎發心，圓果因乎加行，故以佛性爲應得之因，發心爲加行之因，加行爲圓滿之因。此文應具三問。初問云云何住，此請加行因，言欲發菩提心，住何心而成發。次問云何修行，此請圓滿因，言欲修菩薩行，起何行而成修。後問云何降伏其心，此重請圓滿因，言欲滅正行障，降何心而成滅。然因既有三，但請後二，何也。夫初因本有，本有者非佛事，後二新生，新生者是佛事。非佛事者，有説亦有，無説亦有，由此義故，不待問而自成。是佛事者，有説則有，無説則無，由此義故，必因請而方立也。

佛言：善哉，善哉，須菩提，如汝所説，如來善護念諸菩薩，善付屬諸菩薩。

讚而後述，重其言也。

汝今諦聽，當爲汝説。善男子、善女人發阿耨多羅三藐三菩提心，應如是住，如是降伏其心。

誡而後許，專其意也。

唯然，世尊，願樂欲聞。

長老蒙許，言志愍也。

佛告須菩提：諸菩薩摩訶薩應如是降伏其心，

摩訶言大，大菩薩也。先答第一問，而言降伏者，只令住四恩德而發心，即降伏凡夫二乘心也。四恩者：一、廣心，二、第一心，三、常心，四、無倒心。前二明度而能周，即以廣降狹，後二明度無所度，即以無降有。以廣降狹是伏二乘心，以無降有是伏凡夫心。伏凡夫心，顯有智慧也，伏二乘心，明有慈悲也。此先總教，下即別叙。

所有一切衆生之類，

此明廣恩也。衆生之類今略舉三，將列別類，先總別叙發之也。

若卵生、若胎生、若濕生、若化生，

此列生類，生者新諸根起也。依鷇而生曰卵，含藏而出曰胎，假潤而興曰濕，欻然而現曰化也。

若有色、若無色，

此列界類。界者差別義也。一、欲界，二、色界，三、無色界。欲界必兼有色，色界其必無欲，無色一界無色無欲。言若有色，即攝下二界衆生也。言若無色，即攝上一界衆生也。

若有想、若無想、若非有想、非無想，

此列性類，性者體義也。一切衆生以想爲性。一、有想，謂有心而麤。二、無想，謂無心而寂。三、非有想非無想，謂雖有心，非麤非寂，非麤故異乎有想，非寂故異乎無想，故曰非有想等。言若有想，即攝七有想定及欲界衆生也。言若無想，即攝二無想定及無想天衆生也。言若非有想、非無想，即攝非想、非非想天衆生也。此並是廣心之境，欲求無上道，應先住之而發心也。

我皆令入無餘涅槃而滅度之。

此明第一恩也。前雖廣度，若與人天之樂，名曰下恩；若與二乘之樂，名曰中恩；若與大涅槃樂，名曰上恩。涅槃以真如爲其體，以静息爲之義。静即静三惑因，息即息三苦報。静惑因，故建有餘之名；息苦報，故立無餘之目。我皆令入，能施恩心也。無餘涅槃，所施恩體也。而滅度之，施恩正事也。

如是滅度無量無數無邊衆生，實無衆生得滅度者。

此明常恩也。菩薩所以能常化者，由悲智兼修也。若有悲而無智，即滯有以生疲；若有智而無悲，即著空以取證；若帶悲而行智，即緣空而不取；若帶智而行悲，即化恒而不息。如是滅度無量衆生，此明化俗有悲。實無衆生得滅度，此顯緣真有智。緣真有智故物我一體，化俗有悲故恒行不息。

何以故？

下明無倒恩也。疑曰：前言滅度衆生，後言無生得滅度，何謂也。

須菩提，若菩薩有我相、人相、衆生相、壽者相，即非菩薩。

我等四執是分别之心，分别之心是菩薩正障。有我等相，自惑未亡也，即非菩薩。有倒何能化物。翻此義者，無我等相，即自惑已盡，乃名菩薩。無倒故能常化也。

復次，須菩提。菩薩於法，應無所住，行於布施，

自下次答修行問。行即布施。今教布施，令離三障：一、不行障。二、僻行障。三、倒行障。不著自身，離不行障；不著報恩，

離僻行障；不著果報，離倒行障。夫著自身者，愛己而惡人，有悋而無施，無施即不行，不行障行也。今本闕此，别本曰：不住於事而行布施，事即自身也。於法應無所住者，此離僻行障。法者，恩境也，謂供養恭敬之流，稱名揚德之類，事緒繁曠，故以法語總之也。若施求此報，名曰僻行。僻者：一、僻因，不以悲智爲方便。二、僻果，不以大覺爲所求也。

所謂不住色布施，不住聲、香、味、觸、法布施。

此離倒行障。正報是受體在法塵，依報是受資即五塵。生死之受，無樂而計樂，是名倒。爲生樂受，求樂受資，名倒行。不令住五塵，即捨依報，不令住法塵，即捨正報。但令爲無上菩提而行布施，即菩薩正行也。但言布施，亦具三檀攝六度。三檀者：一、資生檀，攝布施一度，即體名也。二、無畏檀，攝戒、忍兩度。衆生於我，或已作惡，或未作惡，未作者而不犯戒，施無畏也，已作者而不報忍，施無畏也。三、法檀，攝精進、禪定、智慧三度。精進故誨而不倦，禪定故言必逗機，智慧故所説無倒。若能如是布施，即離三障，行三檀，攝六度，具菩薩三行：一、離障行，二、正行，三、圓滿行。菩薩住大乘中，應如是修行也。

須菩提，菩薩如是布施，不住於相。

自下次答降伏問。相爲所住，心爲能住。相謂三輪體，一、施者相，二、受者相，三、財物相也。心謂三輪想，即施者想、受者想、財物想。相是分别性，即相結。想是依他性，即麤重結。此二是菩薩正障。若菩薩作無性觀，分别本來無相，故相結滅，依他本來無生，故麤重滅。若能於六度之中行一一度，並離三相及三想，即是降伏執相之心，成就無相之行。

何以故？

疑曰：住相何損，捨相何益，而令捨相，不令住邪。

若菩薩不住相布施，其福德不可思量。

答明福難量也。何者？無相是真，有相是俗。真理即通，俗事即隔。無相之心，契真理而無際，所生功德豈俗事之可量也。

須菩提，於意云何，東方虚空可思量不？

更顯難量義。空有三德，故不可量，一、性常，二、體一，三、容受。今問東方空體，論其遠近，可度量不也？

不也，世尊。

向東無際，不可量也。

須菩提，南西北方，四維上下虚空可思量不？

次問九方。

不也，世尊。

所向無際，悉不可量。夫虚空之體是一，約色以辨十方，欲顯無相之心是一，寄行以階十位。容受東方色，即説東方空，攝受初地行，即爲初地體。餘方餘地亦如是。

須菩提，菩薩無住相布施，福德亦復如是不可思量。

明喻既畢，此即合之。

須菩提，菩薩但應如所教住。

夫著相行施是有住之住，忘相行施是無住之住。今勸捨有住之住，住無住之住，故云如所教住也。

須菩提，於意云何，可以身相見如來不？

前來依問正答，自下因答斷疑。正答即標宗略説，斷疑即開宗廣説。○然體有三：一正教經，二正行經，三正果經。教是章句，行是六度，果是三身。今先約正行斷疑。疑曰：若住相行因，可感有相之報，忘相行因應得無相之果，云何世尊本行忘相之因，今得有相之果，果既有相，則因非無住明矣。佛欲斷此疑，故爲斷[三]問：身相即三十二相，可以妄中之身相，見真中之妙體不？

不也，世尊，不可以身相得見如來。

須菩提承刀[二]奉答，身相是妄，如來是真，不可依妄以觀真體也。

何以故？如來所説身相，即非身相。

曉不也意。身相即非身相，略有三義：一、由聚，二、由相，三、由性。由聚者，身相以隣虚爲體，九微十微爲聚，約方分以折之，度隣虚而必盡也。由相者[三]，身相以有爲爲體，生等八法爲相，約前後以推之，極刹那而自壞也。由性者，身相以境界爲體，以分別性爲性，約無相以觀之，入唯識而成空也。由此三義，不可以相觀如來也。

佛告須菩提：凡所有相，皆是虚妄，若見諸相非相，則見如來。

須菩提答稱佛心，佛更成其義也。凡所有相，則凡有生等之八相，皆是虚妄，不越聚等之三體。若見諸相非相，遣妄以入真，則見如來證真以離妄。若然者，忘相行因，是依真如所得之果，何關有相。不可見方便之相，以相爲真，即以果謗因，疑因爲住也。

須菩提白佛言：世尊，頗有衆生得聞如是言説章句，生實信不？

自下次約正教斷疑。疑曰：前説不住之因，深而難行，後説無相之果，深而難得，未來世頗有得聞是經，信行無住之因，必得無相之果不也。

佛告須菩提：莫作是説，

將立有以答之，先呵無以止問，故言莫作是説也。

如來滅後，後五百歲，

夫法身則無始無終，應身則有始無終，化身則有始有終。王宫初生爲始，雙樹入滅爲終，故曰如來滅也。如來滅後，初五百年解脱得堅固，次五百年禪定得堅固，後五百年多聞得堅固。此時雖多不信，然有信受之者。

有持戒修福者，

持戒者多是出家菩薩，修福者多是在家菩薩。《智度論》云：出家之人以尸羅爲上首，在家菩薩以檀那爲上首。

於此章句，

章言大分，前説不住之深因，此爲一章，後説無相之深果，復爲一章。句言委細，不住因中，不住色等之流，無相果中，相即非相之類也。

能生信心，以此爲實，

信行無住之因，必得無相之果，故言以此爲實。

當知是人不於一佛二佛，三四五佛而種善根，已於無量千萬佛所種諸善根。

善根有三：一、無貪[四]，二、無瞋，三、無癡。由此善根，於佛田中燒香散華，稱名揚德，故言種也。不於一佛者，樹因不淺也。已於無量者，植福久深也。

聞是章句，乃至一念生淨信者，

欲顯信雖少而福多，故云乃至一念也。

須菩提，如來悉知悉見，是諸衆生，

肉眼是見而非知，比智是知而非見，證智是見亦是知。言知，明非肉眼之所見。言見，明非比智之所知，即是證智。知其名身，見其色行，故雙言也。

得如是無量福德。

得有二義，一、生，二、長。本無今有曰生，已有熏修曰長。福德，通論有三：一、有量有盡，謂凡夫所修福，因心偏故有量，果有爲故有盡。二、有量無盡，謂二乘所修福，因不遍故有量，果無爲故無盡。三、無量無盡，謂菩薩所修福，因心遍故無量，果無爲故無盡。信經所得之福即是第三，故言無量也。

何以故？

欲曉無量意，故發問以徵之也。

是諸衆生，無復我相、人相、衆生相、壽

者相；

下答意明：一由達人法二空，二由成取捨兩行，所以生一念信心，得無量福德。此明達於人空，離人我四執也。夫我是自在之名，人爲主宰之目，衆生取續前爲義，壽者以接後爲能。此四同爲人執，隨用以立四名。離此四執，故曰無我等相也。

無法相，亦無非法相，

別本曰，無相無無相。此明達於法空，離法我四執。夫法相者是有法執，迷俗諦起。俗諦法相，不出所取之境、能取之心。分別無相故無所取之境，依他無生故無能取之心，故云無法相也。非法相者是無法執，迷真諦起。若真如約俗諦不可説爲有法相，真如約真諦應可説爲無法相。今明待俗有故言真無，有既壞故無亦遣，故云無非法相也。相者是亦有亦無執，迷非安立諦起。何者？初破俗有言非有，非有似是無，後破真無言非無，非無似是有。若爾，真如應亦有相亦無相。今明真如之體異根塵之有，故不可安立爲有相，異兔角之無，故不可安立爲無相，故云無相也。無相者，是非有非無執，迷言説起。若真如非有相非無相，即應心行處滅，言語道斷。若爾，如來何所説？今明真如雖不可説，由佛方便故，或説爲有相，或説爲無相，故云無無相也。總而言之，真如非有故增益滅，非無故損減滅，非亦有亦無故相違滅，非非有非無故戲論滅。

何以故？

欲曉障盡意，故發問以徵之也。

是諸衆生，若心取相，則爲著我、人、衆生、壽者。

答意明法我執爲因，人我執爲果。人執即斷故不生，法執即伏而不起，故論曰：但有無明，便無現行麤煩惱。若心取相，即法執上心，則爲著我人執起也。此先總答，下別敘之。

若取法相，即著我、人、衆生、壽者。

此明有法執上心，即人執還生也。

何以故？若取非法相，即著我、人、衆生、壽者。

此明無法執上心，即人執還生也。

是故不應取法，不應取非法。

次結成取捨兩行。不應取法，不令執文以取義，即令捨文也，此示正聞相。不應取非法，當令順文以取意，不可一向撥文爲非法，復令取文也，此是實信相。

以是義故，如來常説，汝等比丘知我説法如筏喻者，法尚應捨，何況非法。

引喻顯之。筏者爲度故須取，到岸故須捨。修道亦爾，憑筌乎會理故須取，得理乎忘筌故須捨。執文爲法是善心而尚捨之，若執文爲非法是不善心，固須捨之也。

須菩提，於意云何，如來得阿耨多羅三藐三菩提耶，如來有所説法耶？

自下次約正果斷疑。疑曰：前説不可以相見如來，則如來是無相，無相之中無動無作，云何世尊就草座而成道，指拘隣而説法？佛欲斷此疑，故爲斯問。

須菩提言：如我解佛所説義，無有定法名阿耨多羅三藐三菩提，亦無有定法如來可説。

下答意明佛有三身：法身、應身、化身。法身以如爲體，應身以智爲體，化身以色爲體。無覺無説言法身，有覺無説言應身，有説無覺言化身。須菩提言，如來定以真如爲體，真如非法非非法，故云如我解佛所説義。然菩提爲所得及所説，如來爲能得及能説。菩提非法非非法，故無所得及所説，如來非法非非法，故無能得及能説。故云：無有定法名菩提，亦無定法如來可説也。

何以故？

欲證無説意，故發問以徵之也。

如來所説法，皆不可取，不可説，非法非非法。

答意明化身雖説，然所説之義甚深，過聞慧境，聽者不可以耳識作有無二相取，故云不可取。所顯之理徵[五]細，過思慧境，説者不可以舌根作有無二相説，故云不可説。離有性故非法，離無性故非非法。《維摩經》曰，其説法者無説無示，其聽法者無聞無得，即其義也。若化身能説者，何故論云應化非真佛，亦非説法者耶？既云化佛非真佛，亦是化説非真説，且復説無定相，故云非説，非無化佛不定相説也。

所以者何？一切賢聖皆以無爲法而有差別。

欲顯所説非法非非法，故舉所證以明之。夫覺無爲最淺者名須陀洹，覺無爲最深者名爲佛，此其差别也。能覺者應身耳，由應身如是覺，故化身如是説。所覺既非法非非法，故所説亦非法非非法也。所以通説一切賢聖者，欲顯一切聖人同證無爲爲體也。

須菩提，於意云何，若人滿三千世界七寶以用布施，是人所得福德寧爲多不？

自下次顯斷疑功用。夫於經有疑即懷謗以生罪，於經無疑即信受而生福。欲顯所説之法雖不可取不可説，然受説能詮之教即生福無邊，故爲斯問。一須彌，一日月，一四天下，爲一小世界。即以小世界爲本，其數至千，名小千世界。即以小千爲本，其數至千，名中千世界。即以中千爲本，其數至千，名大千世界。總計有百億須彌、百億日月、百億四天下，成即同成，壞即同壞，下極風輪，上窮有頂，一佛所主之處，名曰三千大千世界。今問：若人施寶同乎此量，所生之福得爲多不？

須菩提言：甚多，世尊。

珍寶之量既弘，生福之理彌積，故云甚多。

何以故？

欲明此福雖多而未勝，故先發問以徵之，何故此福得名多也？

是福德，即非福德性，

答意明福有二種：一、有流，二、無流。多有二義：一、聚義，二、進義。聚謂聚集福體，進謂進趣菩提。是福德者，是有流之福德。即非福德者，非無流之福德。是有流之福故，有聚義之多也。非無流之福故，無進義之多也。無進義之多者，豈空無果乎。得有流報，故無有無果之理。報盡即絶，故無有進趣之義。是故如來説福德多。

須菩提離自師心，更引如來爲證也。

若復有人，於此經中受持乃至四句偈等，爲他人説，其福勝彼。

受持四句，受他法施也。爲他人説，以法施他也。受他法施，明生自聞慧。以法施他，明生他聞慧。若人自能住聞慧，福已勝彼，何況自住思修兩慧也。若人令他住聞慧，福已勝彼，何況令他住思修兩慧也。

何以故？須菩提，一切諸佛及諸佛阿耨多羅三藐三菩提法，皆從此經出。

菩提即法身，諸佛即應化兩身。菩提名出，謂顯性以離纏；諸佛名出，謂生成以得體。此經既出諸佛之三身，故顯受説之二勝也。

須菩提，所謂佛法者，即非佛法。

佛是學〔六〕者之名，法是菩提之目。菩提體唯佛之所能覺，故名佛法，餘人之所不覺，故云即非佛法。所謂佛法者，謂是大乘之佛法，即非佛法者，非是二乘之佛法。非二乘之佛法，此顯不共義，是大乘之佛法，此顯最勝義。受説此經，能出不共之佛法，故成最勝之深因也。

須菩提，於意云何，須陀洹能作是念，我得須陀洹果不？

前約如來法身斷疑，自下次約弟子法身斷疑。疑曰：前説一切聖人以無爲而有差別，後言無爲之法不可取不可説，此猶難信。何者？現見四果聖人能取無爲以爲自果，如其所取，能爲人説，云何言不可取不可説？佛欲斷此疑，故爲斯問。此問第一果也，言須陀洹人正證無爲之時，能作是念，我得果耶，爲不得耶？

須菩提言：不也，世尊。何以故？須陀洹名爲入流，而無所入，不入色聲香味觸法，是名須陀洹。

須陀洹此云入流，亦曰逆流。流有二種：一、生死流，二、聖道流。是名入流，明入聖道之流。而無所入，顯逆生死之流。在觀既無復分別，豈見道流可入乎。既不見道流之可入，豈見道果之可得乎？既不見道果之可得，豈見可得之可見乎？

須菩提，於意云何，斯陀含能作是念，我得斯陀含果不？

此問第二果也。

須菩提言：不也，世尊。何以故？斯陀含名一往來，而實無往來，是名斯陀含。

斯陀含，此云一往來。此人證果之後，若人中命終，即往天而來人，若天中命終，即往人而來天。由一往一來便得滅度，故曰一往來。觀内既不見有我，誰往誰來，故云實無往來也。

須菩提，於意云何，阿那含能作是念，我得阿那含果不？

此問第三果也。

須菩提言：不也，世尊。何以故？阿那含名爲不來，而實無來，是故名阿那含。

阿那含，此云不來。此人證果之後，生上而不生下，有去而無有來，故曰不來。觀内既不見有我，説誰不來，故云而實無來也。

須菩提，於意云何，阿羅漢能作是念，我得阿羅漢道不？

此問第四果也。

須菩提言：不也，世尊。何以故？實無有法名阿羅漢。

阿羅漢，此云不生。此人證果之後，永絶三毒之根，高謝四生累，故曰不生。觀内既不見有我，説誰不生，故云實無有法名阿羅漢也。

世尊，若阿羅漢作是念，我得阿羅漢道，即爲著我、人、衆生、壽者。

有念既四執生，無念即四執滅。四執滅者可以有滅之實而實之，四執生者豈以不生之名而名之哉。

世尊，佛説我得無諍三昧，人中最爲第一，是第一離欲阿羅漢。

三昧，此云定。無諍定者，遠分定也。得此定者，能令彼我不起煩惱之諍，故曰此定爲無諍也。無諍第一，即定障之諍滅。離欲第一，即惑障之諍盡。

我不作是念，我是離欲阿羅漢。

須菩提言：我身自證，不起自得之心，餘人若成，豈生獲果之念。

世尊，我若作是念，我得阿羅漢道，世尊則不説須菩提是樂阿蘭那行者。

阿蘭那，此云無諍。須菩提言：我若有念，則此記無由也。

以須菩提實無所行，而名須菩提，是樂阿蘭那行。

實無所行，兩諍之體離乎心也，而名樂行，無諍之名，記乎身也。

佛告須菩提：於意云何，如來昔在然燈佛所，於法有所得不？

前約聲聞法身斷疑，今約菩薩法身斷疑。疑曰：菩薩即真如，真如之中無取無説者，然燈如來云何爲説菩薩之法，釋迦菩薩何故親從受之耶？佛欲斷此疑，故爲斯問：汝意云何，我昔入觀之時，然燈於我有説耶，我於然燈有得耶，爲無所説耶，爲無所得邪？

世尊，如來在然燈佛所，於法實無所得。

法是菩提，得即證也。答意明法中則心行處滅，覺觀之所不尋，言語道斷，名筌之所不逮。名筌不逮故，昔佛所以杜言，覺觀不尋故，今佛所以絶證。但言釋迦絶證，則然燈杜言，從可知也。

須菩提，於意云何，菩薩莊嚴佛土不？

前斷得記疑，今斷嚴土疑，得記即仰上以受化，嚴土是俯下以利生。疑曰：若身是無相之身，即土應無相土。土若無相，不應取有累之事像。修萬行以嚴之土，若有相，復何異控龍象於兎蹊，注江湖於牛跡。佛欲斷此疑，故爲斯問：汝謂菩薩真觀之中，有嚴事耶，無嚴事耶？

不也，世尊。何以故？莊嚴佛土者，則非莊嚴，是名莊嚴。

答明無也。莊嚴有二種：一形相，二真實。形相色性爲其體，衆寶爲其相。真實者法性爲其體，萬德爲其相。形相以依化爲能嚴，分别爲所嚴，分别無相故無所嚴之體，依化無生故無能嚴之體，故云即非莊嚴也。真實以唯識爲能嚴，法性爲所嚴，唯識無倒故有能嚴之體，法性不變故有所嚴之體，故曰是名莊嚴也。若然者，豈取有累之事像，修形相之嚴哉。

是故須菩提，諸菩薩摩訶薩應如是生清淨心，不應住色生心，不應住聲香味觸法生心，應無所住而生其心。

此勸取真實之嚴，令捨形相之障也。

金剛般若波羅蜜經注卷上

校勘記

〔一〕「斷」，疑爲「斯」。

〔二〕「刀」，底本原校疑爲「力」。

〔三〕「者」，底本原校疑衍。

〔四〕「貧」，底本原校疑爲「貪」。

〔五〕「徵」，底本原校云當作「微」。

〔六〕「學」，疑爲「覺」。

金剛般若波羅蜜經注卷中

須菩提，譬如有人身如須彌山王，於意云何，是身爲大不？

前來並約法身斷疑，此問次約應身斷疑。疑曰：法身是真如，真如不可取者，應身是真智，真智不可取也。如其是可取，何取有累於無相？如其不可取，何以自取爲法王？佛欲斷此疑，故爲斯問。須彌山王喻應身也。量高八萬，可言大也。勝出諸山，可言王也。

須菩提言：甚大，世尊。

答意明應身以真智爲體，以自在爲用。體周法界，可言大也。用超衆聖，可言王也。須彌雖大，以非心故，不謂我是山王。應身雖大，以離相故，不謂我是法王也。

何以故？佛説非身，是名大身。

更曉身之大義。何者？身有二種，一有流身，二無流身。非身者非有流之身，大身者是無流之身。夫有流即遇物斯限，無流即觸徒斯契。有限者不能周，能契者必能遍。不能周故失大身之名，必能遍故得大身之義也。

須菩提，如恒河中所有沙數，如是沙等恒河，於意云何，是諸恒河沙寧爲多不？

前來宗明經體，自下主明經用。用難指事，故格量以喻之。初言三千，不即言恒沙者，自少之多，開化漸也。恒河者，恒是河之神〔一〕名，河即因神立目。問意言，初以一恒之沙爲數，次有爾許沙數恒河，後諸恒之中復各有諸沙數，是諸沙數寧爲多不？

須菩提言：甚多，世尊，但諸恒河尚多無數，何況其沙。

諸河爲總，諸沙爲別，河尚無數，況乃

沙乎？

須菩提，我今實言告汝：若有善男子、善女人，以七寶滿爾所恒河沙數三千大千世界以用布施，得福多不。

一恒之沙爲第一多，一沙復爲一恒河爲第二多，諸恒之中復各有諸沙數爲第三多，諸沙之中一沙復爲一世界爲第四多。今問若人施寶同乎此量，所生之福得爲多不？

須菩提言：甚多，世尊。

答明多也。

佛告須菩提：若善男子、善女人，於此經中乃至受持四句偈等，爲他人説，如此福德勝前福德。

捨寶雖多而生福少，持經雖少而生福多者，經之勝用在乎此也。

復次，須菩提，隨説是經乃至四句偈等，當知此處一切世間天人阿修羅，皆應供養，如佛塔廟，

下明此經之勝，成彼生福之多。此章明此經能令物尊，隨何處説此經，即令此處可尊，隨何人説此經，即令此人可貴，隨何所捨此寶，不令此處可尊，隨何人捨此寶，不令此人可貴。由此義故，持經雖少而福多，捨寶雖多而福少也。

何況有人盡能受持讀誦。

何況者，一、以無情況有情，謂以地況人；二、以少況多，即一偈況於盡受也。地本無靈，説處尚令尊仰，人既有識，持者深須虔養也。

須菩提，當知是人成就最上第一希有之法。

希有之法是菩提，成就菩提即人可貴也。

若是經典所在之處，則爲有佛，若尊重弟子。

有經之處則有佛教，佛教不異經教也。可重之者是弟子，弟子即是菩薩也。有佛顯有能説，有菩薩顯有能受，兩聖居中處可尊。

爾時須菩提白佛言：世尊，當何名此經，我等云何奉持？

此章明此經體是真流。夫證真如者得真般若，從真般若流乎大定，從大定流乎大悲，從大悲流乎化身，從化身流乎此經，故此經真所流也。經是真流故，持雖少而福多，寶非真流故，施雖多而福少。須菩提欲顯此義，故設兩請。初請約文以求目，此文以何爲名？後請約義以問持，此義云何修奉？

佛告須菩提：是經名爲《金剛般若波羅蜜》，

此答初問，顯真流義也。夫名以宣實，實爲名本，證實者能流名，尋名者能津實。欲顯此經既爲證真者之所流，還詮證真者之般若，故目之曰金剛般若也。金剛以不壞爲義，喻智真也。般若以神照爲功，即智體也。波羅蜜以到岸爲趣，顯智用也。

以是名字，汝當奉持。

此答後問。即令依向所立之名，以持此文之義。所以爾者，立名之意欲令依名以取文，依文以尋義，依義以修行，依行以證真，故須依此名字而奉持也。

所以者何？須菩提，佛説般若波羅蜜，則非般若波羅蜜。

更曉前意。夫證真之曰得真般若，得真之時便捨文字，故云佛説般若，即非般若也。若能依名作取捨兩意，以持此文之義，即是如法奉持也。

須菩提，於意云何，如來有所説法不？

此章明此經是諸佛同説。夫能證真者能説真，如説行者能證真。諸佛已證，爲他證故同説，菩薩未證，爲自證故同行。欲顯同行者必同證，先明同證者必同説，故爲斯問。問意言，頗有一法唯我釋迦獨説，非餘諸佛所説耶。若唯我獨説，即我名有所説。若餘佛亦説，即我名無所説矣。

須菩提白佛言：世尊，如來無所説。

此説同彼佛則説無所説也。若然者，隨是一法則一切諸佛同説，無有一實得一切諸人共捨。法可同説，同行者必同證，所以持雖少而福多。財無共捨，别捨者不同證，所以施雖多而福少也。

須菩提，於意云何，三千大千世界所有微塵是爲多不？須菩提言：甚多，世尊。

此章明此經是滅惑之本。夫通論財施之福，内生不善之惑，外感無記之塵。弘經之善，則近滅煩惱之因，遠感菩提之報。今欲明施福之所生，即經福之所滅，故爲斯問。夫積微塵以成世界，則塵因而界果，碎世界以作微塵，則界因而塵果。然則世界作微塵，是微塵從世界出，此喻示何義，示煩惱從財施生。微塵衆甚多，是微塵遍滿虚空，此喻示何義，示煩惱彌綸法界。

須菩提，諸微塵如來説非微塵，是名微塵。如來説世界非世界，是名世界。

塵以染坌爲義，界以因性爲理。地塵非染塵，是説地微塵，世界非染因，是説爲世界。此喻通顯兩意：一取非爲喻，顯智慧非染塵，經福非染因。二取是爲喻，顯煩惱是染塵，施福是染因。然則前是破麤爲細，示因少而果多，此即摧有入無，顯始生而終滅。何以明之？夫地塵是相結，屬分别性，煩惱塵是麤重結，屬依他性。相結雖不可以無生觀斷，然可以無相觀滅，麤重結雖不可以無相觀滅，然可以無生觀斷。二塵雖異，俱財用之所生，兩觀乃殊，並經力之能致。若爾財福之所生，即經福之所滅，能滅即爲勝，所滅即爲劣。由此義故，施寶雖多而福少，弘經雖少而福多也。

須菩提，於意云何，可以三十二相見如來不？

此章明弘經之福是諸善中勝。夫因以感果，果以酬因，果勝即因勝，果劣即因劣。欲寄應真兩果，以辨勝劣二因，故爲斯問。問意云：如來以真如爲體，三十二相是虚妄之法，可以此相見如來不？

不也，世尊。何以故？如來説三十二相即是非相，是名三十二相。

三十二相是丈夫之相，無相是菩提之相，即是非相，非菩提之相，是名三十二相，是丈夫之相。此明兩相異體，即顯應真殊狀。夫三十二相是世間之勝報，其因尚劣於經福；無相是出世之妙果，其業理勝於施善。由此義故，施寳雖多而福少，弘經雖少而福多也。

須菩提，若有善男子、善女人，以恒河沙等身命布施，若復有人於此經中，乃至受持四句偈等，爲他人説，其福甚多。

前寄捨財以明勝，此寄捨身以明勝。依報易捨，正報難捐。自易之難，亦化漸也。

爾時，須菩提聞説是經，深解義趣，涕淚悲泣，

須菩提欲歎經勝以成福，先陳己悟以興感。然則凡夫悲感多爲憂生，聖人悲感多因喜起。今者須菩提耳飡正説，慧鑒真如，一則愍彼捨身，二則欣今所説。

而白佛言：希有，世尊。佛説如是甚深經典，我從昔來所得慧眼，未曾得聞如是之經。

此歎希有，昔來之所不聞，約時以顯希有也，慧眼之所不聞，約行以顯希有也。經是希有，故弘雖少而福多，身非希有，故施雖多而福少也。

世尊，若復有人得聞是經，信心清淨，則生實相，當知是人成就第一希有功德。

此歎不共。何者？斯經有實信，不與二乘共也。信心清淨，信教也。則生實相，信理也。然實相可顯不可生，言生實相者，但生實相信耳。

世尊，是實相者則是非相，是故如來説名實相。

更曉前意。則是非相，則非二乘之實相。説名實相，説名大乘之實相，非二乘之實相，下人之所不成，是大乘之實相，上人之所獨

得。由經有不共之實相，所以弘雖少而福多，身無不共之實相，所以施雖多而福少也。

世尊，我今得聞如是經典，信解受持不足爲難，若當來世後五百歲，其有衆生得聞是經，信解受持，是人則爲第一希有。

此歎生解深。夫信爲人[三]道之初宗，智爲究竟之玄術。將言生智之不易，先美起信之爲難。須菩提言：我今承佛力而得解易，故非爲希有，末世自思而起信難，故方爲希有。

何以故？

欲明希有意，故發問以徵之。

此人無我相、人相、衆生相、壽者相。

此明依經起信，悟人空以答之。

所以者何？我相即是非相，人相、衆生相、壽者相，即是非相。

此明依經起信，悟法空以釋之。此明法空者，何以不言法相即是非相耶？夫無我有二種，前明無人我之相，今明無法我之相，不相違也。

何以故？離一切諸相則名諸佛。

相若是實，則佛不能離。今離相名佛，故知相即非相。

佛告須菩提：如是，如是。若復有人得聞是經，不驚、不怖、不畏，當知是人甚爲希有。

如是如是，述其言也。得聞不怖，成其義也。一往怛愕名驚，心膽怯弱名怖，深惡前事名畏。驚是始行人，怖是二乘人，畏是外道人。初人於真空理有信而無定，亂故所以心驚。次人有定而無信，疑故所以生怖。後人無信亦無定，謗故所以生畏。異初人故聞經不驚，異次人故思義不怖，異後人故修行不畏。

何以故？須菩提，如來説第一波羅蜜，非第一波羅蜜，是名第一波羅蜜。

此歎教中勝。夫斯經以般若爲主，般若則六度之中爲勝，故云第一。非餘人之所量，故云非第一。言非第一者，顯不共義，是名第一者，顯最勝義。般若爲因，言教爲果，般若勝故，言教第一。經是第一故，弘雖少而福多，身非第一故，施雖多而福少也。

須菩提，忍辱波羅蜜，如來説非忍辱波羅蜜。

此中復有疑，此疑從有住起。疑曰：捨身苦身而得福劣者，依經起行亦生苦受，得福云何勝耶？爲斷斯疑，故明忍度。何者？此忍以無癡善根爲體，無生法忍爲性，唯諸佛之所窮，故名波羅蜜，非餘人之能究，故説非波羅蜜。依經起行既生無生之勝忍，豈苦受之所倦哉。

何以故？須菩提，如我昔爲歌利王割截身體，我於爾時無我相、無人相、無衆生相、無壽者相。

前明有苦而能忍，此明有忍故無苦。何者？若有自我、他我之異，便見能害、所害之殊。我於爾時既無兩我之執，則不見歌利爲能害、我身爲所害。既無兩害之體，苦受從誰而生。

何以故？我於往昔節節支解時，若有我相、人相、衆生相、壽者相，應生瞋恨。

更説無苦義。節節支解，害事極也。不生瞋恨，忍力猛也。瞋恨因我執而生，我執既無，瞋恨從誰而作。然瞋是大惑，恨是小纏。大惑即可報之以殺心，小纏但得加之以楚毒也。

須菩提，又念過去於五百世作忍辱仙人，於爾所世，無我相、無人相、無衆生相、無壽者相。

前明有忍故無苦，此明無苦故有樂。何者？作忍辱仙人顯有慈悲，無我等相明無瞋恨。無瞋恨故無苦，有慈悲故有樂也。

是故須菩提，菩薩應離一切相，發阿耨多羅三藐三菩提心。

下更防其過也。夫見苦而行苦者，則心疲而退没，忘苦而行苦者，則心輕而進昇。爲防退没之行，所以教發無住之心也。夫菩提以無住爲體，若能忘相發心，心即泯同無住，所以離相發心，即無住心之體也。

不應住色生心，不應住聲香味觸法生心，應生無所住心。

此示無住境也。不住色等生心，令離果報也。應生無所住心，令離報因也。

若心有住，則爲非住。

此示無住障也。若心有住，住前二境，則爲非住，不住菩提。若有此心，便成障也。

是故，佛説菩薩心不應住色布施。

此示無住行也。夫昇高者必自邇，涉深者必自淺，是故欲入無住之心位者，應修無住之行也。無住心位初地以上，無住行位道種以還，故《攝大乘論》曰：願樂位六波羅蜜，雖是世間法，能引出世心。今言施者，亦以三檀攝六也。

須菩提，菩薩爲利益一切衆生，應如是布施。

前約有住斷疑，今約無住斷疑。疑曰：若其無住，爲誰修行。若見衆生可爲，應名住著衆生。今明約俗可言有爲，故言爲利益一切衆生，應如是布施。若三檀分別，即令衆生捨三種苦，得三種樂：由資生檀故，令捨貧窮苦，得巨富樂。由無畏檀故，令捨怖畏苦，得安隱樂。由法檀故，令捨生死苦，得涅槃樂也。

如來説一切諸相即是非相，又説一切衆生則非衆生。

此明約真可言無住。何者？諸相是衆生之體，衆生之體即衆生之名。諸相非相，體空而非實；衆生非生，名空而是假。名體空矣，何所住哉。

須菩提，如來是真語者、實語者、如語者、不誑語者、不異語者。

前約外化明無住，此約自行明無住。疑曰：道若無住，不應與果爲因。若住果者，何得復名無住？今明道雖不住，而能爲因。

此乃證真者之所通，非理外者之能達，但可依我語以取信，憑聖教以修行耳。欲顯此行可信未可證，故舉五語以勸之。五語者爲顯四義，真語説真智，如語説真如，實語説四諦之理，不誑語説三世之事。不異一語，即總定前四不可迴也。

須菩提，如來所得法，此法無實無虛。

前既舉言以勸信，或畏守言而失道，爲防彼故，今對治之。此法，即目如來言教之法。此法是佛法辨之所通，是佛辭辨之所説，與佛相應，故是如來所得法。夫道處無言，守言即失道，所以此法無實。然言能示道，離言不見道，所以此法無虛。言能示道，故指月之譬興，道處無言，故捨船之喻作。

須菩提，若菩薩心住於法而行布施，如人入闇則無所見。若菩薩心不住法而行布施，如人有目，日光明照，見種種色。

此章雙約有住、無住斷疑。疑曰：若菩提即真如，真如之體時無不通，處無不遍，若爾云何心無住時能得菩提，心有住時即不能得，云何聖人處可得，凡夫處不得。今斷此疑，故爲斯譬。闇以譬惑，明以譬道，色以譬真。若心有住，是有惑而無道。若心無住，是有道而無惑。夫真雖不隔於惑道，其惑不滅不可以道證真，猶色雖不隔於明闇，其闇不滅不可以眼見色。若爾，見者自得，不見者自不得，得與不得由乎見與不見，何關真如遍與不遍也哉。

須菩提，當來之世，若有善男子、善女人能於此經受持、讀誦，

從上初恒以來，大意主明經用，自此訖於後，問義旨爲顯修行。能於此經，修行處也。受持、讀誦，修行事也。

則爲如來，以佛智慧悉知是人，悉見是人，皆得成就無量無邊功德。

欲顯修福之轉勝，先言得福之無邊。

須菩提，若有善男子、善女人，初日分以恒河沙等身布施，中日分復以恒河沙等身布施，後日分亦以恒河沙等身布施，如是無量百千萬億劫以身布施，

前捨多身而時短，今捨多身而時長。從短之長，此轉勝之義也。

若復有人，聞此經典信心不逆，其福勝彼，何況書寫、受持、讀誦、爲人解脱[三]。

不逆，不謗也。此中從淺至深，有六種修行：一、書，二、受，三、持，四、讀，五、誦，六、説。夫不謗是行前之淺信，受説即行内之深修。淺信福已過前，深修固難爲喻。

須菩提，以要言之，是經有不可思議、不可稱量、無邊功德，

此下歎修行之用，以勵修者之心。此章明境界深，心口所不及，不可思議也。權衡不能准，不可稱量也。

如來爲發大乘者説，爲發最上乘者説。

此章明依止大，運出二乘之表，故曰大乘。顯過兩障之外，故稱最上。由佛説有三：一、下説，説四諦，即小乘。二、上説，説六度，即大乘。三、最上説，説三無性，即一乘。此經爲發後二乘者説，所以依止大也。

若有人能受持讀誦廣爲人説，如來悉知是人，悉見是人，皆得成就不可量、不可稱、無有邊、不可思議功德。

此章明滿界種。界種即是三種佛性也：一、自性住佛性，二、引出佛性，三、至德果佛性。自性住佛性即真如界，引出佛性即菩提心，至德果佛性即六度行。初一名界，後兩名種。所謂依真如之界，發萌芽之種，故合名界種。若人依經起行，即生無邊之福，與此三性相應，故能圓滿界種也。

如是人等，則爲荷擔如來阿耨多羅三藐三菩提。

此章明持正法，正法即菩提也。菩提名覺，

覺有四種：一、應覺，謂真如，覺之緣也。二、正覺，謂真智，覺之體也。三、覺分，謂福德，覺之因也。四、令覺，謂正教，覺之用也。若人修行正説，是攝持令覺。依正説修正行，是攝持覺分。依正行生真智，是攝持正覺。依真智證真如，是攝持應覺。攝持即是荷擔也。

何以故？須菩提，若樂小法者，著我見、人見、衆生見、壽者見，則於此經不能聽受讀誦，爲人解脱。

此章明難信聞。樂小是聲聞緣覺，著我是外道凡夫。樂小明無受大之機，著我顯與無我正反，並非法器，豈妄授哉。

須菩提，在在處處若有此經，一切世間天、人、阿修羅所應供養，當知此處則爲是塔，皆應恭敬作禮圍繞，以諸香華而散其處。

此章明處成尊。恭敬圍繞，內心處也。華香散處，外則供也。

復次，須菩提，善男子、善女人受持、讀誦此經，若爲人輕賤，是人先世罪業應墮惡道，以今世人輕賤故，先世罪業則爲消滅，當得阿耨多羅三藐三菩提。

此章明淨三障：一、惑障，二、業障，三、報障。由經力故，轉重爲輕，促長令短，此淨義也。爲人輕賤，轉報障也。先世罪滅，轉業障也。當得菩提，滅惑障也。

須菩提，我念過去無量阿僧祇劫，於然燈佛前，得值八百四千萬億那由他諸佛，悉皆供養承事，無空過者。若復有人於後末世能受持、讀誦此經，所得功德，於我所供養諸佛功德，百分不及一，千萬億分，乃至算數譬喻所不能及。

此章明速證果。阿僧祇，此云不可數也。外國算法有六十位，過此以後，佛可復知，故名阿僧祇。夫以事佛之福爲一分，持經之福爲百分，事佛福一分，不及經福百中之一分。次以百中之一分爲千分，亦不及千中之一分。後去皆爾，故云乃至算數譬喻所不能及也。

須菩提，若善男子、善女人，於後末世，有受持、讀誦此經，所得功德，我若具説者，或有人聞，心則狂亂，狐疑不信。

此章明得大報，先顯因多也，具説則文浩蕩故，耳識不能受，義深邃故，意識不能持。耳不能受則耳識亂，意不能持則意識狂。由亂由狂，則懷疑以生謗，由疑由謗，則墮獄而受殃。由此義故，佛不具説也。

須菩提，當知是經義不可思議，果報亦不可思議。

此明果大也。近招十王果報，遠感諸佛三身。十王果報，勢力遠而難思；諸佛三身，體用大而無測也。

爾時，須菩提白佛言：世尊，善男子、善女人，發阿耨多羅三藐三菩提心，云何應住，云何降伏其心？

前來第一周爲立菩薩行體，自下第二周爲斷菩薩行障。何者？前周之初，教菩薩起三行，涉行深者即忘懷而捨著，發迹近者或存能以自取，謂我能如是住，我能如是修，我能如是降伏，我即真是菩薩。夫有我即有住，有住即有障；無我即無住，無住即無障。住與不住相違，我與無我正反。有我之心，既迷無我之妙理；有住之執，亦障無住之真行也。夫行以趣果爲功，障以礙道爲用。障若不斷，行無由成。障斷行成，則菩提之果日可登也。爲此義故，須菩提重請前章以發端，欲令如來絶彼證道之深累。

佛告須菩提：善男子、善女人，發阿耨多羅三藐三菩提心者，當生如是心，我應滅度一切衆生，滅度一切衆生已，而無有一衆生實滅度者。何以故？若菩薩有我相、人相、衆生相、壽者相，則非菩薩。所以者何？須菩提，實無有法發阿耨多羅三藐三菩提心者。

此答初請，即斷彼行障也。何則？夫存自者不能忘觀，存他者不能忘境，其欲自他兩滅者，莫若境觀雙盡也。是故如來控前無度以盡境，引今無發以盡觀。境盡故絶乎所度，觀盡故絶乎能度。所度絶即他我滅也，能度絶即自我滅也。兩我之執既滅，障道之累自静。由此論之，豈有一我爲菩薩，而爲發心之物乎。故曰：所以者何？實無有法發阿耨多羅三藐三菩提心者也。須菩提既三行具請，如來但舉一答，何也？夫發心爲初，修行爲次，降伏爲後。發心爲顯攝道，修行爲顯成就道，降伏爲顯不退道。既初無發心者，而況修行乎，況於降伏乎。

金剛般若波羅蜜經註卷中

校勘記

〔一〕「之神」，底本原校疑倒。

〔二〕「人」，疑爲「入」。

〔三〕「脱」，底本原校云《金剛經》（《大正藏》本，下同）作「説」，下同。

金剛般若波羅蜜經註卷下

須菩提，於意云何，如來於然燈佛所，有法得阿耨多羅三藐三菩提不？

斷行障已，次斷情疑。疑曰：若今時菩薩是無，昔日亦應是無。若昔日菩薩是有，今日亦應是有。昔若無者，釋迦菩薩不應依然燈以得道。昔若有者，今時發心何得獨云無邪？佛欲斷此疑，故爲斯問也。

不也，世尊，如我解佛所説義，佛於然燈佛所，無有法得阿耨多羅三藐三菩提。

須菩提玄悟聖旨，故答以無得也。

佛言：如是，如是，須菩提，實無有法如來得阿耨多羅三藐三菩提。

先述如是，美其言也。

須菩提，若有法如來得阿耨多羅三藐三菩提，然燈佛則不與我授記：汝於來世，當得作佛，號釋迦牟尼。以實無有法得阿耨多羅三藐三菩提，是故然燈佛與我授記，作是言：汝於來世，當得作佛，號釋迦牟尼。

次舉得記，成其義也。夫授之爲體，示果也。記之爲義，定時也。然燈正覺既遥授以當來，則釋迦菩薩豈即成於昔日。故論曰：以後時授記，然燈行非上。以後時授記，授記後時方得也。然燈行非上，昔行不得菩提也。解者或云三時授記，何其謬歟也。

何以故？如來者，即諸法如義。

疑曰：前舉然燈明菩提不可取，今舉然燈明菩薩不可得。若爾，本以菩薩得菩提，故曰如來。若無菩薩得菩提，則一向將無如來邪。今明諸法之如，以不異爲義，如來之如亦爾。未證之前曰法如，已證之後曰如來，名雖二矣，體猶一焉。諸法之如目法，如來之如目人。法如既實有，則人如不無也。人如不無矣，則如來實有也。

若有人言如來得阿耨多羅三藐三菩提，

疑曰：前無菩薩故，可使菩薩不得菩提，今有如來故，則如來自證菩提邪。佛欲斷此執，故標而出之也。

須菩提，實無有法，佛得阿耨多羅三藐三菩提。

夫前執菩薩得菩提，彼爲不實，今謂如來得菩提，此亦爲虚。故言實無有法佛得菩提也。前無菩薩故，言有得者應非實，今有如來故，言有得者應非虚。夫菩提者，以真如爲其體。真如者，妙有妙無，非因非果，出心慮之表，絶言像之外，難以覺觀求，難以身心得。而彼謂如來得之於色心，求之以覺觀，此其非妄，誰其妄乎。故《維摩經》曰：菩提者不可以身得，不可以心得。寂滅是菩提，滅諸相故，不觀是菩提，離諸緣故。

須菩提，如來所得阿耨多羅三藐三菩提，

前明如來無所得，或謂如來一向不得菩

提。爲斷此謗，故言如來所得菩提也。於是中無實無虚。

疑曰：前言有得者非實，今言有得者非虚，何謂也？今斷此疑，由有相之中無可得，説有得者無實；由無相之中有可得，説有得者無虚。無實，即遣有相之中有謗；無虚，即遣無相之中無謗也。

是故如來説，一切法皆是佛法。

夫統諸法者真如，證真如者諸佛，佛既證其本，亦所以統其末也。由此言之，一切法皆是佛法，此更舉其所得示無虚也。

須菩提，所言一切法者，即非一切法，是故名一切法。

真如者，諸法之通體，然其諸法有順真者，有違真者。順真者真所持，違真者真所離。真所持者真處有，真所離者真處無。真處有者，是名一切法，亦名佛法。真處無者，是名一切法，而非佛法也。言即非一切法，就離相以爲言，是名一切法，約即真而成義，此更舉其不得示無實。

須菩提，譬如人身長大。

此更寄喻以示體也。譬如人身，指法身也。隱則稱如來藏，顯則名法身。出二障之表，故言長。周萬像之内，故稱大。

須菩提言：世尊，如來説人身長大，則爲非大身，是名大身。

須菩提既悟聖旨，更對妄以明真也。何則？身有二種：一聚身，二依身。聚身以五陰爲體，依身以真如爲性。五陰則分而有限，真如則圓而無際。分有限者開彼我而爲二，圓無際者泯自他而爲一。彼我既開稱曰彼我，自他若泯非復自他。言則非大身，則非自他之聚身。是名大身，即真如之依體也。

須菩提，菩薩亦如是，若作是言，我當滅度無量衆生，則不名菩薩。

疑曰：證菩提者是自行，度衆生者是化

他。昔無菩薩者是無自行矣，今無菩薩者，誰復化他耶。佛欲斷此執，故標而出之。

何以故？須菩提，無有法名爲菩薩。是故佛説一切法無我、無人、無衆生、無壽者。

我無故無能度，衆生無故無所度，壽者無故無恒度。此三若寂，即是人空。人既空矣，何有菩薩於其間而欲强度衆生哉。

須菩提，若菩薩作是言，我當莊嚴佛土，是不名菩薩。

疑曰：證菩提者但自行，度衆生者但化他，能自他兼利者，其唯清淨佛土耳。若無菩薩者，誰復莊嚴佛土，欲自他兩利乎。佛欲斷此執，故標而出之。

何以故？如來説莊嚴佛土者，即非莊嚴，是名莊嚴。

上言莊嚴，顯所嚴之土可不取[二]，今言莊嚴，顯能嚴之人不可得。所嚴可不取，即法空也。能嚴不可得，即人空也。人法俱空者，何有菩薩於其間而欲莊嚴佛土乎？

須菩提，若菩薩通達無我法者，如來説名真是菩薩。

執有我者，既非菩薩，通達無我者，理真菩薩也。

須菩提，於意云何，如來有肉眼不？如是，世尊，如來有肉眼。須菩提，於意云何，如來有天眼不？如是，世尊，如來有天眼。須菩提，於意云何，如來有慧眼不？如是，世尊，如來有慧眼。須菩提，於意云何，如來有法眼不？如是，世尊，如來有法眼。須菩提，於意云何，如來有佛眼不？如是，世尊，如來有佛眼。

前約菩薩斷疑，下約如來斷疑。疑曰：前説菩薩不見我爲能度，衆生爲所度，不見佛土爲所淨，我爲能淨，若爾則如來不見諸法耶。爲斷此疑，故興五問，明佛有能見之真眼，但了所覩之非實。夫肉眼以人中淨根爲體，緣障内色爲境。天眼以天中淨根爲體，緣障外色爲境。慧眼以如理智爲體，緣真諦爲境。法眼以如量智爲體，緣俗諦爲境。佛眼以無功用智爲體，緣一切法爲境。佛在人中生故有肉眼，常在三昧故有天眼，得不可思議空智故有慧眼，隨機説法故有法眼，以一念相應慧知一切法故有佛眼。

須菩提，於意云何，恒河中所有沙，佛説是沙不？如是，世尊，如來説是沙。須菩提，於意云何，如一恒河中所有沙，有如是等恒河，是諸恒河所有沙數佛世界如是，寧爲多不？甚多，世尊。佛告須菩提：爾所國土中所有衆生，若干種心，如來悉知。

已出見體，次顯見用。夫心者，語其性則六七八九之流，言相應則染淨定散之類，條緒繁曠，故以若干總之也。夫色爲照心之門，言知心者色亦見也。

何以故？如來説諸心皆爲非心，是名爲心。

前明見而周盡，今明盡而無倒。夫住四念處者，順緣而心實；住五欲塵者，翻境而心虛。實則得其心名，虛則失其心義。諸心非心，顯離四念之境，明非實心也。是名爲心，結住五欲之塵，明是倒心也。

所以者何？須菩提，過去心不可得，未來心不可得，現在心不可得。

前就境以顯倒，此即性以明虛。何者？過去心已滅，故不可得；未來心未起，故不可得；現在心不住，故不可得。無得爲得，此其虛妄也。諸心雖妄，佛則體妄而知之，故能知之心非倒也。

須菩提，於意云何，若有人滿三千大千世界七寶以用布施，是人以是因緣，得福多不？

前約智斷疑，今約福斷疑。疑曰：若前心是倒，此心修福爲倒非倒。如其是倒，不應名善，如其非倒，何以依倒而生。佛欲斷此疑，明得福少者是倒，得福多者非倒，故爲斯問也。

如是，世尊，此人以是因緣，得福甚多。

須菩提深悟玄旨，故答以甚多也。

須菩提，若福德有實，如來不説得福德多，以福德無故，如來説得福德多。

夫捨寶不殊，運心有異。若捨心離實念，則爲生死之因，故是倒。若捨心住乎實智，則爲佛慧之本，故非倒。爲佛慧本，則畢竟無竭，爲生死因，則終歸有盡。佛欲顯此義，故曰：若福德有實，如來不説多。此明有實則有漏，有漏則有盡，有盡則爲少。以福德無故，如來則説多，此明無實則無漏，無漏則無盡，無盡則爲多。

須菩提，於意云何，佛可以具足色身見不？

前約應身斷疑，今約化身斷疑。福智是應身，相好是化身。疑曰：前説如來者即諸法如義，真如非色，相好是色，如來是色也，不應真如爲名，如來非色也，不應有相有好。佛欲斷此疑，故爲斯問。

不也，世尊，如來不應以色身見。

須菩提悟化真之有異，故答以不應也。

何以故？如來説具足色身，即非具足色身，是名具足色身。

曉不應意。夫真身體也，化身用也。色即非色，推化以入真。是名色身，從真以流化。體用相依未曾相離，不可見化即謗真體，不得聞真便疑化用也。

須菩提，於意云何，如來可以具足諸相見不？不也，世尊，如來不應以具足諸相見。何以故？如來説諸相具足，即非具足，是名諸相具足。

前明八十種好，此明三十二相，疑意不殊，斷何容異。夫法身在出世，猶空中之月，色身在世間，若水中之像。水中之像，無體而可見，推其本體，即空中之月。世間之色，無實而可覩，尋其本實，即出世法身。

須菩提，汝勿謂如來作是念，我當有所説法。

前約化體斷疑，今約化用斷疑。相好是

化體，說法是化用。疑曰：如來有色，可應有說，如來無色，其誰說乎。佛欲斷此執，明說法不離法界，即如色身不離法身，故言勿謂我有所說也。

莫作是念，何以故？若人言如來有所說法，即爲謗佛，不能解我所說故。

所說是無故而謂有，此其不解也。心執而口言，此其謗佛也。

須菩提，說法者無法可說，是名說法。

曉謗意也。說無可說，推俗以入真。是名說法，從體以起用。所謂從最清淨法界，乃至流乎化身，化身流出此經也。

須菩提白佛言：世尊，佛得阿耨多羅三藐三菩提，爲無所得耶。

前約化身斷疑，今約法身斷疑。疑色聲是化身，菩提是法身。疑曰：證果下者有上，證果上者無上，前說實無有法得菩提，無上之名因何立耶？須菩提欲斷此疑，故爲斯問。

如是，如是，須菩提，我於阿耨多羅三藐三菩提，乃至無有少法可得，是名阿耨多羅三藐三菩提。

夫諸法本寂，則煩惱性空，煩惱既空，有何可斷，空即是滅，何須別證，此滅即是無上菩提也。故經曰：一切衆生即寂滅相，不復更滅。

復次，須菩提，是法平等，無有高下，是名阿耨多羅三藐三菩提。

既其無得而名無上者，由體平等也。體即法界，無量衆生成佛，此亦不增，無量劫中不成佛，此亦不減。不增故不高，不減故不下。既無高下矣，更有何法踰其表而不名無上乎？

以無我，無人，無衆生，無壽者，

復由淨平等也，無我無人即清淨義。因時自性清淨，果時無垢清淨，斯淨無等，亦無上之稱謂也。

修一切善法，則得阿耨多羅三藐三菩提。

復由道無等也，道即一切善法。

須菩提，所言善法者，如來説非善法，是名善法。

善是離惡之名，法是能持之義。無流之善有二功能：一是離障，二是持真。説非善法，就離障而爲功。是名善法，約持真而成義。由此言之，餘無等也。因既無等，而果有上者，未之有也。

須菩提，若三千大千世界中，所有諸須彌山王，如是等七寶聚，有人持用布施，若人以此《般若波羅蜜經》，乃至四句偈等受持，爲他人説，於前福德，百分不及一，百千萬億分，乃至筭數譬喻所不能及。

前約法身果斷疑，今約法身因斷疑。疑曰：菩提之因必善，則正説之體無記，云何以無記之因，得菩提之果也？爲斷斯疑，明汝法是無記，而我法自是善。何者？正説即發起善也。本從真實生，未[三]還顯真實，所以一偈法寶，勝無量珍寶也。法寶勝故，持雖少而福多，珍寶劣故，施雖多而福少也。

須菩提，於意云何？汝等勿謂如來作是念，我當度衆生。

前約法身因斷疑，今約法身業斷疑。法身以一切善法爲因，以解脱衆生爲業。疑曰：菩提平等無高下者，何得以如來爲能度，衆生爲所度。能所既異矣，何平等之有哉？佛欲斷此疑，故爲斯問，莫謂我道自然成故爲能度，他道由我得故爲所度也。

須菩提，莫作是念。何以故？實無有衆生如來度者。

如來不離法界，所以無能度。衆生不離法界，所以無所度。

若有衆生如來度者，如來則有我、人、衆生、壽者。

有度則有執，聖與凡同也。

須菩提，如來説有我者，則非有我，而凡夫之人以爲有我。

無度則無執，凡與聖異也。

須菩提，凡夫者，如來説則非凡夫。

不得聖法名曰凡夫。凡夫者，執我之物耳。凡夫無者，我亦無也。

須菩提，於意云何，可以三十二相觀如來不？

五眼以來依果斷疑，從此以去推因斷疑。疑曰：前説如來不可以相見，應可以相知，譬如火體不可以烟見，然可以烟知。若可以相知，應可以福感。佛欲斷此執，故爲斷〔三〕問：汝以同凡之僞相，觀異化之真體不也？

須菩提言：如是，如是，以三十二相觀如來。

須菩提欲引後難之深旨，且依前問而淺答，言可以妄内之麤相，觀真中之妙體也。

佛言：須菩提，若以三十二相觀如來者，轉輪聖王則是如來。

若以相而比真，則輪王應是佛。若輪王非佛者，則覩相不知真。

須菩提白佛言：世尊，如我解佛所説義，不應以三十二相觀如來。

須菩提既審輪王之非佛，方悟覩相不知真也。

爾時，世尊而説偈言：

若以色見我　以音聲求我
是人行邪道　不能見如來

二乘觀佛，約二境成，一見相好，二聞説法。若有相而不能説，不異輪轉〔四〕聖王。若能説而無有相，不異聲聞弟子。夫證真如者無分别智，取色聲者即分别之心。若以分别之心求真如之體，此既僻矣，豈見佛乎。若爾，如來不可以相知，即菩提不可以福感，亦已斷矣。

須菩提，汝若作是念：如來不以具足相，故得阿耨多羅三藐三菩提。須菩提，莫作是念，如來不以具足相得阿耨多羅三藐三菩提。

前斷執因以比果，今斷謗因而無報。疑曰：若福德之因不感菩提之報，是則爲善虗其功，斷滅而無果。佛欲斷此執，故言莫作是念也。

須菩提，汝若作是念：發阿耨多羅三藐三菩提者，說諸法斷滅。莫作是念。何以故？發阿耨多羅三藐三菩提者，於法不說斷滅相。

說斷滅者，則不成發心。成發心者，則不說斷滅。

須菩提，若菩薩以滿恒河沙等世界七寶布施，若復有人知一切法無我，得成於忍，此菩薩勝前菩薩所得功德。

欲顯不滅義，故格量以喻之。夫有我即有生，無我即無生。若菩薩證無我理，得無生忍者，登初地也。夫地前之福，既資忍以冥空，地上之智，亦導福以成。勝則得無垢果，劣則得有漏報。果無垢者，因雖少而不滅；報有漏者，行雖多而有盡。

須菩提，以諸菩薩不受福德故。

前約不滅以明得，今約不受以明捨，即以不受顯不滅，受則終滅也。

須菩提白佛言：世尊，云何菩薩不受福德？

不受是何義也？

須菩提，菩薩所作福德不應貪著，是故說不受福德。

受福因爲貪，取福報爲著。不貪因，不著果，此不受之義也。

須菩提，若有人言如來〔五〕若去，若坐若卧，是人不解我所說。

前破執斷以謗因，今破迷常以謗果。何則？來以顯生，去以顯滅，坐卧顯老。疑曰：處世者有生有滅，出纏者無去無來，若福德之因不受世間之報，云何世尊有去來之迹異，坐卧之形殊，同處世者之威儀，爲衆生之受用。既四儀遞易，三相更遷，此而名常，何其謬也。佛欲斷此執，故曰是人不解也。

何以故？如來無所從來，亦無所去，故名如來。

夫如來者即真如義，嶷然不動，湛然常住。出前際故無生，出後際故無滅，出中際故無老。無生所以無來，無滅所以無去，無老所以無變。既離三相，絶四威儀，心慮尚所不緣，耳目其何能接衆生受用，自是化身，執化爲常，誰之謬也。

須菩提，若善男子、善女人，以三千大千世界碎爲微塵，於意云何，是微塵衆，寧爲多不？甚多，世尊。

前明相離故，真身無去無來，今顯障盡故，化身不一不異，故爲斯問。夫世界作微塵，是微塵從世界出，此喻示何義，示化身從法身生。微塵衆甚多，是微塵遍於虚空，此喻示何義，示化身充於法界。

何以故？

前是破麤爲細，下更推有入無，欲顯多非實故，先發問以徵之。

若是微塵衆實有者，佛則不説是微塵衆。

夫通論塵體有麤，麤極世界，細極隣虚。成則積隣虚以終世界，壞則破世界以畢隣虚。以微言塵者，顯是隣虚也，以塵言衆者，明不獨住也。夫塵實則非衆，塵衆則非實。實則不可破，假則可令盡塵。塵盡故虚空淨，惑障盡故法界淨。虚空淨故，隣虚雖滿而難見，不可言一所住、異所住。法界淨故，化身雖遍而難知，不可言一所住、異所住也。

所以者何？佛説微塵衆，則非微塵衆，是名微塵衆。

此更證塵假也。鞞世師説，隣虚是實是常，無有方分。毗婆沙師説，隣虚是實，無常，亦無方分。此雖常無常異，而爲失不殊。何者？如一時七隣共聚，如其是實一分觸耶，具分觸耶。若一分觸，則中間一隣向外有六方之分。若具分觸，則外邊六隣向内同爲一體，有六方之分，則是假而非實。同爲一體，復不可積少以成高。用此而推，則鄰虚假也。故曰塵衆則非塵衆，而名塵衆者，但假施設耳。

世尊，如來所説三千大千世界，則非世界，是名世界。

夫離能成之塵衆，無所成之界體。微塵既非實，則世界亦假也。

何以故？若世界有實，則是一合相。

實則一合相，不合則非實也。

如來説一合相，則非一合相，是名一合相。

合是觸義。若合是具分觸，則世界量等隣虚。若合是一分觸，則世界終無別體。故一合亦非一合也，而名一合者，亦但施設耳。

須菩提，一合相者則是不可説。

若言一合，定有定無，或實或聚，此爲證智之所知，非言辭之能説也。

但凡夫之人，貪著其事。

無言既聖智之所知，有言則凡情之妄取。

須菩提，若人言佛説我見、人見、衆生見、壽者見。須菩提，於意云何，是人解我所説義不？

夫微塵之與世界是相結，人見之與法見是麤重結。前明破相結，此破麤重結。夫人之與法是境，人見法見是心。境以分別性爲體，心以依他性爲體。分別是無，依他是虚。無則不斷，虚則可滅，欲顯可滅義，故爲斯問。

世尊，是人不解如來所説義。

如來説虚，人執爲實，此不解也。

何以故？世尊説我見、人見、衆生見、壽者見，即非我見、人見、衆生見、壽者見，是名我見、人見、衆生見、壽者見。

曉不解意。何者？我境若是有，約我以起見，此見是我見。我境若是無，約我以起見，則此見非我見。夫境有則心實，境無則心虚。實則不可斷，虚故可滅也。

須菩提，發阿耨多羅三藐三菩提心者，於一

切法應如是知、如是見、如是信解，不生法相。

前明滅人見，此明滅法見。知見信解，即其治道也。知是世智，見是真智，信解是定。知在方便位，比而未證，故名知。見在正觀位，證而不比，故名見。定通二位，爲世智所依，故名信；爲真智所依，故名解。三行若修，兩障斷也。

須菩提，所言法相者，如來說即非法相，是名法相。

相猶想也。夫法與人異，想與見同。法既類我而是無，想亦同見而爲妄。真則不可斷，妄故可滅也。

須菩提，若有人以滿無量阿僧祇世界七寶持用布施，若有善男子、善女人發菩薩心者，持於此經乃至四句偈等，受持讀誦，爲人演說，其福勝彼。

前明道修則障斷，今明障斷則說益。故論曰：示現世智、第一義智及依止三昧，以得遠離彼障，是故重說勝福譬。雖諸佛化身說法，有無量無盡無漏功德。此明法施則無量、無盡、無漏，故爲勝，財施則有量、有盡、有漏，故爲劣也。

云何爲人演說？

更問化說相。化佛說法之時，爲顯化而說，爲不顯化說。顯則聞者識化以生謗，不顯則受者信實以生敬。謗則有損，敬則有益，益則爲正，損則爲邪。

不取於相，

答明取則顯自相，不取是不顯也。

如如不動。

智如境如，境如智如，故曰如如。如如湛寂，故言不動。夫有動則有取，不動則不取，所以化說之不取，由契如如之不動，此更轉相明也。夫以不動明不取，不取明說正，亦以說正明說益，說益明福大也。

何以故？

疑曰：涅槃是静，生死是動。佛證涅槃可言是静。既行生死，云何不動？

一切有爲法　如夢幻泡影

如露亦如電　應作如是觀

答意，明行而住者則動，行而不住則不動。爲顯此義，故説偈喻。喻應有九，此偈闕三分，别本及論並具之也。此九即喻九種有爲：一、星喻見，二、翳喻相，三、燈喻識，四、幻喻器，五、露喻身，六、泡喻受，七、夢喻過去，八、電喻現在，九、雲喻未來。夫星雖夜燭，遇朝光而不現；見雖邪決，逢正智而必盡，此其同也。翳眼之見毛輪，雖似有而非實；見心所鑒之境，亦但相而是空，此其同也。燈光依油炷而住，新新謝滅；識性依我愛而立，亦念念無常，此其同也。幻雖千變，智者審其非實；器雖萬像，觀者了之爲無，此其同也。露雖夜泫，遇朝陽而必晞；身雖暫停，逢死魔而必壞，此其同也。風擊水而成泡，觸會境而生受，離風水而無泡，離觸力而無受，此其同也。過去之境，此證智之所知；眠夢所遊，亦念心之所録，此其同也。電光閃爍，僅似有而即無；現法亦爾，纔得體而便滅，此其同也。雲浮在空，能作生雨之因，種子在識，能爲感報之本，以雲約雨，雨在未來而是無，以種約報，報在當生而不現，此其同也。如來得此九觀，故能行生死而不動。不動是法印，動則魔網也。

佛説是經已，長老須菩提及諸比丘、比丘尼、優婆塞、優婆夷，一切世間天、人、阿修羅，聞佛所説，皆大歡喜，信受奉行。

兩聖對揚，四部蒙益，是故心喜而身躍，信受以流通也。

金剛般若波羅蜜經註卷下終

夫物之顯也，無不關時，是故荊山之璞，三獻而後粲然于世矣。唐慧淨法師之註《金剛般若波羅蜜經》，在支那而不行焉，於扶桑亦未覩焉，蓋不得時也。近予友義空師，獲其真本，太煞歡躍，遂加和點梓行，而永傳之無窮，以爲迷途之慧炬，苦海之慈航。數百年間久隱之至寶，一旦發光揚彩，不亦幸可謂是得時者也。予貴其志，謹爲跋云。

享保二歲次丁酉初秋日丹陽散人烏有子

校勘記

〔一〕「可不取」，疑爲「不可取」，下同。

〔二〕「未」，疑爲「末」。

〔三〕「斷」，疑爲「斯」。

〔四〕「輪轉」，疑爲「轉輪」。

〔五〕「如來」，底本原校云《金剛經》後有「若來」二字。

（文平志整理）